新中国"三农"十大理论问题研究

70年发展与变迁

蒋永穆　王瑞　豆小磊　邓有根　刘润秋　卢洋　等　著

社会科学文献出版社
SOCIAL SCIENCES ACADEMIC PRESS (CHINA)

序

伟大的新中国迎来了70华诞。70年来,中国共产党团结和带领中华儿女,自力更生、艰苦奋斗、披荆斩棘、砥砺前行,创造了中华民族从站起来到富起来再到强起来飞跃的中国奇迹,积累了泱泱大国从一穷二白到发展壮大再到富裕繁荣跨越的中国经验;经过70年的不懈探索,成功走出了中国特色社会主义道路,建立了中国特色社会主义制度,开辟了中国特色社会主义宏伟事业的崭新篇章。这一持续奋斗的辉煌历程,因波澜壮阔而彪炳史册;不断取得的巨大成就,因极其不易而荡气回肠。

农业农村农民问题是关系国计民生的根本性问题。没有农业农村的现代化,就没有国家的现代化。新中国成立以来,中国共产党坚持把解决好"三农"问题作为全党工作重中之重,始终重视农业、心系农民、关注农村。70年来,党和国家积极探索农业农村现代化道路,农业基础地位持续巩固,实现了从"靠天吃饭"到"自给自足"的转变;农村面貌持续改善,实现了从"百废待兴"到"欣欣向荣"的转换;农民收入和生活水平持续提高,实现了从"缺吃少穿"到"衣食无忧"的跃升。70年"三农"的奋勇发展,谱写了农耕文明生机蓬勃的精彩华章,续写了农业大国繁荣昌盛的壮丽史诗。

"三农"领域取得的历史性成就,不仅是实践探索的结果,而且是理论研究的成果。新中国成立以来,广大学者坚持以马克思主义基本原理为指导,紧密结合我国发展实际,深入研究"三农"重大理论问题,为"三农"发展和改革实践提供了源源不断的思想指引和理论遵循。本书深度聚焦新中国70年"三农"理论问题研究的历史演变,试图破解四大研究难题。一是时间跨度长。本书的研究横跨70年,涵盖站起来、富起来、强起来三个阶段,力图全面反映70年"三农"研究全貌。二是整理难度大。从事"三农"研究的学者众多,本书详细查阅了2000余位学者的研究成果,广泛搜集了2800余条相关文献,力图全面考察学术界对于"三农"的多重认识。三是史论结合。本书不是就史论史,而是系统提炼不同时期学者们对同一问题的多种观点,力图凸显极具影响力的鲜明见解。四是以史鉴今。本书不仅充分归纳了多位学者对同一主题的多维阐释，而且在深刻把握70年研究整体特点的基础上，力图预判新时代"三农"研究的全新方向，从而在承前启后、一以贯之中持续深化对"三农"问题的研究。

"三农"问题研究涵盖的领域丰富广泛，涉及的问题纷繁庞杂。本书从众多理论问题中，爬罗剔抉、审慎选取了农业基础地位、农村基本经营制度、农村经济体制及其改革、农村土地制度、农村金融制度、农民教育、农村贫困与反贫困、农村文化、乡村治理、城乡关系十大问题进行深入探讨。

第一章，农业基础地位。农业是国民经济的基础，本书主要研究了70年来学术界对马克思主义经典作家有关农业基础地位论述的阐释、农业基础地位认识的变迁、对农业和工业的关系以及国家粮食安全战略的理解。通过研究，我们发现，农业基础地位思想的发展贯穿我国经济社会建设的全过程，农业基础地位的内涵随时代变迁而不断丰富和发展，如何正确处理工农业的关系事关经济社会的稳定发展，粮食安全是中华民族生存和发展的先决条件。

第二章，农村基本经营制度。农村基本经营制度是党在农村工作的基石，本书主要研究了70年来学术界在农村集体所有制、农村基本经营制度的重要性及其形成、如何理解农村基本经营制度、农业社会化服务体系、发展农村集体经济、农业产业融合六个方面的不同阐述。通过研究，我们发现，农村土地集体所有制是农村基本经营制度的基础，农业社会化服务体系是稳定和完善承包责任制的关键，农村集体经济是社会主义公有制经济的重要形式，农业的产业融合是化解"小农户"与"大市场"矛盾，延长农业产业链、提高农业附加值、解决农村剩余劳动力就业的重要途径。

第三章，农村经济体制及其改革。农村经济体制改革是农村生产关系的深刻调整和重大变革，本书主要研究了70年来学术界在改革前的农村经济体制、农村经济体制改革及其阶段、实行家庭联产承包责任制、农产品价格改革、农村流通体制改革、农业的支持保护六个方面的不同认识。通过研究，我们发现，家庭联产承包责任制打响了我国经济体制改革的第一枪，农产品价格改革是我国经济体制改革的突破口，农村流通体制改革是农村市场化改革的重要一环，对农业的支持保护是农村经济体制及其改革中的重要内容。

第四章，农村土地制度。农村土地制度是关乎农村经济社会发展全局的基础性制度，本书主要研究了70年来学术界在农村土地制度的变迁、农村土地权利结构和配置方式、农村土地承包关系和规模经营、农村集体建设用地、农村宅基地五个方面的不同意见。通过研究，我们发现，农村土地制度的核心是农村土地的产权制度，土地权利结构的状况是由土地配置方式决定的，稳定农村土地承包关系、发展农业适度规模经营是促进农业现代化的必要手段，农村集体建设用地是集体资产中较为重要的资源性资产，农村宅基地制度改革是解决"三农"问题的重要手段。

第五章，农村金融制度。农村金融制度是实现农业农村现代化的重要制度保障，本书主要研究了70年来学术界在农村金融制度的贡献、变迁，农村金融的供求关系、农村合作金融四个方面的不同看法。通过研究，我们发现，农村金融制度变迁的过程是农村金融制度改革和创新的过程，农村金融供求关系是农村金融制度的重要内容，农村合作金融是农村"三维"金融体系的重要组成部分。

第六章，农民教育。农民教育是推进农村发展与改革的必要手段，本书主要研究了70年来学术界在马克思主义农民教育相关论述、农民思想政治教育、文化素质教育、职业技能教育四个方面的不同诠释。通过研究，我们发现，马克思主义农民教育相关论述在不断丰富和发展，农民思想政治教育是农村价值建设的重要依托，农民文化素质教育对推进社会主义文化事业具有重要意义，农民职业技能教育是促进农业发展和农民进步的重要举措。

第七章，农村贫困与反贫困。解决农村贫困问题是党和国家的重要使命，本章主要研究了70年来学术界在马克思主义贫困与反贫困相关论述、农村贫困产生的根源与贫困类型、农村反贫困的阶段及方式、精准扶贫与精准脱贫四个方面的不同说明。通过研究，我们发现，马克思主义贫困与反贫困相关论述是我国反贫困实践的指导思想，明确农村贫困产生的根源与贫困类型是有效解决农村贫困问题的前提，明确农村反贫困的阶段及方式是厘清我国反贫困的阶段性差异和演进过程的关键，精准扶贫与精准脱贫是新时代中国特色减贫思想和道路的核心内容。

第八章，农村文化。农村文化是中华民族悠久文化的重要根基，本书主要研究了70年来学术界在农村文化的内涵和外延、变迁及其实质、如何推进农村文化建设、农村文化建设与城镇化的关系、农耕文明的传承保护和创新五个方面的不同分析。通过研究，我们发现，农村文化的变迁是一个长期而复杂的过程，其在历史进程中不断实现自我更新和自我完善，农村优秀传统文化具有延续性和渗透性的特征，农村文化建设与城镇化的协调发展已成为一种趋势。

第九章，乡村治理。乡村治理是国家治理的基础，本书主要研究了70年来学术界在乡村治理与乡村治理体系、乡村治理的变迁、治理主体、治理模式、农村基层党组织建设五个方面的不同主张。通过研究，我们发现，乡村治理变迁的历史进程与社会发展、经济制度、治理目标、治理理念紧密相关，乡村治理主体是乡村治理中的重要角色，乡村治理模式是乡村治理中的重点问题，农村基层党组织建设关系到农村发展的成色和质量。

第十章，城乡关系。城乡关系是人类社会最基本的经济社会关系，本书主要研究了70年来学术界在马克思主义城乡关系相关论述、城镇化还是城市化、城乡二元结构、城乡人口流动、城乡关系的阶段判断五个方面的不同解析。通过研究，我们发现，马克思主义城乡关系相关论述是中国城乡发展的指导思想，以城镇化还是城市化的方式实现城乡融合是学术界争论的焦点，城乡二元结构问题是城乡关系的核心所在，城乡人口是影响城乡关系的关键要素。

本书是教育部人文社会科学研究专项任务项目"新时代'强起来'的中国特色社会主义政治经济学体系构建"（编号18JF111）和四川大学"国家领军人才培育项目""全面建成小康社会背景下新型城乡关系研究"（编号 sksyl201701）的研究成果。四川大学经济学院、马克思主义学院和公共管理学院的师生参与了项目的研究和本书的编写。蒋永穆主持了全书内容的设计、组织和统稿工作，王瑞、豆小磊、邓有根、刘润秋、卢洋参与了书稿的写作和协调工作，赵苏丹、席鹏举、何媛、吴川北、姜力月、王丽程、万腾、王丽萍、祝林林、周宇晗、张红霞、马文武等参与了部分章节的写作和修改工作。同时，本书在编撰过程中得到了四川大学社科处、社会科学文献出版社的支持和帮助，在此谨致谢意。

对"三农"问题的研究，是一脉相承而又任重道远的。新中国成立70年来"三农"理论重大问题，是不限于而又远多于本书所涉及的十大问题的。本书的研究，仅是对70年来"三农"理论中较有典型性和代表性的问题的一次研讨和总结，难以做到面面俱到，不足之处，还望读者批评指正。团队将一如既往地关注"三农"问题，不忘初心，务实求真，接续努力，力争在新时代乡村振兴中不断积淀出丰硕的研究成果。

谨以此书献给新中国70华诞！

编写组

2019年9月

目录

第一章
农业基础地位

第一节　对马克思主义经典作家有关农业基础地位论述的阐释 …………1
第二节　农业基础地位认识的变迁……………………………………9
第三节　农业和工业的关系……………………………………………21
第四节　国家粮食安全战略……………………………………………30
第五节　总体考察………………………………………………………37

第二章
农村基本经营制度

第一节　农村集体所有制………………………………………………41
第二节　农村基本经营制度的重要性及其形成………………………50
第三节　如何理解农村基本经营制度…………………………………57
第四节　农业社会化服务体系…………………………………………68
第五节　发展农村集体经济……………………………………………77
第六节　农业产业融合…………………………………………………84
第七节　总体考察………………………………………………………95

第三章
农村经济体制及其改革

第一节　改革前的农村经济体制………………………………………100
第二节　农村经济体制改革及其阶段…………………………………106

1

第三节　实行家庭联产承包责任制 …………………………… 120
　　第四节　农产品价格改革 ……………………………………… 125
　　第五节　农村流通体制改革 …………………………………… 135
　　第六节　农业的支持保护 ……………………………………… 144
　　第七节　总体考察 ……………………………………………… 161

第四章
农村土地制度

　　第一节　农村土地制度的变迁 ………………………………… 166
　　第二节　农村土地权利结构和配置方式 ……………………… 182
　　第三节　农村土地承包关系和规模经营 ……………………… 196
　　第四节　农村集体建设用地 …………………………………… 211
　　第五节　农村宅基地 …………………………………………… 229
　　第六节　总体考察 ……………………………………………… 251

第五章
农村金融制度

　　第一节　农村金融制度的贡献 ………………………………… 255
　　第二节　农村金融制度的变迁 ………………………………… 264
　　第三节　农村金融的供求关系 ………………………………… 276
　　第四节　农村合作金融 ………………………………………… 294
　　第五节　总体考察 ……………………………………………… 305

第六章
农民教育

　　第一节　对马克思主义农民教育相关论述的阐释 …………… 308
　　第二节　农民思想政治教育 …………………………………… 316
　　第三节　农民文化素质教育 …………………………………… 326
　　第四节　农民职业技能教育 …………………………………… 335

第五节　总体考察 …………………………………………………… 353

第七章
农村贫困与反贫困

第一节　对马克思主义贫困与反贫困相关论述的阐释 ………… 358
第二节　农村贫困产生的根源与贫困类型 ……………………… 376
第三节　农村反贫困的阶段及方式 ……………………………… 386
第四节　精准扶贫与精准脱贫 …………………………………… 399
第五节　总体考察 ………………………………………………… 407

第八章
农村文化

第一节　农村文化的内涵和外延 ………………………………… 412
第二节　农村文化的变迁及其实质 ……………………………… 419
第三节　如何推进农村文化建设 ………………………………… 432
第四节　农村文化建设与城镇化的关系 ………………………… 444
第五节　农耕文明的传承、保护和创新 ………………………… 452
第六节　总体考察 ………………………………………………… 459

第九章
乡村治理

第一节　乡村治理与乡村治理体系 ……………………………… 462
第二节　乡村治理的变迁 ………………………………………… 474
第三节　乡村治理的主体 ………………………………………… 478
第四节　乡村治理的模式 ………………………………………… 486
第五节　农村基层党组织建设 …………………………………… 502
第六节　总体考察 ………………………………………………… 516

第十章
城乡关系

- 第一节 对马克思主义城乡关系相关论述的阐释 …………… 521
- 第二节 城镇化还是城市化 …………………………………… 541
- 第三节 城乡二元结构 ………………………………………… 558
- 第四节 城乡人口流动 ………………………………………… 571
- 第五节 城乡关系的阶段判断 ………………………………… 578
- 第六节 总体考察 ……………………………………………… 584

主要参考文献 ……………………………………………………… 589

第一章　农业基础地位

农业是国民经济的基础。新中国成立以来，学术界围绕这一主题进行了多次探讨，形成了较为丰富的成果。本章首先从学界对马克思主义经典作家对农业基础地位相关论述的阐释出发，考察农业基础地位认识的变迁，梳理理论界对农业和工业关系的不同观点，研究有关国家粮食安全问题的各方争鸣，最后概括和提炼其中的基本结论和演进特征，并对农业基础地位思想的演进做进一步的展望。

第一节　对马克思主义经典作家有关农业基础地位论述的阐释

对于农业的基础地位，马克思、恩格斯、列宁、斯大林都曾有过相关论述，在毛泽东思想、中国特色社会主义理论、习近平新时代中国特色社会主义思想中，有关农业基础地位的论述也是重要组成部分。学术界主要从两个视角对这一思想进行了研究，一是从纵向视角比较和分析不同时期对农业基础地位的阐释，二是从横向视角阐述某一时期对农业基础地位论述的不同方面。

一　马克思恩格斯有关农业基础地位的论述

马克思恩格斯关于农业基础地位的论述是马克思主义农业基础地位理论的主要来源，被后继马克思主义者广泛引用和阐释。学术界主要从两个方面对马克思恩格斯有关农业基础地位的论述进行了研究。

一是关于马克思恩格斯农业基础地位的相关论述，学者研究的角度各有不同（见表1-1）。如粟联指出，农业是人类生存之本，衣食之源，是一切生产的起点。[①]

[①] 粟联：《不能把马克思主义的观点说成是重农主义的观点》，《经济研究》1962年第5期，第41~50页。

许经勇着重从农业产品特殊性的角度进行理解,认为农业是提供人类生存所必需的重要生活资料的物质生产部门,而这些生活资料又是实现劳动力再生产所不可缺少的物质条件。农业如果不是提供人类生存所必需的食物产品的唯一生产部门,就不可能成为国民经济的基础。[①] 胡岳岷认为,马克思在批判地继承古典政治经济学农业基础地位理论的基础上,提出了农业首先是粮食生产、是一切人类生存的第一个前提的思想,为马克思主义农业基础地位理论的创立奠定了基础。[②] 蔡中杰指出,纯粹的农业即广义的农业劳动是国民经济基础,超越于劳动者个人需要的农业劳动生产率,是一切社会的基础。[③] 李淑华指出,马克思从历史发展的纵向和横向双重角度,强调了农业的基础地位,强调了资本造就的市场经济,必须以农业发展具有足够的生产力为基础,必须以农业本身的高度发展为支撑。[④]

表1-1 学界对马克思恩格斯农业基础地位相关论述的研究

主要观点	代表学者
农业生产是人类生存和"创造历史"的首要前提	粟联、许经勇、胡岳岷等
超过劳动者个人需要的农业劳动生产率,是一切社会的基础	蔡中杰、李淑华等
农业劳动生产率制约着农业和工业之间社会分工的发展程度	邓克生、郭铁民等
农业劳动生产率决定着农业人口向城市和非农产业转移的规模	张斌等

二是关于马克思恩格斯的农业为工业提供基础的相关论述,学者们表达了各自的理解。邓克生从经典文本出发,着重分析了重农学派和马克思主义对农业是国民经济基础这一原理理解的不同,提出必须把发展农业生产和国家的社会主义工业化联系起来,批判重农主义学派那种片面地重视农业而轻视工业的观点。[⑤] 张斌研究了马克思恩格斯关于工农业协调发展的相关论述,认为马克

[①] 许经勇:《马克思论农业是国民经济的基础及其面临的市场风险》,《当代经济研究》2008年第4期,第1~6页、第73页。

[②] 胡岳岷:《论马克思主义农业基础地位理论的继承与发展》,《当代经济研究》2007年第8期,第56~61页。

[③] 蔡中杰:《超越于劳动者个人需要的农业劳动生产率是一切社会的基础——与邓克生同志商榷》,《经济研究》1962年第5期,第18~30页。

[④] 李淑华:《马克思恩格斯的"三农"思想探析》,《甘肃省经济管理干部学院学报》2008年第2期,第51~54页。

[⑤] 邓克生:《不能用重农主义学派的观点来说明农业是国民经济基础的原理》,《经济研究》1962年第3期,第25~34页。

思恩格斯在对资本主义发展的历史分析中，认识到资本主义工业化也为消除工农业、城市与农村的差别提供了物质前提，预见了发展社会主义农业要建立新型的适合农业生产要求和人的充分发展的城乡关系。[1] 郭铁民认为，马克思在关于大工业发展对农业影响的论述中，阐明了两个非常精辟的基本原理。第一个原理是机器大工业发展对农业的影响，以及农业革命对工业的反作用；第二个原理是现代工业的技术基础是革命的，而所有以往的生产方式的技术基础本质上是保守的。[2]

二　对列宁和斯大林农业基础地位相关论述的阐释

列宁和斯大林在不断丰富和发展马克思主义思想的过程中，也形成了自己关于农业基础地位的思想。学者们对列宁和斯大林农业基础地位相关论述的研究主要集中在以下两个方面。

一是对于农业基础地位的重视。胡岳岷认为，列宁的农业基础地位理论，既是马克思恩格斯农业经济思想的产物，也是当时特定历史条件（多年的国际和国内战争使农业生产遭到破坏）的产物。[3] 俞良早指出，尽管国内战争时期和新经济政策时期的形势和任务有所区别，但粮食问题贯通于这两个时期的始终；[4] 并且按照时间维度详细列出了列宁有关农业基础地位的思想。俞敏则认为，在苏俄非常时期，列宁关于粮食工作的思想包括两个方面，一是从非常时期工作特殊性出发而形成的思想，二是具有普遍和理论意义的思想。[5]

二是对农业与工业、国民经济关系的阐释。陈新认为，斯大林第一次明确提出了社会主义国家的农业是工业发展的基础，并论证了其原因。但也指出斯大林的农业基础地位思想存在一定的局限性，过于片面强调重工业的发展。[6]

---

[1] 张斌：《马克思、恩格斯关于社会主义农业的基本构想》，《西南民族大学学报》（人文社科版）2010年第9期，第72~76页。

[2] 郭铁民：《西部开发应正确处理好工业发展与农业发展的关系——学习马克思〈资本论〉关于大工业发展对农业影响的论述的思考》，《福建论坛》（经济社会版）2000年第8期，第21~23页。

[3] 胡岳岷：《论马克思主义农业基础地位理论的继承与发展》，《当代经济研究》2007年第8期，第56~61页。

[4] 俞良早：《论列宁关于苏俄粮食政策的思想》，《俄罗斯东欧中亚研究》1995年第1期，第19~27页。

[5] 俞敏：《苏俄非常时期列宁的粮食工作思想》，《理论探索》2011年第4期，第21~24页。

[6] 陈新：《马克思主义以农业为基础理论的形成和发展》，《广西大学学报》（哲学社会科学版）1987年第2期，第10~14页。

邢艳琦则指出，列宁和斯大林都认识到了以农业为基础的重要性，既有使社会主义经济基础更加稳固、发展国民经济、大力提高生产力、协调社会主义国家的工农业关系与保证大工业发展的意义，也有巩固工农联盟、改善工人和农民的生产状况等作用。[1]

三　对毛泽东思想中农业基础地位相关论述的阐释

毛泽东思想中有关农业基础地位的论述是对马克思恩格斯相关论述的进一步发展，学者们从不同的角度对此进行了分析，主要分为三个方面。

一是重视农业的基础地位。张友仁指出，"农业是国民经济发展的基础"的理论是毛泽东同志对于马克思列宁主义政治经济学理论的一个极为重要的创造性的发展。这一理论对农业和工业以及整个国民经济的关系问题做了极为深刻的概括。根据这一理论，毛泽东同志提出了以农业为基础、以工业为主导的发展国民经济的总方针。这个总方针，不仅是发展农业的方针，也不仅是发展工业的方针，而且是整个社会主义建设的一条根本方针。[2] 易钢认为，毛泽东在对中国社会主义建设进行思考时，一方面运用马克思主义的基本理论，吸取、借鉴苏联等的经验；另一方面，毛泽东从中国传统文化，包括传统重农思想中吸取养料，融汇百家，取精用宏，推陈出新，形成了具有鲜明特色的农业经济思想。[3] 车美萍认为，毛泽东提出的以农业为基础，以工业为主导的中国社会主义工业化道路理论，坚持了三个基本原则，继承和发展了马克思主义经典作家的工业化思想，开启了中国社会主义现代化大潮的先河，为后人对中国社会主义现代化大厦的构筑奠基。[4]

二是农业发展与工业发展、国民经济发展的关系。瞿孟飞指出，毛泽东提出的"农业是国民经济发展的基础"的理论，全面地、深刻地揭示了农业与国民经济各部门间的客观内在联系和农业在国民经济中的重要地位；"以农业为基础，以工业为主导，优先发展重工业和迅速发展农业相结合"的重大战略方针

---

[1] 邢艳琦：《列宁、斯大林关于农业和农民问题的基本观点述要》，《马克思主义与现实》2005年第5期，第60～66页。
[2] 张友仁：《农业是国民经济发展的基础》，《北京大学学报》（人文科学）1963年第6期，第1～17页。
[3] 易钢：《毛泽东、邓小平对中国传统重农思想的新发展》，《毛泽东思想研究》1998年第6期，第64～68页。
[4] 车美萍：《毛泽东与中国工业化和现代化》，《山东大学学报》（哲学社会科学版）2003年第1期，第31～33页、第150页。

是为了保证我国国民经济持续跃进的顺利实现。① 周新桥指出，毛泽东有关工农业关系的论述，是毛泽东在总结国内外社会主义建设正反两方面历史经验的基础上创立的。它包含着许多正确的思想观点，也存在一些历史局限。② 韩亚珠指出，毛泽东认为"多发展一些农业、轻工业"，"会使重工业发展得多些和快些，而且由于保障了人民生活的需要，会使它发展的基础更加稳固"，这是基于我国商品经济很不发达，又与国际市场基本隔绝的状态提出的。我国农业正处于稳步上升时期，尚未出现由于农业滑坡而严重影响工业的现实。但毛泽东预见到了这种前景，并一再强调发展农业。③ 丁云等认为，新中国成立后，毛泽东始终十分关注如何处理工农业的关系问题，提出了"发展工业必须和发展农业同时并举"、"农业就是工业"、"以农业为基础、以工业为主导"等重要思想，是对马克思主义关于工业化道路理论的重大发展，促进了新中国工业化的进程。④

三是粮食安全与实现农业基础地位。邹华斌指出，毛泽东提出"以粮为纲"方针，既是其历来重视农业基础问题的真实反映和自然延续，也包含着满足工业化的需求和以农业的"大跃进"促进工业的"大跃进"的现实考虑。⑤ 亢犁认为，"以粮为纲"是毛泽东在我国社会主义建设中针对粮食问题和整个农业的产业安排而提出的方针，它对我国经济发展曾起过重要作用。⑥ 王耕今认为，以粮为纲全面发展多种经营的方针，正确地反映了国民经济有计划按比例发展规律和农业生产发展规律的要求。⑦ 刘方健提出，"以粮为纲"是一个历史的范畴，在农耕文明时代产生了中国传统社会的"粮政"。由于它所具有的历史局限性，在中国社会转型时期需要转变"以粮为纲"的传统观念。⑧

---

① 瞿孟飞：《农业的过去、今天和未来——论"农业是国民经济发展的基础"的普遍意义》，《经济研究》1960年第8期，第40~55页。
② 周新桥：《毛泽东的工农业协调发展思想及其现实启示》，《湖南人文科技学院学报》2009年第1期，第27~30页。
③ 韩亚珠：《重新学习毛泽东的工农业协调发展学说》，《晋阳学刊》1994年第2期，第13~17页。
④ 丁云、刘梦凡：《新中国成立以来毛泽东对工农业关系问题的探索》，《思想理论教育导刊》2013年第12期，第60~64页。
⑤ 邹华斌：《毛泽东与"以粮为纲"方针的提出及其作用》，《党史研究与教学》2010年第6期，第46~52页。
⑥ 亢犁：《试论毛泽东"以粮为纲"的思想》，《西南师范大学学报》（人文社会科学版）1993年第4期，第28~32页。
⑦ 王耕今：《以粮为纲全面地发展农业生产》，《经济研究》1961年第11期，第1~4页。
⑧ 刘方健：《"以粮为纲"的思想渊源及其评判》，《福建论坛》（人文社会科学版）2013年第1期，第30~32页。

四　对中国特色社会主义理论中农业基础地位相关论述的阐释

邓小平关于农业基础地位的论述，紧密结合了我国改革开放初期的经济建设实践，是对马克思主义农业基础地位理论的又一次创新和丰富。学者们主要从两个方面对邓小平的农业基础地位相关论述进行研究，具体如下。

一是对邓小平重视农业相关论述的理解。罗莲认为，邓小平同志始终站在社会稳定、政治稳定的战略高度来看待农业，因为他看到了农业对于人多地少的中国的特殊意义，看到了农民稳定、农村稳定对于一个农业大国的全局意义。[①] 李树平则认为，邓小平关于"三农"问题的重要性及其解决思路的论述，对今天的新农村建设有重要的启示作用，即要始终把加强农业放在首位，进一步夯实农业的基础地位；以增加农民收入为重点，进一步深化农村经济体制改革；加快农业科技进步，提高农业的科技贡献率。[②] 蒋映光提出邓小平的农业相关思想大体上分为四个部分：不要忘掉农业是根本、依靠政策调动农民的积极性、依靠科学发展生产力和深化改革保持农村政策稳定，并按照时间顺序逐点进行了阐述。[③]

二是对邓小平粮食安全相关论述的阐释。曾庆芬指出，邓小平始终强调粮食基本过关的主张包含了丰富而科学的粮食安全思想，涵盖了粮食安全的衡量、实现途径、战略地位、实现手段等方面，对在新形势下实现我国粮食安全和国民经济健康协调发展有特别重要的意义。[④] 冯媛媛认为，邓小平十分重视农业和粮食生产，视农业为根本。邓小平的"农业是根本"的理论，实质上就体现了他对粮食安全的重视。这个理论正确回答了一个发展中的社会主义大国如何实现国家粮食安全这一历史性问题。[⑤]

在改革开放的全面推进时期，江泽民结合我国社会主义市场经济体制的实践，继续丰富和发展了马克思主义农业基础地位的相关论述。

学者们对江泽民重视农业的相关论述进行了多方分析。张晓霞认为，江泽民在总结社会主义农业和农村工作实践经验基础上，从我国经济发展历史和基

[①] 罗莲：《试论邓小平农业思想及其现实意义》，《经济体制改革》1999年第2期，第118~120页。
[②] 李树平：《邓小平的"三农"论述及其启示》，《理论探索》2006年第2期，第98~100页。
[③] 蒋映光：《农业问题要始终抓得很紧——邓小平农业思想研究》，《当代财经》1995年第2期，第3~9页。
[④] 曾庆芬：《论邓小平粮食安全思想》，《西南民族大学学报》（人文社科版）2004年第7期，第92~94页。
[⑤] 冯媛媛：《邓小平粮食安全思想研究初步》，《中央财经大学学报》2005年第12期，第57~59页、第80页。

本国情出发,遵循马克思主义经济理论基本原理和方法,进一步强调和阐发了在社会主义现代化建设过程中我国必须始终巩固和加强农业与农村经济在整个国民经济中的基础地位。① 杨清等提出,江泽民高度重视农业生产和农村工作在我国国民经济中的基础性战略地位。在我国改革开放的伟大实践中,农业和农村还起到排头兵和桥头堡的作用,发挥着前沿探路的功能,为后续改革打下了扎实基础。② 吴学凡认为,江泽民反复强调农业在我国经济和社会发展中的基础地位和战略作用,在关于农村工作的各种重要会议上把"三农"问题作为工作的"重中之重"。③

随着工业化的推进,我国开始由"农业哺育工业"向"工业反哺农业"转变。胡锦涛有关农业基础地位的论述既反映了我国工业化阶段转变的现状,也是对马克思主义农业基础地位相关论述的又一次深化和发展。

学者们从不同的角度论述了胡锦涛重视农业的相关论述。岑乾明分析了胡锦涛提出的"两个趋向"重要论断,指出这既是对"农业是基础"这一思想的继承与发展,同时也是对我国进入工业化中期阶段之后宏观战略走向的思考,更是对新时期我国现代化的社会主义方向的坚定。④ 方辉振研究了胡锦涛在重视解决"三农"问题及处理工农关系、城乡关系上提出的一系列新思想、新论断、新举措,如"重中之重"论是一个新的战略定位,即把解决"三农"问题作为全党工作的重中之重。同时把"两个趋向"论断作为新形势下认识和处理工农城乡关系与解决"三农"问题的根本指针。⑤ 刘国新指出,"两个趋向"重要论断是胡锦涛对改革开放以来新时期工农关系、城乡关系及二者相互转化的高度概括和科学总结,是构建社会主义和谐社会理论的重要组成部分,是构建社会主义和谐社会总体发展战略的具体化表述,准确地反映了构建社会主义和谐社会的基本过程、发展特征和发展要求。⑥

---

① 张晓霞:《江泽民关于农业与农村经济基础地位思想探析》,《红河学院学报》2011年第1期,第96~100页。
② 杨清、王玉贵:《江泽民"三农"思想论析》,《苏州科技学院学报》(社会科学版)2008年第1期,第11~15页。
③ 吴学凡:《论江泽民关于"三农"问题的指导思想》,《甘肃联合大学学报》(社会科学版)2008年第5期,第1~3页。
④ 岑乾明:《胡锦涛"两个趋向"论断及其政策实践》,《吉首大学学报》(社会科学版)2011年第6期,第121~125页。
⑤ 方辉振:《胡锦涛对我党"三农"思想的新贡献》,《中共南京市委党校学报》2010年第1期,第23~27页。
⑥ 刘国新:《胡锦涛两个趋向思想与构建社会主义和谐社会》,《科学社会主义》2008年第6期,第107~109页。

五　对习近平新时代中国特色社会主义思想中农业基础地位相关论述的阐释

习近平新时代中国特色社会主义思想是马克思主义中国化的最新成果，是中国特色社会主义理论体系的重要组成部分。随着中国特色社会主义进入新时代，农业农村发展所面临的形势、条件、目标和要求都发生重要变化，对此，习近平对新时代下农业的基础地位和"三农"工作重点提出了许多新思想、新理念、新论断。这些重要论述着眼我国经济社会发展大局，深刻反映和回应了我国当前的最新实际，这是新时代马克思主义农业基础地位思想的又一次创新和发展。学者们主要从三个方面对习近平关于农业基础地位的论述进行了阐释和解读。

一是关于习近平重视农业基础地位的论述。王连花等指出，习近平强调了农业在国民经济中的基础地位。农业不仅是发展工业的基础，而且是发展第三产业及整个国民经济的基础。[1]朱信凯等提出，习近平以重视和重申农业基础性地位为前提，强调坚持和完善农业基本经营制度，确保中国农业和农村改革的社会主义方向。[2]杨明清认为，把解决好农业农村农民问题作为全党工作重中之重是中国共产党在实践中总结出的一条重要经验，是"既管当前，也管长远"的"长期指导思想"。[3]

二是乡村振兴战略与农业基础地位的具体体现。韩长赋指出，党的十九大报告高度重视"三农"工作，提出坚持农业农村优先发展，实施乡村振兴战略。这是党中央着眼于全面建成小康社会、全面建设社会主义现代化国家做出的重大战略决策，为新时代农业农村改革发展指明了方向、明确了重点。[4]魏后凯指出，习近平关于"乡村振兴战略"的一系列重要论述，是习近平新时代中国特色社会主义思想的重要组成部分，为新时代坚持农业农村优先发展、做好"三农"工作提供了思想指导和行动指南。[5]朱建江指出，习近平关于乡村振兴的论述是立足于或基于"三农"，而又不仅限于"三农"或宽于"三农"，

---

[1] 王连花、张明慧：《从"农业现代化"到"乡村振兴战略"——毛泽东与习近平农村发展思想共性探析》，《甘肃理论学刊》2018年第5期，第70~77页。
[2] 朱信凯、张晨、杨晓婷：《习近平农业思想及十八大以来的实践》，《经济社会体制比较》2017年第5期，第1~12页。
[3] 杨明清：《十八大以来推进"三农"发展研究》，《理论学刊》2017年第5期，第25~33页。
[4] 韩长赋：《大力实施乡村振兴战略》，《农业科技培训》2018年第1期，第4~6页。
[5] 魏后凯：《把握乡村振兴战略的丰富内涵》，《理论导报》2019年第3期，第59~61页。

其主要内容是基于工农互促、城乡互补、全面融合、共同繁荣的新型工农城乡关系的。①

三是习近平重视粮食安全和农业基础地位的实现问题。盛国勇等认为，习近平提出的新时期国家粮食安全战略的实质是，保障粮食安全是党和政府治国安邦的头等大事，必须千方百计完善国家粮食安全支撑体系。其突出特点是，全面回答了粮食安全战略与国家其他战略之间、粮食安全问题和"三农"问题之间、粮食安全问题与生态环境问题之间的关系。②彭腾提出，习近平的大农业安全理念是基于严峻的国际形势和强烈的国内要求提出的，不仅明确了大农业安全包括粮食安全、食品安全和生态安全，而且指明了安全的实现途径是增加粮食生产、提高食品质量和改善生态环境。③薛建良则认为，粮食安全是习近平总书记有关"三农"论述讲话中最为系统的一个主题，围绕粮食安全的地位、形势、目标、实现路径、保障机制等重大问题已形成了逻辑严密的内容体系，走出了一条中国特色粮食安全之路。④

第二节　农业基础地位认识的变迁

"农业是国民经济的基础"是我国关于农业农村发展的基本理念，是对马克思主义农业基础地位思想的继承和发展。一直以来，理论界针对这一主题进行了诸多探讨，形成了许多不同的见解。整体上来看，学术界各方观点在时间线索上呈现出较强的差异性。因此，我们依据每个时期国民经济发展的特征，梳理出不同阶段理论界对农业基础地位认识的变迁过程。

一　1949~1977年对农业基础地位的认识

新中国成立伊始，百废待兴，国民经济基础比较薄弱。当时我国仍受到西方世界的孤立和威胁，尤其是朝鲜战争的爆发，促使我国采取了重工业优先发展的战略。为了实现工业化和保障民生，农业生产的地位显得尤其突出。在克服国民经济恢复过程中的失误后，党和国家及时调整了指导思想和工作重心，

---

① 朱建江：《习近平新时代中国特色社会主义乡村振兴思想研究》，《上海经济研究》2018年第11期，第5~14页、第50页。
② 盛国勇、陈池波：《习近平国家粮食安全战略思想探析》，《探索》2015年第4期，第12~17页。
③ 彭腾：《习近平大农业安全思想探析》，《湖南财政经济学院学报》2015年第1期，第92~97页。
④ 薛建良：《深刻理解习近平新时代粮食安全观》，《中国粮食经济》2018年第5期，第19~24页。

使我国经济社会建设重回正轨。正是在这样曲折发展的社会主义建设探索中，学术界展开了对农业基础地位的探讨。

（一）"农业基础地位"的原因

在1949~1977年这一阶段，工业化刚刚起步，农业在国民经济中占据较大比重。同时，工农联盟对社会主义经济建设具有重要作用，需要进一步巩固和发展。这一时期关于"农业基础地位"原因的论述主要可以归纳为两个方面：从经济层面的因素来讲，农业能够为工业化提供多方面的贡献；从政治层面的因素来讲，农业发展对于巩固工农联盟具有重要作用（见表1-2）。

表1-2 关于"农业基础地位"原因的主要观点

	主要观点	代表学者
农业对国民经济发展具有多重贡献	"要素"论：农业为工业提供多种要素贡献，是国民经济发展的前提	刘瑞龙、许涤新、中黄、金学等
	"基本生活资料"论：农业生产粮食等基本生活资料及其原料	王耕今、吴启朗、郑研农等
农业在政治层面具有重要基础作用	"工农联盟"论：既是经济问题，也是政治问题；农业的发展对巩固工农联盟具有重要意义	武经群、亦农、游心超等

持第一种观点的学者认为农业的基础地位源于其对国民经济发展的多重贡献性。许涤新指出，农业为社会主义工业提供必要的劳动力、原料、市场和国家积累。[①] 中黄认为，农业为工业以及整个国民经济提供粮食、副食品、原料、劳动力、市场和建设资金，是国民经济发展的前提。工业发展的规模同农业的贡献，在一定程度上要相互适应。[②] 金学认为，农业在国民经济中占了很大比重，其发展水平决定了对工业提供的粮食、原料与劳动力的多少，占总人口80%以上的农村人口是工业产品的最大市场，来自农业的财政收入占总收入的60%~70%。[③] 刘瑞龙指出，发展农业是保证工业和全部国民经济计划完成的基本条件，只有相应地发展农业，才能提供城市和工业日益增长的粮食需要，

[①] 许涤新：《论农业在国民经济中的地位和发展农业生产的关键》，《经济研究》1962年第12期，第1~10页。
[②] 中黄：《以农业为基础发展工业》，《经济研究》1963年第2期，第1~8页。
[③] 金学：《关于农业是国民经济发展的基础问题的讨论》，《学术月刊》1960年第9期，第2~9页、第17页。

才能供应工业以原料，才能供应为换进工业装备所必需的出口农产品，才能为工业提供广阔的市场。[①] 王耕今等指出，农业首先是社会物质资料生产的主要部门之一，它为社会提供粮食、肉类及各种副食品，为轻工业提供原料。[②] 郑研农同样提出，农业是人们的衣食之源、生存之本，是一部分工业原料的来源。[③] 吴启朗在逐一分析农业的所有贡献后，得出农业生产粮食等基本生活资料及其原料，才是农业基础地位的根本原因，而且这一基础作用是农业其他贡献的前提。[④]

持第二种观点的学者首先都普遍认同农业的经济基础地位，他们在强调农业在国民经济中的基础地位之外，由于历史时期的特殊性，更加着重地强调了农业在政治层面的重要基础作用。如武经群指出，大力发展农业既是一个具有重大意义的经济问题，也是一个政治问题。只有进一步加强工农业之间的经济联系，才能在新的基础上继续巩固工农联盟。[⑤] 亦农指出，农业的发展对于进一步改善人与人之间的关系和巩固工农联盟具有十分重要的意义。[⑥] 游心超也指出，发展农业在政治上对于巩固工农联盟有着重大意义。[⑦] 人民日报社论指出，以农业为基础，工业支援农业、城市支援农村的实施，使工农联盟在社会主义所有制和现代技术的基础上，进一步发展起来。[⑧]

（二）"农业基础地位"的普遍性

"普遍性"是指"农业基础地位"这一规律在不同条件下的适用性。农业是国民经济发展的基础，反映了我国的客观实际。这一规律在其他社会制度和历史阶段是否同样适用，是学术界研究的一个主题（见表1-3）。

1. 关于"小农经济是不是社会主义国民经济发展的基础"的争论

为解放和发展农村生产力，国家对农业进行了社会主义改造。就改造以前的小农经济是否为国民经济的基础，学者们展开了探讨。

[①] 刘瑞龙：《发展农业是保证工业和全部经济计划完成的基本条件》，《农业科学通讯》1955年第9期，第494~494页。
[②] 王耕今、孙德山：《向着现代化迈进的中国农业》，农业出版社，1959年，第5页。
[③] 郑研农：《怎样对待农业》，吉林人民出版社，1964年，第4~9页。
[④] 吴启朗：《农业是基础的根本原因》，《理论战线》1963年第2期，第17~20页。
[⑤] 武经群：《农业是国民经济发展的基础》，《理论战线》1960年第1期，第19~23页。
[⑥] 亦农：《农业是国民经济发展的基础》，《经济研究》1960年第6期，第1~12页、第61页。
[⑦] 游心超：《关于"农业是国民经济发展的基础"问题》，《理论战线》1960年第4期，第30~33页。
[⑧] 《工业企业要树立以农业为基础的思想》，《人民日报》1960年7月17日，第1版。

表 1-3　关于"农业基础地位"在其他社会制度和历史阶段是否适用的不同意见

争论点	主要观点	代表学者
小农经济是不是社会主义国民经济发展的基础	"改造"论：必须进行社会主义改造才能成为国民经济发展的基础	黄永轼、王景全等
	"普适"论：改造完成前的小农经济也是国民经济发展的基础，不需要附加其他条件	胡大农、柯吾荆等
资本主义制度下农业基础地位规律是否适用	"客观"论：在各类社会形态下都是一个客观规律	游心超、瞿孟飞、粟联等
	"消失"论：在资本主义制度中农业基础性作用不断衰落而持续减弱	刘诗白、张友仁等

持否定意见的学者认为小农经济不是社会主义国民经济的基础。黄永轼提出小农经济必须进行社会主义改造才能成为国民经济发展的基础。农业的社会主义改造包括社会改革和技术改革两个方面，社会主义集体农业必须进行技术改革，才能成为国民经济发展的基础。[1] 王景全也认为，农业是国民经济发展的基础是有条件的，社会主义制度下不实行社会主义改造和技术改造，农业就不能起到基础的作用。[2]

持肯定意见的学者普遍认为，小农经济需要进行社会主义改造，但不能否定社会主义改造完成前的小农经济为国民经济发展的基础。如胡大农划分了农业合作化完成前与农业合作化完成后的两个阶段，并指出两个阶段的农业都是国民经济发展的基础，但前者的小农经济具有局限性，影响基础作用的发挥，后者却是社会主义集体农业，使农业的基础地位得以巩固。[3] 柯吾荆提出农业的基础作用自有农业以来就存在，不需要附加其他条件。任何历史时期的农业都是该时期国民经济发展的基础，只是它的社会性质或技术水平可能造成其基础作用不能有效发挥。农业是基础这一原理，在社会主义国家经济发展的任何阶段都适用。[4]

---

[1] 黄永轼：《小农经济不经改造能作为社会主义国民经济发展的基础吗？——与陈道源同志商榷》，《理论战线》1960 年第 4 期，第 34~38 页。

[2] 王景全：《试谈国民经济的发展以农业为基础的方针——和陈道源同志商榷》，《理论战线》1960 年第 Z1 期，第 35~40 页。

[3] 胡大农：《不能以小农经济需要改造就否认农业的基础作用——再与黄永轼同志商榷》，《理论战线》1960 年第 5 期，第 15~18 页。

[4] 柯吾荆：《对"农业是国民经济发展的基础"的认识》，《理论战线》1960 年第 4 期，第 26~29 页、第 38 页。

2. 关于"资本主义制度下农业基础地位规律是否适用"的争论

资本主义制度下的农业完全以追求利润为驱动力，造成生态破坏、城乡对立等社会问题，对农业生产发展形成了阻碍。资本主义制度下的农业是不是国民经济发展的基础，是学术界关于"农业基础地位"普遍性的另一个争论焦点。

持肯定意见的学者一致认为，资本主义制度下，农业依然是国民经济发展的基础。尽管其发展经常受到束缚，表现出与国民经济整体不相适应的一面，但不影响它的基础性地位。如游心超认为，农业是不是国民经济发展的基础与农业的发展是否与整个国民经济的发展相适应，是两个不同的问题。资本主义农业的落后造成对生产的破坏，以及资本主义经济发展使农业也一定程度上得以发展，都恰好证明资本主义农业是整个国民经济发展的基础。[①] 瞿孟飞也认为，在各类社会形态下，"农业是国民经济发展的基础"都是一个客观规律，而且由于国民经济各部门独立化程度和发展水平日益提高，这种作用随社会发展越来越重要。[②] 粟联考察了农业在美国和英国国民经济发展中的具体作用后，得出农业也是资本主义社会国民经济的基础。农业对资本主义国家的国民经济发展速度有着重要影响。农业落后于工业是农业在资本主义社会发挥其国民经济基础作用的最主要特征之一。粟联肯定了农业在前资本主义社会和资本主义社会国民经济中的地位和作用，揭示出农业是国民经济基础这一客观经济规律。[③]

持否定意见的学者普遍认为，资本主义的发展导致农业不断衰落，使其无法起到基础性的作用。刘诗白认为，"农业是国民经济发展的基础"不适用于资本主义制度。农业曾经促进了资本主义大工业的确立与发展，但其基础性作用随着农业的日益落后与不断衰落而越来越不稳定和持续减弱。[④] 张友仁也认为，在阶级对抗的社会里，农业不能充分发挥它的国民经济基础的作用。只有社会主义制度建立以后，农业才能真正成为国民经济发展的基础。[⑤]

---

① 游心超：《关于"农业是国民经济发展的基础"问题》，《理论战线》1960 年第 4 期，第 30 ~ 33 页。
② 瞿孟飞：《农业的过去、今天和未来——论"农业是国民经济发展的基础"的普遍意义》，《经济研究》1960 年第 Z1 期，第 40 ~ 55 页。
③ 粟联：《论农业在前资本主义社会和资本主义社会国民经济中的地位和作用》，《经济研究》1961 年第 5 期，第 18 ~ 31 页。
④ 刘诗白：《在资本主义制度下农业也是"国民经济发展的基础"吗？》，《理论战线》1960 第 6 期，第 29 ~ 34 页、第 44 页。
⑤ 张友仁：《农业是国民经济发展的基础》，《北京大学学报》（人文科学）1963 年第 3 期，第 1 ~ 17 页。

二 1978~1991年对农业基础地位的认识

改革开放前农业和轻工业发展滞后,产品供给长期不足。正是由于率先在农村发起的改革,解放了农村生产力,才使农业得以恢复并持续高速发展,同时也将改革以磅礴之势推向城市、推向经济社会其他领域,开辟了改革开放的壮丽诗篇。在前一时期有关农业基础地位研究的基础上,学术界结合改革初期的基本国情,对农业基础地位的研究进行了进一步深化。

(一)"农业基础地位"的原因

改革开放后,人民的物质生活需求日益得到重视。同时,农业生产率持续提高,促进了工业化的顺利进行。这一时期有关农业基础地位原因的论述,大致可以分为两个方面。一方面是从农业产品为人类提供生活资料和农业劳动是基础劳动的角度进行论证;另一方面是强调农业劳动生产率的提高对社会分工和社会经济发展的重要作用。

持第一种观点的学者普遍认为,生活资料尤其粮食是人类生存和社会发展的先决条件。农业的基础地位在于:一方面生活资料的大部分都是农业品,另一方面粮食只能由农业来生产。于光远着重论述了其他产业能否替代农业生产粮食的问题。他认为由农业生产食物是自然进化的结果,替代难度大;同时,农业生产的稳定性和效率都很高,没有替代的必要。[①] 郭继严则阐释了工业中生产生活资料的劳动如何定位的问题。这部分劳动虽然也是社会必要劳动,但必须以农业劳动为前提,所以最终起"基础"作用的还是能够直接为社会提供必要生活资料的纯农业劳动。[②] 张培刚指出农业从提供食粮、提供原料、提供劳动力以及农民作为买者与卖者等方面与工业产生相互依存关系。[③] 陈润岐是从农产品满足基本需要的角度进行阐述的,本质上也是在强调生产资料的重要性。他指出应该用一个统一的衡量尺度来比较各部门的地位,并认为这一尺度就是消费需要。社会生产力的分配必须优先满足基本需要,农业的基础地位就源于其所满足需要的最高优先级。[④]

[①] 于光远:《以农业为基础是我国社会主义现代化建设的一个基本方针》,《经济研究》1979年第4期,第2~14页。
[②] 郭继严:《社会主义再生产的比例关系与农业、轻工业、重工业的关系》,《经济研究》1979年第11期,第8~15页。
[③] 张培刚:《农业与工业化》,华中工学院出版社,1984年,第24~65页。
[④] 陈润岐:《"农业是基础"问题新探》,《农村经济与社会》1988年第6期,第53~56页。

持第二种观点的学者认为,农业劳动生产率的提高是其他部门独立和发展的前提。从历史层面看,农业最初是人类社会唯一的产业形态,农业生产率提高促使其他产业从农业中独立出来。而且现代社会其他产业的发展,也要以农业生产率的提高为前提。于光远同样论述了农业劳动生产率提高对其他部门独立和发展的作用。一方面,粮食是人类赖以生存的最重要的生活资料,且必须由农业生产,所以最初的劳动只能是农业劳动,农业生产率提高后,才可以从事其他劳动。另一方面,其他劳动部门发展所需的劳动力和生活资料也必须由农业提供。[①] 李百冠在分析了马克思主义经典论述的基础上,指出马克思是从社会不断发展的动态和各个生产部门的相互联系中来考察农业的,并认为农业是基础的本质就是:农业劳动生产率是基础。[②] 阮仁慧结合重农学派和马克思恩格斯的观点进行了论述,并提出资本主义国家的工业化也是建立在农业劳动生产率提高的基础上,也以农业发展为前提。[③]

(二)"农业基础地位"的普遍性

这一阶段,我国国民经济发展特别是工业发展取得了长足的进步。在这样的背景下,学者们就"农业基础地位"在工业社会和生产力更发达的社会是否具有适用性的问题,展开了充分讨论(见表1-4)。

表1-4 关于"农业基础地位"在工业社会是否具有适用性的不同意见

争论焦点	主要观点	代表学者
"农业基础地位"在发达经济条件下仍然适用	国民经济各个部门以及所有其他事业的发展是农业发展的结果	朱家桢、魏道南、张思骞、孙冶方等
	农业劳动的产品满足人类生存的最基本需要	曹阳等
	其他产业都是农业的服务或转化产业	谢树农等
"农业基础地位"在工业社会不具有适用性	生产力决定产业地位,重工业应是国民经济基础	阎嘉德等
	农业基础作用是农业社会向工业社会发展时期的历史性现象	黄焕中等

---

① 于光远:《以农业为基础是我国社会主义现代化建设的一个基本方针》,《经济研究》1979年第4期,第2~14页。
② 李百冠:《重新认识农业是国民经济基础的几个问题》,《农业经济问题》1986年第1期,第12~15页。
③ 阮仁慧:《重农学派在农业为基础思想方面给我们的启示——学习马克思对重农学派的评价》,《经济研究》1980年第10期,第70~73页、第59页。

持肯定意见的学者普遍认为,"农业基础地位"适用于各种社会形态,并且在未来发达经济条件下,也仍然具有适用性。如朱家桢等指出,农业对工业的制约作用,在任何时候都是存在的,虽然这种制约作用的程度会有所不同。如果工业的发展离开了农业的基础,两大生产部门间必然会产生矛盾和失调,就会对国民经济的发展造成损失。[①] 孙冶方认为,"农业是国民经济的基础"是一条普遍真理,对各个社会都适用。国民经济各个部门以及所有其他事业的发展都是农业发展的结果。[②] 谢树农认为,只要农业是生活资料的主要来源,农业就是国民经济的基础,其他产业都是农业的服务或转化产业。[③] 曹阳也认为,农业在一切社会、一切时代、一切国度都是国民经济的基础,由于农业劳动的产品满足人类生存的最基本需要——对食物的需要,只要食物生产基本上或主要由农业承担,那么农业就一直是国民经济的基础。[④]

持否定意见的学者反对"农业基础地位"的普遍性。如黄焕中认为,从时间角度看,农业基础作用是一个历史范畴,是自然经济向商品经济过渡时期、农业社会向工业社会发展时期的特殊经济现象;从空间角度看,农业基础作用与各国的具体国情有关,富有而农业资源稀缺的石油国家、农业发达的美国,都不以农业为基础。[⑤] 阎嘉德结合辩证唯物主义和唯物辩证法,提出了生产力决定产业地位的规律。在不同的历史发展阶段,生产性质不同,国民经济的基础也不同。而我国的重工业已经具备基础的特征,并成为国民经济的基础。[⑥]

三 1992~2001年对农业基础地位的认识

我国基本建立社会主义市场经济体制后,改革的步伐与节奏进一步加快,促进了工业化和城镇化的繁荣发展。由于农业比较效益低,农村劳动力大规模向城市地区和二三产业转移,部分地区的农业发展开始出现衰退。同时工业化快速发展带来的环境污染问题,也成为阻碍农业发展的重要因素。面对这些新

[①] 朱家桢、魏道南、张思骞:《农业是国民经济的基础》,农业出版社,1980年,第24页。
[②] 孙冶方:《社会主义经济的若干理论问题》,人民出版社,1984年,第217页。
[③] 谢树农:《试析农业是国民经济基础的普遍原理——兼与阎嘉德同志商榷》,《农业经济问题》1990年第1期,第25~30页。
[④] 曹阳:《也谈"国民经济基础"——兼与阎嘉德同志商榷》,《农业经济问题》1989年第11期,第17~21页。
[⑤] 黄焕中:《农业是国民经济的基础是一个普遍规律吗?》,《中国农村经济》1991年第11期,第51~55页。
[⑥] 阎嘉德:《国民经济基础刍议——兼与一些同志商榷》,《农业经济问题》1989年第6期,第26~34页。

的阶段性特征，学者们对农业基础地位的认识继续前进。

（一）"农业基础地位"是否仍然成立及其原因

生态环境问题的出现，使农业与工业相比的生态功能优势凸显。学术界在以往研究的基础上，从生态层面出发继续探讨了农业的基础性作用。

持这一观点的学者普遍认为，农业的生态功能是传统经济功能之外的又一个农业基础地位的重要方面。农业生产与环境污染的关系是相互的。一方面，环境问题提高了农业生产的生态成本；另一方面，农业又具有生态服务的功能，在保护环境方面具有重要作用。如胡靖从宏观角度将农业的基础性划分为经济效应、政治效应和生态效应。经济效应是产权内资源最佳使用对社会的积极影响；政治效应和生态效应是产权外效应，前者体现为粮食的重要性和对社会稳定的保障功能，后者体现为产权外资源任意使用造成生态恶化。[①] 刘思华着重强调了农业的经济作用和生态作用的结合。农业既生产经济产品，又生产生态产品。农业基础论实质上是农业生态经济基础论，是农业生态基础论和经济基础论的统一。[②] 陈文科也认为农业提供良好生态环境的作用具有不可替代性。[③]

（二）"农业基础地位"的适用性

这一阶段，宏观经济环境出现重大变化，一方面，我国社会主义市场经济体制基本建成；另一方面，随着工业化的不断推进，农业在国民经济中的份额不断下降。这些最新条件变化使得"农业基础地位"的适用性和普遍性受到挑战，从而再次成为学术界争论的焦点（见表1-5）。

表1-5 关于新形势下农业基础地位适用性的不同意见

争论点	主要观点	代表学者
农业份额下降后其基础地位是否适用	农业仍然是国民经济发展的基础，只是其表现形式不同	钟展锦、陈文科、黄泰岩等
	农业对整个国民经济的影响趋于微弱，农业不应是国民经济的"唯一"基础	徐祥临、傅晨等

[①] 胡靖：《中国农业：社会效应与社会价值核算》，《农业经济问题》1995年第9期，第45~49页。
[②] 刘思华：《农业生态经济基础论》，《经济研究》1996年第6期，第63~68页。
[③] 陈文科：《农业是国民经济基础的再认识》，《经济研究》1996年第7期，第59~66页。

续表

争论点	主要观点	代表学者
市场经济条件下农业基础地位是否适用	"农业基础地位"规律依然适用却有不同的表现形式	黄守宏、余维祥、小苏等
	市场资源配置条件下，农业基础地位无法持续	徐祥临、王五洲等

1. 农业份额下降后其基础地位的适用性问题

随着经济的高速发展，第二、第三产业在国民经济中的比重上升，农业的份额不断下降。在此新背景下，农业基础地位是否仍然适用，成为学界探讨的一大主题。

持肯定意见的学者一致认为，农业份额的下降并不否定"农业是国民经济发展的基础"这一结论，他们从不同的角度出发进行了阐释。如钟展锦认为，伴随着农业在社会总产值中比重不断下降，农业生产率必将持续上升。这非但不能否定农业的基础地位，而且恰好反映了农业对人类社会具有最终决定意义。[①] 陈文科具体阐述了农业依然是国民经济的基础的依据：第一，农业份额下降与农业总产值增加并存；第二，工业化中后期农业份额的下降，更加体现了"农业劳动生产率是国民经济发展的基础"；第三，即使要计算农业的份额，也要包括农业的关联产业。[②] 黄泰岩等认为农业的贡献会随着经济社会的发展而变化，但农业仍然是国民经济发展的基础，只是其表现形式不同。农业基础性地位的表现形式会随着工业化的推进而发生变化。农业的产品贡献、要素贡献、市场贡献和外汇贡献都贯穿于工业化全过程，但在工业化中级阶段，产品贡献、要素贡献和外汇贡献会减少，市场贡献则越发显著。[③]

持否定意见的学者普遍认为，某一产业处于基础地位就意味着为整体经济发展提供支撑和动力。农业在国民经济中的份额下降后，不再是基础产业或不是唯一的基础产业。徐祥临阐述了"基础"一词的内涵，指出能够成为"基础"产业的应该是"承受国民经济其他部门压力的产业部门"。随着所占份额的下降，农业对整个国民经济增长速度的影响趋于微弱，其地位和作用也随之变化。[④]

[①] 钟展锦：《深化农业基础地位的认识》，《岭南学刊》1995 年第 4 期，第 28~32 页。
[②] 陈文科：《农业是国民经济基础的再认识》，《经济研究》1996 年第 7 期，第 59~66 页。
[③] 黄泰岩、王检贵：《工业化新阶段农业基础性地位的转变》，《中国社会科学》2001 年第 3 期，第 47~55 页。
[④] 徐祥临：《"农业基础论"剖析——兼谈"口号农业"的原因》，《社会科学战线》1996 年第 5 期，第 63~69 页。

傅晨认为，国民经济的基础是国民经济建立和发展的根本，农业不是我国国民经济的"唯一"基础。在工业化中后期，能源、交通等部门也成为现代国民经济发展的基础。①

2. 市场经济条件下农业基础地位的适用性问题

市场经济体制的建立，也为"农业基础地位"普遍性的讨论增加了新的争论点。"农业基础地位"在市场经济条件下的适用性问题，成为学术界研究的另一个主题。

持肯定意见的学者基本认同，"农业是国民经济发展的基础"与经济体制的改革无关，在市场经济体制下这一规律依然适用。如黄守宏认为，市场经济体制只是改变了生产的社会组织形式和资源配置方式，"农业基础地位"规律依然适用却有不同的表现形式：第一，农业成为经济增长的基础和波动的起点；第二，以前以农业的产品贡献及要素贡献为主导，市场经济体制建立后，农业的市场贡献越来越突出。②余维祥具体论述了农业仍然是国民经济发展基础的原因：第一，农业供应人民生存必需的食物；第二，农业维持农民家庭生存和农村社会安定；第三，农业为工业品提供了广阔市场。③小苏认为，我国由计划经济体制转向市场经济，反而使农业日渐表现出巨大的市场潜力。随着市场经济体制日臻健全，农业不再是自然风险、市场风险和社会风险较大的弱质产业，将更好地强化和显示出在国民经济中的基础性地位。④

持否定意见的学则提出，市场经济体制很大程度上影响到了农业的基础地位。如徐祥临认为，在市场经济体制下，农业的弱质性，以及满足社会最基本的生存需要的重要性，加上其在国民经济中的份额不断下降，决定了农业不应处于受重压的基础地位，而应处于受到保护的地位。⑤王五洲认为，如果市场机制不加限制地自由作用，将对农业的基础地位产生一定的冲击。具体表现是，在对生产要素配置的竞争中，农业投资的严重不足、耕地面积的锐减以及劳动投入的不足，将使农业处于极其不利的地位。⑥

---

① 傅晨：《辩证认识农业的基础地位》，《经济学家》1998年第5期，第115~117页。
② 黄守宏：《论市场经济条件下农业的基础地位》，《经济研究》1994年第1期，第24~30页。
③ 余维祥：《市场经济条件下的农业保护》，《经济研究》1994年第4期，第29~31页。
④ 小苏：《深化农业基础地位认识加速转变农业增长方式》，《中国农村经济》1996年第9期，第32~34页。
⑤ 徐祥临：《"农业基础论"剖析——兼谈"口号农业"的原因》，《社会科学战线》1996年第5期，第63~69页。
⑥ 王五洲：《市场经济条件下农业基础地位的再认识》，《经济问题》1995年第6期，第45~48页。

四 2002 年至今对农业基础地位的认识

21 世纪初,我国的农业发展进入了低潮期,粮食供求关系一度十分紧张。为发展农业生产,保障国家粮食安全和基本民生,国家陆续出台多项支持补贴政策,促进了农业的持续增长,保证了国民经济的健康发展。农业基础地位在这一时期得到充分体现,同时,学术界在经过多番争论后,对农业基础地位的认识在这一时期逐渐趋于一致,但也从不同角度对这一认识和思想进行了进一步探讨。

(一)"农业基础地位"的原因

在以往研究的基础上,学者们从一些全新的角度探讨了"农业基础地位"的原因。如张锦洪等利用世界银行的数据进行计量分析,来验证农业在国家经济中的基础地位。结果表明,农业对国民经济的边际效应虽然递减,但始终为正;中低收入国家的农业对国民经济的边际效应更大。[1] 陈锡文结合食物需要基本得到满足的现实,认为对农业重要性的认识需要进一步深化。第一,要更为重视农民的就业和收入问题;第二,要更为重视农产品国际竞争力和农业自身效益的提高;第三,要更为重视生态环境的保护和可持续发展。[2] 曾令秋延续了以前关于农业基础地位原因的讨论,认为用农业弱势地位、农业对工业的贡献来证明农业的基础地位是不正确的。唯一的原因应该是,农业是人们衣食之源、生存之本。[3] 周诚结合现代对产业部门的划分,提出上级产业是下级产业的基础。不仅农业是制造业和服务业的基础,而且农业和制造业是服务业的基础。[4]

(二)"农业基础地位"的变化与发展

随着工业化的推进和现代工业体系的建立,农业所占比重继续下降,一些

---

[1] 张锦洪、胡华:《农业基础地位的国际证据》,《重庆大学学报》(社会科学版) 2009 年第 15 卷第 5 期,第 32~36 页。

[2] 陈锡文:《新阶段要深化对农业是国民经济基础的认识》,《理论前沿》2002 年第 14 期,第 9~11 页。

[3] 曾令秋:《农业基础地位唯一论》,《西南民族大学》(人文社科版) 2008 年第 3 期,第 195~197 页、第 273 页。

[4] 周诚:《正确认识和阐述"农业是国民经济的基础"之规律》,《中国经济时报》2012 年 5 月 16 日,第 7 版。

生产基本工业产品的部门对国民经济的发展也越来越重要。在这样的背景下，关于"农业基础地位"普遍性的探讨也出现一些新的角度和观点。

学术界有观点认为，不仅农业依然处于基础地位，而且生产基础产品的工业也是国民经济的基础，学者们针对这一认识展开了探讨。如徐寿波认为，基础产业是生产农产品、服务产品和基础工业产品的产业群体，不同社会形态下的基础产业的发展重点和外延会有所不同。原始社会的生产主要是服务性质的劳动，服务业是唯一的基础产业。在农业社会里，农业就是最重要的基础产业。在工业时代，第三产业、第一产业以及第二产业中的基础工业都属于基础产业。在知识经济社会，基础产业中的服务业，特别是教育和科学技术的地位和作用会更加突出。[1] 对此，韩俊指出，虽然农业在国内生产总值中的占比越来越低，而且原料工业、能源、交通及通信等也属于基础产业，但农业处于最基础的母体产业。这是因为，一方面，农业活动提供了剩余农产品和劳动力；另一方面，第二、第三产业中有相当部分的行业必须由农业提供原料。[2]

第三节 农业和工业的关系

如何正确处理工农业的关系是我国现代化进程中的一大课题，关系到经济社会能否长期稳定地发展。新中国成立以来，学术界对工农业关系进行了大量的研究。研究内容涉及面较广且主题明确，既有对农业与工业总体关系的考察，也有对农业与工业相互支援问题的讨论。以这些主题为线索，学术界关于工农业关系争鸣的基本内容如下。

一 农业和工业间的总体关系

作为国民经济的重要组成部分，工业和农业之间有着密切的联系。理论界对于二者关系的理解经历了一个演变过程，从最初的"以农业为基础、以工业为主导"，到"优先发展重工业"和"以农轻重为序"的认识，再到"工农业协调发展"的转变。

---

[1] 徐寿波：《关于基础产业理论的几个问题》，《北京交通大学学报》（社会科学版）2009年第8卷第1期，第1~9页。
[2] 韩俊：《对新阶段加强农业基础地位的再认识》，《江苏农村经济》2008年第3期，第10~12页。

（一）对"以农业为基础、以工业为主导"的理解

在早期的社会主义经济建设过程中，党中央提出并确立了"以农业为基础、以工业为主导"的国民经济发展总方针。就如何理解和贯彻这一方针的问题，学术界从不同的角度做了探讨和阐述。

学者们一致认为，该方针客观反映了我国经济建设的实际情况，对保证经济协调均衡发展具有重要的指导作用。尹世杰认为，农业生产的发展，为生产资料、重工业以及整个国民经济的发展创造了条件和市场。[①] 俞明仁指出，以农业为基础并没有否定重工业优先发展的方针，而是正确地执行了这个方针。重工业不能孤立地存在和发展，只有将优先发展重工业同迅速发展农业和轻工业结合起来，重工业才能在相互促进中得到迅速的发展。[②] 何畏也强调，发展工业和发展农业同时并举的方针，是完全根据实际情况和客观经济规律制定的，也是相应发展轻工业和农业的方针在新情况下的进一步发展。[③] 曾启贤则认为，以农业为基础、以工业为主导，是对社会主义条件下两大部类相互关系及其作用的最完整和最具体的概括，也是马克思主义再生产理论的具体体现。[④]

（二）对"优先发展重工业"和"以农轻重为序"的理解

就国民经济发展中各部门的排列次序问题，党中央先后提出了优先发展重工业的方针和以农轻重为序安排经济计划的方针。学术界围绕这两个方针展开了热烈的讨论，论述的焦点主要有两个方面，即各产业的发展次序问题与重工业优先发展战略正确与否的问题。

1. 国民经济各部门的发展次序问题

依照这两个方针的内涵，学者们的观点大致可以分为三类：一是认为重工业应该优先发展，二是认为应以农轻重为序安排计划，还有学者指出以农轻重为序发展的结果就是重工业优先发展，两者并不冲突（见表1-6）。

[①] 尹世杰：《生产资料优先增长与发展农业》，《江汉学报》1963年第2期，第1~6页。
[②] 俞明仁：《论农业、轻工业和重工业的相互关系》，《经济研究》1960年第2期，第1~7页。
[③] 何畏：《关于发展农业的问题》，《经济研究》1958年第3期，第39~51页。
[④] 曾启贤：《我国发展国民经济总方针与马克思的再生产理论》，《江汉学报》1963年第2期，第7~10页。

表1-6 关于国民经济各部门发展次序的不同意见

争论焦点	主要观点	代表学者
"重工业优先"论	生产资料应比生活资料生产优先增长	杨坚白、王志平、朱培兴等
"农轻重为序"论	先有农业的发展,再是轻工业的发展,最后是重工业的发展	孙德山、王珏、王永银、许涤新等
"农轻重为序"="重工业优先"论	按农轻重顺序安排计划的结果就是重工业发展最快	陈立国、关梦觉等

持第一种观点的学者普遍认为,重工业在国民经济中的地位极其重要,发展速度应该快于其他产业。如杨坚白认为,重工业必须优先发展是首先应该肯定的。因为生产工具以及制造生产工具的生产资料就是由重工业部门生产出来的,而且社会生产的发展过程就是生产工具的不断改进和提高的过程。[①] 王志平认为,为了迅速实现社会主义工业化,使社会主义生产在技术不断提高的基础上持续高速度增长,生产资料的生产必须比生活资料的生产发展得更快。[②] 朱培兴从历史层面研究了生产资料优先增长规律的普遍性,认为社会主义制度下生产资料生产优先增长具有客观必然性。[③] 南开大学经济研究所指出,社会主义国家"以重工业为中心"进行社会主义建设,在农业和轻工业的支援下,重工业得到优先发展,重工业在国民经济中的作用能够得到充分的发挥。[④]

持第二种观点,即应以农轻重为序发展国民经济的学者从多方面论证了其合理性。如孙德山从总体上指出,应按照农业、轻工业和重工业的顺序,做好国民经济各个部门的综合平衡。在考虑统一的国民经济计划时,首先要考虑发展农业的速度。要加快发展农业,必须在人力物力财力上优先安排满足农业的需要。进行综合平衡,首先要注意工业和农业之间的平衡,要在保证农业迅速发展的同时,使轻工业和重工业能够有相应的发展。[⑤] 王珏认为,以农轻重为序发展经济与社会主义生产目的(满足人民物质和文化生活需要)紧密相关。

---

① 杨坚白:《试论农业、轻工业、重工业比例和消费、积累比例之间的内在联系(下)》,《经济研究》1962年第4期,第10~21页。

② 王志平:《马克思列宁主义再生产原理的创造性运用》,《学术月刊》1959年第12期,第14~20页。

③ 朱培兴:《试论生产资料生产优先增长规律在社会主义制度下的作用》,《教学与研究》1959年第7期,第34~41页。

④ 南开大学经济研究所:《社会主义的农业和工业——谈谈发展国民经济的总方针》,天津人民出版社,1978年,第25页。

⑤ 孙德山:《农业是国民经济的基础》,农业出版社,1963年,第21页。

农民占人口的大多数,发展农业生产可以满足农民和城市人民生活的需要,促使农民积极性得以保持和不断提高。同时,大量的农产品要经过加工和制造才能满足人民的需要,所以必须发展轻工业。① 王永银也持有类似观点。他认为,以农轻重为序,不是因为农业是基础和轻工业积累资金快,而是因为我国的具体情况。我国人口多,粮食需求大,我国的社会性质也决定了必须以本国农业为基础,同时,我国居民消费水平很低,生产基本生活必需品的意义重大。② 许涤新则认为,因为农业可以提供工业所需要的粮食、副食品、工业原料等,所以先有农业的发展,再是轻工业的发展,最后是重工业的发展。③

持第三种观点的学者一致认为,按照农轻重顺序安排国民计划的结果就是重工业发展最快。陈立国等指出,综合平衡的次序,即按照农轻重的次序来组织、安排计划任务,是由国民经济内部客观存在的本质联系所决定的。但是从农、轻、重的发展速度来考察,重工业的发展速度应该是最快的,其次是轻工业,农业的发展速度最慢。④ 关梦觉认为,农、轻、重三者发展速度快慢的次序,不同于三者计划安排的次序。虽然按照农、轻、重的次序来安排国民经济,三者发展的速度最后却是重工业最快,轻工业次之,农业又次之。按照农轻重的顺序安排国民经济,不仅不违反生产资料生产优先增长的规律,而且正是保护生产资料生产优先增长的可靠途径。⑤

2. 对重工业优先发展战略的评价

重工业优先发展战略是在新中国成立初期复杂的历史背景下提出的,对保障政治稳定和国家安全起到了重要的作用。对这一战略的评价,学术界有很多观点,有的认为重工业优先发展本身并不存在问题,而部分学者则持否定意见。

持第一种观点的学者认为,造成当时国民经济困难的不是重工业优先发展战略,而是其他领域出了问题。如孙圣民认为,改革开放前经济建设的困难不是重工业优先发展战略造成的,而是人民公社体制部分抑制了农业生产效率。最终导致农业产值和农民收入各损失了1/3,工业部门损失了2% ~8%的潜在

---

① 王珏:《只有搞清社会主义生产的目的才能变重轻农为农轻重》,《经济研究》1979年第12期,第33~35页。
② 王永银:《论以农轻重为序安排计划》,《经济研究》1980年第7期,第26~32页、第41页。
③ 许涤新:《有关农业经济的几个问题》,《经济研究》1978年第12期,第8~16页。
④ 陈立国、叶景哲、关其学:《关于按农、轻、重次序安排国民经济计划的两个问题》,《江汉学报》1963年第2期,第14~17页。
⑤ 关梦觉:《关于我国发展国民经济的总方针和社会主义农业集体经济产生与发展的若干理论问题》,《吉林大学社会科学学报》1963年第2期,第1~14页。

农业剩余，而这一数量是同时期转移的农业剩余量的两倍。① 姚洋等建立了重工业优先发展战略的动态一般均衡模型，并利用中国的数据对比了平衡战略、最优赶超战略以及过度赶超战略三条道路下的结果，得出重工业优先发展战略的方针是正确的，并提出计划经济时代的错误主要不在经济方面，而在政治方面。②

持第二种观点的学者普遍认为，重工业优先发展给中国经济带来了一些负面影响。如张占斌认为，重工业优先发展战略带来了许多的经济和社会问题，包括国民经济重大比例关系失调、城乡二元分治、非公有经济衰退以及国有企业和农村合作社效率低下等。③ 陈斌开等认为，落后国家实行重工业优先发展战略将降低资本积累率，导致更慢的城市化进程和更持久的城乡工资差距。赶超程度越大，城市化进程越慢，城乡工资差距缩小越慢。④ 任志江认为，重工业优先战略，使得经济管理权力回归中央以及计划经济体制确立。实践证明，不对发展战略进行根本性的修正，高度集中的计划体制无法从本质上被突破。⑤

（三） 对"工农业协调发展"的理解

党中央历来重视国民经济协调发展的问题，提出了一系列关于协调发展的理念，对保障国民经济的健康稳定运行发挥了重要作用。作为两大主要的产业部门，工业和农业协调发展的意义重大。学术界对此有很多的论述，主要集中在"工农业协调发展"的内涵、必要性和实现途径三个方面（见表1-7）。

学者们从不同的视角阐释了"工农业协调发展"的内涵。马晓河从实物量和价值量两个方面对"工农业协调发展"进行了定义，实物量上的协调是指工农业产品在供求总量和结构上能保持均衡，价值量上的协调是指两大产业的价

---

① 孙圣民：《工农业关系与经济发展：计划经济时代的历史计量学再考察——兼与姚洋、郑东雅商榷》，《经济研究》2009年第8期，第135~147页。
② 姚洋、郑东雅：《重工业与经济发展：计划经济时代再考察》，《经济研究》2008年第4期，第26~40页。
③ 张占斌：《中国优先发展重工业战略的政治经济学解析》，《中国党史研究》2007年第4期，第13~24页。
④ 陈斌开、林毅夫：《重工业优先发展战略、城市化和城乡工资差距》，《南开经济研究》2010年第1期，第3~18页。
⑤ 任志江：《重工业优先发展战略对经济管理体制变迁的影响——以八大前后为缩影的研究》，《社会科学辑刊》2006年第1期，第168~172页。

表1-7 关于"工农业协调发展"不同方面的理解

研究方面	主要观点	代表学者
"工农业协调发展"的内涵	实物量、价值量的适当比例	马晓河等
	协调、平衡的工农业互动关系	高占军、钟钰等
"工农业协调发展"的必要性	工农业脱节和城乡对立	詹武等
	工业偏斜政策导致国民经济波动与调整交替循环	郑重、郭玮等
"工农业协调发展"的实现途径	宏观角度：以农业生产的稳定增长和均衡增长为基础	曹新、喻新安等
	微观角度：注重农业资本积累、劳动力转移、土地制度等	曹俊杰等

值变量在变动过程中能保持适当的比例。① 高占军等提出，工业与农业协调的标准是，农业劳动力向非农产业的转移，能够促进工业就业与产出的逐渐扩大。同时，农业生产率的提高，足以使总人口中比较少的一部分人能用粮食和原料去支持整个经济。② 钟钰等则认为，工农业协同发展应顺应经济发展规律的要求，并不是对农业实行扭曲的保护政策，而是要形成一个协调、平衡的工农业互动关系。③

关于"工农业协调发展"的必要性，学者们表达了各自的看法。詹武着重论述了西方发达国家的"工业化"弊端，即造成工农业脱节和城乡对立，损害农业和农民的利益，并且提出，我国应该以此为鉴，坚持工农间、城乡间协调发展的原则。④ 郑重主要阐述了工农业协调发展在我国现代化建设中的战略性意义。我国工农业发展长期处于失调状态，国民经济呈波动与调整交替循环的状态。而且由于农民非农化滞后，形成二元结构性的矛盾，严重制约着我国现代化的进程。⑤ 郭玮也持有类似观点。他认为，我国长期形成的工业偏斜政策导致农业生产波动，反过来又构成整个经济波动的基础。工业偏斜政策已不再

---

① 马晓河：《我国工农业发展比例关系的研究》，《中国农村经济》1995年第7期，第9~17页。
② 高占军、姜洪波、韩雅琴：《当前我国工农业经济协调发展的几个问题》，《黑龙江财专学报》1994年第2期，第78~80页。
③ 钟钰、蓝海涛：《我国工农业互动现状、协同问题及政策研究》，《农业经济问题》2008年第9期，第86~91页、第112页。
④ 詹武：《工农城乡必须协调发展共同繁荣》，《农业经济问题》1995年第8期，第2~8页。
⑤ 郑重：《工农业协调发展在我国现代化建设中的战略意义》，《中国农村经济》1995年第5期，第3~6页、第11页。

适应发展的要求，应实行工农业协调发展战略。①

关于"工农业协调发展"的实现途径，有的学者从宏观角度给予了回答，如人民日报社论分析了工业、交通、财政、金融、贸易、科学、教育、文化、卫生、体育等部门支援农业的重要性与具体任务。② 曹新认为，国民经济的持续稳定快速增长，最终要建立在农业生产的稳定增长和均衡增长的基础上，因此重新确立农业增长的地位意义重大。③ 喻新安等通过构建模型推导得出，农业的人均资本存量是实现工农协调发展的关键，因此要加强城乡之间的产业联系，提高农业的人均资本累积率，加快农村人口向城市的就业转移。④ 也有学者从微观角度提出了一些具体措施，如曹俊杰建议，实施统筹工农业和城乡发展战略、尽快创新农地流转制度并逐步完善农村社会保障体系。⑤

二 对农业和工业相互支援问题的探讨

对于农业和工业相互支援的问题，学者们的研究或侧重于农业对工业的贡献，或强调工业对农业的支援（见表1-8）。

表1-8 关于农业和工业相互支援问题的不同理解

主要争鸣	主要观点	代表学者
对工农业相互依存关系的理解	"农业贡献工业"论	旦谷、王向明、刘拥军等
	"工业支援农业"论	季崇威、何国文、蒋永穆、黄世杰等
对"工业反哺农业"战略的理解	"工业反哺农业"战略的内涵	蔡昉、任保平、简新华等
	"工业反哺农业"战略的必要性	宋德勇、朱四海、周立群等
	"工业反哺农业"战略的实现路径	陈观烈、钱方明、陈池波、洪银兴等

强调农业对工业贡献的学者们普遍认为，农业对国民经济发展有产品、要素、市场和外汇四个方面的贡献，积极推动了工业化的进程。如旦谷详细论述了农业和轻工业的关系，指出农业内部包括粮食生产和经济作物的生产，后者直接为轻工业提供原料；轻工业分为农产品的加工业和非农产品的加工业，但

---

① 郭玮:《中国工农关系研究》,《经济学家》1992年第1期,第53~65页、第128页。
② 《各行各业都来支援农业》,《人民日报》1960年4月13日,第1版。
③ 曹新:《工农业协调发展与国民经济增长》,《桂海论丛》1999年第6期,第44~47页。
④ 喻新安、陈明星:《工农业互动协调发展的内在机理与实证分析——基于河南省"以农兴工、以工促农"的实践》,《中州学刊》2007年第6期,第48~53页。
⑤ 曹俊杰:《实现由工业反哺农业向工农业协调发展战略转变》,《中州学刊》2016年第11期,第24~28页。

归根到底都要以农业的发展为基础。①王向明批判了重工业可以为本身发展创造条件的说法,认为工业必须以农业的发展为前提。而且生产技术水平愈低,重工业发展对农业的相对依存就愈大。②刘拥军运用误差修正模型来分析农业对工业增长的决定作用,证明了农业增长率的短期波动是导致我国工业增长率短期波动的重要原因。③

侧重工业支援农业观点的学者认为我国应不断加强工业对农业的支持。如蒋永穆提出,工业化不是对农业实行支持的原因,而只是加大农业支持力度的原因;工业化的不同阶段,只存在农业支持力度大小的问题,而不存在是否对农业进行支持的问题。④季崇威结合当时的国情论述道:因为农业合作化已经完成,工农业发展的相互关系中最主要的方面是重工业应该加强对农业的支援,以促进农业生产力的发展。⑤何国文指出,如果忽略了工业对农业发展的配合与促进作用,在实践中必然不可能实现工农业同时并举的方针。⑥黄世杰认为,要树立全面支援农业,把支援农业、支援集体经济放在第一位的思想,认识到农业在国民经济中的地位和作用,自觉地为农业服务。⑦周永也认为,大力支援农业技术改造是社会主义工业化本身的要求。只有大力支援农业技术改造,加快农业现代化的建设,才能保证农业、工业以及整个国民经济的高速发展。⑧

特别是在我国工业化达到一定水平后,党中央提出了"工业反哺农业"的方针。学术界对这一方针进行了广泛而深入的讨论,讨论的主题有"工业反哺农业"的内涵、必要性和实现路径。

学者们从不同的视角阐释了"工业反哺农业"战略的内涵。如蔡昉认为这一战略并不意味着实行对农业的保护政策,而是指顺应经济发展规律的要求,创造良好的劳动力流动的环境,建立有保障的资金流动机制,增强农业基本资源和生产条件的可持续性。⑨任保平认为,"工业反哺农业"包含三层含义:一

---

① 旦谷:《略论轻工业与农业、重工业的关系》,《经济研究》1961年第12期,第1~10页。
② 王向明:《论重工业对农业的依存与支援》,《经济研究》1962年第10期,第1~11页。
③ 刘拥军:《我国农业增长与工业增长关系的实证研究》,《中国农村经济》2005年第10期,第12~17页。
④ 蒋永穆:《中国农业支持体系论》,四川大学出版社,2000年,第98~101页。
⑤ 季崇威:《我国工业应当积极支援和促进农业的发展》,《经济研究》1958年第3期,第1~11页。
⑥ 何国文:《试论在优先发展重工业的基础上发展工业和发展农业同时并举的方针》,《理论与实践》1958年第2期,6~11页。
⑦ 黄世杰:《工业如何更好地支援农业》,《中国经济问题》1963年第5期,第5~6页。
⑧ 周永:《工业必须积极支援农业技术改造》,《财经研究》1960年第4期,第8~12页。
⑨ 蔡昉:《"工业反哺农业、城市支持农村"的经济学分析》,《中国农村经济》2006年第1期,第11~17页。

是要由农业哺育工业转向工业反哺农业,二是改变农业的"弱质"地位,三是加快农业的现代化和提高农业综合生产能力。① 简新华等结合我国面临的国内条件与国际环境,提出工业反哺农业的政策取向是"造血"型反哺、重点型反哺、适度型反哺,而且应遵循统筹协调、互利双赢、效率公平和循序渐进四个原则。②

关于"工业反哺农业"的必要性,学者们运用不同方法从不同的角度进行了分析。如宋德勇等建立了工业和农业相互依存的二元经济内生增长模型,经过分析后得出工业反哺农业是我国经济均衡发展的必要条件。③ 朱四海等指出,工业"反哺"农业首先导源于农业小部门化,同时,资源耗竭和环境退化要求工业"哺育"农业,农业积累的历史贡献也要求工业"回馈"农业。④ 周立群等认为,我国当前反哺农业除了农业本身的弱质性,更多的是出于发展战略的调整("先农业哺育工业、然后工业反哺农业"两步走方针),以及区域经济层面和国民收入再分配层面协调发展的要求。⑤

就"工业反哺农业"的实现路径,学者们从不同的视角进行了探讨,并给出了具体建议。陈观烈指出,工业支援农业的内容主要是工业提供先进的技术——包括技术的物质形态(生产工具和其他新式生产资料)以及技术的经验形态(使用新式生产资料的生产技能)。⑥ 钱方明以嘉兴为例研究了区域层面工业反哺农业的机制和路径,提出了地方政府应适时推进工业反哺农业的强制性制度变迁、农民和企业的主动参与是工业反哺农业的关键、农业部门人力资本的投入是工业反哺农业的重点、工业反哺农业需要与经济发展阶段相适应四条建议。⑦ 陈池波等分析了农业补贴的优缺点。他们认为,农业补贴在短期内可以促进生产,在长期只有收入效应,并会造成公共支出负担和经济效

---

① 任保平:《工业反哺农业:我国工业化中期阶段的发展战略转型及其政策取向》,《西北大学学报》(哲学社会科学版)2005年第4期,第37~44页。
② 简新华、何志扬:《中国工业反哺农业的实现机制和路径选择》,《南京大学学报》(哲学·人文科学·社会科学版)2006年第5期,第28~35页。
③ 宋德勇、姚洪斌、郭涛:《工业与农业相互依存的内生增长模型——工业反哺农业的理论基础》,《经济学家》2007年第4期,第88~96页。
④ 朱四海、熊本国:《工业反哺农业实现机制刍议》,《中国农村经济》2005年第10期,第4~11页、第17页。
⑤ 周立群、许清正:《"工业反哺农业"若干问题述评》,《经济学家》2007年第2期,第72~76页。
⑥ 陈观烈:《论工业支援农业的几个问题》,《学术月刊》1963年第4期,第1~8页。
⑦ 钱方明:《工业反哺农业的机制与路径:基于嘉兴经验的理论分析》,《农业经济问题》2009年第4期,第16~20页。

率损失。因此，短期内农业补贴应瞄准生产目标，长期应逐步向一般服务支持转变。[①] 洪银兴总结了长三角地区的反哺经验：第一，应由工业对农业的反哺转变为工业和城市对农业和农村的全面反哺，城市的反哺作用增强；第二，反哺方式由反哺收入为主转向反哺要素为主；第三，反哺主体由乡镇区域内的企业为主体，转向以县级政府为中心。[②]

第四节 国家粮食安全战略

粮食安全不仅是经济发展和社会稳定的重要基石，更是中华民族生存和发展的先决条件。党中央历来高度重视粮食工作，制定和实施了一系列的战略与政策方针。就"粮食安全"这一主题，学术界的研究成果内容丰富而角度多元，既有理论层面的阐述，也有实践角度的探讨；既有对世界粮食安全战略的借鉴，也有对我国粮食安全的实际分析。本节从五个方面将其进行梳理，具体如下。

一 粮食安全的内涵

"粮食安全"这一概念，最早是1974年由联合国粮农组织提出的。有的学者选取某一视角阐释了其内涵，也有学者从综合的角度进行把握。

学者们从不同角度提出了对"粮食安全"概念的理解。如任柏强从供给和需求两个方面阐述了对"粮食安全"的理解，供给方面是指，确保生产足够的粮食和最大限度地稳定粮食供给；需求方面是指，确保所有需要粮食的人都能获得粮食，要满足生存和健康两方面的粮食需求，但不包括奢侈性粮食需求。[③] 许世卫也认为，根据我国的国情，粮食安全主要体现在稳定的粮食生产能力、合理的粮食品种结构、较高的粮食自给率和健康的粮食消费模式等方面。[④] 叶敬忠等则提出，国家的粮食安全与农户的粮食安全并不完全等同，在确保粮食安全的政策和措施上，不仅要从宏观上确保我国的粮食生产尽可能满足国内的

[①] 陈池波、江喜林、吕明霞：《从以农补工到反哺农业：对农业补贴短期与长期涵义的探讨》，《农业经济问题》2012年第12期，第19~27页、第110页。

[②] 洪银兴：《工业和城市反哺农业、农村的路径研究——长三角地区实践的理论思考》，《经济研究》2007年第8期，第13~20页。

[③] 任柏强：《论粮食安全问题》，《经济学家》2004年第2期，第47~50页。

[④] 许世卫：《我国粮食安全目标及风险分析》，《农业经济问题》2009年第5期，第12~16页、第110页。

粮食消费需求，而且还要从微观上考虑农户的粮食生产与其家庭经济状况、社会生活需求的关系。①

也有学者从综合的角度对"粮食安全"的内涵进行全面把握。胡岳岷等认为粮食安全表现为数量安全维度、品质安全维度、生态安全维度与健康安全维度的有机统一。它们之间的关系是，数量安全是保障，品质安全是要求，生态安全是前提，健康安全是终极价值诉求。② 杨东群等提出了新的粮食安全观念，认为应该包括数量平衡安全、质量无害安全、效益递增安全和生态环境安全四大组成部分。粮食生产应坚持社会效益、经济效益和生态效益的和谐统一。③ 蒋永穆等进一步拓展了"安全"的内涵，即必须要确保农产品的安全性或生产安全的农产品。我们长期以来对农产品安全的意识不强，导致农产品供给能力很强但是安全农产品的供给能力较弱，随着消费者对安全农产品消费需求的不断提升，这种供给的缺口会越来越大。④

二 我国粮食安全的现状

鉴于我国人多地少的基本国情，粮食安全问题格外重要。经过多年的不懈努力，我国在粮食安全方面取得了较大成就，综合保障能力得到提高。对于我国粮食安全的现状，部分学者着重论述取得的成效，部分学者则侧重论述当前存在的问题。

学者们从多种角度论述了我国在粮食安全方面取得的成就。如王济民等认为，在国家政策强力支持下，粮食安全形势迎来了历史最好水平。从供给看，连年丰收，库存充裕。从需求看，粮食总消费量稳定增长，短期内我国粮食供需基本平衡。同时，国际粮食价格连续5年下行，我国粮价稳定，价格优势明显。⑤ 刘与忠回顾了我国60年粮食产业的变化，指出我国几经调整和改革基本形成了相对稳定的粮食综合生产能力，初步建立了基本符合国情的粮食流通体

---

① 叶敬忠、安苗:《农业生产与粮食安全的社会学思考》,《农业经济问题》2009年第6期,第9~14页、第110页。
② 胡岳岷、刘元胜:《中国粮食安全:价值维度与战略选择》,《经济学家》2013年第5期,第50~56页。
③ 杨东群、王克军、蒋和平:《粮食减产影响我国粮食安全的分析与政策建议》,《经济学家》2018年第12期,第71~80页。
④ 蒋永穆、刘涛:《中国现代农业产业体系构建:原则、目标、基本要求和模式》,《理论月刊》2011年第9期,第8页。
⑤ 王济民、张灵静、欧阳儒彬:《改革开放四十年我国粮食安全:成就、问题及建议》,《农业经济问题》2018年第12期,第14~18页。

制，并牢固确立了保障国家粮食安全长期任务的共识。[①] 丁声俊认为，与全球粮食总产量下降和储备减少形成鲜明对照的是，中国粮食产量连续增长，供应充裕，储备增加，粮食自给率一直保持高水平。[②]

也有学者从不同的视角对粮食安全存在的问题进行了分析。如黎东升等认为，新常态下我国粮食安全的深层次矛盾逐步显现，第一，进口量与浪费量双高并存；第二，生产成本高与进口关税低并存；第三，资源减少与生态环境恶化并存；第四，支持政策空间小和种粮积极性低并存。[③] 肖俊彦认为，虽然我国粮食生产实现"七连增"，但也出现进口"七连增"，突破了95%的粮食自给保障线。诸多不利因素（水资源约束、耕地数量与质量下降等）都在动摇粮食稳产增产的基础。[④] 廖西元等将我国粮食生产中存在的问题概括为，广大粮农之困惑、地方政府之心病和中央政府之无奈，并进一步指出其根源是我国粮食安全的国家战略缺失。[⑤]

三 我国粮食安全的影响因素

粮食安全是一个综合性问题，受多种因素的影响。学术界多从耕地、农村劳动力转移、工业化和城镇化等角度进行论述（见表1-9）。

表1-9 关于我国粮食安全影响因素的研究

影响因素	研究方面	代表学者
耕地因素	耕地数量变化及质量状况	傅泽强、聂英、马述忠等
农村劳动力转移	农村劳动力向城市流动	刘亮、匡远配、卫龙宝等
工业化和城镇化	需求端、供给端	曾靖、李岳云、刘明国等
其他影响因素	人口结构	向晶等
	农业气象灾害	周曙东等
	化肥使用	曾靖等

[①] 刘与忠：《创业维艰 成就辉煌——简述我国六十年粮食行业巨变和粮食安全对策》，《中国粮食经济》2009年12期，第30~32页。

[②] 丁声俊：《为世界粮食安全作出贡献——中国成就令人信服》，《中国粮食经济》2008年第2期，第22页。

[③] 黎东升、曾靖：《经济新常态下我国粮食安全面临的挑战》，《农业经济问题》2015年第5期，第42~47页、第110页。

[④] 肖俊彦：《警惕我国粮食安全保障能力下降》，《农业经济问题》2012年第6期，第9~13页、第110页。

[⑤] 廖西元、李凤博、徐春春、申红芳、方福平：《粮食安全的国家战略》2011年第4期，第9~16页、第110页。

耕地是粮食生产的源泉，对粮食产量有着根本性的影响。学者们从多种角度对这一因素进行了分析，如傅泽强等分析了耕地数量变化及质量状况与粮食生产的相关关系，结论表明耕地面积对粮食总产量具有明显的约束作用，而且高产田和中产田对粮食总产量的贡献较大，二者合计达到80%以上。① 聂英进一步指出，新中国成立以来我国耕地的数量变化与粮食产量波动基本一致，但也不完全同步。在技术水平相对稳定而且存有可供开垦的后备耕地资源的条件下，耕地数量的增减变化与粮食产量波动之间有较高的相关关系。② 马述忠等通过构建一个仿真系统，来研究高强度耕地利用模式下中国粮食生产能力的演进路径。结果表明，这一模式在短期会促进粮食产量提升，在长期则将导致耕地资源的供给质量恶化。③

农村劳动力向城市转移，导致了农村的空心化，对农业生产造成了较大影响。但同时农村人口的减少也为土地要素的流动提供了条件，促进农业生产集约化和机械化发展。学者们从不同的角度、运用不同的方法进一步阐述了农村劳动力流动对粮食安全的影响，得出了不同结论。刘亮等利用县级和农户面板数据研究发现，因为主产区农户会通过增加其他农业生产要素来替代劳动力投入的减少，农村劳动力转移对粮食总产量的影响并不大，尚未严重威胁到中国的粮食安全。④ 匡远配基于"微笑曲线"理论，研究了农村劳动力流动对粮食安全的影响，估算出我国农村劳动力流动适度规模为0.8亿~2.0亿人。⑤ 卫龙宝等选取黑龙江省下辖市的面板数据进行实证研究发现，总体上农业劳动力转移对黑龙江省的粮食产量产生积极影响，但高质素的农业劳动力转移会产生显著负向影响。⑥

学者们通过研究指出，工业化和城镇化会对粮食安全产生一定不利影响。曾靖着重从需求端进行了论述，他认为工业化促使城乡居民收入提高，改变居民膳食结构，推动农村城镇化，并引起对生物质能源的粮食需求。这些都大大

---

① 傅泽强、蔡运龙、杨友孝、戴尔阜：《中国粮食安全与耕地资源变化的相关分析》，《自然资源学报》2001年第4期，第313~319页。
② 聂英：《中国粮食安全的耕地贡献分析》，《经济学家》2015年第1期，第83~93页。
③ 马述忠、叶宏亮、任婉婉：《基于国内外耕地资源有效供给的中国粮食安全问题研究》，《农业经济问题》2015年第6期，第9~19页、第110页。
④ 刘亮、章元、高汉：《劳动力转移与粮食安全》，《统计研究》2014年第9期，第58~64页。
⑤ 匡远配：《农村劳动力流动影响粮食安全的新解释》，《人口与经济》2010年第5期，第1~7页。
⑥ 卫龙宝、张艳虹、高叙文：《我国农业劳动力转移对粮食安全的影响——基于面板数据的实证分析》，《经济问题探索》2017年第2期，第160~167页。

提高了粮食消费需求,对粮食安全形成威胁。① 李岳云提出,过度的工业化和城镇化是中国粮食安全的直接诱因,一是对耕地的大量占用,造成粮食总产量下降;二是对高素质劳动力的大量吸引,造成粮食单产不高;三是增加了粮食消费。② 刘明国则认为,我国工业化和城镇化发展战略与保障粮食安全是相互冲突的。只要工业技术水平落后于发达国家,那么工业产品就不具有竞争力,工业反哺农业就没有经济上的实际意义。③

学者们还研究了其他影响粮食安全的因素。人口结构方面,向晶等利用标准人消费指数这一概念,建立模型并进行分析得出,我国未来人口结构的调整很可能会进一步降低粮食需求总量的增长速度。④ 农业气象灾害方面,周曙东等分析了气候变化对粮食安全的影响,结果显示未来气温上升导致粮食单产下降。除东北地区外,其他五个地区的粮食产量都将下降,从而对未来的粮食安全形势构成威胁。⑤ 化肥的使用与粮食安全的关系方面,曾靖等指出,化肥投入对粮食安全有着极其重要的保障作用,但盲目超量施用化肥也有一定的负面作用,会造成农产品品质下降,给土壤、地下水等粮食生产环境带来污染,增加粮食生产成本,降低粮食生产收益。⑥

四 开放条件下我国的粮食安全

2001年,我国加入世界贸易组织,经济社会的全球化速度开始加快。就对粮食安全的影响而言,入世是新的发展机遇还是严峻的挑战,学者们对此进行了激烈讨论。

持乐观态度的学者认为,加入世界贸易组织并不会对粮食安全造成太大威胁,反而会促进粮食生产的发展。如林毅夫认为,加入WTO后,中国经济会按照劳动力密集产品这一比较优势来发展,让具有比较优势的农产品顺利出口,

---

① 曾靖:《我国工业化对粮食消费的影响及对策研究》,《安徽农业科学》2012年第16期,第9124~9125页、第9145页。
② 李岳云:《工业化、城市化与粮食安全》,《现代经济探讨》2007年第1期,第27~30页。
③ 刘明国:《工业化、城市化与粮食安全的冲突——发展中国家的后发劣势》,《华北电力大学学报》(社会科学版)2011年第2期,第32~33页。
④ 向晶、钟甫宁:《人口结构变动对未来粮食需求的影响:2010~2050》,《中国人口·资源与环境》2013年第6期,第117~121页。
⑤ 周曙东、周文魁、林光华、乔辉:《未来气候变化对我国粮食安全的影响》,《南京农业大学学报》(社会科学版)2013年第1期,第56~65页。
⑥ 曾靖、常春华、王雅鹏:《基于粮食安全的我国化肥投入研究》,《农业经济问题》2010年第5期,第66~70页、第111页。

让没有比较优势的粮食顺利进口，农村剩余劳动力将更快地转移到非农产业，对农民收入的增加和粮食安全问题的解决有很大帮助。① 苗齐等认为，经济全球化对粮食安全的促进表现在两个方面，一是我国将按照比较优势主动调整粮食生产和农业生产结构，优化粮食供给结构和改善竞争力；二是会扩大具有生产优势的食物出口规模，既可以保证粮食进口的外汇供应，又可以增强农业的自我发展能力。②

持谨慎态度的学者认为，加入世界贸易组织会对我国粮食安全形成冲击。如黄雪琴论述了中国粮食流通体制将面临的挑战：一是失去非关税手段，造成国内粮食市场保护仅剩关税屏障；二是取消出口补贴会削弱中国粮食的出口竞争力；三是进口市场集中使中国的粮食安全问题更为突出；四是市场开放将使中国目前的某些政策很难执行；五是进口垄断状态的结束使政府宏观调控和国有粮食企业扭亏为盈的压力增大。③ 周士跃提出加入世贸组织对我国粮食安全的影响表现在国内和国际两个方面：在国内，粮食供需缺口会逐渐扩大且粮食主产区与主销区矛盾日益突出；国际上，粮食市场的危机表现为，国际市场粮食供需结构失衡、粮食能源化加剧全球粮食供给紧张、粮食金融化增加粮食不安全因素，以及农业跨国公司全球扩张肆虐。④ 石爱虎认为，我国农业生产力水平很低，对农业的支持与保护又被限定在极低水平，过早地开放农产品市场将给我国粮食生产带来冲击，进而影响粮食产量的增长，导致粮食贸易依存度上升和粮食自给率下降，还会造成农村贫困人口增加和低收入阶层粮食保障程度下降。⑤

五　我国粮食安全的实现途径

关于粮食安全的实现路径，学者们从不同的内容和角度提出了不同的意见和建议。

从宏观视角即政府的角度进行分析，学者们得出了对内政策的主要提议。

---

① 林毅夫：《入世与中国粮食安全和农村发展》，《农业经济问题》2004 年第 1 期，第 32~33 页、第 79 页。
② 苗齐、钟甫宁：《经济全球化与我国新的粮食安全策略》，《吉林农业大学学报》2001 年第 2 期，第 117~121 页。
③ 黄雪琴：《入世对中国粮食流通体制的挑战》，《国际贸易问题》2001 年第 11 期，第 27~32 页。
④ 周士跃：《全球化视野下中国粮食安全问题研究》，《新疆农垦经济》2014 年第 8 期，第 35~38 页、第 71 页。
⑤ 石爱虎：《论经济全球化进程中的中国粮食安全问题》，《集美大学学报》（哲学社会科学版）2004 年第 1 期，第 55~61 页。

如罗光强分析了国家粮食安全责任战略的实现行为及相互关系,提出必须大力营造粮食安全责任的良好社会行为环境,努力发挥政府行为的主体性和主导性,充分利用市场行为的有效性和基础性,不断提高粮食安全责任的农户行为积极性和创造性。[1] 周明建等在分析了主要发达国家确保粮食安全措施的基础上,结合我国的现实情况,从切实保护和稳定提高粮食综合生产能力与供给能力、完善国家粮食储备制度和积极利用国际粮食市场等方面提出了建议。[2] 田永强从金融方面提出了维护我国粮食安全的政策,一是发挥农业政策性银行的宏观调控职能,为各级储备粮体系建设提供强有力的金融支持;二是加快国有粮食购销企业市场化改革步伐;三是切实加强农业基础设施建设和科技兴农的信贷投入;四是完善金融服务功能,为粮食生产提供全方位的服务。[3]

还有学者从微观视角即从农民的利益出发进行了研究。王雅鹏认为,我国粮食安全选择市场化、国际化以及高库存事后管理的路径,不能从根本上保证稳定、持续的粮食安全,应当选择以发展粮食生产为根本,以推动农民增收为动力,从而实现粮食安全的路径。[4] 吕新业等认为,粮食安全既包括宏观层面的粮食安全,也包括微观层面的粮食安全,宏观层面上培养整个国家的粮食获取能力是实现粮食安全的基础,但只有消除贫困、解决微观层面的粮食安全问题,才能真正实现全局的粮食安全。[5] 姜明认为,粮食安全对于一个国家来说是重要的政治目标,但对于农民来说却意味着收入损失。政府要继续保持充足的粮食供应,必须增加投入,包括农业投资和粮食生产补贴,不能只靠号召来提高农民生产粮食的积极性。[6]

还有学者从国际国内双轨道出发,提出应将粮食安全战略建立在国际合作和国际化的基础上。如王永春等在分析今后粮食安全国际合作发展趋势基础上,提出了推进人类命运共同体建设、提高中国国际话语权、充分利用国际组织平

---

[1] 罗光强:《我国粮食安全责任战略的实现行为研究》,《农业经济问题》2012年第3期,第9~14页、第110页。
[2] 周明建、叶文琴:《发达国家确保粮食安全的对策及对我国的借鉴意义》,《农业经济问题》2005年第6期,第74~78页。
[3] 田永强:《关于粮食安全问题的金融思考》,《农业经济问题》2004年第12期,第19~22页。
[4] 王雅鹏:《对我国粮食安全路径选择的思考——基于农民增收的分析》,《中国农村经济》2005年第3期,第4~11页。
[5] 吕新业、王济民、吕向东:《我国粮食安全状况及预警系统研究》,《农业经济问题》2005年第S1期,第34~40页。
[6] 姜明:《粮食安全与粮食价格——农产品价格形成机制研究》,《农业经济问题》1991年第11期,第33~35页。

台加强三方合作以及支持企业行动来促进民间合作等对策建议。[①] 税尚楠认为，我国全球化平台上的粮食安全战略就是要建立自己的全球化的农产品供给链。首先，打造几个以全球平台和供给链管理为经营基础的"中粮集团"以及有特色的全球农产品供给链，在全球平台上开辟新的供给链源头。[②] 郑风田提出了农业国际化发展的新战略，一是制定我国农业国际化发展的战略计划；二是大力发展外向型农业，积极参与国际市场竞争；三是转变生产观念，从以产定销到以销定产；四是推广农产品品质标准规范管理，有序调控农产品品质；五是注意农产品卫生健康安全问题。[③] 罗斌在借鉴美国、欧盟、印度和日本的粮食安全管理体制经验的基础上，总结了国外关于粮食行政管理体制创新方面的启示和借鉴意义。第一，粮食行政管理应统一高效；第二，以市场机制为基础、政府调控为主导；第三，应加快粮食市场体系建设；第四，应推进粮食行政管理体制改革。[④]

第五节　总体考察

农业基础地位思想是中国特色社会主义建设实践中得出的科学理论，对我国经济稳定和健康发展有着重要作用。总体来看，学术界对这一思想进行了充分的讨论，既有对不同问题的研究争议，也有对同一问题的视角和方法拓展。本节在综合考察前面各小节的基础上，提炼出我国农业基础地位思想演进的本质和特点，也对农业基础地位思想未来的研究重点进行了展望。

一　农业基础地位思想研究演进的特点

农业基础地位思想的发展始终贯穿我国经济社会建设的全过程。伴随着基本国情和农情的变化，学术界对农业基础地位的争鸣和认识也相应地阶段性起伏。总体来说，其演进过程主要呈现出以下特点。

第一，始终坚持农业基础地位不动摇。从新中国成立初期到中国特色社会

---

① 王永春、王秀东：《改革开放40年中国粮食安全国际合作发展及展望》，《农业经济问题》2008年第11期，第70~77页。
② 税尚楠：《全球化视角下我国粮食安全的新思维及战略》，《农业经济问题》2012年第6期，第21~25页、第110页。
③ 郑风田：《粮食安全政策代价与中国农业的国际化》，《经济理论与经济管理》2002年第10期，第72~75页。
④ 罗斌：《国外粮食安全管理的经验与借鉴》，《经济学家》2012年第9期，第97~102页。

主义进入新时代，对农业基础地位问题的探索始终贯穿我国经济社会发展全过程，农业在国民经济中的基础地位从未动摇。但纵观我国经济建设的不同阶段，学术界对农业的基础地位持有不同的看法。如新中国成立之初，学者们就当时呈小农经济形态的农业是否应成为社会主义国民经济发展的基础进行了争论；改革开放初期，学者们就农业基础地位在工业社会和生产力更发达的社会是否具有适用性的问题展开了讨论；随着社会主义市场经济体制的建立，理论界就市场经济条件下农业是否应保持国民经济基础地位的问题展开了激烈的探讨；随着工业化的不断推进，农业在国民经济中的份额不断下降，"农业份额下降后是否仍应保持其基础地位"又成为新的争论焦点。但随着经济社会的不断发展，农业农村农民问题出现新的变化和挑战，坚持农业的基础地位思想对于解决这些问题至关重要，从而持否定意见的观点也较快地被湮灭。

第二，农业基础地位的内涵随时代变迁而不断丰富和发展。新中国成立初期，理论界对于农业基础地位原因的探讨主要从经济和政治层面出发，即农业为工业化提供支持和巩固工农联盟。改革开放探索初期，农业基础地位产生的原因逐渐延伸到考虑农业对整个国民经济社会的重要性，一方面是农业产品为人类提供基本生活资料、农业劳动是基础劳动，另一方面是农业劳动生产率的提高对社会分工和社会经济发展具有重要作用。随之而来的是，对农业地位的认识也发生了转变，即从经济发展角度的基础产业地位到转向政治安全角度的国家战略地位。现在，随着农业功能的不断拓展，农业不仅具有产品、市场、要素、外汇贡献的经济功能，劳动就业、社会保障的社会功能，还有对自然环境支撑、改善的生态功能，保护、传承历史文化多样性的文化功能，农业功能的不断发掘也使得农业基础地位产生的原因不断深化。

第三，不断深化对农业基础地位规律性的认识。对于"农业基础地位"是否成为一条规律以及这一规律是否具有普遍性、多大程度上具有普遍性的问题，学者们持不同观点，也进行了激烈的讨论。经过理论上的论证与实践中的印证，最终学者们普遍认同，"农业基础地位"这一规律反映了经济活动的内在必然联系，并且是跨越时代、跨越国家、跨越制度的普遍规律。从不同时代来看，我国经济社会建设实践证明，不论是新中国成立初期还是中国特色社会主义进入新时代，"农业基础地位"都是我们应该并且确实始终毫不动摇地坚持的。从不同国家来看，虽然不同的基本国情，使得各国农业经营制度之间存在差异，但对于"农业基础地位"这一规律的认识与坚持，各个国家都达成了普遍共识。从不同制度来看，社会主义制度的本质要求决定了我国经济社会发展的方向应始终符合最广大人民的根本利益,应始终坚持农业基础地位的客观规律;资本主义制度追逐剩余价值的本性同样也决定其农业的基础地位,即需要维持强大的军事、科技、金融、农业等多方优势。

二 农业基础地位思想研究的未来展望

农业基础地位思想的变迁与演进始终紧密结合我国经济社会发展实践的最新变化,随着我国中国特色社会主义进入新时代,农业基础地位思想也将随之进行创新和发展。

(一) 打好政策"组合拳",稳固农业"压舱石"

虽然我国农业现代化稳步推进,主要农产品供应充足,农民收入持续增长,但我国农业基础仍然薄弱。在新的历史条件下,农业在国民经济中的基础地位没有变,农民是最值得关怀的最大群体的现实没有变,农村是全面建成小康社会的短板没有变。从我国人口大国、发展中大国的基本国情出发,坚持农业基础地位,关乎全面小康社会能否如期建成,关乎社会主义现代化强国战略的顺利实现。因此,抓住农业的基础地位,也就是抓住了经济社会发展大棋局的"眼",在这一时期研究农业基础地位思想,就是要深刻认识及阐释其新内涵、从全局角度出发论证其重要性、科学准确地把握其体现形式,以此为抓手解决未来经济社会发展中可能出现的各种矛盾。

(二) 实现"确保谷物基本自给、口粮绝对安全"[①] 的国家粮食安全战略

粮食生产是安天下、稳民心的战略产业。在新的历史时期,保障国家粮食安全是农业基础地位的重要体现形式。习近平曾指出:"我国是个人口众多的大国,解决好吃饭问题始终是治国理政的头等大事",[②] 并提出"坚持最严格的耕地保护制度,坚守耕地红线,实施藏粮于地、藏粮于技战略,提高粮食产能,确保谷物基本自给、口粮绝对安全"。[③]

一方面,保障国家粮食安全的根本在耕地。耕地是粮食生产的命根子,是粮食生产的主要载体,"藏粮于地"是建立我国粮食安全和农业健康发展长效

---

① 《关于全面深化农村改革加快推进农业现代化的若干意见》,人民出版社,2014年,第3页。
② 中共中央文献研究室编《十八大以来重要文献选编(上)》,中央文献出版社,2014年,第659页。
③ 《中国共产党第十八届中央委员会第五次全体会议文件汇编》,人民出版社,2015年,第40页。

机制的重要组成部分；另一方面，出路在科技。"藏粮于技"是粮食生产的必然选择，科技是农业现代化的重要支撑，粮食生产的根本出路在科技进步，要走依靠科技、提高单产的内涵式发展道路。因此，农业基础地位思想的未来研究重点应在以上两个方面不断深化和拓展。

(三) 聚焦农业多功能性，从更广泛的角度认识农业基础地位

全面建设社会主义现代化强国的重大战略部署为农业农村发展指明了方向，也对农业基础地位的认识提出了全新要求。从更广泛的意义上讲，农业不仅是工业和国民经济发展的基础，也是社会进步、国家安全、生态保护的基础，既要统筹推动新型工业化、信息化、城镇化、农业现代化同步发展，也要兼顾保障国家安全、协调推进整个社会进步和生态保护的实现。因此，在新时代坚持农业基础地位，应进一步拓展思路、加深认识，探寻农业与经济、政治、文化、社会和生态各方面协调发展的实现路径。

第二章 农村基本经营制度

农村基本经营制度是党在农村工作的基石,是新中国成立70年来我国农业农村现代化探索的宝贵成果。农村基本经营制度是指"家庭承包经营为基础、统分结合的双层经营体制",围绕农村基本经营制度,学者们的争鸣主题主要集中在农村集体所有制、农村基本经营制度的重要性及其形成、如何理解农村基本经营制度、农业社会化服务体系、发展农村集体经济、农业产业融合六个方面。

第一节 农村集体所有制

自1956年完成农业社会主义改造后至今,我国农村主要生产资料——土地一直坚持集体所有制。农村集体所有制是我国社会主义公有制的重要组成部分,我国农村基本经营制度衍生于农村土地集体所有制这一最基本的制度架构。围绕农村集体所有制的争议集中体现在三个方面:一是为什么要建立农村集体所有制,二是如何建立农村集体所有制,三是为什么要坚持农村集体所有制。

一 建立农村集体所有制的必要性

新中国成立初期,土地改革实现了"耕者有其田",但众多的小农户面临着"向何处去"的重大命题,农村集体所有制即是对新中国成立初期农村土地私有制进行社会主义改造的产物。在当时,围绕为什么要建立集体所有制,提出了包括建立集体所有制是发展生产力的需要、是适应社会主义工业化发展的需要、巩固革命成果以及农户有提高合作化程度的积极性等几个方面的原因。

(一) 巩固革命成果

部分学者指出,在土地改革后形成的农村私有制与党确定的社会主义公有制的目标是相悖的,如果不建立集体所有制,任由土地私有并自由买卖,会产生新的阶级分化。农业社会化改造可以从制度层面避免新的贫富分化产生。20世纪50年代,王谦、王国藩通过实地调研考察,指出农村出现土地买卖,呈现"阶级关系新的特点",土地私有的是农村阶级分化的基础。①② 亦农也指出,人民公社可以"使农民永远摆脱穷困和走上普遍富裕的道路"。③ 陈锡文也认为,"要求农户组织起来发展互助组、合作社,与当时希望遏制因贫困户被迫卖地、破产而可能再次出现土地被兼并集中的现象有很大关系"。④

(二) 发展生产力的需要

部分学者认为,建立集体所有制可以促进生产力的发展,其依据主要是合作社促进了生产发展。土地改革后,小农户是分散的,合作社可以为农民"供应商品肥料、新旧农具、农药及农药械","改良农业技术"。⑤ 史富生认为合作社"通过集中投资,集体劳动,统一的合理经营土地,多加工,多加肥,采用科学技术,充分发挥了人尽其才、地尽其力的作用"。⑥ 陈耕陶从实际案例入手,以国营农场和组织起来的农民使用农药为例,说明了集体在农业生产尤其是工业化以后的优势,并进一步指出"个体农民应该尽快组织起来,走合作化道路"。⑦ 郭昭指出苏联集体农庄和国营农场"比个体经营好、质量高","为过渡到全面集体化准备了条件"。⑧ 方元认可"农民平分了土地,并没有完全解决问题,因为农具、牲口和货币的所有权是分配得不平均的……",认为马克思主义政党在土地改革后应重新配置资源,实现农村中的社会主义革命。⑨

(三) 适应社会主义工业化发展的需要

由于农业能为工业提供原料、消费品市场等,不少学者赞同要实现社会主义工业化建设,就要先提高合作化程度,建立农村集体所有制。孙晓邨等指出,

---

① 王谦:《山西老区五个农村情况调查报告》,《中国金融》1951年第11期,第19~20页。
② 王国藩:《从农业生产合作社到人民公社》,《教学与研究》1958年第12期,第1~5页。
③ 亦农:《人民公社是我国历史发展的必然产物》,《经济研究》1959年第11期,第21~33页。
④ 陈锡文:《读懂中国农业农村农民》,外文出版社,2018年,第65页。
⑤ 《合作社应切实贯彻为农业生产服务的方针 继续加强生产资料的供应工作》,《人民日报》1953年2月8日,第2版。
⑥ 史富生:《三年后要走上集体农庄的道路》,《中国农业科学》1952年第9期,第39页。
⑦ 陈耕陶:《组织起来,更有效地使用农药》,《农业科学通讯》1953年第12期,第504页。
⑧ 郭昭:《苏联社会主义农业的无比优越性》,《世界知识》1954年第20期,第12~13页。
⑨ 方元:《要走社会主义的道路——读"列宁论农业社会主义改造的道路"》,《读书月报》1955年第5期,第1~3页。

新中国成立初期"小农经济的生产在整个国民经济中占据极大的比重。这种落后的生产方式使农业不能迅速发展,从而必然使整个国民经济的发展受到影响,因此自从1953年大规模的工业建设开始以后,就出现了农业生产在计划上、在数量上不能与工业相适应的矛盾"。① 因此,为了使"散漫的零碎的农户"供应出"更多的粮食与工业原料,满足城市和工业的需要","必须使分散的生产变成集体的生产,即实行小农经济的社会主义改造"。② 陈克俭也认为,社会主义建设是工业和农业的统一,社会主义工业化不能离开农业合作化而独立地进行,农业的发展必须适应社会主义工业化的方针,所以,有必要进行农业社会主义改造。③ 陈锡文也认为农业社会主义改造是"保障粮棉油等重要农产品供给和积累工业化资金的需要。"④

(四) 农户有建立集体所有制的积极性

新中国成立以前,共产党领导的革命老区就有合作化的经验,新中国成立初期,互助组、初级社又取得了良好的成效,一部分合作社有向更高级形式发展的需求,部分学者敏感地看到这一现象并将之理解为农户有提高合作化程度、建立集体所有制的积极性。王谦在《山西老区五个农村情况调查报告》中指出,有部分农户"自愿由互助组过渡到更高一级的组织形式,即农业生产合作社",其土地仍保持私有,组织原则是"土地由大家集体经营,生产物则按劳力和土地统一分配"。由于农业生产合作社不仅实现了粮食增产,而且实现了副业增收,入社农民都认为"农业生产合作社就是比互助组强些"。⑤《人民日报》专栏文章认为北京郊区农民在建社、扩社中所表现出的特点是"合作化的思想深入人心,农民办社的情绪普遍高涨"。⑥ 王国藩在其报告中也指出"群众早就有向共产主义迈进的新要求"是合作社"一次比一次扩大"的原因。⑦

---

① 孙晓邨、萧鸿麟、曹锡光:《我国农业的社会主义改造的若干政策的客观依据问题》,《经济研究》1955年第1期,第40~63页。
② 方刚毅:《从小农经济进行社会主义改造谈到养蜂事业的发展前途》,《中国养蜂杂志》1954年第1期,第22~27页。
③ 陈克俭:《论当前我国工农业相适应问题及其深刻的意义——学习毛主席"关于农业合作化问题"的一点体会》,《厦门大学学报》(社会科学版)1955年第6期,第52~64页。
④ 陈锡文:《读懂中国农业农村农民》,外文出版社,2018年,第65页。
⑤ 王谦:《山西老区五个农村情况调查报告》,《中国金融》1951年第11期,第19~20页。
⑥ 《北京郊区农民积极参加农业生产合作社》,《人民日报》1954年10月23日,第2版。
⑦ 王国藩:《从农业生产合作社到人民公社》,《教学与研究》1958年第12期,第1~5页。

二 建立农村集体所有制的路径

关于是否建立集体所有制即是否进行农业社会主义改造,学术界并不存在本质分歧。但是对于如何建立集体所有制、建立集体所有制的物质条件和思想条件,学者们的认识是有差异的。

(一) 先实现农业机械化

徐慎行认为"发展生产力"是"从三级所有制过渡到公社基本所有制的最基本条件",他"反对有人提出在中国特殊条件下,可以在农业机械化或基本上实现机械化前,实现公社基本所有制的说法。从个体所有制到集体所有制,没有农业机械化是可以的,但要在没有机械化的条件下实现公社基本所有制则有困难",且"把机械化当作主要条件并不会推迟过渡的时间,相反的,这将可能是很快的"。[①] 陈翰伯认为机械化可以促进农业生产进一步提高,有利于小块土地的经营向大块土地的经营转变。[②] 潘惟孝认为"实现农业一定程度的机械化、电气化,公社经济力量的壮大,穷富队差别的大致平衡"是主要条件,指出"有些同志不提机械化、电气化而提生产力发展和生产的进一步社会化作为实现这一过渡的基础,这实质上就是承认要有一定程度的机械化",且"随着国家工业化的迅速发展,工业支援农业的物质力量将日益增大,实现一定程度的机械化、电气化的时间不会太长了"。[③]

也有部分学者认为并不一定要机械化后才能实现向集体所有制的过渡,主要理由包括:第一,中国过去没有机械化,也可以实现农业集体化;第二,农业生产特点决定农业劳动生产率提高的关键,不在于农业机械化;第三,农业机械化在中国条件下不可能很快实现。[④][⑤] 张渭英认为"不能认为实现农业机械化是过渡的一个突出的重要条件","要全面实现农业机械化,在中国的具体条

[①] 徐慎行:《从三级所有制过渡到公社基本所有制的最基本条件是农业机械化》,《中国经济问题》1959年第10期,第8~9页。

[②] 陈翰伯:《必须优先发展重工业》,《人民日报》1955年7月17日,第3版。

[③] 潘惟孝:《从三级所有制向公社基本所有制过渡要有一定程度的机械化条件》,《中国经济问题》1959年第10期,第17页。

[④] 厦门大学经济研究所政治经济学教研组:《关于人民公社从三级所有制过渡到公社基本所有制问题的讨论》,《中国经济问题》1959年第10期,第8页。

[⑤] 刘华珍:《不能强调农业机械化在过渡中的作用,必须对有关的条件作具体的分析》,《中国经济问题》1959年第10期,第12页。

件下，非短时期内所能解决的"。①

（二）先壮大公社经济力量

刘熙钧认为"公社经济力量的壮大是过渡的主要条件"，公社经济"要做到公社所直接掌握的生产资料，在整个公社中起决定作用"，"公社经济壮大将有力地促进穷富队差别的缩小"，"公社经济力量壮大，对整个公社多种经济发展起决定作用时，公社就能更好地帮助穷队赶上富队"。②陆承祖在承认发展生产是过渡基本条件的基础上，驳斥了公社经济不可能超过生产队经济的看法，指出这是可能的，而且所需时间也不会太长，因为"生产资料所有制的过渡过程也就是先进的生产资料淘汰落后的过程"，公社生产资料更先进、社队生产资料相对落后，先进生产资料会逐渐取代落后生产资料，"所以在生产资料变革过程中，公社与生产队有互为消长的现象"。③

与此相反，不少学者提出了相反观点。徐慎行指出"有人认为只有公社经济力量超过生产队时，才能实现向公社基本所有制过渡，这种提法也是不恰当的，因为公社绝大部分产品都是生产队生产的，要使公社一级经济力量超过生产队经济力量是有困难的，如果以此作为最主要条件，则会把这一过渡推到遥远的将来"。④张渭英也"不同意把公社经济超过生产队经济作为过渡条件的看法"，因为"一般地讲，经济上的超过，不能单单指生产资料的掌握，还应该考虑到总产值和产品的丰裕程度，公社经济的总产值和产品以及所掌握的生产资料超过生产队经济，在事实上是不可能，也没有必要。如果公社经济超过生产队经济仅仅是指对生产资料的掌握，那还不如提发展公社经济更为确切些，因为这个内容可以包括在提高生产力水平的条件中"。⑤

（三）先缩小穷队富队差距

陆承祖认为，造成穷队富队差距的原因是多样的，有自然条件，有历史因

---

① 张渭英：《向公社基本所有制过渡的基本条件是生产力发展水平和社员思想觉悟水平》，《中国经济问题》1959年第10期，第17~18页。
② 刘熙钧：《公社经济力量的壮大是过渡的主要条件》，《中国经济问题》1959年第10期，第18页。
③ 陆承祖：《我同意过渡的基本条件是发展生产；在生产发展中必须注意公社经济的壮大和穷富队之间差别的缩小》，《中国经济问题》1959年第10期，第12~13页。
④ 徐慎行：《从三级所有制过渡到公社基本所有制的最基本条件是农业机械化》，《中国经济问题》1959年第10期，第8~9页。
⑤ 张渭英：《向公社基本所有制过渡的基本条件是生产力发展水平和社员思想觉悟水平》，《中国经济问题》1959年第10期，第17~18页。

素，也有社会经济的因素，"不缩小这种差别，要实行公社基本所有制，是不相宜的，它会妨碍按劳分配原则的贯彻，使穷队开心、富队消极，对生产是不利的"。① 黄志贤指出，实行三级所有制与承认穷富队差别有密切关系，"社员的分配集中到公社，一时是办不到的"，而"各计盈亏能使农民关心生产，积极生产，有利生产发展"。"随着生产发展，随着公社掌握更多生产资料、大型的现代化农具，每个生产队都很富有，没有穷富之分，就可以实行公社基本所有制"。②

也有学者持不同观点。如徐慎行"不同意把穷队赶上富队当作一个实现公社基本所有制的最主要条件"，"因为即使穷队赶上富队，如果那时生产力水平还未显著提高，实现这一过渡的条件还是不具备的"。③

此外，关于缩小贫富差距的基本途径，学者们也提出了不同看法。陆承祖认为"主要有两个方面：公社的帮助和各队自力更生，发展生产。在这两条途径中，自力更生是主要的，公社的帮助应以多提供较好的生产资料、帮助改善生产条件和规划生产等为主，不能作过多资金的补助"。④ 对于为缩小社队差距而采用的"拉平分配"办法，刘熙钧等持不赞成态度，认为"应该看到，在帮助穷队发展生产赶上富队的同时，公社经济和富队经济也在发展，所以应该从整个公社范围内的生产力发展水平来看过渡条件的成熟与否"。⑤

（四）先提高农民思想觉悟

罗占超认为发展农业生产合作社首先要端正领导干部的认识，提高党员思想觉悟⑥。马石纪认为随着生产的发展和社员社会主义觉悟的提高，初级社转化为主要生产资料全体社员集体所有的高级社是必然趋势。⑦ 发展农民集体所有制必须依靠贫农。⑧ 张渭英认为"向公社基本所有制过渡的基本条件是生产

---

① 陆承祖：《我同意过渡的基本条件是发展生产；在生产发展中必须注意公社经济的壮大和穷富队之间差别的缩小》，《中国经济问题》1959年第10期，第12~13页。
② 黄志贤：《实行三级所有制是与承认穷富队差别的问题有关，不必以实现机械化作为过渡到公社基本所有制的前提条件》，《中国经济问题》1959年第10期，第11页。
③ 徐慎行：《从三级所有制过渡到公社基本所有制的最基本条件是农业机械化》，《中国经济问题》1959年第10期，第8~9页。
④ 陆承祖：《我同意过渡的基本条件是发展生产；在生产发展中必须注意公社经济的壮大和穷富队之间差别的缩小》，《中国经济问题》1959年第10期，第12~13页。
⑤ 刘熙钧：《公社经济力量的壮大是过渡的主要条件》，《中国经济问题》1959年第10期，第18页。
⑥ 罗占超：《我们是怎样领导农业生产合作社的》，《人民日报》1955年1月30日，第3版。
⑦ 马石纪：《有计划有步骤地领导初级社向高级社过渡》，《人民日报》1955年12月18日，第2版。
⑧ 《关于"依靠贫农"的几个问题》，《人民日报》1955年1月30日，第6版。

力发展水平和社员思想觉悟水平"。① 陆承祖也认可社员思想觉悟的提高是实现过渡的条件之一，过渡的条件主要有两方面：一是农业生产力的发展，二是社员思想觉悟的提高。② 许涤新指出"从生产队所有制向大队所有制过渡，又从大队所有制向公社所有制过渡，最后从公社的集体所有制向全民所有制过渡，实现全国单一的全民所有制，那是社会主义发展的必然规律，是我们必然要走的道路；但是，过渡必须具有一定的条件，即农业生产力水平的提高和社员群众政治觉悟水平的提高"。③

有很多学者把并不把农民思想觉悟提高作为所有制过渡的主要条件，如陈采章认为"从三级所有制发展到公社基本所有制，这决定于：生产力的发展；穷富队差别的缩小；公社所有制的扩大"。④ 潘惟孝也认为农民思想觉悟提高不是实现所有制过渡的主要条件。⑤

三 关于坚持农村集体所有制的争鸣

坚持农村集体所有制，最重要的就是坚持农地集体所有制。对于农村土地所有权的安排，学术界主流的观点是认为应当坚持农地集体所有制，但也有少数学者提出土地私有化、土地国有化以及农村土地多元所有论等主张。

（一）坚持农地集体所有制

在对农村土地所有制形式的讨论中，有相当部分学者主张保留现有集体土地所有制，其主要论据包括以下三个方面。

一是农地集体所有制实施成本相对最低。如刘荣材认为土地私有化、国有化改革的交易费用将会异常得高昂，而在现有的制度框架内赋予农民有效、明确而完整的土地产权，则容易为广大农民所接受且便于实施。⑥ 徐美银等也指

---

① 张渭英：《向公社基本所有制过渡的基本条件是生产力发展水平和社员思想觉悟水平》，《中国经济问题》1959年第10期，第17~18页。
② 陆承祖：《我同意过渡的基本条件是发展生产；在生产发展中必须注意公社经济的壮大和穷富队之间差别的缩小》，《中国经济问题》1959年第10期，第12~13页。
③ 许涤新：《有关农业经济的几个问题》，《经济研究》1978年第12期，第8~16页。
④ 陈采章：《我对于公社生产资料所有制的看法》，《中国经济问题》1959年第10期，第9~10页。
⑤ 潘惟孝：《从三级所有制向公社基本所有制过渡要有一定程度的机械化条件》，《中国经济问题》1959年第10期，第17页。
⑥ 刘荣材：《关于我国农村土地产权制度改革与创新的探讨》，《经济体制改革》2007年第1期，第85~89页。

出,在保持农村土地集体所有制的前提下,进一步完善家庭承包责任制是一定时期内我国农地制度改革的最佳方案。①

二是承担着福利功能和社会保障功能。如丁力认为,正是农地集体所有制保证了农户"家中有粮,心中不慌",更敢于在农业产业化的进程中离开土地闯市场。② 罗必良认为"目前农村普遍的现象是农户兼业化的产生。而其中最关键的问题是,土地作为农民最后的福利保障一直未能找到新的替代手段"。"没有新的福利替代,农户是不会轻易转让其承包地的,从而使土地流转与集中,进而使资源配置的改善受到重重阻塞"。③

三是巩固我国特色社会主义社会基本经济制度的内在要求。韩俊认为农村集体经济组织有三方面的作用是不可替代的,"集体经济组织作为集体土地的所有者主体和集体土地的管理者,其作用是不可替代的;作为社区内公共物品的主要提供者,社区集体经济组织的作用是不可替代的;社区集体经济组织作为国家基层政权机构的延伸和补充,对于沟通政府与农民的联系,完成政府赋予的社会经济目标,巩固农村基层政权,其作用也是不可替代的"。④ 国务院发展研究中心农村经济研究部课题组认为"农地集体所有制是我国农村合作化留下的最主要制度遗产,是我国社会主义基本经济制度的主要组成部分,也是我国农村制度有别于世界其他国家和地区的、独特的制度安排"。⑤ 刘守英认为我国土地制度改革受制度制约和目标制约,制度制约表现在土地制度关乎执政的合法性、中国特色社会主义和基本经济制度,这就决定了我国土地制度改革中"哪些是可选择的,哪些是不可选择的"。⑥

(二) 关于农地私有化

也有学者主张土地私有化,如文贯中认为土地私有制并非真的行不通,允许土地私有化有利于国民经济良性运转。⑦ 主张农地私有化的原因主要有如下

---

① 徐美银、钱忠好:《我国农地制度变迁的内在逻辑》,《江苏社会科学》2009年第3期,第38~43页。
② 丁力:《农业经营与农业产业化》,《经济研究参考》1998年第6期,第12~22页。
③ 罗必良:《中国农村改革的制度经济学思考》,《农业经济问题》1995年第7期,第45~50页。
④ 韩俊:《关于中国农业两个飞跃若干理论认识问题》,《理论视野》2002年第2期,第7~10页。
⑤ 国务院发展研究中心农村经济研究部课题组:《稳定与完善农村基本经营制度研究》,中国发展出版社,2013年,第11页。
⑥ 刘守英:《直面中国土地问题》,中国发展出版社,2014年,第2页。
⑦ 文贯中:《吾民无地:城市化、土地制度与户籍制度的内在逻辑》,东方出版社,2014年,第109页。

几点：一是土地私有化能提高农民收入。中国农业要真正搞起来，土地一定要私有化，要自由买卖。土地私有化会让现在相对贫穷的农民变得富有。[①] 二是土地私有化有利于实现现代化。土地私有产权制度的建立，是建立市场经济和实现"现代化"的必要条件。[②]

但也有不少学者旗帜鲜明地反对农村土地私有化，如简新华认为我国的现实国情决定了土地私有化不可能让大部分农民，而只会让城镇周边农民通过卖地致富，从而导致新的两极分化；土地私有化也不利于保障国家粮食安全和坚持社会主义方向；土地私有化会使中国农民丧失生存和就业保障，危害社会稳定。[③] 钟水映等从制度成本和收益的角度出发，认为农地私有化在实践操作上是一个经济、社会和政治成本极高而收益极低的选择。[④]

（三）关于土地国有化

还有一部分学者主张逐步改革和推进土地国有化。韩洪今等主张将耕地收归国有再由国家租赁给农民经营。[⑤] 李维庆认为，农村土地国有化不仅有利于明晰和稳定农地产权，还有利于提高政府对土地资源的规划和管理能力。[⑥] 董栓成认为，中国特色的"国有永佃制"是更有效的公有产权载体创新。[⑦] 李济广认为实行土地国有化，也不一定遇到很大阻力，因此，农村土地制度改革应以土地国有化为大方向，构建好以公（国）有为导向的多形式土地产权。[⑧]

也有学者提出了反对土地国有化的意见。党国英认为从历史上看，土地国有制度是一种很不稳定的制度。[⑨] 刘刚等认为农地国有化不符合现有的农业生

[①] 转引自钟水映、李春香：《农地私有化的神话与迷思》，《马克思主义研究》2012年第2期，第94~101页。

[②] 转引自姜栋、胡碧霞：《中国农村集体土地产权制度改革研究综述》，《生产力研究》2013年第5期，第192~196页。

[③] 简新华：《中国农地制度和经营方式创新研究——兼评中国土地私有化》，《政治经济学评论》2013年第4期，第46~74页。

[④] 钟水映、李春香：《农地私有化的神话与迷思》，《马克思主义研究》2012年第2期，第94~101页。

[⑤] 韩洪今、马秋：《论中国农村土地集体所有权制度改革》，《哈尔滨工业大学学报》（社会科学版）2005年第6期，第56~59页。

[⑥] 李维庆：《我国农村土地产权制度的残缺及变革方向》，《中州学刊》2007年第5期，第42~44页。

[⑦] 董栓成：《农地产权载体创新研究：基于委托—代理视角》，《中国软科学》2010年第4期，第169~176页。

[⑧] 李济广：《土地国有制与经济发展、社会平等和生态文明》，《社会科学》2013年第1期，第48~55页。

[⑨] 党国英：《当前中国农村土地制度改革的现状与问题》，《华中师范大学学报》（人文社会科学版）2005年第4期，第8~18页。

产力发展水平；农地国有化将使政府面临无偿收归和合理补偿的两难选择；农地国有租佃制下土地使用权配置在未来将会面临难题。[①]

第二节 农村基本经营制度的重要性及其形成

我国现行的农村基本经营制度形成于改革开放之后，有学者评价，"这个制度的确立，对中国经济社会发展做出的贡献是难以估量的"[②]，由此足以看出其重要地位。但农村基本经营制度的确立却经历了曲折的过程，对于农村基本经营制度的重要性及其形成，学者们主要讨论了两个方面：一个是为什么要建立农村基本经营制度，另一个是农村基本经营制度的形成过程。

一 建立农村基本经营制度的原因

围绕建立农村基本经营制度的原因，学者们主要从人民公社制度的弊端和农业家庭经营的优势进行了研究。

（一）人民公社制度的弊端

十一届三中全会后，我国对人民公社体制进行了改革，学者们在承认农业社会主义改造巨大意义的同时开始反思人民公社遭遇挫折的原因，总体来看，有以下四种代表性的观点。

第一种观点认为人民公社存在"要求过急，工作过粗，改变过快"的问题。如翁兆榕在回顾农业社会主义改造时认为，"在农业集体生产组织和经营管理中，忽视了农业基本水平的状况"。[③] 薛暮桥指出"过去许多地区的领导机关不承认集体所有制经济的自主权，实行强迫命令和瞎指挥，所造成的损失无法估计，严重地伤害了农民的生产积极性，使农业生产不能迅速发展。这是用'长官意志'来代替客观经济规律所受到的惩罚"。[④] 章恒忠认为人民公社"违反生产关系一定要适合生产力性质的规律，凭'长官意志'扩大公有制的规模，不但不能为社会主义基本经济规律开拓发挥作用的广阔场所，反而恰恰削

[①] 刘刚、王辉：《城乡一体化发展与农村集体土地所有制改革》，《理论与改革》2015年第2期，第52~54页。
[②] 陈锡文：《读懂中国农业农村农民》，外文出版社，2018年，第90页。
[③] 翁兆榕：《生产关系要适合生产力的发展》，《福建日报》1981年5月8日，转引自郭明《一年来关于农业生产责任制问题讨论综述》，《经济研究》1982年第3期，第75~79页。
[④] 薛暮桥：《论社会主义集体所有制》，《经济研究》1978年第10期，第2~9页。

弱了这一基本经济规律作用的条件,限制了社会主义集体经济的优越性"。①

第二种观点认为人民公社的激励机制存在缺陷。如党国英在谈到为什么要进行农村改革时,认为人民公社既无效率可言又牺牲了平等。② 罗必良通过构建一个"产权结构—计量能力—环境特性—经济绩效"的制度分析框架来研究人民公社组织制度低效率的根源,认为"对人民公社体制组织来说,政治力量构成的制度环境约束与政府的强制性制度安排及其所隐含的逆向激励结构,应是最基本的根源"。③ 林毅夫通过构建博弈论模型,论证了人民公社农业生产滑坡是由于"农民退社的自由被剥夺"④,"在劳动监督困难的前提下,农业合作化运动的成功有赖于农民的自我监督,而农民自我监督的先决条件是农业合作社成员必须拥有退出权",人民公社从政治上把成员退出的权利剥夺是其失败的主要原因。⑤ 对于林毅夫的观点,也有学者提出异议。如文贯中认为"退社权的丧失确能说明公社制效率的低下,但用来说明3年危机的主要原因时,有待商榷",文贯中通过研究发现,"在社员仍无退社自由的情况下,一旦纠正了'共产风'等错误政策,并将基本核算单位由大队甚至公社一级退回到生产小队之后,不但农业的绝对产量显著上升,而且全要素生产率也开始回升"。⑥ 国务院发展研究中心农村经济研究部课题组认为,集体经营除了经营组织的效率损失和分配上存在平均主义等问题外,其制度变迁方式和村干部的委托—代理关系也存在问题。⑦

第三种观点认为人民公社稳定机制扭曲。党国英等认为"农业合作社制度及后来的人民公社,是挟国内战争胜利者的威力建立起来的。这是当时农村稳定的大前提"。"当时农村社会最基本特征是'政社合一',用解决公共品供需问题的政治办法处理竞争性物品生产问题,且在公共领域并未建立识别多数人

---

① 章恒忠:《试论社会主义基本经济规律在集体经济中的作用和形式》,《经济研究》1981年第5期,第55~60页、第19页。
② 党国英、项继权、景跃进、林闽钢、刘喜堂、刘强:《中国农村研究:农村改革40年(笔谈一)》,《华中师范大学学报》(人文社会科学版)2018年第5期,第1~25页。
③ 罗必良:《人民公社失败的制度经济学解理——一个分析框架及其应用》,《华南农业大学学报》(社会科学版)2002年第1期,第34~41页。
④ 林毅夫:《制度、技术与中国农业发展》,格致出版社、上海三联书店、上海人民出版社,1992年,第17页。
⑤ 林毅夫:《我在经济学研究道路上的上下求索》,《经济学》(季刊)2018年2期,第729~752页。
⑥ 文贯中:《现代制度经济学在中国的可喜突破——评林毅夫〈制度、技术与中国农业发展〉一书》,《经济研究》1992年第11期,第67~70页。
⑦ 国务院发展研究中心农村经济研究部课题组:《稳定与完善农村基本经营制度研究》,中国发展出版社,2013年,第8页。

与少数人的政治机制。这是一种社会政治成本高昂的'紧张型稳定',给后期农村社会转型造成很大困难"。① 李永军认为人民公社制度用行政纽带替代了原有的"家长+族长+乡绅"的乡村自生秩序,重新组合和联结亿万农民,"体现了国家对社会的超限度改造"。②

第四种观点认为人民公社存在过度征派的缺陷。苏星认为,人民公社失败的原因除了"分配上普遍存在平均主义"和"劳动时间捆得太紧,社员没有小自由",还有"非生产费用开支大,摊派多,加上有的干部多吃多占,社员从集体分到的东西比较少"。③

(二) 农业家庭经营的优势

学者们认为家庭经营有诸多优势,主要集中在以下五个方面。

第一,家庭经营利益关系明晰。1982年全国农业生产责任制问题讨论会中有同志认为"(包干到户)它的优点是:办法简单,利益直接,干部省心,群众放心,从根本上避免了无偿平调,避免了某些干部的贪污挪用,避免了超支欠款和挥霍浪费,增加了社员的劳动收益"。④ 项启源等认为"'包干到户'符合生产关系一定要适合生产力性质的规律"。⑤ 佐牧认为包干到户用老百姓的语言通俗表示即"大包干大包干,直来直去不拐弯","大包干有统有包,由此产生出两个特点:一是统的一头把'扣除'定死了,多劳者可以多得,扣除部分不再'水涨船高';二是'归自己'的这一部分直接成为劳动者的个人所得,不再进行集体分配"。⑥ 庞遵升等认为实行家庭联产承包责任制后农民"气顺、劲足"。⑦ 王松霈指出"广泛实行包干到户后,大大调动了广大农民的生产积极性,促进了农业生产的迅速恢复和发展"。⑧ 蒋永穆等认为家庭联产承包责任制

---

① 党国英、项继权、景跃进、林闽钢、刘喜堂、刘强:《中国农村研究:农村改革40年(笔谈一)》,《华中师范大学学报》(人文社会科学版) 2018年第5期,第1~25页。
② 李永军:《集体经济组织法人的历史变迁与法律结构》,《比较法研究》2017年第4期,第35~52页。
③ 苏星:《责任制与农村集体所有制经济的发展》,《经济研究》1982年第11期,第3~9页。
④ 《全国农业生产责任制问题讨论会纪要》,《农业经济问题》1982年第2期,第3~8页。
⑤ 项启源:《"包干到户"符合生产关系一定要适合生产力性质的规律》,《经济研究》1982年第12期,第11~13页。
⑥ 佐牧:《论按劳分配原理与生产责任制的实践》,《经济研究》1982年第10期,第71~74页。
⑦ 庞遵升、郭龙春:《要保护农民生产积极性》,《人民日报》1983年11月21日,第2版。
⑧ 王松霈:《坚持实事求是的原则发展我国社会主义农业——学习〈邓小平文选〉的体会》,《经济研究》1983年第9期,第10~14页、第9页。

具有"充分激励和无需监督"的优势。① 刘守英认为包产到户以"家庭生产"取代了集体生产，其激励作用主要体现在传统家庭组织资源的利用和超包产收入归承包者的边际刺激。② 陈锡文认为包干到户取得成功的原因是让农民成为核算主体，包干到户使农民家庭成了相对独立的经营主体，不必再实行集体统一核算和统一分配。③

第二，家庭经营有很强的适应性，世界上发达国家家庭经营仍占主体地位。家庭联产承包制所体现的生产关系，与目前我国农村的生产力水平是基本适应的。④ 李凌认为，"科学技术的发展，不但没有消灭小农场，反而为它们的存在创造了前提"。⑤ 于祖尧指出，"当代发达的资本主义国家，早就实现了农业现代化。……但是，在这些国家中，家庭农场至今在数量上仍占绝对优势。家庭农场占农场总数的比例，法国为80%左右，美国约为89%，日本为91%"。⑥ 王景新指出家庭经营与农业现代化并不是对立的。⑦ 李尚蒲认为"众多发达经济体中普遍存在的以家庭（农场）经营为主的农业能够适应市场经济要求的现实表明，家庭经营并不是农业进入现代经济的制度性障碍，相反却表现出普遍的活力与广泛的适宜性"。"以家庭承包经营为基础"既是改革前历史教训的昭示，也是改革后实践经验的启迪，更是普遍国际经验的启发。⑧ 张晓山也认为"从实践上看，家庭经营加上社会化服务，能够容纳不同水平的农业生产力，既适应传统农业，也适应现代农业，具有广泛的适应性和旺盛的生命力，不存在生产力水平提高以后就要改变家庭承包经营的问题"。⑨

第三，适于农业生产特性，有极高的经济效率。张广友认为责任制有利于生产效率的提高，"生产组织规模是因农活和生产条件而异的，是从生产需要出

---

① 蒋永穆、杨少垒：《利益协调推进型：土地承包经营权流转的一种新模式》，《教学与研究》2010年第1期，第11~19页。
② 刘守英：《中国土地问题调查——土地权利的底层视角》，北京大学出版社，2017年，第35页。
③ 陈锡文：《从农村改革四十年看乡村振兴战略的提出》，《农村工作通讯》2018年第9期，第19~23页、第2页。
④ 《稳定家庭承包责任制》，《人民日报》1983年5月8日，第1版。
⑤ 李凌：《社会化大生产和小企业》，《人民日报》1983年9月2日，第5版。
⑥ 于祖尧：《农业实行包干到户是我国经济体制改革的前奏》，《经济研究》1983年第3期，第44~50页。
⑦ 王景新：《中国农村土地制度的世纪变革》，中国经济出版社，2001年，第159页。
⑧ 李尚蒲：《农村基本经营制度：在稳定的前提下不断完善——"中国农村基本经营制度学术研讨会"综述》，《中国农村经济》2013年第4期，第92~95页。
⑨ 张晓山：《改革开放四十年与农业农村经济发展——从"大包干"到城乡融合发展》，《学习与探索》2018年第12期，第1~7页、第205页。

发的"。① 钟文晶等认为效率高主要原因是"（1）基于农业的自然特性及其所决定的生命节律，揭示农户现场处理灵活性所表达的天然合理性；（2）基于农业的场地依赖性及其所决定的时空差异性，揭示农户经营能力所体现的规模匹配性；（3）基于农业的自然风险规避及其所决定的多品种种植策略，揭示农户分散经营的适宜性；（4）基于农业劳动合作所内含的监督困境与交易成本，揭示农户独立经营的比较优势及其有效性"。② 李周等认为家庭经营"资源的微观配置效率最佳，有利于加速逼近各种要素边际生产力达到平衡的资源配置状态"。③

第四，家庭经营与小农经济是有区别的，于祖尧认为现代家庭农场和个体小农经济是有区别的：它不是"小而全"的自然经济单位，而是建立在现代生产技术基础之上；生产经营已经高度专业化，从生产到消费已经完全商品化；它构成社会化分工体系的一个环节，并建立了各种形式的合作经济组织，彻底摆脱了自然经济痕迹。④ 罗必良等认为"不能将家庭经营视同小农经营，因为前者在土地规模上可以走向大经营，也可以发挥其比较优势参与农业分工而成为现代农业发展的积极因素与重要组织资源"。⑤ 张晓山指出"家庭经营并不是小规模农户的代名词，它完全可以是大农经济或中农经济；完全可以成为现代农业的载体、适度规模经营的主体"。⑥

第五，家庭经营基础性地位有助于维持社会经济稳定。温铁军等认为"小农村社经济基础地位的确立，在促进国民经济迅速恢复的同时，引起一系列农村基层组织和基本经营制度的变化"。"此后以人民公社60条为代表的农业基本经营制度，正是因为承认并维护了这种保障农民部分退出权的现实，才稳定了当时的农业和农村；乃至在全国发生'文化大革命'、城市经济几乎崩溃的10年混乱中，仍对稳定国家基本生活发挥了不可或缺的作用"。⑦

---

① 张广友：《责任制与所有制》，《人民日报》1980年7月21日，第2版。
② 钟文晶、罗必良：《农户为什么成为农地产权的主体——基于产权理论的历史考察》，《农村经济》2015年第7期，第3~7页。
③ 李周、蔡昉、金和辉、张元红、杜志雄：《论我国农业由传统方式向现代方式的转化》，《经济研究》1990年第6期，第39~50页。
④ 于祖尧：《农业实行包干到户是我国经济体制改革的前奏》，《经济研究》1983年第3期，第44~50页。
⑤ 罗必良、李玉勤：《农业经营制度：制度底线、性质辨识与创新空间——基于"农村家庭经营制度研讨会"的思考》，《农业经济问题》2014年第1期，第8~18页。
⑥ 张晓山：《在稳定的基础上创新农村基本经营制度》，《农村经济》2018年第12期，第1~3页。
⑦ 温铁军、朱守银：《中国农业基本经营制度研究》，《经济研究参考》1996年第E1期，第32~48页。

学者们也看到了家庭经营的局限性。如苏星认为家庭经营局限性体现为："资金和生产资料的使用不是趋于集中，而是趋于分散；按人承包土地，各户社员所使用的土地及其他生产资料和劳动力会出现不平衡；'家家粮油棉，户户小而全'，不利于分工分业，向生产社会化发展。这种局限性，现在已经可以看到。例如，使用公有的生产资料，特别是水利设备，所产生的先用与后用、多用和少用、使用和保管的矛盾，就反映了生产资料分散使用的缺点。当农业生产进一步发展，逐步走向专业化、社会化时，这类矛盾会更加明显。因此，从长远看，还是要走向联合。"[1]

二 对农村基本经营制度形成的争论

围绕农村基本经营制度形成过程，学者们的讨论主要围绕家庭承包经营的起点和农村基本经营制度的名称展开。

（一）对家庭承包经营形成起点的争论

一种观点认为包产到户形成的起点是农业生产合作社初期，即20世纪50年代就产生了。如《杜润生自述：中国农村体制变革重大决策纪实》一书中详细记录了20世纪50年代末到70年代的几次包产到户尝试。[2] 王松霈等以《人民日报》等公开资料为依据，指出类同于包产到户的经营形式在不少地区都"或明或暗、忽隐忽现地存在着"，"有其内在的规律性和顽强的生命力"，但由于"把它和当时的政治运动联系起来，作为批判的对象"，"'包产到户'成为理论上的'禁区'，人们一度谈'包'色变"。[3] 周诚也认为"产量责任制"在我国早有探索，且"具有强大的生命力，它总是要顽强地为自己开辟道路，而不可能任意地被废除掉"。[4] 达凤全持同样观点，联产承包责任制在新中国成立初期就产生了，但"经历了一个较长的发展过程，其间多有坎坷和曲折"。十一届三中全会后普遍建立的责任制"一方面保留了原有责任制的长处，具有历史的继承性；另一方面，责任制形式又多有创新，具有创造性"。[5] 罗必良认为

---

[1] 苏星：《责任制与农村集体所有制经济的发展》，《经济研究》1982年第11期，第3～9页。
[2] 杜润生：《杜润生自述：中国农村体制变革重大决策纪实》，人民出版社，2008年，第84～95页。
[3] 王松霈、郭明：《论"包产到户"和"包干到户"》，《经济研究》1981年第10期，第43～49页、第57页。
[4] 周诚：《农村人民公社生产队实行产量责任制问题的探讨》，《经济研究》1980年第10期，第38～42页。
[5] 达凤全：《农业联产承包责任制探讨》，《农业经济问题》1983年第1期，第41～49页。

"在合作化的初期农民已做出过同样的选择"[1],张晓山也认为包产到户始于20世纪50年代,"改革开放后家庭承包经营之所以能从星星之火成为燎原之势,得益于1978年5月份开始的关于真理标准问题的大讨论,这场讨论冲破了'两个凡是'的严重思想束缚,推动了全国性的马克思主义思想解放运动。正是在思想解放的大环境下,家庭承包经营这样发自基层的制度创新才有可能在实践中不断深化、发展和壮大"。[2]

另一种意见则认为包产到户的起点是20世纪70年代末。王松霈和郭明认为包产到户是"我国农业集体经济受到'左倾'错误干扰,随着纠正'左倾'错误而出现的"。[3] 国务院发展研究中心农村经济研究部课题组认为,家庭承包经营制改革起始于十一届三中全会,"1978年底党的十一届三中全会,拉开了中国改革开放大幕,农村制度变革成为先导"。[4] 魏后凯等主编的《稳定和完善农村基本经营制度研究》一书认为,"统分结合"经营体制的形成起点是"20世纪70年代后期,在四川、贵州、内蒙古、安徽等省区的边远山区及贫困地区,农民自发变革人民公社体制,采取了包产到组、包产到户、包产到劳以及包干到户等多种形式的生产责任制"。[5]

(二) 关于农村基本经营制度名称的讨论

农村基本经营制度这一概念的正式提出,是在1994年的中央农村工作会议文件中。[6] 1999年,九届全国人大二次会议通过的《中华人民共和国宪法修正案》载明:"农村集体经济组织实行家庭承包经营为基础、统分结合的双层经营体制。"在此之前,与家庭承包经营内涵相似的农业生产责任制又被称为"包产到户"、"包干到户"、"联产承包制"、"家庭联产承包责任制"等。对农村基本经营制度名称的讨论,主要集中在"联产"二字是否恰当。

一种观点认为,虽然使用"联产"二字略微牵强,但这在当时特定的历史条件下有其必要性,其主要理由为"家庭联产承包责任制"是政策语言。如温

---

[1] 罗必良:《向农民学习——一种经济学的解释》,《南风窗》2002年第8期,第76~79页。
[2] 张晓山:《在稳定的基础上创新农村基本经营制度》,《农村经济》2018年第12期,第1~3页。
[3] 王松霈、郭明:《论"包产到户"和"包干到户"》,《经济研究》1981年第10期,第43~49页、第57页。
[4] 国务院发展研究中心农村经济研究部课题组:《稳定与完善农村基本经营制度研究》,中国发展出版社,2013年,第8页。
[5] 魏后凯、崔红志:《稳定和完善农村基本经营制度研究》,中国社会科学出版社,2016年,第2页。
[6] 张炜:《三十年来农村基本经营制度确立过程》,《人民日报》2008年10月22日,第2版。

铁军等在《中国农业基本经营制度研究》中曾明确认为"联产承包责任制"是"政策语言"。①

另一种观点则认为，使用"联产"二字不恰当，其主要理由是责任制最终的主要形式即大包干并没有"联产"。如许经勇认为"问题就在于家庭承包是采取大包干的形式，即包死上缴各种提留。而这种提留量，与产量没有直接联系，因而有的同志说联产承包不联产，是有一定道理的"。②侯征曾指出"家庭联产承包责任制的题中之意是各个家庭根据自己的资金、技术、劳力和经营管理能力向集体承包相应数量的土地，从而产生各种规模的家庭经营。但是，由于种种原因，我们在用家庭联产承包责任制代替人民公社制度时，并未如此操作，而是搞了平均分田的家庭联产承包责任制"。③谭贵华认为以"家庭承包经营"取代"家庭联产承包"，更加符合农村的实际情况。④魏后凯等认为，相较于"以家庭联产承包为主的责任制和统分结合的双层经营体制"，"以家庭承包经营为基础、统分结合的双层经营体制"这一表述"更符合中国农村发展现实，而且更强调家庭经营的独立地位并使其权利更加完整"。⑤

第三节　如何理解农村基本经营制度

对农村基本经营制度的理解，关系着农村基本经营制度向何处去的问题。《宪法》对农村基本经营制度的表述为"家庭承包经营为基础、统分结合的双层经营体制"，围绕对这一制度的理解，学者们的看法各有侧重。其争鸣主要包括五个方面：农村基本经营制度包含什么内容、如何看待"家庭承包经营为基础"、如何认识"统一经营"、如何理解"统"与"分"的关系以及农村基本经营制度的实现形式。

---

① 温铁军、朱守银:《中国农业基本经营制度研究》，《经济研究参考》1996 年第 E1 期，第 32～48 页。
② 许经勇:《完善家庭联产承包制的思考》，《厦门大学学报》（哲学社会科学版）1991 年第 4 期，第 50～55 页、第 64 页。
③ 侯征:《发展农业规模经营同"稳制"不是对立的》，《当代经济研究》1996 年第 2 期，第 23～26 页。
④ 谭贵华:《改革开放以来农村基本经营制度的内涵演变》，《农林经济管理学报》2014 年第 13 期，第 370～375 页。
⑤ 魏后凯、崔红志:《稳定和完善农村基本经营制度研究》，中国社会科学出版社，2016 年，第 5 页。

一 农村基本经营制度包含的内容

对于《宪法》中农村基本经营制度的表述,学术界有不同理解,其争论的焦点主要在于对农村基本经营制度内涵的解读。

(一)"二元"论

"二元"论将农村基本经营制度"以家庭承包经营为基础、统分结合的双层经营体制"理解为"家庭承包经营"、"统一经营"及两者的"有机结合"。"二元"论的代表性观点如:王立胜认为"统"就是坚持土地公有制,农户和集体是承包关系,部分大型机具和水利设施也是公共提供;而"分"是指以家庭承包经营为主。[①] 孙中华认为家庭承包经营是双层经营体制的基础,统一经营是双层经营体制不可或缺的组成部分,家庭经营与统一经营是密不可分的有机整体。[②] 杨一介认为,农村基本经营制度有两层含义:一是这种经营制度的基础是家庭承包经营;二是这种经营制度的目的在于实现统分结合。[③] 还有学者认为,双层经营体制包括家庭承包经营和统一经营两个层面,二者是密不可分的有机整体,"分"是"统"的基础,"统"是"分"的保障,两者相互依存、相互补充、相互促进。[④]

(二)"三元"论

"三元"论相比"二元论"增加了"农村土地集体所有"。持"三元"论的学者如陈锡文认为我国的农村基本经营制度包含三重内容:一是农村土地农民集体所有;二是集体土地承包到户实行家庭经营;三是一家一户办不了、办不好、办起来不经济的事情通过多种形式的统一经营去解决。[⑤] 张德元认为农村基本经营制度要坚持主要生产资料公有制,即农村土地公有制,以家庭承包

[①] 王立胜:《改革开放40年的农村基本经营制度》,《当代经济研究》2019年第1期,第17~20页。

[②] 孙中华:《关于稳定和完善农村基本经营制度的几个问题(上)》,《农村经营管理》2009年第5期,第6~9页。

[③] 杨一介:《我们需要什么样的农村集体经济组织?》,《中国农村观察》2015年第5期,第11~18页、第30页。

[④] 农业部经管司、经管总站研究组:《构建新型农业经营体系稳步推进适度规模经营——"中国农村经营体制机制改革创新问题"之一》,《毛泽东邓小平理论研究》2013年第6期,第38~45页、第91页。

[⑤] 陈锡文:《加快发展现代农业》,《求是》2013年第2期,第38~40页。

经营为基础和实行统分结合、双层经营体制。[①] 谭小苟认为坚持农村基本经营制度要做到三点：第一，坚持农村基本经营制度的关键是坚持土地农民集体所有；第二，必须坚持家庭经营在农业中的基础性地位；第三，坚持稳定土地承包关系是维护农民土地承包经营权的根本。[②] 蒋永穆等认为农村基本经营制度包含三个构成要素——"农地产权制度"、"农业经营主体"和"农业经营方式"，其内涵可以表述为：在一定社会制度和宏观经济环境制约下，农业经营主体围绕着土地这一基本生产资料的占有、使用、收益、处分所演化出的各种经济关系的总和，以及以此农地经济关系为基础，实现与其他农业生产资源优化配置的一系列运行、管理、分配和积累制度及与该农业经营方式相适应的组织制度。农村基本经营制度的核心属性为农村土地的集体所有、家庭经营的基础性地位和分散经营与统一经营的有机结合。[③]

在前文的"三元"论之外，另一些学者提出了不同的"三元"，苑鹏和陈锡文认为，坚持土地农民集体所有、坚持家庭经营的基础性地位、坚持稳定土地承包关系是坚持农村基本经营制度的核心要义，土地的"三权分置"丰富了我国统分结合的农村双层经营体制的内涵。[④][⑤]

（三）"四元"论

持"四元"论学者把"农民土地的用益物权"看成农村基本经营制度特征之一。如米运生等认为，无论是"二元"论或"三元"论，它们均存在共同缺陷，即忽略了个人承包和家庭经营的区别，对"统"的内容和方式没有给出明确的解释，同时也没有指出"土地集体所有"、"家庭承包"和"统一经营"三个组成部分之间的重要性差异和相互关系。他们对农村基本经营制度提出了"一个中心、三个基本点"的政策解读视角：一个中心是"农村土地的集体所有"，三个基本点分别是"家庭经营的主体地位"、"农民土地的用益物权"和

[①] 张德元：《农村基本经营制度的异化及其根源》，《华南农业大学学报》（社会科学版）2012年第1期，第9~13页。
[②] 谭小苟：《坚持和完善农村基本经营制度的新思考》，《农业经济》2015年第11期，第16~18页。
[③] 蒋永穆、赵苏丹：《中国农村基本经营制度：科学内涵、质规定性及演变逻辑》，《当代经济研究》2018年第1期，第28~35页、第97页、第2页。
[④] 苑鹏：《关于农村统分结合的双层经营体制的若干问题探究——习近平总书记关于稳定和完善农村基本经营制度的重要思想》，《农村经济》2017年第10期，第1~7页。
[⑤] 陈锡文：《从农村改革四十年看乡村振兴战略的提出》，《农村工作通讯》2018年第9期，第19~23页、第2页。

"市场主导的社会服务"。① 国务院发展研究中心农村经济研究部课题组认为农村基本经营制度的主要特征包括"土地集体所有制"、"农户成为土地产权的拥有者"、"家庭经营是农业生产的主要经营和组织形式"、"以农民专业合作社为主的服务体系"四个方面。②

(四) 其他观点

除了"二元"论和"三元"论,还有学者认为"农村基本经营制度主要包括农村土地所有制和经营管理制,简称农地制度"③,可以视为"一元"论(见表2-1)。

表2-1 对农村基本经营制度包含内容的不同理解

序号	农村基本经营制度包含内容	代表学者
1	"二元"论:"家庭承包经营"、"统一经营"及两者的"有机结合"	王立胜、孙中华、杨一介等
2	"三元"论:"农村土地集体所有"、"家庭承包经营"、"统一经营"	陈锡文、张德元、蒋永穆等
3	"四元"论:"土地集体所有"、"农民土地的用益物权"、"家庭经营为主体"、"农业社会化服务体系"	米运生、国务院发展研究中心农村经济研究部课题组等
4	其他:"一元"论即仅包含农地制度	张梦飒等

二 如何看待"家庭经营"

农村基本经营制度是"家庭承包经营为基础"。对于如何看待"家庭经营",学者们有不同的观点。

一种观点认为,家庭经营不会长期存在。如有学者认为"它(家庭经营)不是与社会化大生产相联系,而是与个体手工作业相联系的一种生产方式,因此,它只是一定时期、一定阶段的权宜之计"。④ 杨名远认为"可以预料,我国

---

① 米运生、罗必良、曾泽莹:《农村基本经营制度改革:中心线索、重点变迁与路径取向》,《江海学刊》2015年第2期,第67~74页、第238页。
② 国务院发展研究中心农村经济研究部课题组:《稳定与完善农村基本经营制度研究》,中国发展出版社,2013年,第12页。
③ 张梦飒:《关于坚持和完善农村基本经营制度的文献综述》,《天津农业科学》2015年第4期,第58~62页。
④ 王松霈、郭明:《论"包产到户"和"包干到户"》,《经济研究》1981年第10期,第43~49页、第57页。

农村在不太遥远的将来，一定会出现有利于因地制宜地发扬优势，有利于大规模采用先进生产措施，形式多样的更加完善的合作经济"。① 也有学者认为"包干到户虽是生产责任制的一种形式，但这种责任制形式又有较大局限性，它的发展趋势主要是：由没有统一经营向统一经营发展"。②

另一种观点认为，家庭经营应处于基础性地位，并会长期存在。柴国清认为"今后相当长的一个时期内，家庭经营仍将是我国农村的主要的生产经营形式"。③ 詹武认为，家庭经营不仅不妨碍农业现代化，而且是促进农业现代化的一种较好形式。④ 达凤全认为"实行多种形式的联产承包责任制不是权宜之计，而是发展我国社会主义农业必须长期坚持的方针"。⑤ 有同志认为短期内不会出现新的协作，"新的协作和联合在目前的发展阶段上还是很不成熟的"。⑥ 于祖尧认为"我国农村经济结构的前景将是：公有户营经济是长期坚持的基本制度，小而专的家庭经营将成为农业的主要经济形式"。⑦ 王景新认为不能否定家庭经营的基础性地位，"赋予农民长期而有保障的土地使用权决不能动摇"。⑧ 隋福民认为"应从农民的理性角度去看待'三农'问题和小农经济问题，农民是具有经济理性的主体，但其掌握的信息和资本数量有限，影响了他们的决策。应当正确看待农民的理性，相信农民的理性，鼓励农民的有益创造，给予农民应有的权利，壮大农民的力量"。⑨ 钟文晶和罗必良以产权理论为主线，从历史与现实结合的层面，认为农户家庭作为经营主体是内生决定的。⑩ 赵永平认为坚持家庭经营基础性地位是政策底线。⑪ 张晓山认为"从全国来讲，以农户为基本经营单位的农业基本经营制度仍然有旺盛的生命力"。⑫

---

① 杨名远：《试论农村合作经济的结构》，《农业经济问题》1984年第4期，第17~21页、第13页。
② 《全国农业生产责任制问题讨论会纪要》，《农业经济问题》1982年第2期，第3~8页。
③ 柴国清：《我国农村合作经济发展模式探讨》，《农业经济》1991年第6期，第11~12页。
④ 詹武：《全面提高我国农业的现代化水平》，《人民日报》1989年11月10日，第6版。
⑤ 达凤全：《农业联产承包责任制探讨》，《农业经济问题》1983年第1期，第41~49页。
⑥ 张木生、杜鹰、谢扬：《包干到户基础上的协作和联合问题初探——安徽省滁县地区调查报告》，《农业经济问题》1981年第12期，第9~18页。
⑦ 于祖尧：《农业实行包干到户是我国经济体制改革的前奏》，《经济研究》1983年第3期，第44~50页。
⑧ 王景新：《中国农村土地制度的世纪变革》，中国经济出版社，2001年，第157页。
⑨ 何安华、张静宜：《"纪念农村改革35周年座谈暨研讨会"综述》，《古今农业》2013年第4期，第105~112页。
⑩ 钟文晶、罗必良：《农户为什么成为农地产权的主体——基于产权理论的历史考察》，《农村经济》2015年第7期，第3~7页。
⑪ 赵永平：《土地稳了心才定》，《人民日报》2017年11月12日，第10版。
⑫ 张晓山：《农业经营体制如何影响农民》，《中国经济报告》2016年第10期，第57~59页。

三　如何认识"统一经营"

对农村基本经营制度中"统一经营"的认识，形成了如下几种不同的观点。

第一种观点认为，"统"的职能是提供生产领域服务。如郑青认为"'统'的职能是非常有限的，一般只能搞一些产中服务项目，不可能承担联接小生产与大市场的职责"。① 张路雄认为"现在农户家庭经营规模过小，无法独立拥有和使用农机、水利设施，有的户只耕种一、二亩地，甚至连一头牛也不值得养，一些耕作环节如植保、机耕、浇水，在土地过于零碎的情况下，一户不能单独进行，必须由集体统一组织，统一耕作"。②

第二种观点认为"统"的职能是提供流通领域服务。如张路雄认为"在家庭联产承包制实行以后，流通领域合作成为农业合作的主要方向"。"受财力物力的限制，国家无法全部直接承担这些环节的工作，因此，把农民在这些环节上组织起来，发展流通领域的合作经济组织就成为我们党今后在农村中的一项重要工作"。"但是家庭经营成为农业生产中的基本环节这一事实，确实为我国农业合作提出了新的任务，即流通领域合作的问题。"③

第三种观点认为，"统"的主要职能在于农业社会化服务。刘旭林认为"从生产和劳动的具体形式上看，家庭承包制不仅有分，而且有统，它是统与分的结合。其中统的部分，有些由集体直接统一经营，组织协作劳动（如修路、兴修大型水利、举办某些工副业等）；有些则由集体包给专业户或几个人，由他们有偿地为各社员户服务（如机耕、制种、植保、运输等）。也有不少社队组织技术和产前产后服务公司，为各户服务，解决一家一户难以解决的问题，这些都是协作形式的新发展"。④ 杨雍哲认为，完善集体经济统一经营层次的服务职能的关键是加强农业社会化服务体系。⑤ 也有研究认为，"巩固和发展集体经济，必须发展农业的社会化服务；推进农业持续稳定发展，也必须发展农业的

---

① 郑青：《关于建立农业社会化服务体系的几个问题》，《理论与改革》1992年第1期，第47～49页。
② 张路雄：《当前农村合作经济发展中的几个问题》，《农业经济问题》1985年第5期，第14～17页。
③ 张路雄：《当前农村合作经济发展中的几个问题》，《农业经济问题》1985年第5期，第14～17页。
④ 刘旭林：《农业生产责任制与协作》，《经济研究》1984年第10期，第76～78页。
⑤ 杨雍哲：《抓住农业服务　深化农村改革》，《人民日报》1991年12月18日，第5版。

社会化服务"。① 刘渊春认为,"统一经营"应界定为社会化服务或者说社会化服务组织的统一经营。② 孔祥智等认为,实施基本经营制度以后,"统"的职能是提供农业社会化服务,主要负责组织农民进行农田水利建设和向农民提供某些生产服务等。③ 谭贵华在对我国农村基本经营制度演进脉络梳理后认为,农业社会化服务是我国农村基本经营制度"统一经营"层面的主要内容。"统一经营"可以有效解决农民组织化程度低、小生产与大市场衔接不畅的问题。④ 郭庆海也认为"统一经营的层次应当定位到为家庭经营提供服务"。⑤ 张晓山认为,统一经营要以家庭经营为核心,实现产前、产中、产后的生产性社会化服务的规模效应,降低农户获取与生产相关的社会化服务的成本。⑥

第四种观点强调"统"的除生产外的其他职能。邵宁认为"否定集体生产并不等于否定集体经济,如果把集体的生产、分配职能从现阶段集体经济的整体概念中剔除出去,我们就会发现我国农村集体经济的其他职能,如土地和公共财产管理职能、社会保障职能、生产和流通服务职能等,是不能够否定的。国外农业发展也给我们一个很有意义的借鉴,把农业合作经济搞到生产环节中去的试验几乎无一成功,而流通环节的购销合作组织却有着旺盛的生命力。"⑦

第五种观点认为,"统"的作用不仅在于农业社会化服务,而且是农村经济全方位的"统"。如许经勇认为集体统一经营职能应包括"对分散的家庭经营进行必要的管理、控制与协调;对分散的家庭经营提供必要的社区性服务;从承包者的经济收入中提取必要的公共积累,以及进行必要的劳动积累,不断开辟新的生产门路,逐步壮大集体经济实力,等等"。⑧ 杨一介和农业部经管司课题组等在研究中提出,统分结合中的"统"不论是在农民集体经营性资产的

---

① 《一篇刚破题的大文章——苏南农业服务体系建设的调查》,《人民日报》1990 年 12 月 7 日,第 2 版。
② 刘渊春:《试论稳定和完善农村双层经营体制》,《农村经济》1992 年第 11 期,第 22~23 页。
③ 孔祥智、刘同山:《论我国农村基本经营制度:历史、挑战与选择》,《政治经济学评论》2013 年第 4 期,第 78~133 页。
④ 谭贵华:《改革开放以来农村基本经营制度的内涵演变》,《农林经济管理学报》2014 年第 13 期,第 370~375 页。
⑤ 郭庆海:《当前农村改革的若干重大问题》,《当代经济研究》2015 年第 2 期,第 36~43 页、第 97 页。
⑥ 张晓山:《在稳定的基础上创新农村基本经营制度》,《农村经济》2018 年第 12 期,第 1~3 页。
⑦ 邵宁:《90 年代我国农业的发展与改革》,《经济研究》1991 年第 2 期,第 41~47 页。
⑧ 许经勇:《完善家庭联产承包制的思考》,《厦门大学学报》(哲学社会科学版)1991 年第 4 期,第 50~55 页、第 64 页。

运营上,还是在以农户为主体的多种形式的经济组织的设立上,仍然具有生命力。①② 孔祥智等引证中共中央政治局向全党发布的《把农村改革引向深入》文件,认为该文件不仅明确了"统"的内在原因和必要性,还构建了"统"的基本框架。③ 谭贵华认为自2008年党的十七届三中全会对"稳定和完善农村基本经营制度"进行重新诠释后,"统一经营"的内涵拓展为"以多样化农业产业化经营组织或农业社会化服务组织为载体的多元化、多层次、多形式的统一经营。"④ 苑鹏认为习近平总书记提出的发展农民专业合作、供销合作、信用合作"三位一体"的宏伟构想,是对农村统分结合的双层经营体制的重大完善和创新。⑤

四 如何理解"统"与"分"关系

20世纪80年代中后期,虽然确立了家庭联产承包责任制,但由于粮棉油等大宗农产品价格大滑坡并连年低位徘徊,怀疑家庭承包经营的声音重新响起,一些地方则以实行农业规模经营之名收回农民的承包地。这一背景下,学者们开始对"统"与"分"的关系进行讨论。

第一种意见认为,家庭联产承包责任制应强调"统"的方面。陈吉元等认为"大量的、分散的小农户与传统的集市贸易相互依存的格局的基本问题在于:它一方面使大量的、分散的小农户在产前、产后、技术服务等方面同时面临着极大的外部不经济,市场交易成本极高,致使高质量的、专业化市场不可能形成;另一方面又使传统的集市经常发生剧烈的波动。因此,这种格局无法适应商品经济进一步发展的要求。同时,由于国家经济组织内部功能冲突的出现,使其无法起到将二者衔接起来的中介作用",并提出"打破这种格局的可行办法,就是以农户为基础,建立新型的合作经济组织"。⑥ 有些学者从现实案例出

---

① 杨一介:《我们需要什么样的农村集体经济组织?》,《中国农村观察》2015年第5期,第11~18页、第30页。
② 农业部经管司课题组、贺军伟:《发挥好政策的推进作用——农村集体经济组织产权制度改革探讨之二》,《农村工作通讯》2009年第16期,第15~16页。
③ 孔祥智、刘同山:《论我国农村基本经营制度:历史、挑战与选择》,《政治经济学评论》2013年第4期,第78~133页。
④ 谭贵华:《改革开放以来农村基本经营制度的内涵演变》,《农林经济管理学报》2014年第13期,第370~375页。
⑤ 苑鹏:《关于农村统分结合的双层经营体制的若干问题探究——习近平总书记关于稳定和完善农村基本经营制度的重要思想》,《农村经济》2017年第10期,第1~7页。
⑥ 陈吉元、邓英淘、姚钢、徐笑波:《中国农村经济发展与改革所面临的问题及对策思路》,《经济研究》1989年第10期,第17~26页。

发，提出强化集体经济，刘晓以遵化乡为例，详细描述了"经过几年家庭联产承包责任制的实践后，一家一户经营小块土地的模式正在自行突破"，以及发展和巩固集体经济的情况。① 赵雪等认为"现代化生产方式和传统的小生产方式相比，它的最大优势在于能够在较大范围内发挥作用，很多现代化的事业也是一家一户办不了，或者即使办到了，也是不经济的，特别是科学技术的推广，统一性的要求更加强烈。因此，必须在家庭经营层次之外，建立新的经营层次，来承担家庭所办不了或办了但不经济的事业"。②

第二种意见认为，家庭联产承包责任制应强调"分"的方面。如苏明辉认为"建立生产责任制是搞好集体生产和巩固集体所有制的根本环节"。③ 许经勇认为"村级集体组织并不承担承包户的经营风险，这就谈不上有可能真正地形成集体统一经营职能与家庭分散经营职能有机结合的双层经营体制。从理论上说，联产承包责任制的核心是个'包'字，而'包'字本身就体现着分散经营与统一经营的有机结合"。④ 一些同志提出，"不宜把'统'提得太早、太重了，统了20多年没有统好，还是'包'起了很大作用，好就好在一个'包'字，一包就灵。再过早过重地提'统'，弄不好又会回到过去一统就死的老路上去"。⑤ 孙国贵等也认为，"应该先完善责任制后发展合作制，它们在时间上应该有个差距。特别是在生产力水平比较低的地区，农民在过去的合作化中，吃的苦头多，现在一讲合作，以为还是过去捆在一起的那种单一模式，心有余悸，往往谈'合'色变。生产责任制由于成功地解决了农民温饱问题，生产有了积极性，但主观上要求联合的愿望并不强烈"。⑥

第三种意见认为，家庭联产承包责任制强调"统"与"分"二者结合。杜润生认为"双层经营，是在承认家庭经营和个体利益基础上的自愿联合"，"我们现在的难题是：既不改变包产到户，又要搞规模经营，实现现代化。中国式的社会主义道路一定要有这个内涵：必须把分散生产的农户联合起来，又不能

---

① 刘晓：《强化集体经济完善承包责任制是农业突破徘徊的必由之路》，《计划经济研究》1989年第10期，第68~73页。
② 赵雪、胡恒洋：《积极发展农村集体经济逐步完善双层经营体制》，《计划经济研究》1990年第S1期，第14~18页。
③ 苏明辉：《邓子恢的农业生产责任制观点》，《中国经济问题》1986年第1期，第50~54页。
④ 许经勇：《完善家庭联产承包制的思考》，《厦门大学学报》（哲学社会科学版）1991年第4期，第50~55页、第64页。
⑤ 《全国农业生产责任制问题讨论会纪要》，《农业经济问题》1982年第2期，第3~8页。
⑥ 孙国贵、韩文轩：《农村合作经济问题座谈会简介》，《农业经济问题》1985年第11期，第27~30页。

伤害个体积极性"。① 毛致用通过在江西调研认为，应把土地的家庭承包经营作为一项基本政策长期稳定下来，"还必须不失时机地把完善的重点摆到进一步健全和加强集体统一经营这个薄弱层次上来，以进一步增强其服务功能"。② 李周等认为"不仅不要求突破家庭经营这一资产运作层次，相反，坚持家庭经营这一资产运作层次，是利用现实的规模经济可能性的必要条件之一，也是进行我国农业发展阶段转化的必要条件之一。理解这一点的关键，在于摈弃把家庭经营同小生产画等号的思维方式，确立家庭经营能够参与大生产的新思维"。③ 张路雄认为"完善联产承包制与发展集体经济是紧密联系在一起又有一定区别的两项工作。一方面，完善联产承包制的主要任务是发展壮大集体经济；另一方面，当前发展集体经济的主要内容是完善联产承包制"。④ 李尚蒲认为"统分结合"的目的在于利用家庭经营与合作经营两方面不同的比较优势。⑤ 程民选等认为真正落实"统分结合"，"不仅是进一步发展我国农业生产力的客观要求，也是社会主义生产关系的内在要求"。⑥

以上关于"统"与"分"关系不同理解的总结如表2-2所示。

表2-2 对"统"与"分"关系的不同理解

序号	主要观点	代表学者
1	强调"统"的方面	陈吉元、刘晓、赵雪等
2	强调"分"的方面	苏明辉、许经勇、孙国贵等
3	强调"统"与"分"二者结合	杜润生、李周、张路雄、李尚蒲、程民选等

五 农村基本经营制度的实现形式

农村基本经营制度自改革开放初期确立以来，极大地促进了农业农村发展，也为我国社会主义现代化建设奠定了重要基础。但随着我国国情和农情发生重

---

① 杜润生：《把农村改革引向深入的几个问题》，《农垦经济研究》1987年第9期，第1~8页。
② 毛致用：《稳定家庭承包 加强统一服务》，《人民日报》1990年7月27日，第2版。
③ 李周、蔡昉、金和辉、张元红、杜志雄：《论我国农业由传统方式向现代方式的转化》，《经济研究》1990年第6期，第39~50页。
④ 张路雄：《联产承包制中的若干政策和认识问题》，《经济研究参考》1992年第Z4期，第1266~1278页。
⑤ 李尚蒲：《农村基本经营制度：在稳定的前提下不断完善——"中国农村基本经营制度学术研讨会"综述》，《中国农村经济》2013年第4期，第92~95页。
⑥ 程民选、徐灿琳：《对坚持和完善农村基本经营制度的新探索》，《江西财经大学学报》2018年第5期，第71~78页。

大变化，农村基本经营制度不断面临着新问题、新挑战。面对这些问题和挑战，党和群众充分发挥其首创精神，在各地实践中逐渐探索出了多元化的农村基本经营制度实现形式，但目前学术界对于各地在农村基本经营制度实现形式上的创新实践和经验，还缺乏系统梳理、深刻提炼和理论提升。

针对农村基本经营制度实现形式严重不足的情况，蒋永穆提出并阐释了"农村基本经营制度实现形式"这一概念，他在将农村基本经营制度划分为"农村土地产权制度、农业经营主体、农业经营方式"三大构成要素的基础上，将现有农村基本经营制度实现形式划分为高度集中型、合作经营型、统一服务型和分散经营型四种基本类型，并对不同实现形式的制度安排、运行机制和主要特征进行阐述。[1] 蒋永穆等分析了农村基本经营制度实现形式发展过程中遵循的演变逻辑，即始终体现质的规定性及发展多样性的动态统一。其中，农地产权制度层面的集体所有制规定性、农业经营主体层面的家庭经营基础性和农业经营方式层面的规定性是中国农村基本经营制度的质的规定性。随后，他们在阿马蒂亚·森的可行能力理论框架下，运用模糊综合评价方法，以实地调研数据为基础，从农户家庭经济状况、居住条件、居住环境、社会保障状况、社会活动状况、公共服务资源及心理因素等7个方面对中国农村基本经营制度实现形式的社会福利情况进行考察，详尽分析各分指标之间的差异及其形成原因。[2] 杨少垒等则重点分析了四川省崇州市探索出的"农业共营制"经营模式并指出，从未来的发展趋势看"农业共营制"代表着中国农村基本经营制度的变革方向是农村基本经营制度实现形式的创新探索。[3]

由于发展农村集体经济是实现农村基本经营制度中统一经营的重要途径，其中也涉及农村经营制度的诸多方面，因此相较于农村基本经营制度的实现形式，学术界对农村集体经济的实现形式研究较多。学者们从不同的角度出发对其进行了总结和归纳，如韩立达等从产权安排的角度探索了农村集体经济的多种实现途径：土地股份制、土地混合股份制、农民委托集体经济组织托管。[4]

---

[1] 蒋永穆：《积极探索农村基本经营制度的多种实现形式》，《社会科学辑刊》2017年第3期，第19~21页。

[2] 蒋永穆、赵苏丹：《中国农村基本经营制度：科学内涵、质规定性及演变逻辑》，《当代经济研究》2018年第1期，第28~35页、第97页、第2页。

[3] 杨少垒、赵苏丹、蒋永穆：《"农业共营制"：农村基本经营制度实现形式的创新探索》，《农村经济》2018年第11期，第17~22页。

[4] 韩立达、王艳西、韩冬：《农地"三权分置"的运行及实现形式研究》，《农业经济问题》2017年第6期，第4~11页、第1页。

孔祥智等则根据集体经济发展的路径,将其形式归纳为工业化模式、后发优势模式、集腋成裘模式。① 黄振华从能人带动的角度,将实现形式划分为四种类型:政治干部与政社合一的集体经济、家长带动与"统分结合"的集体经济和新型能人与合作经营的集体经济。②

第四节 农业社会化服务体系

农业社会化服务体系是稳定和完善承包责任制的关键,其提出背景正是由于家庭联产承包责任制的推行。对于农业社会化服务体系,学者们的讨论集中于开展农业社会化服务的原因、农业社会化服务体系的主体、主要服务对象以及农业社会化服务的模式四个方面。

一 开展农业社会化服务的原因

对于为什么开展农业社会化服务,国内比较流行的看法主要有四种:"规模说"、"市场说"、"需求说"和"制度变迁说"。

(一)"规模说"

赞同"规模说"的学者们主要认为,实行责任制后农户经营规模太小,开展农业社会化服务既可以解决农户一家一户办不了的事情,也可以实现规模效应。如温铁军等认为"包产到户后,在农业生产的各个环节上出现了许多'一家一户办不了、办不好,或办起来不合算'的事。农田水利设施老化、失修,确也严重影响了农业生产的发展。对此,有关部门于20世纪80年代末期提出了建立社会化服务体系的政策"。③ 刘守英认为单纯扩大农地经营规模实现不了农业现代化,规模报酬不仅存在于生产领域,也存在于服务领域,服务规模化是农业现代化的重要实现途径。④ 张晓山也认为"家庭经营加社会化服务具有生命力的关键是实现产前、产中和产后社会化服务的规

---

① 孔祥智、高强:《改革开放以来我国农村集体经济的发展与当前亟须解决的问题》,《农村经营管理》2017年第5期,第23~25页。
② 黄振华:《能人带动:集体经济有效实现形式的重要条件》,《华中师范大学学报》(人文社会科学版)2015年第1期,第15~20页。
③ 温铁军、朱守银:《中国农业基本经营制度研究》,《经济研究参考》1996年第E1期,第32~48页。
④ 刘守英:《中国土地问题调查——土地权利的底层视角》,北京大学出版社,2017年,第150页。

模效应"。①

(二)"市场说"

持"市场说"的学者认为,我国农户不仅规模小而且太分散,他们对城市的大市场适应性差,常会出现"卖难"问题,这是"小生产"和"大市场"的矛盾。陈传群认为农业社会化服务体系应"下联千家万户,上接大市场","为农民提供信息,指导农民生产与市场需求接轨"。②郑景骥认为"商品经济是社会经济发展不可逾越的过程,商品化是生产力发展的要求,也是以神奇魅力创造新生产力的生产方式。农业家庭经营必须向商品化方向发展。但是,家庭经营本身的局限性,阻碍着商品化的进程,亟须以社会化的服务加以推进"。③郑宝叶认为"农村的产业结构和农业的产品结构不适应市场经济的发展要求,市场波动此起彼伏,买难卖难时有发生,许多农民面对瞬息万变的市场茫然无措,不知道究竟该种什么,该干什么。势单力薄的农户难以承受自然风险和市场风险的双重打击"。④雷原认为"现代家庭经营与传统家庭经营的基本区别,就在于是否存在一个现代化的农业社会化服务体系","建立农业社会化服务体系,是解决家庭经营的'小生产'方式与市场之间矛盾的客观需要"。⑤

(三)"需求说"

国务院发展研究中心农村部"农业社会化服务体系研究"课题组提出了"需求说",他们认为农业社会化服务的两个最主要需求主体是农民和政府。不同时期、不同国家、不同经济发展水平、不同市场结构、不同经营规模等因素,会在不同程度上影响服务需求和供给的"质"与"量"。⑥田国强也认为"建立农村社会化服务体系,是农民的需要,是农业生产发展的要求,是构建农村

---

① 张晓山:《改革开放四十年与农业农村经济发展——从"大包干"到城乡融合发展》,《学习与探索》2018年第12期,第1~7页、第205页。
② 陈传群:《农村社会化服务体系要与市场经济接轨》,《中共浙江省委党校学报》1994年第1期,第28~30页。
③ 郑景骥:《论农业的社会化服务》,《社会科学研究》1989年第3期,第105~109页。
④ 郑宝叶:《市场经济与农村社会化服务》,《山西农经》1994年第2期,第29~33页。
⑤ 雷原:《进一步完善和创新农业家庭经营组织形式》,《求是》2000年第12期,第46~48页。
⑥ 国务院发展研究中心农村部"农业社会化服务体系研究"课题组:《关于农业社会化服务的几个问题》,《经济研究》1992年第8期,第40~45页、第14页。

市场经济机制的重要体现。"① 对于国家而言，农业社会化服务"是实现国家对农村经济的计划指导和宏观管理的有效途径。在市场放开搞活的新的情况下，必须采取相宜的对策，既让市场机制充分展开，让农民直接接受市场调节，又要把国家依据农产品总需求的规模与结构制定的指导性计划，变为农民的行动，付诸实施。而加强社会化服务，完善合同定购的制度与办法，是把农村商品生产吸收到国家计划的轨道、协调供求关系、加强宏观管理和控制的有效途径"。② 白帆认为"我国农业社会化服务更是有计划商品经济的客观需要。在农村商品经济条件下国家计划的贯彻，已经无法用强制性的行政手段来实现，只能由别的方式来达到，而通过为农户提供社会化服务便是一条重要途径。社会化服务对农民家庭经营具有极为重要的制约作用，尤其是通过信息传递、经营管理指导和销售等环节，能够直接引导家庭经营适应社会需要有计划地发展，把国家计划贯彻到家庭经营中去"。③ 雷宁志认为"我们必须以建设我国社会主义市场经济体制的总体改革目标作为研究的思想基础和归宿，进行大胆的探索"。④

（四）"制度变迁说"

持"制度变迁说"的学者认为农业社会化服务的产生是制度变迁的结果，龚道广认为"规模说"、"市场说"和"需求说"都只接触事物的表象，没有抓住事物的本质。"农业社会化服务在本质上属于专业分工的范畴，而且是专业内分工"。"农业社会化服务体系的形成是一种制度安排，由生产环节全部归农民自己操作到把一部分生产环节分离出去，交给越来越多的服务组织（或个人）去完成这种生产方式的变化过程，是一种制度变迁"。⑤ 李俏等也认为"农业社会化是指在社会分工扩大和农业生产专业化的基础之上，转变农业的生产与发展方式，将原本孤立、封闭、自给型的体系转变为分工细密、协作广泛、开放

---

① 田国强：《关于农村社会化服务体系建设的思考》，《农村经济与技术》1994年第11期，第37~38页。
② 闵耀良：《建立多功能多形式的农村社会化服务体系》，《中国农村经济》1986年第6期，第1~5页。
③ 白帆：《论农业统一经营组织形式的目标选择》，《江淮论坛》1987年第1期，第31~36页。
④ 雷宁志：《社会化服务体系与我国农业生产产业化》，《软科学》1995年第3期，第53~56页。
⑤ 龚道广：《农业社会化服务的一般理论及其对农户选择的应用分析》，《中国农村观察》2000年第6期，第25~34页、第78页。

型的商品性体系的过程"。[1]

以上关于农业社会化服务原因的讨论总结如表2-3所示。

表2-3 开展农业社会化服务的原因

序号	主要观点	代表学者
1	"规模说":农业社会化服务既可以解决农户一家一户办不了的事情,也可以实现规模效应	温铁军、刘守英、张晓山等
2	"市场说":农业社会化服务是由于"小生产和大市场"的矛盾而产生的	陈传群、郑宝叶、雷原等
3	"需求说":农业社会化服务是由于农民和政府的需要而产生的,尤其是政府的需要	国务院发展研究中心农村部"农业社会化服务体系研究"课题组、田国强、白帆、雷宁志等
4	"制度变迁说":农业社会化服务的产生是制度变迁的结果	龚道广、李俏等

二 农业社会化服务体系的主体

关于我国农业社会化服务体系建设,主要有三种不同思路。

第一种思路认为,农业社会化服务体系的组织主体应该是统一的,即统一主体思路。在统一主体思路下,对统一的主体又有不同的认识。

第一,以涉农政府部门为主体。如樊亢和戎殿新认为农业社会化服务体系的主体应为涉农的政府部门,但其不再以"包办婚姻"的方法将其下属服务组织作为农业社会化服务体系的附属或辅助机构,而应在转变观念的基础上,以市场机制、商品交换为基础,将自身作为对生产发挥组织、协调和引导作用的组织,从而实现从"体内循环"向"体外循环"的转变;服务组织的主体即使做不到在全国范围内农业社会化服务主体的统一,但在一个较大的范围内还应该是统一的。[2]

第二,以农民专业合作社为主体。如苑鹏认为"以农民专业合作组织为载体,开展农业社会化服务具有独特的组织优势"。[3] 王立胜认为"2018年7月,

---

[1] 李俏、张波:《中国农业社会化的发展潜力与路径探微》,《中国农业大学学报》(社会科学版) 2011年第2期,第16~23页。

[2] 转引自杨汇泉、朱启臻:《新中国成立60年来农业社会化服务体系组织建构回顾及研究述评》,《华南农业大学学报》(社会科学版) 2010年第1期,第21~27页。

[3] 苑鹏:《农民专业合作组织与农业社会化服务体系建设》,《农村经济》2011年第1期,第3~5页。

新修订的《农民专业合作社法》,进一步给予农业合作社更多的市场权利,通过法律的形式规范了农业合作社的组织构成,为统一经营的发展带来了新的契机,也为进一步完善农村基本经营制度提供了更多可能"。① 2008 年中国农村改革与发展研讨会上有学者认为"农村合作经济组织将成为完善农村基本经营制度的一个创新方向,其中,农民专业合作社将独领风骚"。②

第三,以村集体经济组织为主体。如耿直等认为发展农业社会化服务与发展农村集体经济相辅相成。③ 徐祥临在详细考察日本农业社会化服务体系的基础上,认为"农业社会化服务主体应该是统一的。只有行为主体具有统一性,农业社会化服务才能具有规范性",且"由在原人民公社基础上成立的社区性合作经济组织来承担此历史责任(农业社会化服务体系中的行为主体),比较符合我国的历史传统和当前的农村实际"。④ 姜利军等认为"农村集体服务组织是农业社会化服务体系的基础,它起着外联国家经济技术部门和社会上各种服务实体,内联广大农户的纽带作用,也是解决高度分散的小规模经营在生产领域所遇到问题的主要形式"。⑤

第四,以供销社为农业社会化服务主体。如付新泉等认为"供销合作社在农业社会化服务体系中居于主体地位","流通服务是农业社会化服务体系的中心环节。在整个流通领域,供销社是农村商品流通的主渠道,在农业社会化服务体系中,为农业提供生产、科技服务是非常重要的,但商品生产离不开流通"。⑥ 肖万钧也认为"供销社在农村经济的发展中,发挥了历史作用,积累了一定的实力,在农村社会化服务体系建设中是重要的依托力量"。⑦

第二种思路是基于多元主体参与的农业服务组织思路,这种思路主张服务主体应从主要由政府、农业事业单位向政府涉农部门、事业单位、企业、合作

---

① 王立胜:《改革开放 40 年的农村基本经营制度》,《当代经济研究》2019 年第 1 期,第 17~20 页。
② 张海阳、马永良、宋洪远:《深化农村改革的重点领域、关键环节与基本思路——中国农村改革与发展研讨会主要观点综述》,《中国农村经济》2008 年第 5 期,第 73~78 页。
③ 耿直、柴修发:《统分结合 完善承包——阜阳发展新型农村集体经济的思考》,《人民日报》1990 年 5 月 29 日,第 5 版。
④ 徐祥临:《从日本农协的经验看我国建立农业社会化服务体系需要解决的问题》,《中国党政干部论坛》1995 年第 12 期,第 23~25 页。
⑤ 姜利军、胡敏华:《论建立和完善农业社会化服务体系》,《中国农村经济》1997 年第 9 期,第 61~65 页。
⑥ 付新泉、庞永生:《供销社在农业社会化服务中应发挥主力军作用》,《河北供销与科技》1994 年第 2 期,第 35~37 页。
⑦ 肖万钧:《供销合作社体制非改不可》,《中国供销合作经济》1994 年第 3 期,第 6 页。

社、协会、农户等多主体发展。如闵耀良认为应"建立以合作经济为主体的多种形式、多层次的组织结构，才能做到覆盖面大，运转灵活，服务及时，适应农村产业结构多样化和分户经营的特点"。① 宋洪远认为"支持供销合作社、农民专业合作社、专业服务公司、专业技术协会、农民经纪人、龙头企业等提供多种形式的服务，加强服务条件设施和服务人才队伍建设"。② 韩长赋认为各类新型农业经营主体是从事农业社会化服务的重要力量。③

仝志辉等认为"对于要发展多元主体的农业社会化服务机构，政策层面和学术界也基本达成共识"。④ 蒋永穆、周宇晗研究了政府主导型农业社会化服务供给模式、集体经济组织主导型农业社会化服务供给模式、专业合作组织主导型农业社会化服务供给模式、涉农企业主导型农业社会化服务供给模式以及农业服务超市主导型农业社会化服务供给模式，对其建立依据、具体内容及优劣进行研究。⑤

第三种思路是以某一服务主体为主的多元化组织建构。此服务组织建构思路的理由是，以某一服务主体为主的多元化组织建构由于既能发挥统一主体的综合协调作用，又可发挥多元组织主体的广泛性，所以这样不但能及时掌握情况和反馈信息，而且能有效实现各种农业服务组织主体间的互补。如蒋永穆根据我国地域辽阔、各地经济水平参差不齐的国情，认为任何单一主体都无法完全承担农业社会化服务的众多内容，把农业社会化服务交由某一服务主体为主的多元化服务主体承担，则可根据各地市场发达程度、农业产业化以及社会分工水平，因地因时因人制宜，多形式发展，并相互补充、彼此配合，从而为农业社会化服务体系提供多层次、多形式和系列化的服务。⑥ 杨汇泉等提出了以某一服务主体为主的多元化服务组织建构思路。其理由主要包括两个方面：一方面，以某一服务主体为主，在制度设计上有利于发挥统一主体的综合协调作用；另一方面，某一服务主体综合协调作用下的多元组织主体，既能更好地根据各地市场发达程度、农业产业化以及社会分工水平，相互补充彼此配合，又

---

① 闵耀良：《建立多功能多形式的农村社会化服务体系》，《中国农村经济》1986 年第 6 期，第 1 ~ 5 页。
② 宋洪远：《新型农业社会化服务体系建设研究》，《中国流通经济》2010 年第 6 期，第 35 ~ 38 页。
③ 韩长赋：《积极推进新型农业经营体系建设》，《人民日报》2013 年 8 月 7 日，第 9 版。
④ 仝志辉、侯宏伟：《农业社会化服务体系：对象选择与构建策略》，《改革》2015 年第 1 期，第 132 ~ 139 页。
⑤ 蒋永穆、周宇晗：《农业区域社会化服务供给：模式、评价与启示》，《学习与探索》2016 年第 1 期，第 102 ~ 107 页。
⑥ 蒋永穆：《农业社会化服务体系的目标模式及措施》，《农村经济》1999 年第 12 期，第 9 ~ 11 页。

可以发挥多元组织主体的广泛性和服务互补性优势。①

三 主要服务对象：大户还是小农

对于农业社会化服务体系的主要服务对象，形成了以下两种侧重不同的意见。

一种意见认为农业社会化服务以大户、专业户等为主要服务对象。如张红宇认为"实践中，规模经营者对农业社会化服务的需求更加强烈"。② 吴一鸣等认为"农村一部分种粮专业户形成后，由于承包的耕地数量较多，必须要有一系列的社会化服务工作与之相适应，才能使适度规模经营稳妥地发展"。③ 1984 年农村经济体制改革学术讨论会上还有学者认为"农村专业户、重点户的大批出现，迫切需要建立社会化服务组织。因为专业化与社会化服务是相辅相成的，没有社会化服务组织，专业户很难专起来"。④

另一种意见认为农业社会化服务应侧重以广大小农户为主要服务对象。如崔红志等认为"建立和完善面向小农户的农业社会化服务体系"。⑤ 张玉林认为"从市场信息、技术、物资、资金、购销等方面扎扎实实组织好各项服务工作，认真解决农民耕地、浇水、植保、收割、脱粒以及物资供应等困难"。⑥ 杨华认为"在政策的选择上应该支持小农经济的发展，建立与小农经济相适应的社会化服务体系"。⑦ 赵晓峰等认为"通过加强新型农业经营主体社会化服务能力建设，创新直接服务小农户的有效实现形式，不仅可以发挥村集体的统筹作用，激发小农经济的生命力，维护小农户的经济利益，而且可以破除束缚小农户的外在约束性条件，将小农户纳入现代农业的发展轨道，使小农经济基础上的农业现代化成为可能"。⑧ 周娟认为"在构建新型农业社会化服务体系过程中，我们需要更多扶持支持小农的社会化服务体系建设，以平衡这种力量结构的失衡，

---

① 杨汇泉、朱启臻：《新中国成立 60 年来农业社会化服务体系组织建构回顾及研究述评》，《华南农业大学学报》（社会科学版）2010 年第 1 期，第 21～27 页。
② 张红宇：《现代农业与适度规模经营》，《农村经济》2012 年第 5 期，第 3～6 页。
③ 吴一鸣、谢定海：《试谈农业适度规模经营的几个问题》，《农业经济》1987 年第 5 期，第 29～32 页、第 42 页。
④ 陈月如、杨烈文：《农村经济体制改革学术讨论会综述》，《经济学动态》1984 年第 4 期，第 3～7 页。
⑤ 崔红志、刘亚辉：《我国小农户与现代农业发展有机衔接的相关政策、存在问题及对策》，《中国社会科学院研究生院学报》2018 年第 5 期，第 34～41 页、第 145 页。
⑥ 张玉林：《完善联产承包制 发展农村好形势》，《人民日报》1983 年 10 月 2 日，第 1 版。
⑦ 杨华：《论中国特色社会主义小农经济》，《农业经济问题》2016 年第 7 期，第 60～73 页。
⑧ 赵晓峰、赵祥云：《新型农业主体发展与中国农村基本经营制度变革》，《贵州社会科学》2018 年第 4 期，第 157～162 页。

而方法就是通过组织化使小农的社会化服务需求和供给也实现规模化"。①

四 农业社会化服务的模式：公益化还是商业化

农业社会化服务体系的实现模式大致有两种，一种是以美国为代表的"市场为主"的商业化农业社会化服务模式，一种是以日本为代表的"协会为主"的公益化农业社会化服务模式。对于中国该侧重公益化还是商业化，学者们给出了不同看法。

一种意见认为，应以公益化为主。如沂文认为"绝不能与民争利，绝不能单纯追求自身的利益。这既是搞好农村社会化服务体系的关键，也是农村社会化服务组织存在和发展的基础和条件"。②公益化为主的观点中，一种是政府主导的"部门化"社会化服务体系，张敦胜认为"农村社会化服务体系建设，任何时候都不能缺少必要的政府干预。在目前我国农村市场经济发育还比较低，经济发展相当大程度上还有赖于行政力量推动的情况下，政府干预更是服务体系建设的重要条件，与其他外部条件相比，政府干预的作用和意义往往居于首位"。③黄婧等认为"农业社会化服务体系的商品化和市场化取向的发展模式中也存在不少问题，其突出表现就是农业服务体系的'半社会化'特征突出，'去公益化'倾向明显"。"政府一定要加强引导和扶持，从外部进行资源输入"。④另一种是农民主导的"去部门化"社会化服务体系，仝志辉、黄宗智等认为当前农业社会化服务体系仍"未能成功构建的症结"是"部门化"的农业社会化服务体系导致"部门之间竞争财政资金，部门化的服务组织之间不正当地竞争服务资源，导致体系建设迟滞"、"部门化的多服务主体的多种服务之间不能有效衔接，服务效率低下"、"营利性服务缺乏有效监管，公益性服务存在空白"等问题，并认为"'去部门化'的根本方略是农民组织化，农民组织化的本质内容是农民合作化"。⑤⑥

---

① 周娟：《土地流转背景下农业社会化服务体系的重构与小农的困境》，《南京农业大学学报》（社会科学版）2017年第6期，第141~151页、第166页。
② 沂文：《山东省农业产业化与社会化服务研讨会综述》，《东岳论丛》1994年第1期，第103~105页。
③ 张敦胜：《试论农村社会化服务体系的完善》，《当代经济研究》2000年第7期，第41~45页、第54页。
④ 黄婧、纪志耿：《完善中国特色农业社会化服务体系评析》，《现代经济探讨》2009年第4期，第64~67页。
⑤ 仝志辉：《"去部门化"：中国农业社会化服务体系构建的关键》，《探索与争鸣》2016年第6期，第60~65页。
⑥ 黄宗智：《怎样推进中国农产品纵向一体化物流的发展？——美国、中国和"东亚模式"的比较》，《开放时代》2018年第1期，第151~165页、第7~8页。

另一种意见认为,应以商业化为主。如陈希玉认为"服务也是一种劳动交换,一般应是有偿的,农民可以自愿选择。这样才能使社会服务持久有效,保证服务质量,也有利于培养农民加强经济核算、讲求经济效益的良好经营作风"。[1] 詹武认为"价值规律是市场经济的一条基本规律,而农业社会化服务的范围不论在生产领域或在农村流通领域,都不能不受价值规律的制约。农业社会化服务可以有互助性服务、事业性服务与经营性服务的区分,但在社会主义市场经济体制下,经营性服务应该是社会化服务的主要形式"。[2] 郑耀东提出农业社会化服务的II_B模式,该模式中"作为劳务交换、作为价值形式交换的服务将占主导地位;福利性、调拨性、实物性服务的'交换'退居次要地位,并逐渐失去其存在的条件和环境"。[3] 李守民认为为了保持服务组织活力,农业社会化服务组织必须实行企业化、实体化。[4] 李炳坤认为"实行企业化经营是形成农业社会化服务体系自我积累、自我发展能力的唯一途径。这意味着开展生产服务不仅要收回成本,而且要形成最低限度的利润。今后除行政管理工作和协调性服务不收取农户的费用以外,其余服务项目一般都要逐步实行有偿服务"。[5]

第三种意见认为商业化和公益化应"二者并重"。如韩长赋认为"总的方向是在充分发挥公共服务机构作用的同时,促进服务主体多元化、形式多样化、运行市场化",[6] 公益性服务机构是农业社会化服务的重要基础,经营性服务组织是农业社会化服务的生力军。[7] 黄迈等认为应"强化农业公益性服务体系,积极培育市场服务组织,不断创新服务方式手段,支持各类市场服务组织为农民提供低成本、便利化、全方位的服务"。[8] 张颖熙等认为应坚持"政府推动、市场牵动、龙头带动"的模式。[9] 李容容等实证研究了种植大户的社会化服务选择倾向,发现不同环节种植大户选择倾向不同,"在农资供应、农产品收购以

---

[1] 陈希玉:《农村社会服务浅析》,《东岳论丛》1984年第4期,第35~36页。
[2] 詹武:《农业社会化服务理论研究的新成果》,《经济学动态》1993年第6期,第81~82页。
[3] 郑耀东:《农业社会化服务模式II_B的重新构建》,《社会科学辑刊》1994年第1期,第59~63页。
[4] 李守民:《论新型农村社会化服务体系的建立》,《山东社会科学》1994年第1期,第40~43页。
[5] 李炳坤:《农业社会化服务体系的建设与发展》,《管理世界》1999年第1期,第195~202页。
[6] 韩长赋:《科学把握农业农村发展新形势》,《求是》2013年第7期,第23~25页。
[7] 韩长赋:《积极推进新型农业经营体系建设》,《人民日报》2013年8月7日,第9版。
[8] 黄迈、董志勇:《复合型现代农业经营体系的内涵变迁及其构建策略》,《改革》2014年第1期,第43~50页。
[9] 张颖熙、夏杰长:《农业社会化服务体系创新的动力机制与路径选择》,《宏观经济研究》2010年第8期,第12~17页。

及资金借贷方面,种植大户倾向于选择营利性组织提供的服务;但在病虫害防治以及农作物收割方面,种植大户更倾向于选择非营利性组织提供的服务"。①

对于模式选择,学者们还提出应将经济作物与大田作物区别看待。如国务院发展研究中心农村部"农业社会化服务体系研究"课题组认为建立农业社会化服务体系时"一般来说,在粮食等受计划约束的农产品服务上,社区集体经济服务组织的作用大一些;而在其他一些受市场调节的农产品服务上专业服务组织的作用大一些"。②张晓山认为"在探索规模经营时,我们首先要明确农业经营的规模如何界定。通过增加物质和技术的投入,降低劳动投入的比重,生产高附加值的农产品,导致产出有较大幅度增长,同样提高了劳动生产率,增加了收入,这就是内涵式的、与集约化经营相结合的规模经营,这种规模经营在中国的农业发展(尤其是经济作物的种植)中可能更有应用价值,这与在大田作物种植中通过土地经营权的流转,土地向种田能手集中,扩大土地经营规模的方式并行不悖、相辅相成"。③

第五节 发展农村集体经济

农村集体经济是乡村振兴的重要抓手,肩负着政治、经济、社会、文化等方方面面的重大使命。围绕发展农村集体经济,争议主要集中在以下四个方面:一是农村集体经济的内涵,二是发展农村集体经济的必要性,三是农村集体经济组织的治理主体,四是完善集体资产管理体制的路径。

一 农村集体经济的内涵

对于集体经济的内涵,学者们形成了以下几种不同的观点。

第一,分散个体通过联合与合作实现共同发展的经济组织形态就是集体经济,包括劳动联合和资本联合。如魏后凯等认为,"农村新型集体经济,是指按照归属清晰、权责明确、保护严格、流转顺畅的现代产权制度要求,以成员自愿合作和联合为原则,通过劳动者的劳动联合和劳动者的资本联合实现共同发

---

① 李容容、罗小锋、薛龙飞:《种植大户对农业社会化服务组织的选择:营利性组织还是非营利性组织?》,《中国农村观察》2015 年第 5 期,第 73~84 页。
② 国务院发展研究中心农村部"农业社会化服务体系研究"课题组:《关于农业社会化服务的几个问题》,《经济研究》1992 年第 8 期,第 40~45 页、第 14 页。
③ 张晓山:《改革开放四十年与农业农村经济发展——从"大包干"到城乡融合发展》,《学习与探索》2018 年第 12 期,第 1~7 页、第 205 页。

展的一种经济组织形态"。① 黄延信认为"集体经济,即是若干分散的个体通过联合与合作实现共同发展的经济组织形态,可以是以生产资料集体所有制为基础的组织方式,也可以是在产权明晰基础上的组织方式,即劳动者个人以资产入股形成的合作制或股份合作制形式"。② 王景新提出了"村域新型集体经济"的概念,即指"村域内除村组集体经济、农户经济、私有(独资)经济之外,凡是具有'部分群众共同所有'、'联合生产'、'按一定规则分配剩余'的经济组织,都属于村域新型集体经济"。③

第二,集体经济是劳动群众集体所有制的体现。《中华人民共和国宪法》第六条规定:"中华人民共和国的社会主义经济制度的基础是生产资料的社会主义公有制,即全民所有制和劳动群众集体所有制。"孔祥智等认为,农村集体经济是"农村中劳动群众集体所有制的体现"。④

第三,演化论,即认为我国集体经济的内涵是在不断变化的。张路雄认为自新中国成立以来对农村社区性合作经济组织(或叫集体经济组织)的称呼在不断变化。合作化时期叫合作社,人民公社化以后都叫集体经济,1982年实行联产承包制以后都叫合作经济,1989年以后都叫集体经济。由人民公社改革而形成的经济组织一开始叫"地区性合作经济组织",1987年后叫"乡、村合作经济组织",之后又叫"乡村集体经济组织","名称变了,但指的都是同一事物,其内部经济关系并无变化。所以,不论叫什么名称,这种组织都应该建立健全起来"。⑤ 王永昌认为实行家庭承包制以来,对集体经济重视不够,并指出"人们大都愿谈论分户经营而较少谈及集体经济,即使谈及,也多以'发展乡镇企业'、'完善区域性合作经济',说说罢了,而不是旗帜鲜明地、理直气壮地去为集体经济的强化呼吁"。⑥ 陈锡文认为"在我国农村经济的发展过程中,大家可以明显地看到这样一种现象,就是关于合作制的概念向集体经济的概念转化。基本上到了高级社以后,尤其是到了人民公社之后,合作制这个概念在

---

① 魏后凯、崔红志:《稳定和完善农村基本经营制度研究》,中国社会科学出版社,2016年,第107页。
② 黄延信:《发展农村集体经济的几个问题》,《毛泽东邓小平理论研究》2015年第2期,第9~13页、第91页。
③ 王景新:《村域集体经济历史变迁和现实发展》,中国社会科学出版社,2013年,第29页。
④ 孔祥智、高强:《改革开放以来我国农村集体经济的变迁与当前亟需解决的问题》,《理论探索》2017年第1期,第116~122页。
⑤ 张路雄:《联产承包制中的若干政策和认识问题》,《经济研究参考》1992年第Z4期,第1266~1278页。
⑥ 王永昌:《不应忽视集体经济》,《农业经济问题》1988年第4期,第64页。

现实生活中被运用得很少,大量运用的是集体经济这一概念。在理论界也长期有这样一种观点,就是认为在社会主义条件下,集体经济就是合作经济"。①

第四,经济制度论。刘政等认为"集体经济作为一种经济制度,不是任何社会制度下都存在的一般合作经济组织形式,它是社会主义生产资料公有制经济形式之一,不能包括一切合作经济"。②也有学者提出集体经济是"指生产资料归公民集体所有的经济类型"。③

第五,经济形式论。胡德巧从"所有权"和"经营权"两权分离与统一情况来进行辨别,"集体经济和集体所有制,是两个同时在社会主义公有制基础上的不同概念。前者是指经营方式,后者是指所有制关系"。"可以说集体所有制经济是集体经济,但不能反过来说集体经济是集体所有制经济。就目前说来,集体所有制经济是相对国家(全民)所有制经济而言的,而集体经济是一种包括全民所有制经济和集体所有制经济在内的所有企业集体自主经营的社会主义公有制的新型经济形式"。④苑鹏等认为,集体经济是各种形式合作经济的统称,是"若干分散的个体通过联合与合作实现共同发展的经济组织形态,可以是生产资料集体所有制为基础的组织方式,也可以是在产权清晰基础上的组织方式,即劳动者个人以资产入股形成的合作制或股份合作制形式"。⑤

此外,也有学者认为我国集体经济存在名不副实的现象。如罗必良提出"人民公社的制度形式,按照现代产权理论判断,显然更多地具有共有产权或社团产权特征,而不是所谓集体产权,尽管我们习惯上称其为'集体所有制'"。⑥

以上关于农村集体经济内涵的讨论和总结如表 2-4 所示。

表 2-4 农村集体经济的内涵

序号	主要观点	代表学者
1	分散个体通过联合与合作实现共同发展的经济组织形态就是集体经济	魏后凯、黄延信、王景新等

---

① 陈锡文:《集体经济、合作经济与股份合作经济》,《中国农村经济》1992 年第 11 期,第 14~16 页。
② 刘政、梁与延:《对农业合作经济理论的再认识》,《中国农村经济》1987 年第 8 期,第 33~36 页。
③ 《我国重新划分经济类型》,《中国核工业》1998 年第 4 期,第 31 页。
④ 胡德巧:《集体经济、合作经济与集体所有制》,《经济问题探索》1986 年第 9 期,第 41~42 页。
⑤ 苑鹏、刘同山:《发展农村新型集体经济的路径和政策建议——基于我国部分村庄的调查》,《毛泽东邓小平理论研究》2016 年第 10 期,第 23~28 页、第 91 页。
⑥ 罗必良:《中国农村改革的制度经济学思考》,《农业经济问题》1995 年第 7 期,第 45~50 页。

续表

序号	主要观点	代表学者
2	集体经济是劳动群众集体所有制的体现	孔祥智等
3	演化论,我国集体经济的内涵是在不断变化的	张路雄、王永昌、陈锡文等
4	经济制度论,集体经济是一种经济制度	刘政等
5	经济形式论,认为集体经济是一种经营方式,这是相对于集体所有制是一种所有制关系而言的	胡德巧、苑鹏等

二 发展农村集体经济的必要性

学者们对于发展壮大农村集体经济的重要性基本达成了共识,区别只是在于提出的理由不同,主要包括以下几个方面。

第一,发展农村集体经济是坚持社会主义方向、实现共同富裕的需要。王立胜在《改革开放40年的农村基本经营制度》一文中写道,习近平总书记对发展集体经济的重要性总结为四点:"其一,加强集体经济实力是坚持社会主义方向,实现共同富裕的重要保证;其二,发展集体经济实力是振兴贫困地区农业的必由之路;其三,发展集体经济实力是促进农村商品经济发展的推动力;其四,集体经济实力是农村精神文明建设的坚强后盾。"[①] 李天姿等也认为乡村振兴战略要把好政治方向,新型集体经济要对农村发展起到牵引作用。[②] 仝志辉认为农村集体经济具有政治功能、经济功能、社会功能、文化功能等多种功能。[③]

第二,发展农村集体经济是实现乡村振兴的物质基础。如耿羽认为发展壮大集体经济是乡村善治的物质保障。[④] 马桂萍等认为壮大集体经济是实施乡村振兴战略的重要任务。[⑤] 韩俊等指出农村集体产权制度改革关系构建是实施乡

[①] 王立胜:《改革开放40年的农村基本经营制度》,《当代经济研究》2019年第1期,第17~20页。

[②] 李天姿、王宏波:《农村新型集体经济:现实旨趣、核心特征与实践模式》,《马克思主义与现实》2019年第2期,第166~171页。

[③] 仝志辉:《村委会和村集体经济组织应否分设——基于健全乡村治理体系的分析》,《华南师范大学学报》(社会科学版)2018年第6期,第134~140页、第191页。

[④] 耿羽:《壮大集体经济 助推乡村振兴——习近平关于农村集体经济重要论述研究》,《毛泽东邓小平理论研究》2019年第2期,第14~19页、第107页。

[⑤] 马桂萍、崔超:《改革开放后党对农村集体经济认识轨迹及创新》,《理论学刊》2019年第2期,第40~46页。

村振兴战略的制度基础。① 王立胜认为"'有钱办事',就是村级集体经济要有一定的实力。集体经济没有一点实力,村级组织就很难从物质条件上为群众的生产和生活提供服务,基层组织的凝聚力、号召力、战斗力就很难发挥出来"。"集体经济实力与农村基层党组织的凝聚力和战斗力是紧密联系在一起的"。②

第三,发展农村集体经济可以为农民提供社会保障。全世文等认为集体经济发挥着经济功能与社会功能。③ 1991 年,邵宁在《90 年代我国农业的发展与改革》一文中指出"在我国当前经济发展水平上,国家无力承担八亿农民的社会保障责任,只能依靠集体经济组织对失去劳动能力的农民实施救济,从而安定农村社会"。④ 1996 年,温铁军等也撰文指出,"目前农村社区本身承担着相当重要的农业生产、经济发展、产业结构调整、社会福利保障,以及我们国家基层政治上的安定团结等一系列重要功能"。⑤

第四,发展集体经济可以促进农村商品经济发展。一方面,发展集体经济可以帮助大量小规模农户应对农业生产面临的自然风险与市场风险⑥。另一方面,发展集体经济可以管理和积累集体资产。罗盛昌认为地区性合作经济组织具有生产服务、管理协调和资产积累三大职能,"完善地区性合作经济组织的双层经营体制是完善和发展农村合作制的重点"。⑦

也有学者认为,把发展集体经济视为政治行为是不恰当的。如杨文勇认为"那种人为拔高发展集体经济的意义,把它演变成'政治任务'的做法,容易造成认识上和工作上的偏差。应当认识到,现在重新强调发展集体经济,是完善双层经营制发展生产力的需要,而不是'政治任务'的需要"。⑧

---

① 韩俊、赵鲲、陈春良、余葵、高鸣:《创新农村集体经济运行机制 切实保护农民集体资产权益——关于江苏、浙江农村集体产权制度改革情况的督查》,《农村经营管理》2019 年第 3 期,第 18~20 页。
② 王立胜:《改革开放 40 年的农村基本经营制度》,《当代经济研究》2019 年第 1 期,第 17~20 页。
③ 全世文、秦光远:《贫困村退出的集体经济考核问题研究》,《兰州大学学报》(社会科学版)2018 年第 4 期,第 44~52 页。
④ 邵宁:《90 年代我国农业的发展与改革》,《经济研究》1991 年第 2 期,第 41~47 页。
⑤ 温铁军、朱守银:《中国农业基本经营制度研究》,《经济研究参考》1996 年第 E1 期,第 32~48 页。
⑥ 全世文、秦光远:《贫困村退出的集体经济考核问题研究》,《兰州大学学报》(社会科学版)2018 年第 4 期,第 44~52 页。
⑦ 罗盛昌:《当前完善双层经营应着重解决四个问题》,《农村经济》1988 年第 2 期,第 30 页。
⑧ 杨文勇:《社区合作经济组织建设问题的若干思考》,《农村经济》1991 年第 5 期,第 1~4 页。

三 农村集体经济组织的治理主体

关于农村集体经济组织的治理主体，学者们讨论的焦点在于到底该"村社分开"，还是"村社合一"。

一类观点认为，"村社分开"有利于村级集体经济的发展。如杨烈翰认为"深化农村改革的一个重要任务，就是必须按照政社分开的原则设置地区性合作经济组织"。① 党国英认为村庄"政社合一"制度不利于农村稳定。② 李永军认为明确了集体经济组织"特别法人"地位后，应使集体经济组织就更加明确地与行政组织脱离，防止政府利用行政手段支配集体财产。③ 程民选等通过对比塘约模式和南猛模式，认为二者的区别在于一个是依托行政权力来"统"，一个是以平等的经济主体的身份来"统"，作者更看好以平等的经济主体的身份来"统"，可以避免党政社难分的问题，符合中央提出的实行"政经分离"的方向。④ 韩俊认为"实行'政经分开'有利于构建新型农村治理结构"，但同时也提出政经分开需要一定的条件，"一是集体经济发展必须达到一定水平。在集体经济实力很弱的村庄，如果在村委会之外强行要求另行设立一个集体经济组织，只会增加管理成本。二是基层政府具备相应的财力。实行'政经分开'的关键是基层政府要合理配置事权和财权，将基本公共服务覆盖面从城市社区延伸到农村社区"，此外，实行"政经分开"需要相关配套支持政策。⑤

另一类观点认为，"村社合一"并不阻碍集体经济的发展。如陈至发认为"村企合一是发展村级集体经济的有效组织形式"。⑥ 曾益等基于沙洋县的实践认为"村社合一"有自身独特的优势和社会效益。⑦ 温铁军等在分析委托代理

---

① 杨烈翰：《试论完善农村双层经营制的几个主要问题》，《湘潭大学学报》（社会科学版）1988年第2期，第68~71页。
② 党国英、项继权、景跃进、林闽钢、刘喜堂、刘强：《中国农村研究：农村改革40年（笔谈一）》，《华中师范大学学报》（人文社会科学版）2018年第5期，第1~25页。
③ 李永军：《集体经济组织法人的历史变迁与法律结构》，《比较法研究》2017年第4期，第35~52页。
④ 程民选、徐灿琳：《坚持和完善农村基本经营制度：新思考与新探索》，《天府新论》2018年第6期，第121~128页。
⑤ 韩俊：《"政经分开"是农村集体产权制度改革的重要方向》，《农村实用技术》2014年第9期，第9~10页。
⑥ 陈至发：《村企合一是发展村级集体经济的有效组织形式——浙江花园村发展村级经济的成功经验》，《乡镇经济研究》1998年第2期，第8~9页。
⑦ 曾益、陈才锐：《推进"村社合一"壮大集体经济——基于沙洋县的分析》，《中国集体经济》2019年第10期，第8~9页。

关系的基础上，认为社区合作和以社区为基础的专业合作组织作为一级经济主体，利用传统的社区血缘、地缘关系，生成两种中国式社会主义合作经济特有的内部机制：一是社区组织可以将外部市场关系内部化，使社区内不同产业之间资源和收益的整合、配置"天然合理"；二是在社区范围内，可以通过村社企合一，干部交叉兼职，一套人马几块牌子的安排，不经买卖关系来提供"公共品"，这就可以有效地节约管理费用和监督费用。[1] 仝志辉回顾改革开放以来有关分设村委会和村集体经济组织的讨论后认为，"就健全乡村治理体系而言，需要分设两者并明晰其职责；但就直接改善村庄治理突出问题和提升治理能力而言，分设两者在多数地方并不能直接有益于村庄治理。村民自治和村集体经济组织之间存在后者为前者提供财力支持的内在机制，分设不应该破坏这种机制。因此，在当前阶段，可先在地方层面根据不同村庄的实际采取合二为一、适度明晰职责乃至分设的不同办法"。[2]

四 完善集体资产管理体制的路径

关于如何完善集体资产管理体制，学者们形成了两类观点。

一类观点认为，完善集体资产管理体制应以推进集体产权制度改革为路径。臧之页等认为"从某种程度上说，农村集体经济组织成员权构建的问题已经成为我国农村综合改革过程中的关键。农村集体经济组织成员权从性质上看属于'股东权'"。[3] 韩俊认为"不宜把集体经济搞成纯而又纯的集体所有制，集体经济内部应该有农民的个人股权，而且应允许退出。不要把集体经济与农民的个人财产权对立起来，集体经济理应包括部分集体所有、部分农民个人所有的各种合作形式。在这一点上，合作经济与发展集体经济是相通的"。[4] 但也有学者反对对产权改革期望过高，如王景新等认为"一定不要把产权看成是黑格尔哲学里的那个绝对真理，有了它、用了它你就万事大吉"。[5]

---

[1] 温铁军、朱守银：《中国农业基本经营制度研究》，《经济研究参考》1996年第E1期，第32~48页。

[2] 仝志辉：《村委会和村集体经济组织应否分设——基于健全乡村治理体系的分析》，《华南师范大学学报》（社会科学版）2018年第6期，第134~140页、第191页。

[3] 臧之页、孙永军：《农村集体经济组织成员权的构建：基于"股东权"视角分析》，《南京农业大学学报》（社会科学版）2018年第3期，第65~74页、第154页。

[4] 韩俊：《关于中国农业两个飞跃若干理论认识问题（下）》，《理论视野》2002年第2期，第7~10页。

[5] 王景新、彭海红、老田、潘毅、张小军等：《集体经济村庄》，《开放时代》2015年第1期，第11~73页。

另一类观点认为，完善集体资产管理体制的主要路径是推进治理结构改革而非产权制度改革。如仇叶以珠三角为例，说明"法人治理结构在应用于集体资产管理时，不仅无法完全消除代理人的寻租困境，而且容易导致股份合作社的组织异化，使集体经济组织逐渐变为股民进行政治寻租的谋利型组织。资产属性对资产管理制度的选择具有重要影响，我国的集体资产属于具有再分配属性的公有资产，集体资产管理以协调这一再分配关系为核心内涵。市场化的法人治理结构无法适应集体资产管理的需求，应当以治理结构的改革替代产权改革，建立在行政原则指导下的民主化资产管理模式"。① 潘毅也认为发展集体经济"不是产权明晰的问题，而是如何保护集体经济村庄属于劳动者所有。这个问题还是要通过基层民主的制度建设，而不是通过转换产权这样一种方法来处理"。②

第六节 农业产业融合

农业产业形态与农业经营方式密切相关，农业产业融合是化解"小农户"与"大市场"矛盾，延长农业产业链、提高农业附加值、解决农村剩余劳动力的就业的重要途径。我国农业产业融合发轫于20世纪90年代初，其内容包括农业产业化与农村一二三产业融合等。学术界对农业产业融合讨论主要体现在三个方面：一是农业产业融合的实质，二是农业产业融合的带动主体，三是农业产业融合的新要求。

一 农业产业融合的实质

对产业融合的认识关系着农业融合的发展方向，影响着政策的着力点。对于农业产业融合的内涵，很多学者认为，不应陷入名词之争，而要抓住其实质。③④⑤ 目前对于农业产业融合实质的认识主要有"产业形态"论、"经营方式"论、"分工"论和"农业体系"论这四类观点。

---

① 仇叶：《集体资产管理的市场化路径与实践悖论——兼论集体资产及其管理制度的基本性质》，《农业经济问题》2018年第8期，第17~27页。
② 王景新、彭海红、老田、潘毅等：《集体经济村庄》，《开放时代》2015年第1期，第11~73页。
③ 丁力：《农业产业化的实质、形式与政策》，《中国农村经济》1997年第2期，第29~32页。
④ 陈劲松、韩俊：《'98，农业怎么走？》，《市场经济导报》1998年第1期，第9~11页。
⑤ 张红宇：《金融支持农村一二三产业融合发展问题研究》，中国金融出版社，2016年，第3页。

(一)"产业形态"论

持"产业形态"论的学者认为农业产业融合的本质是一种延长了农业产业链的产业形态。如温铁军认为中国农业产业融合其实是"二产化"、"三产化"的农业。① 蒋永穆等认为农业产业融合"使农业从单一的种植业过渡到包括第一、二、三产业在内的门类众多的现代农业"。② 也有观点认为,农业产业融合的实质是"用管理现代工业的办法来组织农业的生产和经营"。③ 沂文认为"农业产业化实质上是农业社会化大生产的一种组织形式,或称农业产业的高级化或组织化"。④ 张慎认为"农业产业化的实质就是农业产前产中产后的三领域整体化"。⑤ 杨尚勤认为农业产业融合要紧密衔接"产加销",实现"接二连三"。⑥ 姜长云认为农业产业融合要"开展农产品精深加工,将农产品资源优势向第二、三产业有序延伸,实现农业生产功能与生活、生态功能并重发展"。⑦ 魏后凯认为应"突破就农业论农业的框框,按照大农业的思路推动农村产业融合"。⑧ 张红宇等认为产业融合的"魂"是"让农业、农民和农村在产业链延伸、价值链提升中更多受益"。⑨

(二)"经营方式"论

持"经营方式"论的学者认为农业产业融合其实是一个经营系统,各主体之间是经营关系。如丁力认为"(农业产业化)系统内作为'龙头'的经营组织与农户是相互独立的经营主体,相互关系主要不是产业分工关系,也不是非市场化安排关系,而是经营关系"。"农业产业化的最本质的东西,那就是'经

---

① 温铁军:《中国农业现代化如何从1.0向4.0演进》,《人民政协报》2016年2月23日,第6版。
② 蒋永穆、马雪峰:《农业产业化与农业产业结构调整》,《经济体制改革》2001年第5期,第99~102页。
③ 王利民、王平、傅金戈、刘玉祥:《"农业产业化"讨论综述》,《发展论坛》1995年第6期,第64页、第63页。
④ 沂文:《山东省农业产业化与社会化服务研讨会综述》,《东岳论丛》1994年第1期,第103~105页。
⑤ 张慎:《农业产业化的实质、客观要求和历史任务》,《中国农村经济》1996年第6期,第16~23页、第2页。
⑥ 杨尚勤、王宾、冯华、王浩:《厚植优势让农村大有作为》,《人民日报》2016年1月31日,第2版。
⑦ 高强、孔祥智:《我国农业社会化服务体系演进轨迹与政策匹配:1978~2013年》,《改革》2013年第4期,第5~18页。
⑧ 魏后凯:《补齐农业现代化的短板》,《人民日报》2016年2月14日,第5版。
⑨ 张红宇:《金融支持农村一二三产业融合发展问题研究》,中国金融出版社,2016年,第4页。

营'。经营在农业产业化中的含义是：农业产业的经营单位和系统在市场经济环境下，为实现产业利益最大化而进行的综合性活动"。[1] 于刃刚、马恩成等认为农业产业融合是一种农业经营体系。[2][3] 宗锦耀认为一二三产业融合的本质是一种经营方式，"其基础是农业，核心是充分开发农业的多种功能和多重价值"。[4] 马晓河认为农业产业融合是"通过产业联动、产业集聚、技术渗透、体制创新等方式，将资本、技术以及资源要素进行跨界集约化配置"。[5] 张晓山指出"在由传统农业向现代农业的转变过程中形成的产加销一体化、贸工农相结合的经营形式或经营系统，被称为现代大农业或垂直一体化经营的农业，在中国被称为农业产业化经营"。[6] 熊爱华等认为"所谓农村一二三产业融合，是用现代要素去'融合改造'第一产业，使传统农业通过融合产生新的经济效益"。[7] 潘锦云将产业融合视为用现代服务业改造传统农业。[8]

（三）"分工"论

持"分工"论的学者认为农业产业融合实质是指农业及其关联产业的分工与专业化。在1998年广东省农办召开的农业产业化座谈会上，罗必良认为"农业产业化思路的提出，在相当程度上源于对家庭小而全生产方式的不足。由于家庭小生产几乎包容了农业生产经营的全部内容，不仅导致组织化程度低，组织效率差，而且又进一步影响了农业的市场参与及竞争能力，从而导致比较利益偏低，因此，农业产业化的关键，就是要将农户经营中的许多经济活动（尤其是产前、产后活动）从农户中分离出来。而这种分离过程就是农业的专业化发展过程，也是农业的产业化过程"。[9] 同一座谈会上，张文方认为"农业产业化是在农业这一国民经济部门之内，不断地分化和形成新的产业。这就是，其

---

[1] 丁力：《农业经营与农业产业化》，《经济研究参考》1998年第6期，第12~22页。
[2] 于刃刚：《三次产业分类与产业融合趋势》，《经济研究参考》1997年第25期，第46~47页。
[3] 马恩成、蒋励、罗必良、张文方、袁志清：《对农业产业化的认识与对策——农业产业化座谈会专家学者的发言》，《农村研究》1998年第4期，第10~17页。
[4] 宗锦耀：《以农产品加工业为引领　推进农村一二三产业融合发展》，《农村工作通讯》2015年第13期，第19~22页。
[5] 马晓河：《推进农村一二三产业深度融合发展》，《农民日报》2015年2月10日，第1版。
[6] 张晓山：《农业经营体制如何影响农民》，《中国经济报告》2016年第10期，第57~59页。
[7] 熊爱华、张涵：《农村一二三产业融合：发展模式、条件分析及政策建议》，《理论学刊》2019年第1期，第72~79页。
[8] 潘锦云：《区域战略："三化"互动与产业融合》，安徽大学出版社，2018年，第57页。
[9] 马恩成、蒋励、罗必良、张文方、袁志清：《对农业产业化的认识与对策——农业产业化座谈会专家学者的发言》，《农村研究》1998年第4期，第10~17页。

中某一类（如粮食、肉类）、某一种（如水稻、鸡）产品，或其生产经营过程的某一（如加、运、销）环节，与其他产品的生产经营或其过程的其他环节分离而成为相对独立的专门化职能体系，即成为新的产业，也包括原有一些产品或一些环节的生产经营活动衰退、消失或转移。其实质是农业部门劳动分工的发展"。① 赵玮等认为农业产业融合中产业之间的协作主要体现在三大产业之间存在以产品、生产技术、价格、劳动就业、投资等为依托的纵向产业依存联系。②

（四）"农业体系"论

持"农业体系"论的学者认为农业产业融合其实质是一个农业体系。武惠恩等认为"农业产业化"严谨的说法是"农业产业系列化"，"简单地理解，就是把一个农产品升级为一个系列，使农业成为包括加工、流通在内的完整的产业系列"。③ 张柏齐认为"发展农业现代化的实质，是营造一个新的农业体系。这个体系以粮食生产为基础，利用粮食及其副产品发展养殖业，在养殖业的基础上，发展肉、禽、蛋、奶、皮、毛等加工业、运输业和各种服务业"。④

二 农业产业融合的带动主体

农业产业融合的带动主体是小农户与大市场有效衔接的关键。围绕农业产业融合的带动主体，形成了五种代表性观点：第一，以龙头企业为农业产业融合带动主体，并相应形成企业一体化经营、协约一体化经营等模式；第二，以合作社为带动主体，组织农户直接参与市场竞争；第三，以市场为带动主体；第四，农业产业融合的带动主体是多元的；第五，农业产业融合带动主体是根据具体发展情况动态变化的。

（一）以龙头企业为带动主体

"龙头企业"这一概念与农业产业化的提出相生相伴，以龙头企业为农业

---

① 马恩成、蒋励、罗必良、张文方、袁志清：《对农业产业化的认识与对策——农业产业化座谈会专家学者的发言》，《农村研究》1998 年第 4 期，第 10~17 页。
② 赵玮、韩高科：《当前农村三大产业融合的理论及其影响研究》，东北师范大学出版社，2018 年，第 8 页。
③ 武惠恩、王志明：《产业化：农业第二次飞跃的战略选择》，《农业经济问题》1995 年第 9 期，第 28~32 页。
④ 张柏齐：《简论农业产业化》，《古今农业》1995 年第 4 期，第 82 页。

产业融合带动主体是学术界比较主流的观点。韩长赋认为"龙头企业发展是农业产业化的关键问题,没有龙头企业就没有农业产业化"。[①] 姜长云认为"企业家是农业产业化组织创新的中坚力量"。[②] 张克俊认为农业产业化"中心环节是形成龙头企业,龙头企业带动生产基地和农户,联合进入市场"。[③] 龙头企业通过垂直一体化和协约一体化带动农户,又衍生出企业一体化、"公司+农户"和"公司+合作社+农户"等模式。

1. 企业一体化

企业一体化经营即是指农业产业化龙头企业通过垂直一体化,向前、向后延伸产业链,成为一个农业产业链齐全的经济体。武惠恩等认为龙头企业可以"建立自己经营的农场式基地,或作为企业的一个'车间'来经营"。[④] 张晓山认为"农业关联企业与农场结合在一起,形成经济实体,构成农工商综合体"是农业产业融合模式之一。[⑤] 韩俊认为秦皇岛市野力集团在葡萄种植、加工和销售一体化过程中探索出的"野力模式"是一种农业产业化的新探索。[⑥]

长期以来,学术界对这种企业一体化模式存在广泛质疑。如张晓山指出"超大规模的公司农场不可能,也不应该成为中国农业经营体系的主流,通过这种方式提高农业劳动生产率的路子走不通"。[⑦] 韩长赋指出龙头企业要带动农户发展,而不是代替农民生产。我国发展现代农业,不仅要提高劳动生产率,还要提高土地产出率;不仅要解决农业问题,还要解决农民问题;不仅要提高农业效益,还要稳定粮食生产,避免"非农化"、"非粮化"。[⑧] 丁力认为由于农业生产经营的特点、家庭经营的农户更了解具体情况以及企业一体化经营可能"肢解许多承包经营的农户"等原因,不分经营的需要和条件,一律由一个经营单位来"一体化经营",经营系统内部是"非市场化安排",那么结果会和人们预期的相反。[⑨]

---

① 韩长赋:《加快龙头企业发展推动农业产业化进程》,《农村·农业·农民》2002年第9期,第4页。
② 姜长云:《农业产业化组织创新的路径与逻辑》,《改革》2013年第8期,第37~48页。
③ 张克俊:《农业产业化与社会主义市场农业的发展》,《农村经济》1995年第3期,第9~10页、第18页。
④ 武惠恩、王志明:《产业化:农业第二次飞跃的战略选择》,《农业经济问题》1995年第9期,第28~32页。
⑤ 张晓山:《农业经营体制如何影响农民》,《中国经济报告》2016年第10期,第57~59页。
⑥ 韩俊、马晓河:《野力集团对农业产业化的新探索》,《中国经贸导刊》2000年第6期,第48页。
⑦ 张晓山:《在稳定的基础上创新农村基本经营制度》,《农村经济》2018年第12期,第1~3页。
⑧ 韩长赋:《大力推进农业产业化 促进城乡发展一体化》,《经济日报》2013年1月11日,第2版。
⑨ 丁力:《农业经营与农业产业化》,《经济研究参考》1998年第6期,第12~22页。

2. 协约一体化

与企业一体化经营不同，协约一体化是公司和农户之间通过签订协议形成相对稳定的合约交易关系。韩长赋认为农业产业融合采取"公司＋农户"的形式是符合中国国情的一种可行的规模经营形式，"通过这种组织机制和产业链条形成规模经营"，来参与市场竞争，包括国际市场的竞争。① 在"公司＋农户"的基础上，又衍生出"公司＋合作社＋农户"模式。张晓山认为，与"公司＋农户"模式相比，"公司（龙头企业）＋合作社（协会）＋农户"模式实质上是把不同利益主体之间的关系和矛盾内化于合作社中。从实践上看，这种内化在一定程度上可以认为是一种进步，对公司利润最大化的机制产生一定的制约。"公司与农户之间、公司与合作社之间不平等的互利关系正在发生微妙的变化，出现了天平逐渐向农户和合作社倾斜的迹象"。②

（二）以农民合作社为带动主体

随着农业产业融合的推进，越来越多的学者认识到农民合作社应该发挥更重要的作用。如王喜远指出"以合作制推进农业产业化"③，韩俊等认为"发展农民新型合作经济组织，不仅能较好地填充农业产业化经营组织的'断层'，还可以有效地协调公司企业与农户之间的利益关系，降低龙头企业与广大农户的交易成本，从而实现公司企业与农户利益的'双赢'，实现农业产业化，促进农业经济稳定而持续地增长"。④ 张晓山认为"扩展农业产业链条，发育多元化的组织形式和契约联结方式，特别应该鼓励发展农民专业合作社""合作社自身成为龙头企业，是发展现代农业、增加农民收入的最佳途径"。⑤ 2016 年张晓山进一步认为农民"组成合作社，直接参与农业垂直一体化的进程"，成为农业产业融合的主体成分，这种方式是对"公司＋农户"的一种替代。⑥ 孔祥智认为各类龙头企业、休闲农业企业、电商企业、农民专业合作社都为推进产

---

① 韩长赋：《新农村建设与农业产业化》，《农村经营管理》2006 年第 4 期，第 15~16 页。
② 张晓山：《农民专业合作社发展需要关注的一些问题》，《农村经营管理》2011 年第 1 期，第 18~23 页。
③ 王喜远：《以合作制推进农业产业化》，《农村工作通讯》1998 年第 1 期，第 22 页。
④ 韩俊、秦中春、张云华、罗丹：《我国农民合作经济组织发展的影响因素分析》，《红旗文稿》2006 年第 15 期，第 14~16 页。
⑤ 张晓山：《创新农业基本经营制度发展现代农业》，《农业经济问题》2006 年第 8 期，第 4~9 页、第 79 页。
⑥ 张晓山：《农业经营体制如何影响农民》，《中国经济报告》2016 年第 10 期，第 57~59 页。

业融合提供了载体支撑,但其中农民专业合作社是核心主体。[①]

(三) 以市场为带动主体

有一部分学者认为,市场应该在农业产业融合中处于带动主体的地位。对"市场"的理解,一种是指专业市场,如韩俊认为"通过发育农产品市场,特别是专业批发市场,带动区域专业化生产和产加销一体化经营"即"专业市场加农户"是农业产业融合的重要模式之一,山东寿光是这一类型的代表。[②] 对"市场"的另一种理解是非实体化的,如丁力认为农业产业化的真正"龙头"是市场,而不是企业。"无论是各类中介组织也好,自己从事加工和流通的农户也好,在农村的一切经济活动中必须以市场为导向,为起点,为目标,研究市场,顺应市场,开拓市场,通过各种措施,使自己的产品在市场上实现价值,使自己的活动在市场上得到承认,才算完成了农业产业化经营的一个周期,才能在这一过程中得到发展壮大"。[③] 陈劲松等指出"推进农业产业化,必须坚持以市场为导向、为起点、为目标,要把精力主要用在研究市场、顺应市场和开拓市场上。如果忽视这一点,只抓生产和加工,产销不对路,实力再强大的龙头企业,也难长久维持"。[④]

(四) 带动主体是多元的

持这种观点的学者认为,农业产业融合的带动主体是多元的。如丁力指出"谁+农户要由农户决定,这样,各种经营组织在争取+农户的过程中,就要提高运营效率,努力降低成本,而这是使农户尽可能地回避风险,尽可能地多得到利益的有效保障"。[⑤] 姜长云认为"在农业产业化较发达的大中城市,更宜把龙头企业发展放在优先地位",至于有些地区,农民合作社发展到一定阶段后,由于外部环境和内部制度的变化,出现了合作社"转化"为龙头企业的倾向,但只要仍能带动农户从事农业结构调整和产业化经营,也不宜"横加干涉、盲

[①] 孔祥智:《合作社是三产融合的核心主体》,《中国农民合作社》2018年第5期,第38页。
[②] 韩俊:《中国"三农"政策与走向》,《农村实用工程技术·农业产业化》2004年第5期,第12~15页。
[③] 丁力:《农业产业化的实质、形式与政策》,《中国农村经济》1997年第2期,第29~32页。
[④] 陈劲松、韩俊:《'98,农业怎么走?》,《市场经济导报》1998年第1期,第9~11页。
[⑤] 丁力:《农业经营与农业产业化》,《经济研究参考》1998年第6期,第12~22页。

目否定"。① 姜长云进一步指出农村一二三产业融合中既要协调好新型农业经营主体与普通农户的关系,也要协调好本地新型农业经营主体与外来新型农业经营主体的关系。② 万宝瑞认为要实现产业融合发展,必须发挥农户、合作社、农业企业等主体的能动性,以家庭经营为基础、合作与联合为纽带、社会化服务为支撑、农业企业为龙头,培育多元化农村产业融合主体。③ 国家发展和改革委员会发布的《农村一二三产业融合发展年度报告(2017年)》表明,在农村一二三产业融合的进程中,农村产业融合主体实现从数量增加到质量提升、从单纯生产到综合带动、从收益独占到利润共享的转变。④ 熊爱华等从农业经营主体视角考察了农业产业融合,认为农村一二三产业融合"存在沿产业链向前后延伸、拓展农业新功能和推广应用先进技术等三种模式,不同经营主体会根据自身实力、所处地区资源环境等条件采取差异化融合模式"。⑤

(五) 带动主体是动态变化的

持这种观点的学者认为,农业产业融合的带动主体并非一成不变,而是动态变化的。如蒋永穆等从经营组织形式演进的角度对农业产业化经营组织进行了阶段划分,认为农业产业化经济组织的演进经历了"初始、成长、成熟和完善"四个阶段,分别对应分散经营、"公司+农户"、"专业市场+公司+初级合作社+农户"和"统一的农业合作组织"四种经营组织形式。⑥ 蒋永穆等的研究表明我国农业产业化经营组织的形成过程表现为从环境变化诱发主体行动到政府参与推动组织形成的路径,其经营组织形成的内部动因是制度变迁的潜在收益,外部动因主要来自政府行为的推动。⑦

以上几种观点都强调了农业产业化中中介组织的重要性,但还有学者强调

---

① 姜长云:《发展农业产业化龙头企业的若干思考》,《宏观经济管理》2013年第12期,第31~32页。
② 姜长云:《推进农村一二三产业融合发展新题应有新解法》,《中国发展观察》2015年第2期,第18~22页。
③ 万宝瑞:《以"五个转变"实现农业发展"双目标"》,《人民日报》2017年9月22日,第7版。
④ 国家发展改革委农村经济司:《农村一二三产业融合发展年度报告 (2017年)》, http://www.ndrc.gov.cn/gzdt/201804/t20180419_882893.html。
⑤ 熊爱华、张涵:《农村一二三产业融合:发展模式、条件分析及政策建议》,《理论学刊》2019年第1期,第72~79页。
⑥ 蒋永穆、王学林:《我国农业产业化经营组织发展的阶段划分及其相关措施》,《西南民族大学学报》(人文社科版) 2003年第8期,第44~48页。
⑦ 蒋永穆、高杰:《我国农业产业化经营组织的形成路径及动因分析》,《探索》2012年第3期,第105~109页。

农业产业融合中生产主体、生产基地的作用。如丁力认为"没有农户的家庭经营,也就没有农业产业化的基础","农业产业化的推动也主要靠农户"。① 潘光辉等认为"农户是农业产业化的核心"。② 马恩成指出"农业产业化经营的基础是农户,起点也在农户"。③ 郭晓鸣认为农业产业融合是农民"组织起来进入市场",将自身的生产经营活动延伸到二三产业,并能公平合理地分享二三产业的增值利润。④ 蒋永穆等认为农产品基地是一种规模化经营组织,是实现中国特色农业现代化的有效载体,应加强对农产品基地的探讨,仅仅在研究农业产业化时附带提及是不够的。⑤

以上关于农业产业融合带动主体的研究总结如表2-5所示。

表2-5 农业产业融合的带动主体

序号	主要观点	代表学者
1	龙头企业带动	企业一体化:武惠恩、王志明、张晓山、韩俊等
		协约一体化:韩长赋等
2	农民合作社	王喜远、张晓山等
3	市场带动	专业市场带动:韩俊等
		非实体市场带动:丁力、陈劲松等
4	带动主体是多元的	丁力、姜长云、万宝瑞等
5	带动主体是动态变化的	蒋永穆等
6	其他	如:潘光辉、马恩成、郭晓鸣等强调生产主体农户的作用,蒋永穆强调基地在农业产业化中的作用

三 农业产业融合的新要求

推进农村一二三产业融合发展,是深化农业供给侧结构性改革、推动乡村产业振兴的重要抓手,是促进农民持续增收、决胜全面建成小康社会的有效途径。围绕农业一二三产业融合发展对我国农村基本经营制度提出的新要求,学者们从农地制度、经营主体、社会化服务等方面进行了阐述。

---

① 丁力:《农业产业化的实质、形式与政策》,《中国农村经济》1997年第2期,第29~32页。
② 潘光辉、罗必良:《农业剩余与农业产业化》,《广东社会科学》1998年第3期,第52~56页。
③ 马恩成、蒋励、罗必良、张文方、袁志清:《对农业产业化的认识与对策——农业产业化座谈会专家学者的发言》,《农村研究》1998年第4期,第10~17页。
④ 张晓山:《在稳定的基础上创新农村基本经营制度》,《农村经济》2018年第12期,第1~3页。
⑤ 王丰、蒋永穆:《论农产品基地:内涵、功能与发展形态》,《江西财经大学学报》2010年第5期,第59~64页。

(一) 对产业形态的新要求

农村一二三产业融合发展意味着农村产业形态的变化。一种观点认为是三产带动一产、二产，如孔祥智认为一二三产业融合发展，要"大力发展农业旅游、体验、休闲、养生等第三产业，实现农产品的多元化、多维化、多功能化、高附加值化，以三产带动二产和一产，实现农业的高质量、全面发展"。[1] 温铁军认为，农村产业"三产化"内涵性地发展生态化农业和原产地农业等非规模化和非车间化的农业，国家政策应该鼓励"农业进城、市民下乡"，使一二三产业有机结合，经三产对要素和产品实现重新定价，构建一个投入产出相对合理的多功能现代农业。[2] 另一种观点认为应突出农业为基础，如张首魁认为一二三产业融合发展要突出"农业"基础，引领农业农村发展要素聚集，提高农业生产要素的配置效率，提高农业生产的比较效益，推动现代农业健康可持续发展。[3] 郭晓鸣认为"农村三次产业融合发展是指以农业为基本依托，以新型经营主体为引领，以利益联结为纽带，通过产业联动、要素集聚、技术渗透、体制创新等方式，将资本、技术以及资源要素进行跨界集约化配置，使农业生产、加工和销售与餐饮、休闲、养生以及其他服务业有机地整合在一起，使得农村三次产业之间紧密相连、协同发展，最终实现农业产业链延伸、产业范围扩展和农民增收"。[4] 张红宇等持类似的看法，认为农村一二三产业融合发展是以农业农村经济发展为基本依托，以第一产业为基础延伸产业链条，拓展到第二产业、第三产业，打通一二三产业界限。[5] 还有一种观点从广义上看待产业形态的变化，如姜长云认为，一二三产业融合发展"必须通过第一、第二、第三产业在农村的融合发展，形成新技术、新业态、新商业模式"。"第一、第二、第三产业在农村的共存分立，或外部的、表层的联系，只要没有形成新技术、新业态、新商业模式，就不能称之为农村一二三产业融合发展"。[6] 同时，一二三产业融合也并不是要求把涉农工业和服务业全部搬到农村。万宝瑞认为

---

[1] 孔祥智：《农业供给侧结构性改革需关注三大重点》，《理论参考》2017年第2期，第50~52页。
[2] 温铁军：《农业"三产化"阶段的制度创新》，《中国社会科学报》2015年4月8日，第A07版。
[3] 张首魁：《一二三产业融合发展推动农业供给侧结构性改革路径探讨》，《理论导刊》2016年第5期，第68~71页。
[4] 郭晓鸣：《从四川实践看农村三产融合及与台湾的合作展望》，《当代县域经济》2017年第7期，第18~23页。
[5] 张红宇：《金融支持农村一二三产业融合发展问题研究》，中国金融出版社，2016年，第3页。
[6] 姜长云：《推进农村一二三产业融合发展新题应有新解法》，《中国发展观察》2015年第2期，第18~22页。

新形势下农村三产融合模式多元化,既有二元产业融合,如一二产业融合、一三产业融合、二三产业融合,也有三元产业融合,主要是以一产为基础向二三产业延伸。①

(二) 对农地制度的新要求

农村一二三产业融合发展也对完善土地政策提出了新的要求。刘振伟认为构建农村一二三产业融合发展体系,需要与之相配套的用地政策,"过去搞传统农业,产业融合发展的用地矛盾不很突出,现在搞现代农业,用地政策的理念需要相应调整"②,并提出了多规合一编制农村土地利用总体规划、预留一定比例的规划建设用地指标用于农业农村发展、给予地方一定的自主权等建议。张首魁认为为了让农民更多分享产业链增值收益,应"鼓励农民以土地承包经营权、林权、房屋产权、集体资产量化入股等多种形式组建发展农村新型股份合作社。落实农村以财产权抵押贷款、产权流转等金融政策"。③ 郭军等通过理论分析和案例研究,探讨了农村一二三产业融合与农民收入的内在逻辑和影响机理,认为政府"应该推动管理体制创新、培育新型经营主体、增加财税政策支持、完善人才培养制度和创新土地政策"。④ 朱隽认为,农村产业融合发展并不意味着要大量新增建设用地,而要用好增量盘活存量,鼓励农村土地复合利用创新。⑤

(三) 对产业组织的新要求

农村一二三产业融合发展对产业组织提出了新的要求。一种观点认为一二三产业融合将引起产业组织前后延伸。黄祖辉认为与农业产业融合相适应的组织融合将呈现两条路径,一条是下游公司(企业)向上游延伸的路径,另一条是上游合作组织向下游延伸的路径。⑥ 在此前另一篇文章中,黄祖辉曾指出,完全的纵向一体化是极其困难的,"完全的纵向一体化意味着一个组织将面临非

---

① 万宝瑞:《把握农村三产融合新特点》,《人民日报》2019年8月28日,第8版。
② 刘振伟:《乡村振兴中的农村土地制度改革》,《农业经济问题》2018年第9期,第4~9页。
③ 张首魁:《一二三产业融合发展推动农业供给侧结构性改革路径探讨》,《理论导刊》2016年第5期,第68~71页。
④ 郭军、张效榕、孔祥智:《农村一二三产业融合与农民增收——基于河南省农村一二三产业融合案例》,《农业经济问题》2019年第3期,第135~144页。
⑤ 朱隽:《农村产业融合发展,用地咋保障》,《人民日报》2018年1月25日,第2版。
⑥ 黄祖辉:《改革开放四十年:中国农业产业组织的变革与前瞻》,《农业经济问题》2018年第11期,第61~69页。

常复杂的治理结构和高昂的治理成本。比较理想的农业纵向融合方式,应该是将相关经营机制及其经营主体有机链接"。① 另一种观点认为产业融合依然要求经营组织专业化的分工协作。姜长云将农村一二三产业融合发展的主要组织形式分为单一型组织和复合型组织,并进行了进一步细分,探讨了不同组织形式带动农民增收的效果,其研究结论认为"推进农村产业融合的组织形式选择应该坚持多元化的方针,注意因地制宜、扬长避短,引导不同类型组织通过公平竞争、分工协作,形成分层发展、分类发展、优势互补、网络链接新格局"。② 张晓山认为"农民组织起来进入市场,将自身的生产经营活动延伸到二三产业,使土地、劳动力与资本之间形成较为均衡的利益格局,农民合作社与农业企业结成利益共同体,目的是使农民群众能公平合理地分享二三产业的增值利润"。③ 还有一种观点强调集聚效应,如余欣荣认为要实现农业产业融合,应加快打造现代农业产业园区体系。④

(四) 对社会化服务的新要求

农村一二三产业融合发展要求社会化服务发生相应的变革。姜长云指出,农村一二三产业融合发展过程中,农机服务、农产品流通、农业咨询设计、涉农融资租赁服务、农产品品牌服务、农业供应链管理等农业生产性服务业对农业提质增效升级的重要性迅速凸显,"甚至越来越成为农业发展方式转变的引擎和农业产业链价值增值的主要源泉"。"信息化的迅速发展为产业融合提供新的引擎和催化剂,加速了产业融合的进程。发展农村服务业,尤其是信息服务业,也将为农村一二三产业融合发展提供新的动力和黏合剂"。⑤ 没有农村社会化服务业的适度加快发展,推进农村一二三产业融合发展也容易成为"空中楼阁"。

第七节 总体考察

这一部分对新中国成立 70 年来我国农村基本经营制度的研究进行总体考

---

① 黄祖辉:《在一二三产业融合发展中增加农民收益》,《中国合作经济》2016 年第 12 期,第 17 页。
② 姜长云:《推进农村产业融合的主要组织形式及其带动农民增收的效果》,《经济研究参考》2017 年第 16 期,第 3~11 页。
③ 张晓山:《在稳定的基础上创新农村基本经营制度》,《农村经济》2018 年第 12 期,第 1~3 页。
④ 余欣荣:《培育乡村新业态》,《人民日报》2019 年 1 月 24 日,第 18 版。
⑤ 姜长云:《推进农村一二三产业融合发展新题应有新解法》,《中国发展观察》2015 年第 2 期,第 18~22 页。

察,包括研究演进的特点和研究展望。

一 农村基本经营制度研究的主要特点

新中国成立70年来学术界关于农村基本经营制度的研究,呈现出以下四个方面的特点:一是在总体方向上,不断探索小农户与现代农业有机衔接及其衍生出的相关问题;二是制度基础方面,始终坚持和不断完善农村土地集体所有制;三是在经营方式上,注重家庭经营的基础地位和实现统分结合;四是在产业形态方面,通过产业融合构建实现农村基本经营制度的物质基础。

(一) 不断探索小农户与现代农业有机衔接

新中国成立70年来,我国不断探索小农户如何与现代农业有机衔接。新中国成立初期,试图在农业社会主义改造基础上,通过高度集体化经营将我国数以亿计的小农户"组织起来",以配合工业化发展并快速实现农业现代化;遇到挫折后,在反思实践的基础上,尊重农民创造,实事求是地研究我国建立家庭经营为基础的农村基本经营制度的必要性;农村改革以来,巩固和完善农村基本经营制度,深入探讨了如何坚持家庭经营基础性地位、如何通过建立农业社会化服务体系和发展集体经济完善统分方面、如何通过产业融合发展构建适宜我国小农户长期存在的现代农业产业形态等问题。

(二) 始终坚持和不断完善农村土地集体所有制

新中国成立70年来,我国始终坚持和不断完善农业社会主义改造所形成的宝贵财富——农村土地集体所有制。农村土地集体所有制是农村基本经营制度的基础。从时间维度来看,20世纪五六十年代,学术界主要研究了建立农村集体所有制的必要性以及如何建立农村集体所有制;农村改革后,学术界主要研究了为什么要坚持农村土地集体所有制,虽然其间出现过关于土地私有化、土地国有化等的讨论,但在讨论中总体形成了必须坚持和不断完善我国农村土地集体所有制的基本观点。

(三) 注重家庭经营的基础地位和实现统分结合

农村改革前与农村改革后,农村土地集体所有制得到了延续,最重要的变化是农村基本经营单位由集体经营为基础转变为家庭经营为基础,并形成统分结合的双层经营体制。围绕"统分结合",学者们虽然对"统"与"分"关系形成了"以统为主"、"以分为主"和"统分并重"三种不同观点,但总体取向是认同"统分结合"的必要性。就"分"的方面而言,家庭经营是"分"的具体实践,在家庭经营探索之初,有学者曾认为家庭经营只会短期存在;随着农村基本经营制度的确立和家庭经营显示出强大的生命力,越来越多的学者认可我国农村基本经营制度以家庭经营为基础。就"统"的方面而言,其具体实践包括发展农业社会、发展服务体系和发展农村集体经济三个方面,分别体现了农业生产的"统"和农村经济的"统"。围绕农业社会化服务体系,学者们研究了开展农业社会化服务的原因、主体、主要服务对象和服务模式等问题;围绕发展农村集体经济,学者们研究了农村集体经济的内涵、发展的必要性、性质和如何壮大农村集体经济等问题。

(四)通过产业融合构建实现农村基本经营制度的物质基础

农村基本经营制度确立以来,随着粮食生产问题的解决,"小农户"与"大市场"矛盾开始凸显,实体经济通过农业产业融合延长农业产业链、提高农业附加值、解决农村剩余劳动力的就业等问题,农业产业融合被认为是实现农村基本经营制度的物质基础并得到学术界的重视。我国农业产业融合主要经历了从20世纪90年代初农业产业化到当前农村一二三产业融合发展的过程。围绕农业产业化,学者们深入探讨了农业产业融合的实质及其带动主体。农村一二三产业融合发展是农业产业化的升级,学者们研究了乡村振兴战略对农村产业融合,对农村产业形态、农地制度、产业组织、农业社会化服务等方面提出的新要求。

二 农村基本经营制度研究的未来展望

农村基本经营制度作为党在农村政策的基石,在未来要继续发挥"四梁八柱"的作用。在乡村振兴战略和农业供给侧结构性改革背景下,以下几方面的内容值得关注。

(一)农村基本经营制度的实现形式

面对我国经济社会和农业农村发展的新变化、新要求、新挑战和新机遇,农村基本经营制度的实现形式不断发生着或大或小的变化,在这一背景下,更要从理论上加强对农村基本经营制度实现形式一些本质性问题的研究。一是研究农村基本经营制度的科学内涵和质规定性,构建农村基本经营制度科学的分析框架；二是探索农村基本经营制度"坚持"和"完善"动态统一的实现形式。

（二）家庭经营基础性地位

自农村基本经营制度确立以来，家庭经营的优越性得到彰显，但随着农业生产经营和农村生产力的进一步发展和提高，家庭经营的制度优势释放日趋式微，甚至面临质疑。关于农业基础性地位，未来可以关注以下几个方面：一是如何理性看待家庭经营基础性地位；二是家庭经营为基础的农业经营主体的发展和分化，以及各主体如何进一步集约经营；三是如何实现小农户与现代农业有机衔接。

（三）双层经营体制创新

农村基本经营制度确立以来，我国的农业经营很大程度上是"分"有余而"统"不足，双层经营体制的内涵也不断随着时间推移而变化。关于双层经营体制，未来有必要关注以下问题：一是农村各项改革推进的背景下，双层经营体制新的内涵；二是双层经营体制中统一经营的主体有何新的趋势；三是农业社会化服务体系如何更好地为一家一户提供全程社会化服务。

（四）土地制度改革

土地制度是农村基本经营制度的核心，围绕土地制度改革，以下问题值得进一步研究：一是在保持土地承包关系稳定并长久不变的前提下，如何有效实现农地"三权分置"，合理安排土地权利；二是如何稳慎推进农村宅基地制度改革；三是如何推进农村土地征收制度改革和农村集体经营性建设用地入市改革，建立城乡统一的建设用地市场。

（五）农村集体产权制度改革

农村集体产权制度改革关系着中国农村未来的发展，围绕农村集体产权改革，以下问题是下一步研究的重点：一是农村集体经济组织法的制定和落实；二是农村集体产权制度改革到底怎么改；三是壮大什么样的集体经济、如何壮大集体经济；四是如何构建社会主义市场经济条件下农村集体经济组织的有效运营机制。

（六）农业产业融合

农业产业融合是居民消费结构升级和农业供给侧结构性改革的必然选择，新时代乡村振兴战略背景下农业提质增效的重要途径。围绕农业产业融合，有必要加大以下问题的研究力度：一是农业产业融合的国际经验；二是社会资本在农业产业融合中的作用和风险；三是农业产业融合的配套制度改革。

第三章　农村经济体制及其改革

农村经济体制改革是指对生产关系的调整、完善和对农村经济管理制度、经营制度及组织结构的变革。[①] 由于改革涉及的内容较多，本章主要通过纵向和横向两个维度，系统总结和整理新中国成立 70 年来农村经济体制及其改革的相关研究。纵向上，主要分为两个部分，集中研究改革前的农村经济体制和农村经济体制改革及其阶段；横向上，主要梳理改革的核心内容，重点研究农村经济体制改革中的家庭联产承包责任制、农产品价格改革、农村流通体制改革和农业的支持保护。

第一节　改革前的农村经济体制

新中国成立后，党和国家对新的农村经济体制进行了积极探索，学者们对农村经济体制进行了深入研究。纵观学者们的研究，主要争议集中在三个方面，一是对农村计划经济体制的认识和计划实施的范围，二是能否发展农村商品经济，三是对农产品统购统销的看法。

一　农村计划经济体制

新中国成立之初，为支持工业发展，我国逐步建立起了农村计划经济体制。当时，学者们对农村计划经济体制持不同的态度，有学者十分支持和肯定，也有学者认为这样的计划经济体制不利于农村发展，应该予以改进；还有学者就农业计划实施的范围提出了自己的意见，指出应该从生产量计划过渡到商品量计划，其他学者则认为生产量计划与商品量计划二者不可偏废。

---

① 陈岱孙：《中国经济百科全书》，中国经济出版社，1991 年，第 145 页。

（一）对农村计划经济体制的认识

学者们对农村计划经济体制的态度有所不同，有的学者持肯定态度，认为计划经济体制是社会主义的本质要求，而人民公社作为基层计划组织，是通向共产主义的捷径。也有学者认为农业计划是经济矛盾产生的主要原因，而人民公社化后的农业计划管得过死，损伤了农民生产积极性。

1. 充分支持并肯定农村计划经济体制

多数学者是支持并肯定农村计划经济体制的，他们认为社会主义要求必须实行计划经济体制，而人民公社是从社会主义过渡到共产主义的最优选择。

第一种意见，计划经济体制是社会主义本质的要求，社会主义就是要实行计划经济。范若一指出，社会主义制度下实施计划经济可以克服私有制的无政府状态。他指出，由于我国实行计划经济，国家对农业生产计划、农产品收购价格以及人民公社的消费和积累比例及农民的报酬分配都要做统一安排。[1] 齐光在《关于生产资料的分配问题》一文中指出，生产资料的计划管理体制，是"完全正确的方针"，因为这种计划下的分级管理体制"体现着经济管理中的民主集中制原则，反映着我国社会主义经济发展的规律"。[2] 北京第二毛纺织厂工人理论组认为，"无产阶级专政的国家对整个国民经济实行计划领导和计划管理，是社会主义经济的一项根本制度，是社会主义制度优越于资本主义制度的一个重要方面"。[3]

第二种意见，人民公社的建立是通向共产主义的捷径，人民公社是农村计划经济体制的集中体现。尹士杰对人民公社的建立给予了高度评价，他指出，"人民公社的建立，标志着我国农业合作化制度又大大向前迈进了一步，标志着生产关系的重大变革，标志着生产力的新的飞跃"；他还指出，"人民公社不仅是建成社会主义的最好组织形式，也将是过渡到共产主义的最好的组织形式"。[4] 关梦觉也持这种观点，他指出，人民公社这种组织形式，"既加快了社会主义建设，又加快了向共产主义的逐步过渡"。[5] 轻工业部计划司指出，人民

---

[1] 范若一：《略论农副产品的价格政策》，《经济研究》1959年第2期，第26~30页。
[2] 齐光：《关于生产资料的分配问题》，《经济研究》1960年第3期，第38~45页。
[3] 北京第二毛纺织厂工人理论组：《社会主义必须实行计划经济》，《北京师范大学学报》1975年第4期，第17~23页。
[4] 尹士杰：《人民公社是过渡到共产主义的最好组织形式》，《江汉论坛》1958年第8期，第4~6页。
[5] 关梦觉：《人民公社是通往共产主义的捷径》，《经济研究》1958年第12期，第45~50页。

公社是"社会主义社会结构的工农商学兵相结合的基础单位",它的活动"包括国民经济的各个方面,只有实行计划管理,才能使公社各项事业得到巩固和不断发展"。①

2. 反对农村计划经济体制

有部分学者看到了农村计划经济体制存在的弊端,他们指出,农业计划管理出现的主观错误是导致经济问题产生的主要原因,农业计划管得过严过死,打击了农民的生产积极性,束缚了农业生产力。王宗瑞认为,不能一味地注重计划管理,应该处理好管与放的关系,才能更好地促进生产力的高速发展。②刘日新指出,在人民公社化以后,农业计划出现了"指标过细,规定过死"的情况,"缺乏机动灵活的余地";他还指出,这些计划没有从实际出发,"违反了因时因地制宜的原则,因而不利于调动公社各级干部和广大社员群众的积极性,不但达不到增产的目的,反而给生产造成困难,给群众生活造成不便"。③辛华文摘译了捷克斯洛伐克科学院经济研究所所长奥·西克的文章《关于改善计划管理体制的问题》,并在译文中加入了自己的观点。在文中他谈到,经济中出现的一些"缺点",如"经济实际需要的发展同生产的使用内容的发展,特别是生产结构的发展之间的矛盾","绝大部分是由于计划管理中的主观错误"而产生的。④吴象指出,"农业中实行的计划管理,必须适合农业的特点","如果不顾这些特点,硬要实行高度集中的计划管理,只能使农业生产陷于瘫痪,造成灾难性的后果"。⑤

(二) 农业计划实施的范围

大多数学者都承认农业计划是国民经济的基础,但对农业计划实施的范围略有分歧。有学者认为,对农业的计划管理应该在农产品征购方面,即商品量计划,而不是农业生产量计划。也有学者认为,不仅要实施商品量计划,还要实施生产量计划,其中生产量计划是基础。

第一种意见,应该实行商品量计划,而不应该实行生产量计划。张开敏等

---

① 轻工业部计划司:《对人民公社计划体制的初步意见》,《计划与统计》1959年第2期,第20~21页。
② 王宗瑞:《正确认识管和放的关系》,《计划与统计》1959年第6期,第17页。
③ 刘日新:《关于改进我国农业计划制度的商榷》,《经济研究》1961年第7期,第17~23页。
④ 辛华文:《捷经济研究所所长撰文谈改变管理体制问题》,《经济学动态》1964年第2期,第12~18页。
⑤ 吴象:《联产承包责任制与农业计划管理》,《农业经济问题》1983年第2期,第3~10页。

持这种观点,他们指出,"适应当前农业生产中的特点,农业计划制度改革的方向应当是将计划的制定建立在控制商品量的基础上,也就是从生产计划过渡到征购计划"。① 刘日新认为,从当时农业形势和农业特点出发,实施生产量计划已经不合时宜了,需要"过渡到实行商品量计划",他认为这样的农业计划制度,"既有集中,又有民主,既能贯彻计划的统一性,又具有充分的灵活性"。②

第二种意见,既要实施商品量计划,又要实施生产量计划。张柱中持这个观点,他认为应该将生产量计划与商品量计划相结合,他指出,"不论采取哪种管理办法,在目前国家和社队计划中,都将包括生产量和征购量两个指标"。③ 汪祥春等指出,不仅农产品征购计划是必要的,农产品的生产计划也不能放任不管,因为"农业生产计划是农产品征购计划的基础",他们表示,"国家必须管农业生产计划,即是说,农村人民公社集体经济,必须在国家统一领导之下编制农业生产计划,而不能各自为政,完全自行安排农业生产"。④

二 发展农村商品经济

20世纪五六十年代,关于能否发展农村商品经济,以及共产主义社会商品经济是否会消亡,学者们的争议较多。有学者认为商品经济是私有制的概念,社会主义社会应该限制甚至消灭商品经济;也有学者认为可以在计划指导下发展商品经济,但在过渡到共产主义社会后要消灭商品经济;还有学者认为商品经济不仅在社会主义社会可以存在,在共产主义社会也不是必须消失的。

第一种意见,商品经济是私有制的概念,是旧社会的遗留物,应该限制甚至消灭。骆耕漠指出,商品是私有制度下的概念,他在《论商品和价值》一文中强调,"在马克思、恩格斯的著作中,对商品只有一个定义,说明商品是两个私有者所互相交换的产品",因而他认为,在全民所有制下商品必将消亡。⑤ 苏星指出,虽然农民个体经济的商品生产和资本主义的商品生产是不能混为一谈的,但前者可以转化为后者,为了避免农村产生阶级分化,走上资本主义道路,

---

① 张开敏、陈声雅:《关于我国农业生产计划向征购计划过渡问题的商榷(上)》,《财经研究》1958年第1期,第54~59页。
② 刘日新:《关于改进我国农业计划制度的商榷》,《经济研究》1961年第7期,第17~23页。
③ 张柱中:《关于我国农业生产计划制度几个问题的商讨》,《经济学动态》1962年第12期,第4~7页。
④ 汪祥春、姜兴渭、陈崑岫:《我国农业生产的计划管理问题》,《经济研究》1965年第3期,第33~39页。
⑤ 骆耕漠:《论商品和价值》,《经济研究》1959年第10期,第47~65页。

必须"立即领导农民走上社会主义的互助合作的道路","引导农民走社会主义大农业的道路"。① 郑景彬指出,在社会主义的商品经济、货币交换方面,还存在着"资产阶级法权"及"产生资本主义和资产阶级的土壤和条件";他还指出,"限制商品经济、货币交换及其体现的资产阶级法权,逐步形成资产阶级既不能存在,也不能再产生的条件,是无产阶级专政下继续革命的一项重大无比的任务"。② 何寿枢等也持这个观点,他们认为,"在社会主义社会中,商品制度、货币交换同按劳分配一样,还不可避免地存在着资产阶级法权,还是滋生资本主义的土壤",因此,他们指出,要"坚持政治统帅经济,加强社会主义计划经济,坚持计划第一、价格第二"。③

第二种意见,有计划地发展商品经济,但共产主义最终要消灭商品经济。范若一指出,"发展商品生产和商品交换是我国相当长时期的经济政策",他主张农产品的价格政策要符合客观规律的要求,要尊重价值规律,但他又表示,不能过分夸大价值规律的作用,如果不加强计划监管,会产生"本位主义和盲目生产"。④ 漆琪生也指出,人民公社体制下的商品生产和商品交换,同资本主义社会中的商品生产和商品交换存在本质差异,因为"它们是在社会主义公有制的基础上有计划地进行的,而不是在资本主义私有制的基础上无政府状态下进行的"。⑤ 田光认为,社会主义社会中,"集体所有制农庄中劳动的农民毕竟是以不同的方式参与全民所有制的",农村中仍然存在商品经济,但全民所有制经济使"集体所有制农庄的生产具有一定的计划性";关于商品是否会消亡的问题,他明确指出,"随着共产主义高级阶段的到来,商品经济将完全消失"。⑥ 汪旭庄等指出,"农业集体经济的生产是一个整体,自给性生产和商品性生产是作为一个统一的生产过程来进行的,是和商品价值关系密切联系的",但是,"集体经济必须接受国家统一计划的领导,必须不违背国家的计划,这是一个根本前提"。⑦

---

① 苏星:《土地改革以后,我国农村社会主义和资本主义两条道路的斗争》,《经济研究》1965年第9期,第14~26页。
② 郑景彬:《社会主义社会的商品经济还会产生资本主义和资产阶级》,《陕西师范大学学报》(哲学社会科学版)1975年第2期,第17~20页。
③ 何寿枢、周刚:《商品经济是滋生资本主义的土壤》,《四川师范学院学报》(社会科学版)1975年第2期,第1~6页。
④ 范若一:《略论农副产品的价格政策》,《经济研究》1959年第2期,第26~30页。
⑤ 漆琪生:《关于人民公社与商品流通问题》,《学术月刊》1959年第1期,第48~53页。
⑥ 田光:《从自然经济、商品经济到社会主义"产品经济"的辩证发展》,《经济研究》1964年第1期,第35~43页。
⑦ 汪旭庄、章时鸣:《评骆耕漠同志的商品消亡论》,《学术月刊》1964年第11期,第29~39页、第55页。

第三种意见，商品经济与社会主义和共产主义并不矛盾，共产主义并不意味着消灭商品经济。于光远指出，"人民公社虽然有若干全民所有制的因素，但基本上是集体所有制。在社会主义所有制两种形式并存的条件下，如果否定商品交换，不是使农民的利益受到损失，妨碍工农关系，就是使国家背上力所不及的包袱"。① 关于商品是否消亡的问题，他指出，"不应该笼统地考察所有的商品，而是应该分别考察各类东西在什么条件下成为商品，什么条件下不成为商品"。② 于风村认为，"商品经济不但与社会主义不矛盾，也与建设共产主义不矛盾，它可以成为建设社会主义和共产主义的有力工具"；他指出，我们不必考虑如何消灭商品经济，而是考虑如何运用它。③

三　农产品统购统销

为解决粮食危机，1953 年，我国开始对粮食等主要农产品实行统购统销政策。农产品统购统销政策由计划收购、计划供应、国家控制粮食市场、对粮食实行统一管理四部分组成。对农产品统购统销，学者们主要持支持态度，但也有部分学者看到了它的局限性，主张对购销政策进行适当调整。

（一）支持农产品统购统销

大多数学者对农产品统购统销持积极态度，认为统购统销政策支援了国家经济建设，体现了社会主义制度的优越性，防止了资本主义复辟。

第一种意见，统购统销对国家经济建设起到了重要作用。杨波指出，"解决供不应求问题的唯一正确办法，就是由国家对人民生活所必需的重要消费品，实行计划收购和计划供应的政策"。④ 张珂认为，农产品的统购统销政策，"对保证市场物价的稳定，满足城乡人民的生活需要以及支援国家大规模的经济建设都起了十分重大的作用"。⑤

第二种意见，统购统销体现了社会主义制度的优越性。楚青等持这个观点，

---

① 于光远：《关于社会主义制度下商品生产问题的讨论》，《经济研究》1959 年第 7 期，第 19~51 页。
② 于光远：《关于社会主义制度下商品生产问题的讨论》，《经济研究》1959 年第 7 期，第 19~51 页。
③ 于风村：《论商品经济》，《经济研究》1962 年第 10 期，第 48~54 页。
④ 杨波：《计划收购计划供应与国家的社会主义建设》，《经济研究》1956 年第 1 期，第 33~42 页。
⑤ 张珂：《驳斥右倾机会主义分子攻击国家价格政策的谬论》，《江汉论坛》1959 年第 12 期，第 9~12 页。

他们指出,"主要农产品统购统销政策实施,使小农经济自发势力与整个国家计划经济之间的矛盾得到克服,并截断了与城乡资本主义的联系"。① 张珂指出,"国家实行计划收购与计划供应政策是完全正确的,这正是社会主义制度优越性的标志"。②

(二) 不赞成农产品统购统销

有学者并不赞成农产品统购统销,他们认为统购统销忽视了人们需求的多样性,国家普遍征购容易影响农民生产积极性。

第一种意见,人们生产生活需要多少和种类是不同的,统购统销政策不能很好地满足人们的需要。刘日新指出,"在我国农业生产自给性生产还占很大比重的情况下,如果我们的农业计划不顾这个特点,统一由国家自上而下地全面安排各种农畜产品的生产,必然很难适应各地人民生产和生活的需要"。③

第二种意见,从农业征购计划角度来看,普遍的征购计划不利于农业生产。张柱中认为,普遍的农业征购计划应该在"国家和地区掌握了足够的农产品储备"、人们对自然控制力量加强,以及"农业生产的稳定性相对增加"等条件下才能实施,否则,"将会产生各年度、各地区之间苦乐不均、生活悬殊等不良现象,带来消极的后果,影响农业生产的积极性"。④

第二节 农村经济体制改革及其阶段

探讨农村经济体制改革及其变迁,是对农村经济体制改革问题的整体性研究和总体性把握。对于农村经济体制改革,学者们的研究主要集中在改革的原因、内涵、目标、方式四个方面;对于农村经济体制改革的阶段,学者们进行了探究,形成了不同的观点。

一 农村经济体制改革的原因

对于为什么要进行农村经济体制改革,学术界主要有两种代表性观点,一

---

① 楚青、朱中健:《我国农村市场商品流转的变化》,《经济研究》1957年第3期,第100~126页。
② 张珂:《驳斥右倾机会主义分子攻击国家价格政策的谬论》,《江汉论坛》1959年第12期,第9~12页。
③ 刘日新:《关于改进我国农业计划制度的商榷》,《经济研究》1961年第7期,第17~23页。
④ 张柱中:《关于我国农业生产计划制度几个问题的商讨》,《经济学动态》1962年第12期,第4~7页。

种从生产力的角度,认为农村经济体制改革是为了提高农业生产力水平;另一种从生产关系的角度,认为农村经济体制改革是为了改变不合理的生产关系。

(一) 农业生产力水平不高

从生产力角度,有学者认为,农村经济体制改革的原因在于当时农村较为落后的生产力。王瑞璞指出,"1956年农业集体化后,农、林、牧、副、渔各业都有不同程度的增长。但是,总的看来,我国农业近二十年来的发展速度不快,它同人民的需要和四个现代化的需要之间存在相当大的差距。为了彻底改变中国农村的落后面貌,必须改革农村经济体制"。[①] 这里所说的农业发展速度不快,就是农业生产力水平不高。刘茂山结合新中国成立初期的生产力状况指出,我国广大农村基本还是以手工工具为主的传统的生产手段和生产方式,农村生产力落后,因此,"生产力的发展要求改革现行经济体制,这就是我们提出改革现行经济体制的唯一客观依据"。[②] 任梦萝明确提出改革的原因在于农村生产力的落后,指出"加强对农村经济体制的改革有其必然性,首先是落后的农村生产力使然,在新中国成立后我国农村有了很大的进步以及生产力也有了提升,但是在农村的生产力方面还相对比较落后"。[③]

(二) 农村生产关系不合理

从生产关系角度,有学者认为,之所以要进行农村经济体制改革,是高度集中的计划经济体制已经束缚了农业农村发展。秦文波分析了传统农村经济体制的特点和弊端,指出,"改革前的农村经济体制是高度集权的指令性计划为主要特征的计划经济模式,农村社、队成了政府机关的附属机构,拨一拨动一动的算盘珠",而这种体制"严重挫伤了农民的生产积极性,阻碍了农村生产力的发展"。[④] 许经勇分析了农村经济体制改革的原因,认为"我国经济体制改革,之所以把农村改革作为突破口,在相当程度上,是因为农村是受传统体制压抑最严重的地方,也可以说是传统体制下发展程度最低、最薄弱的环节"。[⑤]

[①] 王瑞璞:《农村经济体制改革的基本理论与实践》,《经济纵横》1988年第4期,第17~23页。
[②] 刘茂山:《试论经济体制改革的理论基础及其应用》,原载于《天津市经济学会1980年年会文选》,天津人民出版社,1980;现载于《刘茂山文集》,南开大学出版社,2013年,第494页。
[③] 任梦萝:《新时期我国农村经济体制改革与深化探析》,《中国集体经济》2016年第3期,第60~61页。
[④] 秦文波:《中国农村经济体制改革的回顾与展望》,《农业经济问题》1995年第5期,第39~42页。
[⑤] 许经勇:《关于我国农村经济体制改革深层问题的思考》,《攀登》1999年第3期,第29~34页。

二 农村经济体制改革的内涵

对于什么是农村经济体制改革,以及农村经济体制改革的核心内容,学者们的研究随着改革的深入而有所变化。在农村经济体制改革初期,学者们普遍认为农村经济体制改革的核心是家庭联产承包责任制;20世纪90年代以来,随着社会主义市场经济体制的建立,学者们认为农村经济体制改革是以市场化为取向的;随着农村市场化程度的提升,学者们认为农村经济体制改革的核心是农村产权制度的建设和发展。

(一) 以家庭联产承包责任制为核心的改革

家庭联产承包责任制,打响了农村改革的第一枪。基于此,有学者认为,农业经营制度和方式,是农村经济体制改革的核心内容。刘明钢等明确指出,这种改革是"以家庭联产承包责任制为主要内容的农村经济体制改革"。[①] 陆学艺指出了农村经济体制改革的特点,即"党中央尊重农民的创造和意愿,在农村普遍推行了家庭联产承包责任制,使土地和重要生产资料的所有权和经营权分离,实行统分结合的双层经营,既发挥集体经济的优越性,又发挥亿万农户家庭经营的积极性"。[②] 郭书田主编的《中国农村经济体制的转换》一书从农村经济体制改革出发,指出"始于1978年底的改革,在经历了最初的被动接受后,就开始主动构建全新的农村经济体制",而这种改革的核心内容,就是"确立以土地经营为核心的家庭联产承包责任制,确立和完善双层经营体制,发展多种形式的农村经济组织"。[③]

(二) 以市场化为取向的改革

20世纪90年代以来,伴随社会主义市场经济体制的确立和发展,学者们认为,农村经济体制是沿着市场化的方向改革的。魏杰等认为,"在市场经济条件下,市场要求改革原有的排斥市场作用的农业体制,使原有的行政性农业体制发生根本性变化,其变化的首要之点,是农业经营活动具有市场性,实行市场调节"。[④]

[①] 刘明钢、宋开文:《农村经济体制改革的成功经验与重大意义》,《党史研究与教学》1993年第5期,第57~61页。
[②] 陆学艺:《当代中国农村与当代中国农民》,知识出版社,1991年,第1页。
[③] 郭书田主编《中国农村经济体制的转换》,新华出版社,1995年,第14页。
[④] 魏杰、林亚琳:《中国经济体制的新选择——中国市场经济通论》,四川人民出版社,1994年,第442页。

《中国农村经济体制的转换》一书中指出,"农村改革轨迹是自觉和不自觉地以市场经济为取向的。尽管在改革实践中认识不尽一致,也出现过某些反复,但经过15年的实践,农村已经形成市场经济的雏形"。[①] 孙孟来明确指出,"我国农村经济体制改革是以市场经济为取向的改革",他以家庭联产承包责任制为例,指出其"扩大农户生产经营自主权,发展农村个体私营经济,多数农产品依靠市场调节等改革措施都是市场趋向的改革"。[②] 许经勇指出,"我国农村经济体制的改革是逐步实现从高度集中的计划经济体制向社会主义市场经济体制转变"。[③]

(三) 以农村产权制度建设为核心的改革

随着农村市场化水平的持续提升,对于农村经济体制改革的核心内容,有学者认为是农村产权制度的建设和发展。许经勇总结了农村经济体制改革的经验,指出,"长时期以来,人们都用'两权分离'、'双层经营'理论来概括我国农村微观经济体制改革的基本特点。而改革的实践经验表明,这种理论是带有一定程度的片面性的",他认为上述观点"仅仅把我国农村微观经济体制改革,看成是经营方式的改革,而没有进一步认识到这同时也是产权制度的改革",进而他指出,"产权制度改革所要解决的根本性问题,就是微观经济主体的利益、责任、刺激、动力等问题",同时他分析了农村经济体制改革成功的深层原因,即"改革了产权制度",故他认为,"不能把我国农村经济体制改革,仅仅看作是经营方式的改革;单纯改革农业经营方式是不可能产生这么大的威力"。[④] 张文宝指出,"农村产权制度建设是农村经济体制改革的核心内容",他认为,农村产权制度改革要达到的目标是"要承认农户及其它各类产权主体业已形成的财产关系,并通过一定的法律程序保障这种关系,在农村建成以集体所有制为主导,多种经济成分共同发展的所有制结构"。[⑤]

三 农村经济体制改革的目标

对于农村经济体制改革所要达到的效果,以及改革所要完成的任务,学术

[①] 郭书田主编《中国农村经济体制的转换》,新华出版社,1995年,第12页。
[②] 孙孟来:《我国农村经济体制改革的历史回顾与市场趋向》,《理论学习与研究》1998年第5期,第19~20页。
[③] 许经勇:《关于我国农村经济体制改革深层问题的思考》,《攀登》1999年第3期,第29~34页。
[④] 许经勇:《深化农村经济体制改革的思考》,《学术交流》1993年第6期,第1~5页。
[⑤] 《农村改革20年回顾与展望——"纪念党的十一届三中全会召开20周年与深化农村经济体制改革学术研讨会"综述》,《农村合作经济经营管理》1998年第12期,第12~14页。

界主要集中在两个角度。一是从生产力的角度,认为农村经济体制改革的目标是发展农村生产力和农村经济;二是从生产关系的角度,认为农村经济体制改革的目标是为了建立不同于传统计划经济体制的体制,而对于这种体制,学术界存在两种不同的观点,一种认为要建立社会主义市场经济体制,另一种认为要建立适应社会主义有计划商品经济运行要求的新经济体制。

(一) 促进农村生产力发展,搞活农村经济

有学者认为,进行农村经济体制改革,就是要搞活和发展农村经济。陈月如等对20世纪80年代农村经济体制改革的研究进行了总结,指出,"有同志提出,近期目标应是建立一个与发展社会化商品生产相适应的、农业再生产各环节运转自如的、富有内在经济动力的、科学的经济体制",与此同时,"还有的同志提出,改革的近期目标主要应是搞活农村经济"。① 王瑞璞分析了我国农村经济停滞的原因,认为根本原因在于农民的生产积极性不高,他从发展农村生产力的角度入手,指出,"如何调动农民的生产积极性是农村经济体制改革第一阶段的主题。农村商品经济发展的要求与旧体制之间的矛盾,实质上是生产关系不适应生产力发展的需要。所以,农村经济体制改革第二阶段的主要任务就是解决这个矛盾。也就是通过深化农村经济体制改革,为农村商品经济的发展开辟道路"。②

(二) 建立社会主义市场经济体制

有学者指出,进行农村经济体制改革,就是要建立社会主义市场经济体制。第一种意见,从农村经济体制改革本身出发,明确农村经济体制改革的目标。许经勇指出,"我国农村经济体制改革的目标,就是建立社会主义市场经济体制。我国农村经济体制改革的一个重要目标,是实现市场作为配置资源的基础性手段,大幅度提高资源配置的经济效益,或者说,大幅度提高资源配置与使用的报酬率"。③ 第二种意见,将整个经济体制改革与农村经济体制改革结合起来进行分析,明确改革的目标都是建立社会主义市场经济体制。王贵宸指出,"我国经济体制改革目标是建立社会主义市场经济体制。这是社会主义理论的重

---

① 陈月如、杨烈文:《农村经济体制改革学术讨论会综述》,《经济学动态》1984年第4期,第3~7页。
② 王瑞璞:《农村经济体制改革的基本理论与实践》,《经济纵横》1988年第4期,第17~23页。
③ 许经勇:《深化农村经济体制改革的思考》,《学术交流》1993年第6期,第1~5页。

大发展。既然整个国家的经济体制定了下来，当然也就确定了农村经济体制改革的目标"。① 农业部软科学委员会办公室也先对整个经济体制改革进行了分析，认为"建立社会主义市场经济体制，是中国经济体制改革的总目标"，在此基础上他们聚焦了农村经济体制改革，指出，"肇始于1978年的中国农村改革，虽然在开始阶段并没有明确改革的目标是建立农村市场经济体制，但是改革的具体措施却是朝向这个方向的。从这个意义上讲，中国农村改革不但是中国经济体制改革的前奏，而且是中国经济体制改革的可贵的探索"。②

（三）建立适应社会主义有计划商品经济运行要求的新经济体制

还有学者指出，农村经济体制改革，就是要建立一种新的经济体制。岳福斌持这种观点，他认为"通过改革，建立一个适应社会主义有计划商品经济运行要求的新的经济体制，促进农村社会生产力的发展，繁荣农村经济——这是农村经济体制改革的目标或目的性"，而这种新体制的内容，包括三个方面，"（1）创造条件，实现农村经济由自然或半自然经济向现代商品经济转化；（2）改变传统农业的落后局面，实现二元经济结构一体化；（3）通过农村商品经济的发展，实现社会主义有计划商品经济的统一、协调、有序运行"，从这些目标出发，他进一步提出，农村经济体制改革的任务主要有三个方面，"（1）重塑农村商品经济运行的主体——商品生产和商品经营者；（2）重新构造农村商品经济运行的环境——农村商品市场；（3）重建农村商品经济指导调控系统"。③

四 农村经济体制改革的方式

对于农村经济体制改革是如何推进的，以及主要采取什么方式推进改革，学术界的争论主要体现在三个方面。一是在改革的速度上，存在渐进式与激进式的争议；二是在改革的顺序上，存在"自下而上"与"上下结合"的争议；三是在改革的方向上，存在摸着石头过河与顶层设计的争议。

（一）渐进式改革还是激进式改革

对于农村经济体制改革的速度是快还是慢，学者们进行了激烈的争论，比

---

① 王贵宸：《中国农村经济改革新论》，中国社会科学出版社，1998年，第224页。
② 农业部软科学委员会办公室：《农村市场经济》，中国农业出版社，2001年，第1页。
③ 岳福斌：《关于农村改革目标、任务及实现途径的思考》，《东岳论丛》1990年第2期，第20~24页。

较有代表性的是两种完全相反的观点。

1. 渐进式改革

许多学者认为,农村经济体制改革,不是一蹴而就的,而是逐步推进的渐进式改革。

第一,农村经济体制改革,不是一哄而上的改革。刘明钢等指出,"充分尊重群众的首创精神,并加以正确地引导。这在农村改革中表现得最为明显。不搞一哄而起的群众运动,不搞'一刀切'"。①

第二,农村经济体制改革,是有步骤的。许毅指出,"党的十一届三中全会以后,党中央、国务院制定了'决不放松粮食生产、积极发展多种经营'这一发展农业的正确方针,纠正了过去在指导思想和政策上'左'的错误,有计划、有步骤地进行了农村经济体制的改革"。② 对于部分学者认为家庭联产承包责任制改革的激进特征,蔡昉等持反对观点,他们指出,"中国农村的这一步改革,从其推进的速度上看,无疑是极其迅速的;从其彻底性上看,废除作为社会主义在农村象征的'一大二公'的人民公社制度,也是根本性的制度变化。但是,把家庭承包制推行的过程加以分解,以电影慢镜头的方式来展示,我们却看到一个清晰的渐进步骤";进而,他们鲜明地提出了农村经济体制改革的渐进式特征,即"以家庭承包制为起点的整个农村改革,乃至与解决'三农'问题相关的所有改革,都保持了前面归纳的基本特征,即遵循政治经济学逻辑,一个具有中国特色的制度变迁过程,在过去整个 30 年中渐进地得以推进"。③

第三,农村经济体制改革,是平稳渐进的。秦文波指出,"农村经济体制改革没有试图毕其功于一役,采取'一揽子'的方式,而是根据农业和农村改革涉及面广、关系复杂、任务艰巨的特点,遵循经济体制改革的成长规律,采取了渐进的方式,并力求化解改革过程中出现的各种矛盾和摩擦,实现平稳渐进",这种平稳渐进的改革,"对于推进城市经济体制改革具有十分重要的作用"。④

2. 激进式改革

有学者认为,农村经济体制改革不能用"渐进式"来概括,而应该结合农

---

① 刘明钢、宋开文:《农村经济体制改革的成功经验与重大意义》,《党史研究与教学》1993 年第 5 期,第 57~61 页。
② 许毅:《关于深化农村经济体制改革的几个问题》,《财政》1987 年第 7 期,第 9~11 页。
③ 蔡昉、王德文、都阳:《中国农村改革与变迁 30 年历程和经验分析》,格致出版社,2008 年,第 1~3 页。
④ 秦文波:《中国农村经济体制改革的回顾与展望》,《农业经济问题》1995 年第 5 期,第 39~42 页。

村经济体制改革的重要内容,用"激进式"来阐释。

第一,家庭联产承包责任制改革规模大、速度快。吴敬琏鲜明地指出,"不能用'渐进论'概括中国的改革","'渐进改革论'是否符合中国改革的实际?是否符合小平同志体制改革的战略思想?我的答案是否定的",他举例道,"1980 年 9 月中共中央发布的《关于进一步加强完善农业生产责任制的几个问题》允许在某些地方实行包产到户和包干到户。1980 年秋到 1982 年秋短短两年时间内,就实现了农村改革,家庭联产承包责任制取代了人民公社三级所有的体制"①,故他隐含地认为,家庭联产承包责任制在短短几年内全面实行使改革带有浓厚的激进主义色彩。②王贵宸从家庭联产承包责任制改革出发,指出,"中国农村经济体制的第一步改革,即把人民公社体制改为政社分开的家庭经营为主要形式的经营承包制,从 1979~1984 年只是短短五年的时间,就以包产到户、包干到户来说,大规模地群众行动只是在 1980~1982 年上半年,也就是两年半的时间,1.2 亿农户行动起来",他认为这种改革,"可以说是一场大规模、悄悄地自发性群众运动。这种情况可以说是一种突变式行动"。③

第二,价格改革具有激进特征。宋承先分析了我国改革成功的原因,认为"关键是两条:其一,遵循马克思历史唯物主义和唯物辩证法的思考问题的方法,在生产力和生产关系以及经济基础与上层建筑这两对矛盾的主要矛盾的主要方面,在任何社会的任一时刻,总是政治决定经济,政权决定政策,生产关系决定生产力;其二,在经济政策方面,(a) 以'菜篮子'工程为突破,并配套进行激进的价格改革和激进的全面改革;(b) 在通货膨胀方面实现了反'休克疗法'",紧接着分析了价格改革,指出,"我国推行激进的价格改革,虽然引起了成本推进通货膨胀,但每个人无一例外地因改革而程度不等地提高了自己的生活。所以中国改革成功的经验,可以简括表述为:坚持实践后毛泽东思想的邓小平思想指导的反'休克法'的激进改革"。④

(二)"自下而上"还是"上下结合"的改革

按改革顺序来分,通常有"自上而下"和"自下而上"两种分法。但就农

---

① 吴敬琏:《中国采取了"渐进改革"战略吗?》,《经济学动态》1994 年第 9 期,第 3~7 页。
② 张军:《"双轨制"经济学:中国的经济改革(1978—1992)》,上海三联书店,2006 年,第 97 页。
③ 王贵宸:《中国农村经济改革新论》,中国社会科学出版社,1998 年,第 242 页。
④ 宋承先:《中国经验:反"休克疗法"的激进改革》,《上海经济研究》1995 年第 3 期,第 8~17 页。

村经济体制改革来说,学者争论的焦点主要在"自下而上"还是"上下结合"这两种不同方式上。

1. "自下而上"推动改革

有学者倾向于,农村经济体制改革是一种自下而上的改革。

第一,农村经济体制改革的典型特征是自下而上推动改革。许经勇认为,"如果说我国城市经济体制改革更多地表现为自上而下地推动,那么农村经济体制改革则更多地表现为自下而上地倒逼"。①

第二,农村经济体制改革充分尊重农民意愿。郭书田分析了农村经济体制改革,指出,"重要的一条就是坚持了把权力下放给基层,把权力下放给农民,实行最大的民主。尊重农民的意愿,尊重农民的选择,善于总结群众在实践中的创造"。②

第三,农村经济体制改革充分调动农民积极性。李文指出,"农村经济体制改革的结果是农民发展'个体经济的积极性'最终占了上风",他分析了改革的方法,指出,"从方法论上讲,思维活动只能在实践基础上发生,其成果也只能在实践中接受检验,正确的就会得到推广、应用,错误的会得到修正。将这一方法应用到决策当中,就是要'允许试,大胆闯,看准了就干'",他认为,"这是我们党改革开放以来的一条宝贵的工作经验,这条工作方法的实践性原则是中国特色的民主制度的集中体现"。③

2. "上下结合"推动改革

有部分学者认为,农村经济体制改革并不能简单地概括为"自上而下"或者"自下而上",而是采取"上下结合"的改革方式。

第一,农村经济体制改革并没有明确的时间表和路线图。蔡昉等指出,"中国在改革之初并没有形成一个改革的蓝图和推进的时间表。因此,最初的改革除了获得来自高层决策者的政治支持之外,不可能是'自上而下'推动的",然而,"中国的改革道路也不能简单地归结为'自下而上'的推动方式",中国的农村改革,是"中国领导层的改革决心和理论上的改革共识,与人民群众的

---

① 许经勇:《中国农村经济制度变迁六十年的回顾与思考》,《天津行政学院学报》2009年第11卷第5期,第5~19页。
② 《农村改革20年回顾与展望——"纪念党的十一届三中全会召开20周年与深化农村经济体制改革学术研讨会"综述》,《农村合作经济经营管理》1998年第12期,第12~14页。
③ 李文:《十一届三中全会前后农村经济体制改革的历程及基本经验总结》,《毛泽东邓小平理论研究》2011年第7期,第43~48页、第84页。

改革愿望和探索",形成的"'上下结合'的改革方式"所推动的。①

第二,农村经济体制改革的方式在不同阶段是不同的。张神根指出,"如果说80年代的农村改革更多地表现为'自下而上'特点,那么90年代农村经济体制改革,无论是从微观经营体制的完善,还是农村市场体系的建立以及对农业支持和保护体系的探索,都体现出'自上而下'政府设计和推动的特点"。②

(三) 摸着石头过河还是顶层设计

在农村经济体制改革的初期和探索阶段,学者们普遍认为,改革是采取"摸着石头过河"的方式进行的。在农村经济体制改革的发展和深化阶段,学者们认为,改革是在政府顶层设计的基础上进行的。

在农村经济体制改革初期,学者们普遍认为其是一种摸着石头过河的改革。首先,农村经济体制改革是在理论准备不足的情况下展开的。王贵宸认为,"我国的经济体制改革是从农村开始的。改革是在理论准备不足的情况下开始并进行的。由于经验不足,由于改革是复杂的,所以采取了'摸着石头过河'的方式进行"。③ 其次,农村经济体制改革是事先并没有设计好的改革。林毅夫等指出,"中国的改革并没有一个事先设计好的所谓'一揽子的改革方案',已出台的改革措施及其强度是针对经济运行中出现的主要问题和社会的承受能力确定的,具有'摸着石头过河'的基本特征"。④

随着农村经济体制改革的推进,政府对改革进行了顶层设计,学者们认为改革是在政府的推动下进行的。首先,农村经济体制改革是先点后面进行的。任生德指出,"中国的农村改革一直采取从边缘改革开始,逐渐向中心推进;从外部改革做起,逐渐启动内部改革,从局部改革推向全局改革的渐进式改革道路",他认为,"这种以'摸着石头过河'为特点的渐进式改革,其基本特征是,在政府的主导和推进下,体制外改革与体制内改革同时并举、先试点后推广、先简单后复杂、先经济后政治等"。⑤ 其次,农村经济体制改革的成功离不

---

① 蔡昉、王德文、都阳:《中国农村改革与变迁30年历程和经验分析》,格致出版社,2008年,第5~6页。
② 张神根:《试析九十年代以来农村经济体制改革的主要进展》,《中共党史研究》2002年第6期,第60~66页。
③ 王贵宸:《中国农村经济改革新论》,中国社会科学出版社,1998年,第224页。
④ 林毅夫、蔡昉、李舟:《中国的奇迹:发展战略与经济改革(增订版)》,上海三联书店,2006年,第173页。
⑤ 任生德:《农村改革中的权威与秩序》,中国方正出版社,2009年,第94页。

开党和国家的统筹协调。杜志雄等指出,"正是在中央的坚强领导和战略部署下,在中央持续实施的一系列支农强农惠农政策支持下,中国农业发展取得了举世瞩目的成就,迈上了新台阶,步入了新时代。可以说,如果没有中央的正确领导、统揽全局、协调各方,中国的农业发展不可能取得如此卓著的成就"。[①]

五 农村经济体制改革的阶段

对于农村经济体制改革的进程以及阶段的划分,学术界主要有以下三种代表性观点。第一种观点以农村经济体制改革中的重要事件为划分依据,认为农村经济体制改革主要分为三个阶段;第二种观点以农村经济体制改革的进程为划分依据,认为其主要分为四个阶段;第三种观点对农村经济体制改革阶段的划分较为详尽,认为其主要分为五个阶段。

(一)"三阶段"论

有学者认为,农村经济体制改革主要分为三个阶段(见表3-1)。李国祥从农村经济体制改革中的重要节点和代表性事件出发,指出其中的三个阶段分别为:第一,家庭联产承包责任制改革。即"农村改革是以实行家庭联产承包责任制开始的"。第二,农产品流通体制改革。"1985年,农村改革的重点开始转向以市场化为导向的农产品流通体制改革。1992年,粮食消费市场放开,粮票退出历史舞台,凭票供应农产品的时代结束。到了2004年,粮食收购市场也

表3-1 农村经济体制改革的三个阶段

阶段	划分依据	典型特征	代表学者
第一阶段	家庭联产承包责任制改革	将集体土地和农民集体劳动转变为农民家庭承包土地并由家庭经营,农民与土地之间关系发生了一系列变化	李国祥等
第二阶段	农产品流通体制改革	粮食由统购转变为合同订购,并允许合同订购外的粮食到农贸市场销售,农民和收购商自由定价。粮食外其他农产品的市场自由交易逐步放开	
第三阶段	农村税费改革	从试点到全国范围内不断深化农村税费改革,在取消农民需要缴纳统购粮之后,到2006年又彻底结束了农业税费的历史	

[①] 杜志雄、肖卫东:《中国农业发展70年:成就、经验、未来思路与对策》,《中国经济学人》(英文版)2019年第14卷第1期,第2~33页。

放开。在粮食市场全面放开的同时，建立起最低收购价等支持保护制度和国家宏观调控粮食市场制度"。第三，农村税费改革。"到了本世纪初，以农村税费改革为中心的城乡二元体制突破成为我国改革的重点之一"。①

（二）"四阶段"论

有学者认为，农村经济体制改革应分为四个阶段（见表3-2）。万宝瑞将农村经济体制改革划分为四个时间段，第一阶段：1978~1991年，改革发端。"中国农村改革发端于1978年末安徽省凤阳县小岗村的'大包干'"。第二阶段：1992~1998年，改革迈向市场化。1992年邓小平同志发表南方谈话，"改革工作重心从农村开始转到城市，'中央一号'文件不再聚焦农业"。第三阶段：1999~2012年，改革向纵深推进。"自1999年农村改革步入深化期，2000年开始实行农村税费改革"。第四阶段：党的十八大以来，全面深化农村改革。"习近平总书记强调要坚定不移深化农村改革，坚定不移加快农村发展，坚定不移维护农村和谐稳定"。②陈学斌等认为农村改革的四个阶段分别是："1978年~1984年，实行包干到户，农户成了真正的经营主体，人民公社被废除；1985年~1998年，改革农产品统购统销制度，培育农产品市场，乡镇企业迅速崛起；1999年~2012年，重塑城乡关系和工农关系，'三农'发展进入又一黄金期；党的十八大以来，全面深化农村改革，建立健全城乡融合发展体制机制和政策体系，加快推进农业农村现代化"。③详见表3-2。

表3-2 农村经济体制改革的四个阶段

阶段	起止时间	典型特征	代表学者
第一阶段	1978~1991年	改革发端	万宝瑞等
第二阶段	1992~1998年	改革迈向市场化	
第三阶段	1999~2012年	改革向纵深推进	
第四阶段	党的十八大以来	全面深化农村改革	

（三）"五阶段"论

还有学者认为，农村经济体制改革应分为五个阶段（见表3-3）。宋洪远

---

① 李国祥：《四十年农村改革主要历程及启示》，《农经》2018年第11期，第28~32页。
② 万宝瑞：《我国农村改革的光辉历程与基本经验》，《农业经济问题》2018年第10期，第4~8页。
③ 陈学斌、胡欣然：《农村改革40年回顾与展望》，《宏观经济管理》2018年第11期，第24~32页。

指出，第一阶段：1978~1984 年，探索突破阶段，"初步形成和基本确立了家庭承包经营制度，农村改革取得突破性进展"。第二阶段：1984~1992 年，乡城互动阶段。这个阶段"促进城乡要素流动，农村改革继续稳步推进"。第三阶段：1992~2002 年，全面推进阶段，"按照建立社会主义市场经济体制的要求，农村改革得到进一步深化"；第四阶段：2002~2012 年，城乡统筹阶段，这一阶段重心是"建立城乡发展一体化制度，农村改革进入了城乡统筹的新阶段"；第五阶段：2012 年以来，全面深化阶段，这个阶段"以全面建成小康社会为目标，着力深化农村体制机制创新"。[1] 黄少安认为，农村发展过程应分为五个阶段。第一阶段：1978~1988 年，"以家庭联产承包责任制为核心的体制改革"；第二阶段：1989~1997 年，"'完善家庭承包制'与'农业、乡镇企业并举战略'"；第三阶段：1998~2003 年，"减负增收、粮食流通体制改革与小城镇战略"；第四阶段：2003~2012 年，"'三农'统筹、城乡统筹与新农村建设阶段"；第五阶段，2012 年至今，土地制度改革和完善与乡村振兴阶段。[2]

表 3-3 农村经济体制改革的五个阶段

阶段	起止时间	典型特征	代表学者
第一阶段	1978~1984 年	从农村基本经营制度入手，实行家庭联产承包责任制，废除人民公社体制，实行政社分开建立乡镇人民政府，发展乡镇企业	
第二阶段	1984~1992 年	以搞活农村商品流通、促进农村劳动力转移、实现村民自治为重点	
第三阶段	1992~2002 年	稳定与完善农村基本经营制度，深化农产品流通体制改革，调整农村产业结构，推进乡镇企业体制创新，促进农村劳动力转移	宋洪远等
第四阶段	2002~2012 年	健全农村土地管理制度，深化粮棉流通体制改革，建立农业支持保护制度，扩大农业对外开放，改革农村税费制度，创新农村金融制度，健全农村民主管理制度	
第五阶段	2012 年以来	围绕抓关键补短板，全面推进农村综合改革和其他领域各项改革，注重改革的全局性、系统性、协同性	

---

[1] 宋洪远：《中国农村改革 40 年：回顾与思考》，《中国农业文摘·农业工程》2019 年第 1 期，第 3~11 页。
[2] 黄少安：《改革开放 40 年中国农村发展战略的阶段性演变及其理论总结》，《经济研究》2018 年第 12 期，第 4~19 页。

六　农村经济体制改革评价

农村经济体制改革在各个方面展开，学者们对农村经济体制改革的成效，多给予了肯定。农村经济体制改革的作用集中体现在两个方面。一是在对农村生产力发展的作用上，存在有效促进与作用有限的争议，但以促进作用为主；二是在对城市改革的作用上，存在推动作用与阻碍作用的争议，但以积极作用为主。

（一）对促进农村生产力的作用

对于农村经济体制改革在生产力发展中的作用，有学者认为，农村经济体制改革解放了农村生产力，但也有学者指出，农村经济体制改革对生产力的促进作用并不显著。

1. 农村经济体制改革解放了农村生产力

有学者认为，农村经济体制改革大大解放了农村生产力。王瑞璞指出，"实践证明，农村经济体制第一个阶段的改革是成功的"，进而分析了第二个阶段的改革，他认为"第二个阶段的改革刚刚开始，但已明显地表现了对农村生产力发展的推动力。第二阶段的改革既巩固了第一个阶段改革的成果，又在此基础上为农村商品经济的发展开辟更为广阔的前景。两个阶段的改革初步革除了原来经济体制中的某些弊端。在集体经济中引进家庭经营，这是对原来经济体制的深刻的调整，这种调整的直接成果就是推动了生产力的发展"。[①] 刘明钢等认为，"改革也是解放生产力。农村经济体制改革给长期死气沉沉的农村经济注入了新的生命力，扭转了中国农业长期徘徊的局面，带来了生产力的解放和农村经济的繁荣"，"从1978 年到1990 年，农业总产值由1397 亿元，增长到8008 亿元，增长了4.73 倍"。[②] 李文认为，"经过20 年来的改革，我国初步构筑了适应发展社会主义市场经济要求的新体制框架，极大地解放和发展了生产力，给农村带来了翻天覆地的历史性变化"，这些变化主要表现在四个方面："农业综合生产能力大幅度提高，结束了主要农产品长期短缺的历史；乡镇企业异军突起，推动了农村工业化、城市化进程和剩余劳动力转移；农村经济结构、农业内部产业结构、劳动力就业结构、农民收入结构以及农村所有制结构都发生

[①] 王瑞璞：《农村经济体制改革的基本理论与实践》，《经济纵横》1988 年第4 期，第17~23 页。
[②] 刘明钢、宋开文：《农村经济体制改革的成功经验与重大意义》，《党史研究与教学》1993 年第5 期，第57~61 页。

了历史性的深刻变化；农民收入显著提高，生活质量大为改善。"①

2. 农村经济体制改革对生产力的促进作用是不够的

但也有学者认为，农村经济体制改革对农村生产力的促进作用是有限的。张烈彩指出，"十一届三中全会以后，农村经济体制改革的第一步所走的路子和取得的成效，事实上是新中国成立以后农村经济发展史上的周而复始。从总体上来讲，农村经济体制和形式大致同合作化时期的情况相似，虽然生产发展水平有所提高，但仍然是在传统农业模式内的恢复和发展"。②

（二）对促进城市改革的作用

有学者认为，农村经济体制改革推动了城市经济体制改革。刘明钢等指出，"农村经济体制改革打响了中国经济体制改革的第一炮。农村改革的成功也向我国的城市提出了改革的要求，为城市经济体制改革创造了良好的环境"。③ 李文指出，"农村经济体制改革带动了全国经济体制的改革，农村经济的大发展将整个国民经济推上了快速发展的轨道"。④

也有学者对此持反对意见，他们认为农村经济体制改革阻碍了城市化的进程。刘福垣等认为，"由于对我国经济发展中的主要矛盾及其运动规律缺乏认识，在农业剩余劳动力转移政策上片面强调就地消化，离土不离乡，加剧了农村内部矛盾，抑制了农业生产方式的改变，抑制了城市化的政策进程"。⑤

第三节 实行家庭联产承包责任制

家庭联产承包责任制改革打响了中国经济体制改革的第一枪。学者们对家庭联产承包责任制的争议主要体现在三个方面，一是为什么要实行家庭联产承包责任制；二是家庭联产承包责任制的形式；三是对家庭联产承包责任制的评价。

---

① 李文：《中国农村经济体制改革的回顾和前瞻——写在改革开放二十周年之际》，《社会科学战线》1999年第2期，第13～24页。
② 张烈彩：《对深化农村经济体制改革的思考》，《社会主义研究》1989年第2期，第55～59页。
③ 刘明钢、宋开文：《农村经济体制改革的成功经验与重大意义》，《党史研究与教学》1993年第5期，第57～61页。
④ 李文：《中国农村经济体制改革的回顾和前瞻——写在改革开放二十周年之际》，《社会科学战线》1999年第2期，第13～24页。
⑤ 高尚全主编《中国经济体制改革二十年基本经验研究》，经济科学出版社，1998年，第267页。

一　实行家庭联产承包责任制的动因

关于为什么要实行家庭联产承包责任制，学者们主要从农业、农民和农村三个方面进行了讨论。农业方面，有学者认为原有的责任制不利于农业生产，甚至对农村生产力起了限制作用；农民方面，有学者指出原有的责任制不能调动农民积极性；农村方面，有学者认为原有的责任制不利于农村社会稳定。

（一）原有的责任制不利于农业生产

有学者指出，原有的责任制存在弊端，限制了农村生产力的发展。冯子标指出，我国原有的集体所有制，"只注意到落后的生产关系会成为生产力发展的桎梏，而忽视了超越生产力的生产关系对生产力的破坏作用"，导致"生产力不但没有得到发展，反而遭受压抑和破坏"。[①] 冯丛林等指出，高度集中的经营方式，"既同我国农村生产力发展要求相矛盾，又是对集体所有制生产关系的破坏"。[②] 刘明安指出，"在过去农业经济的经营管理体制下，劳动生产率踏步不前"。[③] 王跃生指出，原有的责任制由于"产权约束功能的丧失和集体劳动的过大的监督成本，致使农业生产效率低下"。[④]

（二）原有的责任制不能调动农民积极性

有学者指出，原本的集体经营制度不能充分调动农民积极性。李梅村等指出，过去在管理制度上过分集中，"严重地束缚了群众的积极性，影响了农业生产的发展"。[⑤] 叶剑峰指出，"农村土地集体所有、集体经营的制度安排在1956年后的实际运行中，并没有发挥出期望中的社会主义公有制的优越性，相反挫伤了农民的生产积极性，导致农业生产率大幅度滑坡，农村经济处于崩溃边缘。"[⑥]

[①] 冯子标：《农业联系产量责任制和生产关系一定要适合生产力性质的规律》，《经济研究》1981年第4期，第60~64页。
[②] 冯丛林、汤造宇：《论家庭承包制的历史地位和作用》，《辽宁大学学报》1983年第2期，第43~48页。
[③] 刘明安：《家庭承包责任制与共产主义在我国的实践》，《大连海事大学学报》1984年第2期，第107~118页。
[④] 王跃生：《家庭责任制、农户行为与农业中的环境生态问题》，《北京大学学报》（哲学社会科学版）1999年第3期，第43~50页、第157页。
[⑤] 李梅村、文占申：《家庭承包责任制的出现是合作化理论和实践的发展》，《陕西师范大学学报》（哲学社会科学版）1984年第4期，第32~35页。
[⑥] 叶剑锋：《传承与创新：中国农村土地制度变革的现实困境与路向抉择》，《学习与实践》2013年第11期，第61~68页。

（三）原有的责任制不利于农村社会稳定

有学者指出，原有的生产经营制度引发了很多农村社会问题。欧远方指出，改革开放以前，"农村经济的停滞和徘徊，在经济上和生态上都产生恶性循环的影响"。① 杜润生指出，农业的集体化造成农产品供给严重不足，农民温饱问题得不到解决，城市食品短缺，"影响了国民经济的整体发展，并引发出很多社会、政治问题"。②

二　家庭联产承包责任制的形式

学者们对家庭联产承包责任制形式的讨论体现了家庭联产承包责任制的变迁和发展过程。学者们的争议主要是实行包产到组还是包产到户，或是包干到户三个方面。

（一）包产到组

改革开放初期，人们不敢大幅度改变生产责任制，而是从包产到组开始试探性改革。有学者指出，包产到组有利于农业增产。苏福海持这样的观点，他表示，"搞了包产到组，结果都增了产"。③ 王守禄等也指出，"庙沟生产队实行包产到组，联产计酬，超产奖励的生产责任制以来，生产连续增长，对国家的贡献增加，集体经济壮大，社员收入增加，生活改善"。④

（二）包产到户

在体会到包产到组的好处之后，人们开始尝试包产到户，不少人从贫困户变成富裕户，包产到户在农民中产生了强大吸引力。有学者指出，包产到户比包产到组更能实现农民增产增收。唐洪潜等认为，包产到户贯彻了按劳分配原则、符合农业生产特点，挖掘了社员户人、财、物的潜力，因此能够实现增产。⑤ 周诚也持这种观点，他指出，"目前实现'包产到户'的社队几乎毫无例

---

① 欧远方：《我国农村经济体制改革的伟大成功》，《安徽大学学报》（哲学社会科学版）1985年第3期，第21~25页。
② 杜润生：《土地家庭承包制的兴起》，《中国合作经济》2008年第10期，第45~51期。
③ 苏福海：《我们是怎样搞联产责任制的》，《兰州学刊》1980年第2期，第62~63页、第68页。
④ 王守禄、高玉祥：《包产到组庙沟变富》，《现代农业》1981年第9期，第21~22页。
⑤ 唐洪潜、陈武元：《对"包产到户"的初步探讨》，《农业经济问题》1980年第12期，第37~40页。

外地获得了显著增产增收的效果。这是'包产到户'具有优越性的无可辩驳的证明"。① 杨勋认为，包产到户具有合理性和合法性。他指出，"包产到户作为农业生产责任制的一种形式，在我国农村经济生活中，曾一再显示出促进生产、改善生活的积极作用。包产到户在一些生产技术落后、管理水平低下、长期落后的社队中，更是起着特别显著的作用，甚至被农民群众赞扬为'良方妙药'、'锦囊妙计'"。②

（三）包干到户

随着改革的推进，各种生产责任制遍地开花，其中包干到户大受群众欢迎。有学者认为包干到户的产生具有必然性和优越性。陈家骥指出，"包干到户是从包产到户派生出来的，两者同属一类，都是农民集体经济对其成员实行的'包到户'的一种责任制形式"，他指出，包干到户是在一定社会经济条件之下所必然产生的事物。③ 张木生等指出，包干到户之后"生产发展了，社员收入大幅度增加"。④

三 对家庭联产承包责任制的评价

家庭联产承包责任制改革是农村经济体制改革的第一步，为解放农村生产力做出了重大贡献。学者对家庭联产承包责任制改革褒贬不一，有学者认为，家庭联产承包责任制改革有力地推动了农业现代化，激发了农民生产积极性，并推动了农村生产力的解放，成效十分突出。也有少数学者指出，家庭联产承包责任制存在所有权不清、农村公共产品供给水平下降等问题。

（一）家庭联产承包责任制改革的成效显著

大部分学者认为，家庭联产承包责任制成效显著，有以下三种代表性观点。

第一，家庭联产承包责任制对农业现代化起到了强有力的推动作用。巴志鹏指出，"家庭联产承包责任制对中国农业现代化产生了巨大的推动作用。从1978年到1984年，中国农业机械总动力年均增长8.8%，农用大中型拖拉机拥

---

① 周诚：《"包产到户"初探》，《经济学动态》1980年第12期，第28~30页。
② 杨勋：《包产到户是一个重要的理论和政策问题》，《农业经济丛刊》1980年第5期，第34~39页、第61页。
③ 陈家骥：《论包干到户》，《经济问题》1981年第12期，第2~8页。
④ 张木生、杜鹰、谢扬：《包干到户基础上的协作和联合问题初探——安徽省滁县地区调查报告》，《农业经济问题》1981年第12期，第9~18页。

有量年均增长 7.6%，小型机引农具年均增长 13.5%，农用动力排灌机械年均增长 3.5%，化肥施用量年均增长 12.1%"。①

第二，家庭联产承包责任制所取得的显著成效体现在提高农民生产积极性上。林毅夫等指出，"1978 年实行经济改革以来，中国的情况发生了一系列变化。尤其是农村以家庭联产承包责任制取代生产队的集体生产体制，极大地激发了农民的生产积极性"；他们进一步指出，"1978 - 1984 年间的农业增长中有一半可归功于推行家庭联产承包责任制所激发出来的农民的生产积极性"。②

第三，家庭联产承包责任制有效地解放了农村生产力。陈吉元认为，"以家庭联产承包责任制为核心内容的农村改革，由于符合亿万农民的意愿，极大地解放了农村生产力，使农业发展实现了巨大的飞跃，不仅使农村社会经济面貌发生了历史性变化，也为整个国民经济的改革和发展奠定了基础"。③

（二）家庭联产承包责任制的局限

有部分学者认为家庭联产承包责任制有一定局限，主要有以下两种观点。

第一，所有权不清。程海指出，现行土地制度下，土地虽然名义上仍然是集体所有，"但所有权不清，是归乡、村还是村民小组的集体所有"。④叶剑锋也持这种观点，他认为家庭联产承包责任制最突出的问题就是"土地所有权主体'虚位'"；他指出，虽然我国的《民法通则》规定了集体所有权，却"没有明确规定集体所有权的主体"；从法律层面上看，我国农村土地是实行"三级所有"的集体所有制度，"实质上农村土地所有权主体在法律上只是徒有虚名"。⑤

第二，农村公共产品供给水平下降。张军指出，"1978 年改革以后，以家庭为基础的农作制度取代了生产队制度，解决了激励问题，农民成了剩余权利的享有者，生产积极性自然提高了。但是，至少在短期，农作制度的变迁对农村公共产品供给水平的影响却是负面的。面对改革的巨大成功，政府对农业的总投资持续下降，相应地，对农村公共产品（如水利）的投资也在削减"。⑥

---

① 巴志鹏：《家庭承包责任制：新时期农村现代化的加速器》，《石家庄学院学报》2004 年第 4 期，第 5 ~ 8 页。
② 林毅夫、蔡昉、李舟：《中国的奇迹：发展战略与经济改革（增订版）》，上海三联书店，2006 年，第 183 页。
③ 张卓元主编《中国改革开放经验的经济学思考》，经济管理出版社，2000 年，第 28 页。
④ 程海：《社会主义经济体制改革概论》，经济科学出版社，1990 年，第 102 页。
⑤ 叶剑锋：《传承与创新：中国农村土地制度变革的现实困境与路向抉择》，《学习与实践》2013 年第 11 期，第 61 ~ 68 页。
⑥ 张军：《中国经济改革的回顾与分析》，山西经济出版社，1998 年，第 26 页。

第四节 农产品价格改革

价格改革是经济体制改革的中心环节,农产品价格改革更是中国经济体制改革的突破口。关于农产品价格改革,学者们的争议主要表现在五个方面,一是农产品价格改革的目的;二是农产品价格改革与生产资料价格改革的顺序;三是农产品价格改革中计划与市场的关系;四是农产品价格改革的方式;五是对农产品价格改革的评价。

一 农产品价格改革的目的

关于农产品价格改革的目的,学者们看法不一。有学者认为进行农产品价格改革是为了改变农产品价格不合理的状况,也有学者认为农产品价格改革的目的在于调整产业结构,还有学者认为不同时期农产品价格改革的目的是不同的。

第一种意见,农产品价格改革的目的是解决农产品价格倒挂的问题。华生等持这种观点,他们指出,我国价格体系不合理的主要表现之一就是"农副产品价格倒挂和公用事业收费偏低,使活劳动耗费计量不全",为此,他们提出了几条方案:第一,"有步骤地打破国家以固定价对主要农副产品统购包销的局面";第二,"对于某些地方性较强的农副产品的收购、补贴和销售,可以让地方因地制宜";第三,"统一调整,解决销价的大宗补贴"。[1] 祝国华等也持此类观点,他们认为农产品价格改革的原因是"农副产品购销价格倒挂,造成国家财政负担过重",因此他们主张逐步放开农副产品价格。[2]

第二种意见,农产品价格改革的目的在于改变不合理的产业结构。卢家丰持这种观点,他明确指出,农村第二步改革是以调整产业结构为中心的。为了调整农村产业结构,首要问题就是"要积极而又稳妥地改革农产品的统派购制度"。[3] 许经勇认为,我国农产品价格改革的重要目的就是"要逐步理顺价格关系,进而创造条件调整不合理的产业结构"。[4] 杜鹰认为,农产品价格改革是解

---

[1] 华生、何家成、蒋跃、高梁、张少杰:《论具有中国特色的价格改革道路》,《经济研究》1985年第2期,第27~32页、第8页。
[2] 祝国华、陈力:《现行价格体系的弊端及改革的原则和步骤》,《安徽大学学报》(哲学社会科学版)1989年第2期,第1~8页。
[3] 卢家丰:《农村第二步改革中的几个问题》,《理论建设》1985年第6期,第1~11页。
[4] 许经勇:《关于农产品价格改革问题》,《新疆社会科学》1988年第6期,第36~40页。

决农业结构调整面临的政府直接干预和统购统销体制限制以及信息技术服务不完善等问题的一个重要途径,他指出,"应尽快真正放开粮食、棉花在内的农产品价格,同时建立农户与市场联接的纽带"。①

第三种意见,农产品价格改革的目的不是长期不变的,而是根据不同阶段适时调整的。戴冠来等持这种观点,他们指出,我国农产品价格改革的目的是不停调整的,经历了从调整农产品价格到改变产品结构,再到弥补农民生产成本的改变。②

二 农产品价格改革与生产资料价格改革的顺序

学者们大都认为价格改革已是不可阻挡的趋势,粮食价格、钢材等生产资料和交通运输等价格也需要改革。对这些改革的顺序,学者们持不同意见。有学者认为,生产资料价格改革应该放在首位,农产品价格"只走小步";也有学者认为,应首先进行农产品价格改革。

第一种意见,生产资料价格改革处优先地位。丁文结合国外经验指出,应该优先调整生产资料价格。③ 华生等从加快城市经济体制改革步伐出发,提出应首先解决生产资料价格改革,而农产品价格改革可以适度进行,避免影响城市经济体制改革进程;他们认为,这样有利于"稳住经济大局和现有利益分配格局",增强大企业活力和发挥中心城市作用。④ 张卓元也持这种观点,他的意见是,农产品价格的调整和改革可以"走小步",应该"先集中较大力量理顺工业生产资料价格",他认为工业等部门效益提高,有利于支持其他部门改革。⑤

第二种意见,农产品价格改革应先行。段应碧持这种观点,他认为,粮食生产处于徘徊状态难以满足消费需求,粮价改革更具紧迫性,加上粮食价格链条短,粮价改革对整个物价影响小,同时,粮价改革不仅较生产资料价格改革见效快,还有利于缩小工农产品比价,因此,他指出粮食改革应先行,"比较起来,我以为明年先改粮价最好。即使先改生资价格,粮价改革至少也要走中步"。⑥

---

① 《90年代农村改革的主题——访农业部农村经济研究中心副主任杜鹰》,《中国农村经济》1994年第1期,第5~10页。
② 戴冠来、葛建营:《对当前价格改革中几个问题的看法》,《中国物价》1994年第1期,第14~18页。
③ 丁文:《关于价格改革的一些不同看法》,《经济管理》1981年第2期,第12~14页。
④ 华生、何家成、蒋跃、高梁、张少杰:《论具有中国特色的价格改革道路》,《经济研究》1985年第2期,第27~32页、第8页。
⑤ 张卓元:《农产品价格改革的若干设想》,《中国农村观察》1988年第5期,第35~37页。
⑥ 段应碧:《对粮食价格改革的一些看法》,《农业经济问题》1988年第10期,第19~23页。

三 农产品价格改革中计划与市场的关系

在农产品价格改革中,学者们就计划和市场关系问题发表了自己的见解,形成了四种不同的意见。有学者认为,应该坚持计划优先;也有学者认为市场化是改革的大方向,应该坚持由市场调节,放开农产品价格;也有学者的观点是,应该将计划与市场进行有效结合;还有学者提出应该由市场起决定作用,将宏观调控与市场调节相结合。

第一种意见,国家计划在农产品价格改革中起着主导作用。孙冶方明确指出,"在社会主义社会,要以计划经济(或计划调节)为主,以市场调节为辅"。[1] 吴象指出,"社会主义经济是计划经济。农业也必须以计划经济为主、市场调节为辅"。[2] 薛暮桥在《调整价格和改革价格管理体制》一文中指出,我们应该重视价值规律的作用,但他认为运用价值规律是为"保证国家计划的实现"。[3] 杨瑜也持这种观点,他认为,"农产品价格形成机制应遵循'计划调节为主,市场调节为辅'"的原则。[4]

第二种意见,放开农产品价格,发挥市场的调节作用。卢家丰持此类观点,他认为,"搞好农村产业结构的调整,从根本上说,必须按价值规律办事,把价格放开,使农民按照市场的需求发展生产,并积极参与市场交换活动"。[5] 许经勇认为,我国农产品价格改革的目标,是"要逐步放开对农产品价格的统一管理,充分利用价值规律对市场价格的调节作用"。[6] 洪银兴持这种观点,他表示,"价格体系能否合理化,最终取决于定价制度能否由国家定价转向市场定价"。[7] 张开华也持类似观点,他指出,"放开农产品价格是商品经济发展的必然趋势"。[8] 李作岩明确指出,"农产品价格形成机制和运行机制的实质是市场取向",要"逐步全面放开农产品价格,让农产品价格在市场交换中形成,充

---

[1] 孙冶方:《坚持以计划经济为主市场调节为辅》,载于《孙冶方文集(第8卷)》,知识产权出版社,2018年,第244页。
[2] 吴象:《联产承包责任制与农业计划管理》,《农业经济问题》1983年第2期,第3~10页。
[3] 薛暮桥:《调整价格和改革价格管理体制》,《经济研究》1985年第1期,第3~7页。
[4] 杨瑜:《农产品价格改革与货币环境研究》,《农业经济问题》1991年第1期,第30~33页。
[5] 卢家丰:《农村第二步改革中的几个问题》,《理论建设》1985年第6期,第1~11页。
[6] 许经勇:《关于农产品价格改革问题》,《新疆社会科学》1988年第6期,第36~40页。
[7] 洪银兴:《价格改革的风险与出路》,《经济研究》1989年第9期,第37~42页、第49页。
[8] 张开华:《农产品价格改革的难点与对策》,《价格月刊》1992年第8期,第9~10页。

分发挥市场调节在农产品价格形成和运用中的作用"。[①]

第三种意见，坚持计划调节与市场调节相结合。中国社会科学院价格改革课题组指出，我国粮食实行完全市场调节的条件还未成熟。因此，他们认为，"在农产品价格中，合同定购价为主要形式的国家统一定价和市场价可能并存一个较长时期"。[②] 段应碧也表示，"从统购统销转变为国家计划指导下的市场调节"是大家认同的粮价改革的目标。[③]

第四种意见，坚持宏观调控与市场有效结合，市场起决定作用。田茂生持此类观点，他认为，农产品价格改革应该坚持市场取向，但由于农业的特殊性，为保障生产经营者和农民利益，国家应该对重要农产品进行"必要的干预"，实行一定保护政策，"建立健全相应的宏观调控体系，使得农产品价格的形成步入'灵活、自主、规范、有序'的轨道"。[④] 温桂芳也持这种观点，他指出宏观调控与市场调节相结合才是"我国农产品价格改革的最终目标模式"。[⑤] 瞿长福指出，既要让"价格回归市场，通过价格手段使市场发挥资源配置的决定性作用；同时，又发挥好政府这只手的作用"。[⑥]

四 农产品价格改革的方式

自改革以来，学者们就农产品价格如何改革纷纷提出了自己的看法。在指导方针上，关于"调""放"问题，不同阶段有不同的意见。此外，主要的争议在于价格"双轨制"与提高农产品收购价格两个方面。

（一）"以调为主"与"以放为主"

关于农产品价格改革的指导方针，学者们存在不同的认识。而这种认识，是随着农产品价格改革的不同阶段而变化的。

在农产品价格改革的初期（1979~1984年），学者们普遍认为这一时期农产品价格改革是"以调为主"。许经勇持这样的观点，他认为在农产品价格改

---

① 李作岩：《论深化以市场取向的农产品价格改革》，《经济研究参考》1993年第4期，第1235~1239页。
② 中国社会科学院价格改革课题组：《价格进一步改革的问题与思路》，《经济研究》1987年第4期，第15~20页。
③ 段应碧：《对粮食价格改革的一些看法》，《农业经济问题》1988年第10期，第19~23页。
④ 田茂生：《坚持市场取向深化粮棉价格改革》，《价格与市场》1996年第10期，第14~16页。
⑤ 温桂芳：《我国农产品价格改革的目标和"九五"改革任务的建议》，《经济研究参考》1996年第5期，第44~54页。
⑥ 瞿长福：《啃下农产品价格改革硬骨头》，《经济日报》2016年11月2日，第9版。

革的初期阶段,执行的是"以调为主、以放为辅"的方针,市场物价涨势较为缓慢。① 张卓元指出,"从 1979 年到 1984 年 10 月,以调整不合理的价格结构为主,兼及试行放开少数产品的价格"。② 蒋和胜也指出,"1979 年初到 1984 年底,是农产品价格改革的初始阶段,主要通过以调为主,调放结合的方式,对农产品价格体系进行结构性调整,着重解决农产品价格水平偏低的问题"。③

关于农产品价格改革的第二阶段(1985~1991 年)的指导方针,学者们提出了不同观点。有学者认为,这个时期农产品价格改革的方针是"以放为主"。董元龙指出,1985 年以后,取消统派购制度,对少数商品实行合同定购,多数商品实行自由收购,就是"要使农产品价购体系的改革,实行放调结合,以放为主的办法"。④ 许经勇认为,"1985 年起,农产品价格改革执行'以放为主、以调为辅'的方针,大幅度减少按规定收购农产品的品种与数量"。⑤ 也有学者认为,这一时期农产品价格改革的指导方针是"调放结合"。李炳坤指出,"从 1985 年到 1991 年,农产品价格改革的基本内容是调整价格与放开价格相结合,体现了这段时期的经济体制改革的趋势与特征,即计划经济与市场调节相结合"。⑥ 还有学者认为,农产品价格改革的第二阶段应该坚持"先调后放"的方针。段应碧指出,价格改革必须有计划、有步骤地推进,"本着积极而又稳妥的原则,宜采取'先调后放'的改革步骤"。⑦

1992 年以来,随着市场化改革的不断推进,农产品价格改革也进入新的阶段。这一阶段,学者们大多认为农产品价格改革的重点在于转换价格形成机制。蔡萍认为,"1992 年以后,农产品价格改革转上了自觉地转换价格形成机制和建立农产品价格调控体系的轨道"。⑧ 李炳坤也认为这一时期农产品价格改革的目标既不在于放开价格,更不在于调整价格,而应该把着眼点放在"转换价格

---

① 许经勇:《我国农村第二阶段改革的深层思考》,《经济学家》1990 年第 5 期,第 25~31 页、第 126~127 页。
② 张卓元:《论中国的价格改革》,《安徽大学学报》(哲学社会科学版)1992 年第 2 期,第 3~11 页。
③ 蒋和胜:《农产品价格形成机制改革的回顾与思考》,《经济理论与经济管理》1999 年第 3 期,第 66~68 页。
④ 董元龙:《农产品价格改革中的几个问题》,《商业经济与管理》1985 年第 4 期,第 35~37 页。
⑤ 许经勇:《我国农村第二阶段改革的深层思考》,《经济学家》1990 年第 5 期,第 25~31 页、第 126~127 页。
⑥ 李炳坤:《农产品价格改革的评价与思考》,《农业经济问题》1997 年第 6 期,第 14~19 页。
⑦ 段应碧:《对粮食价格改革的一些看法》,《农业经济问题》1988 年第 10 期,第 19~23 页。
⑧ 蔡萍:《农产品价格和流通体制改革的进展及效果分析》,《经济研究参考》1994 年第 48 期,第 34~48 页。

形成机制"。① 详见表3-4。

表3-4 农产品价格改革的指导方针

时期	指导方针	代表学者
1979~1984年	"以调为主"	张卓元、许经勇等
1985~1991年	"以放为主"	董元龙、许经勇等
	"调放结合"	李炳坤等
	"先调后放"	段应碧等
1992年至今	既不在调也不在放,重点在于转换价格形成机制	李炳坤、蔡萍等

(二) 农产品价格"双轨制"

农产品价格"双轨制"自产生以来,学者们的争议较多。关于"双轨制"的利弊得失,有学者认为从计划定价过渡到市场定价,"双轨制"是一个很好的过渡方式,它的产生具有合理性与必然性,是"历史的选择";有学者认为"双轨制"起到了较大的积极作用,是有"进步性"的;也有学者指出,"双轨制"有着一定弊端。关于"双轨制"的去向,在20世纪90年代也引起了热议。

1. "双轨制"的利弊得失

对"双轨制"的评价,有学者从"双轨制"产生的背景出发,指出"双轨制"的产生具有合理性和必然性;从"双轨制"的历史影响来看,有学者认为"双轨制"在历史上是起积极作用的,有的学者却表示"双轨制"存在弊端。

第一种意见,"双轨制"是一个从计划定价过渡到市场定价的合理选择。许经勇指出,农产品商品化改革是一个循序渐进的过程,"双轨制"是向市场定价的"单轨制"过渡的"较为现实的合理选择"。② 杨圣明表示,双轨价格政策是"适应中国国情的,适应中国的生产力水平和经济体制现状的"。虽然在执行过程中有出现偏差,但"总体上看是可行的"。因此,他认为双轨制的出现是"历史的必然"。③

第二种意见,"双轨制"对我国经济的发展起到了非常重要的作用。华生

---

① 李炳坤:《农产品价格改革的评价与思考》,《农业经济问题》1997年第6期,第14~19页。
② 许经勇:《论我国农村第二阶段改革的艰巨性》,《学术评论》1990年第3期,第16~18页。
③ 杨圣明:《价格双轨制的历史地位与命运》,《经济研究》1991年第4期,第36~42页。

等指出,"双轨制在振兴农村经济、调整产业结构等方面产生了积极作用"。①许经勇指出,"双轨制"的"历史进步性"在于反映了"商品经济发展的要求"和反映并调节了农产品供求,"搞活农产品流通"。②杨圣明指出,"双轨制"使得"农产品价格改革取得了重大进展",农产品价格形成机制"发生了根本性变化"。③

第三种意见,"双轨制"存在一定弊端。卢中原指出,价格"双轨制"有着其"固有的缺陷",即"使市场信号不统一,引起竞争秩序混乱",此外,还不可避免地给腐败现象提供了滋生的土壤。④毕井泉指出,价格"双轨制","计划内外价差过大",滋生腐败现象。⑤许光建也持这种观点,他指出,"价格双轨制的范围过大、价差过大,在一定程度上成为市场秩序混乱的温床"。⑥乔刚等认为价格"双轨制"有着不可克服的弊病,主要表现在三个方面:其一,"价格体制转轨所需要的时间比较长,因而会对社会经济形成持续的冲击";其二,"双轨制"会破坏"市场体系的完整性";其三,"双轨制"不利于基础产业的发展。⑦

2. "双轨制"去向何处

20世纪90年代,关于"双轨制"究竟走向何处,是长期保持还是并为"一轨",是并入"市场轨"还是回归计划等问题,学者们发表了自己的观点。

第一种意见,双轨并为单轨。大多数学者持这种观点,但对并向哪一轨,学者们意见不同。其中有大部分学者认为应该并向"市场轨"。张卓元认为,"双轨制"应该转变为"市场单轨制"。⑧杨圣明在《价格双轨制的历史地位与命运》一文中指出,双轨并为单轨是历史必然趋势,而我国的并轨方向应该向"市场轨(市场价格)"靠拢,但他指出,少数生产资料只能实行计划价格。⑨周海春等也持这种观点,他指出,要将农产品收购价格的"双轨制"改变为单

---

① 华生、何家成、张学军、罗小朋、边勇壮:《经济运行模式的转换——试论中国进一步改革的问题和思路》,《经济研究》1986年第2期,第3~11页。
② 许经勇:《论我国农村第二阶段改革的艰巨性》,《学术评论》1990年第3期,第16~18页。
③ 杨圣明:《价格双轨制的历史地位与命运》,《经济研究》1991年第4期,第36~42页。
④ 卢中原:《当前中国市场发育的问题和启示》,《经济研究》1988年第12期,第43~48页。
⑤ 毕井泉:《我国价格改革的基本经验》,《宏观经济研究》1990年第11期,第51~62页。
⑥ 许光建:《价格体制改革的回顾与前瞻》,《中国人民大学学报》1991年第5期,第57~60页、第115页。
⑦ 乔刚、陈共炎:《关于价格改革思路的几个问题》,《经济研究》1991年第3期,第28~33页。
⑧ 张卓元:《农产品价格改革的若干设想》,《中国农村观察》1988年第5期,第35~37页。
⑨ 杨圣明:《价格双轨制的历史地位与命运》,《经济研究》1991年第4期,第36~42页。

轨制，使"计划价格向市场价格靠近"。① 乔刚等在分析了"双轨制"的弊端之后，指出并轨的基本方向是并入"市场轨"。② 但华生等提出了不同意见，他们认为将来"双轨制"的消亡，既不会是"复归于国家定价，也不是走向完全的自由竞争价"；他们指出，"双轨中的国家定价一轨很可能向大企业和企业集团的协议价与行业带头价的方向演化"。③

第二种意见，坚持价格"双轨制"。中国社会科学院价格改革课题组指出，完善农产品价格，首先要进一步强化农产品双轨制购销体制，"稳定双轨制价格"。④

第三种意见，实行"定量不定价"。段应碧认为"双轨价格制"既"抑制生产，又刺激消费"，会造成供需矛盾，因此他主张应该把"定量不定价"作为粮价改革的近中期目标。⑤

（三）提高农产品收购价格

大多数学者在讨论农产品价格改革时都会提到"提高农产品收购价格"。有学者认为，我国农产品收购价格低，提价是增加农民收入、使他们富起来的主要方式。也有学者认为，不能高估提价的作用，不能随便提高农产品收购价格。

第一种意见，要提高农民收入，最直接的办法是提高农产品收购价格。白帆指出，为实现这个目标，在农产品价格方面，要"提高粮食等主要农产品的收购价格"，其中，重点在于"解决粮、棉、油合同收购价格偏低的问题，合理安排农产品内部比价"。⑥ 李功豪认为应该"有计划提高国家合同定购的粮、棉、油等主要农产品收购价格"。⑦ 郭书田在谈农产品价格改革的基本思路时提到，短期内可以采取逐步提价的方法，从长期来说可以采用减少定购、增加议

---

① 周海春、马晓河：《我国工业化过程中的农产品价格及其财政补贴》，《管理世界》1991年第1期，第102~115页、第223~224页。
② 乔刚、陈共炎：《关于价格改革思路的几个问题》，《经济研究》1991年第3期，第28~33页。
③ 华生、何家成、张学军、罗小朋、边勇壮：《经济运行模式的转换——试论中国进一步改革的问题和思路》，《经济研究》1986年第2期，第3~11页。
④ 中国社会科学院价格改革课题组：《价格进一步改革的问题与思路》，《经济研究》1987年第4期，第15~20页。
⑤ 段应碧：《对粮食价格改革的一些看法》，《农业经济问题》1988年第10期，第19~23页。
⑥ 白帆：《"八五"期间价格改革的战略选择》，《经济研究》1990年第9期，第28~34页。
⑦ 李功豪：《农产品价格改革三题》，《价格理论与实践》1990年第10期，第26~28页。

购的方法、增加农民收入。① 温桂芳指出,提高农产品尤其是粮棉等主要农产品的收购价格仍然是"增加农民收入的一个重要途径"。②

第二种意见,提高粮食收购价格不能从根本上提高农民收入,发展生产才是农民致富的根本方法。杨方勋认为,农民要富起来,主要应该靠发展生产,增加商品量,"提高农产品收购价格,对增加农民收入有一定作用,但不是主要途径"。③

第三种意见,提高农产品收购价格要综合考虑诸多因素,故要适度。杨方勋认为,农产品收购价格要"与工业生产水平、职工工资水平相适应",过高或过低都不利于经济发展。④ 王亚平指出,"仅靠提高农产品收购价格并不能解决农业生产比较利益较低的问题";他认为,如果忽视工农业部门劳动生产率的差别,过多提高农产品收购价格,就会"引起国家工业化资金骤然减少,延缓工业化进程";或者在农产品收购价格提高后,可能引起农业生产资料价格相应上涨,会导致农民增加的收入转移到工业部门。⑤ 张开华认为,"调高农产品收购价格,而不同时调整农产品销售价格,势必增大对财政收支平衡的压力"。⑥

五 对农产品价格改革的评价

学者们关于农产品价格改革的评价,主要有两个方面。一方面,有学者认为,通过农产品价格改革,我国价格体系逐渐趋向合理,以市场形成价格为主的机制不断健全,农产品调控体系逐步建立。另一方面,有学者认为,农产品价格改革仍存在不足,市场决定价格的机制仍不成熟,价格调控体系仍不完善。

(一)农产品价格改革取得的成效

有学者认为,农产品价格改革取得的成效是显著的。自改革以来,我国价格体系逐渐合理化,建立并完善了以市场形成价格为主的机制,农产品调控体系逐步建立起来。

第一,价格体系逐渐趋向合理。有学者从工农产品比价的角度,指出农产

---

① 郭书田:《农产品价格改革势在必行》,《中国物价》1991年第6期,第18~20页。
② 温桂芳:《我国农产品价格改革的目标和"九五"改革任务的建议》,《经济研究参考》1996年第5期,第44~54页。
③ 杨方勋:《坚持"三兼顾"原则稳定农产品价格》,《经济研究》1982年第4期,第27~29页。
④ 杨方勋:《认真总结农产品价格改革经验》,《农业经济问题》1986年第2期,第27~29页。
⑤ 王亚平:《论农产品价格政策与工业化资金积累》,《经济研究》1990年第12期,第24~30页。
⑥ 张开华:《农产品价格改革的难点与对策》,《价格月刊》1992年第8期,第9~10页。

品价格偏低的状况有了明显改变，工农产品剪刀差大幅度缩小。成致平认为新中国成立以来特别是改革以来，"工农业商品综合比价缩小的幅度，在我国历史上是空前的，在国际价格变动中也是罕见的"。① 也有学者认为，从农产品内部不同商品的比价看，各种商品价格趋向合理。马凯指出，我国粮食等主要农产品价格偏低现象已经有了很大程度的改善；他表示，"1991 年与 1978 年比，粮食收购价格总水平上升 224.5%，比同期农产品收购价格平均提高 168.6% 的幅度高出 55.9 个百分点"；他还指出，从同一农产品不同环节不同方面的差价关系看，逐步向合理化方向发展。②

第二，建立健全了以市场形成价格为主的机制。温桂芳持这个观点，他指出，价格改革的突出成就是"转变了价格形成机制，基本实现主要由市场形成的价格机制"。③ 蒋和胜等指出，"通过先调整、再放开或者边调边放的调放结合改革方法和策略，推动改革从商品和劳务价格到生产要素价格，从竞争性领域价格到垄断领域价格逐步扩展，最终成功实现了计划行成价格机制向市场形成价格机制的转变。截至 2013 年底，市场调节价格在社会商品零售总额中占 97.9%，在农产品收购总额中占 98.8%"。④

第三，农产品调控体系逐步建立。马凯指出，我国"逐步形成了以农产品批发市场为中心的农产品市场体系；初步建立了用于保护农业生产、平抑物价的以粮食为代表的重要农产品储备制度；有十几个省市实行了重要农产品的价格调节基金制度。一个新的以间接调控为主，综合运用经济、法律、行政等手段的农产品调控体系开始形成"。⑤ 中国价格协会课题组指出，通过价格改革，我国已经"基本建立并逐步完善了价格调控体系"。⑥ 蒋和胜等指出，"价格调控体系在 20 世纪末建立后逐步完善，构成了涵盖面宽、内容广泛、相互联系的有机体系"。⑦

---

① 成致平：《发展中的价格新体制——八十年代价格改革历程与九十年代展望》，中国物价出版社，1991 年，第 2 页。
② 马凯：《进一步深化农产品价格改革》，《中国物价》1992 年第 11 期，第 5~8 页。
③ 温桂芳：《价格改革 30 年：回顾与思考》，《财贸经济》2008 年第 11 期，第 91~101 页、第 127 页。
④ 蒋和胜、刘世炜：《重要商品与服务价格研究》，四川大学出版社，2018 年，第 6 页。
⑤ 马凯：《进一步深化农产品价格改革》，《中国物价》1992 年第 11 期，第 5~8 页。
⑥ 中国价格协会课题组：《敢于变革敢于创新推进价格改革深化——价格改革 30 年的回顾与展望》，《经济研究参考》2008 年第 50 期，第 37~47 页。
⑦ 蒋和胜、刘世炜：《重要商品与服务价格研究》，四川大学出版社，2018 年，第 8 页。

(二) 农产品价格改革的不足

有学者指出，我国农产品价格改革虽取得了一定成绩，但仍存在不足。主要体现在以下两个方面。

第一，市场决定价格的机制还不成熟。李炳坤认为，我国"市场决定价格的机制尚不成熟，与之相关的市场体系还未真正形成。尽管目前绝大部分农产品的价格是由市场决定的，但这仅仅是一个开端。对于关系国计民生的农产品价格究竟如何由市场形成，短期内还拿不出较为成熟的规范性办法，很大程度上还是听任市场自发作用的摆布"。[1] 毛志鸣等指出，我国农产品定价机制仍然存在缺陷，农业内部过度竞争、农产品市场结构不合理、市场信息分布不对称等问题严重。[2] 徐丽红指出，我国农产品市场还存在一些问题，其中主要表现为"农产品市场缺乏竞争，定价机制不科学"。[3]

第二，价格调控体系尚有不足。李炳坤认为，"由于目前我国农产品市场体系很不健全，在市场体系基础上建立的价格调控体系还没有真正形成，市场自发行为所固有的盲目性导致价格波动过大的危险性仍然存在"。[4] 蒋和胜等指出，"价格调控决策的科学化、民主化、透明度还有待提高"。[5] 杜鹰指出，现有农产品收购市场调控体制存在四个主要问题，一是政策性收储价格只上不下，"导致国内外差价扩大和进口压力增加"；二是政策性收储价格影响市场机制作用的发挥；三是库存积压过量；四是补贴压力过大。[6]

第五节 农村流通体制改革

农村流通体制改革是农村市场化改革的重要一环。学者们对农村流通体制的研究十分丰富，也产生了一些争议，主要有四个方面，一是对原有农村流通体制的看法不一；二是对农村流通体制改革目标模式的构想不同；三是对农村

---

[1] 李炳坤：《农产品价格改革的评价与思考》，《农业经济问题》1997年第6期，第14~19页。
[2] 毛志鸣、王丽丽：《农产品价格改革问题及对策思考》，《价格理论与实践》2002年第2期，第20~21页。
[3] 徐丽红：《农产品价格宏观调控刍议》，《沧桑》2007年第4期，第107~108页。
[4] 李炳坤：《农产品价格改革的评价与思考》，《农业经济问题》1997年第6期，第14~19页。
[5] 蒋和胜、蒙琳：《我国价格改革三十年的回顾与前瞻》，《天府新论》2009年第3期，第62~66页。
[6] 杜鹰：《完善农产品价格形成机制》，《中国经济报告》2016年第2期，第23~26页。

流通体制改革的思路存异；四是对农村流通体制改革的评价不同。

一 对原有农村流通体制的看法

关于原有农村流通体制，大多数学者都认为建立粮食统购统销制度是在严峻的粮食形势下所做出的"难以规避的选择"，并在特定阶段起到了一定积极作用。但在长期当中，原有农村流通体制存在弊端，拉大了工农产品价格剪刀差，限制价值规律作用的发挥，造成农产品购销价格倒挂。正是因为这些固有的弊端，学者们认为农村流通体制改革势在必行。

第一种意见，工农产品价格剪刀差拉大，二元经济被强化。郑青指出，原有的农村流通体制是"建立在商品生产很不发达的基础上的"，利用行政手段进行管理，"按行政区划流通，致使城乡市场分割，流通渠道阻塞"。[①] 解书森认为，从长期来看，原有农村流通体制将农村排除在工业化过程之外，"从而强化了二元经济"。[②] 杨正辉指出，原有的农村流通体制的弊端首先表现在，排除了市场机制的作用，"工农产品价格的剪刀差愈益扩大，利益关系扭曲"。[③]

第二种意见，原有的农村流通体制隔绝了工农产品市场，限制了价值规律作用的发挥。吴硕认为，粮食统购制度有着严重弊端，其中一个表现就是"不讲求价值规律"；他指出，"粮食统购价格长期背离它的价值，也不反映供求关系的变化和币值的变化"。[④] 解书森也曾指出，原有的农村流通体制"严重违背价值规律在农业生产和农产品经营中的作用"。[⑤] 杨正辉表示，统购统销政策的主要弊端是"限制了价值规律在农业生产和农产品经营上的作用"；他指出，传统的粮食流通体制，隔绝了生产者与市场，排除了价值规律的作用，打击农民积极性。[⑥]

第三种意见，统购统销导致粮食经营费用不断增加，购销价格倒挂现象突出。杨正辉持这种观点，他指出，"统购统销初期，国家规定的粮食购销差价是5.6%，第一年粮食经营做到了略有盈余，但第二年即赔了近3亿元"。[⑦] 王双正也指出，粮食统购统销体制造成"粮食购销价格倒挂"，加重政府财政

[①] 郑青：《关于改革农村商品流通体制的探索》，《社会科学研究》1984年第4期，第25~30页。
[②] 解书森：《传统农业管理体制向新体制的转变》，《青海社会科学》1992年第6期，第11~23页。
[③] 杨正辉：《粮食流通体制的改革》，《湘潮》2001年第1期，第42~46页。
[④] 吴硕：《粮食流通体制的战略性大改革》，《经济研究》1985年第3期，第26~30页。
[⑤] 解书森：《传统农业管理体制向新体制的转变》，《青海社会科学》1992年第6期，第11~23页。
[⑥] 杨正辉：《粮食流通体制的改革》，《湘潮》2001年第1期，第42~46页。
[⑦] 杨正辉：《粮食流通体制的改革》，《湘潮》2001年第1期，第42~46页。

负担。①

二 农村流通体制改革的目标

对于要建立一个什么样的农村流通体制,学者们提出了自己的意见。有学者认为应该建立计划与市场相结合的农村流通体制,有学者提出农村流通体制的目标模式应该是将国家宏观调控与计划指导和生产经营自主权相结合的流通体制,也有较多学者指出应该将宏观调控与市场调节相结合,还有学者从期货市场角度出发提出了新的目标模式。

第一种意见,建立计划调节与市场调节相结合的农村流通体制。其中有学者认为应该按照社会主义计划经济的要求,以计划经济为主,市场起辅助作用。郑青从五个方面提出农村流通体制改革的方向,其首要的就是"按照社会主义计划经济的要求,建立计划经济为主,市场调节为辅的农村商品流通管理体系"。② 有学者则认为应该按照社会主义有计划商品经济的要求,将计划调节与市场相结合。尹可等指出,我国粮食购销体制改革的目标应该是"建立国家拥有必要调控能力,适应商品经济发展要求,与社会主义初级阶段特点和国情相适应的,比较稳定的粮食购销体制",这种体制的调节形式,"一是计划调节,一是市场调节",将二者有机结合起来。③ 喻福高等持这种观点,他们结合农资商品流通的特点提出,"农资商品流通体制改革的目标应该是:按照社会主义有计划商品经济的要求,建立一个计划与市场相结合的运行机制,实行供销社农资经营企业为主体的高效、畅通,可调控的流通体制"。④ 顾益康也持这种观点,他认为深化农产品流通体制改革的总方向是"建立计划购销与市场调节相结合的流通体制"。⑤

第二种意见,建立国家宏观调控和计划指导与生产经营自主权相结合的农村流通体制。即发挥商品生产的经济效益与社会效益,防止市场机制固有缺陷。吴硕持这种观点,他认为未来的粮食流通体制应该是"具有中国特色的粮食流

---

① 王双正:《粮食流通体制改革30年:回顾与反思》,《财贸经济》2008年第11期,第111~124页、第127页。
② 郑青:《关于改革农村商品流通体制的探索》,《社会科学研究》1984年第4期,第25~30页。
③ 尹可、杨先明:《深化粮食流通体制改革的思路和要点》,《经济体制改革》1991年第1期,第110~115页。
④ 喻福高、张裕光:《对农业生产资料流通体制改革的思考》,《商业时代》1992年第5期,第44~46页。
⑤ 顾益康:《论农产品流通体制深化改革的途径和对策》,《浙江学刊(双月刊)》1992年第2期,第39~42页。

通体制",他把"在国家宏观调控和计划指导下的自由流通"作为粮食流通体制的目标模式。①

第三种意见,建立宏观调控与市场调节结合型农村流通体制。其一,有学者认为粮食产业由于其"弱质性"、"风险性",必须辅以强有力的宏观调控。丁声俊持这个观点,他指出,"我国深化农产品流通体制改革的目标模式的最佳选择是:宏观调控下市场经济型农产品大流通"。②尉士武持这种观点,他认为粮食流通体制的目标模式应该具备三个特征:一是"既否定传统的高度集中统一的计划经济体制,又摒弃完全放任自由的市场经济体制";二是"既有利于加强宏观调控,又有利于促进微观搞活";三是"既符合现代市场经济的一般规律,又适应我国现阶段的国情和粮情",因此,他指出,粮食流通体制改革的目标模式是"建立和完善宏观调控下市场经济型粮食流通新体制"。③其二,还有部分学者认为,应该发挥市场的主体运行作用,国家只能在市场出了问题时适当干预,不能用力过猛。邓一鸣持这种观点,他主张建立"市场主体运行,国家宏观调控"的粮食流通体制改革的目标模式,他表示,"市场主体运行,就是要让市场自行运转","国家不要主动去干预",如果市场出了问题,才需要国家宏观调控"友善"而"温和"的干预。④李勇明持这种观点,他认为农产品的流通体制改革的目标模式选择应该与整个经济体制改革目标模式相统一。为适应社会主义市场经济体制这一体制改革目标,他指出,我们应该建立"国家宏观调控下,以市场形成为主的农产品生产和流通模式",即"农产品价格基本放开,由市场调节形成","国家不直接参与"。⑤

第四种意见,建立以期货市场为龙头的粮食流通体系。洪涛认为,粮食流通体制改革的目标,"是在国家宏观调控下,以期货市场为龙头,以批发市场为中心,以乡镇初级市场为基础,以开放的零售粮食企业为网络,建设有中国特色的粮食市场体系"。⑥

---

① 吴硕:《我国粮食流通体制改革的目标模式》,《农业经济问题》1987年第11期,第38~40页。
② 丁声俊:《深化农产品流通体制改革的目标与思路》,《农业经济问题》1997年第7期,第9~11页。
③ 尉士武:《我国粮食流通体制改革的目标模式及政策选择》,《农业发展与金融》2003年第1期,第4~6页。
④ 邓一鸣:《粮食流通体制改革的目标模式及实现途径》,《中国经济问题》1993年第2期,第39~47页。
⑤ 李勇明:《农产品生产与流通体制改革研究》,《价格月刊》1998年第1期,第28~29页。
⑥ 洪涛:《论建立中国特色的以期货市场为龙头的粮食市场体系——兼论我国粮食流通体制改革的目标模式》,载于中国商业经济学会《全国市场经济与商业发展理论研讨会论文集》,1993年,第413页。

三 农村流通体制改革的内容

自农村流通体制改革以来，学者们积极探讨如何推进改革，主要包括农产品购销体制改革、国有粮食购销企业改革以及培育市场主体三个方面，而究竟如何改革，学者们略有争议。

（一）农产品购销体制改革

学者们普遍认识到农产品购销体制改革的重要性，对具体如何改革，学者们提出了自己的看法。有学者认为应该实行"双轨制"，也有学者认为应该改合同定购为计划收购，还有学者指出应该进行粮食购销体制的市场化改革。

第一种意见，实行"双轨制"。对关乎国计民生的农产品，由于其社会消费的广泛性，实行"双轨制"才是符合国情的。顾益康指出，应该"把粮食流通分为国家定购定销与市场交易两大块的双轨制"，以稳定市场，保护消费者利益。[①] 也有学者认为，"双轨制"只是农产品流通体制变革的过渡阶段，应该继续对"双轨制"购销体制改革。张红宇指出，从统购统销到"双轨制"的变革，"充其量只是完成了一半的改革"，他提出对实行"双轨制"的农产品流通体制改革的基本思路应该是"压销、减购、提价、放开"。[②]

第二种意见，合同定购改为计划收购。汤标中持这种观点，他表示，应该把"粮食合同定购任务改为粮食计划收购任务"，或者实行"购改税的购销体制"。[③] 尹可等也持这种观点，他指出粮食流通体制改革的其中两个方案是，"修订合同定购制度，或改合同为余粮收购制"，他表示，虽然这两种方案都是在国家计划收购范围内，但第一种可行性更高。[④]

第三种意见，粮食购销体制改革应该充分发挥市场机制的作用。刘海涛认为，应该"加快建立全国统一开放、竞争有序的粮食市场体系，充分发挥市场机制配置资源的基础性作用"，"坚持粮食购销市场化"。[⑤]

[①] 顾益康：《论农产品流通体制深化改革的途径和对策》，《浙江学刊》1992 年第 2 期，第 39～42 页。
[②] 张红宇：《计划与市场：农产品流通体制探索》，《农村经济》1991 年第 11 期，第 1～4 页。
[③] 汤标中：《对加强粮食生产与流通的思考》，《科学经济社会》1989 年第 6 期，第 370～371 页。
[④] 尹可、杨先明：《深化粮食流通体制改革的思路和要点》，《经济体制改革》1991 年第 1 期，第 110～115 页。
[⑤] 刘海涛：《对我国粮食流通体制改革的回顾与思考》，《大庆社会科学》2009 年第 4 期，第 90～92 页。

（二）国有粮食购销企业改革

有学者认为，农产品流通体制改革的关键是国有粮食购销企业改革。学者们提出的思路主要有实施政企分开、进行产权制度改革、锁定老库存和老账三种。

第一种意见，实施政企分开。韩鹤忠指出，"各级粮食部门与所属企业必须在人、财、物上彻底分离"。① 孔祥智等认为，继续深化国有粮食企业改革必须使"粮食行政管理部门和粮食企业彻底脱钩"。② 洪岚等也持这一观点，他们指出，粮食流通体制改革需要"完善两个分开"，其一就是政企要分开；他们指出，政府主管粮食流通的部门应该把重点放在"建立公正、公平的交易法规"上，成为"经济运行过程的调节者"。③

第二种意见，以产权制度改革为重点。韩鹤忠指出，原有的粮食购销企业"储备与经营不分"，"不适应市场经济的要求"，多这类企业改革可以"实行股份制改造，建立规范的现代企业制度"。④ 李友华等指出，深化国有粮食企业改革，"重点和关键是产权制度改革和经营机制改革"。⑤ 聂振邦指出，要彻底打破国有粮食购销企业吃"大锅饭"体制，"使企业真正成为自主经营、自负盈亏、自我约束、自我发展的市场主体"。⑥ 颜波等也持这种观点，他们认为应该"推进国有粮食企业产权制度改革，增强国有粮食企业的市场竞争活力"。⑦

第三种意见，关键在于解决老库存与老账的问题。王来保等认为，推进国有粮食企业改革要在"锁定老库存、老账以及企业人员分流上"努力，才能尽快转变企业经营机制。⑧ 颜波等对如何深化和完善粮食流通体制改革提出了自

---

① 韩鹤忠：《粮食流通体制改革：何为大思路——粮食流通体制改革面临的主要问题与政策取向》，《调研世界》2002年第9期，第7~11页。
② 孔祥智、王爱华、马荣：《粮食流通体制改革进程中需要解决的问题和思路》，《中国粮食经济》2002年第9期，第24~26页、第23页。
③ 洪岚、肖锋：《粮食流通体制进一步改革探讨》，《粮食科技与经济》2005年第4期，第15~17页。
④ 韩鹤忠：《粮食流通体制改革：何为大思路——粮食流通体制改革面临的主要问题与政策取向》，《调研世界》2002年第9期，第7~11页。
⑤ 李友华、丛丹阳：《我国粮食流通体制改革的回顾与评价》，《中国流通经济》2003年第9期，第32~34页。
⑥ 聂振邦：《继续积极稳妥地推进粮食流通体制改革》，《宏观经济研究》2005年第6期，第12~15页、第33页。
⑦ 颜波、陈玉中：《粮食流通体制改革30年》，《中国粮食经济》2009年第3期，第18~25页。
⑧ 王来保、陈林：《加快完善粮食流通体制改革的措施》，《经济研究参考》2004年第23期，第32页。

己的看法,他们指出,应该"继续研究妥善解决国有粮食购销企业财务挂账有关遗留问题"和企业"历史包袱"。①

(三) 培育市场主体

不少学者指出,农村流通体制改革离不开市场主体的参与。学者们认为,应该培育多元化、现代化粮食市场主体。还有学者指出,市场主体应该符合经济人假定。

第一种意见,培育多元粮食市场主体。朱岳坤等持这种观点,他们提出了进一步深化我国农产品流通体制改革的措施,其中放在第一位的就是"积极培育多元化的农产品流通主体"。②刘海涛指出,"必须积极培育和发展多元粮食市场主体,实现投资主体多元化、经营形式多样化,发挥多元主体点多面广、经营灵活的优势,衔接粮食产销,搞活粮食流通"。③但对多元化粮食市场主体的组成,学者们有不同的看法。邓一鸣指出,粮食市场主体由"粮食生产者、经营者和消费者"组成。④颜波等认为,应该"加快培育粮食产业化龙头企业、粮食经济合作组织等现代粮食市场主体"。⑤

第二种意见,以国有粮食企业为粮食市场的主体。尉士武指出,粮食流通体制改革的重点是,加快企业改革,"建立现代企业制度,形成新的经营机制,促进粮食企业真正成为自主经营的市场主体"。⑥

第三种意见,市场主体应该符合经济人假定。姚今观等认为中国粮食市场的市场主体并不符合经济人假定,"无法用经济学的基本原理来解释"。因此,他们指出,"进行市场化改革的当务之急就是培育符合经济人假定的市场主体";同时,他们指出,我国粮食市场体系中的主体将由"粮食加工业、中间商和代表农民利益的中介组织"组成。⑦

---

① 颜波、陈玉中:《粮食流通体制改革30年》,《中国粮食经济》2009年第3期,第18~25页。
② 朱岳坤、左国平:《对我国农产品流通体制改革的思考》,《江苏商论》2008年第15期,第8页。
③ 刘海涛:《对我国粮食流通体制改革的回顾与思考》,《大庆社会科学》2009年第4期,第90~92页。
④ 邓一鸣:《粮食流通体制改革的目标模式及实现途径》,《中国经济问题》1993年第2期,第39~47页。
⑤ 颜波、陈玉中:《粮食流通体制改革30年》,《中国粮食经济》2009年第3期,第18~25页。
⑥ 尉士武:《我国粮食流通体制改革的目标模式及政策选择》,《农业发展与金融》2003年第1期,第4~6页。
⑦ 姚今观、赵经华:《改革粮食流通体制切实保护农民利益》,《经济与管理》2003年第1期,第5~7页。

四 对农产品流通体制改革的评价

农产品流通体制改革是农村经济体制改革的重要内容。大多数学者对农产品流通体制改革持积极态度,他们认为农产品流通体制改革在促进农民增收、发展粮食市场体系、增强粮食宏观调控能力、深化国有粮食企业改革等方面起到了积极作用;也有学者指出农产品流通体制改革存在改革过程艰难、市场调节功能不完善、农民收入增长缓慢等不足。

(一) 农产品流通体制改革的积极作用

不少学者认为,农产品流通体制改革发挥了积极作用。通过改革,农民收入提高、粮食市场体系得到发展、粮食宏观调控能力得到增强、国有粮食企业改革逐步深化。

第一,提高了农民收入,极大地调动了农民的种粮积极性。王双正持这种观点,他指出,粮食流通体制改革"调动了农民种粮积极性,促进了粮食产量和农民收入增加"。[1] 赵荣等认为,农产品流通体制改革"解放了生产力,激发了农民的生产积极性",提高了农民收入。[2]

第二,粮食市场体系形成并得到发展。聂振邦持这种观点,他指出,全面放开粮食购销市场之后,"实现了粮食购销市场主体多元化,初步形成了国家宏观调控下市场形成粮食价格的机制,促进了粮食市场体系的形成和发展"。[3] 蔡昉等指出,经过农产品流通体制改革,"市场体系逐步发育,提高了农业和农村经济的商品化水平。到 20 世纪 80 年代末 90 年代初,全国有国家级市场 20 个左右,区域性专业市场 2400 多个(农产品市场 1800 多个、工业品市场 600 多个),集贸市场 7600 多个,初步形成了多层次的市场体系"。[4]

第三,粮食宏观调控能力得到增强。颜波等指出,我国粮食流通体制改革实现了"粮食管理体制从过去高度集中的计划管理向国家宏观调控下的粮食省

---

[1] 王双正:《粮食流通体制改革 30 年:回顾与反思》,《财贸经济》2008 年第 11 期,第 111~124 页、第 127 页。

[2] 赵荣、钟永玲:《农产品流通体制改革三十年回顾与展望》,《农业展望》2008 年第 4 期,第 25~29 页。

[3] 聂振邦:《继续积极稳妥地推进粮食流通体制改革》,《宏观经济研究》2005 年第 6 期,第 12~15 页、第 33 页。

[4] 蔡昉、王德文、都阳:《中国农村改革与变迁 30 年历程和经验分析》,格致出版社,2008 年,第 30 页。

长负责制的转变",粮食宏观调控能力不断增强。[①]

第四,国有粮食企业改革深化。王双正指出,国有粮食企业改革实现政企分开,妥善解决了"历史遗留问题"。[②] 颜波等指出,我国国有粮食购销企业已经"初步实现了国有粮食购销企业从'计划渠道'向'市场主渠道'的转变"。[③]

(二) 农产品流通体制改革存在的问题

有部分学者指出,我国农产品流通体制改革还面临一些问题,主要包括:由于利益关系复杂,改革过程曲折;市场调节功能尚不完善;农民收入增长缓慢等。

第一,总的来说,农产品流通体制改革涉及利益关系复杂,改革过程艰难反复。陈吉元认为,虽然农产品流通体制改革率先取得了突出效果,但当改革从微观领域进入宏观领域后,"涉及方方面面的复杂利益关系,而且像粮食、棉花又是关系国计民生具有战略意义的产品,因此改革的进程异常艰巨,出现了多次反复"。[④]

第二,市场调节功能不完善,影响农产品自由流通。朱岳坤等指出,我国农产品流通市场主体缺位,还没有形成规范的市场运行机制,统一的农产品市场也没有建立起来,这说明农产品流通体制还没有完善的市场调节功能,农产品的自由流通受限。[⑤]

第三,城乡发展不平衡。有学者认为,经过一系列改革,虽然农村市场不断扩大,但仍然落后于城市步伐。陈丽芬指出,农村流通体系建设的突出问题是"城乡之间、地区之间发展不平衡"。[⑥] 也有学者从农民收入角度指出,农民收入虽然有所提高,但仍然面临收入增长速度慢、城乡差距大的问题。孔祥智等指出,"农民收入增长缓慢是粮食流通体制要解决的关键问题"。[⑦]

[①] 颜波、陈玉中:《粮食流通体制改革30年》,《中国粮食经济》2009年第3期,第18~25页。
[②] 王双正:《粮食流通体制改革30年:回顾与反思》,《财贸经济》2008年第11期,第111~124页、第127页。
[③] 颜波、陈玉中:《粮食流通体制改革30年》,《中国粮食经济》2009年第3期,第18~25页。
[④] 张卓元主编《中国改革开放经验的经济学思考》,经济管理出版社,2000年,第29页。
[⑤] 朱岳坤、左国平:《对我国农产品流通体制改革的思考》,《江苏商论》2008年第15期,第8页。
[⑥] 陈丽芬:《我国农村流通体制改革30年回顾与展望》,《市场营销导刊》2008年第5期,16页。
[⑦] 孔祥智、王爱华、马荣:《粮食流通体制改革进程中需要解决的问题和思路》,《中国粮食经济》2002年第9期,第24~26页、第23页。

第六节　农业的支持保护

对农业的支持保护，是农村经济体制及其改革中的重要内容。学术界对农业支持保护的研究非常丰富，既对农业的支持保护进行了整体性研究，分析了农业支持与保护的关系、农业支持保护的必要性和主要手段；又对农业支持保护的核心内容进行了重点研究，阐释了农村税费改革和农业补贴政策。

一　农业支持与农业保护

关于农业支持保护的内涵，学者们存在争议。其中最为突出的就是农业保护与农业支持关系的界定，主要有两种观点，一种是"差异论"，认为农业支持与农业保护是不一样的，不能相混淆；另一种是"统一论"，认为农业支持与农业保护是相结合的，二者是能够同时使用的。

（一）农业保护与农业支持不可混为一谈

主张"差异论"的学者认为，农业保护与农业支持不能混为一谈。蒋永穆认为农业支持和农业保护从本质上是两个含义不同的范畴，"（1）二者产生的根本依据不同，农业这种社会效益大而比较利益低的基础产业特点决定了必须对其进行'支持'，农业同时又是一个高风险的产业，必须对农业进行'保护'；（2）二者作用的对象不同，农业支持主要作用于生产环节，农业保护主要作用于流通领域；（3）二者作用的侧重点不同，农业支持的侧重点是放在弥补农业生产弱质、增强农业自身的综合生产能力上，农业保护的侧重点是放在改善农业的外部市场环境、保护农民利益上"。[①] 张哲等认为，农业保护与农业支持有着不同的内涵与特征。（1）二者内涵不同，"农业保护是政府利用行政的或法律的强制力量，使农民在实现其农产品价值时能够得到高于由市场均衡价格所决定的收入的一种政府行为"，"农业支持则是政府从改善农业生产的基本条件入手，通过对农业科技、教育、水利、环保、基础设施等公共产品的财政投资，为农业的发展夯实基础，增加后劲"；（2）二者所具有的基本特征不同，农业保护的基本特征是"政府对农民收入的直接增加，实质是依靠增加农民收入来刺激粮食产量的增加，保证粮食安全"，农业支持的基本特征是"通过

[①] 蒋永穆：《中国农业支持体系论》，四川大学出版社，2000年，第78页。

农业生产条件的改善来增加农民的收入,实质是走农业可持续发展的道路"。[1]

(二) 农业支持保护是一个综合性的概念

提倡"统一论"的学者认为,农业支持和保护是一体化、综合性的概念。陈小川指出,"国际经验告诉我们,支持和保护农业是一项全局性、综合性的工作,不是某一单项政策和某一特定部门能奏效的"。[2] 杜丙辰也指出,"农业支持保护是在政府采取的一系列支持与保护农业的政策措施的总和"。[3] 吴天龙等由此认为,"农业支持保护是一个综合性的概念,可以认为是政府采取的一系列有利于农业发展的政策措施的总和","支持和保护并无区分"[4]。

还有学者直接将农业保护看作农业支持与保护政策的总和。王雪萍指出,"农业保护的基本涵义可概括为:政府为了保证国民经济协调稳定发展,社会安定和良好生态环境,对农业所采取的一系列支持与保护政策的总称"。[5] 潘盛洲指出,"所谓农业保护,是指在国民经济运行过程中,政府为确保农业发挥基础作用,使农业的发展与国民经济其他产业的发展相适应,以便实现整个国民经济持续、协调、快速发展而采取的一系列保护与支持农业的政策措施的总和"。[6]

二 农业支持保护的必要性

学者们都十分重视农业的支持保护,对为什么要实施以及必须要实施农业支持保护做了讨论,主要集中在三个方面。一是农业的基础性地位决定了必须对其进行支持保护,二是农业的弱质性需要对其进行支持保护,三是农业的风险性必然要求对其进行支持保护。

(一) 农业基础性

有学者认为,进行农业支持保护是因为农业基础性。雍忠诚等指出,"农业

---

[1] 张哲、和丕禅:《农业保护与农业支持辨析》,《中国农村经济》2002年第1期,第30~32页、第39页。

[2] 陈小川:《对建立支持和保护农业政策体系的设想》,《安徽农学通报》2000年第3期,第19~21页。

[3] 杜丙辰:《健全农业支持保护制度应当注重的几个问题》,《农业经济》2015年第8期,第6~8页。

[4] 吴天龙、张照新、习银生、姜楠:《农业支持保护的测算及国际比较》,《当代农村财经》2018年第11期,第2~6页。

[5] 王雪萍:《浅析市场经济下的农业保护》,《江淮论坛》1997年第3期,第41~45页。

[6] 潘盛洲:《农业保护政策的比较研究》,《农业技术经济》1998年第5期,第2~10页。

作为国民经济的基础,其在国民经济的发展过程中起着举足轻重的作用","从本质上说保护和支持农业,实际上就是保证和支持整个国民经济稳步、高速增长"。① 林善炜认为,实施农业保护,其中一个原因就是"农业是国民经济的基础,以及这种基础作用已为大多数国家的经济发展历程所证明"。②

(二) 农业弱质性

有学者指出,农业弱质性是实施农业支持保护的原因。雍忠诚指出,"农业生产很大程度上受到自然条件和环境的支配,特别是我国农业生产方式仍很落后,抗灾能力较差,农业劳动强度大、成本高,在国内产业分工上处于不利的地位,这些都决定了国家对农业支持和保护的必要性和紧迫性"。③ 杜丙辰指出,"与成熟的市场经济国家相比,我国农业非常弱势,亟待加强支持保护,突出表现在:农业基础仍然非常薄弱,亟待加强;农村发展仍然相当滞后,亟待扶持;农民增收虽然喊了很多年,但是仍然没有显著改观"。④ 班毛展也持这种观点,他认为,"农业是社会效益高、自身效应低的弱质产业,需要支持和保护"。⑤

(三) 农业风险性

还有学者认为,农业支持保护的原因在于农业风险性。林善炜认为,实施农业保护政策不仅因为农业具有基础性,还因为"农业是一个自然再生产和经济再生产交织的过程,农业生产活动一方面依赖于人力、资金、技术等要素的投入,另一方面直接受到自然条件的影响,这使得农业必然而且始终承担着自然风险",也就是农业的风险性。⑥ 廉桂萍指出,"农业的弱质性和风险性决定了农业投入的比较利益低,利益驱动小,人们对农业投入的兴趣不大,热情不高,容易造成农业中的资金、土地、技术以及高素质劳动力向效益高、见效快的非农产业转移,最终将导致农业的萎缩,而且,农业投入的回收具有较长的滞后性",这样的特点,决定了"农业单凭本身的力量根本无法满足其资金的

---

① 雍忠诚、王朝才、李锅根、段侍光、陈永强:《构建市场经济条件下政府支持和保护农业的政策体系》,《财政研究》1997 年第 8 期,第 19~24 页。
② 林善炜:《农业保护与农业政策调整》,《福州党校学报》2001 年第 4 期,第 32~34 页。
③ 雍忠诚:《构建市场经济条件下政府支持和保护农业的政策体系》,《财政研究》1997 年第 8 期,第 19~24 页。
④ 杜丙辰:《健全农业支持保护制度应当注重的几个问题》,《农业经济》2015 年第 8 期,第 6~8 页。
⑤ 班毛展:《健全农业支持保护制度的新思考》,《农业经济》2015 年第 1 期,第 59~60 页。
⑥ 林善炜:《农业保护与农业政策调整》,《福州党校学报》2001 年第 4 期,第 32~34 页。

需求，农业的发展客观上要求外力予以推动，这种外部力量就是政府对农业的支持"。① 刘福江等指出，"农业的基础性、弱质性和风险性决定了政府必须从根本上重视农业，不断加大财政对农业的支持力度，建立有效的农业保护机制，以提高农业产业的竞争力"。②

三 改革前的农业支持保护

改革开放前，我国在农村实施计划经济体制，国家对农业生产与供应采取计划管理手段。为支持与保护农业发展，国家采取了一系列手段。其中，学者们的争议主要在于农业税负担增速、农产品收购价格、农业机械化对农业的支持作用等三个方面。

（一）农业税负担增速

调整农业税负担增速对农业的发展有着重要作用，但在农业税负担增速与农业生产增速的关系问题上，学者们略有争议。有学者认为应该保持农业税负担和农业生产等速增长，稳定农业税收增额；也有学者指出农业税负担增速应该低于农业生产增长的速度。

（1）农业税负担和农业生产等速增长。訾辛未等在提到关于农业税负担增长速度问题时指出，"负担增加比较稳，对发展农业生产和巩固农业合作社有利"。③ 李树德在总结新中国成立以来农业税工作的时候提到，农业税征收额占农业实际产量的比例随着农业生产的发展而降低，从1952年的13.2%下降到了1957年的11.5%，他指出，"农业税征收额的稳定，意味着农民负担的相对地减轻，意味着农业增产的部分完全留给了农民，国家不参加这一部分收入的分配。这实质上是国家对农民给予财政援助的另一种形式"。④

（2）农业税负担增长速度低于农业生产增长的速度。徐慎行指出，考虑到人口增长因素和各地区农业生产发展不平衡的现实，以及农业合作社公共积累较少等情况，农业税负担不能和农业生产等速增长，他认为，"农业税实际负担

---

① 廉桂萍：《加大财政对农业支持力度不断提高农业竞争力》，《农业经济问题》2003年第11期，第51～58页、第80页。
② 刘福江、孙立新、毛世平：《我国农业支持政策结构变迁的国际比较分析》，《中国农业资源与规划》2018年第2期，第34～41页。
③ 訾辛未、程静渊：《对农业税几个主要问题的讨论和研究》，《中国财政》1957年第4期，第16～18页。
④ 李树德：《十年来的农业税工作》，《中国财政》1959年第19期，第1～6页。

率可在目前基础上逐年下降一些,实际负担额可逐年增加一些,但要低于农业生产的增长速度,农业税额的增加要大体相等于每人平均农业收入的增长速度,或者稍高一点"。①

(二) 农产品收购价格

为支持与保护农业发展,大多数学者认为应该适当提高农产品收购价格,但也有部分学者认为提高农产品收购价格不利于国家工业化,因此主张限制农产品收购价格的提高幅度。

(1) 农产品收购价格提高有利于促进农业生产发展,应适当提高农产品收购价格。谢佑权认为,提高部分农产品收购价格是贯彻合理比价的重要方式,他指出,在新中国成立初期,我国适当地提高了棉花的收购价格,使"棉花的单位面积产量大大提高了,在保持有利于棉花生产而又不影响粮食增产条件下,逐步缩小粮棉之间的比价,使粮食与棉花都能得到均衡地发展"。②温端云指出,"为了逐步克服旧社会遗留下来的不合理的'剪刀差',适当提高农产品的收购价格是必要的",但他也指出,提高农产品收购价格应该遵循适度原则,"农产品收购价格不能一下提得过高,否则会有不利后果。③

(2) 农产品价值与价格背离是国家工业化的必然要求,农产品收购价格不能大幅提高。李秉文指出,"如果农产品收购价格提高幅度过大,势必增加工业品的生产费用和消费者的负担,这样就不利于生产的高速度的发展和人民生活的不断提高"。④

(三) 农业机械化对农业的支持作用

在改革开放以前,学者们就农业机械化对农业的支持作用进行了讨论,主要从农业、农民、农村三个方面展开。

(1) 农业机械化能提高农业生产率。中杰指出,"实现农业机械化可以大大提高农业劳动生产率,从而可以节约出大量的劳动力向生产的深度和广度

---

① 徐慎行:《农业税负担在农业收入中的比例问题》,《中国财政》1957年第7期,第24~26页。
② 谢佑权:《关于农产品比价问题》,《中国经济问题》1959年第8期,第17~21页、第24页。
③ 温端云:《正确处理工农产品交换促进农业生产迅速发展》,《武汉大学学报》(人文科学版)1963年第1期,第33~43页。
④ 李秉文:《价值规律和农产品价格问题》,《四川大学学报》(哲学社会科学版)1960年第1期,第54~62页。

进军"。① 李小樱指出，农业机械化能节省农业劳动力，"减少农产品在农业内部的消耗"，提高农业生产率和商品率。② 季为农也持这种观点，他指出，"把机械和其他现代科学技术成就用于农业生产建设，就能大大提高农业劳动生产率"。③

（2）农业机械化能改变农民精神面貌。赵家善指出，农业机械化的推行，改变了人民公社的生产、思想和技术面貌，"机械化生产使农民对社会主义建设、大规模发展生产，增加了无比的信心"。④ 季为农也指出，农业机械化有利于"用社会主义教育农民，改造小生产的旧思想、旧习惯"。⑤

（3）农业机械化有利于缩小城乡差距。中杰指出，实现农业机械化"可以促进农业生产力和农村经济的迅速发展，可以大大地改善农业的劳动条件，可以改变农村的文化技术状况和农民的精神面貌，从而可以为逐步缩小城乡差别、工农差别、体力劳动与脑力劳动的差别创造条件"。⑥ 李育安也持这种观点，他指出，广泛使用机器会大大改善农民的劳动条件，提高农民生活水平，从而为逐步缩小城乡差别创造条件。⑦

四 改革后的农业支持保护

改革开放以来，关于农业支持保护，学者们从不同的角度做了研究，主要有四种观点。一是从支持保护的手段来看，主要是以价格支持和补贴导向为主；二是从支持保护的范围来看，主要是边境措施与国内支持政策；三是从支持保护的政策来看，主要涵盖了多个方面的政策；四是从支持保护的时期来看，主要是"长效"与"短效"支持保护。

（一）以价格支持和补贴导向为主

有学者认为，农业支持保护是以价格支持和补贴导向为主的。朱晶指出，"以粮食最低收购价和重要农产品临时收储为主要内容的农产品价格支持政策，

---

① 中杰：《关于我国农业现代化问题的讨论》，《经济研究》1963年第12期，第73~78页。
② 李小樱：《农业现代化的体系问题初探》，《学术研究》1964年第1期，第39~43页。
③ 季为农：《农业机械化》，《农业科技通讯》1977年第10期，第31页。
④ 赵家善：《农业机械化带来的好处》，《中国统计》1959年第14期，第37页、第27页。
⑤ 季为农：《农业机械化》，《农业科技通讯》1977年第10期，第31页。
⑥ 中杰：《关于我国农业现代化问题的讨论》，《经济研究》1963年第12期，第73~78页。
⑦ 李育安：《实现农业机械化的深远意义》，《郑州大学学报》（哲学社会科学版）1975年第4期，第10~13页。

是2004年以来我国农业支持保护政策的重要组成部分"。① 张天佐等指出,"农村改革以来,为调动农民务农种粮积极性,稳定粮食等重要农产品供给,国家不断加大支持保护力度,逐步探索构建了以价格支持和补贴导向为主的农业支持保护制度";他们认为,"价格支持和补贴政策不断完善,构成了我国农业支持保护制度的核心,二者紧密相连、互为支撑、各有侧重、相互转化,共同确保了不同阶段政策目标的实现"。②

(二) 边境措施与国内支持政策

有学者从作用范围的角度,将农业的支持保护划分为边境措施和国内支持政策两类。郭建军持这种观点,他认为,"对农业产业的支持和保护主要包括两个方面的内容,一是在国际贸易中通过关税、市场准入、进出口调控、贸易救济和出口激励等措施,对本国农业产业进行保护。二是在国内生产和流通领域采取一系列直接或间接措施,支持本国农业产业发展,提高农产品竞争力,促进农民增收,实现城乡统筹协调发展的国内农业支持"。③ 吴国松等指出,"中国农业保护支持体系涵盖的政策较为广泛,从作用范围来看,这些政策可以分为边境措施和国内支持政策两类。"④

但也有学者认为边境措施和国内支持政策仅仅是农业保护的内容。张哲等认为农业支持保护的手段应该从农业保护和农业支持两方面来看,他们指出,"农业保护由两大部分组成:一是农产品边境政策措施,包括关税壁垒和非关税壁垒;二是'国内支持'措施,包括粮食最低收购价、农业生产要素投入品价格补贴和农产品营销贷款等"。农业支持也是由两大部分组成:"一是改善农业基础条件的投入;二是用于改善和提高农业生产要素质量的投入,如优良品种的引进和使用补贴、农业科技教育和农民培训费用等。"⑤

---

① 朱晶:《完善农业支持保护政策推进新时期农业改革发展》,《农业经济与管理》2017年第6期,第5~8页。
② 张天佐、郭永田、杨洁梅:《基于价格支持和补贴导向的农业支持保护制度改革回顾与展望》,《农业经济问题》2018年第11期,第4~10页。
③ 郭建军:《"十二五"期间我国农业支持和保护政策体系》,《经济研究参考》2010年第45期,第14~23页。
④ 吴国松、朱晶、林大燕:《中国不同类别农业保护支持政策的贸易保护效应》,《中国农村经济》2013年第12期,第39~50页。
⑤ 张哲、和丕禅:《农业保护与农业支持辨析》,《中国农村经济》2002年第1期,第30~32页、第39页。

（三）包括多种支持保护政策

有学者认为，农业支持与保护政策包含了"三农"的方方面面，不是单独的某个政策作用，而是应该构建全方位的政策体系。"政府支持和保护农业政策研究"协作课题组认为农业的支持和保护政策应该包括：政府对农业的宏观调控和服务政策、财政支农政策、农业信贷政策、农产品市场保护政策、农业保险政策等五个方面。① 陈小川认为，农业支持和保护政策应该包括"财政金融性的保护政策、调控和服务性保护政策、市场性保护政策、社会保障性保护政策、法制性保护政策等"。② 吴天龙等认为，我国的农业保护支持政策"涉及农业基础设施建设、公共服务、农业补贴、风险防范机制和市场调控等多个方面，内容覆盖了整个'三农'行业"，其中不仅"包括以农业基础设施建设、投入品补贴、技术推广、农民培训为主要内容，以提高农产品产量为主要目标的生产扶持政策体系；以农业支持保护补贴、粮食生产补贴为主要内容，以调动农民种粮积极性为主要目标的收入性支持政策体系"，还包括"以最低收购价为主要内容，以稳定农产品价格为主要目标的市场调控政策体系；以重大动植物病虫害防控等防灾减灾补助、政策性农业保险为主要内容，以降低灾害对农业生产和农民收入的影响为主要目标的风险防范保障体系；以退耕还林、退牧还草、伏季休渔等政策为主要内容，以促进农业可持续发展为主要目标的资源和生产保护政策体系"。③

（四）"长效"与"短效"支持保护

有学者认为，农业的支持保护按照时间长短应划分为"长效"与"短效"两类。李建平等以 WTO《农业协议》相关内容为参照，按照保护政策与市场机制的关系以及政策的时效性，将农业支持保护政策划分为"短效"政策和"长效"政策两类，他认为，"短效"政策体系应该包括："（1）进口关税、配额、出口补贴等关税和非关税壁垒政策；（2）国内价格支持或保护价格政策；（3）农业生产投入品补贴、营销贷款补贴等农业生产要素补贴政策"；"长效"政策体

---

① "政府支持和保护农业政策研究"协作课题组：《构建市场经济条件下政府支持和保护农业的政策体系》，《财政研究》1997 年第 9 期，第 3～10 页。
② 陈小川：《对建立支持和保护农业政策体系的设想》，《安徽农学通报》2000 年第 3 期，第 19～21 页。
③ 吴天龙、张照新、习银生、姜楠：《农业支持保护的测算及国际比较》，《当代农村财经》2018 年第 11 期，第 2～6 页。

系包括："(1) 农业和农村公共物品或服务支持政策；(2) 促进农村市场发育政策；(3) 产业结构调整促进政策；(4) 农民收入安全支持政策；(5) 不发达农村地区的特殊支持政策；(6) 消除经济发展过程中限制和歧视农业、农村、农民的相关制度、政策"。①

五 农村税费改革

农业税费改革是农业支持保护的重要内容，学者们的研究主要集中在以下四个方面。一是在农村税费改革的目标上，从生产关系和生产力两个角度进行了研究；二是在农村税费改革的主要内容上，对"三个取消"的内容进行了研究；三是在农村税费改革的阶段上，分为两个阶段、三个阶段和四个阶段；四是在对农村税费改革的评价上，大部分是积极评价。

（一）农村税费改革的目标

对于什么是农村税费改革，学者们主要从两个角度、三个方面进行了研究。从生产力的角度看，学者们认为农村税费改革的目标是切实减轻农民负担；从生产关系的角度看，学者们认为农村税费改革的目标是进行制度的变革和创新，也有学者认为是根治"三乱"（乱摊派、乱收费、乱集资）这一不合理的现象。

1. 降低农民负担

大多数学者认为，农村税费改革的目标是降低农民负担。赵阳指出，"要从根本上解决农民负担过重的问题，必须尽快建立与当前农村经济结构相适应的税收体制"。② 刘刚明确指出，"农村税费改革是对农村收入分配关系的一次重大调整，其根本目的是减轻农民负担"。③ 周黎安等指出，"为了减轻中国农民长期以来负担过重的结症，中央政府在全国范围内逐渐推行以降低农民负担为主要目标的农村税费改革"。④

---

① 李建平、孙雅芳、史彦光：《构建中国农业支持保护体系的思考》，《河北经贸大学学报》2009年第1期，第61~67页。
② 赵阳：《农村税费改革：包干到户以来又一重大制度创新》，《中国农村经济》2001年第6期，第45~51页。
③ 刘刚：《农村税费改革试点的成效和问题分析》，《宏观经济研究》2001年第7期，第49~52页。
④ 周黎安、陈烨：《县级财政负担与地方公共服务：农村税费改革的影响》，《经济学（季刊）》2015年第2期，第417~434页。

2. 制度变革和制度创新

有学者指出，农村税费改革是一场重大变革和制度创新。肖捷认为，"农村税费改革是一场涉及农村经济、社会、文化、政治的重大变革和制度创新"。① 袁贵仁指出，农村税费改革是"对农村生产关系（主要是分配关系）的深刻调整，是进一步解放农村生产力的重大举措，直接导致了农村公共服务体制的重大变革"。② 也有学者认为，改革的目标是建立一个新的农村税费制度框架。高培勇指出，"改革的目标是借此建立一个以农业税、农业特产税及其附加，以及村级一事一议筹资筹劳为主要内容的农村税费制度框架"。③

3. 根治"三乱"

有学者提出，农村税费改革的目的在于根治"三乱"。徐琰超等认为，1994年的分税制改革使得地方财政出现了较大缺口，"为了完成上级政府下达的各项任务，乡镇政府的选择是征收各类规费以填补财力缺口。这最终演变成农村的'三乱'现象（乱摊派、乱收费、乱集资），加重了农民负担，干群关系趋于紧张。为了解决上述问题，党中央、国务院出台了一系列改革措施，农村税费改革便是其中较为重要的一项"。④

（二）农村税费改革的主要内容

学者们对农村税费改革的主要内容认识大致相同，可概括为："三个取消、一个逐步取消、两个调整、一项改革"，具体内容是：取消屠宰税、乡镇统筹款、教育集资等专门向农民征收的行政事业性收费和政府性资金，逐步取消劳动积累工和义务工，调整农业税政策和农业特产税征收办法，改革村提留征收和使用方法。⑤⑥⑦

但其中对"三个取消"的内容概括略有不同，从早期的"三个取消"扩展

---

① 肖捷：《一场终结了2600年"皇粮"历史的改革》，载于国务院农村综合改革工作小组办公室《农村税费改革十年历程》，经济科学出版社，2012年，第56页。
② 袁贵仁：《从农民办学走向政府办学——农村税费改革以来农村义务教育的发展与展望》，载于国务院农村综合改革工作小组办公室《农村税费改革十年历程》，经济科学出版社，2012年，第34页。
③ 高培勇：《中国税费改革问题研究》，经济科学出版社，2004年，第162页。
④ 徐琰超、杨龙见、尹恒：《农村税费改革与村庄公共物品供给》，《中国农村经济》2015年第1期，第58~72页。
⑤ 高培勇：《中国税费改革问题研究》，经济科学出版社，2004年，第162页。
⑥ 高尚全：《农村税费改革十年历程》，经济科学出版社，2012年，第4页。
⑦ 刘刚：《农村税费改革试点的成效和问题分析》，《宏观经济研究》2001年第7期，第49~52页。

到"三个取消"和"一个逐步取消"。何开荫将农村税费改革的内容概括为"三个取消、两个调整和一项改革",其中"三个取消"指:"一是取消乡统筹费、农村教育集资等专门面向农民征收的行政事业性收费和政府性基金集资;二是取消屠宰税;三是取消统一规定的劳动积累工和义务工。"① 随着改革推进,改革的内容也不断丰富,从调整农业税到取消农业税,再转向农村综合改革。

(三) 农村税费改革的阶段

关于农村税费改革的阶段划分,学者们略有争议。主要有"两阶段"论、"三阶段"论、"四阶段"论三种观点。

1. "两阶段"论

有学者认为,农村税费改革可划分为两个阶段。肖捷认为,农村税费改革可划分为两个阶段:一是 2000 年起对农村税费进行规范,正税清费。逐步扩大试点范围,2000 年安徽试点启动,拉开改革序幕;2001 年改革步伐放慢,江苏改革应运而生;2002 年改革步伐加快,试点省份扩大到 20 个;2003 年改革全面推开,试点顺利进行。二是 2004 年起逐步减免农业税,直至全面取消农业税。2004 年,中央着眼于实现粮食稳定增产、农民持续增收的大局,做出了五年内取消农业税的重大决定,并率先在黑龙江、吉林两省进行免征农业税试点,其他省份降低农业税税率,取消了除烟叶外的农业特产税;2006 年,彻底取消农业税。②

2. "三阶段"论

也有学者认为,农村税费改革应被划分为三个阶段。韩长赋将农村税费改革分为三个阶段:一是加强农民负担监管,"中央在 1999 年到 2002 年连续 4 年召开全国减负工作电视电话会议,明确提出全面实行'四项制度',即涉农税收收费'公示制'、农村义务教育收费'一费制'、农村公费订阅报刊费用'限额制'和涉及农民负担案(事)件'责任追究制'";二是启动税费改革试点,"2000 年中央下发进行农村税费改革试点的通知,明确按照'减轻、规范、稳定'的目标推进农村税费改革试点,并确定在安徽省以省为单位进行农村税费改革试点。2002 年试点范围扩大到 20 个省份,2003 年在全国范围推开";三是

---

① 何开荫:《农村税费改革的路该怎样走》,《调研世界》2001 年第 8 期,第 14~18 页。
② 肖捷:《一场终结了 2600 年"皇粮"历史的改革》,载于国务院农村综合改革工作小组办公室《农村税费改革十年历程》,经济科学出版社,2012 年,第 50~53 页。

逐步取消农业税,"2004年中央决定选择吉林、黑龙江两省进行免征农业税改革试点,多数省份降低农业税税率,全面落实取消除烟叶外的农业特产税政策;2006年在全国范围内取消农业税,终结了延续2600年农民缴纳'皇粮国税'的历史。在对农民'少取'的同时,中央从2004年开始对种粮农民实行直接补贴,对部分地区农民实行良种补贴和农机具购置补贴,使农民得到国家财政的直接支持"。[1] 李茂盛等也将农村税费改革划分为三个阶段。第一阶段为观察试点阶段(2000~2001年);第二阶段为扩大并全面推进阶段(2002~2003年);第三阶段为全面取消农业税阶段(2004~2006年)。[2]

3. "四阶段"论

还有学者将农村税费改革划分为四个阶段。张天佐等将农村税费改革划分为四个阶段:一是减轻农民负担,"1985年,国务院发出了《关于制止向农民乱派款、乱收费的通知》,并从1990年开始连续三年出台了规范和减轻农民负担的有关文件,1998年又做出了'合理负担坚持定项限额,保持相对稳定,一定三年不变'的具体规定","为了彻底解决农民负担问题,中央在2000年做出了改革农村税费制度的决定";二是全面取消农业税,"自2000年在安徽省开展农村税费改革试点以来,经过规费为税、改革征收管理办法,逐步降低农业税税率,到2006年在全国范围内全面取消了包括农业税、牧业税、屠宰税、农业特产税和乡村办学、乡村道路建设、拥军优抚、计划生育、民兵训练以及公积金、公益金、管理费三类十二种向农民征收的税费";三是深入推进农村综合改革,"在全面取消农业税的同时,国家深入推进以乡镇机构、农村义务教育和县乡财政管理体制改革为主要内容的农村综合改革";四是逐步加大涉农税收优惠,"在取消农业税费的同时,税收优惠政策在农业支持保护中的作用也进一步增强"。[3]

(四)对农村税费改革的评价

学者们普遍认为,农村税费改革是取得了突出成就的。大部分学者指出,通过农村税费改革,减轻了农村负担,增加了农民收入。但也有学者提出了不

---

[1] 韩长赋:《减轻农民负担必须坚持标本兼治——纪念农村税费改革十周年》,载于国务院农村综合改革工作小组办公室《农村税费改革十年历程》,经济科学出版社,2012年,第10页。
[2] 李茂盛、杨大虎:《农村税费改革回顾与思考——以山西省为例》,《当代中国史研究》2017年第6期,第87~94页、第128页。
[3] 张天佐、郭永田、杨洁梅:《我国农业支持保护政策改革40年回顾与展望(上)》,《农村工作通讯》2018年第20期,第16~23页、第2页。

同意见,他们认为我国税费改革并未对农业发展起到减负作用。

第一,农村负担明显减轻。万宝瑞指出,"农村税费改革全面取消了农业税等专门面向农民的各种税费,初步规范了农村税费制度,大幅度减轻了农民负担。2006年全国农民负担总额为282.8亿元,人均30.95元,分别比2000年减少了976.8亿元和110.47元,下降幅度分别达77.6%、78.1%"。① 马晓河等指出,"由减免农业税到取消农业税为主要内容的农村税费制度改革,其直接效果是减轻了农民负担。……专家估计,如果没有农村税费改革,按照20世纪90年代农民负担的增长速度,2006年农民税费负担要超过2000亿元"。②

第二,农民收入明显增加。周黎安等指出,"经研究发现,农村税费改革的确对农民收入的增长率有相当大的正面影响:税费改革使农民纯收入平均而言提高约1.3个至1.5个百分点,对样本期间农民纯收入增长的贡献高达45%左右,而且该影响至少持续一年以上"。③

但也有学者认为我国税费改革在减轻农业负担上的作用是有限的。刘福垣等认为,"自改革以来,我们对财政体制改革、对税收体制改革重视不够,把力量、注意力都用到农村微观自助的改造之上。流通体制改革和税制改革不配套。客观上形成了明、暗两种税,明税畸轻,暗税不公,把税负的压力大多集中到种植业,尤其是粮食生产上,对粮食经济发展极为不利"。④

六 农业补贴政策

农业支持保护的另一项重要内容就是农业补贴政策。学者们对这一问题的研究主要集中在三个方面:一是对农业补贴政策的内容研究;二是对农业补贴政策演变的探究;三是对农业补贴政策效果的评价。

(一) 农业补贴政策的内容

关于农业补贴政策的内容,学术界的观点主要集中在"四项补贴"政策和价格支持政策等方面。

---

① 万宝瑞:《我国农村税费改革回顾与展望——30年来减轻农民负担的成就》,载于中国农业经济学会《纪念农村改革30周年学术论文集》,2008年,第10页。
② 马晓河、刘振中、钟钰:《农村改革40年:影响中国经济社会发展的五大事件》,《中国人民大学学报》2018年第3期,第2~15页。
③ 周黎安、陈烨:《中国农村税费改革的政策效果:基于双重差分模型的估计》,《经济研究》2005年第8期,第44~53页。
④ 高尚全主编《中国经济体制改革二十年基本经验研究》,经济科学出版社,1998年,第266页。

1. "四项补贴"政策

有学者认为,"四项补贴"政策是农业补贴政策的主要内容。黄汉权等梳理了"四项补贴"政策形成历程,"2002 年国家启动了大豆良种补贴政策试点工作,在取得效果的基础上,逐步扩大到水稻、小麦、玉米、油菜、棉花、马铃薯、花生、青稞、生猪、奶牛等品种,其中水稻、小麦、玉米和棉花良种补贴实现了全覆盖。2004 年,中央财政设立农业机械购置补贴专项资金,鼓励和支持农民使用先进适用的农业机械。同年,中央出台了粮食直补政策,从粮食风险基金中拿出 103 亿元资金,主要对 13 个粮食主产区种粮农民实行直接补贴,鼓励主产区农民发展粮食生产。2006 年,为应对不断上涨的农业生产资料价格,中央财政对农民购买农业生产资料(包括化肥、柴油、种子、农机等)实行直接的补贴,并于 2008 年建立和完善农资综合直补的动态调整机制。由此,我国基本构建了以'四项补贴'为主体的农业补贴框架,中央财政对农业补贴的力度持续加大"。[1] 王思琪等指出,我国的农业补贴体系是包括"种粮直接补贴和农资综合补贴在内的数量型补贴及以良种补贴、农机具购置补贴为主的技术型补贴统一结合的农业补贴项目体系"。[2] 徐春园等在梳理农业补贴现存政策时,认为农业补贴包括"四项补贴",即粮食直接补贴、良种补贴和农机补贴,以及农资综合直接补贴。[3] 陈钦凌等指出,我国于 2004 年起,形成了以"四项补贴"为主的农业补贴体系。[4]

2. 价格支持政策

还有学者认为,价格支持也是农业补贴政策的核心内容。黄汉权等指出,价格支持是农业补贴政策的核心之一,"'三项价格支持'政策指最低收购价、临时收储以及目标价格政策。为稳定稻谷、小麦生产,确保口粮绝对安全,2004 年和 2006 年,国家先后出台了稻谷和小麦最低收购价政策","从 2014 年 9 月起,国家分别在新疆、东北和内蒙古开展棉花、大豆目标价格试点,由原来执行临时收储政策改为目标价格试点,变'暗补'为'明补'。最低收购价、

---

[1] 黄汉权、蓝海涛、王为农、涂圣伟、张义博、卞靖:《我国农业补贴政策改革思路研究》,《宏观经济研究》2016 年第 8 期,第 3~11 页。
[2] 王思琪、陈美球、鲁燕飞、翁贞林:《农业补贴政策的农户满意度及其影响因素分析》,《广东农业科学》2016 年第 10 期,第 178~183 页。
[3] 徐春园、张程志、李承欢:《中国农业补贴政策对农民收入的影响》,《南方农机》2017 年第 1 期,第 75 页、第 92 页。
[4] 陈钦凌、李莉莉:《我国农业四项补贴政策的实施效用分析》,《现代国企研究》2018 年第 6 期,第 140 页、第 59 页。

临时收储和目标价格等政策，充分显示出政府应用价格支持手段、调控引导农业生产、稳定市场供需、保护农民利益的重要作用"。①

还有学者指出，农业补贴政策应该包含保险保费补贴。黄汉权等指出，"为鼓励农民在自愿参与的基础上投保农业，减轻各种自然灾害带来的损失，促进农业稳定健康发展，从2007年开始，中央财政在6个省实施了种植养殖业保险保费补贴政策试点工作"。②吴小锋指出，在农业现代化过程中，"我国农业补贴政策实现了跨越式发展，农业机械化、新型农业生产和作业方式、农业保险等成为农业补贴的重要发展方向"。③此外，还有学者提到生态补偿补贴。武维华指出，我国"较为直接的财政补贴主要包括农业直接补贴、保险保费补贴、价格支持以及生态补偿四大类"。④

（二）农业补贴政策的演变

新中国成立70年来，我国农业补贴政策不断发展和变化。关于农业补贴政策内容的转变，有学者指出，农业补贴政策由对流通环节的间接补贴向对生产者的直接补贴转变。也有学者从农业补贴政策的目标出发，指出农业补贴政策的目标向促进农业可持续发展转变。

1. 补贴内容向"直接补贴"转变

有学者指出，农业补贴政策的内容向"直接补贴"转变。张天佐等指出，"20世纪90年代后期，随着农产品供求关系发生重大变化，国家在不断调整完善价格支持政策和粮食收储制度的同时，也逐渐把直接补贴作为财政支农的重要手段，补贴逐步从流通环节转向对生产者的直接补贴"。⑤

还有学者指出，农业领域的新动向是"将农业直补改为保险的间接补贴"。何小伟等认为，我国现行补贴政策面临"两个天花板"困境，即一方面，"直接补贴政策面临WTO'黄箱'政策的天花板"；另一方面，"国内农产品价格高于国外价格，价格支持政策面临着提价的天花板"；此外，根据美国农业保险

---

① 黄汉权、蓝海涛、王为农、涂圣伟、张义博、卞靖：《我国农业补贴政策改革思路研究》，《宏观经济研究》2016年第8期，第3~11页。
② 黄汉权、蓝海涛、王为农、涂圣伟、张义博、卞靖：《我国农业补贴政策改革思路研究》，《宏观经济研究》2016年第8期，第3~11页。
③ 吴小锋：《我国农业补贴政策的演变及优化方向》，《农业工程》2018年第9期，第145~147页。
④ 武维华：《以绿色、生态为导向，加快农业补贴政策体系改革》，《民主与科学》2017年第2期，第17~18页。
⑤ 张天佐、郭永田、杨洁梅：《我国农业支持保护政策改革40年回顾与展望（上）》，《农村工作通讯》2018年第21期，第16~23页、第2页。

补贴经验,加上我国农业保险在财政支农中发挥积极作用,他认为,农业领域的新动向是"将农业直补改为保险的直接补贴"。①

2. 目标侧重点向"促进农业可持续发展"转变

有学者指出,农业补贴政策的目标转向促进农业可持续发展。薛信阳等指出,"当前,在保证粮食供应的前提下,农业补贴政策目标的侧重点已由'粮食增产'向'农民增收'和'促进农业可持续发展'转变,农业补贴政策的绿色生态导向作用更加明确"。② 武维华认为,"实现农业生产的'转方式、调结构'仍有许多问题亟待破解,重要问题之一是如何将农业补贴政策调整为有利于实现以绿色生态为导向的农业发展方式"。③ 还有学者认为,农业补贴政策的首要目标仍然是"增产"。袁超等指出,"农业增产是国家实行农业补贴的首要目标"。④

(三) 对农业补贴政策的评价

学者们对农业补贴政策的评价,主要集中在对粮食补贴政策的评价和对农产品支持价格政策的评价两个方面。

1. 对粮食补贴政策的评价

关于粮食补贴政策的评价,学者们的争议主要集中在以下两个方面。

第一种意见,粮食补贴政策取得了明显成效。首先,财政投入力度加大,补贴内容逐渐扩大。陈少艺指出,"所谓'四项补贴'就是对种粮农民的粮食直接补贴、良种补贴、农机具购置补贴和农业生产资料综合补贴。2004年,国家财政在这些方面的投入总计130多亿元,此后,这些方面的补贴投入力度逐年加大,对增加农民收入,刺激粮食生产,促进农业生产条件的改善,发挥了重要作用。到2012年,中央财政年初预算安排对农民的粮食直补、农资综合补贴、良种补贴、农机购置等四项补贴支出1628亿元,比上年增加222亿元,增长15.8%"。⑤ 席丽敏指出,2004年以来,我国建立了对农业进行直接补贴的

---

① 何小伟、王克:《从农业直补到保险的间接补贴》,《中国保险》2017年第11期,第30~34页。
② 薛信阳、马佳、杨德利:《农业补贴政策实施效果研究述评:回顾与展望》,《中国农学通报》2018年第29期,第143~150页。
③ 武维华:《以绿色、生态为导向,加快农业补贴政策体系改革》,《民主与科学》2017年第2期,第17~18页。
④ 袁超、崔校宁、宋翠珍:《我国农业补贴的市场效率研究》,《商业经济研究》2018年第14期,第166~168页。
⑤ 陈少艺:《当代中国"三农"政策变动——基于"中央一号文件"的研究》,上海人民出版社,2016年,第86页。

制度体系,"全国范围内实施农业补贴,补贴内容逐渐扩大,包括良种补贴、种粮补贴、农机购买补贴、农业综合补贴"。①

其次,粮食补贴增加了农民收入。黄少安等认为,"对种粮农民发放种粮直接补贴,直接增加了这部分农民的收入。实施种粮直接补贴政策以来,单位面积的补贴标准逐年增加。根据对各个地区的调研,种粮直接补贴政策落实情况良好,基本上都转化为农民实际可支配的现金收入"。②

第二种意见,我国粮食补贴政策效力是有限的。首先,粮食补贴标准偏低。张晓艳等指出,"近年来,虽然粮食补贴资金有所增长,但增长幅度赶不上农业生产资料涨价的幅度,相对一个农村家庭种粮开支来说,农民得到的粮食补贴金额杯水车薪。在粮食补贴标准本就偏低的情况下,还存在实施农业支持保护补贴之后,人均补贴额不增反减的情况,例如某省某县的 2016 年补贴标准仅为 61.5 元/亩,而该县 2015 年农资综合补贴为全省 72.1 元/亩,政策合并之后补贴不但没有增加反而减少。按照该县农户平均耕地面积 6 亩核算,该县全年户均粮食补贴不足 400 元,对于不断涨价的良种、化肥、农药来说补贴太少,失去了粮食补贴惠农政策的现实意义"。③

其次,补贴效果不明显。巩蓉蓉等指出,"从 2004~2015 年各项补贴占补贴总额比例来看,粮食直补的占比逐渐减少,其他三类补贴占比逐年上涨,反映出农业生产相关的补贴过于分散,支农资金运行环节多,到位率差,以致农业资金的使用效率低下。因此,光靠政府方面的直接补贴是无法满足农户需求的,补贴政策效果不明显,降低了农民的生产积极性"。④

2. 对农产品支持价格政策的评价

对农产品支持价格政策,学者们普遍持积极态度。主要有以下两种观点。

第一,农产品支持价格政策推动了国民经济的发展。傅燕指出,"粮食价格政策是农业保护政策的重要组成部分,在过去的几十年里,价格保护为我国社会稳定、农民生活富裕、国民经济发展起到了积极推动作用"。⑤

---

① 席丽敏:《农业补贴对中国农户粮食生产的影响》,《山西农经》2018 年第 18 期,第 42 页。
② 黄少安、郭冬梅、吴江:《种粮直接补贴政策效应评估》,《中国农村经济》2019 年第 1 期,第 17~31 页。
③ 张晓艳、王志伟、戚悦:《落实农业支持保护补贴政策的问题及优化建议》,《财政科学》2018 年第 2 期,第 136~139 页。
④ 巩蓉蓉、徐鹏:《我国主要农产品支持价格政策现状及对策研究》,《内蒙古科技与经济》2018 年第 13 期,第 6~7 页、第 9 页。
⑤ 傅燕:《粮食价格支持与农业保护政策》,《农业发展与金融》1997 年第 12 期,第 41 页。

第二，农产品价格支持政策保障了农民利益。杨光焰认为，"通过粮食最低收购价格政策的实施，增加了农民收入。从市场价格看，2005年执行预案启动前，实施稻谷最低收购价政策省份的稻谷市场收购价平均水平比最低收购价低0.12元/公斤左右。按截至2005年末已经收购入库最低收购价稻谷数量计算，稻谷主产区农民从最低收购价政策中直接获益至少在14亿元以上"；此外，由于"在某种程度上农民倾向于用具有最低收购价格政策保护的粮食品种替代生产非保护的粮食品种"，农民生产面临的市场风险实际上由政府承担，降低农民种植风险。①

但也有学者认为，农产品价格支持政策效率尚待提高。柯炳生认为，"开始的几年，最低收购价格水平低于市场价格，从而既起到了一定的托底作用，也不需要实际收购，后来，从2008年开始，保护价水平连年不断提高，使得保护价的性质发生了变化：从最初的托底价格，或者叫地板价格，成了天花板价格，远高于国内市场均衡价格，更高于国际市场价格"，导致我国"生产过剩，进口激增，仓储爆满，补贴剧增，不堪重负"，此外，"市场价格关系也很混乱，让收储加工企业无所适从，经营困难"。② 还有学者认为农产品价格支持水平普遍较低。蒋和胜等认为，"从当前我国实际的农业投入和产出关系、工农和城乡发展差距、保障国家粮食安全和实现共同富裕等要求来看，我国农产品价格支持水平普遍较低"。③

第七节　总体考察

一　农村经济体制及其改革研究的主要特点

纵观新中国成立70年来学术界关于农村经济体制及其改革的研究，主要呈现出四个方面的典型特点。一是在总体方向上，学者们关注并研究推进农村经济体制改革及其相关问题；二是在取向把握上，学者们注重研究新的适宜农村发展的经济体制及其相关问题，经历了从计划经济体制到市场经济体制的转变；三是在关键领域上，学者们重视研究在家庭经营基础上的农村经济体制改革及

---

① 杨光焰：《粮食最低收购价格政策的效应分析》，《价格理论与实践》2006年第6期，第35~36页。
② 柯炳生：《如何完善农业支持保护政策》，《农村工作通讯》2017年第24期，第16~17页。
③ 蒋和胜、刘世炜：《重要商品与服务价格研究》，四川大学出版社，2018年，第37页。

其相关问题;四是在重点内容上,学者们关注并研究如何推进农村经济体制改革及其相关问题,主要包括农产品价格改革、农村流通体制改革、农业的支持保护等方面。

(一) 不懈推进农村经济体制改革

在研究中,学术界非常关注农村经济体制及其改革问题,充分体现了研究的持续性和延续性。在改革前,主要研究农村计划经济体制中的相关问题,为改革后的研究奠定了基础。在改革后,主要研究农村市场经济体制以及改革中的突出问题。一是从研究视角来看,主要从生产力和生产关系的角度,深入探讨了农村经济体制改革的原因和必要性,比较典型的是提高农业生产力水平和改变不合理的生产关系等。二是从研究维度来看,主要从历史的维度,系统分析了农村经济体制改革的历程和阶段,比较典型的有"三阶段"论、"四阶段"论、"五阶段"论等。三是从研究倾向来看,主要持积极的态度,肯定了农村经济体制改革,比较典型的有对整个农村经济体制改革的正面评价和对各项重点改革效果的正面评价,仅有少数学者认为改革的成效不足。需要说明的是,由于农村经济体制改革仍在推进,各项改革中存在问题在所难免,需要在进一步深化改革中逐步解决。

(二) 聚焦市场化取向的农村经济体制改革

在研究中,学术界沿着市场化改革这一主线,与时俱进,深化对农村经济体制改革的认识。第一,随着农村市场化改革的探索、建立和发展,学者们对农村经济体制改革的认识不断加深,对改革核心内容的认识经历了从家庭联产承包责任制到以市场化为取向的改革再到农村产权制度的建设和发展的延伸过程。第二,随着农村市场化改革的推进和深入,学者们对改革的研究不断拓展,在改革的初期,学者们认为主要采取了"摸着石头过河"的方式推进改革,而对农业则侧重于保护;伴随改革的阶段性发展,学者们认为在市场作用有效发挥的同时,政府的顶层设计在改革中的作用得以发挥,对农业的支持力度得到提升。

(三) 重视家庭经营推进农村经济体制改革

在分析农村经济体制改革时,学术界承认家庭经营的基础地位,对家庭联产承包责任制等问题进行了深入研究。首先,从必要性来说,学者们普遍认为实行家庭联产承包责任制和家庭经营是必需的,并从农业、农村、农民的角度进行了阐释。其次,从可行性来说,学者们普遍认为各种形式的家庭经营是必需的,并且随着各种形式的变迁对其适用性进行了探究。再次,从实践性来说,学者们普遍认为实行家庭联产承包责任制和家庭经营的成效是显著的,仅有少部分学者认为其存在一定局限。

(四) 积极探寻农村经济体制改革的方式

学术界对农村经济体制及其改革的研究,重点在于如何推进改革,即改革的方式和手段等问题。一方面,对于整个农村经济体制改革的方式,学者们的研究集中在改革的速度、顺序和方向上,形成了关于改革中渐进式与激进式、"自下而上"与"上下结合"、摸着石头过河与顶层设计等问题的讨论。另一方面,对于农村经济体制改革中重点改革的方式,学者们的研究集中在家庭联产承包责任制的形式、农产品价格改革的手段、农业支持保护的政策等方面,形成了关于包产到组或包产到户与包干到户、"以调为主"与"以放为主"、"长效"政策与"短效"政策等问题的讨论。

二 农村经济体制及其改革研究的未来展望

农村经济体制及其改革,不仅是新中国成立70年来"三农"研究中的重大问题,而且是未来很长一段时期"三农"研究中的关键问题。实施乡村振兴战略,必须解决农业农村发展深层次矛盾,加快推进新一轮农村改革。其中,如何发挥农村经济体制改革这一重要领域和关键环节的积极作用,增强改革的系统性、整体性、协同性,是需要进一步研究的问题。

(一) 顶层设计与摸着石头过河相结合推进改革

在全面深化农村改革的新时期,既要总结改革的成功经验,又要实行科学的改革方式。现有研究中,学者们对顶层设计和摸着石头过河的改革方式都进行了探讨,并论证了两种方式各自的优势。如何进一步推进农村经济体制改革,将通过制定和实施改革政策与措施进行顶层设计的优势,与通过群众创造和基层探索等方式摸着石头过河的优势有机结合起来,是下一步需要研究的问题。

(二) 处理好政府与市场的关系

随着改革进入深水期和攻坚期,如何坚持并深化市场化的农村经济体制改革,将成为学者们进一步研究的难点。一是如何发挥好市场在资源配置中的决定性作用,在农村经济体制改革中,如何进一步提高农业农村市场化水平和农民市场竞争能力,充分激活农村的主体、要素和市场;二是如何更好地发挥政府的作用,即政府如何为农业农村发展营造良好的市场环境、如何在乡村振兴中做好"四个优先"等,都值得深入研究。

(三)坚持家庭经营基础性地位

农村改革和农业发展中,发展适度规模经营的前提是坚持家庭经营。其中有三个问题需要进一步研究,一是如何坚持、巩固和完善农村基本经营制度,夯实农村经营制度基础;二是如何进一步坚持家庭经营基础性地位,推动农村经济优化发展和提升;三是如何拓展"家庭承包经营为基础、统分结合的双层经营体制"的内涵,使其更加适应新时代的要求、反映新时代的特征。

(四)深化农产品价格改革

在市场决定农产品价格等机制不够成熟的情况下,如何健全农产品价格形成机制,需要深入研究。一是如何有效发挥市场形成农产品价格的作用,促进农产品在国内国际市场上自由流动;二是如何完善农产品价格支持政策,有效实行差别化的品种支持政策;三是在农产品生产成本逐年增长的情况下,如何强化农产品成本调查和价格监测,使其充分、真实地反映农产品生产销售情况,并为农业生产提供参考。

(五)深入推进农村流通体制改革

在深入推进农村流通体制改革的过程中,如何进一步降低农产品流通成本,提高农产品流通效率,亟待继续研究。一是在深入推进"互联网+农业"的过程中,如何广泛应用现代信息技术和网上交易方式,提升农产品流通的现代化水平;二是如何完善农产品流通所需的物流设施和服务,积极发展农产品冷链物流和第三方物流;三是如何建立健全农业贸易政策体系,促进特色优势农产品出口和国际竞争力提升。

(六)完善农业支持保护制度

在推进乡村振兴发展的过程中,如何加强农业的支持保护,建立新型农业支持保护体系,将成为学者们进一步研究的重点。一是如何完善农业补贴制度,提高农业补贴政策的指向性和精准性；二是如何深化重要农产品收储制度改革，健全中央储备粮管理体制，确保收储价格能够有效反映市场供求；三是如何完善农业保险政策，建立多层次农业保险体系，有效提高农业抗风险能力。

（七）深化要素市场化改革

城乡资源要素配置的不均衡，长期制约了农村的发展，如何推进要素市场化改革，畅通城乡要素流通渠道，亟待进一步研究。一是如何推动资金、人才、土地、技术等要素更多流向和配置到农村，活跃农村市场；二是如何建立城乡要素双向流动和平等交换机制，激发乡村内生发展动力，从而补齐农业农村发展短板。

（八）深入推进农村集体产权制度改革

农村集体产权制度改革，是新时代农村经济体制改革中的重要内容，如何深化这一改革，需要深入研究。一是如何在坚持农村土地集体所有制不动摇的基础上，通过市场化的改革促进集体经济发展；二是如何完善集体资产管理制度，确保集体资源资产的权能和归属；三是如何推进农村集体经营性资产股份合作制等改革，实现资源变资产、资金变股金、农民变股东。

第四章 农村土地制度

土地是解决农村问题的核心,"农村改革是从调整农民与土地的关系开启的"。[①] 农村土地制度扮演着协调土地与农民关系的媒介角色,不仅直接关系到农业的生产经营状态,更牵涉着中国经济社会发展的大格局。新中国成立70年来,学术界围绕我国农村土地制度的变迁发展进行了一系列研究。本章拟从宏观和微观两个层面对农村土地制度的研究成果进行梳理。在宏观层面主要是对农村土地制度的变迁历程、权利结构以及资源配置方式的研究,在微观层面则主要是对农村土地改革中的农用承包地、集体经营性建设用地、农村宅基地等相关问题的研究。

第一节 农村土地制度的变迁

学术界在研究农村土地制度的变迁时,主要就农村土地制度的基本内涵以及农村土地制度变迁的历史进程、演进逻辑和绩效评价等方面展开理论探讨。

一 农村土地制度的基本内涵

基于不同的研究视角,学者们对土地制度的内涵阐释主要表现为三类观点,即社会经济制度说、法律产权制度说,以及经济制度与法权制度结合说。

(一) 社会经济制度说

持这类观点的学者多数以马克思主义的所有制理论为基础,认为土地制度就是土地经济关系的制度化表现,但在土地制度的内部组成结构上存在着分歧。

第一种意见认为,土地制度就是土地的所有制度。如陈道、刘书楷认为,

[①] 中共中央党史和文献研究院编《习近平关于"三农"工作论述摘编》,中央文献出版社,2019年,第58页。

土地制度即"土地所有制",是人类社会发展进程中,人与土地关系的综合表现。[1][2]

第二种意见认为,土地制度即以土地所有制和使用制为重心的土地关系。马克伟、张朝尊认为,土地所有制与所有权关系、土地使用制与使用权关系这两对关系,是土地关系的两个主要方面,[3][4] 其中土地所有制度是土地制度的核心及土地关系的基础。[5] 而冯玉华则进一步阐释道,人们的全部土地关系可以分为人们对土地的所有关系和使用关系,由此土地制度也就分为所有制度和使用制度,即分别着眼于土地的分配问题和利用问题,而土地制度实际上就是规定土地利用的方式和明确地权的归属。[6]

第三种意见则围绕土地的生产、分配、交换、消费等经济关系来阐释农村土地制度。有学者从狭义上将土地制度划分为所有制、使用制及其国家管理制度等方面。[7] 冯继康从农村土地生产关系的逻辑体系出发,将农村土地制度视为由农村土地的产权、经营、流转、配置、收益、利益、动力、组织和管理等制度构成的有机整体。[8]

(二) 法律产权制度说

持这类观点的学者大多从西方产权理论出发,将土地制度理解为土地的法律产权制度。

第一种意见侧重于法律层面,认为土地制度即土地法权制度。如苏志超提出,土地制度是在国家权力监管下建立起来的土地权利关系;土地制度一经法律的确认和保护,即成为一种法律产权制度,并作用于土地经济关系,对其进行规范、保护和强化。[9] 刘书楷认为,土地制度就是国家制定的法律规范,聚焦于约束人与土地的关系,以及由此产生的人与人的社会关系。[10]

---

[1] 陈道主编《经济大辞典·农业经济卷》,上海辞书出版社,1983年,第23页。
[2] 刘书楷:《土地经济学》,中国农业出版社,2000年,第19页。
[3] 马克伟主编《土地大辞典》,长春出版社,1991年,第80~89页。
[4] 张朝尊主编《中国社会主义土地经济问题》,中国人民大学出版社,1991年,第27页。
[5] 陆红生:《土地管理学总论》,中国农业出版社,2007年,第128页。
[6] 冯玉华:《中国农村土地制度改革理论与政策》,华南理工大学出版社,1994年,第6页。
[7] 周诚主编《土地经济学》,农业出版社,1989年,第140页。
[8] 冯继康:《农村土地制度:内涵界定与特征解析》,《齐鲁学刊》2004年第1期,第157~160页。
[9] 苏志超:《土地政策之比较研究》,台湾"中国地政研究所",1991年。
[10] 刘书楷:《纵论近代现代世界各国土地制度改革理论研究的趋向》,《中国农村经济》1992年第2期,第60~63页、第47页。

第二种意见侧重于产权层面,认为土地制度即土地产权制度。如孙林认为,土地制度是一种系统化的产权制度,是与土地的所有权、使用权、承包经营权等各项权利相关的制度体系。[①] 产权制度学派的学者们大多主张土地制度的核心即产权界定,而其产权界定的对象正是基于农村土地形成的,包括所有、使用、收益、租赁等各种权能的权利集合。

(三) 经济制度与法权制度结合说

持这类观点的学者将土地制度的社会经济制度性质和法律产权制度性质进行了结合,认为二者是构成土地制度的两个层面,相互联系、不可分割。

有学者首先在土地制度的框架内分析了这两种性质的各自体现,如高尚全认为,土地制度的组成结构主要是土地的所有制度和产权制度,前者着眼于土地的产权主体归属,后者主要涉及土地使用与流转过程中的权利和责任关系。[②] 毕宝德基于唯物史观的视角,将土地制度分为土地经济制度和土地法权制度两部分。他认为土地经济制度体现了土地中的社会生产关系,而土地法权制度则是这些社会经济关系在法律层面的体现,通过上层建筑的形式对土地经济关系进行规范和强化。[③]

二 农村土地制度变迁的历史进程

对于农村土地制度变迁的历史进程研究,国内学界的观点争议主要集中在制度变迁的历史起点和阶段划分等方面。

(一) 农村土地制度变迁的历史起点

尽管学者们在划分农村土地制度变迁的历史阶段时有不同的研究视域,但在界定农村土地制度变迁的起点时可大致分为两类观点,即以新中国成立的时间 (1949 年) 为起点和以改革开放的时间 (1978 年) 为起点,其中新中国成立起点论为学术界的主流观点 (见表 4-1)。

[①] 孙林:《新中国农业经济思想史》,上海财经大学出版社,2001 年,第 347~381 页。
[②] 高尚全:《土地制度改革的核心是建立新型的产权制度》,《经济研究》1991 年第 3 期,第 25~27 页、第 33 页。
[③] 毕宝德:《土地经济学》(第七版),中国人民大学出版社,2016 年,第 133~134 页。

表4-1 农村土地制度变迁的历史起点争论

历史起点	代表学者
以新中国成立的时间为起点（1949年）	陆红生、邵彦敏、董栓成、罗红云、王丽华、齐蘅等
以改革开放的时间为起点（1978年）	王景新、蒋远胜等

（二）农村土地制度变迁的历史阶段

学术界对农村土地制度变迁历程的阶段划分集中在产权视域，此外也有学者从农村土地制度的效率与公平变化、农业生产剩余及其分配、土地制度宏观框架演进等角度来研究其历史阶段，主要观点表现为三阶段说、四阶段说、五阶段说和六阶段说（见表4-2）。

表4-2 农村土地制度变迁的历史阶段

划分阶段	划分依据	阶段特征	代表学者
三阶段	重要历史事件	（1）土地改革时期；（2）农业合作化时期；（3）人民公社化时期	陆红生等
	土地所有权和经营权的关系演变	（1）农民个体所有、家庭自主经营；（2）劳动群众集体所有、集体统一经营；（3）劳动群众集体所有、家庭承包经营	胡穗等
		（1）两权合一时期；（2）两权分离时期；（3）三权分置时期	陆红生等
四阶段	重要历史事件	（1）土地改革时期；（2）农业合作化时期；（3）人民公社化时期；（4）改革开放时期	顾钰民等
	土地所有权和使用权从农民分散占有到集体集中占有	（1）从封建土地所有制到农民土地所有制；（2）从农民土地所有制到农民私有、集体统一经营使用制；（3）从农民私有、集体统一经营使用制到集体所有、集体统一经营使用制；（4）土地集体所有的家庭承包经营制	蒋永穆、董栓成等
	农民土地产权的法制化	（1）从法律上赋予农民完整土地所有权的阶段；（2）农民法定所有权弱化的阶段；（3）农民的土地承包经营权以债权形式存在、土地流转权有限的阶段；（4）农村土地承包制度法律化、土地承包经营权确认为用益物权、农村承包经营户成为民事法律主体的完善创新阶段	董景山等

续表

划分阶段	划分依据	阶段特征	代表学者
四阶段	还权赋能的改革思路	（1）从集体所有集体经营到集体所有家庭经营的探索时期；（2）集体所有家庭承包经营制度的确立与深化时期；（3）农村土地制度的立法规范和系统化时期；（4）农用耕地、农村集体建设用地和农村宅基地的三权分置和深化流转时期	蒋远胜等
	土地制度效率与公平的状态变化	（1）高效率、较高公平阶段；（2）低效率、高公平阶段；（3）较高效率和较高公平阶段；（4）高效率和较高公平阶段	邓大才等
	农业剩余及分配对农业生产经营制度演变的影响	（1）农业剩余与土地改革阶段；（2）农业剩余与农业合作社阶段；（3）农业剩余与人民公社阶段；（4）农业剩余与家庭联产承包责任制阶段	周祖文等
五阶段	马克思主义唯物史观中的人类社会历史发展阶段	（1）原始社会的农村土地制度；（2）奴隶社会的农村土地制度；（3）封建社会的农村土地制度；（4）半殖民地半封建社会的农村土地制度；（5）社会主义社会的农村土地制度	钱忠好等
	中国近代革命历史进程	（1）国共合作时期的减租减息运动；（2）国内革命战争时期的土地革命；（3）抗日战争时期的减租减息运动；（4）解放战争时期的土地改革；（5）新中国成立以后的土地改革	董志凯等
六阶段	农村土地制度的改革发展	（1）创立家庭承包经营制度；（2）长期稳定承包权、鼓励合法流转；（3）土地承包制度系统安排；（4）农村土地制度改革全面完善；（5）《农村土地承包法》下新型土地制度确立；（6）农村"三块地"改革的深化发展	王景新等

1. 三阶段说

持这一观点的学者大多以新中国成立的时间为变迁起点，将土地制度变迁的主要节点分为土地改革、农业合作化和党的十一届三中全会。[①] 而陆红生则分别对土地所有制度和使用制度的变迁进行考察，并将农村集体土地所有制的形成历程划分为土地改革、农业合作化和人民公社化三个时段；将农村土地使用制度的演变历程划分为两权合一时期、两权分离时期和三权分置时期。[②] 也有学者基于改革开放的历史起点，将农村土地制度的变革分为确立、完善和深

[①] 齐蘅、吴玲：《中国农村土地制度变迁的历史溯源与现实观照》，《吉首大学学报》（社会科学版）2017年第3期，第72~77页。

[②] 陆红生：《土地管理学总论》，中国农业出版社，2007年，第133~134页。

化三个阶段。①

2. 四阶段说

其一，以土地所有权和使用权变化为主线。持这一观点的学者多是在前述三阶段说的基础上，对农业合作化到改革开放之间的时期做了进一步划分，并就合作化时期和人民公社时期的农村土地制度结构进行区分②，主要突出土地所有权和使用权从农民分散占有到集体集中占有的变化轨迹。③ 如董栓成将新中国成立以来中国农村土地关系的变迁划分为（1）1949～1952 年：从封建土地所有制到农民土地所有制；（2）1953～1956 年：从农民土地所有制到农民私有、集体统一经营使用制；（3）1957～1978 年：从农民私有、集体统一经营使用制转变为集体所有、集体统一经营使用制；（4）1978 年至今：在土地集体所有制基础上不断改进完善的家庭联产承包责任制。④

其二，以农民法定拥有和支配的土地产权的变化为主线。如董景山将我国农村土地制度的变迁划分为：从法律上赋予农民完整土地所有权的阶段；农民法定所有权弱化的阶段；农民拥有债权式的土地承包经营权和有限的土地流转权的阶段；农户拥有用益物权式的土地承包经营权，成为完整民事法律主体的阶段。⑤ 蒋远胜认为中国农地制度改革沿袭了还权赋能和法制化的思路，并将农村土地制度改革分为从集体所有集体经营到集体所有家庭经营的探索时期、集体所有家庭承包经营制度的确立与深化时期、农村土地制度的立法规范和系统化时期，以及农村土地三权分置时期。⑥

此外，还有学者基于我国农村土地制度中效率和公平的状态变化⑦，或是按照新中国成立后不同时期农业剩余及分配对农业生产经营制度演变的影响，

---

① 韩长赋：《中国农村土地制度改革》，《农业经济问题》2019 年第 1 期，第 4～16 页。
② 顾钰民：《建国 60 年农村土地制度四次变革的产权分析》，《当代世界与社会主义》2009 年第 4 期，第 72～76 页。
③ 蒋永穆、安雅娜：《我国农村土地制度变迁的路径依赖及其创新》，《经济学家》2003 年第 3 期，第 54～59 页。
④ 董栓成：《中国农村土地制度改革路径优化》，社会科学文献出版社，2008 年，第 62～68 页。
⑤ 董景山：《我国农村土地制度 60 年：回顾、启示与展望——以政策与法律制度变迁为视角》，《江西社会科学》2009 年第 8 期，第 15～20 页。
⑥ 蒋远胜：《改革开放四十年中国农地制度变迁的成就、逻辑与方向》，《农村经济》2018 年第 12 期，第 8～11 页。
⑦ 邓大才：《效率与公平：中国农村土地制度变迁的轨迹与思路》，《经济评论》2000 年第 5 期，第 40～42 页。

将农村土地制度的变迁进行四阶段式的划分。[1]

3. 五阶段说

持这一阶段划分观点的学者较少,如钱忠好以唯物史观为视角,将我国农村土地制度变迁过程划分为原始社会农村土地制度、奴隶社会农村土地制度、封建社会农村土地制度、半殖民地半封建社会农村土地制度、社会主义社会农村土地制度。[2] 而董志凯等以我国近代革命历史为脉络,将土地制度变迁的历程按照新中国成立前后进行了减租减息运动和土地改革等五次梳理。[3]

4. 六阶段说

持这一观点的学者对农村土地制度变迁的起点划分不同于前文三阶段说、四阶段说、五阶段说,而是以改革开放的时间为土地制度变迁的历史发端,重点考察其改革发展进程。如王景新将改革开放后农村土地制度的变迁划分为:(1) 恢复和拓展农业的家庭承包经营责任制阶段;(2) 长期稳定土地承包经营、鼓励合法流转的阶段;(3) 土地承包经营制度改革的总结与完善阶段;(4) 农村土地制度的纵深改革与完善阶段;(5) 新型土地制度确立阶段;(6) 土地征用制度、农村建设用地制度、农村宅基地改革的深化发展阶段。[4]

三 农村土地制度变迁的演进逻辑

学界在关注中国农村土地制度变迁的历史进程时,也注重探索制度变迁的整体演进逻辑,相关文献主要从农村土地制度变迁的动力和形式两个方面进行考察。

(一) 以农村土地制度变迁的动力为视角

这类观点集中从路径依赖、利润诱致、利益博弈等动力因素出发,以探究农村土地制度变迁的内在逻辑。

1. 路径依赖的逻辑

持这一观点的学者重视农村土地制度变迁的内生性动力[5],但在变迁的内

---

[1] 周祖文:《中国农村土地制度变迁:一个农业剩余的视角(1949~1985)》,浙江大学出版社,2012年,第56~59页。
[2] 钱忠好:《中国农村土地制度变迁和创新研究》,社会科学文献出版社,2005年,第194~203页。
[3] 董志凯、陈廷煊:《土地改革史话》,社会科学文献出版社,2011年。
[4] 王景新:《中国农村土地制度变迁三十年》,《现代经济探讨》2008年第6期,第5~11页。
[5] 王敬尧、魏来:《当代中国农地制度的存续与变迁》,《中国社会科学》2016年第2期,第73~92页、第206页。

生动力的路径依赖起点上各有差异。

第一种意见，以我国古代土地所有制为路径依赖的逻辑起点。有学者认为，人口众多、土地资源相对匮乏是中国土地制度产生的特殊初始禀赋，而当前我国各地的农村土地制度安排也是基于这种人地关系。[①] 陶云燕等提出，我国农村土地制度变迁需要同农村社会的传统结构和文化背景紧密结合，这种人地关系紧张的资源禀赋正是一个重要的非正式制度因素。[②] 而陆红生则直接阐述了中国农村土地制度历史变迁的路径依赖特征，他从奴隶社会的复合所有制、封建社会的土地私有制乃至新中国成立后我国农村土地制度的数度变化出发，认为当前我国农村土地制度的改革发展仍受到原本由土地的农民私人占有到集体的统一占有这一路径依赖的影响。[③]

第二种意见，以人民公社"三级所有、队为基础"的结构为路径依赖的变迁起点。持这一观点的学者重视强制性安排对于制度变迁的决定作用，认为纯经济利益引发的诱致性制度变迁难以持续；当人民公社制度运作中各经济当事人提供的"义务"履行成本已经高于经济当事人从中获取的私人收益总和时，就会引发国家进行"改革"式制度创新运动。[④][⑤] 王景新提出，由人民公社的纯粹集体所有到"三级所有、队为基础"的产权结构是我国农村土地制度变迁的依循路径，主要体现在对农村土地集体所有的坚持和农村土地经营方式的变革上。[⑥]

第三种意见，以家庭联产承包责任制的完善为路径依赖的改革起点。蒋永穆等认为，家庭联产承包责任制确立后就形成了农村土地制度改革的路径依赖，此后的制度演进一方面继续坚持土地的集体所有和家庭经营，促进精耕细作；另一方面继续改革土地的使用权制度，促进土地流转。[⑦] 张晓山指出，农村土地制度的变迁实质，就是不断探索农地集体所有制实现形式、不断强化和保障农民土地承包经营权的过程。[⑧] 桂华则认为，当前我国农地制度改革的动力是

[①] 胡元坤：《中国农村土地制度变迁的动力机制》，中国大地出版社，2005年，第80页。
[②] 陶云燕、赵万一：《农村土地制度变迁的经济分析》，《思想战线》2004年第4期，第24~27页。
[③] 陆红生：《土地管理学总论》，中国农业出版社，2007年，第133~134页。
[④] 张军：《中央计划经济下的产权和制度变迁理论》，《经济研究》1993年第5期，第72~80页、第50页。
[⑤] 文贯中编《中国当代土地制度论文集》，湖南科学技术出版社，1994年，第37页。
[⑥] 王景新：《中国农村土地制度变迁三十年》，《现代经济探讨》2008年第6期，第5~11页。
[⑦] 蒋永穆、安雅娜：《我国农村土地制度变迁的路径依赖及其创新》，《经济学家》2003年第3期，第54~59页。
[⑧] 张晓山：《中国农村土地制度变革的回顾和展望》，《学习与探索》2006年第5期，第172~179页、第237页。

制度供给与制度需求的错位,因此当强制性制度变迁所做出的外生性制度安排不能满足农业生产需求时,就需要设置更多的制度补丁来引导改革方向、避免制度发生路径错误。①

2. 利润诱致的逻辑

持这一观点的学者认为,外部环境的变化及由此产生的利润一方面制约着土地制度的选择,另一方面也影响着土地的交易费用。大部分学者将外部利润的内部化视为农村土地制度的变迁理路,认为中国农村土地制度变迁的总体逻辑,是为了获得原有土地制度下无法获得的外部利润。②③④ 陆红生建立了中国农村土地制度历史变迁的制度经济学分析模型,她提出,只有当制度供给得到满足之后,外部利润实现了内部化,土地制度的变革才得以完成。⑤ 而蒋远胜则梳理了当前农村土地改革的利润逻辑,认为小农经营难以获得同劳动者的社会平均工资一样水平的外部利润,此时通过土地流转实现规模经济就成为农地制度改革的必要方向。⑥ 此外,也有学者就影响农村土地制度变迁的交易费用的因素进行考察,认为人地关系、土地价格和劳动力要素价格之间的相对变化等对农地制度改革的制约作用明显。⑦⑧

3. 利益博弈的逻辑

持这一观点的学者认为制度变迁过程是经济当事人与决策者谈判交易、进行利益博弈的过程。⑨⑩ 鉴于原本的土地制度无法内化新出现的外部利润,利益集团提出了创新土地制度的要求,从而推动了土地制度的变革,⑪ 而利益协调的程度则关系着土地制度改革的成败。⑫

---

① 桂华:《论我国农地制度的变迁模式与绩效——基于农村与国有农场两类经验的比较》,《思想战线》2019 年第 3 期第 45 卷,第 133~141 页。
② 张红宇、陈良彪:《中国农村土地制度建设》,人民出版社,1995 年,第 24~27 页。
③ 钱忠好:《中国农村土地制度变迁和创新研究》,社会科学文献出版社,2005 年,第 228~236 页。
④ 张红宇:《新中国农村的土地制度变迁》,湖南人民出版社,2014 年,第 11~15 页。
⑤ 陆红生:《土地管理学总论》,中国农业出版社,2007 年,第 133~134 页。
⑥ 蒋远胜:《改革开放四十年中国农地制度变迁的成就、逻辑与方向》,《农村经济》2018 年第 12 期,第 8~11 页。
⑦ 董栓成:《中国农村土地制度改革路径优化》,社会科学文献出版社,2008 年,第 3 页。
⑧ 温铁军:《三农问题与土地制度变迁》,中国经济出版社,2009 年,第 13 页。
⑨ 卢现祥、朱巧玲:《新制度经济学(第二版)》,北京大学出版社,2012 年,第 351 页;
⑩ 张红宇:《新中国农村的土地制度变迁》,湖南人民出版社,2014 年,第 74~75 页。
⑪ 蔡继明、程世勇:《农村建设用地流转和土地产权制度变迁》,《东南学术》2008 年第 6 期,第 30~35 页。
⑫ 刘润秋:《中国农村土地流转制度研究——基于利益协调的视角》,经济管理出版社,2012 年,第 16 页。

第四章　农村土地制度

一方面，就农村土地制度变迁中利益博弈的特征而言，有学者根据农村土地制度改革中进行博弈的各方力量变化，认为制度变迁的特点是两个方面的齐头并进，即一方面改造旧制度为新制度，另一方面通过引入、培育、生成新的制度成分，使新制度所占比例逐步扩大。① 邵传林等则认为，在特定的社会历史条件下，农村土地产权制度的变迁由国家政治集团的利益偏好决定。②

另一方面，就农村土地制度变迁中利益博弈的主体而言，学界主要的观点有如下几类。其一是"国家—农民"的博弈，即在人民公社时期之前，土地制度的确定属于国家垄断；在人民公社解体后，土地利益的博弈主体呈现为以国家、农户为主的多元格局。③④ 其二是"中央政府—地方政府—农民集体—农民"的博弈，其中中央政府占据制度变迁的主导地位，而农民与集体往往承受着产权不清乃至缺失的困扰。⑤⑥ 其三是"中央政府—地方政府—基层干部—农民—经济组织"的博弈，即不同的利益主体为了内化外部利润、降低交易费用，会通过博弈来实现新的制度选择，进而通过胜出的个别集团来主导农村土地制度的变迁。⑦ 其四则是"政府—市场—农民"之间的利益博弈，重点探讨改革开放后农村土地产权变迁与乡村转型的关系。⑧

（二）以农村土地制度变迁的形式为视角

关于农村土地制度变迁形式的观点主要分为两个大的方面，即农村土地制度变迁的逻辑属于强制性的还是诱致性的、渐进式的还是激进式的。

1. 强制性变迁与诱致性变迁的争论

有学者认为，农村土地制度变迁是在政治力量主导下实行的强制性变迁，一部分学者认为其属于外部利润诱导而成的诱致性变迁，还有一部分学者则主

---

① 周冰、黄卫华、商晨：《论过渡性制度安排》，《南开经济研究》2008年第2期，第64~78页。
② 邵传林、冯振东：《中国农地产权制度60年：历程回顾与变迁评判》，《经济与管理研究》2009年第10期，第22~28页。
③ 姚洋：《自由公正和制度变迁》，河南人民出版社，2002年，第203~204页。
④ 江丽、郑文博：《我国农地确权制度变迁中"政府—农户"行为的演化博弈分析》，《现代经济探讨》2017年第8期，第126~132页。
⑤ 管清友、王亚峰：《制度、利益与谈判能力：农村土地"流转"的政治经济学》，《上海经济研究》2003年第1期，第28~33页。
⑥ 韩德军、朱道林：《中国农村土地制度历史变迁的进化博弈论解释》，《中国土地科学》2013年第7期第27卷，第21~27页。
⑦ 胡元坤：《中国农村土地制度变迁的动力机制》，中国大地出版社，2005年，第91~125页。
⑧ 郭旭、赵琪龙、李广斌：《农村土地产权制度变迁与乡村空间转型——以苏南为例》，《城市规划》2015年第39期第8卷，第75~79页。

张其是强制性变迁与诱致性变迁的有机统一。

第一种意见是强制性变迁论。洪名勇认为，我国的农地制度变迁的基本特征是强制性制度变迁，其制度变迁和制度供给的主体均是国家。① 持强制性变迁观点的学者重视政府在制度变迁中的地位，认为政府的主要作用在于保障生产产品和提供服务的机制得以正常运转②，而在中央政府授权和指导之下的、由地方政府主导实施的土地试点改革，则是制度变迁的主导因素及其平稳开展的理性选择。③

第二种意见是诱致性变迁论。持诱致性变迁观点的部分学者重视家庭承包责任制的制度创新性质，如杨瑞龙认为，家庭承包责任制是由部分社会群体基于获利的需求，自下而上的、自发形成的诱致性制度变迁。④ 王小映提出，在我国农村的土地经营制度从集体经营制度向承包制度演变的过程中，旧有制度中潜在的收益机制作用于制度变迁，呈现出明显的诱致性特征。⑤ 也有学者对农村土地制度变迁的因素进行分析，认为土地禀赋等自然地理资源，以及收入、税收等社会经济变量共同作用于土地制度演进的机理，使之呈现为典型的诱致性制度变迁。⑥⑦

第三种意见是强制性变迁与诱致性变迁结合论。持这一观点的学者认为，我国农村土地制度变迁分为强制性变迁和诱致性变迁两类，⑧ 总体表现为政府主导之下的、由强制性变迁向诱致性变迁的过渡过程。⑨ 就两种制度变迁方式的表现形式和相互关系而言，有学者从家庭承包制及其次生制度的创新为切入点，认为强制性制度变迁要增进效率，必须顾及个体的行为偏好；而诱致性制

---

① 洪名勇：《马克思土地产权制度理论研究——兼论中国农地产权制度改革与创新》，人民出版社，2011年，第205页。
② 周业安：《中国制度变迁的演进论解释》，《经济研究》2000年第5期，第3~11页、第79页。
③ 杨瑞龙、杨其静：《阶梯式的渐进制度变迁模型——再论地方政府在我国制度变迁中的作用》，《经济研究》2000年第3期，第24~31页、第80页。
④ 杨瑞龙：《论制度供给》，《经济研究》1993年第8期，第45~52页。
⑤ 王小映：《土地制度变迁与土地承包权物权化》，《中国农村经济》2000年第1期，第43~48页。
⑥ 姚洋：《集体决策下的诱导性制度变迁——中国农村地权稳定性演化的实证分析》，《中国农村观察》2000年第2期，第11~19页、第80页。
⑦ 丰雷、蒋妍、叶剑平：《诱致性制度变迁还是强制性制度变迁？——中国农村土地调整的制度演进及地区差异研究》，《经济研究》2013年第48期第6卷，第4~18页、第57页。
⑧ 黄少安、刘海英：《制度变迁的强制性与诱致性——兼对新制度经济学和林毅夫先生所做区分评析》，《经济学动态》1996年第4期，第58~61页。
⑨ 韩德军、朱道林：《中国农村土地制度历史变迁的进化博弈论解释》，《中国土地科学》2013年第7期，第21~27页。

度变迁则需得到政府力量的认同和鼓励以增进效率。① 也有学者以中国整体的经济转型为分析视域，认为农民先是在某种程度上参与和开启了农村土地制度的选择与变革，然后由政府将这种变革形式进行推广，并以国家法律的形式实现合法化，整体呈现为强制性制度变迁中又包含着若干诱致性制度变迁的特征。②

2. 渐进式变迁与激进式变迁的争论

基于这一视角研究农村土地制度变迁逻辑的学者侧重于对制度变迁的激烈程度，学界主要观点有渐进式变迁论、渐进式变迁与激进式变迁结合论以及多种形式结合论。

第一，渐进式变迁论。陶云燕等着眼于非正式制度因素对农村土地制度变迁的影响作用，认为制度变迁的路径是渐进式的变革，并同我国农村的经济发展结构、社会文化传统以及农民真实意愿相协调。③

第二，渐进式变迁与激进式变迁结合论。王曙光认为农村土地制度改革首先是渐进式的，具有由下而上、"摸着石头过河"的试错特征；同时，每一项具体改革措施又是带有激进性的，在很短的时间内表现出较强的果断性和效用性，体现出渐进式与激进式交互的特点。④

第三，多种变迁形式结合论。刘广栋等的研究指出，我国农村土地制度的变迁主要表现为"强制性激进式—强制性渐进式—诱致性激进式—诱致性渐进式"的递进脉络。⑤ 而韩德军等进一步分析了我国农村土地制度改革各个阶段的变迁特征，将其总结为"强制性激进式—强制性渐进式—诱致性激进式—诱致性渐进式"的过程。⑥ 张红宇认为，家庭联产承包责任制的改革表现出渐进式和诱致性的特征，而此后的制度变迁多采用增量改革的渐进式方略，呈现为

---

① 伍山林：《农村经济制度变迁与农业绩效》，《财经研究》2002年第1期，第51~56页、第80页。
② 王曙光：《问道乡野：农村发展、制度创新与反贫困》，北京大学出版社，2014年，第263~264页。
③ 陶云燕、赵万一：《农村土地制度变迁的经济分析》，《思想战线》2004年第4期，第24~27页。
④ 王曙光：《问道乡野：农村发展、制度创新与反贫困》，北京大学出版社，2014年，第263~264页。
⑤ 刘广栋、程久苗：《1949年以来中国农村土地制度变迁的理论和实践》，《中国农村观察》2007年第2期，第70~80页。
⑥ 韩德军、朱道林：《中国农村土地制度历史变迁的进化博弈论解释》，《中国土地科学》2013年第7期，第21~27页。

多种互补性制度不断选择的渐变过程。①

四　农村土地制度变迁的绩效评价

学术界对于中国农村土地制度变迁的绩效研究并未形成体系，大多是对经济绩效、政治绩效、思想文化绩效等的零散研究，其中又以经济绩效为研究重点②，主流的观点分为对农村土地制度变迁的阶段性评价和整体性评价。

（一）对农村土地制度变迁绩效的阶段性评价

从这一角度进行评价的学者，主要是对新中国成立后的土地制度变迁进行阶段划分，并就每一时期制度变迁的绩效展开针对性评价。学界较为集中的三类观点是对改革开放前的制度变迁绩效评价、对改革开放后的制度变迁绩效评价以及对整个农村土地制度变迁过程进行分阶段的绩效评价。

第一，对改革开放前农村土地制度变迁的绩效评价。就土地改革的绩效而言，廖鲁言就土地改革的经济绩效进行分析，指出初期的土地均分法实现了资源分配的起点公平，农民不再向地主交付农业地租，由此农业人口中60%～70%都获得了可观的经济利益。③ 就农业合作化的绩效而言，主要还是改善了农民的生产生活条件，农民收入连年增加、粮食产量持续增长。④ 张庆泰指出，农业合作社可以合理使用农业生产资料、推进农业生产技术改进和农业机械化。而农业技术改造以及由此促进的国家工业化能够不断提高社会生产，满足人民生产生活需要。⑤

第二，对改革开放后农村土地制度变迁的绩效评价。张红宇分析了农村土地由先前的集体统一经营到统分结合的双层经营的过渡历程，认为这种变迁的经济社会绩效十分明显，呈现出"帕累托改进"的特征。⑥

第三，对农村土地制度变迁阶段的系统化绩效评价。沈滨将我国农村土地制度的演变过程分为农民土地私人所有制、劳动群众的集体所有制，以及家庭

---

① 张红宇：《新中国农村的土地制度变迁》，湖南人民出版社，2014 年，第 57 页。
② 许月明：《中国农村土地制度变迁绩效评述》，《经济问题》2003 年第 7 期，第 30～33 页。
③ 廖鲁言：《三年来土地改革的伟大胜利》，《人民日报》1952 年 9 月 28 日，第 2 版。
④ 中南区土改委员会编《土地改革后农村生产运动与互助合作运动有关材料汇集》，1952 年 9 月 15 日。
⑤ 张庆泰：《农业合作化的高潮为加速社会主义工业化准备了条件》，《人民日报》1956 年 1 月 22 日，第 3 版。
⑥ 张红宇：《中国农村土地调整与使用权流转：几点评论》，《管理世界》2002 年第 5 期，第 76～87 页。

联产承包责任制这三个阶段,并对各个阶段的农业生产效率进行一分为二的辩证分析,提出当前土地产权制度的变迁应当更加注重对农业持续增长的激励,同时约束产权主体的行为选择。① 也有学者对农村土地的供需状态以及与之相对应的农业生产效率的关系进行分析,认为其制度变迁遵循了"均衡—非均衡—均衡"的发展脉络。② 郑仁泉等就新中国成立后农村土地制度变迁对农村产量变化的绩效建立了回归分析模型,并就各个阶段中的农业总产值、劳动生产率、土地产出率等指标进行分析,认为财产权属清晰、经营形式自由的农村土地制度绩效明显趋好。③

(二) 对农村土地制度变迁绩效的整体性评价

着眼于对制度变迁进行整体性评价的学者们大致持有两种对立的观点,一种意见认为,中国农村土地制度的变迁有助于推动农业经济发展和提高农民收入,这种观点占主流地位;④⑤⑥ 而另一种意见则认为目前的农地制度存在重大缺陷,阻碍着城镇化和农业现代化的发展。

1. 积极的绩效评价

第一,促进农业结构优化、提高整体农业产出。有学者基于农业与国民经济发展的大格局,对土地制度变迁与国民经济各产业之间的绩效关系进行了分析。⑦⑧ 张晓山指出,改革开放以来的农村土地制度的变迁意义深远,主要表现为促进农民增收、发展农业规模经营以及推动城乡发展一体化。⑨ 就农业发展的具体绩效体现而言,韩俊等认为,由土地制度引发的"农村组织制度、农产品流通制度、乡镇企业产权制度"等相关变革,整体上有利

---

① 沈滨、柳建平:《中国农村土地制度变革与农业绩效》,《生产力研究》2003 年第 1 期,第 6~8 页。
② 瞿商:《新中国农地制度的变迁与绩效》,《中国经济史研究》2009 年第 4 期,第 76~82 页。
③ 郑仁泉、陈平:《基于效率的我国农村土地制度变迁绩效的实证分析》,《开发研究》2008 年第 5 期,第 88~91 页。
④ 马晓河等:《工业化中期阶段的农业政策研究——国际经验与中国的选择》,《农业经济问题》1999 年第 8 期,第 11 页。
⑤ 林毅夫:《再论制度、技术与中国农业发展》,北京大学出版社,2001 年,第 11 页。
⑥ 张红宇:《新中国农村的土地制度变迁》,湖南人民出版社,2014 年,第 154~156 页。
⑦ 马晓河、兰海涛:《工业化中期阶段的农业政策研究——国际经验与中国的选择》,《农业经济问题》1999 年第 8 期,第 11 页。
⑧ 张红宇:《新中国农村的土地制度变迁》,湖南人民出版社,2014 年,第 154~156 页。
⑨ 张晓山主编《中国农村改革与发展概论》,中国社会科学出版社,2010 年,第 3~4 页。

于农村市场经济体制的完善发展。[①] 陈志刚、曲福田、张玉周认为，农村土地的产权结构稳定性，尤其是农地使用权的稳定性同农地粮食产出水平呈正相关。[②③]

第二，推动生产要素流动、提升资源配置效率。有学者提出，"制度创新是改善经济绩效的重要手段"，同样地，农地制度改革的目标也是改善农业经营绩效、提升土地资源配置的合理性。[④] 土地资源配置的优化能够提升农业生产的专业性、土地边际报酬与收益的均衡性[⑤]，进而提高土地的利用效率、增加农民收入。[⑥] 也有学者分析了当前农村土地流转的经济绩效，认为其能够促进土地资源和劳动力资源的优化配置，增加农村土地的财富价值，进而推动农业的规模化、集约化、高效化经营，保障国家的粮食安全。[⑦⑧⑨]

第三，改善农民福利状况、维护农村社会稳定。沈滨等强调了土地产权明晰的高效率，认为土地经营权的强化、农地制度创新中农民主体地位的确立符合制度变迁的效率特征。[⑩] 有学者指出，土地制度的改革确证了农民的主体地位和土地权利，是将农民的经济利益同其生产经营活动直接连接的中介，有助于激发其生产经营积极性、降低集体生产经营的交易成本和监督成本。[⑪] 随着当前农村土地资源的流转普遍化，农民能够以土地入股、经营权转让等方式享受分红与地租，而由此引发的农村剩余劳动力转

[①] 韩俊等：《农村市场经济体制建设》，江苏人民出版社，1988年。
[②] 陈志刚、曲福田：《农地产权制度的演变与耕地绩效——对转型期中国的实证分析》，《财经研究》2003年第6期，第25～30页、第51页。
[③] 张玉周：《土地制度变迁与粮食生产的绩效分析》，《统计与决策》2010年第4期，第52～54页。
[④] 桂华：《论我国农地制度的变迁模式与绩效——基于农村与国有农场两类经验的比较》，《思想战线》2019年第45期第3卷，第133～141页。
[⑤] 姚洋：《中国农地制度：一个分析框架》，《中国社会科学》2000年第2期，第54～65页、第206页。
[⑥] 杨小凯：《中国改革面临的深层问题》，《战略与管理》2002年第5期，第1～4页。
[⑦] 曹建华、王红英、黄小梅：《农村土地流转的供求意愿及其流转效率的评价研究》，《中国土地科学》2007年第5期，第54～60页。
[⑧] 罗必良、吴晨：《交易效率：农地承包经营权流转的新视角——基于广东个案研究》，《农业技术经济》2008年第2期，第12～18页。
[⑨] 马英才：《我国农地资本化的动因、绩效及政策建议——基于城乡统筹的视角》，《湖北社会科学》2013年第10期，第88～91页。
[⑩] 沈滨、柳建平：《中国农村土地制度变革与农业绩效》，《生产力研究》2003年第1期，第6～8页。
[⑪] 张秀生、徐涛：《经济转轨期的农村双层经营模式：路径、绩效与体制创新》，《生产力研究》2006年第6期，第37～39页。

移现象，也使得他们有更多的机会从事二、三产业，以增加工资性、财产性等多种收入。①

2. 消极的绩效评价

第一，农地细碎化，阻碍规模经营和农业现代化发展。就家庭联产承包责任制的设计而言，有学者提出，当代中国农村土地制度不利于中国现代化和农业现代化，合同式的家庭承包制度也无法明晰地界定产权。② 林善浪认为，家庭联产承包责任制虽然在一定程度上促进了农业结构优化，但总体上是弊大于利的。③ 廖洪乐等人则提出，农地调整的频率过高会降低土地的产出效率，而土地流转并未对土地生产效率起到显著影响。④ 就家庭承包的分散经营引发的农地细碎化现象而言，多数学者认为其浪费农村劳动力、降低规模经营的效率，由此又阻碍了粮食产量的提高和农业现代化进程。⑤⑥ 在当前的耕种水平下，由于家庭承包经营的规模较小，农业科技化和机械化的规模作业难以迅速推广，进而限制了农业的规模化生产，影响传统农业的现代化转型。⑦

第二，产权不清晰，影响农地利用和城乡一体化进程。部分学者认为，土地产权制度的改革承袭了原有土地产权制度的缺陷，存在着改革不系统、产权关系不清晰等问题⑧。就农地利用情况而言，土地流转为产权结构所约束，由于农村土地所有者的缺位和农民土地使用权的不完善，引致了一系列土地侵权、权力寻租和腐败问题，而承包经营下的农民生产兼业化和土地经营细碎化也降低了土地资源的配置效率。⑨⑩⑪ 王春超则提出，当前农村的土地流转形式多数

---

① 马英才：《我国农地资本化的动因、绩效及政策建议——基于城乡统筹的视角》，《湖北社会科学》2013年第10期，第88~91页。
② 蒋伏心：《体制现代化与中国特色的农业现代化》，《江海学刊》1995年第5期，第29页。
③ 林善浪：《中国农村土地制度与效率研究》，经济科学出版社，1999年，第36~37页。
④ 廖洪乐、习银生、张照新等：《中国农村土地承包权制度研究》，中国财政经济出版社，2003年，第76~91页。
⑤ 万广华、程恩江：《规模经济、土地细碎化与我国的粮食生产》，《中国农村观察》1996年第3期，第31~36页、第64页。
⑥ 宋洪远：《大国根基：中国农村改革40年》，广东经济出版社，2018年，第103页。
⑦ 张秀生、徐涛：《经济转轨期的农村双层经营模式：路径、绩效与体制创新》，《生产力研究》2006年第6期，第37~39页。
⑧ 蒋占峰：《我国农地产权制度创新与城镇化绩效研究》，《贵州社会科学》2009年第1期，第81~84页。
⑨ 刘守英：《土地制度与农民权利》，《中国土地科学》2000年第3期，第1~9页。
⑩ 沈滨、柳建平：《中国农村土地制度变革与农业绩效》，《生产力研究》2003年第1期，第6~8页。
⑪ 许崇正：《"三农"出路，加快发展和谐有序的市场经济》，《经济学家》2005年第1期，第94页。

不规范、不合法,不利于农民持续增收。① 就土地制度改革中的城乡一体化而言,党国英认为,现行农村土地制度不利于农村剩余劳动力的转移,劳资关系的严重失衡也影响着城乡经济的统筹协调。② 在这种城乡分化的二元土地制度下,土地产权的模糊化导致农村土地依赖性强、流动性不足,进而制约了农业产业结构调整和城镇一体化发展的进程。③④

第二节 农村土地权利结构和配置方式

农村土地制度的核心是其产权制度安排,而土地权利结构的状况是由土地配置方式决定的,即不同的制度安排决定了不同的权利结构,从而影响农业经济发展。为实现农村土地制度安排的目标,必须优化农村土地产权结构、提升土地资源配置效率。当前学术界主要就农村土地权利结构和配置方式的基本内涵、演进阶段,以及两者之间的逻辑关系展开了相关研究。

一 农村土地权利结构

土地产权制度是农村土地财产制度的重要组成部分⑤,而农村土地制度对土地利用安排的影响也时常呈现为土地产权对制度安排的约束,其主要表现形式即以土地产权结构为基础,通过各种权能的转让和交易体现出相应的权益关系。⑥ 学者们对农村土地权利结构的基本框架和演进阶段等方面进行了梳理,主要的理论争鸣体现为关于农村土地所有制的争论。

(一)关于农村土地所有制结构的争论

随着改革开放和家庭联产承包责任制的推行,我国农村生产生活水平在一段时期内有明显提升,但又于20世纪80年代出现粮食减产和农业停滞现象,

---

① 王春超:《农村土地流转、劳动力资源配置与农民收入增长:基于中国17省份农户调查的实证研究》,《农业技术经济》2011年第1期,第93~101页。
② 党国英:《当前中国农村土地制度改革的现状与问题》,《华中师范大学学报》2005年第7期,第8~18页。
③ 江华、杨秀琴:《农村集体建设用地流转——制度变迁与绩效评价》,中国经济出版社,2011年,第132~133页。
④ 蒋占峰:《我国农地产权制度创新与城镇化绩效研究》,《贵州社会科学》2009年第1期,第81~84页。
⑤ 毕宝德:《土地经济学》(第七版),中国人民大学出版社,2016年,第142页。
⑥ 吕益民、王进才:《论我国土地产权制度的改革》,《经济研究》1992年第12期,第60~65页。

使得学者们纷纷开始反思我国农村土地所有制的变革方向，代表性的观点主要有四类，即农村土地集体所有论、农村土地国有论、农村土地私有论和农村土地多元所有论。

1. 农村土地集体所有论

这一观点属于学术界的主流观点。骆友生等指出，我国粮食生产和农业经济发展在1985年左右的徘徊，问题不在于土地制度，而在于制度运行过程中的利益分配关系失衡，因此仍旧要坚持稳定和强化家庭联产承包责任制。[①]

其一，就农村土地集体所有制的必要性而言，有学者认为，实行农村土地集体所有制是社会主义的本质要求，也能够弥补所有权主体缺位、集体土地产权不清等制度缺陷。[②③] 其二，就农村土地集体所有制的重要性而言，有学者提出，必须尽量避免太复杂或动作过大的制度变革，以保证农民生活水准和耕地利用效率的动态平衡。[④] 土地的集体所有制能用相对缓和的方式赋予农民更多的土地产权，填补土地国有化和私有化的内在缺陷。[⑤] 其三，就农村土地集体所有制的改革方向而言，多数学者认为其关键在于农村土地使用权的改革，要通过稳定和强化农村土地承包关系，促进土地产权的明晰和流转，[⑥⑦] 同时正确处理国家权力与农民意愿、市场力量之间的关系。[⑧⑨]

坚持和完善农村土地集体所有论的主张比较契合我国现行政策的要求，但由于集体所有的概念弹性较大、界限不甚清晰，因此学界对土地集体所有制的权利结构研究存在多种观点（见表4-3）。

---

① 骆友生、张红宇、高宽众：《土地家庭承包制的现状判断和变革构想》，《经济研究》1988年第11期，第68~72页。
② 刘凤芹：《中国农村土地制度改革的方案设计》，《经济研究参考》2004年第19期，第34~48页。
③ 周天勇：《城市化加速下的中国土地战略》，《中国土地》2004年第Z1期，第3页。
④ 陈吉元、邓英陶、姚刚：《中国农村经济发展与改革所面临的问题及对策思路》，《经济研究》1989年第10期，第17~26页。
⑤ 陈志刚、曲福田、黄贤金：《转型期中国农地最适所有权安排——一个制度经济分析视角》，《管理世界》2000年第7期，第57~65页、第74页、第171~172页。
⑥ 刘书楷：《构建我国农村土地制度的基本思路》，《经济研究》1989年第9期，第56~62页。
⑦ 张红宇：《中国农村土地产权政策：持续创新——对农地使用制度变革的重新评判》，《管理世界》1998年第6期，第168~177页。
⑧ 杨学成、赵瑞莹、岳书铭：《农村土地关系思考——基于1995~2008年三次山东农户调查》，《管理世界》2008年第7期，第53~61页。
⑨ 郭晓鸣：《中国农村土地制度改革：需求、困境与发展态势》，《中国农村经济》2011年第4期，第4~8页、第17页。

表 4-3　农村土地集体所有制的权利结构

农村土地权利结构	代表学者
集体所有，农民永佃	白志全、陈文学等
集体所有，两田经营	林善浪、王西玉等
集体所有，三田租赁	孙自铎、王思铁等
集体所有，三田分包	王振友等
集体所有，四荒拍卖	张红宇等
集体所有，股份合作	郭剑雄、张柏齐、蒋励等

2. 农村土地国有论

围绕农村土地国有制的争论形成了两类对立的观点，一类是支持农村土地国有化，另一类则是反对农村土地国有化。

其一，农村土地国有论的支持者认为土地国有化具有现实可行性，并就农村土地国有制的权利结构提出诸类设想（见表 4-4）。文迪波认为，我国农村土地产权实质上都处于国家控制的状态[1]，安希伋则指出，公社解体后并没有形成一个固定行使集体土地所有权的主体，因此应当实行土地国有化。[2] 杨勋认为，由于土地资源的特殊性和稀缺性，为了在人地关系紧张的条件下保障农地资源的集约利用，应当通过土地国有制实现土地资源的高效管理。[3]

其二，农村土地国有论的反对者分析了土地国有化的理论和实践缺陷。韩松指出，土地国有化不能解决所有权主体不明确的问题，反而会导致基层政府的权力膨胀。国家在对其所属土地进行管理时需要新设机构、增加管理成本，也破坏现有利益格局、引发社会动荡。[4] 石霞等认为，国家获得集体土地所有权的方式会带有强制性、非市场化的剥夺色彩，可操作性不强。此外，土地国有化会扩大国家对绝对地租和级差地租的占有额，进而分流农民的土地经济利益，挫伤其劳动积极性。[5]

---

[1] 文迪波：《还农村土地所有制形式的本来面目——国家土地所有制》，《农业经济问题》1987 年第 8 期，第 49~51 页。

[2] 安希伋：《论土地国有永佃制》，《中国农村经济》1988 年第 11 期，第 22~25 页。

[3] 杨勋：《国有私营：中国农村土地制度改革的现实选择》，《中国农村经济》1989 年第 5 期，第 23~29 页。

[4] 韩松：《我国农民集体所有权的实质》，《法律科学》1992 年第 1 期，第 32~37 页。

[5] 石霞、张燕喜：《我国农村土地制度改革思路的评析与思考》，《中共中央党校学报》2003 年第 1 期第 7 卷，第 82~87 页。

表4-4　农村土地国有制的权利结构

农村土地权利结构	代表学者
土地国有，农民永佃	安希伋、晓亮、陆学艺等
土地国有，租赁经营	蔡昉、文迪波、孟繁琪、赵东新等
土地国有，承包经营	汪三贵、何炼成等

3. 农村土地私有论

针对农村土地实行私有制的可行性，学界也有两种针锋相对的观点。

第一种意见主张放弃集体土地所有权，实现土地的农民私有、自主经营。他们认为，土地私有化有利于明晰土地产权、稳定经营预期，在保障农民经营行为长期化的同时促进土地生产力发展和产权流转。有学者指出，家庭联产承包责任制实施以后，农民成为农村土地的实际所有者，应顺势而为推行农村土地私有制，构造出节约型农业发展模式。[①②] 王以杰认为土地私有制应当在国家的监督范围之内，且应当在贫困地区和边远山区等特殊地区进行小范围尝试。[③] 有学者分析了土地私有化的优点，认为其有利于提高土地效率、实现规模经营；而明晰农民的土地所有权、完善市场机制也是有效解决"三农"问题的途径。[④⑤⑥⑦]

第二种意见是反对农村土地私有化。有学者认为，尽管财产私有对于激励利益主体、优化资源配置具有积极作用，但鉴于农村土地内在的社会保障功能，必须以集体所有的形式才有助于维护社会公平、保护生产力的稳定发展，因此耕地私有化的方案应被排除。[⑧⑨] 赵德余就农村土地征用过程中农民与国家的互动联系，分析了土地私有化的逻辑缺陷。[⑩] 温铁军提出，一旦允许土地私有化，

---

① 李庆曾：《谈我国农村土地所有制结构改革》，《农村经济问题》1986年第4期，第26~28页。
② 陈东琪：《新土地所有制》，重庆出版社，1989年，第33页。
③ 王以杰：《国家监督下的土地私有制度》，《农业经济问题》1986年第12期，第49页。
④ 陈东琪：《新土地所有制》，重庆出版社，1989年。
⑤ 杨小凯：《中国改革面临的深层问题——关于土地制度改革——杨小凯、江濡山谈话录》，《战略与管理》2002年第5期，第1~5页。
⑥ 黄少安、孙圣民、宫明波：《中国土地产权制度对农业经济增长的影响——对1949~1978年中国大陆农业生产效率的实证分析》，《中国社会科学》2005年第3期，第38~47页、第205~206页。
⑦ 蔡继明：《论中国农地制度改革》，《山东农业大学学报》（社会科学版）2005年第3期，第9页。
⑧ 陈小君：《农村土地法律制度研究——田野调查解读》，中国政法大学出版社，2004年，第219页。
⑨ 陈吉元、邓英陶、姚刚等：《中国农村经济发展与改革所面临的问题及对策思路》，《经济研究》1989年第10期，第17~26页。
⑩ 赵德余：《土地征用过程中农民、地方政府与国家的关系互动》，《社会学研究》2009年第2期，第93~129页、第244~245页。

小农群体必然会在公共权力和社会资本的联合作用下丧失土地权利，进而引发各种社会利益乱象。①

但由于土地私有制的主张与我国的社会主义性质不相契合，加上我国人地关系矛盾突出的基本国情，实施土地私有化更容易加剧土地碎化、耕地流失和农业经营粗放化，进而产生土地投机、贫富分化和社会动荡等现象，不利于我国农村的长期稳定。

4. 农村土地多元所有论

持这一观点的学者将前三类观点进行了综合，认为土地制度应当实行集体所有制、国家公有制和农民私有制并存的农村土地多元所有制。②

就土地多元所有制的权利结构而言，罗继瑜提出"三元租赁制"，实行集体、国家和农民共享土地的所有权，与之相适应，在土地的经营使用权利上实行联产承包和股份合作等多种经营形式。③

鄂玉江把"集体所有"替换为"社区所有"，主张土地所有权的结构组成部分为社区、国家和私人三类。④ 而潘华顺、臧武芳⑤和巫继学⑥则提出，让国家拥有土地最终支配权，个人拥有土地使用权，并且有权对土地使用权进行出租、股份合作、抵押甚至转让。

土地多元所有论看似能弥补土地的完全国有化或私有化的缺陷，但实际上其主张与土地私有比较接近，因而土地私有化存在的矛盾问题在农村土地多元所有制下仍然不可避免。

（二）农村土地权利结构的框架与演进阶段

伴随着农村改革的深入，党和国家始终坚持土地集体所有，通过不断延长土地承包期限，保持了农村土地承包关系的长期稳定。学界关于农村土地所有权的争论便逐渐消退，而是更多地探讨以土地使用权为中心的土地制度变革与创新的方向。

---

① 温铁军：《我国为什么不能实行土地私有化》，《红旗文稿》2009年第2期，第15~17页。
② 贾金荣：《试论建立有限小土地私有制和集体所有制并存的农村土地制度的可能性》，《华中农业大学学报》（社会科学版）2004年第2期，第48~50页。
③ 罗继瑜：《土地所有制改革初探》，《农业经济问题》1987年第7期，第25~27页。
④ 鄂玉江：《农村土地制度深化改革模式选择》，《农业经济问题》1993年第4期，第22~25页。
⑤ 潘华顺、臧武芳：《关于农村土地双重所有制的理论探讨》，《中国软科学》2000年第7期，第3页。
⑥ 巫继学：《突破"三农"问题的马克思主义经济学求解》，《中州学刊》2005年第6期，第5页。

1. 农村土地权利结构的基本框架

随着城镇化的发展和土地流转的普遍化，2014年中央一号文件正式提出实行农村土地"三权分置"，因此学界对农村土地权利结构的基本框架的认识也呈现出由原本的"两权"（土地所有权与土地承包经营权）到如今"三权"的转变。《关于完善农村土地所有权承包权经营权分置办法的意见》明确指出，"三权"为土地的所有权、承包权、经营权，以政策形式将"三权"结构固定下来。但基于对"三权分置"政策及其法律逻辑的不同解读，学界对于农村土地"三权"的权利配置结构也存在着认识差异（见表4-5）。

表4-5 农村土地"三权分置"的权利结构

基本框架	农村土地权利结构	代表学者
三权分置	所有权+土地承包权+土地经营权	王利明、陈金涛、高富平、马俊驹、高圣平、肖鹏、刘恒科等
	所有权+土地承包经营权+承包权	丁文等
	所有权+土地承包经营权+土地租赁权	宋志红等
	所有权+土地承包经营权+物权性土地经营权	蔡立东、高圣平等
	所有权+土地承包经营权+次级土地承包经营权	朱广新、楼建波、朱继胜等
	所有权+土地承包经营权剩余权+流转债权	高海、王小映、温世扬等
	所有权+成员权+土地使用权	高飞等
	所有权+成员权+土地经营权	张占斌、陈胜祥等

2. 农村土地权利结构的演进阶段

对于我国农村土地集体所有制的权利结构的演进阶段研究，学术界主要有四种研究视角。一是土地制度变迁过程中的重要历史事件，二是农村土地所有制性质的演变，三是农村土地所有权和经营权的关系变化，四是农村土地产权结构的完善过程。而这几类研究视角对演进阶段的划分大致呈现为三阶段、四阶段和六阶段的观点（见表4-6）。

第一种观点为三阶段说。有学者按照农地政策调整主题的不同，将农村土地制度变迁划分为农民土地所有制、合作和集体经营、家庭承包经营等三个阶段。[①]

---

① 刘广栋、程久苗：《1949年以来中国农村土地制度变迁的理论和实践》，《中国农村观察》2007年第2期，第70~80页。

表4-6 农村土地权利结构的演进阶段

划分阶段	划分依据	阶段特征	代表学者
三阶段	重要历史事件	（1）农民土地所有制阶段；（2）合作和集体经营阶段；（3）家庭承包经营阶段	胡穗、刘广栋等
	土地所有权和经营权由分离到统一	（1）由地主所有、租佃经营到农民所有、农户经营；（2）由农民私有、自主经营到集体所有、统一经营；（3）由产权统一的集体所有到产权分化的集体所有	陆红生、张红宇等
	农村土地政策的经济社会效益	（1）转型初期的扩张型；（2）科学发展观时期的规范型；（3）全面深化改革时期的合理型	杨璐璐等
四阶段	由农民土地私有制到集体土地所有制	（1）私人所有、个体经营；（2）私人所有、合作经营；（3）集体所有、集体经营；（4）集体所有、农户承包经营	吕建春等
		（1）土地改革：农民私有制下的两权统一；（2）初级社：农民私有制下的两权分离；（3）高级社：集体所有制下的两权统一；（4）改革开放：集体所有制下的两权分离	兰玲等
	土地产权结构从残缺到不断完善	（1）单一的土地私有；（2）土地所有权与使用权初级分离、收益权与处置权强制分割；（3）土地产权高度集中与统一；（4）农地产权再次分离	綦好东、董景山等
		（1）土地改革阶段；（2）农业合作化阶段；（3）人民公社化阶段；（4）家庭联产承包责任制阶段	董栓成等
	农地产权的排他性变化	（1）农民获得排他性全部农地产权；（2）农民排他性决策权被限制；（3）农民排他性决策权被剥夺；（4）农地产权的排他性逐步彰显	姜军松等
六阶段	由农民私有制到集体公有制	（1）互助组：土地归农民个人所有；（2）初级社：所有权与使用权初级分离；（3）高级社：集体所有与经营，土地产权关系趋于单一；（4）人民公社初期：土地所有权和使用权高度集中；（5）人民公社后期："三级所有、队为基础"造成土地产权边界模糊；（6）家庭联产承包责任制：土地所有权与使用权再次分离，集体所有、农户承包经营	洪名勇等

张红宇按照土地所有权和经营权由分离到统一的逻辑，将农村土地权利结构的演变划分为三个阶段：1949～1956年是农村土地由地主所有、租佃经营的产权分离，到农民所有、农户经营的产权统一阶段；1956～1978年是农村土地由农民私有和自主经营，到集体所有和经营的产权统一阶段；而1978年至今是农村

土地由产权统一的集体所有向产权分化的集体所有形式的变化阶段，国家渐进式地赋予了农民更多的土地权利。① 有学者以土地制度的经济社会效益为线索，将改革开放后的土地政策变迁过程分为转型初期、科学发展观时期以及全面深化改革时期等三个阶段。②

第二种观点为四阶段说。持这一观点的学者主要以农村土地所有权和使用权为基础，从不同历史时期的土地制度属性和土地产权结构完整性出发，探讨农村土地产权结构关系的阶段演变。第一种意见认为，我国农村土地的两权关系经历了由农民私有制向集体所有制的演化阶段，如吕建春以高级农业生产合作社为历史界限，将新中国成立后的土地制度变迁划分为农民土地所有制与土地集体所有制两阶段，又分别对这两个阶段下分了两种农地使用模式。③ 而兰玲以土地改革、农业生产合作社、人民公社以及改革开放这四个历史标志性事件为划分节点，分析了我国农村土地两权关系由统一到分离的演变过程。④ 第二种意见以农村土地产权结构的完整性为划分阶段的依据，认为农地产权经历了单一私有、初级分离、高度集中统一、再次分离这四个阶段，总体呈现为一个从残缺到不断完善的多元化变革过程。⑤⑥ 还有学者以农村土地产权制度的排他性变化为线索，认为我国农村土地产权经历了由高排他性到限制性再到排他性的回归和逐步彰显的过程。⑦

第三种观点为六阶段说。持这一观点的学者在"四阶段说"的结构上，进一步将农业合作化时期的互助组、初级社和高级社细分为三个阶段，再分别对其土地产权结构的变化进行考察。如洪名勇提出，我国农村土地从农民私有制向集体公有制的变迁呈现出六个阶段的产权特征：互助组时期土地归农民个人所有；初级社时期，产权结构初级分离；高级社时期，产权关系趋于单一；人民公社时期，土地产权高度集中；"三级所有、队为基础"的体制造成产权边

---

① 张红宇：《新型城镇化与农地制度改革》，中国工人出版社，2014年，第10~11页。
② 杨璐璐：《改革开放以来我国土地政策变迁的历史与逻辑》，《北京工业大学学报》（社会科学版）2016年第16期第2卷，第18~29页。
③ 吕建春：《解放后我国农地制度的历次变革及其影响》，《乡镇经济》2004年第10期，第12~15页。
④ 兰玲：《我国农村土地两权关系演变规律》，经济管理出版社，2016年，第1页。
⑤ 綦好东：《新中国农地产权结构的历史变迁》，《经济学家》1998年第1期，第75~83页。
⑥ 董栓成：《中国农村土地制度改革路径优化》，社会科学文献出版社，2008年，第3页。
⑦ 姜军松：《农地产权制度演进及其优化配置的路径》，《改革》2010年第3期，第67~72页。

界模糊不清；家庭承包责任制时期，统一的产权再次分离。[1]

二　农村土地配置方式

农村土地制度安排的目的是通过优化土地、劳动力、技术、资金、信息等生产要素的配置，达到最高的农业产出效率。因此，"在农村土地制度的变革与创新过程中，土地资源的配置制度占有举足轻重的地位"。[2] 学术界对农村土地配置方式的研究主要集中在土地资源配置的内涵、配置方式的表现机制等方面。

（一）土地资源配置的内涵

农村土地配置方式是农村土地资源配置的具体手段和表现形式，当前学界主要对土地资源配置的内涵进行研究，较为集中的观点为要素说和过程说。

1. 要素说

持这一观点的学者将土地资源作为一种集合式的生产要素来探讨其配置方式。王万茂提出，土地资源的配置是其"在时间上和空间上的部门间或用途间的一种数量分布状态"，将土地这一生产要素的配置方向分为时间、空间、用途和数量四个维度。[3] 而倪绍祥等在生产要素论的基础上进一步丰富了土地配置的内涵。他们就土地作为生产要素、资源和资产的不同性质，将土地配置对应阐释为土地与劳动力、资本、技术等生产要素的配置比例关系，土地利用类型的宏观构成及其产业组合，以及土地产权在不同财产主体间的分配状况等。[4] 夏峰则认为，农地资源配置的实质，就是农地资源要素在不同时空、不同用途的农业生产中的分配情况，及其在微观层次与其他经济资源（如人力、物力、资金、技术）所达到的合理组合。[5]

2. 过程说

持这一观点的学者将土地资源配置视为一个多层次的制度安排过程，如曹

---

[1] 洪名勇：《马克思土地产权制度理论研究——兼论中国农地产权制度改革与创新》，人民出版社，2011年，第97~99页。
[2] 冯继康：《试论市场经济运行中的农业资源配置》，《农业经济问题》1993年第9期，第24~27页。
[3] 王万茂：《市场经济条件下土地资源配置的目标、原则和评价标准》，《自然资源》1996年第1期，第5页。
[4] 倪绍祥、刘彦随：《区域土地资源优化配置及其可持续利用》，《农村生态环境》1999年第2期，第6页。
[5] 夏锋：《农村土地资源配置应由市场决定》，《中国经济时报》2014年3月25日，第6版。

振良等将土地资源配置定义为"人们按照土地的自然特性和社会对土地的需求,对一个国家或地区的土地进行合理配置和有效使用",但未进一步阐释如何对土地资源进行合理配置和有效使用。① 有学者认为,土地资源优化配置是着眼于实现土地资源的可持续利用的一种制度安排,目的是在提升土地利用效率和土地产出效益的同时,保持该区域土地生态的动态平衡,实现农业生态经济的最优化。②③

(二) 农村土地配置方式的表现机制

目前国内学界对农村土地资源配置的机制研究集中在政府干预和市场机制两个方面。主流观点认为,在社会主义市场经济体制环境下,需要建立政府与市场有机结合的农村土地资源配置机制;④⑤⑥ 但在具体机制的地位和作用上,存在着以市场机制为主和以政府干预为主的意见分歧。

1. 以市场机制为主

持这一观点的学者认为,农村土地的配置应当由市场机制起决定性作用。一方面,就市场配置农村土地资源的必要性而言,臧志风等认为,当前一级土地市场的国家垄断状态是公权力对农民权益的剥夺,无益于土地资源的合理配置,应当切实推进土地资源配置的市场化。⑦ 而张晓山指出,我国农村改革的导向是市场化,必须在生产要素方面充分发挥市场在资源配置中的决定性作用,实现农民土地、技术、资金、经营管理、市场信息等生产要素的更好结合。⑧ 另一方面,就市场配置农村土地资源的重要性而言,有学者着眼于土地资源作为基础生产要素的稀缺性和重要性,认为其是农民财产性收入、增强农民自主

---

① 曹振良等:《土地经济学概论》,南开大学出版社,1989年,第65页。
② 陈梅英、郑荣宝、王朝阵:《土地资源优化配置研究进展与展望》,《热带地理》2009年第5期,第467页。
③ 朱有法、谢德体、骆云中:《城市土地优化配置与集约利用评价模型剖析》,《西南农业大学学报》(社会科学版) 2007年第1期,第5~9页。
④ 黎赔肆、周寅康、彭补拙:《城市土地资源市场配置的缺陷与税收调节》,《中国土地科学》2000年第5期,第21~24页。
⑤ 付梅臣、朱永明、姚会武等:《浅议我国农地资源配置目标与机制》,《河北农业大学学报》2002年第4期,第231~233页、第243页。
⑥ 陈锡文:《农村土地制度改革的重点与路径》,《21世纪经济报道》2014年7月14日,第16版。
⑦ 臧志风、郑广永:《切实推进土地资源配置的市场化》,《中共中央党校学报》2006年第1期,第55~59页。
⑧ 张晓山主编《中国农村改革与发展概论》,中国社会科学出版社,2010年,第40~41页。

参与城镇化和工业化能力的重要途径。[1][2] 薛兴利等列举了以市场方式配置农村土地资源的优势,认为其一可促进土地合理流转、实现规模经营;二可使农民有投资回报的稳定预期;三可通过价格和竞争调节土地产权的有效流转、降低行政调整成本;四可实现土地这一稀缺资源的保值乃至增值;五可促进农业富余劳动力向二、三产业和城镇转移。[3]

2. 以政府干预为主

持这类观点的学者认为,尽管市场的充分竞争能够实现土地资源的优化配置,但由于现实中存在着由垄断、外部性等因素造成的市场失灵,所以在市场配置的同时更需要考虑土地管理、土地规划等政府的制度安排。

其一,就政府干预农村土地配置的必要性而言,有学者认为,由于土地资源的稀缺性和特殊地位,不能完全依靠市场机制进行配置;而政府对土地使用权市场的宏观调控正是提升土地资源配置合理性与效率的必要条件。[4] 而要达到土地资源配置状态的最优化,又必须对中央与地方政府之间的利益关系进行有机协调,[5] 同时划清政府与市场在土地资源配置中的作用边界。[6]

其二,就政府干预农村土地配置的重要性而言,王万茂认为,政府主导的土地整理作为土地资源配置的重要措施,是实现土地资源部门间的合理分配、协调耕地与建设用地间的比例关系的重要手段。[7] 而政府制定科学的土地利用总体规划、强化相关的资源动态监管,也是优化土地资源配置、实现内涵式集约化的新农村发展的关键举措。[8] 在社会主义的国家性质下,我国土地管理的目的是保障经济社会发展全局的稳定,因此需要国家以土地持续利用为配置前

---

[1] 蔡继明、王成伟:《市场在土地资源配置中同样要起决定性作用》,《经济纵横》2014年第7期,第23~27页。
[2] 夏峰:《农村土地资源配置应由市场决定》,《中国经济时报》2014年3月25日,第6版。
[3] 薛兴利、岳书铭、刘桂艳等:《尽快实现以市场为主配置农村土地资源》,《农业经济问题》2001年第7期,第30~34页。
[4] 张忠野:《试论土地资源配置中的自由与管制》,《华东政法学院学报》2004年第4期,第10~13页。
[5] 褚中志:《中国土地资源配置的市场化改革问题思考》,《思想战线》2005年第4期,第14~16页。
[6] 陈茵茵:《土地资源配置中政府干预与市场机制研究》,《中国土地科学》2008年第3期,第20~27页。
[7] 王万茂:《土地资源部门间分配与耕地保护》,《中国土地科学》1997年第2期,第1~4页。
[8] 万年庆、吴国玺:《基于新农村建设的河南省土地资源优化配置》,《信阳师范学院学报》(自然科学版)2007年第4期,第521~524页。

提，对城乡土地制度中的人地利益关系进行宏观调节。①

三 农村土地权利结构与配置方式的关系

学术界在探讨农村土地权利结构与农村土地配置方式的逻辑关系时，大多借助制度经济学或产权经济学的理论框架进行分析，认为由于受农村土地资源配置方式的影响，土地权利结构也体现了农村土地资源配置的特征。目前学界对二者关系的论述主要表现为目标一致说、要素契合说与过程互动说。

（一）目标一致说

持这一观点的学者认为，土地作为一种稀缺资源，需要通过产权结构的界定与合理安排，达到削减土地制度运作成本、提高土地资源配置效率的目的。而农村土地的产权结构与配置方式的优化也有助于促进农地资源的合理流动、提升农地绩效产出，二者存在着目标的一致性。

第一种意见认为，农村土地权利结构与配置方式的优化都倾向于提升农地经济绩效。杨小凯研究了1978～1987年的中国农村产权结构改革状态，认为通过影响组织效率，进而促进经济增长的贡献占总增长48%；而通过影响资源配置效率，进而促进经济增长的贡献占总增长的52%。②农村土地的承包经营制度实现了所有权与经营权的分离，农户拥有了实际支配和使用自己劳动力的自由，在实现劳动力资源合理配置的同时，推动了农业产值指数、劳动生产指数和土地生产力指数的稳步增长。③此外，家庭联产承包责任制通过维护产权合约的稳定，降低了交易费用，促进了农地配置微观主体的理性回归，有利于提高农地资源的整体配置绩效。④张红宇则指出，土地资源的优化配置是农业发展的重要突破口径，通过建立有效率的土地使用权流转机制、培育完善的土地租赁市场，能够发展非农产业，转移农村剩余劳动力。⑤

第二种意见认为，农村土地权利结构与配置方式的优化都遵循效率与公平并重的原则。周诚提出，一切土地制度都具有保障和激励着两大功能，而在市

---

① 张清廉、于长立、王秀丽：《农村土地资源优化配置与规模经营研究》，《河南大学学报》（社会科学版）2009年第5期，第63~67页。
② 杨小凯：《中国农村产权结构变化对商品化和生产率的影响》，载于杨小凯著《当代经济学与中国经济》，中国社会科学出版社，1997年，第255页。
③ 林善浪：《中国农村土地制度与效率研究》，经济科学出版社，1999年，第80~81页。
④ 韩冰华：《农地资源合理配置的制度经济学分析》，中国农业出版社，2005年，第202~205页。
⑤ 张红宇：《新中国农村的土地制度变迁》，湖南人民出版社，2014年，第11~15页。

场机制主导资源配置的前提下,必须坚持土地权利和资源配置始终遵循公平目标和效率目标之统一。① 毕宝德等认为,土地资源的最佳配置状态是增进全社会成员的福利,而鉴于土地资源的稀缺性、土地利用的规划限制性、土地位置的固定性,必须对各种土地权利进行清晰界定和严格保护。②

(二) 要素契合说

持这一观点的学者认为,农村土地权利结构与配置方式的核心要素、主体要素是相互契合的,农村土地配置方式实际上就是农村土地的各项产权在不同利益主体之间进行分配与再分配的形式体现;农地产权结构的优化配置以土地所有权和使用权为核心,以农户家庭为利益主体。③

第一种意见认为,农村土地权利结构与配置方式的核心要素是农地所有权与使用权。洪名勇提出,在农村土地制度不断完善的要求下,要以促进土地使用权流转为关键,通过发展集体经济和适度规模经营,进一步提高农地资源的经济效率。④ 张红宇认为,我国土地政策调整的基点始终是维护农地的集体所有权和家庭经营权,在确保农户长期承包土地的同时,进一步促使土地使用权流转,提高土地资源配置效率。⑤

第二种意见认为,农村土地权利结构与配置方式的主体要素是农户个体及其家庭。有学者指出,当前农地产权制度健全发展的关键是巩固集体所有、确认集体经济所有权的主体身份,在市场机制作用下进一步实现农户的土地财产权。⑥⑦ 由农户家庭作为主体来承担土地的经营权和收益权,是社会交易成本最小的产权配置形式,有利于调动农民经营土地的积极性,从而使农户可以作为产权人参与分享城市化土地增值的收益成果。⑧ 而农民在拥有了稳固有效的土地使用权之后,会更加倾向于增加长期投入、增强土地流转的收益信心,进而

---

① 周诚:《土地经济学原理》,商务印书馆,2003年,第157页。
② 毕宝德主编《土地经济学(第七版)》,中国人民大学出版社,2016年,第253~254页。
③ 山东农业大学课题组:《我国农村土地配置方式研究》,《山东农业大学学报》(社会科学版) 2001年第3期,第4~14页。
④ 洪名勇:《马克思土地产权制度理论研究——兼论中国农地产权制度改革与创新》,人民出版社,2011年,第101~108页。
⑤ 张红宇:《新中国农村的土地制度变迁》,湖南人民出版社,2014年,第15页。
⑥ 周诚:《现阶段我国农地征用中的是是非非》,《中国乡镇企业》2007年第11期,第18~19页。
⑦ 曹泽华:《以产权改革为核心完善农村土地制度》,《求实》2005年第3期,第86~88页。
⑧ 詹王镇:《马克思主义土地产权理论及其在中国的实践研究》,合肥工业大学出版社,2015年。

推动土地资源的优化配置，促使农业生产的迅猛增长。①②

（三）过程互动说

持这一观点的学者认为，土地权利配置与土地资源配置是互联互通的，土地资源配置方式的优化过程，其实也是土地管理和产权制度的效率改进过程；农村土地权利结构的物权化改革与农村土地配置方式的市场化改革过程是相互促进、有机统一的。

第一种意见认为，农村土地权利结构的改善过程与农村土地配置方式的优化过程是内在统一的。姚洋分析了影响土地产出效率的诸多因素，重点研究了土地各项产权的稳定性，认为改善土地产权结构有助于强化土地资源配置的正向效应。③ 侯翔文等提出，实现农地资源的可持续化配置的关键是农地产权制度的优化完善。④ 陈志刚等着眼于农地产权制度对耕地绩效的直接影响，重点分析了耕地使用权、土地转让权和耕地收益权的作用，认为农地产权结构的优化有利于促进农村土地、资金、劳动力的优化配置和整合。⑤ 党国英则提出，只有实行土地要素市场化，按照"明晰产权、用途管制、节约集约、严格管理"的办法来改革土地制度，才能提高土地配置效率。⑥

第二种意见认为，农村土地权利结构的变化过程与农村土地配置方式的改革过程是相互促进的。熊战勋指出，由于受产权条件的制约，作为市场主体的农户和宏观调控主体的政府在农地资源的利用方式和程度上所体现的偏好，会使市场化进程与农地资源配置呈现出互动效应。⑦ 黎元生认为，土地所有权与承包经营权的两权分离，导致了土地产权的分割和多元产权主体的出现。而随着农地产权流转方式由原来的计划推动逐步过渡为市场运作，土地产权的市场

---

① 俞敬忠：《"圈地之风"危及我国未来的发展》，《中国党政干部论坛》2004年第4期，第4页。
② 赵阳：《共有与私用——中国农地产权制度的经济学分析》，生活·读书·新知三联书店，2007年，第28页、第67~68页、第33~34页、第110页。
③ 姚洋：《农地制度与农业绩效的实证分析》，《中国农村观察》1998年第6期，第3~12页。
④ 侯翔文、李明秋：《农地产权制度改革与农地资源的可持续利用》，《中国集体经济》2011年第10期，第5~6页。
⑤ 陈志刚、曲福林：《农地产权制度的演变与耕地绩效——对转型期中国的实证分析》，《财经研究》2003年第6期，第25~29页。
⑥ 党国英：《新一轮"土改"：难题和方向》，《理论参考》2009年第1期，第37~38页。
⑦ 熊战勋：《市场化进程中的农地资源利用与农地制度创新》，《经济评论》1998年第1期，第6页。

配置也呈现出渐进式的演进趋势。① 蒋远胜提出，我国农地的改革逻辑就是通过市场化方式，提高农地资源的配置效率，而农地的市场化改革主要包括明晰产权、构建交易市场两个方面。只有通过明晰产权，才能为农地产权交易创造条件，充分发挥农业经营主体的产权权能，从而获得更高的农业生产回报。②

第三节 农村土地承包关系和规模经营

稳定农村土地承包关系、发展农业适度规模经营是转变农村生产经营体系、促进农业现代化发展的必然趋势。③ 无论是农村实践还是理论研究，都对土地承包经营制度的完善及农业现代化发展进行了大量探索。对于农村土地承包关系是否需要完善，以及如何完善的问题和土地规模化经营的内涵及其有效实现形式的问题，学界争论仍未停止。

一 稳定农村土地承包关系

农村土地家庭承包经营制度的建立，为我国农村、农业的发展奠定了坚实的制度基础，充分释放了农村生产力。但是自实施以来，家庭承包经营制度由于种种问题一直处于改革完善状态，其重点在于稳定农村土地承包关系。从农村实践以及学界讨论来看，是否需要稳定农村土地承包关系、如何实现农村土地承包关系的稳定是争论的两个主要方面。

（一）农村土地承包关系的变革方向

由这一讨论问题的逻辑延伸，学界自然地形成了两方面不同的观点，一是要继续完善家庭承包经营制度、稳定农村土地承包关系，"继续搞土地承包"；二是要改革农村基本经营制度，转变农村土地经营方式，"不再搞土地承包"。

1. 继续稳定农村土地承包关系

支持这一观点的学者们认为，继续改革完善农村土地承包经营制度，稳定农村土地承包关系对于我国经济发展和农村整体改革具有重要意义，具体体现

---

① 黎元生：《农村土地产权配置市场化与制度改革》，《当代经济研究》2007年第3期，第44~47页。
② 蒋远胜：《改革开放四十年中国农地制度变迁的成就、逻辑与方向》，《农村经济》2018年第12期，第8~11页。
③ 赵鲲、刘磊：《关于完善农村土地承包经营制度发展农业适度规模经营的认识与思考》，《中国农村经济》2016年第4期，第12~16页、第69页。

在以下两个方面。

第一,农村土地承包经营制度具有良好的制度绩效、制度合理性以及制度开放性。

在制度绩效上。部分学者认为中国经济特别是农村经济发展能够取得如此巨大的成就,与农村土地家庭联产承包责任制的建立实施有着莫大的关系。如黄少安等认为家庭联产承包责任制所建立起来的农村土地承包关系,不仅解决了农村的温饱问题,还给城市经济制度改革提供了经验,奠定了全中国经济体制改革的切实基础。[1] 孙中华认为,农村承包经营制度促进了农业和农村经济的跨越式发展,保证了人民日益增长的农产品需求,也发展和繁荣了农村经济。[2]

在制度合理性上。林毅夫曾指出,家庭联产承包责任制下的劳动者能够获得全部的边际报酬,并且这一制度设计节约了监督成本,能够很好地刺激农民的生产积极性。[3] 孙中华认为在我国人多地少的基本国情下,实行承包经营,对于维持农村社会稳定作用显著。[4] 刘守英等认为,我国农村的基本经济制度即统分结合的双层经营体制,具有广泛的适应性和旺盛的生命力,必须长期坚持并不断完善。[5]

在制度的开放性上。赵华青认为承包经营制是农村集体经济"自我完善"的结果,体现出了较强的开放性,能够容纳不同水平的生产模式。[6] 孙中华认为承包经营制度体现出了良好的制度开放性,即它不仅能够满足传统农业的生产力要求,也能够容纳吸收不断发展的先进生产力,满足现代农业发展的要求。[7] 黄少安等强调,在家庭成本经营制度下,通过建立长效的激励机制,有助于激发农民群众增加农业投入、发展农业生产的积极性;也有利于促进土地经营权流转,形成多种形式的农业适度规模经营,推进农业现代化;还有利于

---

[1] 黄少安、文丰安:《中国经济社会转型中的土地问题》,《改革》2018年第11期,第5~15页。
[2] 孙中华:《关于稳定和完善农村基本经营制度的几个问题(上)》,《农村经营管理》2009年第5期,第6~9页。
[3] 林毅夫:《制度、技术与中国农业发展》,上海三联书店,1992年,第55页。
[4] 孙中华:《关于稳定和完善农村基本经营制度的几个问题(上)》,《农村经营管理》2009年第5期,第6~9页。
[5] 刘守英、王佳宁:《长久不变、制度创新与农地"三权分置"》,《改革》2017年第12期,第5~14页。
[6] 赵华青:《如何理解联产承包制的长期稳定性》,《人民日报》1993年2月17日,第5版。
[7] 孙中华:《关于稳定和完善农村基本经营制度的几个问题(上)》,《农村经营管理》2009年第5期,第6~9页。

农业转移人口市民化，促进城乡融合发展，体现出较强的制度开放性。①

第二，农村土地承包经营制度对于提高土地利用效率、优化土地资源配置作用明显。

在提高土地利用效率方面。李明秋等认为，通过承包权的分设和承包期限的延长，农民将会更愿意利用已闲置的承包地，无论是转入还是转出，都将有助于提高土地利用效率。② 张红宇等认为，长久不变的土地承包制度能够稳定农民的用地预期，刺激农民对土地增加中长期投资，从而起到改善土地生产条件、提高产出水平的作用。③ 高圣平等也认为保障农村土地承包关系的"长久不变"，农民会更有从事农业生产经营和对土地进行长期投入的积极性，有利于提高土地的生产力和可持续利用水平。④

在保护农民权益、稳定农村社会秩序方面。李明秋等认为，稳定农村土地承包关系，即稳定农村承包地的保障功能，有助于保障农户基本生活条件。⑤ 王乐君等认为不断完善农村土地承包经营制度、稳定农村土地承包关系，对于维护农民合法权益和农村社会的和谐稳定意义重大。⑥ 张红宇等指出，稳定土地承包关系"长久不变"的核心意图在于保护农民的土地权益，无论是从政策法规的角度还是从产权经济学的角度，农村土地承包关系的稳定都能够起到保护农民权益的作用。⑦

在完善农村基本经营制度，释放农村改革红利方面。刘守英等认为，地权的稳定性决定了土地制度的有效性，而地权的稳定与承包期限直接相关，因此稳定土地承包关系对于发挥农村土地承包制度的有效性及优越性具有显著的意义。⑧ 肖鹏基于农村土地制度改革的逻辑视角，认为完善农村土地承包经营制、

---

① 黄少安、文丰安：《中国经济社会转型中的土地问题》，《改革》2018年第11期，第5~15页。
② 李明秋、石鹏鹏、牛海鹏：《农村土地承包关系长久不变的内涵、隐忧及化解》，《西北农林科技大学学报》（社会科学版）2018年第6期，第75~80页。
③ 张红宇、李伟毅：《人地矛盾、"长久不变"与农地制度的创新》，《经济研究参考》2011年第9期，第33~47页。
④ 高圣平、严之：《"从长期稳定"到"长久不变"：土地承包经营权性质的再认识》，《云南大学学报》（法学版）2009年第4期，第34~39页。
⑤ 李明秋、石鹏鹏、牛海鹏：《农村土地承包关系长久不变的内涵、隐忧及化解》，《西北农林科技大学学报》（社会科学版）2018年第6期，第75~80页。
⑥ 王乐君、李迎宾：《对农村土地承包经营制度的若干思考》，《华中农业大学学报》（社会科学版）2011年第2期，第75~80页。
⑦ 张红宇、李伟毅：《人地矛盾、"长久不变"与农地制度的创新》，《经济研究参考》2011年第9期，第33~47页。
⑧ 刘守英、王佳宁：《长久不变、制度创新与农地"三权分置"》，《改革》2017年第12期，第5~14页。

稳定农村土地承包关系，是农地"三权分置"改革的逻辑起点，保障农地承包关系的"长久不变"则有助于完善农村土地"三权分置"改革。[①] 张红宇等认为稳定土地承包关系"长久不变"的安排是对以往农村土地政策的延续和递进，体现出了政策思路的延续性。[②] 高圣平等认为，稳定承包关系有利于解决"集体土地所有权主体虚位"以及由此而产生的一系列问题。[③]

2. 改革农村土地承包关系

也有不少学者认为农村土地承包经营制存在不少弊病，主张对农村基本土地制度进行改革。主要改革主张可以总结为两种，一是实行私人所有、私人经营的农民土地私有制；二是实行土地国家所有，农民通过承包赋权、租赁、永佃等方式经营。

第一类意见是主张实行土地农民私人所有、私人经营。主张实行农地私有改革的学者认为当前农村土地集体所有、农户承包经营的制度安排不能完全解决农民权益保护和规模化经营之间的矛盾，须进行农地集体所有制改革，实行农村土地私人所有制。

支持进行农村土地私有化改革的学者主要从农村土地制度安排所存在的问题出发，罗列了进行制度改革的理由。张新光认为，"中国现行农地产权制度安排是城镇与农村两大集团互相博弈的结果，实行集体所有制是为了维护城镇集团的既得利益"。[④] 文贯中认为，"集体成员分配权"这一设置导致了农村集体组织人口的迅速增加，在土地总量不变的情况下，人均农地面积不断下降，农地细碎化程度不断加深，规模化经营难以实现。[⑤] 陈志武认为，承包地难以流转、处置导致农民在农村的"根"难以脱离，农民进城转移的"拉力"仍然存在，阻碍了城镇化进程。[⑥]

在支持私有制的学者看来，实行农村集体土地农民私人所有、私人经营的

[①] 肖鹏：《"三权分置"下的农村土地承包关系长久不变研究》，《华中农业大学学报》（社会科学版）2018年第1期，第113~120页、第162页。

[②] 张红宇、李伟毅：《人地矛盾、"长久不变"与农地制度的创新》，《经济研究参考》2011年第9期，第33~47页。

[③] 高圣平、严之：《"从长期稳定"到"长久不变"：土地承包经营权性质的再认识》，《云南大学学报》（法学版）2009年第4期，第34~39页。

[④] 张新光：《论中国农地产权私有化改革的根本性障碍》，《兰州商学院学报》2004年第6期，第6~9页。

[⑤] 文贯中：《解决三农问题不能回避农地私有化》，《中国与世界观察》2007年第9期，第186~210页、第233~234页。

[⑥] 陈志武：《农村土地私有化后结果不会比现在糟》，《财经时报》2005年10月8日，第7版。

优势主要体现于能够提高土地利用效率、保护农户根本利益、促进城镇化发展、减少政府腐败行为、稳定社会秩序、增加农民收入等。如文贯中认为，实现土地私有化能够真正发挥市场的资源配置作用，从而提高农村土地的利用效率；也能够限制行政权力对于农户权力的侵犯，从而保护农户的根本利益；还能够实现农村人口非农化，促进城市化的发展进程。[①] 杨小凯同样认为，"土地私有化能够消除政府行政权力和村干部权力的滥用现象"，能够减少农村土地纠纷和政府腐败行为，从而促进农村社会的稳定发展；也可以实现农村产业结构的优化调整、提高农村土地的经营利用效率，"进而实现农村经济发展、农业繁荣与农户收入的提高，从根本上解决三农问题"。[②]

第二类意见是主张农村土地的国家所有。支持实行农村土地国家所有制的学者提出了多种农村土地经营使用方式，如赋权农民承包经营、农民租赁经营、农民永佃经营。

第一种观点，实行国家所有与赋权承包经营。向国惠等认为，农村集体土地所有制的产权不清，导致了农村土地所有权呈现出一种"虚无性"，在家庭联产承包经营责任制下，各种土地权益的矛盾冲突激化，严重影响了我国农村生产力以及农村社会的发展。在这一背景下，确立土地所有权国家所有、赋权农民使用的制度是较为适合我国社会发展的思路。[③] 颜运秋等认为，在"耕地流失、农业生产率低下、土地效用得不到充分实现等问题"下，农村土地制度改革的基本思路是"国家拥有土地所有权，赋予农民长期稳定能流转的物权性质的农地使用权"。[④]

第二种观点，实行国家所有与租赁经营。陆奕彪认为，"只有实行国有化才能更好地明晰产权，才能更好地贯彻党在农村的基本政策"，因而土地经营制度改革的可行路径是，将农村耕地全部收归国有，然后由国有经营公司发包[⑤]，即相当于土地的租赁经营。王洪友也提出，实行农地国家所有，成立国家土地经营管理部门，农民租赁经营的土地制度，是较为可行的农地所有制改革思路。[⑥]

---

① 文贯中：《现行土地制度已成中国现代转型的桎梏》，《东方早报》2012年1月18日，第10版。
② 杨小凯：《中国土地所有权私有化的意义》，《信报财经月刊》2001年第4期，第20~23页。
③ 向国惠、晏鸣、曾娟红：《改革农村土地所有制的思路》，《北京邮电大学学报》（社会科学版）2005年第2期，第21~24页。
④ 颜运秋、王泽辉：《国有化：中国农村集体土地所有权制度变革之路》，《湘潭大学学报》（哲学社会科学版）2005年第2期，第102~107页。
⑤ 陆奕彪：《农村土地国有化思考》，《岭南学刊》2000年第3期，第42~45页。
⑥ 王洪友：《概括国有化：中国农地集体所有制改革的实证分析与基本思路》，《生产力研究》2008年第10期，第35~37页。

第三种观点，实行国家所有与永佃经营。李太淼主张在农村土地所有权归国家所有的前提下，将农村土地使用权"借助于法律形式永佃给农民"，这一土地使用权可以自由流动。① 贾康也主张将必需保护的基本农田和其他的所有土地，都纳入"国有"法律框架，对基本农田确立"永佃制"。②

由此可见，关于农村土地承包经营制度，学界看法对立明显。坚持集体所有制的学者认为应该继续完善土地承包经营制度，发挥承包经营制度在稳定农村社会秩序、保障最广大农民生产生活需求方面的作用，继续通过改革稳定农村"人地"关系，赋予农民稳定长久的承包经营权，以提高农业经营效率。而反对土地承包经营的学者认为集体所有制下的承包经营模式暴露出太多问题，已不适应日益增长的社会经济发展要求，亟须通过所有制度改革来解决这些问题。

（二）怎样稳定农村土地承包关系

稳定农村土地承包关系，重点在于保持现有承包关系"长久不变"。但应该如何稳定之，如何保障其"长久不变"，学界研究主要从承包期限、承包地块以及承包权利方面提出了许多不同观点。

1. 承包期限"长久"

学者们普遍认为"长久不变"中的"长久"对应承包期限，体现为土地承包的永久期限或较长期限，大都认为延长承包期限对于稳定农村土地承包关系较为必要。但关于具体的承包期限，学者们意见不一，主要有"30年""70年""无期限"三种说法。

一是"30年"说。这部分学者并不认同"无期限"的土地承包，而是主张在土地承包经营权到期后继续按照现有法律规定承包经营，保持30年承包经营期限不变。如周其仁认为，农民所承包的地块在30年承包期到期后应该按照原有的土地承包关系进行续期，不再重新发包。③ 刘锐也认为现阶段直接赋予农民永久期限的土地承包经营权并不现实，可行的思路是在承包期届满由农民按

---

① 李太淼：《马克思主义基本原理与当代中国土地所有制改革》，《中州学刊》2017年第9期，第31~40页。
② 贾康：《中国新型城镇化进程中土地制度改革的新思路》，《经济纵横》2015年第5期，第1~10页。
③ 周其仁：《城乡中国（上）》，中信出版社，2014年，第241页。

照国家规定继续承包经营，可继续沿用 30 年的承包期。[①]

二是"70 年"说。支持在稳定土地承包关系下实行 70 年土地承包期的学者较多，他们认为现行的 30 年承包期太短，应当延长，但也不能实行永久化，会产生"私有之嫌"[②]。如张红宇等认为，"不设承包期限或者是 30 年为期限的效果都不明显"，在当前形式下，稳定土地承包关系的要求是将土地承包经营周期明确为 70 年。[③] 涂胜华等认为，为避免误读为"土地私有化"，对于稳定农村土地承包来说，有必要设立一个具体的承包期限，而 70 年较为合适。[④] 胡昕宇等也认为"土地承包关系的长期化"并不是指永久化，但承包期也应超过现行的 30 年，再考虑到农民对于土地承包经营期限的态度，70 年承包期限为宜。[⑤]

三是"无期限"说。这部分学者认为承包关系的"长久不变"意味着"永久不变"，在他们看来，无论哪种形式的有限期承包关系都难以实现真正的稳定，稳定承包关系的政策内涵应该是实行土地永久承包。如刘福海提出了农村土地经营的"长包制"，并将这一承包形式视为土地承包关系"永久不变"的实现形式。[⑥] 李凤梅认为，要保证承包关系的长久不变，则需要在立法上赋予农民无期限的土地承包经营权。[⑦] 高圣平等认为土地承包关系保持"长久稳定不变"意味着"土地承包经营权将没有存续期间的限制"，要实现土地承包关系的稳定就应该实行"无期限的、永久不变的承包经营制"。[⑧]

在承包经营权期限延长的政策实施起点上，学者们也看法不一（见表 4－7）。

[①] 刘锐：《如何解读党的十八届三中全会土地制度改革精神》，《国家行政学院学报》2014 年第 1 期，第 23～27 页。

[②] 高帆：《农村土地承包关系长久不变的内涵、外延及实施条件》，《南京社会科学》2015 年第 11 期，第 8～15 页。

[③] 张红宇、王乐君、李迎宾、李伟毅：《关于完善农村土地承包制度的若干问题》，《当代农村财经》2014 年第 6 期，第 21～24 页。

[④] 涂胜华、陈樱：《关于〈农村土地承包法〉的修改建议》，《农村经营管理》2016 年第 1 期，第 33～37 页。

[⑤] 胡昕宇、韩伟：《关于农村土地承包关系"长久不变"的若干思考》，《华中农业大学学报》（社会科学版）2010 年第 2 期，第 101～105 页。

[⑥] 刘福海：《长包制：土地承包关系长久不变的实现形式》，《北京日报》2009 年 6 月 29 日，第 10 版。

[⑦] 李凤梅：《土地承包经营权长久不变之立法探讨》，《国土资源情报》2011 年第 9 期，第 22～25 页。

[⑧] 高圣平、严之：《"从长期稳定"到"长久不变"：土地承包经营权性质的再认识》，《云南大学学报》（法学版）2009 年第 4 期，第 34～39 页。

表4-7 关于土地承包经营期限延长起点的不同观点

承包期限延长起点的代表性观点	代表学者
确权颁证完成之时	孔祥智、方志权、张红宇等
第二轮土地承包实施的起始年份	高帆等
第二轮承包期届满	杨久栋、刘锐等

部分学者如孔祥智等[①]、方志权等[②]、张红宇等[③]主张以土地承包经营权确权颁证完成之时作为土地承包经营权长久不变的起点；部分学者如高帆[④]则认为应当以第二轮土地承包实施的起始年份为起点；还有部分学者如杨久栋等[⑤]、刘锐[⑥]则主张从第二轮承包期届满时再重新计算承包期限。

2. 承包地块"不变"

"长久不变"中的"不变"对应了农村承包土地格局，体现为农民具体的承包地块不调整改变。关于这一"不变"，学界主要形成了三种不同意见：一是"大稳定、小调整"；二是"动态调整"；三是"不调整"。

第一种意见，"大稳定、小调整"。这部分学者认为在土地承包经营期内允许对土地进行调整，便于地方处理人地矛盾问题。如韩长赋认为，在较长的承包经营期内，农户在人口、劳动能力等方面将会发生较大变化，人与地之间匹配关系也将随之改变，相应会产生人地矛盾，而要解决矛盾，就需要"在坚持大稳定的同时，在一定时间、一定量的范围内做小的调整"。[⑦] 涂胜华等认为，在土地调整问题上，应保持"增人不增地，减人不减地"的政策取向，基本操作应允许在一定条件下"大稳定，小调整"。[⑧]

[①] 孔祥智、刘同山：《论我国农村基本经营制度：历史、挑战与选择》，《政治经济学评论》2013年第4期，第78~133页。

[②] 方志权、顾海英、张晨、陈怡赟、楼建丽：《农村土地承包关系"长久不变"的调查与思考——以上海市郊区为例》，《中国农村经济》2015年第10期，第28~33页、第41页。

[③] 张红宇、李伟毅：《以起点公平为基础实现农村土地承包关系长久不变》，《新视野》2013年第4期，第14~17页。

[④] 高帆：《农村土地承包关系长久不变的内涵、外延及实施条件》，《南京社会科学》2015年第11期，第8~15页。

[⑤] 杨久栋、苏强：《农地产权"长久不变"的法律创新及其实现》，《农业经济问题》2015年第4期，第27~31页、第110页。

[⑥] 刘锐：《如何解读党的十八届三中全会土地制度改革精神》，《国家行政学院学报》2014年第1期，第23~27页。

[⑦] 韩长赋：《论稳定农村土地承包关系》，《中国农村经济》1998年第1期，第36~39页。

[⑧] 涂胜华、陈樱：《关于〈农村土地承包法〉的修改建议》，《农村经营管理》2016年第1期，第33~37页。

第二种意见,"动态调整"。持这一观点学者则认为对于承包经营权调整的限制具有合理之处,但是应该有可依据之规则。如王立争认为,针对土地调整,"增人不增地,减人不减地"的不调整政策可以保留,但最终应建立起承包地的动态调整机制,以适应土地细碎化程度加深的情况,并且保留承包经营权的私权属性。①

第三种意见,"不调整"。持这一观点的学者较多,他们普遍认为无论是大调整还是小调整,都会对承包经营关系的稳定造成影响,因此有必要减少土地调整行为。如王乐君等主张"要切实落实《土地承包法》和《物权法》赋予农民的基本经营权益,应杜绝随意调整、违法征占地等行为"。②周其仁也认为,除法定事由等特殊原因外,农民所承包的地块不应该再有所调整,承包期满也不例外。③张红宇等也主张,在承包经营权确权过程中允许农民在民主决议的基础上对土地进行适当微调,确权完成后不再允许土地随意调整。④

3. 承包权利"充实"

"长久不变"对应的是土地承包经营期限与承包地块,对于承包经营权来说,学者们认为应该构建更为完善的承包土地权利结构,明确农民对承包地所享有的现有权利并充实权利内容。

一是要明确现有权利、保障农户利益。部分学者认为首先需要稳定现有的农地权益,保障农民应有利益不流失。张红宇等认为,稳定土地承包关系要做好"稳定承包关系与土地流转之间的政策衔接",即根据土地承包周期适当安排土地的流转期限,以保障农户承包地流转权益更好地实现。⑤李凤梅从法律层面探讨了稳定农村土地承包关系的问题。其认为,"在保证承包期限长久不变的同时,应当明确土地承包经营权的继承权,为农民确立更有保障的土地权利结构"。⑥

---

① 王立争:《土地承包经营权内在构造的深化改革》,《新疆社会科学》2015年第21期,第95~100页、第161~162页。
② 王乐君、李迎宾:《对农村土地承包经营制度的若干思考》,《华中农业大学学报》(社会科学版)2011年第2期,第75~80页。
③ 周其仁:《城乡中国(上)》,中信出版社,2014年,第241页。
④ 张红宇、王乐君、李迎宾、李伟毅:《关于完善农村土地承包制度的若干问题》,《当代农村财经》2014年第6期,第21~24页。
⑤ 张红宇、王乐君、李迎宾、李伟毅:《关于完善农村土地承包制度的若干问题》,《当代农村财经》2014年第6期,第21~24页。
⑥ 李凤梅:《土地承包经营权长久不变之立法探讨》,《国土资源情报》2011年第9期,第22~25页。

二是要扩充权能内容、延长权利时限。部分学者还认为应该扩大农村承包地的权能内容，赋予农民承包地更完善、充实的权利结构，以充分体现土地承包经营权的物权性质。王乐君等认为稳定农村土地承包关系的核心在于实行"期限更长久"和"权利更充分"的承包经营。具体工作要求是做好土地承包经营权确权登记发证工作，完善土地流转方面的政策，以充实农民的承包地权益。[①] 刘福海主张农民的承包地使用权应包含经营权、收益权、转让权、入股权、出租权、继承权等权利，这些权利也应随土地承包经营关系的期限一并设为具有长久期限的权利。[②]

（三）稳定农村土地承包关系对土地规模经营的意义

关于稳定农村土地承包关系与土地规模经营之间存在内在联系，学界认为，承包关系的稳定能够完善规模经营的现实条件、产生正向的生产激励，从而有效促进农村土地规模经营的发展。

1. 提供实现条件

学者们认为，稳定土地承包关系可以为土地规模经营提供包括生产条件、制度条件、土地条件等多方面的支持。

第一，遏制土地细碎化，提供规模经营的生产条件。如李凤梅认为，承包经营权的稳定可以防止"因人口增减而频繁调整土地所造成的土地细碎化"，从而有利于扩大土地经营规模和实现农业机械化生产，为土地规模经营创造条件。[③] 王立争指出，稳定农村土地承包关系为农民创造了规模化经营的条件，能有效防止承包地的细碎化，有助于缓解发展土地规模经营的现实压力。[④]

第二，促进土地流转，提供规模经营的制度条件。张红宇等认为，更加长久不变的土地承包关系则意味着期限更长、权利义务关系更稳定的土地流转制度体系，土地流转关系的稳定有利于农业生产的集中化、规模化，便于农业基础设施的发展和农业服务产业的发展，从而形成完善的生产服务体系，对于农

---

① 王乐君、李迎宾：《对农村土地承包经营制度的若干思考》，《华中农业大学学报》（社会科学版）2011 年第 2 期，第 75~80 页。
② 刘福海：《长包制：土地承包关系长久不变的实现形式》，《北京日报》2009 年 6 月 29 日，第 10 版。
③ 李凤梅：《土地承包经营权长久不变之立法探讨》，《国土资源情报》2011 年第 9 期，第 22~25 页。
④ 王立争：《土地承包经营权内在构造的深化改革》，《新疆社会科学》2015 年第 21 期，第 95~100 页、第 161~162 页。

业规模化经营的意义重大。①

第三，提高土地质量，提供规模经营的土地条件。姚洋的研究表明，土地调整对于农地市场效率影响明显，土地每多调整一次，土地单产就下降1.5%。②俞海等通过实证研究发现，农地使用权的稳定性与农地肥力之间具有正向关系，即农地使用权越稳定，农民越愿意投入资本改善农地肥力。③

2. 增强生产激励

学者们认为承包经营关系的稳定能够稳定农户的用地预期，从而刺激农户的生产积极性和投入欲望，提升农户土地流转的几率。

第一，刺激生产积极性，增加生产投入。何凌云等研究表明，土地使用权的稳定将能够提高农民对土地经营投入的积极性，从而提升农民扩大经营规模的可能性。④李凤梅认为，保障农民拥有稳定的承包经营权有利于形成"农地的有效投入和积累机制"，从而促进土地生产活动的集中、生产规模的扩大。⑤高帆认为，农地承包经营权期限的延长对于稳定农民的生产经营预期，推进土地承包经营权流转具有重要意义，有利于土地规模经营的发展。⑥

第二，稳定生产预期，提高流转几率。田传浩认为，农户对地权稳定性的预期越高，转入土地的可能性就越大。而农村土地承包关系的稳定正好有助于提高农户对于地权稳定性的预期。⑦高圣平等认为，农村土地现有承包关系长久不变，将稳定农村农民对土地经营的预期，在促进土地承包经营权流转方面意义重大。⑧

较多学者认可稳定农村土地承包关系对于规模经营的重要意义，无论是促进土地流转还是刺激生产积极性，都体现出了农村土地承包关系与农业经营的

---

① 张红宇、王乐君、李迎宾、李伟毅：《关于完善农村土地承包制度的若干问题》，《当代农村财经》2014年第6期，第21~24页。
② 姚洋：《农地制度与农业绩效的实证研究》，《中国农村观察》1998年第6期，第3~12页。
③ 俞海、黄季焜、Scott Rozelle、Loren Brandt、张林秀：《地权稳定性、土地流转与农地资源持续利用》，《经济研究》2003年第9期，第82~91页、第95页。
④ 何凌云、黄季焜：《土地使用权的稳定性与肥料使用——广东省实证研究》，《中国农村观察》2001年第5期，第42~48页、第81页。
⑤ 李凤梅：《土地承包经营权长久不变之立法探讨》，《国土资源情报》2011年第9期，第22~25页。
⑥ 高帆：《农村土地承包关系长久不变的内涵、外延及实施条件》，《南京社会科学》2015年第11期，第8~15页。
⑦ 田传浩：《农地制度、农地租赁市场与农地配置效率》，经济科学出版社，2005年，第63页。
⑧ 高圣平、严之：《"从长期稳定"到"长久不变"：土地承包经营权性质的再认识》，《云南大学学报》（法学版）2009年第4期，第34~39页。

强烈关联。

二 农村土地适度规模经营

农业现代化、产业化发展的关键在于土地的规模经营。自 1987 年中央第一次提出适度规模经营以来，有关规模经营的问题一直是政府部门和学术界关注的热点问题。而什么样的经营才是规模经营，什么样的规模才是适度规模，是学界讨论的主要议题。

（一）规模经营的概念及其模式

对于规模经营的概念，学者们主要从理论方面通过概念解读形成了规模经营理论含义。对于规模经营的模式，学者们则主要从具体实践的角度介绍了规模经营的主要模式。

1. 规模经营的概念

学者们从理论和现实两方面对规模经营的概念进行了解读。

许多学者从经济学中的规模经济理论入手，对农地规模经营的概念进行了阐释。如岳文韬认为，"规模经营的核心在于在既定条件下使各种生产要素的配置比例合理化"。[1] 韩家彬等认为，土地规模化经营来源于规模经济，指"在既有条件下扩大生产经营单位的规模，使得土地、资本和劳动力等生产要素的配置趋于合理，以达到最佳经营效益"。[2] 郭庆海也认为，土地规模经营的理论基础是规模经济理论。"土地规模经营即指土地经营规模在规模经济理论指导下扩大集中，以实现规模效益的最大化。"[3]

也有部分学者从农地规模化经营的具体实现状态对其进行了阐释。郭熙保认为，"农地规模化经营是指每个农业生产者经营足够的农地面积，从而产生规模效应"，其实现状态是"农业劳动生产率大幅度提高，接近非农业部门的劳动生产率，其所获得的收益不低于从事其他行业的收益"。[4] 马晓河等认为，土

---

[1] 岳文韬:《对当前农业适度规模经营的几点看法》,《农业技术经济》1986 年第 6 期, 第 23~25 页。
[2] 韩家彬、张书凤、刘淑云、常进雄:《土地确权、土地投资与农户土地规模经营——基于不完全契约视角的研究》,《资源科学》2018 年第 10 期, 第 2015~2028 页。
[3] 郭庆海:《土地适度规模经营尺度: 效率抑或收入》,《农业经济问题》2014 年第 7 期, 第 4~10 页。
[4] 郭熙保:《"三化"同步与家庭农场为主体的农业规模化经营》,《社会科学研究》2013 年第 3 期, 第 14~19 页。

地规模化经营的原则是利用"比较优势",一般都经政府推动而形成,如"专业化生产"和"产业化生产"就是规模化经营的具体实现状态。①

2. 规模经营的模式

学者们从规模经营的区位空间分异、经营主导者、土地产权关系等角度对农村土地规模经营的模式进行了总结,形成了多样化观点。如马晓河等根据地理及土地区位空间分异,将我国农村土地规模化经营模式划分为三种:一是地理型分工模式,即不同地区根据区域特点发展不同类型的规模化经营;二是城郊型分工模式,即不同区位的土地所发展的规模化经营类型不一;三是基地型分工模式,"即以县乡为单位,组建大宗农产品和特色农产品生产基地的规模化经营"。②张红宇等认为,"家庭经营模式下的种植大户、家庭农场""合作经营模式下的专业合作社、土地股份合作社",都是土地规模经营的有效实现形式。③黄凌翔等将农村土地规模经营划分为市场主导和政府主导的两种不同模式。市场主导的规模经营主要是由农民自行搭建土地流转的平台,由市场配置资源,政府仅进行监督和引导。政府主导的规模经营则主要指政府在流转平台建设及土地流转过程中起主导作用的一种模式。④赵鲲等将土地规模经营划分为"合作组织带动下形成的较为紧密的规模经营模式、社会化服务组织带动下形成的较为松散的规模经营模式以及土地流转后的集中经营模式"。⑤这三种模式的权利分享关系不同,经营主体对经营权的占有、使用、收益等产权权能实现程度也不同。朱守银等将农业规模经营划分为"土地集中型"、"组织引领型"、"产业联结型"以及"服务带动型"四种模式。他还指出,不同区域的规模经营有着不同的要求,规模经营模式应用条件也不同。⑥

实践中多种多样的规模经营模式则体现出了规模经营已经慢慢演变为我国农村经营体系中的一种基本经营形式。但是无论哪种模式的规模经营,其内核

---

① 马晓河、崔红志:《建立土地流转制度,促进区域农业生产规模化经营》,《管理世界》2002年第11期,第63~77页。
② 马晓河、崔红志:《建立土地流转制度,促进区域农业生产规模化经营》,《管理世界》2002年第11期,第63~77页。
③ 张红宇、吴晓佳:《让规模经营引领现代农业发展》,《人民日报》2016年2月21日,第10版。
④ 黄凌翔、郝建民、卢静:《农村土地规模化经营的模式、困境与路径》,《地域研究与开发》2016年第5期,第138~142页。
⑤ 赵鲲、刘磊:《关于完善农村土地承包经营制度发展农业适度规模经营的认识与思考》,《中国农村经济》2016年第4期,第12~15页、第69页。
⑥ 朱守银、柳金平、韩洁、段晋苑、邵科:《规模经营不单是土地集中》,《人民日报》2013年9月29日,第10版。

要求都是稳定的土地承包关系。

(二) 规模经营的适度性

针对土地经营的规模经济，学界对土地规模经营的"适度性"问题进行了大量的研究。主要内容包括以下两点，一是土地规模经营的"适度性"应该如何理解，二是土地经营的规模与土地生产效率之间具体是什么样的关系。

1. 土地适度规模经营的内涵

关于适度规模经营的内涵，即怎样的经营规模才是适度规模，学者们从定量和定性的角度都给出了解读。

一是定量测度的视角。顾焕章以单位产量为测度指标对中国农户的劳均耕地规模与土地生产效率进行了实证调查研究，结果发现，当劳均耕地规模处于20~25亩时，耕地的单位产量会达到最高。[1] 朱守银等的实地调研发现，不同的规模经营主体，经营的适度规模也不同，家庭经营的适度规模在100亩以下，而种粮大户的适度规模可以达到1000亩，因此，规模经营应该根据不同的经营技术条件选择合理适度的经营规模区间。[2] 齐城实证测度了具体区域的适度经营规模的具体指标，发现"达到劳动力工作满负荷时的经营规模应为5.12亩"。[3] 黄新建等基于实证研究认为，规模经营主体存在适度经营的"上界规模"和"下界规模"，在这一经营规模区间内可以"实现农业生产宏观目标和微观目标的有机结合"。[4]

二是定性解读的视角。黄河清认为，土地的适度规模经营是指：随着社会经济与生产技术的发展，农业生产活动逐渐集中，形成单位劳动力经营"较大规模"土地的土地专业化生产。[5] 张侠等认为土地适度规模经营是指在"一定的生产力水平和经营环境下，一个农户（农场、合作社、经营组织）投入生产经营的土地规模可以满足充分发挥要素作用，获取最佳经济效益时的土地规模经营状态"。[6]

---

[1] 顾焕章：《中国农户经济的增长与规模经营》，中国人民大学出版社，1993年，第60页。

[2] 朱守银、柳金平、韩洁、段晋苑、邵科：《规模经营不单是土地集中》，《人民日报》2013年9月29日，第10版。

[3] 齐城：《农村劳动力转移与土地适度规模经营实证分析——以河南省信阳市为例》，《农业经济问题》2008年第4期，第38~41页。

[4] 黄新建、姜睿清、付传明：《以家庭农场为主体的土地适度规模经营研究》，《求实》2013年第6期，第94~96页。

[5] 黄河清：《农业适度规模经营问题综述》，《农业经济问题》1986年第7期，第27~29页。

[6] 张侠、赵德义、赵书海：《河北省土地适度规模经营研究》，《商业时代》2010年第7期，第124~126页。

孟展等指出了农业规模经营的关键在于土地要素配置在生产中要实现最佳效益，隐含着土地适度规模经营的意思。① 马佳等认为，土地的适度规模经营是指土地的经营在"最优的规模"上实现劳动、资本、技术等各种生产要素的优化配置，以获取最大化的经济收益。② 可见，在一定的经济技术条件下，实现各种农业生产要素的优化组合，是土地适度规模经营的核心要求。

可以看出，时空差异对于土地适度经营规模影响明显。不同的地区特征和经济技术条件下，土地规模经营的适度内涵有所差别。

2. 土地经营规模与土地生产效率

关于土地经营规模与土地生产效率的关系，学界主要有三种观点。

其一，经营规模的提高有利于提高土地生产率。如陶铸认为，小规模的农业经营难以实现水利、道路等基础设施在大范围内的建设配置，而经营规模的扩大则能够"将这一外部矛盾转化成内部问题化解"，有利于提高农业生产经营的效率。③ 赵旭强等对比国际经验发现，"随着农业经营规模扩大，单位农产品的平均成本会不断降低，农业生产的经济效率将会不断提高"。④ 吴豪等认为，土地规模经营是农业现代化的必然要求，土地的适度规模经营有利于现代农业技术和生产手段的运用，能够提高农业经营效率。⑤

其二，土地经营的规模太小和太大都不利于提高土地生产率，适度的经营规模才能够提高土地生产率。朱守银等认为，土地的经营规模并不是越大越好，需要根据"资源、人口和发展水平等因素"，选择适度的经营规模区间。⑥ 舒茂瑞等认为"土地规模经营并非规模越大效益越高，而是要掌握其中的度"。⑦ 彭宇文认为，农地规模经营强调适度，即农户承包经营的土地规模必须在自己的

---

① 孟展、徐翠兰：《江苏农村土地适度规模经营问题探析》，《国土资源》2013年第8期，第46~48页。
② 马佳、马莹：《上海郊区农地规模经营模式优化的探讨》，《地域研究与开发》2010年第3期，第119~123页。
③ 陶铸：《人民公社在前进——广东农村人民公社五年经验的基本总结》，《人民日报》1964年2月28日，第5版。
④ 赵旭强、韩克勇：《试论农业规模化经营及其国际经验和启示》，《福建论坛》（人文社会科学版）2006年第8期，第24~27页。
⑤ 吴豪、苗玉红、江辉、徐丹、焦卫平：《健全土地适度规模经营下的承包经营权流转市场》，《中国农学通报》2008年第12期，第547~550页。
⑥ 朱守银、柳金平、韩洁、段晋苑、邵科：《规模经营不单是土地集中》，《人民日报》2013年9月29日，第10版。
⑦ 舒茂瑞、陈守仲：《"两田制"和土地规模经营》，《中国农村经济》1992年第8期，第64~65页。

耕作能力范围内。① 杨钢桥等认为土地经营在一定的技术条件下，总存在一个适度规模，"这一规模使得生产经营单位所能支配的劳动力和资本等生产要素达到最优匹配"。② 罗芹指出，生产规模并不是越大越好，而是要与实际的劳力、机械和化肥投入相一致，并会随着它们的增大而增大。③ 张红宇等也指出，在我国的基本国情和农情下，经营规模并不是越大越好，关键要把握好适度的问题。④

其三，土地经营规模与土地生产效率不存在直接关系，甚至呈反方向关系。如金和辉等基于实证研究结果发现土地的经营规模与土地生产率呈相反关系，即经营规模越大，农地的生产效率反而越低。⑤ 林善浪认为"由于在体制上有利于形成激励机制和监督机制，也有利于增加土地上的劳动力投入和流动资产的投入"，小规模经营反而更有利于提高土地生产率。⑥ 史正富认为土地经营规模与土地的单位产量之间不存在相关关系，数字上表现出来的亩产随土地经营规模扩大而提高的现象，可能是其他隐藏因素导致的。⑦

在20世纪小农承包生产的形式下，土地的市场规模可能会与市场效率呈负向关系，但是放在现今农村生产条件下，规模经营的条件更加完善，农民需求也更加强烈，生产的适度规模性与土地生产效率之间的关系也越来越明确。

第四节　农村集体建设用地

农村集体建设用地⑧"是集体资产中占比规模最大，涉及利益关系最为复

---

① 彭宇文：《农地适度规模经营的思考》，《湖南农业大学学报》（社会科学版）2004年第6期，第33~36页。
② 杨钢桥、胡柳、汪文雄：《农户耕地经营适度规模及其绩效研究——基于湖北6县市农户调查的实证分析》，《资源科学》2011年第3期，第505~512页。
③ 罗芹：《农业适度规模经营的影响因素——兼论中国如何达到土地的最优经营规模》，《经济研究导刊》2008年第7期，第12~13页。
④ 张红宇、王乐君、李迎宾、李伟毅：《关于完善农村土地承包制度的若干问题》，《当代农村财经》2014年第6期，第21~24页。
⑤ 金和辉、李关星：《关于土地生产率与土地经营规模的实证分析》，《农村经济文稿》1989年第2期，第20~22页。
⑥ 林善浪：《农村土地规模经营的效率评价》，《当代经济研究》2000年第2期，第37~43页。
⑦ 史正富：《中国农村土地制度变革》，北京大学出版社，1993年，第68页。
⑧ 农村集体建设用地主要分为集体经营性建设用地、宅基地以及公益性建设用地。由于宅基地问题在下一节中会单独讨论，因此本节所讨论的农村集体建设用地主要是指集体经营性建设用地和公益性建设用地。

杂的资源性要素"。① 农村集体建设用地为农村产业发展、农村公共服务设施建设提供了用地支撑，满足了农村发展的用地需求，其重要性不言而喻。农村集体建设用地的利用一直是学界研究的热点，其中，学者们又围绕集体建设用地利用的重要性、集体建设用地的利用方式以及集体建设用地利用中的利益关系处理几个问题进行了深入探讨。

一 农村集体建设用地的重要性

从学界的研究来看，农村集体建设用地的重要性体现于对其进行的利用，而关于农村集体建设用地利用的重要性的争论则主要体现于以下几个方面：一是农村集体建设用地的利用对农村产业发展的作用；二是农村集体建设用地的利用对城乡统筹发展的作用；三是农村集体建设用地的利用对农民生活水平改善以及农村设施条件改善的作用。

（一）集体建设用地与农村产业发展

农村集体建设用地的历史形成中最主要的来源之一就是乡镇企业和外来企业用地。在农村集体建设用地的利用与农村产业发展的关系研究上，学界主要形成了两种不同的观点，部分学者认为农村集体建设用地具有促进农村产业发展和经济增长的作用，而另一部分学者认为农村集体建设用地的低效利用并不利于农村产业的健康发展。农村集体建设用地利用对农村产业发展呈现一种复合影响。

1. 集体建设用地对于农村产业发展的促进作用

支持这一观点的研究主要是立足于农村集体经营性建设用地对于产业发展的用地支撑作用，相关学者认为农村集体经营性建设用地首先可以用于本村产业，保障本村域集体经济的发展，其次也可以用于外来的企业落地，为农村带来更为高端的产业业态和更为专业的经营管理方式，从而优化农村产业结构。

王克忠指出，土地及其收益作为投资资本，在很长一段时间内都是农村经济发展的重要手段，"很长一段时间内，农村集体与外商和城市企业的联合、入股、合资、合作大部分是以土地资产作为资本的"。集体建设用地对于集体经济发展，特别是第二、第三产业发展具有基础性的作用。② 林霓裳指出，集体建

---

① 王林梅、段龙龙：《农村集体建设用地入市改革：基本导向、认识误区与未来趋势》，《财经科学》2018年第12期，第29~40页。
② 王克忠：《农村集体土地入市的几个问题——兼论建立城乡统一的地产市场》，《中国土地科学》1996年第1期，第82~88页。

设用地的流转使用可以促进三次产业在农村得到相应的发展,并且能为农户提供不同程度的就业机会。① 林卿等认为农村集体建设用地的历史形成证明了其对乡镇企业发展的支持作用显著。② 陈美球等认为,农村集体建设用地的综合供给在乡村振兴的背景下有着新要求,特别是要满足新时期农村三次产业的融合发展对土地功能的"复合和混合利用"要求,从侧面体现出了农村集体建设用地资源对乡村振兴的重要作用。③

2. 集体建设用地对农村产业发展的复合影响

这一观点的研究认为农村集体建设用地的利用对农村产业发展的影响不仅有正向的促进作用,也有负面的作用,呈现出复合影响的情况。

如郑沃林等认为农村"杂聚"的产业,集聚效益低且缺乏创新能力,显著制约了农村集体建设用地利用效率的提高。而且村集体利用低租金、长租约吸引外地企业投资的"不当引资"方式也导致农村产业陷入业态低下、产业升级困难的困境。④ 曲承乐等通过研究发现,集体建设用地在农村产业发展过程中的不合理配置将导致本村农民利益的损失,"市场自由竞争的结果必然会使部门利润率较低、资金实力较差的多数农业经营者无法成为农村存量集体建设用地的受让方"。⑤ 可见,农村集体建设用地的利用能够促进农村产业的落地发展,同时也可能成为限制当地农村产业发展的主要原因,关键在于土地利用方式。

(二) 集体建设用地与城乡统筹发展

学界对于农村集体建设用地在城乡统筹发展过程中的作用以及二者之间的关系进行了大量研究,主要观点可以分为三类:一是认为农村集体建设用地资源的盘活利用对于城乡统筹发展具有促进作用;二是认为农村集体建设用地资源并不能有效推动城乡之间的统筹发展;三是认为农村集体建设用地在城乡统

---

① 林霓裳:《政府主导下的土地流转与产业发展及就业的关联机制——天津近郊地区农村集体建设用地流转实践与启示》,《西部论坛》2012 年第 5 期,第 4~5 页。
② 林卿、张俊:《中国改革发展进程中集体建设用地利用及政策选择》,《福建商学院学报》2018 年第 4 期,第 6~14 页。
③ 陈美球、蒋仁开、朱美英、翁贞林、郎海鸥:《乡村振兴背景下农村产业用地政策选择——基于"乡村振兴与农村产业用地政策创新研讨会"的思考》,《中国土地科学》2018 年第 7 期,第 90~96 页。
④ 郑沃林、田光明:《农村建设用地低效利用的影响因素分析——以广州市天河区和白云区为例》,《地域研究与开发》2016 年第 6 期,第 104~108 页。
⑤ 曲承乐、任大鹏:《论集体经营性建设用地入市对农村发展的影响》,《中国土地科学》2018 年第 7 期,第 36~41 页。

筹发展进程中的作用需要审慎看待。

1. 集体建设用地有利于城乡统筹发展

持该类观点的学者主要认为农村集体建设用地可以同步适配城市发展用地需求，能够推进城乡要素之间的平等交换，对于城乡统筹特别是城市发展具有较强的促进作用。如王林梅等指出，"城乡之间的土地资源的错配，形成了典型的土地要素'双边挤压'悖论"，建立城乡统一的建设用地市场、盘活利用农村闲置集体建设用地资源对于协调整合城乡土地资源、促进城乡统筹发展具有重要意义。[1] 吴月芽认为，随着城镇化和工业化的推进以及农村产业的迅速发展，农村集体建设用地资源在城乡之间的配置将在很大程度上影响城乡统筹发展进程。[2] 伍振军等认为，"在现阶段，土地要素逐渐成为制约国家经济发展的瓶颈，而在此背景下，农村集体建设用地尤其是集体经营性建设用地资源的城市流转配置显得更加紧迫"。[3] 倪维秋等也认为"土地要素是城乡一体化的核心内容"，城乡统筹过程中最重要的任务是实现建设用地的合理配置，其关键又在于农村集体建设用地的优化配置。[4]

2. 集体建设用地不利于城乡统筹发展

持该类观点的学者认为农村集体建设用地利用并不应该与城市发展相挂钩，集体建设用地制度改革风险较大，可能导致改革成效与城乡统筹发展的目标背道而驰。如项继权等认为，在当前的地方财政体制下，农村集体建设用地入市配置，很可能造成地方政府的国有土地出让收入减少，从而导致地方政府的财政困境。[5] 李萍等还认为，农村集体建设用地纳入城市土地配置范围之后可能导致耕地红线被突破从而造成粮食安全风险，并且也会形成新的"城乡二元结构"，进一步产生农民利益保障的风险。[6]

---

[1] 王林梅、段龙龙：《农村集体建设用地入市改革：基本导向、认识误区与未来趋势》，《财经科学》2018年第12期，第29~40页。

[2] 吴月芽：《农村集体建设用地使用权入市流转的可行性探析》，《经济地理》2005年第3期，第401~405页、第410页。

[3] 伍振军、林倩茹：《农村集体经营性建设用地的政策演进与学术论争》，《改革》2014年第2期，第113~119页。

[4] 倪维秋、俞滨洋：《基于城乡统筹的城乡统一建设用地市场构建》，《商业研究》2010年第10期，第87~90页。

[5] 项继权、储鑫：《农村集体建设用地平等入市的多重风险及其对策》，《江西社会科学》2014年第2期，第10~17页。

[6] 李萍、胡俊波：《制度约束下的理性选择与农村土地流转》，《福建论坛》（人文社会科学版）2006年第3期，第72~76页。

3. 集体建设用地对城乡统筹发展的复合影响

持此类观点的学者认为不能仅仅只看到农村集体建设用地利用的短期利益，更要从长远发展的视角剖析其对整个城乡一体化进程的影响。夏方舟等认为农村集体建设用地在促进城乡一体化进程的同时也会导致"土地投机多发、城市化质量下降、城市化成本提高"等一系列不利于城乡统筹发展的问题。[①] 因此，集体建设用地在城市发展过程中的利用必须"慎思远虑，妥为规划"，适时适合地利用集体建设用地资源，以保证其在城乡统筹中作用的发挥。王欢等揭示了建立城乡统一的建设用地市场所存在的主要风险，包括"房地产市场受冲击风险、农民权益受损害风险、削弱国家宏观调控的风险、政府管理效益受损的风险、危及国家粮食安全的风险五类风险"。[②] 风险的存在反映出农村集体建设用地制度改革的敏感性和复杂性，因此要审慎地看待农村集体建设用地在城乡统筹发展过程中的作用。

可以看出，虽然存在风险，大多数学者仍然认为农村建设用地的盘活利用对城乡统筹发展的促进作用明显。

二 农村集体建设用地的利用方式

农村集体建设用地资源存量丰富，利用潜力大，但如何利用才能到达最高效率，并且兼顾城乡发展全局，这些问题是学界多年来一直关注的问题。从学界研究来看，集体建设用地利用问题的核心在于配置方式，即是否采用市场化配置的手段进行利用。对此学界主要形成了两派观点，即支持实现市场化利用和不支持实现市场化利用。

（一）农村集体建设用地应实现市场化利用

许多学者认同农村集体建设用地市场化利用的效益，支持农村集体建设用地的市场化利用，并从城乡统筹发展、社会主义市场经济体系建设、土地制度演化、农民收入增长与优化土地资源配置角度出发阐述了农村集体建设用地市场化利用的重要意义。

[①] 夏方舟、严金明：《农村集体建设用地直接入市流转：作用、风险与建议》，《经济体制改革》2014年第3期，第70~74页。

[②] 王欢、杨学成：《关于建立城乡统一建设用地市场的风险评估》，《经济与管理》2016年第1期，第71~76页。

1. 促进城乡统筹发展

部分学者认为,城乡"二元土地制度"已成为我国经济社会发展过程中的一个顽疾,促进农村集体建设用地的市场化利用,建立城乡"同地、同权、同价"的土地市场,是解决城乡发展问题的一条有效途径。如陈燕认为破除城乡二元结构、缩小城乡经济差距、确立国有土地与集体土地所有权主体的平等地位以及发展社会主义市场经济都需要建立城乡统一的建设用地市场,实现农村集体建设用地利用的市场化。[1] 文兰娇等认为消除城乡二元制度壁垒、提高城乡统筹发展水平的关键措施是建立"公平、高效和安全"的城乡统一建设用地市场,促进农村闲置建设用地资源与城市用地需求的适配对接。[2] 尹伯成也认为只有在城乡统一的土地市场内,"城市才能顺利得到发展所需要的土地,农村也才能获得土地市场价格实现的增值收益,从而摆脱地价长期扭曲的局面,大大提高土地利用效率"。[3]

2. 完善社会主义市场经济体系

也有部分学者认为社会主义市场经济体系的建设要求农村集体建设用地与城市建设用地市场融合发展。如王克忠在综合分析支持与反对农村集体土地入市的两方观点的基础上指出,农村集体土地是可以而且应该是进入市场的,这是建立和发展社会主义市场体系的客观要求。[4] 陈燕也认为,社会主义市场经济体制的完善不仅仅是针对城市土地市场,农村土地市场的开放发展也是社会主义市场经济体制建立的内核要求之一。[5]

3. 促进土地制度改革合理演进

也有部分学者将我国的土地制度演化与土地市场化发展相结合,指出集体建设用地的市场化利用是未来土地制度的重要演变方向。如马欣等认为,"中国土地市场的制度变迁将越来越重视城乡之间土地交易公共平台的架构",城乡统

---

[1] 陈燕:《中国城乡建设用地市场一体化是历史的必然》,《福建论坛》(人文社会科学版)2011年第11期,第32~37页。

[2] 文兰娇、张安录:《论我国城乡建设用地市场发展、困境和整合思路》,《华中科技大学学报》(社会科学版)2017年第6期,第74~81页。

[3] 尹伯成:《构建城乡统一的土地市场》,《中国地产市场》2013年第7期,第22~23页。

[4] 王克忠:《农村集体土地入市的几个问题——兼论建立城乡统一的地产市场》,《中国土地科学》1996年第1期,第82~88页。

[5] 陈燕:《中国城乡建设用地市场一体化是历史的必然》,《福建论坛》(人文社会科学版)2011年第11期,第32~37页。

一的建设用地市场是未来土地市场制度发展的必然趋势。① 许经勇认为，当前城乡二元土地制度约束了农村土地资源的有效流动，这就要求农村土地制度在发展改革过程中应逐步有序地放开对集体建设用地的约束管制，建立城乡统一的建设用地市场。②

4. 提高农民财产性收入

也有许多学者认为集体建设用地的市场化将能够有效提高农民收入。党国英认为农村集体建设用地资源是农民的一项重要财产资源，市场化利用是激活其财产属性的重要条件。③ 杨小凯研究发现，对于农村集体建设用地自由交易的限制阻碍了农民收入的提高。④ 在这些学者看来，农村集体建设用地资源的市场化利用，能让农户参与到城镇化发展的进程中去，分享到土地增值收益。但农村集体建设用地的封闭利用方式以及流转限制导致了农民在这方面的应得财产性收益损失巨大。

5. 提升农村土地资源配置效率

还有学者认为城市与农村割裂的土地利用市场与社会经济发展是不相适应的，只有整合农村与城市两个土地市场才能够提高土地资源的配置效率。如钱忠好等认为，随着经济发展，城乡土地市场由分割走向整合是优化土地资源配置的必然要求，能够提高农村集体建设用地的利用效率。⑤ 黄珂等指出，构建城乡统一的建设用地市场，将农村集体建设用地资源纳入城乡一体的市场配置范围内，将能够推动我国建设用地市场化机制的发展，"实现农村集体建设用地资源配置效率的'帕累托改进'"。⑥ 黄国勇认为开展集体经营性建设用地入市试点、构建城乡统一的建设用地市场在"维护农民土地权益、保障农民公平分享土地增值收益、保护集体经营性建设用地权利人的合法权益、促进土地资源节约集约利用"方面具有重要意义。⑦

---

① 马欣、陈江龙、吕赛男：《中国土地市场制度变迁及演化方向》，《中国土地科学》2009 年第 12 期，第 10~15 页。
② 许经勇：《中国农村土地制度变迁与农用地、建设用地市场培育》，《广西经济管理干部学院学报》2009 年第 2 期，第 82~86 页。
③ 党国英：《土地制度对农民的剥夺》，《中国改革》2005 年第 7 期，第 31~35 页。
④ 杨小凯：《中国改革面临的深层问题——关于土地制度改革——杨小凯、江濡山谈话录》，《战略与管理》2002 年第 5 期，第 1~5 页。
⑤ 钱忠好、马凯：《我国城乡非农建设用地市场：垄断、分割与整合》，《管理世界》2007 年第 6 期，第 38~44 页。
⑥ 黄珂、张安录：《城乡建设用地的市场化整合机制》，《改革》2016 年第 2 期，第 69~79 页。
⑦ 黄国勇：《农村集体经营性建设用地入市探讨——以广西北流市为例》，《南方农村》2017 年第 6 期，第 4~9 页。

可以看出，支持农村集体建设用地市场利用的学者，论述角度多样，从农民到集体到国家、从农村发展到城市发展、从农村土地资源配置到土地制度改革，集体建设用地的市场化意义显著。

（二）农村集体建设用地不宜市场化利用

在农村集体建设用地的利用问题上，虽然大多数学者都强调市场化利用的重要意义，但也有部分学者认为集体建设用地入市的现有条件不完善，且会对农民权益保障构成较大风险，不宜采取市场化的利用方式。[①]

如王晓霞等认为现行土地制度下，农村集体建设用地存在"所有权主体悬空、使用主体严格限制、权能残缺不全"等诸多问题，集体建设用地入市的相关配套措施不完善，即便入市，在收益分配等问题上也容易产生纠纷从而对农民利益造成损害。[②] 朱新华等从外部环境出发，认为"市场体制的不完善、土地配置低效以及公共物品供给不足"制约着农村集体建设用地的市场化利用。[③] 张雪琴等同样认为当前农村土地制度安排上存在许多问题，包括"土地所有权归属不清、土地产权关系混乱"等，易导致农村土地产权的市场交易缺乏保障、利益分配关系不清晰等问题，市场化利用的"产权"条件仍不成熟。[④] 在反对市场化利用的学者看来，如果不通过相关制度安排对集体建设用地的市场化利用可能产生的风险进行有效防范，将会产生严重的后果。

三 农村集体建设用地入市的利益关系

土地的市场价值会因土地稀缺性的存在以及利用条件优化而发生增值，在农村集体建设用地的市场化利用过程中，一旦农村集体建设用地进入市场流转，土地的市场价值就会显化出来，必然会以市场价格的形式产生土地增值收益，也就必然涉及一系列利益关系的处理，即增值收益的分配处理问题。关于集体建设用地的增值收益分配问题，学界争论已久，主要内容在于增值收益分配的

[①] 顾海英、赵德余：《农村集体建设用地流转的法律与产权问题》，《农业经济问题》2013年第10期，第63~66页、第80页。
[②] 王晓霞、蒋一军：《中国农村集体建设用地使用权流转政策的梳理与展望》，《中国土地科学》2009年第4期，第38~42页。
[③] 朱新华、马璐璐、张金明：《农村集体建设用地的最适产权安排——一个新制度经济学分析视角》，《经济体制改革》2010年第1期，第99~102页。
[④] 张雪琴、田萌：《初探农村集体建设用地使用权流转中的产权制约问题》，《资源·产业》2006年第2期，第14~18页。

主体、分配方式和分配后收益的用途三个方面。

（一）关于增值收益分配主体的争论

集体建设用地入市流转后所产生的增值收益分配主体一般包括农民、村集体以及政府，学界主要围绕政府是否应该参与增值收益分配，从"土地产权"、"增值收益来源"与"权责对等"三个角度进行了大量的讨论（见表4-8）。

表4-8 关于增值收益分配主体的争论

争论角度	代表性观点	代表学者
土地产权角度	绝对产权论：政府无权参与分配	李延荣、赵海娇、陶镕等
	相对产权论：政府应该参与分配	陈柏峰、陈建等
增值收益来源角度	涨价归公说：政府应该参与分配	周诚、岳永兵、舒帮荣等
	涨价归私说：政府不应参与分配	王小映、于定明等
权责对等角度	合理性说：政府应该参与分配	李太淼等
	公平性说：政府应该参与分配	刘亚辉、王湃等

1. 基于土地产权角度

部分学者以土地产权为确定收益分配主体的依据，从土地的绝对产权和相对产权两个不同角度对集体建设用地增值收益分配的主体进行了论述。

第一种论述是绝对产权论，认为政府无权参与分配。支持绝对产权论的学者从绝对的土地所有权出发，认为国家法律明确规定了集体建设用地属于农民集体所有，因而集体建设用地入市流转产生的增值收益自然应该归农民集体，地方政府是无权参与收益分配的。如李延荣认为集体经营性建设用地入市流转的增值收益分配主体应该主要是"土地权利人"，包括土地的所有权人和使用权人，因此，"即便政府作为投资者使土地获得了增值空间"，也没有理由参与收益分配。[1] 赵海娇认为，由于政府不拥有对集体土地的产权权利，因此不应该参与收益分配。[2] 陶镕也认为，从土地产权角度来看，政府"不宜直接参与到初次流转中的收益分配当中"。[3]

---

[1] 李延荣：《集体土地使用权流转中几个值得注意的问题》，《法学杂志》2007年第5期，第55~57页。

[2] 赵海娇：《集体经营性建设用地入市收益分配法律问题研究》，《山东农业大学学报》（社会科学版）2016年第2期，第70~75页、第126页。

[3] 陶镕：《集体建设用地使用权流转收益分配之法律探讨》，《湖南社会科学》2013年第1期，第69~72页。

第二种论述是相对产权论,认为政府应该参与分配。支持相对产权论的学者则从相对的土地所有权出发,认为现实中的土地所有权实际上都产生于国家对土地的利用管制,不存在绝对独立的土地所有权,政府凭借其对土地进行开发的权力自然应该参与集体建设用地增值收益的分配。如陈柏峰认为,尽管土地增值收益的实现高度依赖土地所有权,但只有在国家行使土地发展权的基础上才能促进土地的有效配置,因此,政府应该有理由参与增值收益的分配。[1] 陈建也认为,政府基于用途管制而享有的土地发展权使其有理由成为集体建设用地再次流转收益的享有者。[2]

2. 基于增值收益来源角度

通过对土地增值收益生成机理进行解释,能有效挖掘收益形成之源,是确定参与收益分配主体的又一主要依据。据此,也有部分学者从土地增值收益来源即增值收益形成原因的角度出发,讨论了土地增值收益的分配主体构成。核心观点也可以分为两派,即"涨价归公"和"涨价归私"。

一是涨价归公的观点,认为政府应该参与分配。这一方面,学者们主要认为集体建设用地的增值很大部分来源于经济社会发展、基础投入、土地用途转变和利用条件的改变,而这其中,基础投入、用途转变和利用条件改变又得益于政府的管理及公共支出,因此,政府应该参与分配这些由政府和全社会努力形成的增值收益。如周诚认为"由宗地外投资辐射引起的外部投资辐射性增值"和"由土地用途管制、土地用途变换等引起的稀缺性增值",应该归公并由全社会共享。[3] 岳永兵等认为公共投入引起的土地增值收益理应归政府所有,无论是社会发展的结果还是政府直接投入的结果,政府都理应代表公众参与土地增值收益的分配。[4] 舒帮荣等认为政府可根据其在集体建设用地增值收益形成过程中的贡献参与收益分配。[5] 陈建认为用途性增值是由政府规划行为所致,政府参与土地增值收益分配具有正当性。而在投资性增值情况下,政府虽不是价值增值的形成原因,但是享有"取得对价的债权",也可以参与增

---

[1] 陈柏峰:《土地发展权的理论基础与制度前景》,《法学研究》2012年第4期,第99~104页。
[2] 陈建:《农村集体经营性建设用地入市收益分配简论》,《湖南农业大学学报》(社会科学版)2017年第6期,第99~105页。
[3] 周诚:《土地经济学》,商务印书馆,2003年,第73页。
[4] 岳永兵、刘向敏:《集体经营性建设用地入市增值收益分配探讨——以农村土地制度改革试点为例》,《当代经济管理》2018年第3期,第41~45页。
[5] 舒帮荣、李庆乐、陈利洪、张梦琳、镇风华:《农村集体经营性建设用地流转模式再审视:基于产权让渡与市场化的视角》,《中国土地科学》2018年第7期,第21~24页。

值收益分配。①

二是涨价归私的观点，认为政府不应该参与分配。这一方面，学者们认为从土地增值收益成因来推理土地增值分配主体的原则实际上是有缺陷的。如王小映认为，在现实中，就政府行为所引起的普惠性土地增值而言，将其识别并全部归公几乎是不可能的。由于这一增值所具有的社会普惠性，不归公即政府不参与分配反而是公平的。②于定明认为，从土地投资角度来看，土地用途变更过程中的价值增值，并不包括政府的直接或间接投资，并且在基础设施建设导致土地价值增值过程中，政府仍然没有直接对建设用地本身进行投入，其价值变化受益于"基础设施建设的正外部性"，政府是没有理由要求受益人予以补偿的。因而政府并不能直接参与集体建设用地增值收益分配。③

（二）关于增值收益分配方式的争论

农村集体建设用地增值收益在各个主体间的分配方式也是学界争论的焦点之一。主要内容在于两个方面，一是不同分配主体之间收益分配的方式，二是不同分配环节收益分配的方式。

1. 基于利益主体的分配方式

不同分配主体间所形成的分配关系要求不同的分配方式。石小石等认为集体建设用地入市增值收益在三个主体间存在三层分配关系，其中，政府与集体间的收益适合采用"税"的方式进行分配，集体内部村民与村集体之间则适合采用"股权"的方式进行分配。④赵振宇等也认为地方政府在集体建设用地入市过程中应通过"收益调节金"的方式参与分配，"集体资产股份化"则是村集体内部进行增值收益公平合理分配的主要方式。⑤王小映认为在不动产税制逐渐完善之后，政府应以"税"的方式分配土地增值收益。⑥于定明认为政府

---

① 陈建：《农村集体经营性建设用地入市收益分配简论》，《湖南农业大学学报》（社会科学版）2017年第6期，第99~105页。
② 王小映：《论农村集体经营性建设用地入市流转收益的分配》，《农村经济》2014年第10期，第5~7页。
③ 于定明：《集体建设用地入市基本问题探析》，《思想战线》2019年第3期，第158~165页。
④ 石小石、白中科：《集体经营性建设用地入市收益分配研究》，《中国土地》2016年第1期，第28~30页。
⑤ 赵振宇、陈红霞、赵繁蓉：《论集体经营性建设用地增值收益分配——基于博弈论的视角》，《经济体制改革》2017年第4期，第77~83页。
⑥ 王小映：《论农村集体经营性建设用地入市流转收益的分配》，《农村经济》2014年第10期，第5~7页。

在参与土地增值收益分配时，宜采用间接分配方式即"税收"方式，"土地增值收益金"应慢慢被取代。① 孙阿凡等也认为应将集体建设用地的入市流转纳入土地增值税征收范围，对集体建设用地的增值部分通过"税费制度实现其溢价归公"。②

2. 基于收益环节的分配方式

从收益分配环节来看，学者们认为不同的分配环节应该遵循不同的分配原则，采用的分配方式也自然不同。内、外部分配环节以及"两次"流转环节是学者们的主要研究对象。

一是内部分配与外部分配两个不同的分配环节。有许多学者根据集体内部与集体外部两个不同环节对增值收益分配方式进行了讨论。如张媞认为农村集体建设用地的增值收益分配方式要从内外部两个不同方面考虑：在外部分配上，应以税收的形式使地方政府在土地收益分配时获得一定"偏向"；在内部分配上，则应充分考虑农民的自主决定权，采用"农民集体内部民主协商"的方式分配增值收益。③ 陈红霞认为地方政府可以通过"收取管理费和土地增值税"的方式参与外部收益分配，而在内部收益分配上，应采取"民主程序"由村集体内部确定分配标准与原则。④ 舒帮荣等认为收益分配过程中农民与集体的内部分配关系可以通过"集体成员协商"来决定，政府与集体间的外部收益则可根据双方在入市过程中所发挥的作用以及承担的责任按比例进行分配。⑤

二是初次流转与再次流转也是许多学者关注的议题。基于收益生成机理，将集体建设用地增值收益的分配分为初次流转和再次流转两个环节，他们认为在不同的流转收益分配环节应该设置不同的分配方式。如陈建认为在初次流转环节，宜采用"征税＋农民集体内部协商"的分配方式；在再次流转环节，则宜采用"征税＋市场主体自治"的分配方式。⑥ 赵海娇提出"一次分配基于产

---

① 于定明：《集体建设用地入市基本问题探析》，《思想战线》2019 年第 3 期，第 158～165 页。
② 孙阿凡、杨遂全：《集体经营性建设用地入市与地方政府和村集体的博弈》，《华南农业大学学报》（社会科学版）2016 年第 1 期，第 27～35 页。
③ 张媞：《农村集体经营性建设用地"入市"的法律思考》，《农业经济》2016 年第 4 期，第 104～107 页。
④ 陈红霞：《集体经营性建设用地收益分配：争论、实践与突破》，《学习与探索》2017 年第 2 期，第 70～75 页。
⑤ 舒帮荣、李永乐、陈利洪、张梦琳、镇风华：《农村集体经营性建设用地流转模式再审视：基于产权让渡与市场化的视角》，《中国土地科学》2018 年第 7 期，第 22～28 页。
⑥ 陈建：《农村集体经营性建设用地入市收益分配简论》，《湖南农业大学学报》（社会科学版）2017 年第 6 期，第 99～105 页。

权，二次分配政府参与"的收益分配方式，即政府不应参与初次流转收益分配，再次流转时，政府可凭借"税费方式"参与收益分配。[1] 陶镕认为在初次流转中，集体可凭借土地产权进行收益的分配，再次流转中，"政府可以参照国有土地增值税的方式分享土地增值收益"。[2]

可以看出，对于不同的增值收益实现环节，分配方式也不一样。内部与外部、初次与再次，收益产生机理不同，分配环境也不同，自然对收益分配有着不同要求。

（三）关于分配后增值收益用途的争论

农村集体建设用地入市所产生的增值收益应该如何使用，也是学界的争论点之一。对于农民所得增值收益的用途，大部分学者认为应该由农民自由支配。而对于集体和政府所得增值收益的用途则产生了两类不同观点：一是"还利于民"，二是"各取所需"。

1. 还利于民

部分学者认为农村集体建设用地所产生的增值收益来自于农村土地，集体和政府理应将所获得的增值收益用于农业农村发展。如张媞认为，政府在集体建设用地入市流转中获得的收益应用于"农村基础设施建设、农业土地开发、农业社会保障"等利民活动中，以形成良好的反馈与循环。同时也要兼顾地区间发展，以"转移支付"和"税收调节"的方式进行区域利益平衡。[3] 赵海娇认为，农民所获得的收益是基于集体成员对土地享有的权益，可由其自由支配；集体基于农村建设用地所有权而获得的收益，则"应该在民主商议前提下对本集体经济发展和社会保障做出贡献"；地方政府通过税收获得的土地增值收益，应该用于本行政区域内的农业及农村发展；中央政府所征收的土地流转税收，则应该用于协调区域间农村发展差距。[4]

2. 各取所需

部分学者认为集体建设用地入市增值收益的用途不应该全部"还利于民"，

---

[1] 赵海娇：《集体经营性建设用地入市收益分配法律问题研究》，《山东农业大学学报》（社会科学版）2016年第2期，第74~78页。
[2] 陶镕：《集体建设用地使用权流转收益分配之法律探讨》，《湖南社会科学》2013年第1期，第69~72页。
[3] 张媞：《农村集体经营性建设用地"入市"的法律思考》，《农业经济》2016年第4期，第104~107页。
[4] 赵海娇：《集体经营性建设用地入市收益分配法律问题研究》，《山东农业大学学报》（社会科学版）2016年第2期，第70~75页、第126页。

应对增值收益的构成部分区别对待，采用不同的方式利用增值收益。如宋小青等认为，首先由于农村集体建设用地"承担着农村集体成员的社会保障功能"，因而土地入市增值收益应优先用于"增加集体农民财产性收入"。此外，增值收益还应当用于补偿政府一定的城市维护建设支出。[①] 于定明认为，如果政府将所分配的全部增值收益只用于农业、农村发展相关领域，则会使其他领域的公共支出严重不足。并且政府在教育、医疗等方面的投入，也并不是和农民毫无关系。因此，对于政府所得增值收益的用途，不应该"一刀切"，应该根据当地发展需求有针对性地使用。[②]

从学者们的争论可以看出，增值收益的用途不能一概而论，需要针对不同收益构成区别其具体用途。关键是各个收益主体对增值收益的使用应该做到合理、科学。

四 城乡建设用地"增减挂钩"

城乡建设用地"增减挂钩"是农村集体建设用地入市流转的一种重要形式。作为优化城乡土地资源配置的一项重要政策，"增减挂钩"涉及集体建设用地利用、农民权益保护、耕地保护、城乡统筹发展等多方面的问题，因而受到学界的广泛关注。从研究形势来看，关于"增减挂钩"政策的主要讨论在以下三个方面：一是"增减挂钩"政策的合理性；二是"增减挂钩"政策的实践价值；三是"增减挂钩"政策现存问题。

（一）"增减挂钩"政策合理性的争论

对于增加挂钩政策是否应该实施，即其政策合理性如何，学界呈现出三种不同的观点：第一种是肯定"增减挂钩"政策的合理性；第二种是质疑"增减挂钩"政策的合理性；第三种是对"增减挂钩"政策的合理性持否定意见。

1. 肯定"增减挂钩"政策

持肯定意见的学者主要是认为"增减挂钩"政策在缓解城市发展压力和提高农村集体建设用地利用效率等方面发挥了重要作用。如周其仁认为城乡建设用地"增减挂钩"促进了城乡资源互相流通，"改善了征地制度占据大部分土

---

① 宋小青、杨木壮：《农村集体经营性建设用地"入市"思考》，《中国土地》2015 年第 4 期，第 25~28 页。
② 于定明：《集体建设用地入市基本问题探析》，《思想战线》2019 年第 3 期，第 161~163 页。

地增值收益的局面,使得农民在收入分配上得到了改进"。① 刘守英认为"增减挂钩"政策兼具"耕地保护和经济发展"的目标效益,作为解决"双保难题"的政策工具是有效的。② 姚树荣等也认为增减挂钩政策不仅能够化解"双保难题",也解决了新农村建设的资金问题。③ 唐敏认为"增减挂钩"可以有效地挖掘农村巨大的土地利用潜力,不能因为实践操作中的不规范问题就完全否定政策的合理性。④

2. 质疑"增减挂钩"政策

持质疑意见的学者认为,"增减挂钩"政策虽然在解决城乡发展问题时具有一定的作用,但是其政策设计存在缺陷,问题也较为突出,政策效应难以发挥。如贺雪峰认为,"增减挂钩"政策设计的不合理造成了实践环节的各种问题,社会对于增减挂钩政策的逻辑认识普遍存在误区。⑤ 刘建生等指出,在"增减挂钩"的实施过程中存在不尊重农民意愿、"片面追求指标"的现象,严重损害了农民的利益。⑥ 苟兴朝认为在使挂钩土地流转入城市使用这一过程中存在着收益分配不合理的问题,对于集体和农民两方的利益存在损害。⑦ 华生指出,"增减挂钩"在实际运行中成为了"赋予给地方政府的发展权力",并不是"给农民就业安居的民生权力",将收益和损失进行比较会发现农民整体生活条件改善程度不大。⑧

3. 否定"增减挂钩"政策

持否定意见的学者认为增减挂钩政策在设计之初就存在巨大隐患,在具体实施过程中只会"弊大于利"。如陈锡文认为,"相较于其在解决城乡用地矛盾上发挥的作用,增减挂钩将更多的冲突留给了乡村和农民"。⑨ 郑风田认为增减挂钩政策基本上都是拿"劣地"换"良田",长久下去,将会对我国粮食安全

---

① 周其仁:《城乡中国(下)》,中信出版社,2014年,第90页。
② 刘守英:《直面中国土地问题》,中国发展出版社,2014年,第208页。
③ 姚树荣、袁梨:《农民自主型"增减挂钩"模式的微观福利测度》,《中国土地科学》2017年第1期,第55~57页。
④ 唐敏:《纠偏城乡土地"失衡"》,《瞭望》2010年第47期,第30~34页。
⑤ 贺雪峰:《城乡建设用地增减挂钩政策的逻辑与谬误》,《学术月刊》2019年第1期,第96~104页。
⑥ 刘建生、王志凤、孟展:《"增减挂钩"操作问题及改进建议》,《中国土地》2011年第6期,第23~27页。
⑦ 苟兴朝:《城乡建设用地增减挂钩中农民合法权益保障研究——基于马克思级差地租理论视角》,《农村经济》2012年第4期,第37~39页。
⑧ 华生:《城市化转型与土地陷阱》,东方出版社,2014年,第148~149页。
⑨ 陈锡文:《土地增减挂钩违规严重》,《新京报》2010年1月3日,第5版。

造成严重影响。① 茅于轼则指出,"增减挂钩"政策设计仍然沿用"建设用地与耕地总量控制的老思路",政策逻辑不具有合理性,难以发挥土地市场对于资源配置的应有效应。②

总体来说,肯定城乡建设用地"增减挂钩"政策合理性的学者占主要部分,否定其合理性的学者占少部分,但学者们的质疑与否定也都有证据支撑,具有正当性。

(二)"增减挂钩"政策的实践价值

关于"增减挂钩"政策的实践价值,学界形成了较为多样的观点,主要可总结为以下几个方面。

1. 保护农村耕地

部分学者认为,减少建设用地扩张对耕地的侵占,保护耕地总量不减少,是"增减挂钩"政策实施的最主要价值。如陈科认为城乡建设用地"同步快速增长"的趋势给我国的耕地保护工作造成了巨大压力,城乡建设用地"增减挂钩"政策正是在"吃饭"和"发展"两难抉择的背景下产生的。③ 陈秧分等认为,"增减挂钩"一方面可补充耕地,另一方面则可以引导城市资本和技术要素流向农村,从而推动农业的规模化经营,为维护国家粮食安全创造条件。④

2. 优化城乡建设用地配置

也有部分学者认为"增减挂钩"政策的最根本目的在于为城市化发展提供用地支撑,因而优化城乡建设用地配置才是政策最主要价值。任平等认为,城市建设用地供给严重紧张和农村集体建设用地大量闲置的资源配置矛盾现象,是增减挂钩制度形成的现实推动力。⑤ 吴涛等指出"增减挂钩"实施的主要实践价值在于推动农村土地资源与城市用地需求的配对,其职责不在于耕地保护。⑥

---

① 郑风田:《宅基地非"唐僧肉"》,《新京报》2010年11月5日,第3版。
② 茅于轼:《"增减挂钩"是多余的》,《新京报》2010年11月13日,第5版。
③ 陈科:《基于城市化角度的增减挂钩政策实施研究》,《城市规划》2011年第7期,第15~18页。
④ 陈秧分、刘彦随:《农村土地整治的观点辨析与路径选择》,《中国土地科学》2011年第8期,第95~99页。
⑤ 任平、周介铭:《城乡建设用地"增减挂钩"制度评价与研究展望》,《中国农学通报》2013年第5期,第97~101页。
⑥ 任平、吴涛、周介铭:《城乡建设用地增减挂钩政策对粮食安全作用机理与潜在影响研究》,《农村经济》2014年第1期,第26~30页。

3. 促进城乡统筹发展

也有部分学者认为"增减挂钩"政策的主要实践价值在于城乡统筹发展。如张飞认为,促进城乡统筹发展是"增加挂钩"政策实施的原因,通过"城乡建设用地置换、农村投入及农业转移人口市民化"三条途径能够有效促进城乡统筹发展。[①] 唐莹等认为城乡建设用地"增减挂钩"政策的出台是为了利用农村土地整理获得的结余建设用地指标支持城镇建设用地的"理性扩张",以实现城乡的统筹发展。[②]

4. 提高集体建设用地利用效率

也有学者认为"增减挂钩"政策的主要实践价值在于提高农村集体建设用地利用效率。如郑俊鹏等认为,农村"空心化"问题造成了土地资源的闲置浪费,"增减挂钩"政策即在这样的背景下提出的,其目的在于提高农村土地利用效率。[③] 刘彦随认为,在我国农村土地利用效率低下但资源总量丰富的情况下,"增减挂钩"是开展农村土地综合整治、提升农村土地利用效率的重要手段。[④]

5. 解决"双保难题"

还有学者认为"双保"问题推动了增减挂钩的出现,"双保"问题的解决依赖于增减挂钩。国家出台"增减挂钩"政策是为了在保护耕地的同时,缓解城市建设用地紧张的压力,以解决"保障建设"和"保障耕地"的两难问题。刘元胜等认为,一方面,工业化的推进、城市化的扩张使得城市建设用地需求的缺口越来越大,而另一方面,耕地保护的压力也随之增大,正是这样的紧张局面催生了"增减挂钩"政策。[⑤]

(三)"增减挂钩"政策的现存问题

"增减挂钩"政策在实施过程中暴露出了较多的问题。学者们主要研究讨论的有:实际运行背离政策目标、运行程序不规范、收益分配不公、权益保障不利、配套法规不健全问题。

[①] 张飞:《增减挂钩对城乡统筹发展的影响机理与效应研究》,《中州学刊》2016年第8期,第32~35页。
[②] 唐莹、罗伯特·梅森:《国外土地配置研究对我国城乡建设用地增减挂钩的启示》,《同济大学学报》(社会科学版) 2016年第2期,第118~121页。
[③] 郑俊鹏、王婷、欧名豪、刘震宇:《城乡建设用地增减挂钩制度创新思路研究》,《南京农业大学学报》(社会科学版) 2014年第5期,第84~89页。
[④] 刘彦随:《科学推进中国农村土地整治战略》,《中国土地科学》2011年第4期,第3~5页。
[⑤] 刘元胜、崔长彬、唐浩:《城乡建设用地增减挂钩背景下的撤村并居研究》,《经济问题探索》2011年第11期,第150~152页。

1. 背离政策目标

一些学者认为增减挂钩在地方实际运行过程中逐渐背离了政策设计目标，存在着一定风险。如谭明智认为增减挂钩"开辟了独立于年度计划指标严控体系以外的指标来源"，使得这一意在解决地方用地矛盾的"项目型政策"逐渐演变为地方用地指标的主要来源，"存在着制度性风险"。[①] 刘元胜等认为，很多地方政府实施增减挂钩实际上仅仅是为了"更多的建设用地指标"以及"更多的土地财政收益"。[②] 陈美球等认为，在增减挂钩政策的实际操作中，部分地方政府把增减挂钩作为获取发展用地指标的手段，将土地资产增值收益作为试点实施的驱动力，与政策初衷并不相符。[③]

2. 运行程序不规范

一些学者认为增减挂钩政策的实施规范性存在较大问题。如吕云涛认为增减挂钩在运行过程中暴露出了运行程序"正义性"与"规范性"不足的问题，主要体现为"指标与开发土地不对等、占优补劣、项目运行流程缺失等现象较为突出"。[④] 刘建生等认为目前增减挂钩存在的问题在于政策执行的规范性，地方政府普遍存在"片面追求指标、擅自扩大范围、不按时归还周转指标以及复垦工作不到位的问题"。[⑤]

3. 收益分配不公

一些学者认为农村集体建设用地参与增减挂钩后所形成的增值收益分配不均是其他问题产生的根源。如苟兴朝认为增减挂钩实施过程中所存在的问题源于"各利益主体间的利益矛盾"，其中主要表现在"收益分配没有一致标准，随意性较大，拆旧农民的财产利益受到损害"。[⑥]

4. 权益保障不利

也有一些学者认为，当前"增减挂钩"实践中所反映出的首要问题是农民

---

① 谭明智：《严控与激励并存：土地增减挂钩的政策脉络及地方实施》，《中国社会科学》2014年第7期，128~131页。

② 刘元胜、崔长彬、唐浩：《城乡建设用地增减挂钩背景下的撤村并居研究》，《经济问题探索》2011年第11期，第150~152页。

③ 陈美球、马文娜：《城乡建设用地增减挂钩中农民利益保障对策研究——基于江西省〈"增减挂钩"试点农民利益保障〉专题调研》，《中国土地科学》2012年第10期，第13~17页。

④ 吕云涛：《城乡建设用地增减挂钩政策：框架分析与优化策略》，《求索》2015年第12期，第19~23页。

⑤ 刘建生、王志凤、孟展：《"增减挂钩"操作问题及改进建议》，《中国土地》2011年第6期，第23~27页。

⑥ 苟兴朝：《城乡建设用地增减挂钩中农民合法权益保障研究——基于马克思级差地租理论视角》，《农村经济》2012年第4期，第37~41页。

权益保障的问题,包括对农民自主决定权的尊重不够,农民收益过低以及社会保障不利等问题。如马宗国等认为在增减挂钩政策实施过程中,农民权益难以保障,"农民安置程序不规范及土地权属调整不规范的问题突出"。[1] 冯帆等认为,土地整理后,农民社区化和楼房化的生活方式与传统的生产生活习惯之间的矛盾使得农民的生产权益容易受到损害。[2] 吕苑鹃指出,"增减挂钩"实践中农民权益保障问题的主要体现是"不尊重农民意愿,强制农民进行土地整理"。[3]

5. 配套法规不健全

还有学者认为在增减挂钩实施过程中缺少相关配套的政策法规是导致许多问题产生的主要原因。如秦小建等发现,即使在有规划的地区,增减挂钩项目开展过程中也存在"城乡规划不衔接、挂钩规模与挂钩空间不匹配的问题"。[4] 彭方认为,由于缺乏相应法规,在挂钩实施前、实施中,试点挂钩项目的资金管理问题都未能很好落实,致使资金挪用或者扣留的现象频发。[5]

可以看出,"增减挂钩"政策存在的问题主要集中于实践运行环节以及政策设计环节。实践运行方面主要是地方政府和集体两个主体的行为失范所导致的问题,政策设计方面则主要是政策逻辑和运行机制的不合理所导致的问题。

第五节 农村宅基地

农村宅基地制度改革是解决"三农问题"的重要手段。围绕着这一主题,学界进行了大量的研究,形成了较为丰富的研究成果。具体来看,学界在农村宅基地研究领域争论主要集中在三个方面:一是农村宅基地产权制度;二是农村宅基地入市;三是农村宅基地退出。

---

[1] 马宗国、田泽:《我国城乡建设用地增减挂钩试点的思考》,《理论探讨》2011年第4期,第106~109页。
[2] 冯帆、谭晓彤、杜骁、艾文晖、周冉:《临沂市兰山区城乡建设用地增减挂钩工作探讨》,《山东国土资源》2011年第5期,第42~44页。
[3] 吕苑鹃:《增减挂钩:"体检"过关了吗?——城乡建设用地增减挂钩试点和农村土地整治清理检查结果透析》,《国土资源》2011年第8期,第31~32页。
[4] 秦小建、赵谦:《城乡土地增减挂钩政策的现实困境及可能出路》,《安徽行政学院学报》2011年第2期,第66~69页。
[5] 彭方:《关于推进城乡建设用地增减挂钩工作的思考》,《农技服务》2009年第12期,第159~163页。

一 农村宅基地产权制度

农村宅基地产权制度从新中国成立以来经历了较大的变迁,在新时代经济社会发展的形势下,面临着新的历史变革选择。关于农村宅基地产权制度的历史演变及其变革动力,学者们进行了大量的讨论,形成了多种不同的观点。在新形势下,宅基地产权制度是否需要变革,学界也呈现出两种不同态度,部分学者认为现行的产权制度亟须改革,另一部分学者则认为现行产权制度总体合理,不需要大幅度改革。

(一)农村宅基地产权制度的演变阶段

关于农村宅基地产权制度的历史演变研究,学者们从不同出发点与角度得出了宅基地产权制度的演变历程与阶段。主要可以归纳为"二阶段论"、"三阶段论"、"四阶段论"以及"六阶段论"几种不同的观点(见表4-9)。

表4-9 关于农村宅基地产权制度历史演变阶段的不同观点

代表性观点	主要划分标准	代表学者
二阶段论	改革开放	张克俊、林超等
三阶段论	权属性质	朱新华等
	法规变迁	曾芳芳等
四阶段论	产权实现程度	丁关良、喻文莉、张义博等
六阶段论	时代特点	韩康等

1. 二阶段论

一些学者以改革开放为界址将农村宅基地产权制度的演变划分为两个阶段。

如张克俊等认为,改革开放前后,宅基地产权制度差异较大。在改革开放前,宅基地所有权归集体,农民只有对宅基地的使用权,且不具备出租和买卖的产权交易功能;在改革开放后,宅基地使用权的用益物权属性逐渐得以确认,其财产价值逐渐显现,宅基地产权内容得以发掘。[①] 林超等认为,改革开放以前,在计划经济条件下,生产资料的流动完全依靠行政调配,"产权实现的市场调节和要素调节条件都不满足",宅基地的财产权利几乎不存在;1978年以后,

---

① 张克俊、付宗平:《基于功能变迁的宅基地制度改革探索》,《社会科学研究》2017年第6期,第47~53页。

随着农村经济的活跃和农民生活水平的提升,宅基地抵押、出租、转让的现实要求迫切,宅基地财产功能逐渐显化,政府开始通过试点改革的形式逐步赋予农村宅基地更丰富的产权权能。①

2. 三阶段论

也有一些学者根据自身研究的需要将我国农村宅基地产权制度的演变划分为三个阶段。

有学者以权属性质演变为划分依据,如朱新华等按照宅基地权属性质的演变将宅基地产权制度的演变划分为"宅基地农民私有时期(1949~1962年)"、"宅基地集体所有农民使用时期(1962年~20世纪90年代末)"以及"宅基地使用权流转探索时期(2000年至今)"。② 这三个时期体现出了较为显著的宅基地产权制度演化特点。在宅基地农民私有时期,宅基地所有权与使用权统一于农民个人,产权交易的限制几乎没有;在集体所有农民使用时期,宅基地社会保障特征较为显著,财产权能的实现也没有相关政策法规支撑;在宅基地使用权流转探索时期,随着外部市场需求的增加和土地要素条件的满足,宅基地使用权的流转在民间"悄悄"展开,政府也在部分地区尝试性地赋予农村宅基地部分产权权能,在探索中逐渐完善农村宅基地产权制度。

也有学者以法规变迁为划分依据,如曾芳芳等在宅基地使用权法规变迁的视角下将宅基地产权制度演变划分为"改革开放初期的宅基地使用权调整(1978~1985年)"、"城乡土地统管阶段宅基地使用权的发展(1986~1996年)"以及"城乡土地体制转轨阶段的宅基地产权权能完善(1997年)"三个阶段。③

3. 四阶段论

也有一些学者将我国农村宅基地产权制度的历史演变划分为四个阶段。如丁关良根据宅基地产权实现程度将农村宅基地产权制度的历史演变划分为:私人所有私人使用,产权不受限制的阶段(1949~1961年);集体所有农民使用,使用权流转受限的阶段(1962~1981年);集体所有,城镇居民和农民享有使用权,产权权能受限的阶段(1982~1996年);宅基地集体所有农民享有使用

---

① 林超、谭峻:《农村宅基地制度改革研究——基于宅基地功能演变分析的视角》,《经济体制改革》2013年第5期,第69~72页。
② 朱新华、陈利根、付坚强:《农村宅基地制度变迁的规律及启示》,《中国土地科学》2012年第7期,第39~43页。
③ 曾芳芳、朱朝枝、赖世力:《法理视角下宅基地使用权制度演进及其启示》,《福建论坛》(人文社会科学版)2014年第8期,第12~16页。

权,产权权能有条件放开的阶段(1997年至今)。① 喻文莉等根据宅基地使用权权属转变将产权制度演变划分为土地改革(1949~1952年)、农业合作化(1952~1958年)、人民公社(1958~1978年)和改革开放(1978年至今)四个阶段。② 张义博以宅基地产权流转制度的变迁为依据为划分出了四个阶段:农民私有制下自由流转时期(1949~1961年),计划经济下的限制流转时期(1962~1981年),改革开放初期的宽松流转时期(1982~1997年),当前条件下的限制流转时期(1998年至今)。③

4. 六阶段论

还有学者将我国农村宅基地产权制度的历史演变划分为六个阶段。如韩康等认为,随着农村生产关系的变革和上层建筑领域的各种变革,农村宅基地产权制度也经历了六个具有不同特点的演变阶段:1950年《土地改革法》颁布后的农民私有农民使用阶段;集体所有农民经营的合作化阶段;土地公有化程度进一步加强的公社化阶段;"一宅两制"产权结构形成的公社化顶峰阶段;一户一宅、可申请使用的80年代阶段;严格限制产权交易的90年代和新世纪阶段。④

(二)农村宅基地产权制度的演变逻辑

在宅基地产权制度演变的逻辑进路方面,学界主要观点为以下三类。

1. 强制性变迁与诱致性变迁相结合

部分学者认为"国家强制力"和"经济发展"导致的强制性变迁与诱致性变迁的结合是宅基地产权制度变迁的主要动力机制。如罗瑞芳将宅基地产权制度变迁分为农民推动的诱致性变迁和地方政府推动的强制性变迁。一方面,各方对"土地增值利益"的追求是推动宅基地产权制度变迁的源动力;另一方面,地方政府也在积极探索宅基地产权制度的创新路径以解决产权隐性交易问题。⑤

---

① 丁关良:《1949年以来中国农村宅基地制度的演变》,《湖南农业大学学报》(社会科学版)2008年第4期,第9~21页。
② 喻文莉、陈利根:《农村宅基地使用权制度嬗变的历史考察》,《中国土地科学》2009年第8期,第46~50页。
③ 张义博:《我国农村宅基地制度变迁研究》,《宏观经济研究》2017年第4期,第35~42页、第54页。
④ 韩康、肖钢:《积极探索建立有中国特色的农村宅基地市场——启动农村宅基地市场化改革研究》,《理论前沿》2008第1期,第5~9页。
⑤ 罗瑞芳:《农村宅基地产权制度变迁的方向和路径分析》,《农村经济》2011年第9期,第11~14页。

曾芳芳等也认为，在改革开放以前，农村宅基地产权制度变迁的主要形式是以政治因素为主的强制性变迁，体现于"国家设计"以及"国家权力"对产权制度的干预。改革开放后，宅基地产权制度的变迁则体现为以经济因素为主的诱致性变迁，宅基地财产价值的逐渐显化和民间隐性交易的多发是主要表现。①

2. 内生动力与外生动力相结合

也有部分学者认为土地要素价格的变化和利益集团的博弈形成了宅基地产权制度演变的外生和内生动力。如朱新华等提出，"土地要素相对价格的变化作为外生性变量"是宅基地制度变迁的根本动力，而"利益集团的博弈结构作为内生性变量"则决定了产权制度的"有效供给"。②

3. 制度设计与国家发展理念相结合

还有部分学者认为，除了国家强制力导致制度变迁，其他制度设计以及国家发展理念也能推动宅基地产权制度的演变。如靳相木总结出，在新中国成立初期，"政治因素与国家设计"在宅基地产权制度的变迁中起着"决定性"的作用。③ 喻文莉等认为，在人民公社成立后，"农村土地制度与户籍制度的交织与互动"推动了宅基地产权制度的变迁；而改革开放以后，"可持续发展理念"对于宅基地产权制度变迁的影响则越来越大。④

（三）农村宅基地产权制度改革的合理性

在新形势下，关于农村产权制度改革的合理性，学界形成了对立的两类观点。一部分学者认为不能对宅基地产权制度进行大幅度改革；另一部分学者则认为现行宅基地产权制度亟须进行大幅度改革，特别是市场化改革。

1. 农村宅基地产权制度改革具有合理性

认为农村宅基地产权制度改革具有合理性的学者，其出发点在于：现行宅基地产权制度对农村宅基地高效利用、土地财产权益实现与城市化发展造成了极大阻碍，亟须进行改革。

第一类意见关注宅基地利益效率。刘守英、诸培新等认为现行的宅基地制

---

① 曾芳芳、朱朝枝、赖世力：《法理视角下宅基地使用权制度演进及其启示》，《福建论坛》（人文社会科学版）2014年第8期，第12~16页。
② 朱新华、柴涛修、陈利根：《宅基地使用权流转制度改革的制度经济学解析》，《中国土地科学》2009年第4期，第34~37页、第42页。
③ 靳相木：《中国乡村地权变迁的法经济学研究》，中国社会科学出版社，2005年，第129页。
④ 喻文莉、陈利根：《农村宅基地使用权制度嬗变的历史考察》，《中国土地科学》2009年第8期，第46~50页。

度中对宅基地流转权能的限制导致了农村土地利用粗放、利用效率损失严重，产权权能的不完善也导致农民的土地权益受到损害。[1][2] 朱新华指出，"在农村土地财产功能不断显化的情况下"，通过改革赋予宅基地更完善的产权权能，实现宅基地资源的市场化配置是必然趋势。[3] 叶兴庆认为，现有的"宅基地产权结构开放性较低"，缺乏通畅的退出与进入通道，致使农村宅基地资源配置效率低下。[4]

第二类意见关注宅基地财产权利的实现。如赵树枫认为现行农村宅基地产权制度对农村住房流转范围以及宅基地产权权能的限制阻碍了农民土地和住房财产权利的顺利实现。[5] 李文谦等认为，对于宅基地以及地上房屋流转权的限制，使得宅基地的财产权利难以实现，造成了农民权益实现的不公平环境。[6] 陈小君等认为"现行法律关于宅基地产权制度的规定使得制度更新滞后于社会发展"，难以满足农民对实现宅基地完整财产权能的需求，宅基地管理规则之间的不合理安排也导致了法律实践中的矛盾冲突，产权制度亟待改革。[7]

第三类意见关注宅基地产权管理的有效性。李宁等发现，"农民、集体、国家等行为主体围绕宅基地产权中非专有性价值利益开展的行为选择"导致了宅基地资源在"资源配置、资源利用和非生产性用途"三个层面的"租值耗散"，并且由于国家对于宅基地产权的过度管制，"使得各方在探索减少'租值耗散'的有效途径过程中未能实现有效的制度变革"。[8]

2. 农村宅基地产权制度改革不具有合理性

认为宅基地产权制度改革不具有合理性，不需要进行改革的学者们认为，

---

[1] 刘守英、熊雪锋：《经济结构变革、村庄转型与宅基地制度变迁——四川省泸县宅基地制度改革案例研究》，《中国农村经济》2018年第6期，第2~20页。

[2] 诸培新、曲福田、孙卫东：《农村宅基地使用权流转的公平与效率分析》，《中国土地科学》2009年第5期，第26~29页。

[3] 朱新华：《户籍制度改革视角下农村宅基地资本化研究》，《农村经济》2015年第9期，第15~18页。

[4] 叶兴庆：《有序扩大农村宅基地产权结构开放性》，《农业经济问题》2019年第4期，第4~10页。

[5] 赵树枫：《改革农村宅基地制度的理由与思路》，《理论前沿》2009年第12期，第10~12页、第15页。

[6] 李文谦、董祚继：《质疑限制农村宅基地流转的正当性——兼论宅基地流转试验的初步构想》，《中国土地科学》2009年第3期，第55~59页。

[7] 陈小君、蒋省三：《宅基地使用权制度：规范解析、实践挑战及其立法回应》，《管理世界》2010年第10期，第1~12页。

[8] 李宁、陈利根、龙开胜：《农村宅基地产权制度研究——不完全产权与主体行为关系的分析视角》，《公共管理学报》2014年第1期，第39~54页、第139页。

宅基地财产功能的实现应该让步于保障功能，宅基地的入市改革等措施将会对农民利益造成极大损害。

第一类意见关注宅基地所发挥的保障功能。如贺雪峰认为在市场化改革中，进城农民将自己的宅基地"抵押、担保、转让"出去之后，就失去了回乡的权利，而宅基地又是他们居住生活的基本保障。因此，推行农村宅基地产权制度改革需要慎重稳妥进行。[1] 吕军书同样强调宅基地在现行制度安排下所发挥的重要保障作用，其认为"宅基地产权制度安排具有鲜明的社会保障属性，符合我国农村宅基地物权立法的价值取向，承载着农民的社会保障利益"。[2]

第二类意见则关注宅基地产权制度改革中农民利益的损害。孟勤国认为现行的宅基地产权制度符合大多数农民的利益要求，改革宅基地产权制度，"允许或变相允许农村宅基地产权交易的主张仅仅是个别利益群体的诉求"，不代表广大农民，不具有公平性和正当性。[3] 陈柏峰认为若允许宅基地的自由流转交易，农民必定会成为利益受损者，"各种社会强势群体"才是真正的受益者。另外，宅基地的产权交易还会加剧村庄内部的不平等发展现象。[4]

可以看出，现行的农村宅基地产权制度是历经数十年变革所形成的，在过去的几十年里，其发挥了应有的保障作用，但随着社会经济的发展，宅基地产权制度的合理性开始逐渐下降，改革宅基地产权制度已成为大势所趋。

二 农村宅基地入市

在农村宅基地闲置数量不断上升，利用效率降低，宅基地隐性交易愈发严重的情况下，农村宅基地入市流转成为社会各界关注的焦点。关于宅基地入市的问题，学界的争论主要集中于宅基地到底该不该入市，如果入市，应该采取怎样的入市模式。

（一）关于宅基地入市应然性的争论

在宅基地应不应该入市的问题上，一部分学者坚持宅基地的财产功能，认为宅基地应该按市场化配置。另一部分学者则坚持宅基地的生存保障功能，认

---

[1] 贺雪峰：《慎重稳妥推进农村宅基地管理制度改革完善》，《中国党政干部论坛》2014年第6期，第18~20页。
[2] 吕军书：《论社会保障性物权立法的价值取向及改革走向》，《理论与改革》2015年第5期，第60~65页。
[3] 孟勤国：《物权法开禁农村宅基地交易之辩》，《法学评论》2005年第4期，第25~30页。
[4] 陈柏峰：《农村宅基地限制交易的正当性》，《中国土地科学》2007年第4期，第44~48页。

为宅基地不应该入市。

1. 宅基地应该入市

认为宅基地应该入市的学者们的论点在于：宅基地入市有利于实现农民土地财产权益、保护农民经济利益，同时对于优化土地资源配置，改善农民居住环境，促进农业转移人口市民化，推动城乡统筹发展也意义重大。

有学者从土地财产利益实现的角度出发，论证了宅基地入市流转对于农民宅基地财产价值实现的重要性。如章波等认为，为保护和实现农民的宅基地财产权益，应该通过宅基地制度改革，构建宅基地入市流转机制，建立科学合理的宅基地流转市场。①

也有学者认为推动宅基地入市流转将有效促进宅基地利用效率的提高。诸培新等认为，"禁止农村宅基地入市流转导致了农村宅基地超标利用、居民点布局分散和村容村貌差的问题，存在严重的宅基地利用效率损失"。基于"公平与效率改进"的角度，取消对农村宅基地流转的限制规定，允许农村宅基地入市交易是提高宅基地利用效率的关键。② 韩松也认为应完善关于农房和宅基地转让的规定，赋予农户对于农房和宅基地更充分的"处分权"，以提高农村闲置宅基地资源的利用效率。③ 陈利根等认为"宅基地资源配置效率低下的情况亟需通过市场流转来改进"。④ 郭青霞等认为建立农村宅基地流转市场是完善社会主义市场体系的要求，也是高效利用土地资源的要求。⑤

也有学者认为，应该顺应"市场化趋势"，逐步调整和改革现有的宅基地产权制度，探索具有中国特色的农村宅基地市场建设路径。⑥ 如赵之枫认为城乡土地资源的市场化配置是一个系统工程中相衔接的两个方面。农村隐性土地市场需通过规范的市场化运行机制引导其健康发展。⑦

---

① 章波、唐健、黄贤金、姚丽：《经济发达地区农村宅基地流转问题研究——以北京市郊区为例》，《中国土地科学》2006年第1期，第34~38页。
② 诸培新、曲福田、孙卫东：《农村宅基地使用权流转的公平与效率分析》，《中国土地科学》2009年第5期，第26~29页。
③ 韩松：《新农村建设中土地流转的现实问题及其对策》，《中国法学》2012年第1期，第19~32页。
④ 陈利根、成程：《基于农民福利的宅基地流转模式比较与路径选择》，《中国土地科学》2012年第10期，第67~74页。
⑤ 郭青霞、张前进：《关于建立农村宅基地市场的思考》，《山西农业大学学报》2001年第3期，第288~290页。
⑥ 韩康：《启动中国农村宅基地的市场化改革》，《国家行政学院学报》2008年第4期，第4~7页。
⑦ 赵之枫：《城市化背景下农村宅基地有偿使用和转让制度初探》，《农业经济问题》2001年第1期，第42~45页。

也有学者认为宅基地入市并不会损害农民权益,不入市反而会造成农民应有权益的流失。如李文谦等指出,闲置宅基地的流转不会危害农民的生存权,出租、入股等形式的流转也没有剥夺农民对宅基地的使用权和对农房的所有权。反而"如果以基本生存权为由禁止农民处置自己的不动产,会更不利于保障农民的基本生存权"。① 王崇敏等认为,宅基地对于农村整体社会保障水平的支持作用实际上"治标不治本",宅基地退出并不会对农民的社会保障条件造成根本上的影响。②

还有学者从城乡统筹角度提出了农村宅基地入市的必要性。刘庆等认为建立农村宅基地有偿流转制度能够促进农村宅基地的合理流转,有助于释放农村剩余劳动力并促进其乡城转移,加速城市化进程。③

2. 宅基地不应该入市

不支持宅基地入市的学者认为在"一户一宅"原则下,规定农民无偿取得宅基地,是一种国家福利和社会保障的体现,这是国家保护农民生活生产的"法律承诺","允许宅基地在自由市场上流转,无疑是对广大农民生存权的漠视"。④ 韩清怀等认为,市场机制所存在的局限性同样会发生于宅基地流转市场,农民权益在宅基地的市场交易中易受损害,因此,对宅基地流转交易的限制具有合理性。⑤ 孟勤国认为"开禁或变相开禁农村宅基地入市交易的主张不过是强势群体的利益诉求,不具有正当性和公平性"。⑥ 他还指出地方试点中所推行的"宅基地换楼房"模式实际上剥夺了农民对于宅基地的使用权,使农民权益受到了损害。⑦

总的看来,关于宅基地是否应该入市虽有争论,但大部分学者都认为建立农村宅基地流转市场,推动宅基地有条件地进入市场流转极具现实必要性。

(二) 宅基地入市的模式

虽然大部分学者认为宅基地应该入市,但关于宅基地应该怎样入市,即应

---

① 李文谦、董祚继:《质疑限制农村宅基地流转的正当性——兼论宅基地流转试验的初步构想》,《中国土地科学》2009 年第 3 期,第 55~59 页。
② 王崇敏、孙静:《农村宅基地使用权流转析论》,《海南大学学报》(人文社会科学版) 2006 年第 2 期,第 242~247 页。
③ 刘庆、张军连、张凤荣:《经济发达区集体非农建设用地流转初探——以农村宅基地为例》,《农村经济》2004 年第 2 期,第 33~34 页。
④ 张善燚:《以农民生机为重》,《人民日报》2005 年 7 月 13 日,第 13 版。
⑤ 韩清怀、王海军:《论市场机制在宅基地使用权流转中的限度》,《经济问题》2010 年第 6 期,第 75~78 页。
⑥ 孟勤国:《物权法开禁农村宅基地交易之辩》,《法学评论》2005 年第 4 期,第 25~30 页。
⑦ 孟勤国:《中国农村土地流转问题研究》,法律出版社,2009 年,第 123 页。

该采用哪种入市模式,学者之间仍存在不同的观点。总的来看,主要存在政府主导、市场主导和集体经济组织推动三种不同模式。

1. 政府主导的入市模式

有一些学者认为,在现有的宅基地制度安排下,应由政府主导宅基地的入市流转,从而快速有效地实现宅基地资源的优化配置。如崔宝敏认为政府主导下的宅基地换房模式实现了农村土地和资金的"双闭合",提高了土地利用效率,并且构建了新的投融资体系,具有一定的推广意义。① 徐志明认为以政府为主导进行宅基地换房,既保证了市场对资源配置作用的发挥,也保障了政府的宏观调控作用,有利于提高资源配置效率。② 刘卫柏等认为以地方政府为主导的宅基地入市转让模式在保护农户权益、提高土地利用效率方面效果较好,是可推广实施的宅基地入市流转模式。③

2. 市场主导的入市模式

也有一些学者提出了通过市场机制推动宅基地直接入市流转来优化配置宅基地资源。如高圣平等认为现行的宅基地立法不允许宅基地通过市场化的配置模式进行流转导致了一系列问题,为此,必须在政策和法律层面寻求突破,从根本上改变二元土地制度:建立统一的流转市场,实现农民宅基地直接入市流转。④ 许源丰等也认为允许农村宅基地直接入市流转,按照市场原则配置资源,是未来经济发展的必然趋势。⑤ 章波等认为,只有依法准许宅基地直接进入市场流转交易,建立合理健康的农村宅基地流转市场,才能统筹城乡协调发展,保护农民的利益。⑥ 诸培新等也认为应该取消限制农村宅基地流转的相关规定,允许农村宅基地直接进入市场交易。⑦ 刘晓霞认为"只有将宅基地使用权的流

---

① 崔宝敏:《天津市"以宅基地换房"的农村集体建设用地流转新模式》,《中国土地科学》2010年第5期,第37~40页、第46页。
② 徐志明:《农村集体建设用地流转中的市场与政府——苏州市宅基地换房模式分析》,《学海》2011年第6期,第53~56页。
③ 刘卫柏、贺海波:《农村宅基地流转的模式与路径研究》,《经济地理》2012年第2期,第127~132页。
④ 高圣平、刘守英:《集体建设用地进入市场:现实与法律困境》,《管理世界》2007年第3期,第62~72页、第88页。
⑤ 许源丰、王敏:《中国转型期农村宅基地使用权的流转及其突破点》,《东岳论丛》2010年第3期,第16~19页。
⑥ 章波、唐健、黄贤金、姚丽:《经济发达地区农村宅基地流转问题研究——以北京市郊区为例》,《中国土地科学》2006年第1期,第34~38页。
⑦ 诸培新、曲福田、孙卫东:《农村宅基地使用权流转的公平与效率分析》,《中国土地科学》2009年第5期,第26~29页。

转投入市场进行运作,才能真正地实现所谓的宅基地使用权流转"。①

3. 集体经济组织推动的入市模式

还有一些学者既不认同政府主导下的宅基地入市模式,也不认同宅基地直接入市的模式,认为在既要保障宅基地资源合理利用,又要保障农户社保、财产权益的情况下,只能采用农村集体经济组织推动的宅基地入市模式。如韩康等认为通过集体经济组织发挥作用推动宅基地流转的"过渡模式"是较合适的入市模式,能够保证交易行为在集体的规划管理下进行,可避免许多交易风险。② 袁铖认为进行组织管理模式创新是化解农村宅基地流转问题的现实选择,通过集体经济组织推动农村宅基地入市流转是一种适合我国农村基本情况的有效模式。③ 陈利根等基于农户福利视角分析了不同流转模式的福利效应。根据研究结果,集体推动宅基地流转的模式最有利于增加农民福利,而政府主导模式和农民自发模式对应地存在政府垄断和隐性流转的问题,农民会损失较多福利。④

三 农村宅基地退出

"宅基地退出是盘活农村宅基地使用权的关键"。⑤ 在20世纪初,宅基地退出实践就已在地方展开。"三块地"改革任务部署以来,宅基地退出与配套土地制度改革的联动路径被打通,改革逐渐步入深化完善阶段,试点各地形成了多样化的成果与经验。在地方实践的同时,学界也对宅基地退出进行了大量的研究探讨,宅基地退出的具体内涵、宅基地退出的动力机制、宅基地退出的模式以及农户宅基地退出意愿及其影响因素是学界主要争论所在。

(一) 宅基地退出的内涵

自从宅基地退出实践开展以来,关于宅基地退出内涵的研究就未曾停止,但到目前为止,学界对于宅基地退出内涵都尚未达成统一的认识。总体来看,

---

① 刘晓霞:《宅基地使用权流转模式评析与选择》,《甘肃政法学院学报》2012年第3期,第109~113页、第133页。
② 韩康、肖钢:《积极探索建立有中国特色的农村宅基地市场——启动农村宅基地市场化改革研究》,《理论前沿》2008年第1期,第5~9页。
③ 袁铖:《城乡一体化进程中农村宅基地使用权流转研究》,《农业经济问题》2010年第11期,第57~61页、第111页。
④ 陈利根、成程:《基于农民福利的宅基地流转模式比较与路径选择》,《中国土地科学》2012年第10期,第67~74页。
⑤ 吴爽:《农村宅基地退出实践的法律反思》,《学习与实践》2019年第8期,第17~24页。

学者们对宅基地退出的内涵主要从实践和法律两个不同角度来进行解释。

1. 基于实践角度

在实践层面上,学者们从宅基地退出方式和农民意愿两个角度讨论了宅基地退出的内涵。

从退出方式角度,学者们归纳总结出多种内涵的宅基地退出。张秀智等将宅基地退出分为三种类型:一是通过村庄宅基地整理复垦缩小宅基地使用面积,增加耕地或林地面积;二是通过农民主动放弃宅基地使用权,减少农村建设用地总规模;三是通过各种途径将宅基地转为其他用途的建设用地。① 刘同山从宅基地退出后处置方式的角度出发,将宅基地退出定义为宅基地资产化或宅基地的直接处置。② 徐小峰等则将宅基地退出界定为两种情况:一是由地方政府和农村集体经济组织合作实施的村庄整治;二是由政府主导的城市化进程中的宅基地退出。③

从农民宅基地退出意愿角度,围绕着农民自愿退出或是政府强制进行退出两种原则,学者们对宅基地退出进行了定义。如单金海认为宅基地使用权退出仅指宅基地使用权人的自愿退出,他强调"宅基地退出必须遵循自愿有偿原则,成熟一个退出一个,不得强迫农民退出"。④ 欧阳安蛟等则认为宅基地退出既包括宅基地使用权人自愿退出的形式,"也包括在特定条件下强制收回农民的宅基地、通过新农村建设等项目对宅基地进行整理、置换的退出情形"。⑤

2. 基于法律角度

在法律层面上,学界普遍认可宅基地退出主要是使用权权利变动的过程,符合物权变动的规律,但是对于权利变动形式及变动方向,学者之间仍存在不同观点。

从宅基地权利变动形式来看,部分学者认为宅基地退出不仅仅是指宅基地使用权回归集体经济组织这一变动形式,也包括因宅基地"流转""抵押""抛弃"等原因将宅基地使用权让渡与其他主体的情况。如岳永兵指出,"宅基地

---

① 张秀智、丁锐:《经济欠发达与偏远农村地区宅基地退出机制分析:案例研究》,《中国农村观察》2009年第6期,第23~30页。
② 刘同山:《资产化与直接处置:农民宅基地退出意愿研究》,《经济经纬》2016年第6期,第42~47页。
③ 徐小峰、胡银根、魏西云、王恒:《农村宅基地退出与补偿的几点思考》,《国土资源情报》2011年第8期,第10页、第31~33页。
④ 单金海:《对农村宅基地有偿退出机制的构想》,《中国国土资源报》2010年4月9日,第6版。
⑤ 欧阳安蛟、蔡锋铭、陈立定:《农村宅基地退出机制建立探讨》,《中国土地科学》2009年第10期,第26~30页。

退出是基于我国特殊国情，介于禁止流转与自由流转之间的一种制度设计"，在宅基地退出后，其不再承担保障农民居住的功能。① 梁亚荣还认为宅基地权利变动的原因不仅仅是因为宅基地长期闲置，集体成员之间的转让行为也会导致宅基地权利变动。②

从退出后宅基地使用权变动方向的角度来看，部分学者认为宅基地使用权的变动方向是宅基地所有权人，如付坚强等认为，宅基地退出是指宅基地使用权人将合法的使用权交还给宅基地所有权人，使得宅基地所有权与使用权相统一的过程。③ 刁其怀指出，我国宅基地退出实际上是宅基地使用权的退出，是宅基地使用权人自愿将作为宅基地的用益物权消灭，从而恢复集体经济组织对宅基地的完全支配状态。④

3. 基于对比角度

部分学者将宅基地流转与宅基地退出进行比较，以此更加明确地界定宅基地退出的内涵。如付坚强等认为，从法律性质来看，宅基地使用权退出与宅基地使用权流转具有"本质上的区别"，宅基地退出中用益物权的法律状态回归了宅基地所有权人即集体经济组织，而宅基地流转中用益物权则因出卖、出租行为的发生而转移给另外一个主体。并且宅基地退出是用益物权"灭失"的过程，而宅基地流转是使用权变动的过程。⑤ 刁其怀认为宅基地退出与宅基地流转的差异在于两个方面：一是受让主体不同，宅基地退出中的使用权受让主体是农村集体经济组织，是使用权回归所有权的过程；二是权利存续不同，宅基地退出后，作为宅基地使用权的用益物权即灭失，流转过程中用益物权仍然存在。⑥ 李荣耀等认为，宅基地退出针对的是集体成员的宅基地使用权，退出内容涵盖资格权和使用权。而宅基地流转则主要针对宅基地的使用权；宅基地退出是相关权能的永久退出，而宅基地流转则是宅基地使用权在一定期限内的转让；宅基地退出是政府主导的优化利用宅基地的政策机制，而宅基地流转则是以市场为手段的一种资源配置方式，农民个体在

---

① 岳永兵：《宅基地退出：内涵、模式与机制建立》，《改革与战略》2016年第11期，第135~138页。
② 梁亚荣：《论农村宅基地使用权退出制度的完善》，《法学论坛》2015年第6期，第47~52页。
③ 付坚强、郭彩玲：《农村宅基地使用权退出的必要性与可行性分析》，《求实》2014年第10期，第92~96页。
④ 刁其怀：《宅基地退出概念辨析》，《中国土地》2017年第3期，第32~33页。
⑤ 付坚强、郭彩玲：《农村宅基地使用权退出的必要性与可行性分析》，《求实》2014年第10期，第92~96页。
⑥ 刁其怀：《宅基地退出概念辨析》，《中国土地》2017年第3期，第32~33页。

流转过程中起主导作用。①

(二) 宅基地退出的动力机制

关于宅基地退出的动力机制，学界主要从宅基地退出实施动力的构成出发，将宅基地退出动力分解为推力、压力、拉力等，从而形成了不同的动力组合机制。

1. 单一动力机制

部分学者研究认为宅基地退出主要受某种单一原因的驱动。如刘守英等认为"农二代"社会和经济行为特征的变化是宅基地制度改革的主要动力。② 由此形成了代际差异视角下的农户宅基地退出动力机制。汪应宏等认为，宅基地退出与农民工市民化之间存在双向推动的作用，从城乡融合的视角来看，宅基地退出的最主要推动力来自新型城镇化的发展。③ 郭晓鸣等认为现行宅基地使用管理体制造成了大量宅基地的闲置、荒废，导致宅基地利用效率低下，推动了宅基地的退出。④

2. "推力-拉力"二力机制

也有部分学者按照"推拉理论"对宅基地退出机制进行分析，认为宅基地退出的动力机制可以从推力与拉力两个方面来认识。如张勇等提出了宅基地退出的"推拉二力机制"。他们认为推力主要包括"土地高效利用"、"空间整合"、"宅基地功能变迁"、"宅基地财产权价值实现"和"宅基地制度演变"等因素，拉力则包括"建设用地需求"、"人口转移"、"居住需求提高"、"城乡二元体制改革"和"宅基地退出政策"等因素。⑤ 陈藜藜等认为，宅基地退出的拉力在于耕地占用现象频发从而产生的耕地保护需求，而宅基地退出的推力在于宅基地利用效率提升需求。⑥ 郭贯成等认为，"受教育水平"、"年总收入"、"家庭人口"和"社会保障情况"是影响宅基地退出的主要推动因素；

---

① 李荣耀、叶兴庆：《退出与流转：农民宅基地处置选择及影响因素》，《农村经济》2019 年第 4 期，第 10~20 页。
② 刘守英、熊雪锋：《经济结构变革、村庄转型与宅基地制度变迁——四川省泸县宅基地制度改革案例研究》，《中国农村经济》2018 年第 6 期，第 2~20 页。
③ 张勇、汪应宏：《农民工市民化与农村宅基地退出的互动关系研究》，《中州学刊》2016 年第 7 期，第 43~48 页。
④ 郭晓鸣、虞洪：《四川农村宅基地自愿有偿退出探索实践及其潜在风险与应对建议》，《国土资源科技管理》2017 年第 3 期，第 9~14 页。
⑤ 张勇、包婷婷：《农村宅基地退出的驱动力分析——基于推拉理论视角》，《农村经济》2017 年第 4 期，第 18~23 页。
⑥ 陈藜藜、宋戈、邹朝晖：《经济新常态下农村宅基地退出机制研究》，《农村经济》2016 年第 7 期，第 42~48 页。

"非农收入占比"、"外出务工人数"、"城镇保险情况"、"城镇住所"以及"宅基地抵押认知"是影响宅基地退出的主要拉力因素。① 孔东菊认为宅基地退出的内在动力为农民对于宅基地退出补偿的追求，类似拉力；而外在动力体现为宅基地的有偿使用制度和取得限制，类似推力。②

3. "推力 - 压力 - 拉力"三力机制

还有部分学者在推拉二力的基础上加入了"压力"，从而形成了宅基地退出的三力机制。如欧阳安蛟等认为宅基地退出不仅包括推力和拉力，还包括具有一定强制作用的压力，如"违法取得""面积超标""存量宅基地的有偿使用制度"等。③ 张世全等认为宅基地退出的推力因素来自于城市用地发展、农民建房以及耕地保护的需求；压力因素则来自于土地违法监督问责力度的加强以及提高农村存量建设用地利用效率的要求；拉力因素则来自地方政府集约用地意识增强后对农村宅基地制度改革的主动探索。④

（三）宅基地退出模式

由于宅基地退出试点实践缺乏统一的指导文件，各地探索出了丰富多样的退出模式。学者们从不同角度对实践环节中的宅基地退出模式进行了总结归纳，也形成了多样的观点。主要的归纳角度有退出途径、退出补偿、退出实施主体。

1. 以退出途径为角度

部分学者认为宅基地退出的模式依据其实施的不同途径可以划分为不同类型。如杨璐璐认为，目前试点地区对宅基地退出的探索在退出途径上主要表现为"宅基地置换"与"宅基地整理"两种退出模式。⑤ 魏后凯等也认为，现行的宅基地退出从退出途径上看，主要有宅基地换房（置换）、宅基地收储和宅基地市场化交易三种模式。⑥ 高燕等认为，宅基地退出存在"社区化整理模

---

① 郭贯成、戈楚婷：《推拉理论视角下的农村宅基地退出机制研究——基于南京市栖霞区农户意愿调查》，《长江流域资源与环境》2017年第6期，第816~823页。
② 孔东菊：《户籍改革背景下农村宅基地退出机制研究》，《华南农业大学学报》（社会科学版）2014年第4期，第46~53页。
③ 欧阳安蛟、蔡锋铭、陈立定：《农村宅基地退出机制建立探讨》，《中国土地科学》2009年第10期，第26~30页。
④ 张世全、彭显文、冯长春、张震、刘效龙、郭焕：《商丘市构建农村宅基地退出机制探讨》，《地域研究与开发》2012年第2期，第82~85页、第105页。
⑤ 杨璐璐：《基于新农村建设的宅基地整理退出"房票"模式研究：湖州吴兴例证》，《经济问题》2016年第10期，第62~66页。
⑥ 魏后凯、刘同山：《农村宅基地退出的政策演变、模式比较及制度安排》，《东岳论丛》2016年第9期，第15~23页。

式"、"村庄整体搬迁模式"和"中心村整理模式"三种主要的退出模式。① 刁其怀则认为宅基地退出主要包括"双放弃"、"土地综合整治"、"地票交易"、"货币化补偿"以及"宅基地收储"五种模式。② 还有学者梳理总结了地方宅基地退出实践,认为宅基地退出主要有"置换式"、"变现式"和"收储式"三种模式。

2. 以退出补偿为角度

也有部分学者根据宅基地退出后补偿形式的不同将宅基地退出划分为不同模式。如胡银根等认为宅基地退出存在"货币+宅基地"、"货币+购房补贴"和"资产置换"三种不同补偿形式的退出。③ 卢艳霞等调研发现,在宅基地退出试点实践中,存在原址或是异地重建、入住统建公寓、购买商品住房,或者获得经济补偿等不同形式的补偿,对应的宅基地退出模式为货币化补偿与住房补偿模式。④ 刘双良则根据实践环节对补偿方式的探索总结出了最具典型性的几种退出模式:"宅基地换资金"、"宅基地换住房"、"宅基地换社保"。⑤

3. 以退出实施主体为角度

也有部分学者依据政府、村集体和农民三者在宅基地退出过程中所发挥的作用,将宅基地退出划分为不同模式。如施建刚等从制度变迁的角度将宅基地退出分为"自下而上的村集体推动模式"和"自上而下的政府推动模式"。⑥ 岳永兵认为,在宅基地退出试点地区存在的宅基地退出模式主要包括"政府主导的宅基地置换模式"、"有限市场主导的宅基地使用权转让模式"、"村集体主导的用途转变模式"以及"经济收益激励下的隐性退出模式"。⑦

---

① 高燕、叶艳妹:《农村居民点用地整理的影响因素分析及模式选择》,《农村经济》2004年第3期,第23~25页。
② 刁其怀:《宅基地退出:模式、问题及建议——以四川省成都市为例》,《农村经济》2015年第12期,第30~33页。
③ 胡银根、王聪、廖成泉、吴欣:《不同治理结构下农村宅基地有偿退出模式探析——以金寨、蓟州、义乌3个典型试点为例》,《资源开发与市场》2017年第12期,第1411~1416页。
④ 卢艳霞、胡银根、林继红、戴勇毅:《浙江农民宅基地退出模式调研与思考》,《中国土地科学》2011年第1期,第3~7页。
⑤ 刘双良:《农村宅基地使用权的流转与退出机制》,《重庆社会科学》2010年第6期,第25~29页。
⑥ 施建刚、黄晓峰、王万力:《对发达地区农村宅基地置换模式的思考》,《农村经济》2007年第4期,第26~28页。
⑦ 岳永兵:《宅基地退出:内涵、模式与机制建立》,《改革与战略》2016年第11期,第135~138页。

4. 其他角度

也有部分学者以农户退出宅基地的目的以及村集体与地方政府对宅基地退出的政策期望为依据，将宅基地退出划分为不同模式。如余永和总结出了三种较为典型的退出模式，分别是：将宅基地退出与农民养老保障相结合的平罗"土地收储＋以地养老"模式；将宅基地退出农民进城市民化相结合的余江"货币补偿＋住房优惠"模式；将宅基地退出与建设用地增减挂钩相结合的义乌"新社区集聚建设与集地券"模式。[①] 还有部分学者认为不同的宅基地退出模式所对应的宅基地利用方式不同。如张世全等从试点调研中总结出了"村企合一"与"原址改造"两种宅基地退出模式。[②] "村企合一"的退出模式对应的是村集体与外来企业共同使用结余建设用地指标的利用方式，而"原址改造"的退出模式对应的则是在原有宅基地上就地开发使用的利用方式。

（四）宅基地退出意愿的影响因素

对于农民宅基地退出意愿的影响因素研究是学界的一个重要研究方向，研究成果丰富。从影响因素特征层次来看，生产决策者特征、农民家庭特征、宅基地特征、职业分化特征、地域差异特征、政策认知特征等对农民退出意愿的影响受到学者们的广泛关注。但是从具体的特征因素来看，关于农户年龄、农户性别、农户受教育程度、宅基地距城镇距离、宅基地面积、家庭规模、农地依赖对于宅基地退出意愿的影响，学者之间存在不同的看法（见表4-10）。

表4-10 关于农民宅基地退出意愿影响因素及其关系的争论

影响因素	显著性	影响方向	代表学者
农户年龄	显著	负向	杨玉珍、栗滢超、孙雪峰、杨丽霞等
		倒"U"型	王敏等
农户性别	显著	正向	黄敏、佟燕等
		负向	李荣耀、胡银根、蔡安宁等
受教育程度	显著	正向	杨玉珍、孙雪峰、杨丽霞、王敏等
		负向	邹伟、蔡安宁、郭贯成等

[①] 余永和：《农村宅基地退出试点改革：模式、困境与对策》，《求实》2019年第4期，第84~97页、第112页。

[②] 张世全、彭显文、冯长春、张震、刘效龙、郭焕：《商丘市构建农村宅基地退出机制探讨》，《地域研究与开发》2012年第2期，第82~85页、第105页。

续表

影响因素	显著性	影响方向	代表学者
宅基地距城镇距离	显著	正向	李荣耀、杨丽霞、佟燕等
		负向	蔡安宁等
		倒"U"型	胡银根、黄琦等
宅基地面积	显著	正向	杨玉珍、蔡安宁等
		负向	孙雪峰等
家庭规模	显著	正向	郭贯成、胡银根等
		负向	蔡安宁、杨丽霞等
农地依赖	显著	正向	蔡安宁、郭贯成等
		负向	王敏、黄敏、邹伟、栗滢超等

1. 农户年龄

关于农户年龄因素对宅基地退出意愿的影响,学界主要有两种不同的观点。

一是农户年龄负向影响农户宅基地退出的意愿,即年龄越大的农户越不愿意退出宅基地。如栗滢超认为,在年龄因素上,年轻人思想更为开放,更向往城市生活,而老年人思想更为保守,"安土重迁"意识强烈,因此更不愿意退出宅基地。[1] 孙雪峰等则认为,年龄越大的农户越难以离开家乡,因为老年人相较于年轻人接受新事物的能力更差,更难以在退出宅基地后融入到新的生活环境中。[2] 杨丽霞等认为宅基地对于年长农户的生活、养老和居住保障作用较为显著,因此年龄大的农户也更不愿意退出宅基地。[3]

二是农户年龄对宅基地退出意愿的影响呈"倒 U 型"变化。如王敏等研究发现,农户的退出意愿会随着其年龄的增加先提高后减小,即在以年龄为横轴、退出意愿为纵轴的坐标系上呈现出"倒 U 型"变化。[4] 他们认为,年龄较小的农户所具备的生存能力不足以支持其退出宅基地进入城镇生活;而随着年龄慢慢增长,农户生存能力有所提升,退出宅基地的意愿也随之提高;但随着年龄持续增长,进入老年阶段后,农户的生存能力则进一步降低,难以负担得起进

---

[1] 栗滢超:《乡村振兴视角下农村宅基地有偿退出影响因素分析》,《经济经纬》2019 年第 4 期,第 1~10 页。

[2] 孙雪峰、朱新华、陈利根:《不同经济发展水平地区农户宅基地退出意愿及其影响机制研究》,《江苏社会科学》2016 年第 2 期,第 56~63 页。

[3] 杨丽霞、朱从谋、苑韶峰、李胜男:《基于供给侧改革的农户宅基地退出意愿及福利变化分析——以浙江省义乌市为例》,《中国土地科学》2018 年第 1 期,第 35~41 页。

[4] 王敏、诸培新、张建:《农地流转对农户宅基地退出意愿影响研究——基于江苏省 855 户农户的调查结果分析》,《南京农业大学学报》(社会科学版)2016 年第 4 期,第 81~89 页、第 157 页。

入城镇的生活成本，退出意愿反而下降。

2. 农户性别

关于农户性别对于宅基地退出意愿的影响，学界研究呈现出两种相反的观点。

第一种观点认为相比女性，男性农户更愿意退出宅基地。如黄敏等认为，男性掌握的从业技能普遍高于女性，更具有进入城镇生活的能力。[①] 佟艳等也认为如此。[②]

第二种观点则认为女性更愿意退出宅基地，男性退出意愿反而更低。如李荣耀等认为，男性相对女性对于宅基地价值认识更全面、深刻，有着更高的增值预期。[③] 胡银根等认为女性相较于男性更愿意让子女接受更好的教育，对于子女的意愿也更为尊重，因此，女性农户更愿意为了子女获得好的教育机会而退出宅基地。[④] 蔡安宁等则认为，虽然男性进城务工的倾向较强，但是他们普遍认为宅基地是祖传基业，从而不愿意退出，而女性对于农村宅基地的传统观念反倒不是那么深，因而更愿意退出宅基地。[⑤]

3. 受教育程度

关于受教育程度对于农户宅基地退出意愿的影响，学界普遍认可其显著性，但是在影响方向及作用机理上争议较大。具体有以下两种观点。

一是认为农户受教育程度会正向影响其宅基地退出的意愿，即受教育程度越高的农户越愿意退出宅基地。如杨玉珍认为受教育程度更高的农户，其进城能力更强也更理解宅基地退出的内涵，因而退出宅基地的意愿更强。[⑥] 孙雪峰等也认为受教育水平越高，农户对宅基地价值及退出政策意义的认知水平越高，退出意愿也会更强。[⑦] 杨丽霞等也认为农户受教育程度越高，对事物的认知、

[①] 黄敏、杜伟：《基于 Probit 二元选择模型的农村宅基地退出意愿研究》，《四川师范大学学报》（社会科学版）2017 年第 5 期，第 64~69 页。

[②] 佟艳、牛海鹏、樊良新、李瑞华：《农户闲置宅基地退出意愿及影响因素研究——以河南省为例》，《干旱区资源与环境》2017 年第 10 期，第 26~30 页。

[③] 李荣耀、叶兴庆：《退出与流转：农民宅基地处置选择及影响因素》，《农村经济》2019 年第 4 期，第 10~20 页。

[④] 胡银根、吴欣、王聪、余依云、董文静、徐小峰：《农户宅基地有偿退出与有偿使用决策行为影响因素研究——基于传统农区宜城市的实证》，《中国土地科学》2018 年第 11 期，第 22~29 页。

[⑤] 蔡安宁、冯健：《欠发达地区农户宅基地退出意愿的影响因素研究——以安徽阜阳为例》，《城市发展研究》2018 年第 6 期，第 120~126 页、第 134 页。

[⑥] 杨玉珍：《城市内层边缘区农户宅基地腾退影响因素研究——基于河南省 6 地市 33 个自然村的调查》，《中国土地科学》2013 年第 9 期，第 44~50 页。

[⑦] 孙雪峰、朱新华、陈利根：《不同经济发展水平地区农户宅基地退出意愿及其影响机制研究》，《江苏社会科学》2016 年第 2 期，第 56~63 页。

判断能力越强,"往往会出于追求新事物而退出宅基地"。① 粟滢超则认为受教育程度与农户的收入水平正相关,受教育水平高的人,农村土地对于其生产生活的支持功能相对越弱,其退出宅基地的意愿也相对更高。②

二是认为农户受教育程度会负向影响宅基地退出的意愿,即受教育程度越高的农户越不愿意退出宅基地。如邹伟等从"风险认知"角度分析认为,农户受教育程度越高,其获得信息和理解信息的能力也就越强,对宅基地退出风险的认知会更为深刻,因此其退出意愿不会很高。③ 郭贯成等认为受教育水平高的农户对于宅基地的市场流转会更为了解,更看重自家宅基地的资产价值,退出意愿也就更低。④ 蔡安宁等则认为受教育程度高的农户收入水平自然较高,住房数量可能较多,因而并不在乎宅基地退出的那些补偿,相反更愿意回家翻新宅基地或者盖新房作为自己的另一住所。⑤

4. 宅基地距城镇距离

在宅基地特征中,宅基地距城镇距离对农户宅基地退出意愿的影响较为显著,关于其影响机理和方向,学界主要形成了三种观点。

一是认为宅基地距城镇越近,农户退出宅基地的意愿越高。如李荣耀等认为宅基地越靠近城镇的农户在生活、生产方式上更为接近城镇,且进入城镇生活的意愿也更强,因此他们更愿意退出宅基地。⑥ 杨丽霞等研究发现,近郊村农户经济条件较好,农房层数高、质量好,在城镇周边退出后所获得的补偿会更多,因此会更愿意退出宅基地。⑦ 佟艳等也认为越靠近城镇的宅基地所能获得的退出补偿越高,农户退出意愿更强。⑧

---

① 杨丽霞、朱从谋、苑韶峰、李胜男:《基于供给侧改革的农户宅基地退出意愿及福利变化分析——以浙江省义乌市为例》,《中国土地科学》2018年第1期,第35~41页。
② 粟滢超:《乡村振兴视角下农村宅基地有偿退出影响因素分析》,《经济经纬》2019年第4期,第10页。
③ 邹伟、王子坤、徐博、张兵良:《农户分化对农村宅基地退出行为影响研究——基于江苏省1456个农户的调查》,《中国土地科学》2017年第5期,第31~37页。
④ 郭贯成、戈楚婷:《推拉理论视角下的农村宅基地退出机制研究——基于南京市栖霞区农户意愿调查》,《长江流域资源与环境》2017年第6期,第816~823页。
⑤ 蔡安宁、冯健:《欠发达地区农户宅基地退出意愿的影响因素研究——以安徽阜阳为例》,《城市发展研究》2018年第6期,第120~126页、第134页。
⑥ 李荣耀、叶兴庆:《退出与流转:农民宅基地处置选择及影响因素》,《农村经济》2019年第4期,第10~20页。
⑦ 杨丽霞、朱从谋、苑韶峰、李胜男:《基于供给侧改革的农户宅基地退出意愿及福利变化分析——以浙江省义乌市为例》,《中国土地科学》2018年第1期,第35~41页。
⑧ 佟艳、牛海鹏、樊良新、李瑞华:《农户闲置宅基地退出意愿及影响因素研究——以河南省为例》,《干旱区资源与环境》2017年第10期,第26~30页。

二是认为宅基地距城镇距离与农户宅基地退出意愿呈"倒 U 型"关系。胡银根等认为城镇周边农户由于较好的设施环境及区位优势更愿意退出宅基地，且随着距离增大，农户退出宅基地的意愿增强，但是当增大到一定距离，其退出意愿反而开始下降，呈现出一种随距离呈"倒 U 型"变化的轨迹。① 黄琦等则认为，偏远农村地区和城镇中心区由于农地依赖和价值认知的原因，农户退出意愿呈现出两个"低值极端"，而城乡结合区域的农户具备进城能力且对改变生活状态的需求较强烈，因此退出意愿高。所以随着距离增加，农户宅基地退出意愿也呈现出"倒 U 型"的变化轨迹。②

三是认为宅基地距城镇距离越近，农户退出宅基地的意愿越低。宅基地越靠近城镇，其土地财产的价值显化程度越高，同时由于经济发展和城镇扩张，宅基地的升值空间也更大，因此农户对于宅基地的增值期望明显要高于其他偏远地区。如蔡安宁等认为农户会根据宅基地区位和市场价值判断其退出效益，相较于征收和流转，大多数农户不愿退出宅基地。③

5. 宅基地面积

关于宅基地面积对于农户宅基地退出意愿的影响，学界也呈现出两方面不同的观点。

一是认为宅基地面积会正向影响农户退出宅基地的意愿，即宅基地面积越大，农户越愿意退出宅基地。如杨玉珍认为宅基地面积越大，农户利用效率相对就越低，就越容易出现宅基地闲置的情况，因此农户更愿意退出闲置宅基地以获得经济补偿；④ 蔡安宁等基于退出补偿角度认为，宅基地面积越大，资源禀赋越高，农户退出宅基地后所可能获得的经济收益就越高，因此退出意愿更高。⑤

二是认为宅基地面积会负向影响农户退出宅基地的意愿，即宅基地面积越

---

① 胡银根、吴欣、王聪、余依云、董文静、徐小峰：《农户宅基地有偿退出与有偿使用决策行为影响因素研究——基于传统农区宜城市的实证》，《中国土地科学》2018 年第 11 期，第 22~29 页。

② 黄琦、王宏志、徐新良：《宅基地退出外部环境地域差异实证分析——基于武汉市东西湖区 84 个样点的分析》，《地理科学进展》2018 年第 3 期，第 407~417 页。

③ 蔡安宁、冯健：《欠发达地区农户宅基地退出意愿的影响因素研究——以安徽阜阳为例》，《城市发展研究》2018 年第 6 期，第 120~126 页、第 134 页。

④ 杨玉珍：《城市内层边缘区农户宅基地腾退影响因素研究——基于河南省 6 地市 33 个自然村的调查》，《中国土地科学》2013 年第 9 期，第 44~50 页。

⑤ 蔡安宁、冯健：《欠发达地区农户宅基地退出意愿的影响因素研究——以安徽阜阳为例》，《城市发展研究》2018 年第 6 期，第 120~126 页、第 134 页。

大，农户越不愿意退出宅基地。如孙雪峰等认为，一方面，宅基地总面积越大，人均面积相对越大，农户的居住水平就越高；另一方面，宅基地面积越大，代表农户对于宅基地的利用水平越高，农户退出宅基地的意愿也就越低。①

6. 家庭规模

关于家庭规模对农户退出宅基地意愿的影响，学界的认知较为复杂，主要呈现两方面的观点。

一是家庭规模越大，人数越多，农户退出宅基地的意愿越强烈。这主要是源于家庭规模与农户居住状况之间的关系，部分学者认为家庭规模越大，农户的居住条件会越差，其改善居住状况的需求就越强烈。如郭贯成等认为家庭人口越多，人均宅基地面积相对就少，农户居住满意度相应就低，其退出宅基地改善居住状况的需求就越迫切。② 胡银根等认为家庭规模越大，人口数量越多，从事非农职业的人数就越多，家庭收入相对就更高，因此对于宅基地的依赖性就越低。③

二是家庭规模越大，人数越多，农户退出宅基地的意愿越低。这部分学者主要考虑的是家庭规模对于农户生活负担的影响。如蔡安宁等认为人口越多的家庭，退出宅基地进入城镇后所负担的经济压力和居住压力会更大，宅基地退出意愿也就越低。④ 杨丽霞等认为宅基地对于农户居住生活的保障作用在规模更大的农户家庭中体现得更为明显，因此，在宅基地居住保障作用的"束缚"下，家庭规模越大的农户越难以退出宅基地。⑤

7. 农地依赖

学界关于农地依赖对宅基地退出意愿的影响机理存在较为统一的认知，但在实证层面，学者们在各自研究中得出了不同的结论，主要可分为两方面观点。

一是农地依赖越弱的农户，其宅基地退出意愿越高。这一观点与一般的理论假设相统一，即农地依赖越弱的农户，进入城镇生活的能力很强或者是已经

---

① 孙雪峰、朱新华、陈利根：《不同经济发展水平地区农户宅基地退出意愿及其影响机制研究》，《江苏社会科学》2016年第2期，第56～63页。
② 郭贯成、戈楚婷：《推拉理论视角下的农村宅基地退出机制研究——基于南京市栖霞区农户意愿调查》，《长江流域资源与环境》2017年第6期，第816～823页。
③ 胡银根、吴欣、王聪、余依云、董文静、徐小峰：《农户宅基地有偿退出与有偿使用决策行为影响因素研究——基于传统农区宜城市的实证》，《中国土地科学》2018年第11期，第22～29页。
④ 蔡安宁、冯健：《欠发达地区农户宅基地退出意愿的影响因素研究——以安徽阜阳为例》，《城市发展研究》2018年第6期，第120～126页、第134页。
⑤ 杨丽霞、朱从谋、苑韶峰、李胜男：《基于供给侧改革的农户宅基地退出意愿及福利变化分析——以浙江省义乌市为例》，《中国土地科学》2018年第1期，第35～41页。

进入城镇生活,生活上已经较大程度地脱离了与承包地和宅基地的关系。如王敏等认为家庭外出劳动力比例越高即农地依赖越弱的农户退出宅基地的意愿越强。[①] 黄敏等认为相对于承包地面积越大的农户,面积越小的农户在农业生产上的投入越小,对于宅基地的生产辅助和居住功能依赖越弱。[②] 邹伟等也认为那些在就业上已投身第二、三产业,生活地点也由农村转向城镇的非农化程度高的农户,宅基地的生活保障作用大大弱化,更愿意退出宅基地。[③] 栗滢超认为,家庭劳动力结构越偏向非农业、家庭农业收入占比越低,越能促进农村农户宅基地的有偿退出。[④]

二是农地依赖越强的农户,更愿意退出宅基地,农地依赖弱的农户,反而更不愿意退出宅基地。如蔡安宁等认为"非农户"和"半农户",即农地依赖弱的农户经济条件相对较好,希望未来晚年能够回到环境优美、污染较少的农村继续生活,对于他们来说,宅基地仍具有安度晚年、休闲度假的功能;而纯农户,即农地依赖强的农户经济条件相对较差,因此更愿意取得宅基地退出补偿进入城镇,以改善生活状况。[⑤] 如郭贯成等认为农地依赖强在收入结构上体现为非农收入占比低且总体经济条件相对较差,这些农户对于较差的生活状况具有较强烈的改善性需求。[⑥]

可见,虽然对于许多影响因素学界仍存在争论,但这些研究争论对于宅基地退出意愿影响因素的具体构成以及具体影响机理从不同角度进行了讨论,丰富了研究成果,也为更加深刻地理解农民宅基地退出意愿及其行为做出了贡献。

第六节　总体考察

学术界基于不同的视域,对我国农村土地制度的变迁进程、发展现状和完

---

① 王敏、诸培新、张建:《农地流转对农户宅基地退出意愿影响研究——基于江苏省855户农户的调查结果分析》,《南京农业大学学报》(社会科学版) 2016 年第 4 期,第 81~89 页、第 157 页。
② 黄敏、杜伟:《基于 Probit 二元选择模型的农村宅基地退出意愿研究》,《四川师范大学学报》(社会科学版) 2017 年第 5 期,第 64~69 页。
③ 邹伟、王子坤、徐博、张兵良:《农户分化对农村宅基地退出行为影响研究——基于江苏省1456 个农户的调查》,《中国土地科学》2017 年第 5 期,第 31~37 页。
④ 栗滢超:《乡村振兴视角下农村宅基地有偿退出影响因素分析》,《经济经纬》2019 年第 5 期,第 49~55 页。
⑤ 蔡安宁、冯健:《欠发达地区农户宅基地退出意愿的影响因素研究——以安徽阜阳为例》,《城市发展研究》2018 年第 6 期,第 120~126 页、第 134 页。
⑥ 郭贯成、戈楚婷:《推拉理论视角下的农村宅基地退出机制研究——基于南京市栖霞区农户意愿调查》,《长江流域资源与环境》2017 年第 6 期,第 816~823 页。

善路径进行了一系列深入研究,为农村土地制度安排与深化改革提供了理论支撑。但总体而言,农村土地制度的研究仍然存在着些许缺憾,未来还需在创新领域和薄弱环节进行补充完善。

一 农村土地制度研究的主要特点

(一) 逐渐坚持和强化集体土地所有制

新中国成立70年以来,我国农村土地制度变迁、发展和完善的各个阶段都体现出较强的政治性和意识形态色彩,其基本逻辑是坚持土地公有制,尤其是农村土地的集体所有制,而这是由我国社会主义公有制的国情特点所决定的。尽管在20世纪80年代因农业增长的停滞而引发了学术界对农村土地制度的质疑与争论,但基于特定的政治历史基础,农村土地始终承担着确认农民集体成员身份、建构农村基本体制的政治功能,因此巩固和完善集体土地所有制在长期研究中占据着主流地位。

(二) 不断丰富和完善农民土地使用权

理论界普遍认为,农村土地具有经济生产和社会保障这两项基本功能,因此提升农业生产效率、完善农民使用权益就成了新中国成立70年来农村土地制度发展的主要逻辑。经济体制改革之前的土地产权界限不清,影响了农民、资金等与土地的有效结合,致使农业经营效率低下;经济体制改革后,学者们就农村土地承包经营权的物权化、土地使用权的市场化等热点展开研究,认为强化所有权、稳定承包权、放活经营权的还权赋能思路是农村土地制度变迁发展的主线。总体而言,农村土地制度以农地产权制度为核心要素,故其改革也旨在确保农村土地承包关系的长期稳定、赋予农民长期有保障的土地使用权。

(三) 高度重视农村土地制度改革与农业现代化的联系

农业现代化不仅是农业生产的现代化,也是土地利用方式、生产经营制度以及土地制度改革的现代化。理论界从20世纪80年代就已注意到土地流转对于发展适度规模经营的重要性,进入21世纪后,农村土地流转的试点推进、土地生产活动和生产规模的不断扩大,催生了许多新型农业经营主体,完善了农业生产服务体系,为农业规模化与现代化发展提供了保障。除了承包地改革的正向激励之外,宅基地制度改革也优化了农村用地布局、解除了进城农民的农地束缚,强化了耕地的集中趋势、促进了承包地流转。而经营性建设用地改革为集体提供了土地收益,有助于发展集体农业产业;征地制度的改革则保障了农民的土地权益,减少了不合理占地现象。总体来看,理论界将农业现代化发展与农村土地制度相结合,研究土地制度改革及土地政策变迁对农业现代化发展的复合作用。

二 农村土地制度研究的未来展望

(一) 深化农村土地制度的多元化研究视角

就学术界对农村土地制度的研究概况来看,当前的理论视角主要在经济学领域,无论是考察制度变迁、发展动力还是绩效评价,均集中表现为对土地产权变化、经济利益博弈和农业生产剩余等方面的研究,而政治学、历史学、社会学、心理学等领域涉及较少。作为中国社会制度的重要组成部分,农村土地制度的安排也要受到社会历史转型和现代化发展的影响,因此未来要顺应社会主义现代化在经济、政治、社会、文化、生态等多方面的发展要求,通过多元理论研究视角来体现"四化"同步发展的现实需要。

(二) 强化农村土地制度的市场化改革方向

当前我国农村土地制度的发展趋势是"还权赋能",通过"三权分置"强化集体承包权、稳定农户所有权并放活其经营权,在农地使用权的流转上呈现日益增强的市场化导向。农村土地本身也是一种生产要素,建构要素市场以提高其资源配置效率是经济体制改革的一项基本逻辑,未来农村土地制度的市场化改革应继续沿着明晰产权和建立健全土地交易市场的思路。因此,基于合理有效配置资源、促进农业现代化规模经营的考虑,学界应继续探索农村集体建设用地入市流转、农村宅基地有偿退出等的多种形式,丰富农村土地产权资产化、资本化的路径研究。

(三) 促进土地制度改革与立法的有机统一

综观理论界已有的研究,农村土地制度改革创新与农村土地制度立法建设的结合不甚紧密,致使学界在农地产权创新与其法律效力的关系等方面争论不下。新中国成立 70 年以来,我国农村土地制度随着社会经济体制进行了市场化的改革,及时将创新经验进行总结完善以上升为法律制度,有助于巩固已经取得的改革成效、促进农村土地的市场化发展。基于农村土地资源的稀缺性和绿色发展要求,学界应当加强对农地产权流转、可持续利用及生态保护的立法研究,探索国土空间规划体系"多规合一"的衔接问题,为农地制度的市场化改革提供有力的法律支撑。

(四) 加强农村土地制度改革与乡村振兴战略的协同研究

中国特色社会主义进入新时代,乡村振兴成为农村建设发展的主旋律。必须通过土地制度的配套改革以解决农业农村发展的资金、用地等问题,才能实现乡村振兴战略对于农村产业兴旺、农民生活富裕的要求。然而目前学界相关研究的切入点较小,涉及的土地制度改革范畴比较狭窄,关于土地制度改革与乡村振兴的协同研究相对较少。未来应在农村"三块地"的深化改革过程中进一步盘活土地的资产、资源和资本功能,通过赋予农民更多的财产权益、加快农业农村现代化,以促进农村土地制度改革与乡村振兴的有效协同,探索城乡融合发展的现实途径。

第五章　农村金融制度

金融是现代经济的核心。新中国成立以来，学术界围绕农村金融制度进行了深入研究和讨论，形成了丰硕的研究成果和鲜明的学术观点。但由于农村金融制度本身内容的复杂性引发的学术讨论较多，所以难以做到全面分析。因此，本章主要对学者们70年来针对农村金融制度讨论较为热烈的四个问题，即"农村金融制度的贡献""农村金融制度的变迁""农村金融的供求关系""农村合作金融"进行了系统总结和梳理，各种争鸣性观点如下。

第一节　农村金融制度的贡献

对于农村金融制度贡献的争论，理论界主要围绕农村金融与农民收入增长、农村经济发展和城乡收入差距的关系三个方面展开。

一　农村金融与农民收入增长

体现农村金融制度贡献的一个重要方面就在于其能够促进农民增收。正如张红宇所指出的，"满足农业、农村和农民最基本的资金需求，为农户提供周到的金融服务"，也"历来是政府农村政策的基本目标之一"。[①] 但针对农村金融与农民收入增长两者之间的关系，理论界却存在五种不同意见（见表5-1）。

表5-1　农村金融与农民收入增长关系的不同意见

序号	主要意见	代表学者
1	农村金融促进农民增收，二者之间是正相关关系	丁志国、闫啸等
2	农村金融对农民收入增长的影响有限，甚至会抑制农民收入增长，二者之间表现为一种负向关系	温涛、许崇正、刘旦、余新平等

[①] 张红宇：《中国农村金融组织体系：绩效、缺陷与制度创新》，《中国农村观察》2004年第2期，第2~11页。

续表

序号	主要意见	代表学者
3	农村金融发展与农民收入之间存在门槛效应,在不同的门槛值水平上,影响程度不同	杜江等
4	农村金融规模、结构、效率与农民收入之间存在不同关系	贾立、李明贤等
5	农村金融发展的收入效应具有地区差异性	钱水土等

一种意见认为,农村金融发展能够通过经济增长和分配效应促进农民增收,农村金融与农民收入增长之间是一种正向关系。早在农业社会主义改造时期,梅远谋就认为,农村信贷"在帮助农民恢复和发展生产、削减农村剥削、两极分化和贫困现象"方面发挥了重大作用。[①] 杜江等也认为,"农村金融链接了农村的资金需求与供给,随着农村金融基础设施、服务体系日益完善和金融产品多元化,农村金融发展将农村储蓄转化为投资,促进农村经济发展,提高农民收入"。[②] 近年来的一些实证研究也支持这一认识。如丁志国等运用2000~2008年我国省级面板数据,发现农村金融发展可以通过直接效应和间接效应[③]减少农民贫困,且间接效应的作用明显高于直接效应,前者是后者的35倍。[④] 刘玉春等运用1980~2011年的数据,实证发现我国农村金融发展促进了农民收入增长。[⑤] 闫啸等基于陕西、宁夏1771户农户金融情况的调研数据研究了农户借贷与农户收入关系,结论显示,"农户借贷对农户收入具有显著的正效应,平均使农户人均收入提高21.24%"。[⑥]

与此相反,另一种意见认为,农村金融对农民收入增长的影响有限,甚至

[①] 梅远谋:《农村金融工作与农业合作化——四川省温江县公平乡农村金融调查研究》,《财经科学》1957年第1期,第159~185页。

[②] 杜江、张伟科、范锦玲:《农村金融发展对农民收入影响的双重特征分析——基于面板门槛模型和空间计量模型的实证研究》,《华中农业大学学报》(社会科学版)2017年第6期,第35~43页。

[③] 根据英国国际发展部(DFID)2004年的研究,所谓直接效应是指金融部门通过直接向穷人提供储蓄、信贷等服务,以帮助穷人平滑消费,抵御收入风险,提高穷人的生产力,促使其摆脱贫困;而间接效应则具体表现为农村金融通过促进经济增长和收入再分配,进而作用于贫困。

[④] 丁志国、谭伶俐、赵晶:《农村金融对减少贫困的作用研究》,《农业经济问题》2011年第11期,第72~77页。

[⑤] 刘玉春、修长柏:《农村金融发展、农业科技进步与农民收入增长》,《农业技术经济》2013年第9期,第92~100页。

[⑥] 闫啸、牛荣:《农户借贷对收入增长的影响:1771个农户样本》,《改革》2017年第10期,第105~113页。

会抑制农民收入增长[1],农村金融与农民收入之间表现为一种负向关系。这种意见主要理由如下。(1)中国的二元经济结构、工业和城市倾斜发展战略以及二元金融结构,必然表现为以农村金融抑制为代价来达到城市金融深化的目的。与此同时,从诞生之日就使命性地外生于农村经济的正规金融[2]、非正规金融都受到政府管制,结果,政府主导型的农村金融结构不仅抑制了农村金融的发展,而且难以与农村经济相协调,也就更谈不上促进农民收入增长了。(2)农村金融缺乏有效的竞争机制,无法满足农村经济主体多层次、多样化的金融服务需求。同时,农村资金大规模流出,"非农化"严重,导致出现"供给真空"。加之,对非正规金融长期压制和打击,造成了农村金融市场秩序的混乱且又对农村金融缺乏整体规划和科学监管。因此,农村金融发展无法有效促进农村经济发展,自然也就不能有效促进农民收入增长。[3] (3)由于"农村金融的发展并没有以增加农民收入为目标,相反,农村金融机构往往出于收益的考虑,而将农村资金转移到城镇"[4],结果出现农村金融发展不利于农民增收的现象。支持这一观点的一些代表性实证研究,如温涛等运用1952~2003年的实际数据进行分析,发现"中国农村金融发展,同样没有成为促进农民收入增长的重要因素,反而造成了农村资金的大量转移和流失,成为促进城市居民收入水平提高的重要因变量"。[5] 许崇正等的分析发现,"农村金融在九十年代以来,未能很好地支援农民增收,其在农户增收中处于一种极其低效的状态"。[6] 刘旦利用1978~2004年的数据发现,"农村金融发展效率对农民收入增长具有显著的负效应"。[7] 冉

---

[1] 值得注意的是,农村金融与农民收入之间所存在的这种负向关系并不意味着农村金融制度对于农民收入增长没有贡献。这里只是作为一种争论性的观点予以呈现。正如温涛、冉光和、熊德平的研究所指出的那样,"虽然实证结果与美好的愿望有点背道而驰,但是,这并不能否定中国金融发展与经济增长之间的正向作用关系适用于农民收入增长的理论有效性,金融发展和农民收入增长的正向作用关系不仅在理论和逻辑上是应该的和存在的,而且对中国经济发展也是必需的"。换句话说,农村金融制度仍然重要。
[2] 谢琼、方爱国、王雅鹏:《农村金融发展促进农村经济增长了吗?》,《经济评论》2009年第3期,第61~68页。
[3] 余新平、熊晶白、熊德平:《中国农村金融发展与农民收入增长》,《中国农村经济》2010年第6期,第77~86页。
[4] 谭燕芝:《农村金融发展与农民收入增长之关系的实证分析:1978~2007》,《上海经济研究》2009年第4期,第50~57页。
[5] 温涛、冉光和、熊德平:《中国金融发展与农民收入增长》,《经济研究》2005年第9期,第30~43页。
[6] 许崇正、高希武:《农村金融对增加农民收入支持状况的实证分析》,《金融研究》2005年第9期,第173~185页。
[7] 刘旦:《我国农村金融发展效率与农民收入增长》,《山西财经大学学报》2007年第1期,第44~49页。

光和等的研究同样认为,"中国政府主导的农村金融成长模式对农村经济增长具有显著的约束效应","农村正规金融的农村贷款不仅没有显著促进农村经济增长,反而对农民收入和农村 GDP 增长有负面的影响效应"。①

还有意见认为,农村金融发展与农民收入之间存在门槛效应,在不同的门槛值水平上,影响程度不同。换句话说,农村金融发展对农民收入的影响伴随农村经济发展水平不同而呈现差异性。具体来看,"当农村经济发展处于低水平时,农村金融市场不发达,农村金融中介缺乏,服务质量低下和金融产品单一,农民无法承担获取金融服务的成本,影响农民收入来源;当农村经济发展处于较高水平时,金融产品种类增多和金融服务门槛降低,金融中介组织和渠道扩张,以往被拒至金融服务门槛之外无法获得金融服务的低收入者就能够分享金融发展水平提高带来的福利,使农民收入增加"。② 杜江等选取 2005~2015 年我国 29 个省(自治区、直辖市)的面板数据,分析了农村金融发展对农民收入的非线性影响及其空间溢出效应,其结论较好地支撑了上述观点。张兵等研究农村金融发展与贫困减缓之间的关系也证明了这一观点。③

再有一些意见,认为农村金融发展与农民收入、农村经济发展之间的关系具有复杂性,不是简单的正向或者负向关系。这种观点一般将农村金融发展具体分解为农村金融规模、农村金融结构、农村金融效率等要素,在此基础上研究农村金融不同要素与农民收入之间的关系。如贾立等对我国西部地区 1978~2008 年农村金融发展水平与农民收入增长关系的实证分析发现,"长期来看,西部地区农村金融发展规模、结构对农民收入增长具有正向促进作用,而农村金融发展效率对农民收入增长具有显著的负效应"。他们认为,这种负效应表明,"西部地区农村金融市场发展滞后,金融服务体系不完善,大量农村资金通过农村金融中介流向了城市金融市场,从而没能对农村经济的发展提供更多资金支持"。④ 李明贤等利用 1990~2009 年我国农村金融发展的统计数据,分析了我国农村金融发展与农民收入增长之间的关系,认为农村金融发展效率(农

---

① 冉光和、温涛、李敬:《中国农村经济发展的金融约束效应研究》,《中国软科学》2008 年第 7 期,第 27~37 页。
② 杜江、张伟科、范锦玲:《农村金融发展对农民收入影响的双重特征分析——基于面板门槛模型和空间计量模型的实证研究》,《华中农业大学学报》(社会科学版)2017 年第 6 期,第 35~43 页。
③ 张兵、翁辰:《农村金融发展的减贫效应——空间溢出和门槛特征》,《农业技术经济》2015 年第 9 期,第 37~47 页。
④ 贾立、王红明:《西部地区农村金融发展与农民收入增长关系的实证分析》,《农业技术经济》2010 年第 10 期,第 40~49 页。

村金融机构贷存比）的提高和农村金融机构分布密度的增加对农民收入的增长有显著的促进作用，而"农村存款规模扩大、乡镇企业贷款比率的提高以及每万人农村金融机构拥有量的增加，对农民收入水平的提高并没有表现出显著的促进作用"。① 还有学者认为农村金融发展的收入效应具有地区差异性。如钱水土等利用我国23个省级地区1988~2008年的面板数据进行分析认为，"在东部和中部地区，农村金融发展对农民收入具有显著的正面影响，并且东部的效应大于中部；而在西部地区，农村金融发展对农民收入具有显著的负面影响"。②

二 农村金融与农村经济发展

理论界对农村金融与农村经济发展之间的关系也有不同意见，总结起来，主要有两种观点：一种观点认为农村金融与农村经济发展之间是一种正相关关系，从而肯定农村金融对农村经济发展的支持作用；另一种观点却认为农村金融对农村经济发展起到抑制作用，并没有促进农村经济的发展。

第一种意见，对农村金融对农村经济发展的支持作用持肯定态度，认为农村金融与农村经济发展之间是一种正相关关系。吴有根认为，信贷支农作为发展农业资金运动的主要和基本的方式，有利于调动农民的生产积极性和发展商品生产。③ 姚耀军认为，"农村金融制度是农村经济发展中最为重要的资本要素配置制度，农村金融发展对农村经济发展尤为重要"。④ 相应的实证研究较好地支撑了这一观点，如冉光和等对山东1981~2005年农村金融发展与农村经济增长关系的分析发现，"农村金融发展与农村经济增长高度正相关"，农村金融发展"可以有效动员闲散资金并使之得到合理的配置，从而促进农村经济的更快发展"⑤，反之，则会制约农村经济发展。田杰等采用2006~2009年1883个县（市）的面板数据分析我国农村金融密度与农村经济增长的关系，认为"从全国层面看，用人均金融机构网点数表示的农村金融密度对农村经济增长有显著的促进作用"，这种促进作用主要是"农村金融密度通过增加贷款数量和提高

---

① 李明贤、叶慧敏：《我国农村金融发展与农民收入增长的实证研究》，《江西财经大学学报》2014年第4期，第88~97页。
② 钱水土、许嘉扬：《中国农村金融发展的收入效应——基于省级面板数据的实证分析》，《经济理论与经济管理》2011年第3期，第104~112页。
③ 吴有根：《提高农贷作用，促进农村商品经济发展》，《福建师范大学学报》（哲学社会科学版）1983年第4期，第86~90页。
④ 姚耀军：《中国农村金融发展状况分析》，《财经研究》2006年第4期，第103~114页。
⑤ 冉光和、张金鑫：《农村金融发展与农村经济增长的实证研究——以山东为例》，《农业经济问题》2008年第6期，第47~51页。

信贷配置效率两种途径"①予以实现的。尹雷等从农村金融发展与农业全要素生产率的角度进行分析,得出了"农村金融发展对农业全要素生产率具有正向促进作用"②的结论。王劲屹以 1980~2014 年的数据,实证研究了农村金融发展、资本存量提升对农村经济增长的影响,结论认为"农村经济的增长离不开金融的支持,农户储蓄存款是农村金融发展之源","发展农村金融可以显著促进农村经济增长"。③

第二种意见,认为农村金融发展对农村经济发展起到抑制作用④。这种意见的理由如下。(1)"农村经济部门资源的巨额流出导致农村部门的储蓄份额很低",而"通过财政和国有银行信贷方式支持农村经济部门"的方式具有外生性,这种"给农村经济部门的'输血'只能维持其进行简单再生产,却不能带来农村金融成长的机会"。结果,"农村金融发展滞后,能够给农业提供的融资机会不多,严重制约农村经济的更快发展"。⑤ (2)"过于向城市偏离的区域金融发展对农民增收和农业发展具有明显的'挤出效应'"。⑥ 有学者实证研究证明,农村金融的发展并没有促进农村经济的增长与发展。曹协和也发现"我国农村金融发展滞后于农村经济增长,未能为农业发展提供充分的金融服务"。⑦

三 农村金融与城乡收入差距

体现农村金融制度贡献的另一个重要方面就在于其对于缩小城乡收入差距具有不可替代的作用。但是,农村金融与城乡收入差距之间到底存在怎样的关

---

① 田杰、陶建平:《农村金融密度对农村经济增长的影响——来自我国 1883 个县(市)面板数据的实证研究》,《经济经纬》2012 年第 1 期,第 108~111 页。
② 尹雷、沈毅:《农村金融发展对中国农业全要素生产率的影响:是技术进步还是技术效率——基于省级动态面板数据的 GMM 估计》,《财贸研究》2014 年第 2 期,第 32~40 页。
③ 王劲屹:《农村金融发展、资本存量提升与农村经济增长》,《数量经济技术经济研究》2018 年第 2 期,第 64~81 页。
④ 如前面对农村金融与农民收入增长呈负向关系的分析那样,这里农村金融虽对农村经济增长起到抑制作用,但这并不意味着农村金融制度不重要。相反,这更多地表明我国农村金融自身的问题。正如有研究指出的那样,"即使部分学者认为农村金融发展对于农村经济发展起到抑制作用也多是因为农村金融自身存在不足与缺陷,而健全健康的农村金融体制显然是农村经济发展的坚实支撑"。参见丁志国、张洋、覃朝晖《中国农村金融发展的路径选择与政策效果》,《农业经济问题》2016 年第 1 期,第 68~75 页。
⑤ 乔海曙:《农村经济发展中的金融约束及解除》,《农业经济问题》2001 年第 3 期,第 19~23 页。
⑥ 陈雨露、马勇:《中国农村金融论纲》,中国金融出版社,2010 年,第 142 页。
⑦ 曹协和:《农业经济增长与农村金融发展关系分析》,《农业经济问题》2008 年第 11 期,第 49~54 页。

系，理论界的认识却存在较大争议。总体来看，有以下五种观点（见表5-2）。

表5-2 理论界关于农村金融与城乡收入差距关系的不同意见

序号	主要观点	代表学者
1	农村金融发展显著扩大了城乡收入差距	周晓棠、张立军、李敬、陈敏等
2	农村金融发展与城乡收入差距之间存在"倒U型"关系，满足"库茨涅兹假说"	乔海曙、胡宗义等
3	农村金融的发展总体上有助于减小城乡收入差距	胡宗义等
4	不同的农村金融政策与城乡收入差距的关系并不一样	丁志国等
5	农村金融规模、结构、效率等与城乡收入差距的关系具有差异性	王修华、付荣、周泽炯、谢金楼等

第一种观点，认为农村金融发展显著扩大了城乡收入差距，这种观点较多见。其主要依据在于"中国金融中介的信贷行为表现出明显的国有企业和城市化倾向以及农村金融资源外流"[1]导致"农村从总体上拥有的资本量不足"[2]，加之"非正规金融的不规范发展，造成高利贷性质"和"金融资源有限条件下的城乡金融资源配置不均衡"[3]，使得农村金融发展扩大了城乡收入差距。在实证方面，李敬等分析1978~2004年中国农村金融资源流失和城乡居民收入差距的关系，发现二者之间存在"农村金融资源流失→城乡收入差距扩大→农村金融资源流失"的"怪圈"。[4] 王征等利用我国1993~2009年的省级面板数据分析了我国农村金融发展与城乡收入差距之间的关系，结论认为，"在控制其他变量的情况下，农村金融发展的规模、结构和效率与城乡收入差距呈正相关"，即是"农村金融发展扩大了城乡收入差距"。[5] 基于1978~2004年的数据，张立军等对中国农村金融发展与城乡收入差距的关系进行研究的结论也支持"农村金融发展扩大了城乡收入差距"。张宏彦等运用1983~2009年的数据同样验证

---

[1] 乔海曙、陈力：《金融发展与城乡收入差距"倒U型"关系再检验——基于中国县域截面数据的实证分析》，《中国农村经济》2009年第7期，第68~76页。
[2] 周晓棠：《当前我国城乡差距与发展农村金融》，《中国流通经济》2003年第11期，第35~38页。
[3] 张立军、湛泳：《中国农村金融发展对城乡收入差距的影响——基于1978~2004年数据的检验》，《中央财经大学学报》2006年第5期，第34~39页。
[4] 李敬、冉光和：《农村金融资源流失与城乡居民收入差距》，《统计与决策》2007年第10期，第87~89页。
[5] 王征、鲁钊阳：《农村金融发展与城乡收入差距——基于我国省级动态面板数据模型的实证研究》，《财贸经济》2011年第7期，第55~62页。

了这一结论。① 陈敏等基于中国 1978～2015 年的数据,发现中国农村金融发展和城乡收入差距之间的"倒 U 型"关系并未得到验证,农村金融发展水平的提高显著扩大了城乡收入差距。②

第二种观点,认为农村金融发展与城乡收入差距之间存在"倒 U 型"关系,满足"库茨涅兹假说"③。该观点的主要思想是"在经济发展早期阶段,由于金融市场存在财富门槛效应,使得金融市场上只有极少数人能够获得金融服务,收入差距拉大。但随着经济不断发展,金融市场逐渐趋于成熟,金融服务门槛的降低使更多人能够享受到较高的投资收益,穷人与富人的收入差距逐渐趋于均衡"④。如乔海曙和陈力基于中国县域截面数据⑤再检验了金融发展与城乡收入差距之间的关系,发现中国金融发展和收入不平等之间的"倒 U 型"非线性关系仍然存在,即是"金融深度分位数小于 20% 的地区,城乡收入差距显著扩大;金融深度分位数在 20%～70% 之间的地区,两者相关性不显著;而金融深度分位数大于 70% 的地区,城乡收入差距显著缩小"。胡宗义等运用上述同样的数据,也证明了我国金融发展与城乡收入差距之间"倒 U 型"关系的存在。⑥

第三种观点,认为农村金融的发展总体上有助于减小城乡收入差距。这以胡宗义等的研究为代表。他们利用 31 个省份 2003～2010 年的相关数据,对农村正规与非正规金融对城乡收入差距的影响进行了实证分析,结论发现"农村正规金融与非正规金融都对缩减城乡收入差距具有积极的促进作用,但是农村非正规金融的影响更为显著"。同时,他们还发现,"周边地区的农村正规与非

---

① 张宏彦、何清、余谦:《中国农村金融发展对城乡收入差距影响的实证研究》,《中南财经政法大学学报》2013 年第 1 期,第 83～88 页。
② 陈敏、王亭、刘磊:《农村金融发展对城乡收入差距影响的实证研究——基于 ARDL - ECM 模型》,《哈尔滨商业大学学报》(社会科学版) 2017 年第 2 期,第 3～12 页。
③ 1955 年,美国经济学家 Kuznets 在《美国经济评论》发表的文章《经济增长与收入不平等》中指出,经济增长和收入差距存在"倒 U 型"关系,即"库兹涅兹假说"。
④ 陈敏、王亭、刘磊:《农村金融发展对城乡收入差距影响的实证研究——基于 ARDL - ECM 模型》,《哈尔滨商业大学学报》(社会科学版) 2017 年第 2 期,第 3～12 页。
⑤ 需要指出的是,乔海曙和陈力虽然研究的是金融发展与城乡收入差距之间的关系,但作者采用的数据是"2007 年中国农村金融服务分布图集",且这一图集"汇集了全国 31 个省(区、市)、2861 个(市、区)的基本经济和金融数据",因此,我们认为,引用该文献作为支撑农村金融发展与城乡收入差距之间"倒 U 型"关系的结论仍然是有力的。参见乔海曙、陈力《金融发展与城乡收入差距"倒 U 型"关系再检验——基于中国县域截面数据的实证分析》,《中国农村经济》2009 年第 7 期,第 68～76 页。
⑥ 胡宗义、刘亦文:《金融非均衡发展与城乡收入差距的库兹涅茨效应研究——基于中国县域截面数据的实证分析》,《统计研究》2010 年第 5 期,第 25～31 页。

正规金融水平对缩减本地区城乡收入差距的影响都较为明显",这就是说,"农村正规与非正规金融的区域溢出效应明显,农村金融的区域辐射效应显著"。①

此外,还有一些其他意见,如认为不同的农村金融政策与城乡收入差距的关系并不一样,并不是所有的发展农村金融的政策手段都能够显著改善城乡收入差距,甚至有一些政策手段还会事与愿违。丁志国等的研究就认为"通过增加金融机构贷款网点的比例和增加农村金融机构法人数量,进而降低农业贷款的搜寻成本,以及加大农业基础设施的投入,间接增加农民收入等政策手段对改善城乡收入差距具有显著效果和广泛适用性。而依靠政策引导金融机构扩大涉农贷款比例和扩大贷款覆盖面等措施,收效甚微"。② 再如,有学者认为农村金融发展的规模、结构、效率等对城乡收入差距的影响也具有差异性。一般来说,农村金融规模的扩大会加剧农村资金外流,从而拉大城乡收入差距,而农村金融效率提高和结构优化会缩小城乡收入差距。付荣发现,"农村金融发展相对规模的扩大拉大了城乡收入差距,农村金融中介效率的提高和非正规金融规模的扩大缩小了城乡收入差距"。③ 胡振华等的观点与此略有差异,认为"农村金融规模的发展扩大了城乡居民收入差距,而农村金融效率的提高则有助于缩小城乡居民收入差距"。④ 谢金楼运用我国1994~2014年的省级年度面板数据进行分析发现,从全国范围来看,"农村金融效率的提高、金融结构的发展将缩小城乡收入差距,而农村金融规模的扩张将拉大城乡收入差距"。⑤ 王修华等基于1978~2008年的数据,发现"农村金融规模的增加扩大了城乡收入差距,农村金融效率的提高则缩小了城乡收入差距"。⑥ 周泽炯等也认为,"在长期中,农村金融发展规模的增加使城乡收入差距扩大,而农村金融发展效率的提高使

---

① 胡宗义、李鹏:《农村正规与非正规金融对城乡收入差距影响的空间计量分析——基于我国31省市面板数据的实证分析》,《当代经济科学》2013年第2期,第71~78页。
② 丁志国、赵晶、赵宣凯、吕长征:《我国城乡收入差距的库兹涅茨效应识别与农村金融政策应对路径选择》,《金融研究》2011年第7期,第142~151页。
③ 付荣:《中国农村金融发展对城乡收入差距影响的实证分析》,《税务与经济》2012年第2期,第20~26页。
④ 胡振华、陈恒智:《农村金融发展、城镇化与城乡居民收入差距实证分析》,《经济问题探索》2013年第6期,第63~68页。
⑤ 谢金楼:《农村金融发展对城乡收入差距的影响:机制模拟与实证检验》,《经济问题》2016年第2期,第103~110页。
⑥ 王修华、邱兆祥:《农村金融发展对城乡收入差距的影响机理与实证研究》,《经济学动态》2011年第2期,第71~75页。

城乡收入差距缩小"。[①] 从理论层面分析,王修华等认为,"农村金融发展对城乡收入差距的影响取决于直接和间接机制的共同作用,而且在不同的金融发展阶段,效应的大小也不同"。[②] 从直接机制来看,农村金融服务的供给过程中,会通过门槛效应(扩大城乡收入差距)、减困效应(缩小城乡收入差距)、排斥效应(扩大城乡收入差距)影响城乡收入差距;从间接机制来看,农村金融发展主要通过有效刺激经济增长影响城乡收入差距,表现为"涓滴效应"。

第二节 农村金融制度的变迁

对我国农村金融制度变迁这一主题的争论,理论界主要聚焦在我国农村金融制度变迁的阶段,尤其是农村金融制度变迁阶段的划分依据、历史起点和关键节点,我国农村金融制度变迁的特征,贯穿我国农村金融制度变迁的基本逻辑以及制约我国农村金融制度的因素等问题上。

一 农村金融制度变迁的阶段

针对农村金融制度变迁的阶段,学术界的争议焦点主要集中在三个方面:农村金融制度变迁阶段的划分依据、农村金融制度变迁的历史起点和农村金融制度变迁阶段的关键节点。对于这三个问题,不同的意见主要如下。

(一)农村金融制度变迁阶段的划分依据

我国农村金融制度变迁阶段的划分到底采用怎样的依据?由于研究目的的不同,对于这一问题理论界也存在争议,大致有以下几种观点(见表5-3)。

表5-3 农村金融制度变迁阶段划分依据的争议

序号	划分依据	代表学者
1	A. 中国整个经济改革进程	袁洪斌等
2	B. 农村金融改革的阶段性特征	王定祥、张晓琳、温涛等

[①] 周泽炯、王磊:《农村金融发展对城乡居民收入差距的影响效应分析及其检验》,《农村经济》2014年第10期,第49~53页。

[②] 王修华、邱兆祥:《农村金融发展对城乡收入差距的影响机理与实证研究》,《经济学动态》2011年第2期,第71~75页。

续表

序号	划分依据		代表学者
3	C. 农村金融政策	C1. 中央一号文件关于农村金融的政策	张晶等
4		C2. 中国共产党领导农村金融改革的政策	匡家在等
5	D. 资金融通		范昕墨等
6	A + B		罗来武、赵洪丹等
7	B + C2		蒋永穆等

说明：表中"A+B"表示作者将 A 依据和 B 依据一起作为农村金融制度变迁的划分依据，"B+C2"同理。

第一种意见，以中国整个经济改革进程为依据。如袁洪斌等据此将我国农村金融制度变迁划分为四个阶段：1949~1957 年新中国成立初期，农村金融组织体系的初步创立与发展阶段；1958~1978 年人民公社时期，农村金融管理体制反复不断阶段；1979~1992 年市场化改革初期，农村金融体系重构与调整阶段；1992 年至今的市场经济体制确立时期，其又包括两个阶段，即 1992~1997 年分工协作的农村金融组织体系开始形成阶段和 1997 年至今新形势下农村金融改革的深化与发展阶段。[①]

第二种意见，以农村金融改革的阶段性特征为依据，这种划分方法较为常见。王定祥等以此将新中国成立以来的农村金融制度变迁细分为五个历史阶段：农村金融制度初步建立阶段（1949~1957 年）、农村金融制度演化停滞阶段（1958~1978 年）、农村金融制度改革起步阶段（1978~1992 年）、农村金融制度改革转型阶段（1993~2003 年）、农村金融制度改革深化阶段（2003 年至今）。[②] 张晓琳等据此将中国农村金融制度变迁划分为四个阶段：初步建立与演化停滞阶段（1949~1978 年）、起步与恢复阶段（1979~1992 年）、整合与转型阶段（1993~2003 年）、深化与创新阶段（2003 年至今）。[③] 高宏霞等把中国农村金融制度变迁的历程划分为三个阶段：恢复各类农村金融机构时期（1979~1993 年）、建立"三位一体"的农村金融体系时期（1994~1996 年）、推动金融

[①] 袁洪斌、谢丹、熊德平：《对中国农村金融制度变迁的制约因素与基本特征的思考》，《生产力研究》2007 年第 2 期，第 32~34 页。

[②] 王定祥、李伶俐、王小华：《中国农村金融制度演化逻辑与改革启示》，《上海经济研究》2010 年第 11 期，第 20~27 页。

[③] 张晓琳、高山、董继刚：《中国农村金融制度：历史演进、现实困境与创新路径》，《西南金融》2017 年第 7 期，第 61~65 页。

机构商业化改革时期（1997年至今）。[1] 温涛等认为我国农村金融制度先后经历了四个阶段：农村金融制度重新确立阶段（1978~1992年）、农村金融制度改革转型阶段（1993~2003年）、现代农村金融制度构建探索阶段（2004~2012年）、农村金融制度改革创新深化阶段（2013年至今）。[2] 李榛将我国农村金融制度的变迁也划分为四个阶段：农村金融制度重塑，重构农村金融体系阶段（1978~1992年）；农村金融制度改革转型，现代农村金融组织体系基本形成阶段（1993~2002年）；全面深化农村信用社改革，现代农村金融制度构建探索阶段（2003~2012年）；大力发展普惠金融，农村金融制度改革创新深化阶段（2013年至今）。[3]

第三种意见，以中国整个经济改革进程及农村金融发展实际情况为依据。赵洪丹等据此将中国农村金融制度变迁划分为三个阶段：农村金融体系初建阶段（1952~1977年）、农村金融体系恢复与发展阶段（1978~1993年）和农村金融体系完善与创新阶段（1994~2012年）。[4] 罗来武等认为新中国的农村金融制度是伴随着农业生产和农村经济的发展而逐步形成的，大致经历了创建阶段（1951~1957年）、动荡阶段（1958~1978年）、恢复调整阶段（1979~1984年）、全面改革阶段（1985~1991年）和制度完善阶段（1992年至今）。[5]

第四种意见，以农村金融政策为依据。如张晶等以20个中央一号文件关于农村金融的政策为依据，将我国农村金融制度变迁划分为三个阶段：农村金融恢复阶段（1982~1986年）、农村金融体制改革与创新阶段（2004~2010年）和农村金融深化改革与高质量发展阶段（2011~2018年）。[6] 匡家在认为1978年以来农村金融体制改革的政策演进可分两大阶段：第一阶段（1978~1995年）和第二阶段（1996~2005年）。[7] 蒋永穆从中国共产党领导中国农村金融改

---

[1] 高宏霞、史林东：《中国农村金融制度变迁的路径突破——基于机制设计理论的比较分析》，《农村经济》2011年第4期，第72~75页。

[2] 温涛、王煜宇：《改革开放40周年中国农村金融制度的演进逻辑与未来展望》，《农业技术经济》2018年第1期，第24~31页。

[3] 李榛：《改革开放40年中国农村金融发展变迁与思考》，《农村金融研究》2019年第2期，第72~76页。

[4] 赵洪丹、朱显平：《农村金融、财政支农与农村经济发展》，《当代经济科学》2015年第5期，第96~108页。

[5] 罗来武、刘玉平、卢宇荣：《从"机构观"到"功能观"：中国农村金融制度创新的路径选择》，《中国农村经济》2004年第8期，第20~25页。

[6] 张晶、杨颖、崔小妹：《从金融抑制到高质量均衡——改革开放40年农村金融政策优化的中国逻辑》，《兰州大学学报》（社会科学版）2018年第5期，第122~131页。

[7] 匡家在：《1978年以来的农村金融体制改革：政策演变与路径分析》，《中国经济史研究》2007年第1期，第106~112页。

革的核心举措和农村金融发展的阶段性特征出发,将中国农村金融改革的历史进程划分为三个阶段:农村金融体系多元发展阶段(1978~1992年)、农村金融体系分工协作阶段(1993~2005年)和现代农村金融体系建设阶段(2006年至今)。[1]

第五种意见,范昕墨从资金融通的角度,以为"三农"发展提供资金支持的金融机构组织形态变化为依据,将农村金融改革划分为五个阶段:重新确立阶段(1978~1987年)、整顿调整阶段(1988~1993年)、探索发展阶段(1994~2002年)、深化改革阶段(2003~2012年)、完善创新阶段(2013年至今)。[2]

此外,还有其他一些观点,如有研究从政府与市场间、存量改革与增量改革间、供给与需求间的关系为出发点,将我国农村金融改革划分为三个阶段。(1) 1978~1996年为第一阶段。这一阶段"三足鼎立"的农村金融组织体系基本确立,非正规金融的存在和发展面临着宽松的政策氛围,农业保险得以恢复且发展呈现"先扬后抑"状态。(2) 1997~2002年为第二阶段。该阶段"三足鼎立"的存量机构组织体系不变,其中农信社改革开始成为重点,非正规金融的发展遭受政策限制,农业保险业务持续萎缩。(3) 2003年至今为第三阶段。这一阶段增量机构改革开始起步,新的金融组织形式再次出现,农业保险进入稳步发展阶段,除了机构本身的改革,出台的政策开始更明确地关注相关配套机制的建设问题。[3] 又如张文明以改革开放为依据,认为新中国成立以来,农村金融发展经历了两大阶段:一是改革开放以前,农村金融发展经历了曲折过程,农业银行"三设三撤",农村信用合作机制严重扭曲,农村信用关系遭到破坏;二是改革开放后农村金融在重构、调整中不断发展,但问题重重,特别是当前仍面临着诸多困境。[4]

(二) 农村金融制度变迁的历史起点与关键节点

由于对农村金融制度变迁阶段划分依据的不同,学界对于农村金融制度变迁的历史起点和关键节点也就相应存在不同意见。就农村金融制度变迁的历史

---

[1] 蒋永穆:《中国农村金融改革40年:历史进程与基本经验》,《农村经济》2018年第12期,第6~8页。
[2] 范昕墨:《中国农村金融改革40年:历程回顾与未来展望》,《改革与战略》2019年第1期,第41~49页。
[3] 田学思、高连水:《关于我国农村金融改革发展的思考》,《甘肃社会科学》2013年第5期,第164~167页。
[4] 张文明:《中国农村金融体系演化逻辑研究》,《经济问题》2019年第1期,第54~59页。

起点来看，到底是从 1949 年新中国成立时算起还是从 1951 年、1952 年、1978 年等其他时间节点算起，学术界对此有五种不同意见。而对于 1957 年、2002 年、2012 年等农村金融制度变迁的关键节点认识也存在一定争议（见表 5-4）。

表 5-4　农村金融制度变迁历史起点和关键节点的争议

争论点		观点	代表学者
农村金融制度变迁的历史起点		1949 年	袁洪斌、王定祥、张晓琳等
		1951 年	罗来武、曹冰玉等
		1952 年	赵洪丹等
		1978 年	田学思等
		1979 年	高宏霞、刘敏楼等
是否认为以下时间为农村金融制度变迁阶段的关键节点	1957 年	√	罗来武、袁洪斌、王定祥等
		×	赵洪丹、张晓琳等
	1992 年	√	袁洪斌、王定祥、温涛、蒋永穆等
		×	匡家在、高宏霞、赵洪丹、范昕墨等
	2003 年	√	张晓琳、温涛等
		×	高宏霞、蒋永穆等
	2012 年	√	赵洪丹、温涛等
		×	张晓琳、刘敏楼、蒋永穆等

说明：表中"√"表示认同该时间为农村金融制度变迁阶段的关键节点，"×"则表示不认同其为农村金融制度变迁阶段的关键节点。

1. 农村金融制度变迁的历史起点

对于这一问题的不同意见有五种。其中，大多数观点将 1949 年作为我国农村金融制度变迁的起点。如王定祥等将 1949～1957 年作为我国农村金融制度初步建立阶段；[①] 袁洪斌等认为新中国成立初期（1949～1957 年）为农村金融组织体系的初步创立与发展阶段；[②] 张晓琳等也认为 1949～1978 年是中国农村金融制度初步建立与演化停滞阶段。[③]

但也有观点将 1951 年、1952 年作为中国农村金融制度变迁的起点。如罗来

[①] 王定祥、李伶俐、王小华：《中国农村金融制度演化逻辑与改革启示》，《上海经济研究》2010 年第 11 期，第 20～27 页。

[②] 袁洪斌、谢丹、熊德平：《对中国农村金融制度变迁的制约因素与基本特征的思考》，《生产力研究》2007 年第 2 期，第 32～34 页。

[③] 张晓琳、高山、董继刚：《中国农村金融制度：历史演进、现实困境与创新路径》，《西南金融》2017 年第 7 期，第 61～65 页。

武等就认为新中国的农村金融制度是伴随着农业生产和农村经济的发展而逐步形成的，1951~1957年是新中国农村金融制度的创建阶段；[①] 曹冰玉也把1951年界定为我国农村金融形成时期（1951~1958年）的历史起点。[②] 赵洪丹等则将1952~1977年作为农村金融体系初建阶段，认为这个时期农村金融的特点是依附于国家财政，银行是财政的附属部门。[③]

还有研究者认为1978年、1979年是中国农村金融制度变迁的起点。如田学思等把1978~1996年作为我国农村金融制度变迁的第一阶段。[④] 高宏霞等就把1979~1993年界定为恢复各类农村金融机构时期，认为1979年后中国开始了第一阶段的农村金融制度安排。[⑤] 刘敏楼也持同样观点，认为1979~1993年才是中国农村金融制度变迁的起步阶段。[⑥]

2. 农村金融制度变迁阶段的关键节点

不同研究者对于农村金融制度变迁阶段关键节点的认识并不一致，主要分歧出现在对1957年、1992年、2003年和2012年的认识上。如罗来武、刘玉平、卢宇荣、袁洪斌、谢丹、熊德平等研究者就明确将1957年作为一个关键节点，并对其前后划分为不同阶段，而赵洪丹、朱显平等研究者则持不同意见，认为1957年前后应为农村金融制度变迁的一个阶段。同样，对于1992年、2003年和2012年，不同研究者对相应时间节点的不同观点如表5-4所示。

二 农村金融制度变迁的特征

中国农村金融制度的变迁到底具有怎样的特征？大家的认识存在争议，主要有"倒逼"论、"游离"论、"动态"论、"机构"论四种不同意见。

[①] 罗来武、刘玉平、卢宇荣：《从"机构观"到"功能观"：中国农村金融制度创新的路径选择》，《中国农村经济》2004年第8期，第20~25页。
[②] 曹冰玉：《我国农村金融供求缺口分析——基于制度因素的考察》，《经济地理》2008年第1期，第136~141页。
[③] 赵洪丹、朱显平：《农村金融、财政支农与农村经济发展》，《当代经济科学》2015年第5期，第96~108页。
[④] 田学思、高连水：《关于我国农村金融改革发展的思考》，《甘肃社会科学》2013年第5期，第164~167页。
[⑤] 高宏霞、史林东：《中国农村金融制度变迁的路径突破——基于机制设计理论的比较分析》，《农村经济》2011年第4期，第72~75页。
[⑥] 刘敏楼：《中国农村金融演进的理论与实践——新比较经济学的视角》，《河南大学学报》（社会科学版）2017年第4期，第48~56页。

(一)"倒逼"论

这种观点认为新中国成立 60 年间,中国农村金融制度的变迁是在政府主导下渐进式推进的,演化过程明显具有其他经济制度"倒逼"的特征。如兰日旭认为,这种"倒逼"特性体现为三个方面:中央工业化策略"倒逼"农村资金向中央政府集中(1949~1978 年);地方工业化策略"倒逼"农村资金向城市集中(1978~2003 年);新农村建设、和谐社会等目标"倒逼"农村金融向多元化发展以满足农村经济发展中的多层次需求(2003 年至今)。[①]

(二)"游离"论

持这种意见的人比较多。如温思美等认为我国农村金融制度变迁呈现"游离"特征,具体表现在三个方面:农村金融制度变迁是从属于国家经济发展战略的不断反复调整过程、政府主导的强制性变迁过程、农村金融制度变迁滞后于农村经济发展。[②]黄燕君说,中国农村金融制度变迁与农村经济制度变迁的路径相悖体现在两个方面:首先,1979 年以来农村经济制度的两次具有历史意义的变革(家庭联产承包责任制的实行和推广、乡镇企业和农村个私企业的兴起),都采取了自下而上的诱发性变迁方式;其次,农村经济制度的上述两次变革,都使农村经济主体的产权关系进一步明晰,而农村金融制度的变迁则使农村金融组织的产权关系更加模糊不清。[③]张宁宁也认为,中国农村金融制度的演进与农村经济体制的变迁路径不匹配,且其变革程度与绩效远低于后者。农村金融制度的变迁未能适应并响应农村经济发展的需求及其变化,反而助推了民间借贷的兴盛,甚至滋生了高利贷。[④]袁洪斌等在考察了中国农村金融制度的变迁过程后,认为自上而下的强制性农村金融制度变迁与自下而上的诱致性农村经济制度变迁路径相背离是中国农村金融制度变迁的特征。[⑤]

(三)"动态"论

许燕等从农村金融组织制度、农村金融市场制度和农村金融调控制度三个

[①] 兰日旭:《中国农村金融制度演化 60 年回顾》,《华东经济管理》2009 年第 11 期,第 22~24 页。
[②] 温思美、张乐柱:《建国 60 年农村经济发展轨迹及其愿景》,《改革》2009 年第 8 期,第 5~21 页。
[③] 黄燕君:《农村金融制度变迁与创新研究》,《浙江社会科学》2000 年第 6 期,第 40~43 页。
[④] 张宁宁:《"新常态"下农村金融制度创新:关键问题与路径选择》,《农业经济问题》2016 年第 6 期,第 69~74 页。
[⑤] 袁洪斌、谢丹、熊德平:《对中国农村金融制度变迁的制约因素与基本特征的思考》,《生产力研究》2007 年第 2 期,第 32~34 页。

角度分析了中国农村金融制度变迁的动态特征,认为计划经济体制条件下的农村金融制度呈现组织制度一元化、市场制度"真空"、调控制度行政化的典型特征;"计划—市场"双轨体制下的农村金融制度,在组织制度上由一元走向二元,调控制度上逐步由计划调控转化为市场调控,实施了直接调控与间接调控相结合的调控制度。市场经济制度下的农村金融制度,在组织制度上则建立了三维金融组织结构,同时对非正规金融组织进行了清理整顿。在调控制度方面进一步强化了间接调控。① 温涛等也认为中国农村金融制度的变革是在顶层设计缺位下针对机构的反复调整过程。② 邱晖等认为,中国农村金融制度的变迁总体体现出由存量改革向增量改革转变、由强制性变迁向诱致性变迁转变、由路径依赖向制度创新转变的动态性特征。③

(四)"机构"论

这种观点认为我国农村金融制度改革体现出明显的"唯机构"特征。如罗来武等在总结了中国农村金融制度的演进历程后认为,其注重的是农村金融机构的存在形态,走的是一条非常典型的"机构路径"。他们进一步认为这种路径又具有两个典型特征:一是农村金融制度的每一次变动,基本上都是围绕着金融机构的调整来进行的;二是机构的调整基本上属于一种自上而下的政府强制性行为。④ 匡家在认为我国农村金融体制的改革是在政府的主导下,沿着发展机构的路径推进的,具有"重机构改革,忽视金融体系的基本功能"的特征。⑤ 温涛等也认为中国农村金融制度的变革是在顶层设计缺位下针对机构的反复调整过程。他们指出,这种反复性调整"是取决于整体经济发展战略、政府行为偏好、整体金融发展需要以及服从于这些因素的行政区划和政府行政管理体制的调整,调整方式也大多数是按行政机构调整的方式进行,最终形成了农村金融制度变革按政府目标函数变化呈现'唯机构

---

① 许燕、葛兆强:《从计划制度走向市场制度——中国农村金融制度变迁动态分析》,《福建金融管理干部学院学报》1996年第4期,第5~8页。
② 温涛、王煜宇:《改革开放40周年中国农村金融制度的演进逻辑与未来展望》,《农业技术经济》2018年第1期,第24~31页。
③ 邱晖、倪嘉波:《中国农村金融制度变迁的制约因素及改革措施》,《内蒙古社会科学》(汉文版)2018年第3期,第100~106页。
④ 罗来武、刘玉平、卢宇荣:《从"机构观"到"功能观":中国农村金融制度创新的路径选择》,《中国农村经济》2004年第8期,第20~25页。
⑤ 匡家在:《1978年以来的农村金融体制改革:政策演变与路径分析》,《中国经济史研究》2007年第1期,第106~112页。

论'的特征"。①

三　农村金融制度变迁的方式

中国农村金融制度变迁是诱致性制度变迁还是强制性制度变迁，中国农村金融制度的变迁过程仅仅表现为"路径依赖"的结果吗？学术界对此有不同认识。

（一）中国农村金融制度变迁是诱致性制度变迁还是强制性制度变迁

对于这一问题，有两种不同的意见。一种观点认为中国农村金融制度变迁完全是政府主导的自上而下的强制性制度变迁，这种观点较为普遍。如何广文认为由于农村金融业在农村经济发展中的特殊地位，中国农村金融制度变迁的过程，显示出较为明显的以政府为主导的强制性变迁过程的特征。② 黄燕君③和王金龙④认为，中国农村金融制度的每次变迁均是自上而下的政府强制性行为，而非自下而上的诱发性政府行为，更不是农村经济主体自主性行为。袁洪斌等在考察了中国农村金融制度的变迁过程后，认为农村金融制度变迁是一种非农村经济主体需求导向性的机制演进，而是由政府主导自上而下强制性供给，其结果导致制度供给上的错位和不足，制度效率低下。⑤ 刘敏楼从新比较经济学的视角出发，认为中国的农村金融起点是完全政府主导型结构，而改革中也体现了明显的政府烙印，属于政府主导的自上而下的强制性变迁。⑥ 张宁宁认为，从农村信用社行政隶属关系的调整、产权改革，中国农业银行的设立以及农业保险的探索来看，均是政府强制性供给的结果。因此，中国农村金融制度是由政府主导的自上而下的制度变革，而非基于农村金融内生需求的变迁。⑦

另一种观点认为中国农村金融制度变迁兼具诱致性制度变迁与强制性制度

---

① 温涛、王煜宇：《改革开放40周年中国农村金融制度的演进逻辑与未来展望》，《农业技术经济》2018年第1期，第24~31页。
② 何广文：《从农村居民资金借贷行为看农村金融抑制与金融深化》，《中国农村经济》1999年第10期，第42~48页。
③ 黄燕君：《农村金融制度变迁与创新研究》，《浙江社会科学》2000年第6期，第40~43页。
④ 王金龙：《我国农村金融供求状况分析》，《农业经济问题》2005年第11期，第49~52页。
⑤ 袁洪斌、谢丹、熊德平：《对中国农村金融制度变迁的制约因素与基本特征的思考》，《生产力研究》2007年第2期，第32~34页。
⑥ 刘敏楼：《中国农村金融演进的理论与实践——新比较经济学的视角》，《河南大学学报》（社会科学版）2017年第4期，第48~56页。
⑦ 张宁宁：《"新常态"下农村金融制度创新：关键问题与路径选择》，《农业经济问题》2016年第6期，第69~74页。

变迁特征，是二者共同作用的结果。如王亚飞等认为我国金融制度变迁是诱致性制度变迁与强制性制度变迁协同发展的必然结果，而不仅仅是一种诱致性制度变迁过程。它具有市场诱致性制度变迁和政府强制性制度变迁相互交织的特征。[①] 还有学者认为我国农村金融机构的改革是政府主导的强制性的自上而下的机构演进的路径，属于强制性的制度变迁。农村金融制度创新中自下而上的变迁路径被严重堵塞。我国农村金融制度的变迁具有"自上而下的强制性制度变迁，压制自下而上的诱致性制度创新"的特点。温涛等也认为中国农村金融制度的变革"以政府强势主导的自上而下制度调整为主"，是"强制性制度变迁压制诱致性制度变迁的过程"。[②]

（二）中国农村金融制度变迁过程中的"路径依赖"

对于中国农村金融制度变迁过程中的"路径依赖"，学术界也有两种不同意见。较多的一种意见认为，我国农村金融制度的变迁具有明显的"路径依赖"特征。如谢家智等认为以农村信用社为标志的中国农村金融曲折发展的根本原因就在于固有的利益机制对农村金融制度变迁形成的路径依赖。[③] 张晓强等也认为，我国农村金融改革的发展过程中，存在着三重路径依赖：政府主导下的渐进式改革；长期的主体缺位和短期行为；重视正规金融发展，压制民间金融发展，忽视自下而上需求。在此基础上，他们进一步分析了我国农村金融制度变迁过程中"路径依赖"的形成原因，也有三个：多个利益主体博弈下不断强化的利益机制、供给驱动型改革的单方面失衡、重新学习和转换的重置成本。[④] 皮天雷通过对中国农村金融制度从计划向市场改革的变迁历程进行研究，认为其具有政府主导型、强制变迁性、渐进转型性的典型特征，这种政府供给主导型的强制性金融制度变迁具有强势路径依赖特征，并锁定在低效率状态。[⑤]

也有观点认为，中国农村金融制度变迁不仅仅是"路径依赖"的结果。向

---

① 王亚飞、杨华荣、唐爽：《金融缺口、非正规金融与农村金融制度变迁》，《西南大学学报》（社会科学版）2009年第3期，第129~133页。
② 温涛、王煜宇：《改革开放40周年中国农村金融制度的演进逻辑与未来展望》，《农业技术经济》2018年第1期，第24~31页。
③ 谢家智、冉光和：《中国农村金融制度变迁的路径依赖》，《农业经济问题》2000年第5期，第25~28页。
④ 张晓强、李心丹：《中国农村金融改革的路径依赖与路径设计》，《南京社会科学》2017年第10期，第19~23页。
⑤ 皮天雷：《中国金融制度变迁分析：基于制度变迁的路径依赖视角》，《经济与管理研究》2009年第9期，第112~117页。

林峰等认为我国农村金融制度改革是在特定的历史、经济与政治环境下由政府主导完成的,是"路径依赖"与"适应性选择"动态演化的结果。贯穿这一演进过程的基本特征有四个:以农村金融组织为对象,注重阶段目标效率提升;采取强制性变迁方式,过程上注重渐进性;遵循市场规律,采取市场增进的方式;坚持以增量改革为主线,注重存量组织效率的提高。①

四 农村金融制度变迁的逻辑

我国农村金融制度的变迁遵循的逻辑是什么?学者们主要有两种意见:一是"需求"逻辑论,二是"城市化与工业化"逻辑论。

一种意见认为农村金融制度变迁遵循需求逻辑。这一观点指出,中国农村金融制度的变迁追随农村经济发展过程中的金融需求变化。如金鹏辉以农村信用社改革为例,认为改革开放以来,中国农村金融改革的基本逻辑或特点是以经济建设需求为导向,只要有需求就有改革。② 王定祥等的研究也认为,中国农村金融制度的演化始终围绕着农村经济制度变迁和农村金融需求变化为中心而对农村金融制度进行适应性调整和修改。经济决定金融,需求决定供给,农村经济中的金融需求一旦发生变化,农村金融改革便随之跟进,新的农村金融制度将逐步形成,这就是中国农村金融制度演化的内在逻辑。③

另一种意见认为为城市化、工业化服务是中国农村金融制度变迁的逻辑。这一观点以中国人民大学的周立为代表,他在多篇文章的分析中都指出:总体而言,新中国成立以来的农村金融体系,不是按照基于农村融资问题的一般逻辑发展的,而是一个围绕城市工业化的农村金融制度安排。④ 他进一步的分析结论认为,农村金融体系的建立和发展,来源于为工业化、城市化动员储蓄,而非基于解决农村融资困境的"四大问题"⑤。

---

① 向林峰、文春晖:《路径依赖还是适应性选择:我国农村金融制度演进》,《江西社会科学》2013年第3期,第70~73页。
② 金鹏辉:《中国农村金融三十年改革发展的内在逻辑——以农村信用社改革为例》,《金融研究》2008年第10期,第71~77页。
③ 王定祥、李伶俐、王小华:《中国农村金融制度演化逻辑与改革启示》,《上海经济研究》2010年第11期,第20~27页。
④ 周立:《中国农村金融体系发展逻辑》,《银行家》2005年第8期,第36~40页。
⑤ 这里的"四大问题"是指农村金融市场存在严重的信息不对称、抵押物缺乏、特质性成本与风险、非生产性借贷为主。关于这一观点的阐释,参见周立《中国农村金融体系发展逻辑》,《银行家》2005年第8期,第36~40页;周立:《农村金融市场四大问题及其演化逻辑》,《财贸经济》2007年第2期,第56~63页;周立、周向阳:《中国农村金融体系的形成与发展逻辑》,《经济学家》2009年第8期,第22~30页。

五 农村金融制度变迁的制约因素

新中国成立以来，制约农村金融制度变迁的因素有哪些？不同学者对此也提出了不同意见。当前的争论聚焦在两个方面：一是制约中国农村金融制度变迁的因素是"内因"为主还是"外因"为主抑或是两者兼具？二是中国农村金融制度变迁的制约因素是"单因素"还是"多因素"？

（一）"内因论"还是"外因论"抑或是两者兼具

一种意见强调从农村金融制度自身出发寻求制约因素。如邱晖等认为，目前制约农村金融制度变迁的主要因素表现为低效的利益分配机制、农村金融机构产权结构上的缺陷、其追逐利润的商业化行为与国家政策取向之间的矛盾以及其脱离农村经济实际情况的信贷偏好等。[①] 赵雪梅基于SCP分析范式，指出我国农村金融制度变迁的制约因素包括农村金融市场较高的准入壁垒、高度寡占的市场结构以及农村金融机构实施市场行为时缺少必要的自主性。[②]

另一种意见强调从外部条件认识农村金融制度变迁的制约因素。如袁洪斌等考察中国农村金融制度的变迁过程，发现落后的小农经济、典型的"二元结构"和城乡分割等初始条件、经济体制、发展战略的影响和利益集团的要求是农村金融制度变迁的制约因素。[③] 兰日旭对新中国成立以来农村金融制度演化的历程进行梳理后指出，农村金融制度变迁的制约因素源于农村经济低收益、高风险的固有特性和政府将农村作为转嫁改革成本的领域。[④]

再一种意见认为农村金融制度变迁的制约因素内外因兼具，持这种意见的学者较多。如荣艺华认为当前农村经济的素质较弱、缺乏激励的制度环境、居于垄断地位的国有金融组织角色转换迟缓、当前金融制度中金融组织职能定位趋同和业务同质化、外部效应和搭便车可能性的存在，难以指望某一或某些自利性金融机构对农村金融制度主动进行变迁是农村金融制度变迁的制约因素。[⑤]

[①] 邱晖、倪嘉波：《中国农村金融制度变迁的制约因素及改革措施》，《内蒙古社会科学》（汉文版）2018年第3期，第100~106页。

[②] 赵雪梅：《我国农村金融市场结构与绩效研究》，《湖南大学学报》（社会科学版）2016年第1期，第83~88页。

[③] 袁洪斌、谢丹、熊德平：《对中国农村金融制度变迁的制约因素与基本特征的思考》，《生产力研究》2007年第2期，第32~34页。

[④] 兰日旭：《中国农村金融制度演化60年回顾》，《华东经济管理》2009年第11期，第22~24页。

[⑤] 荣艺华：《对我国农村金融制度变迁的思考》，《上海金融》2004年第1期，第27~30页。

王金龙认为我国农村金融制度变迁遭遇其他体制改革"惯性"制约、农村金融体制变革的"路径依赖"、农村自然条件及其制度环境也是制约因素。[1] 张乐柱指出，农业的天然弱质性、农村金融机构对于各自细分市场的深度依赖、政府主导的强制性变迁对于农村金融市场内生规则的忽视以及农村金融机构自身经营风险的不断积累，是目前中国农村金融制度变迁的主要制约因素。[2] 皮天雷从主体博弈的角度指出，中国农村金融制度变迁本质上是中央政府、地方政府、农业银行及农信社四方主体之间"四元博弈"的过程，各方主体基于自身利益最大化而形成的垄断及利益条块分割是农村金融制度变迁的主要制约因素。[3]

（二）"单因素"还是"多因素"

较多学者都认为我国农村金融制度的变迁受制于多种因素，即赞同"多因素"论，如前文关于农村金融制度变迁是"内因论"还是"外因论"的三种不同意见都体现了多种因素制约农村金融制度变迁的观点。但同时，也有少数学者认为，我国农村金融制度的变迁主要受制于一种因素，即支持"单因素"论。如张晓强等通过对中国农村金融改革路径依赖及路径设计的探讨指出，农村金融制度变迁的最大制约因素源于长期的主体缺位及因此而造成的短期行为。[4]

第三节　农村金融的供求关系

农村金融的供求关系是农村金融制度的重要内容。新中国成立以来，理论界围绕这一问题的争鸣涉及三个方面：农村金融供求及其主体特征、农户信贷需求的影响因素及其关系、农村金融供求失衡的原因。

一　农村金融供求及其主体特征

农村金融需求和供给的主体到底具备怎样的特征？理论界的争议集中在以下四个方面：从农村金融需求来看，农村金融需求的主体包括哪些，农村金融

---

[1] 王金龙：《我国农村金融供求状况分析》，《农业经济问题》2005年第11期，第49~52页。
[2] 张乐柱：《城镇化引致的金融需求异质性及供给的帕累托改进》，《学术研究》2017年第5期，第86~92页。
[3] 皮天雷：《中国金融制度变迁分析：基于制度变迁的路径依赖视角》，《经济与管理研究》2009年第9期，第112~117页。
[4] 张晓强、李心丹：《中国农村金融改革的路径依赖与路径设计》，《南京社会科学》2017年第10期，第19~23页。

需求具有怎样的特征；从农村金融供给来看，农村金融供给的主体包括哪些，农村金融供给满足农村金融需求的程度如何。

（一）农村金融需求及其主体特征

对于农村金融需求及其主体特征的争论，集中在三个方面：农村金融需求主体的类别、农户金融需求的具体分类、农村金融需求的渠道选择和用途结构（见表5-5）。

表5-5 农村金融需求及其主体特征的争论

争论焦点	主要观点	代表学者
农村金融需求主体的类别	"两类说"	韩俊等
	"四类说"	赵丙奇等
	"五类说"	何广文等
农户金融需求的具体分类	"三类说"	陈雨露、刘明轩、何广文等
	"七类说"	陈春生等
农村金融需求的渠道选择用途结构	对正规信贷的需求主要以生产为主，对非正规信贷的需求以非生产为主	林毅夫、汪三贵、何广文等
	正规和非正规信贷都投向了消费领域	黄祖辉等
	正规和非正规信贷都主要投向了生产领域	李锐等
	正规和非正规信贷的用途具有动态性和地域性且与收入水平有关	温铁军、韩俊等

1. 农村金融需求主体的类别

了解农村金融需求的特征建立在对农村金融需求主体正确认识的基础之上。但对于农村金融需求主体到底有哪些，理论界还存在认识上的争议。

一是农村金融需求的主体有哪些，主要有"两类说""四类说""五类说"三种不同意见。其中，"两类说"以韩俊等的研究为代表，他从农户金融需求和乡镇企业金融需求两方面对农村金融需求进行分析。[1] "四类说"的代表性研究，如赵丙奇等认为农村金融服务需求的主体有四类，为农户、农村企业、村级组织（村民委员会成员或村经济合作社）和县、乡镇政府。[2] 也有研究者把中国农村信贷需求主体分为农户个人，农村企业，农村教育、医疗保险等消费

---

[1] 韩俊等：《中国农村金融调查》，远东出版社，2009年，第47页、第133页。
[2] 赵丙奇、冯兴元：《基于局部知识范式的中国农村金融市场机制创新》，《社会科学战线》2011年第1期，第34~45页。

性需求（包括贫困学生助学贷款等）、农村基础设施建设四大类。① "五类说"则以何广文的研究为代表，他将农村金融的需求主体界定为五种：贫困农户、维持型农户、市场型农户、乡村企业、"龙头企业＋基地＋农户"。②

二是农户金融需求的具体分类，存在"三类说"和"七类说"之争。而即使是较为普遍的"三类说"，不同研究者的划分标准（原则）也不尽相同。

针对"三类说"的代表性研究来看，有的认为由于农户家庭经济活动多元化特征明显，较多农户抛弃了黄宗智的家庭非农收入的"拐杖逻辑"，把农户分为从事种养殖等农业生产、开设小商店等从事工商业经营和在家周边及其他地区外出务工三种类型。③ 还有的基于农户分化背景，将我国农户划分为三类：规模化生产、初具现代化经营特征的农场类农户；种保障田、以农为辅的普通农户（生计型小农户）；在经济欠发达、基础设施较落后地区仍广泛存在的、半商品化半自给的、以农为主的普通农户（传统小农户）。④ 何广文根据农户经济活动内容和规模不同，也认为农户有贫困农户、维持型农户、市场型农户三种类型。袁平等认为由于收入水平、生产经营内容和规模等方面的差异，不同类型农户的金融需求具有显著不同，他们把农户分为低收入贫困型农户、普通或温饱型农户、高收入农户三类。⑤ 陈雨露等从农户的经济条件和生产状态来看，将当前中国农户分为贫困农户、一般农户和市场化农户三类。⑥

除了"三类说"之外，"七类说"的研究以陈春生为代表。他根据农户的产业构成、经营目的和演化路径⑦的不同，同时考虑到农户的经济与资金特征，将我国现有农户分为七种类型：传统农户、半工半农型农户、务工型农户、经营与服务性农户、专业种植与养殖户、非农农户、家庭农场。

---

① 课题组：《从需求角度重造农村政策性金融》，《上海金融》2006年第3期，第28~31页。
② 何广文：《中国农村金融供求特征及均衡供求的路径选择》，《中国农村经济》2001年第10期，第40~45页。
③ 何广文、何婧、郭沛：《再议农户信贷需求及其信贷可得性》，《农业经济问题》2018年第2期，第38~49页。
④ 刘明轩、姜长云：《农户分化背景下不同农户金融服务需求研究》，《南京农业大学学报》（社会科学版）2015年第5期，第71~78页、第139页。
⑤ 袁平、章力建、杜彦坤：《关于推进当前农村金融改革的几点思考》，《农业经济问题》2006年第12期，第17~21页。
⑥ 陈雨露、马勇：《中国农村金融论纲》，中国金融出版社，2010年，第58~60页。
⑦ 作者从黄宗智"拐杖逻辑"意义上的传统农户开始，认为其分化将主要是沿着非农产业化、农业专业化和城市化三条路径展开。参见陈春生《农村金融发展模式与路径的探讨——基于"功能观"范式和动态农户需求视角》，《西北大学学报》（哲学社会科学版）2008年第5期，第32~37页。

第五章　农村金融制度

2. 农村金融需求的特征

尽管学者们在农村金融需求特征具有动态性、地域性和多层次性等方面取得了共识，但在农村金融需求的渠道（路径）选择、用途结构等方面，理论界还是存在较大争议。

一是农村金融需求的渠道选择上。有研究认为，"农信社是农户首选且贷款申请成功率较高的机构"，虽然"存在农户民间借贷但不普遍"[1]。丁志国等认为"农户会按照从非正规金融机构融资、从正规金融机构融资、既向非正规金融机构融资也向正规金融机构融资的路径啄序选择融资路径"[2]。但是，韩俊等[3]和何广文等[4]的研究都认为，"非正规信贷仍然是农户满足信贷需求的主要渠道"，"农户正规信贷可获得性仍然较低"。

二是关于农户信贷需求的用途结构。一般来说，农户的信贷需求从来源上可以分为正规信贷和非正规信贷两类。但是对于不同来源的信贷，其用途结构是不是具有一一对应的关系？即正规信贷用于生产领域、非正规信贷用于消费领域，理论界对此有四种不同意见（见图5-1）。

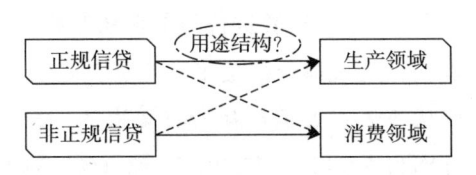

图5-1　关于农户信贷用途结构的争论

第一种意见，认为对正规信贷的需求主要以生产为主，对非正规信贷的需求以非生产为主，这一观点较为普遍。如林毅夫采用1987年、1988年在吉林省公主岭市、江苏省泰县和句容县的农户调查数据进行分析，发现"正式贷款严格限制用途，它们基本是为生产融资，不能用于其他个人目的或消费目的"，"非正式贷款几乎都用于突发的、大额的、明显的特殊消费如丧葬、婚嫁，或用于投资，如建造新房舍"[5]。汪三贵根据1998年对6个省份6个国家级贫困县446个农户的调查数据，分析认为"正规金融机构贷款更多用于生产领域，而

---

[1] 牛荣、罗剑朝、张珩：《陕西省农户借贷行为研究》，《农业技术经济》2012年第4期，第24~30页。

[2] 丁志国、朱欣乐、赵晶：《农户融资路径偏好及影响因素分析——基于吉林省样本》，《中国农村经济》2011年第8期，第54~62页。

[3] 韩俊、罗丹、程郁：《农村金融现状调查》，《农村金融研究》2007年第9期，第9~20页。

[4] 何广文、何婧、郭沛：《再议农户信贷需求及其信贷可得性》，《农业经济问题》2018年第2期，第38~49页。

[5] 林毅夫：《再论制度、技术与中国农业发展》，北京大学出版社，2000年，第207页。

非正规贷款更多地用于消费领域"。① 颜志杰等对中国科学院农业政策研究中心2001年对全国6个省份30个县1199个农户抽样调查数据的分析结论也证实了这一观点。② 何广文等利用2017年对山东、河南和广西三省区9县1730个农户家庭的调研数据进行研究，发现"超过半数的正规金融机构借款属于生产性借款，支持了农户的生产经营"，但"非正规借款则主要用于消费性支出"。③

第二种意见，认为正规信贷和非正规信贷都投向了消费领域。黄祖辉等利用2005年7~8月对4个国定贫困县（旗）820个农户进行的借贷行为调查数据分析认为，"样本地区农户对正规和非正规信贷的需求均以消费为主，富裕与非富裕户的信贷需求也以消费为主"。④ 周宗安对2009年针对山东省农户信贷需求的1229份调查问卷的分析也发现，"大多数农户借款的目的是用于商业活动、消费支出等非农生产活动，所占比重均在60%以上"。⑤ 顾宁等通过对东北地区518个样本农户调研数据的分析，发现"无论从户数还是金额来看农户的贷款资金均主要投向基本消费领域，即以消费性信贷为主"。⑥

第三种意见，认为正规信贷和非正规信贷都主要投向了生产领域。李锐等根据2003年10个省份3000个农户借贷行为的调研数据研究发现，"农户无论是从哪种渠道获取的借款，其大部分都是用来从事农业生产和其它经营活动的，其中仅从正式渠道、仅从非正式渠道和从所有渠道的借款用于农业生产和其它经营活动所占的比重分别为69.4%、53.9%和58.1%，显然，与非正式渠道的借款相比，正式渠道的借款更多的是用于投资"。⑦

第四种意见，认为正规信贷和非正规信贷的用途具有动态性和地域性且与收入水平有关。温铁军采用东、中、西部15个省份24个市县41个村落的案例调查数据和农业部农村固定观察点数据进行分析，发现改革开放后农户正规金融机构贷款大部分用于生产经营，到20世纪90年代中后期，生活性

---

① 汪三贵：《信贷扶贫能帮助穷人吗？》，《调研世界》2001年第5期，第8~20页。
② 颜志杰、张林秀、张兵：《中国农户信贷特征及其影响因素分析》，《农业技术经济》2005年第4期，第2~8页。
③ 何广文、何婧、郭沛：《再议农户信贷需求及其信贷可得性》，《农业经济问题》2018年第2期，第38~49页。
④ 黄祖辉、刘西川、程恩江：《中国农户的信贷需求：生产性抑或消费性——方法比较与实证分析》，《管理世界》2007年第3期，第73~80页。
⑤ 周宗安：《农户信贷需求的调查与评析：以山东省为例》，《金融研究》2010年第2期，第195~206页。
⑥ 顾宁、范振宇：《农户信贷需求结构分析》，《农业经济问题》2012年第8期，第73~78页。
⑦ 李锐、李宁辉：《农户借贷行为及其福利效果分析》，《经济研究》2004年第12期，第96~104页。

借款比重逐渐上升，但民间借贷的主要用途是生活需求。① 而韩俊等针对20个省份的调查发现，"高收入农户具有更多的生产性借贷，而低收入农户具有更多的生活性借贷"。②

（二）农村金融供给及其主体特征

理论界针对农村金融供给及其主体特征的争论主要表现在以下三个方面：（1）农村金融供给的主体类别是什么；（2）农村金融供给是否满足农村金融需求；（3）农村金融供给不足的表现是什么。代表性的学术观点如下。

1. 农村金融供给主体的类别："二主体论"还是"三主体论"

"二主体论"。何广文认为，"正规金融组织和非正规金融组织并存，即规范的官方管制的官方金融体系与非规范的、自发的非官方金融体系并存"，是我国农村金融市场二元结构的体现。他进一步分析，指出这种二元结构是"官方的管制、农村金融市场发育的幼稚、资金等金融商品供求上的失衡、农村经济发展的区域性失衡和农村金融机构布局上的区域性失衡"③造成的。

"三主体论"。冯兴元等将我国现有农村金融机构划分为正式、准正式和非正式金融机构三类。其中，正式金融机构受到中央货币当局或者金融市场当局监管，包括四大国有商业银行、农村信用社、农村合作银行、农村商业银行、农业发展银行和邮政储蓄银行。非正式金融机构处于中央货币当局或者金融市场当局监管之外，"主要由亲友之间的个人借贷行为、个人和企业团体间的直接借款行为、经济服务部、金融服务部、高利贷、各种合会、私人钱庄等组成"。准正式金融机构包括当铺和部分由政府管理、不归金融市场当局监管的小额信贷。④

2. 农村金融供给是否满足农村金融需求

针对这一问题，学术界主要有两种代表性观点。一种观点认为我国农村金融服务覆盖面显著高于国际水平。中国银监会的一项分析指出，截至2005年3月末，全国2.2亿农户中，真正有贷款需求的农户大约是1.2亿户，而凡是向农村信用社提出申请贷款的农户，60%左右都能得到贷款。中国人民银行研究

---

① 转引自黄祖辉、刘西川、程恩江《中国农户的信贷需求：生产性抑或消费性——方法比较与实证分析》，《管理世界》2007年第3期，第73~80页。
② 韩俊等：《中国农村金融调查》，远东出版社，2009年，第118页。
③ 何广文：《中国农村金融供求特征及均衡供求的路径选择》，《中国农村经济》2001年第10期，第40~45页。
④ 冯兴元、何梦笔、何广文：《试论中国农村金融的多元化——一种局部知识范式视角》，《中国农村观察》2004年第5期，第17~29页。

局 2007 年的一份报告也指出,中国农村金融机构所提供的存款和汇兑结算等金融服务,基本上覆盖了 90% 以上的农村行政村,机构覆盖面高于世界上其他国家平均 30%~40% 的水平,比印度(75%)高 10 多个百分点。①

与此不同,另一种观点认为我国农村金融供给不足,信贷约束较为严重,满足农村金融需求的程度还很低,这一观点占据大多数。较多学者的研究都赞同我国"农村地区的融资困境依然存在,农户遭受信贷配给的现象仍然较为严重"。② 如朱喜等利用 2003 年约 3000 户农村家庭的抽样调查数据,发现"我国农户面临着严重的信贷约束,一半以上具备有效需求的农户由于信贷配给无法得到正式机构的贷款"。③ 韩俊等针对中国 29 个省(自治区、直辖市)1962 份有效调查问卷分析认为,"相当部分农户的金融需求仍然得不到正规金融的满足,正规金融制度安排与实际需求的不匹配抑制了农户对正规金融需求的诉求,而且大量的农户仍面临信贷规模的约束,正规金融对农户金融需求的满足仍不乐观"。④ 李庆海等采用 2003~2009 年我国 1000 个样本农户的调查数据,发现"64.5% 的农户受到信贷配给,其中 54% 的农户受到完全配给,10.5% 的农户受到部分配给"。⑤ 此外,牛荣等的研究也支持这一观点。⑥

3. 农村金融供给不足的表现

正如张红宇所指出的那样,农村资金供给短缺是全球性问题,而中国农村资金供给状况,则显然强化了这一供给特征。相对于农村资金的巨大需求,农村资金供给多年来一直处于短缺状态。⑦ 针对我国农村金融供给不足,不同研究者对其认识存在差异。如王叙果的分析认为,我国农村金融供给不论是从结构还是从资金数量以及金融工具上看都严重不足。⑧ 梁信志认为农村信贷资源供给不足具体表现在三个方面:一是农村金融资源供给的数量不足;二是农

---

① 张正平、何广文:《农户信贷约束研究进展述评》,《河南社会科学》2009 年第 2 期,第 44~49 页。
② 李庆海、吕小锋、孙光林:《农户信贷配给:需求型还是供给型?——基于双重样本选择模型的分析》,《中国农村经济》2016 年第 1 期,第 17~29 页。
③ 朱喜、李子奈:《我国农村正式金融机构对农户的信贷配给——一个联立离散选择模型的实证分析》,《数量经济技术经济研究》2006 年第 3 期,第 37~49 页。
④ 韩俊等:《中国农村金融调查》,远东出版社,2009 年,第 194 页。
⑤ 李庆海、李锐、汪三贵:《农户信贷配给及其福利损失——基于面板数据的分析》,《数量经济技术经济研究》2012 年第 8 期,第 35~48 页、第 78 页。
⑥ 牛荣、张珩、罗剑朝:《产权抵押贷款下的农户信贷约束分析》,《农业经济问题》2016 年第 1 期,第 76~83 页。
⑦ 张红宇:《中国农村金融组织体系:绩效、缺陷与制度创新》,《中国农村观察》2004 年第 2 期,第 2~11 页、第 80 页。
⑧ 王叙果:《我国农村金融市场的非均衡性分析》,《农业经济问题》2005 年第 2 期,第 40~43 页。

村金融资源供给的质量不高；三是农村金融机构偏少，金融体系基础薄弱。[①] 高晓燕将我国农村金融供给不足划分为农村金融制度供给不足、农村金融服务供给不足、农村金融创新供给不足、农村金融人才供给不足和农村金融生态畸形五个方面。[②] 在此基础上，王文乐认为，我国农村金融供给不足表现为农村金融资源供给数量不足、农村金融资源供给质量不足（农村金融主体供给缺位，制度、服务、人才、创新供给不足，生态畸形）。[③]

二 农户信贷需求的影响因素及其关系

影响农户信贷需求的因素很多，主要包括户主年龄、受教育程度、家庭人数及劳动人数、耕地面积、收入水平及收入来源、生活性支出、固定资产、所处区域和社会资本。但是对于这些影响因素，大多数研究者都认同这些因素会对农村信贷需求产生影响，同时对于这些影响因素与农户信贷需求关系的认识也较为一致。如对于耕地面积、家庭规模，大多数研究都认为，耕地面积和家庭规模显著正向影响农户信贷需求。但对于部分因素，如户主年龄、家庭收入水平等因素与农户信贷需求的关系，理论界却还存在较为明显的争论（见表5-6）。

表5-6 农户信贷需求影响因素及其关系的不同观点

序号	影响因素	与农户信贷需求关系的主要观点	代表学者
1	户主年龄	显著正影响	王曙光、徐璋勇等
		显著负影响	罗荷花、牛荣、张晓琳等
		"倒U型"关系	韩俊、秦建群、吴雨等
		影响不明显	周宗安、胡金焱等
2	收入水平	显著正影响	金烨、秦建群等
		显著负影响	罗荷花、牛荣、张晓琳等
		"U型"关系	韩俊等
3	受教育程度	显著正影响	孔荣、罗荷花、张晓琳等
		显著负影响	秦建群、金烨等
		影响不显著	李锐等

---

① 梁信志：《关于深化农村金融供给侧结构性改革的思考——以河南为分析例证》，《农村经济》2018年第5期，第57~62页。
② 高晓燕：《基于供给视角的农村金融改革》，《财经问题研究》2007年第11期，第59~63页。
③ 王文乐：《农村金融供给短缺的现状及对策》，《企业经济》2008年第10期，第183~186页。

(一) 户主年龄

对于户主年龄与农户信贷需求之间的关系,学术界有四种不同观点:正相关关系论、负相关关系论、"U型"关系论和影响不明显论。

一种观点认为,户主年龄与农户信贷需求显著正相关。王曙光等[1]、徐璋勇等[2]的研究都支持这一观点,他们认为随着户主年龄的增加,其对运用信贷方式增加收入的认识更深,因此农户的贷款需求也就越大。

另一种观点认为,户主年龄与农户信贷需求显著负相关。他们的理由在于如下。(1) 户主年龄越大,"其身体素质相对较差,劳动技能会因为技术进步等因素而难以适应新技术的要求,其创业精神和扩大再生产的积极性越来越弱,保守经营的理念越来越强,而不愿意通过'外债'来寻求农户的更大发展,从而也降低了外部融资需求的意愿"[3]。(2) "随着农户户主年龄的增长,农户的生产形式趋于稳定,不会有太大变化,因此不会产生由于改变生产组织形式(例如从种植户转向养殖户,或从纯农户转为兼业户)而带来的借贷需求,甚至新投资、扩大生产或改变生产方式等方面的资金需求会逐渐减少"[4];"并且户主年龄越大,农户家庭的资产积累越多,在资金上越可能达到自给自足,因此对信贷的需求越小"[5]。(3) 户主年龄越大,"越谨慎,并且希望能够把风险控制在一定程度之内"[6]。

再一种观点认为,户主年龄与信贷需求之间成"倒U型"关系。韩俊等在分析针对全国29个省(自治区、直辖市)获得的1962份有效调查问卷的基础上,认为30~40岁年龄段的农户借贷需求最为强烈,农户的金融需求行为具有生命周期性,农户的实际借贷需求与年龄呈现"倒U型"关系。[7]秦建群等基于中国12个省份3051个农户家庭的实地调查数据,研究发现,户主年龄在

---

[1] 王曙光、王东宾:《双重二元金融结构、农户信贷需求与农村金融改革——基于11省14县市的田野调查》,《财贸经济》2011年第5期,第38~44页。
[2] 徐璋勇、杨贺:《农户信贷行为倾向及其影响因素分析——基于西部11省(区)1664户农户的调查》,《中国软科学》2014年第3期,第45~56页。
[3] 罗荷花、李明贤、曹艺馨:《我国农户融资需求及其融资可获得性的影响因素分析》,《农村经济》2015年第8期,第52~57页。
[4] 张晓琳、董继刚:《农户借贷行为及潜在需求的实证分析——基于762份山东省农户的调查问卷》,《农业经济问题》2017年第9期,第57~64页。
[5] 牛荣、罗剑朝、张珩:《陕西省农户借贷行为研究》,《农业技术经济》2012年第4期,第24~30页。
[6] 金烨、李宏彬:《非正规金融与农户借贷行为》,《金融研究》2009年第4期,第63~79页。
[7] 韩俊等:《中国农村金融调查》,远东出版社,2009年,第120~121页。

30～39岁和40～49岁对农户信贷行为有正向影响，而50～59岁和60岁及以上对农户信贷行为有负向影响，即年龄与信贷行为之间成"倒U型"关系。他们的解释是，"农户处于生命周期的不同阶段，各个阶段的消费支出项目存在很大差异"。"如在30～49岁之间，农户的盖房或修缮、子女上学、婚丧嫁娶等消费支出较大，同时，扩大再生产的信贷需求也较大，而在50岁以上的农户家庭这部分支出相对较少，并且随着年龄的增加，农户家庭自身积累的财富越来越多，可能达到自给自足的状态，因而其信贷需求较小，不倾向于信贷。"[1] 吴雨等的研究也赞同这一观点，即农户获得正规信贷可能性随户主年龄增长呈先上升后下降的趋势，但他们认为这一峰值出现在46.2岁。[2]

还有一种观点认为，户主年龄对农户信贷需求的影响不明显。如周宗安利用山东省11个地市的调研数据进行研究，其结论发现户主年龄与信贷需求之间未通过显著性检验。[3] 胡金焱等采用山东省济南市周边县、镇213个农户的调查数据进行分析，也得出了同样一致的结论。[4]

（二）收入水平

学者们对于收入水平与农户信贷需求之间的关系主要有三种不同意见：正向影响论、负向影响论和"U型"关系论。

第一种观点认为，家庭收入水平对信贷需求具有显著正向影响。他们认为，由于"扩大生产"或"用于平滑消费"[5]，所以信贷需求较大。另外，"农户家庭收入水平即说明其具有较强的支付能力来解决流动性问题，同时，家庭收入水平越高，农户家庭生产经营规模越大，以及其生活性支出层次越高，农户家庭的信贷资金需求量也就越大，因此在面临流动约束时，高收入农户可能倾向于信贷，同时也越有可能获得信贷支持"。[6]

---

[1] 秦建群、吕忠伟、秦建国：《中国农户信贷需求及其影响因素分析——基于Logistic模型的实证研究》，《当代经济科学》2011年第5期，第27～33页。
[2] 吴雨、宋全云、尹志超：《农户正规信贷获得和信贷渠道偏好分析——基于金融知识水平和受教育水平视角的解释》，《中国农村经济》2016年第5期，第43～55页。
[3] 周宗安：《农户信贷需求的调查与评析：以山东省为例》，《金融研究》2010年第2期，第195～206页。
[4] 胡金焱、张博：《农户信贷需求的影响因素——基于农户调查的实证研究》，《金融论坛》2014年第1期，第3～9页。
[5] 金烨、李宏彬：《非正规金融与农户借贷行为》，《金融研究》2009年第4期，第63～79页。
[6] 秦建群、吕忠伟、秦建国：《中国农户信贷需求及其影响因素分析——基于Logistic模型的实证研究》，《当代经济科学》2011年第5期，第27～33页。

第二种观点认为，家庭收入水平对信贷需求具有显著负向影响。这类观点的理由是，收入水平代表农户的支付或偿还能力[①]，农户家庭收入越高，越有足够的流动资金[②]，同时，"一般情况下，农户人均纯收入越高，其生活开支能力就越高，从而会拟制农户对资金的需求，相应有借贷需求可能性就越小，从而对外借款额也就越小。农户的收入和资产越多、农户自有资金支付能力越强，对农户的借贷需求产生抵消作用，导致农户借贷需求越小"。[③]

第三种观点认为，家庭收入水平与农户信贷需求呈"U型"关系。韩俊等利用全国性的调研数据发现，家庭收入与农户的借贷需求和借款获得率都呈"U型"关系，即农户的借贷需求和借款获得率都是随着收入的增加先下降后增加，中等收入农户的信贷需求比较低。[④] 但是，何广文等的研究并不支持这一看法，他们发现，"不同收入水平农户中，有信贷需求者占比均较高"。恰恰相反，"中等偏低收入农户组中有信贷需求者占比较高，同时，各收入组农户有信贷需求者占比差异性不太大"。[⑤]

（三）受教育程度

对于受教育程度与农户信贷需求的关系，理论界主要有显著正向影响、显著负向影响和影响不明显三种不同观点。

一种观点认为受教育程度显著正向影响农户的信贷需求及其可得性。牛荣等认为，"随着教育越来越受到农户重视，这部分支出在农户家庭支出中占很大部分，而且教育支出弹性不大，必须通过借贷来满足资金需求。同时，相对而言，农户受教育程度越高，对信用社和银行等正规金融机构的认识就越深入、越具有较好的现代金融意识，可能越有投资观念，越愿意通过多种渠道融资来发展生产；而且其家庭的生产经营范围较广、生产能力也相对较强，对资金的

[①] 张晓琳、董继刚：《农户借贷行为及潜在需求的实证分析——基于762份山东省农户的调查问卷》，《农业经济问题》2017年第9期，第57~64页。
[②] 罗荷花、李明贤、曹艺馨：《我国农户融资需求及其融资可获得性的影响因素分析》，《农村经济》2015年第8期，第52~57页。
[③] 牛荣、罗剑朝、张珩：《陕西省农户借贷行为研究》，《农业技术经济》2012年第4期，第24~30页。
[④] 韩俊、罗丹、程郁：《农村金融现状调查》，《农村金融研究》2007年第9期，第9~20页。
[⑤] 何广文、何婧、郭沛：《再议农户信贷需求及其信贷可得性》，《农业经济问题》2018年第2期，第38~49页。

需求也就越强烈，更倾向产生信贷需求"。① 罗荷花等认为，"农户文化程度可以反映农户的生产经营能力与创新能力，影响农户在当地的社会地位，而且文化程度还能反映个人的认知水平，文化程度比较高的农户更容易了解与掌握借款程序和其他贷款信息，更容易获得融资服务"。② "户主的文化程度越高，农户获取和利用社会资源和信息的能力越强，农户的还款能力也就越强，从而其正规信贷可得性就越高。"③ "一方面文化程度较高的农户对相关金融风险知识、信贷流程及要求的了解较清晰；另一方面，此类农户的生产经营活动一般具有多样性，生产能力较强，多元化投资理念使得其通过多渠道融资发展生产的意愿更强烈，从而产生信贷需求的可能性更大。"④

另一种观点则认为受教育程度对农户信贷需求及其可得性是一种负向影响的关系。如秦建群等认为，"随着受教育程度的提高，农户拥有了获得一定收入的劳动技能，致使农户收入增加，因而农户依靠自身收入满足其生活消费需求的可能性增大"。⑤ "农户受教育程度越高，其生产经营能力与创新能力越强，同时会更容易掌握借款条件与程序，能够提高农户融资可获得性"。⑥ 金烨、李宏彬认为，农户"受教育程度越高，就越谨慎，并且希望能够把风险控制在一定程度之内"⑦，因此，农户对信贷的需求就少。

还有一种观点认为受教育程度对农户信贷需求的影响不明显。如李锐等认为，"一方面，教育水平高的农户，可能会制定更大、更新的投资计划，从而有更多的资金需求，另一方面，教育程度高的农户一般具有更高的收入水平，这又减少了其对资金的需求，两种相反的效应会相互抵消，其最终的影响方向通常比较模糊"。⑧ 因此，受教育程度对农户信贷需求的影响在统计上也

---

① 牛荣、罗剑朝、张珩：《陕西省农户借贷行为研究》，《农业技术经济》2012年第4期，第24~30页。
② 罗荷花、李明贤、曹艺馨：《我国农户融资需求及其融资可获得性的影响因素分析》，《农村经济》2015年第8期，第52~57页。
③ 孔荣、陈传梅、衣明卉：《农户正规信贷可得性影响因素的实证分析——以陕西省756户农户的调查为例》，《农业经济与管理》2010年第3期，第36~45页。
④ 张晓琳、董继刚：《农户借贷行为及潜在需求的实证分析——基于762份山东省农户的调查问卷》，《农业经济问题》2017年第9期，第57~64页。
⑤ 秦建群、吕忠伟、秦建国：《中国农户信贷需求及其影响因素分析——基于Logistic模型的实证研究》，《当代经济科学》2011年第5期，第27~33页。
⑥ 罗荷花、李明贤、曹艺馨：《我国农户融资需求及其融资可获得性的影响因素分析》，《农村经济》2015年第8期，第52~57页。
⑦ 金烨、李宏彬：《非正规金融与农户借贷行为》，《金融研究》2009年第4期，第63~79页。
⑧ 李锐、朱喜：《农户金融抑制及其福利损失的计量分析》，《经济研究》2007年第2期，第146~155页。

不显著。

三 农村金融供求失衡的原因

大多数学者都赞同我国农村金融供求失衡的基本事实。① 早在改革开放初期，冯盈昌就通过调研发现"资金需要与自筹能力差距较大"的事实。② 21世纪初期，程丽香的研究指出，我国农村资金供求矛盾表现在两个方面："农户存贷款剪刀差严重"和"农户资金奇缺与农村正规金融组织资金运用不充分"。③ 宋平等认为我国农村金融供求失衡表现在供给与需求主体特点失衡、供给主体区域布局失衡、金融产品与实际需求失衡等多方面，但本质上还是结构性供求失衡。④ 程郁等运用Heckman选择模型的量化研究显示，"在所有农户中，平均信贷缺口达到4420元，农户未被满足的信贷需求缺口占到其贷款需求总额的56.72%"。⑤ 宗杰等也认为，我国农村金融的供给和需求缺口逐年扩大，并主要表现在资金总量、信用贷款资金的用途构成以及期限结构失衡三个方面。⑥ 阮华等进一步将我国农村金融供求失衡的表征分为四大失衡：总量失衡、结构失衡、区域性失衡和制度失衡。⑦ 蔺鹏等的研究同样表明，我国现行农村金融组织体系市场结构、资源配置结构、金融产品和服务结构性失衡严重。⑧

但是，对于我国农村金融供求失衡原因的分析，不同研究者却提出了不同意见。归纳起来，有三种基本观点：供给论、需求论和体制政策论。当然，在此基础上，也不乏研究者从几种原因复合层面进行解释的（见图5-2）。

---

① 但是，对于这一问题，也有不同意见，如20世纪80年代初期，有人认为"实行联产承包责任制后，商品生产发展了，农民收入增加了，农村资金已发生了相对有余的新变化，不少地方存大于贷，出现了资金运用不出去的现象"。参见吴碧霞《勇于探索不断开拓农金科研领域——中国农村金融学会首届年会问题讨论综述》，《中国金融》1983年第8期，第56~57页。
② 冯盈昌：《发展农村商品生产重在理顺资金供求关系——永福农村百户农民生产资金调查报告》，《广西农村金融研究》1984年第3期，第12~13页。
③ 程丽香：《从农村资金供求矛盾看农村信用担保体系的构建》，《福建论坛》（经济社会版）1999年第10期，第46~48页。
④ 宋平、罗剑朝：《构建多层次供求均衡的现代农村金融体系初探》，《西北农业学报》2009年第6期，第389~393页。
⑤ 程郁、罗丹：《信贷约束下中国农户信贷缺口的估计》，《世界经济文汇》2010年第2期，第69~80页。
⑥ 宗杰、矫江：《我国农村金融供求失衡原因及对策探讨》，《理论探讨》2014年第4期，第168~170页。
⑦ 阮华、翁贞林、曹志文：《农村金融供求失衡的理论分析》，《金融与经济》2015年第5期，第24~27页。
⑧ 蔺鹏、孟娜娜、路振家：《农村金融结构失衡的现状、成因及改进策略——基于农业供给侧结构性改革的分析》，《农村金融研究》2017年第12期，第44~48页。

第五章 农村金融制度

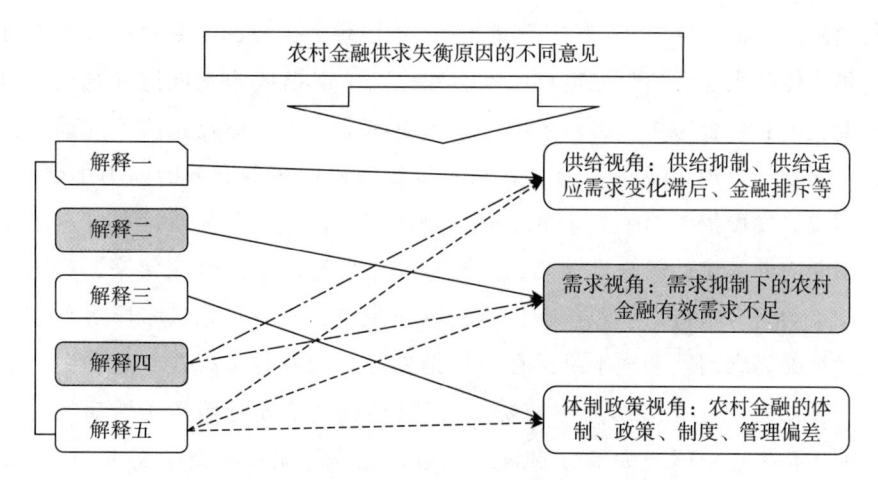

图 5-2 农村金融供求失衡原因的不同意见

一种观点认为我国农村金融供求失衡的原因在于供给侧，具体包括供给抑制[①]下的农村金融供给不足、供给适应需求变化滞后、金融排斥等，这类观点较为常见。就农村金融供给抑制来看，何广文从农村金融市场开发深度有限、农村金融机构信贷规模扩张受限、农村居民能够参与交易的金融商品有限、农村保险市场不发达[②]等方面论证了这一观点。吴斌也认为"农村金融市场的结构单一"[③]是我国农村金融供给抑制的主要表现。谌争勇指出，农村金融服务体系配置失衡，农村信用社支农后劲不足，业务"非农化"倾向明显，商业金融支农弱化，政策性金融支农功能不全，邮政储蓄机构"只存不贷"，将农村仅有的资金"倒流"城市，农村金融服务产品单一等构成了我国新农村建设农村金融供给抑制的表征。[④] 姚耀军基于金融功能观视角认为，多年来中国农村金融改革遵循的是金融机构观，这使得农村金融供给不能满足需求，也不适应

---

① 供给抑制与需求抑制相对应，都是金融抑制衍生出的一组概念。而"金融抑制"这一概念最早由爱德华·肖和罗纳德·麦金农于1973年在研究发展中国家金融发展与经济增长关系的基础上提出。他们认为，多数发展中国家先后以金融管制代替金融市场机制，以低利率、政策性贷款和财政政策等为工业部门融通资金，这就使得储蓄不足、资本匮乏与金融抑制、资本低效率配置并存，使发展中国家陷入贫困的恶性循环之中。他们进一步指出，发展中国家之所以欠发达，就在于实际利率太低，甚至为负数；这种人为压低利率，造成金融体系和经济效率低下的现象，麦金农称之为"金融抑制"。

② 何广文：《从农村居民资金借贷行为看农村金融抑制与金融深化》，《中国农村经济》1999年第10期，第42~48页。

③ 吴斌：《我国农村金融抑制与深化问题研究》，《华中农业大学学报》（社会科学版）2003年第2期，第40~43页。

④ 谌争勇：《我国农村金融体系重构：从金融抑制理论的视角考察》，《江西财经大学学报》2007年第1期，第45~50页。

农村金融需求的复杂性。① 顾宁等指出,"造成供需失衡的主要原因在于农村金融供给主体忽视了农户金融需求的动态变化"。② 郭晓鸣也赞同这一观点,他认为当前我国农村金融供需失衡矛盾严重的原因是"由于商业化改革的进一步推进,中国农村正规金融机构为农业和农村经济提供金融服务的能力不断减弱,在中国农村发展依然面临严重的金融抑制的同时,农村资金通过农村正规金融机构不断向外部流动的规模继续扩大"。③ 田学思等认为,30 多年来,我国农村金融政策的出台坚持"供给抑制"为隐含出发点,对差异化、多层次和多类型的农村金融需求因素关注不足;在"供给先行"的农村金融改革过程中,基本上将"金融"简单化理解为"信贷"。但这种以供给先行的方式推动农村金融改革的思路,在中国绝大部分农村地区很难有效匹配农村金融需求。④ 从金融排斥来看,何德旭等认为,我国农村金融机构在经营过程中对农户金融需求具有较强的金融排斥性,从而没有为农村经济发展配置足够的金融(信贷)资源是造成我国农村金融供求失衡的原因。⑤ 此外,周立在对广东省东莞、惠州、梅州三地农村金融供求状况进行调查的基础上,认为针对农村发展需求、农业生产需求和农民生活需求这三类不同的金融需求,正式金融和非正式金融两类金融供给的缺口都明显加大:"正式的金融安排越来越难以满足金融需求,非正式金融安排的发展又受到遏制,由此产生了金融供给和需求在总量和结构上的错位"。⑥

不同于从供给侧来考察我国农村金融供求失衡的原因,另一种观点认为我国农村金融供求失衡的原因在于需求侧,主要体现为需求抑制下的农村金融有效需求不足。如高帆认为,正规金融部门对农户贷款的资金供给有限的供给抑制论只抓住了问题的一方面,其隐含的前提条件"农户对借贷资金的需求强度极其显著"不一定完全成立。从农户融资的使用途径来看,农业较高的自然风险、农产品较明显的市场风险、土地制度的制约、较低的农村市场化程度都会抑制农户对生产性借贷资金的需求;而从农户融资的替代方式来看,农村非正

---

① 姚耀军:《中国农村金融改革绩效评价》,《江苏社会科学》2006 年第 1 期,第 96~101 页。
② 顾宁、范振宇:《农户信贷需求结构分析》,《农业经济问题》2012 年第 8 期,第 73~78 页。
③ 郭晓鸣:《农村金融:现实挑战与发展选择》,《经济学家》2005 年第 3 期,第 107~112 页。
④ 田学思、高连水:《关于我国农村金融改革发展的思考》,《甘肃社会科学》2013 年第 5 期,第 164~167 页。
⑤ 何德旭、饶明:《我国农村金融市场供求失衡的成因分析:金融排斥性视角》,《经济社会体制比较》2008 年第 2 期,第 108~114 页。
⑥ 周立:《农村金融供求失衡与政策调整——广东东莞、惠州、梅州调查》,《农业经济问题》2005 年第 7 期,第 15~20 页。

规金融组织对正规金融组织具有挤出效应,这些都使得农户对正规金融部门的资金需求相对有限。[①] 对于这一观点,葛为群也完全同意。[②] 李锐等进一步研究了中国农户金融需求抑制(包括需求得不到满足和需求得到部分满足两种情况)的具体程度,发现比例高达 70.92%。[③] 马晓青等对江苏、河南和四川 986 个农户的问卷调查数据进行统计分析,发现"中国农村金融市场存在严重的信贷需求抑制现象:三个地区都不同程度地存在实际信贷需求和名义信贷需求被抑制的问题,且农户信贷需求抑制程度从东部到西部呈递增的趋势"。[④] 此外,吴庆田基于异质性出发,认为农村企业贷款需求得不到满足的主要原因不在于主流观点公认的农村金融供给缺失,而主要在于融资需求主体的融资能力弱。[⑤]

还有一种观点认为针对农村金融的体制、政策、制度、管理偏差才是造成我国农村金融供求失衡的原因,这一观点也较为普遍。王义忠认为造成农村资金供求失衡的原因就在于"没有根据农村经济发展出现的变化特点从政策上、体制上及其具体操作上对农村资金的供给及投向作出相应的决策"。[⑥] 何广文认为中国农业投入资金短缺、农户和农村企业贷款难问题产生的根源在于"严厉的金融管制和半封闭的金融环境的存在",政府作为农村金融制度的主要供给者,其主要是从"金融供给角度对农村金融市场所做出的制度性安排",但是,这种"强制性制度变迁,仅仅从满足制度供给者和制度生产者本身的需求出发,不能适应金融需求者的金融需求"[⑦],从而使农村金融服务的供给严重滞后于农村金融需求。蔡维佐认为,把我国农村资金供求矛盾的原因归结为社会资金来源不足,这对农村资金供给紧缺的认识既不全面,也不能反映我国当前资金供求状况。他从制度层面进行分析后,指出"构成农村资金供求矛盾,关键是制

[①] 高帆:《我国农村中的需求型金融抑制及其解除》,《中国农村经济》2002 年第 12 期,第 68 ~ 72 页。

[②] 葛为群:《农户信贷投资的"需求型抑制"解析》,《中国经济问题》2006 年第 3 期,第 49 ~ 53 页。

[③] 李锐、朱喜:《农户金融抑制及其福利损失的计量分析》,《经济研究》2007 年第 2 期,第 146 ~ 155 页。

[④] 马晓青、刘莉亚、胡乃红、王照飞:《信贷需求与融资渠道偏好影响因素的实证分析》,《中国农村经济》2012 年第 5 期,第 65 ~ 76 页。

[⑤] 吴庆田:《信用信息共享下农村金融供求均衡与帕累托最优配置的实现机制》,《管理世界》2012 年第 1 期,第 174 ~ 175 页。

[⑥] 王义忠:《新形势下农村经济发展面临的资金矛盾及对策》,《上海金融》1993 年第 5 期,第 40 ~ 42 页。

[⑦] 何广文:《中国农村金融供求特征及均衡供求的路径选择》,《中国农村经济》2001 年第 10 期,第 40 ~ 45 页。

度约束","制度性流失是造成农村资金供给短缺的主要原因",同时"农村金融体制改革设计缺陷是造成资金供求矛盾的重要原因"。① 曹冰玉基于制度因素的考察,也认为"我国农村金融存在巨大的结构性缺口,主要形成原因是金融制度的供给偏差,政府对满足小规模经济需求的民间金融制度供给不足"。② 赵振宗认为目前我国农村金融供求缺口较大的根本原因在于,强制性制度变迁路径下政府作为金融制度的供给者,其偏好和目标与农户的偏好和目标存在差异,加之还存在的委托代理问题、政府认识的有限理性等问题,结果常常导致政府供给的金融制度不符合农村的实际需求。③ 王叙果认为我国农村金融市场存在着较为严重的供不应求,整体来看,农村金融需求多样化,而供给无论是从结构上还是从资金数量以及金融工具上看都严重不足,整个市场是非均衡状态。造成这种非均衡态势的原因有三个:一是农村金融市场需求的错位;二是农业经济具有很强的"准公共产品"特征,但现行的环境和体制是用"私人产品"的原则解决"准公共产品"问题,自然效果差;三是现行的一系列偏向城市的政策妨碍农村金融市场的发展。④ 卢亚娟等认为,造成我国农村金融供求失衡的原因,"主要是农村金融需求的多样性与农村金融供给的单一性之间的矛盾逐步扩大的结果"。一方面,"农村经济发展的不平衡性,决定了农村金融需求的多样性"。另一方面,"多年来,国家管理部门在对农村金融市场的管理上忽视了农村经济的多样性对金融服务要求的多元性和分散性"⑤ 这一基本特征,而是与城市金融市场"一刀切"式地进行管理,加之农村金融改革的滞后性,结果造成了农村金融供求失衡。张改清也持这一观点,但他认为,这一矛盾具体表现在"农村金融机构布局与农村经济发展不适应""偏向城市的金融政策导致农村融资障碍""金融压抑妨碍了农村金融市场的发展"⑥ 三个方面。周立等指出,以"一国两策,城乡分离"为基本特征的一系列制度安排,不仅使金融

---

① 蔡维佐:《从制度层面探索解决我国农村资金问题》,《调研世界》2007年第1期,第12~16页。
② 曹冰玉:《我国农村金融供求缺口分析——基于制度因素的考察》,《经济地理》2008年第1期,第136~141页。
③ 赵振宗:《我国农村金融市场供需缺口较大的原因及对策》,《经济纵横》2012年第6期,第104~106页。
④ 王叙果:《我国农村金融市场的非均衡性分析》,《农业经济问题》2005年第2期,第40~43页。
⑤ 卢亚娟、蔡则祥:《我国农村金融供求失衡及其调节》,《现代经济探讨》2003年第4期,第59~61页。
⑥ 张改清:《中国农村金融市场供求失衡及均衡路径》,《农村经济》2005年第11期,第55~56页。

供给远远不敷农村金融需求,反而让农村地区出人意料地成为金融资源的净供给者。农村金融供求表现出了总量和结构的明显失衡,中国农村金融的供不应求成为常态。[①]

再有一种观点从供给侧、需求侧两方面对我国农村金融供求失衡的原因进行解释。这种观点认为,我国农村金融供求失衡并不是供给或需求某一方面的原因所致,而是两者共同作用的结果。马晓河等从金融供给抑制和金融需求抑制的角度分析后,认为"金融抑制主要是围绕农村正规金融部门而言,既有正规金融部门资金供给短缺的原因,也有对该部门资金需求不足的原因,但主要表现为供给型金融抑制,需求型金融抑制是从属现象"。进一步来看,我国农村金融供给抑制又表征为"制度供给不足和资金供给不足",而农村金融需求抑制表现为自然需求不足和人为需求不足两个方面。其中,人为需求不足是"产生需求性金融抑制的主要原因,它是政策压抑的结果,其根源在于制度供给短缺"。[②] 宗杰等从金融的需求主体和供给主体两个方面对其原因进行了分析,认为农村地区经济主体与日俱增的资金需求是供求矛盾的最主要原因,而中国农业银行、中国农业发展银行、农村信用社和非正规金融机构资金供给不充足、融资手段单一等问题也直接影响了我国农村金融供求失衡。[③]

此外,也有观点从供给侧、需求侧、体制与制度等多方面综合分析我国农村金融供求失衡的原因。如田力等认为,"在中国农村存在巨大的金融缺口,并有逐年扩大的趋势,这种缺口在中国农村形成有其深刻的历史、经济和体制根源"[④],进一步来看,农村地区受到了金融的供给约束,而金融供给受到了农村经济的需求约束,此即中国农村经济体制和农村金融体制的双重制约。王金龙认为造成我国农村金融供不应求、供给缺口逐年加大的原因既有经济性根源,也有体制性根源。就经济性根源来看,他认为来源于需求约束和供给约束。而体制性根源,"不仅是由农村经济体制这一外生变量决定的,也是由农村经济金融体制和制度等内生变量所决定的"。[⑤]

---

① 周立、周向阳:《中国农村金融体系的形成与发展逻辑》,《经济学家》2009年第8期,第22~30页。
② 马晓河、蓝海涛:《当前我国农村金融面临的困境与改革思路》,《中国金融》2003年第11期,第12~14页。
③ 宗杰、矫江:《我国农村金融供求失衡原因及对策探讨》,《理论探讨》2014年第4期,第168~170页。
④ 田力、胡改导、王东方:《中国农村金融融量问题研究》,《金融研究》2004年第3期,第125~135页。
⑤ 王金龙:《我国农村金融供求状况分析》,《农业经济问题》2005年第11期,第49~52页。

第四节 农村合作金融

农村合作金融是农村"三维"金融体系的重要组成部分。新中国成立以来，理论界围绕是否需要发展农村合作金融、农村合作金融的性质、农村信用社及其改革、村社型合作金融组织等问题进行了充分讨论，形成了不同意见。

一 农村合作金融的必要性

农村合作金融从20世纪50年代建立以来，几经曲折，对于是否有发展的必要，理论界对这一问题的回答不尽一样，概括起来，有三种代表性观点：第一种观点认为中国没有发展合作金融的基础，也不需要发展合作金融；第二种观点则认为中国需要发展农村合作金融；第三种观点认为应选择性发展合作金融。

第一种观点认为，我国正规的合作金融从来就没有真正存在过，中国没有发展合作金融的土壤，并不需要重建农村合作金融。如谢平认为，由于一系列制度安排，现存合作金融并没有减少交易成本，也没有真正符合合作制原则，我国正规的合作金融从来就没有真正存在过，中国近50年来就不存在合作制生存的条件。[1] 雷曜等也认为农村信用合作社以及农村合作基金会在中国的失败表明合作制并不适合中国，长期来看，中国农村金融应当以商业性为主，具有可持续性的商业化农村金融机构符合中国的基本国情。[2]

第二种观点认为，中国需要发展农村合作金融，农村合作金融是我国农村金融制度的重要组成部分。早期的研究中，如谢家智等在分析中国农村金融制度变迁问题时指出，中国的农村金融什么时期坚持合作制，农村金融带给农民的利益就越大，其发展形势就越好。近年来，全国各地农村信用社与农村合作基金会出现的经营困难与问题，恰恰是其发展方向偏离合作金融的体现。因此，当前应统一认识，正视各种矛盾，坚持农村合作金融的改革方向。[3] 吴永红等认为"农村合作金融是农村金融制度架构中不可缺少的重要组成部分，在农户家庭经营的基础上大力发展多样化的农村合作金融组织，也是世界各国农村金

---

[1] 谢平：《中国农村信用合作社体制改革的争论》，《金融研究》2001年第1期，第1~13页。

[2] 雷曜、焦琦斌：《当前中国农村金融的特点、问题及争论：一个文献综述》，《农村金融研究》2012年第10期，第74~78页。

[3] 谢家智、冉光和：《中国农村金融制度变迁的路径依赖》，《农业经济问题》2000年第5期，第25~28页。

融发展中占主导地位的共同趋势"。"中国农村合作金融的发展既有现实需要又有客观基础","在今天,对农村合作金融的呼唤比以往任何时候都更加迫切"。[①] 郑良芳针对放弃合作制的观点,提出中国并不缺乏合作制生存的条件,认为在社会主义初级阶段的市场竞争中存在着广大弱势群体、存在着高利借贷泛滥的情况,决定了必须发展合作金融、合作经济,以防止社会居民两极分化和稳定社会秩序。[②] 杜晓山也持相同观点,认为尽管农村信用社合作金融"自愿、互助、互利、民主和低盈利性"的资金和金融服务性质体现得不多,但是农业、农村、农民的发展需要有合作金融机构的支持则是肯定的,从国际上发达国家和发展中国家以及我国的实际看,都需要有合作金融机构这一不可或缺的角色存在。[③] 祝国平等也认为,没有任何证据证明合作金融不适合我国农村金融市场,相反农民专业合作社的信用合作与资金互助业务还表现出了强劲的生命力。合作金融具有天然的信息与成本优势,是分散的农户经济体系中有效的金融形式,理应成为农村金融领域与正规金融具有同样重要性的金融机构。[④]

第三种观点认为,应分区域对待,根据地区经济发展情况的差异选择性地发展农村合作金融。如雷曜等指出,在经济发达的东部地区,由于农业产业化程度较高,农村金融应该商业化。在比较贫困的中西部地区,农户的经济活动所产生的资金流量和经济效益无法支撑起商业性金融机构的运行,这些地区的农户资金需求需要依靠合作金融或政策性金融来解决。[⑤] 阎庆民等认为从我国农村经济的特点和现实发展状况来看,合作制的金融形式仍然是最好的一种形式。但由于我国农村经济发展水平千差万别,如果在发展农村金融上仍坚持全国一个统一的模式并不符合现实状况。因此,在把合作金融作为农村金融的主要形式的同时,应该允许少数经济发展水平较高、合作金融实力较强、资产规模较大的农村探索非合作金融形式。[⑥] 褚保金等也认为应通过重组农村信用社

[①] 吴永红、郭晓鸣:《中国农村合作金融的发展与选择》,《中国农村经济》2001年第10期,第50~53页。

[②] 郑良芳:《社会主义初级阶段决定必须发展合作金融——对我国信用社体制改革争论的看法与建议》,《金融研究》2002年第3期,第39~45页。

[③] 杜晓山:《农村金融体系框架、农村信用社改革和小额信贷》,《中国农村经济》2002年第8期,第4~9页。

[④] 祝国平、郭连强:《农村金融改革的关键问题、深层原因与战略重点》,《江汉论坛》2018年第6期,第46~54页。

[⑤] 雷曜、焦琦斌:《当前中国农村金融的特点、问题及争论:一个文献综述》,《农村金融研究》2012年第10期,第74~78页。

[⑥] 阎庆民、向恒:《农村合作金融产权制度改革研究》,《金融研究》2001年第7期,第67~75页。

和农业发展银行县（市）支行，以县（市）为单位建立农村信用社统一法人；重构农村信用社股权结构，由当地农户、个体经济组织、乡村企业、县（市）政府财政和中央财政（可由农业银行代表）共同入股，以前三类股权为主；建立全国统一的垂直型农村信用社联社组织体系，协调农村信用社与各级政府的关系，保护行业利益，为基层信用社经营提供指导和服务等方法改革重组农村合作金融组织体系。但是，在城乡一体化程度高的地区，应在现有农村信用社基础上发展农村商业银行，适应经济发达地区的金融需求，并使农村商业银行业务多元化、综合化。[1]

二 农村合作金融的本质属性

质的规定性，是事物之所以为该事物及其区别于其他事物的特点。农村合作金融的本质属性是什么？农村合作金融的本质属性是否随着时代的变化而出现变化？学术界对这两个问题的认识都有不同看法。

一种意见主要基于合作金融是合作经济的一种形式出发研究合作金融的本质属性。这类观点的代表性研究，如李金珊等从为什么会产生这一组织的角度，采用交易费用的理论提出了对其本质属性的认识，即是"所有者与惠顾者同一"。[2] 苑鹏从主体功能出发也持类似观点，认为"合作社的本质特征在于合作社的所有者与合作社业务的使用者同一，合作社是以社员——服务对象为本，而不是以股东——投资者为本"。[3] 黄祖辉等基于合作制基本原则出发，认为"合作社的本质规定性，就是指它之所以为合作社及其区别于其他组织的制度特性，这种本质规定性集中体现在合作社的基本原则上"。[4] 此外，在这一类观点里，也有研究者，如牛若峰指出，合作经济"在经济属性上居于公有经济和私有经济之间的中间位置"，"合作社的本质特征及其与其他市场主体的根本区别，在于其经济的和社会的二重性"。[5] 而伴随社会经济条件的发展变化，这种

---

[1] 褚保金、陈涤非：《试论我国农村合作金融组织的改革与发展》，《中国农村经济》2002年第8期，第20~25页。

[2] 李金珊、袁波、沈楠：《农民专业合作社本质属性及实地考量——基于浙江省15家农民专业合作社的调研》，《浙江大学学报》（人文社会科学版）2016年第5期，第129~143页。

[3] 苑鹏：《试论合作社的本质属性及中国农民专业合作经济组织发展的基本条件》，《农村经营管理》2006年第8期，第16~21页。

[4] 黄祖辉、邵科：《合作社的本质规定性及其漂移》，《浙江大学学报》（人文社会科学版）2009年第4期，第11~16页。

[5] 牛若峰：《关于农民合作经济组织立法若干问题的认识和建议》，《农村经营管理》2005年第1期，第10~12页。

双重组织属性,"不单是合作社之间非营利性组织与营利性组织的分化,更具有本质意义的是所有合作社都是两种组织属性的融合,前者以彰显服务成员宗旨,后者以支撑合作社经济上可持续"。①

另一种意见则主要是从合作金融出发认识其本质属性。如张正良认为,合作金融从属于合作经济,并从合作经济发展历史的角度出发,认为"互助合作"是合作金融的本质属性。②杨少俊认为,"合作金融是合作经济与金融的交叉",其"之所以区别于其他金融形式,正是由于它具备一般合作经济的内涵而要求它的经营活动更注重创造使用价值,也就是,合作金融参加者参与合作的目的,不是单纯为了获取它入股资本的直接增值,而更重要的是要获得低于一般市场交易成本的金融服务"。③徐永健认为现代合作金融历经一百多年发展,到目前为止,所形成的基本特征体现在三个层面:第一个层面,合作金融组织作为经营货币、信用的特殊企业,企业经营所需各种生产要素,是以承认合作者个人财产所有权为基础,以自愿入股投资形式组织起来的;第二个层面,合作金融组织采取最能体现合作者主体信用的民主管理体制,按照权责明确的原则,其法人治理结构通常采取所有权和经营权分离,立法、执法和司法职能部门相互制衡的形式;第三个层面,合作金融组织的业务服务,贯彻主要面向合作者优先提供的原则。④金瓯认为"合作金融组织首先是一个金融组织,坚持人合是其风险规避的首要原则;其次是一个合作组织,需要坚持合作制的基本特征,即自愿性、互助性、民主管理性及非营利性;最后要考虑开放运行的原则"。⑤还有研究者,如熊海斌等基于"组织不同的主导功能必然受制于组织者不同的主导理性,而不同的主导功能又必然产生不同的产权制度和组织形态"的逻辑,认为"合作制是合作金融的本质属性","合作金融的本质坚守应是社会与政治功能",经济功能与效用功能是"派生属性"。⑥

---

① 马惊鸿:《农民专业合作社组织属性反思及法律制度创新》,《政法论丛》2016年第2期,第80~87页。
② 张正良:《合作金融的市场性》,《福建金融》1996年第4期,第25~27页。
③ 杨少俊:《对合作金融的理论思考》,《金融信息参考》1997年第10期,第23页。
④ 徐永健:《论合作金融的基本特征》,《财贸经济》1998年第1期,第22~27页。
⑤ 金瓯:《合作金融的异化——基于温州农村资金互助社的调研》,《中国集体经济》2013年第20期,第23~29页。
⑥ 熊海斌、谢元态、田丽娜:《合作金融本质坚守与功能创新研究——运用马克思主义合作理论评析农村信用合作社改革》,《农村金融研究》2018年第1期,第65~69页。

与合作金融本质属性紧密相关的一个问题是关于合作金融异化[①]的讨论。对于合作金融异化的原因,理论界形成了三种不同意见。

第一种观点认为是制度政策方面的原因。毋俊芝等的分析认为,政策性设计的缺陷、制度变迁的强制性推动以及农村经济发展需求的推动作用是我国农村合作金融制度异化的原因。[②] 姚会元等认为农村信用社之所以发生异化,主要是因为农村信用社制度变迁是强制性的变迁,行政色彩严重,在政策设计上不可避免地存在缺陷,而且农村信用社制度本身也存在缺陷。[③] 金瓯认为,农村合作金融在实践中的异化是基于现实的次优选择,这种"现实"特指缺乏风险分担机制下的政府管制、政府扶持政策缺失以及商业化导向。[④] 第二种观点认为是治理制度方面的原因。陈东平等认为,经典互助社模式中的"一人一票""同票同权"等治理机制使社员的控制权与其提供的生产要素之间失去一一对应的关系,无法保证社内信贷与盈余的合理分配,从而不可避免地会出现异化。[⑤] 陈立辉等以组织内部治理为视角,认为农村资金互助社发生异化的主要根源是净储蓄者和净借款者、小户和大户以及管理者和借款者之间未能实现激励相容。[⑥] 第三种观点认为是成员方面的原因。陈东平等发现组织成员异质性增大导致农村资金互助组织的内部治理逐渐偏离"民主治理"模式。[⑦]

三 农村信用社及其改革

理论界关于农村信用社及其改革的争论集中有两次:一是关于过渡时期信用合作社是否属于社会主义性质的争论;二是 2003 年国务院印发《深化农村信用社改革试点方案的通知》(国发〔2003〕15 号)前后几年,关于农村信用社

[①] 随着经济社会发展,合作金融制度因其内部条件和外部环境的共同作用而在结构、特性和功能等方面发生了与其原有宗旨的重大背离,这一现象被学界称为合作金融的异化。参见盛学军、于朝印《中国农村合作金融异化语境下的法律制度重构》,《社会科学》2010 年第 12 期,第 105~113 页。
[②] 毋俊芝、安建平:《试论我国农村合作金融制度的异化》,《农业经济问题》2008 年第 2 期,第 18~21 页。
[③] 姚会元、陈俭:《农村信用社制度异化问题探析》,《学术交流》2008 年第 11 期,第 109~113 页。
[④] 金瓯:《合作金融的异化——基于温州农村资金互助社的调研》,《中国集体经济》2013 年第 20 期,第 23~29 页。
[⑤] 陈东平、周振:《农村资金互助社的内部治理机制缘何"异化"?——社员合作博弈的视角与来自浙南 M 镇的证据》,《江苏社会科学》2012 年第 2 期,第 62~67 页。
[⑥] 陈立辉、刘西川:《农村资金互助社异化与治理制度重构》,《南京农业大学学报》(社会科学版) 2016 年第 3 期,第 111~122 页。
[⑦] 陈东平、任芃兴:《成员异质性与农村资金互助组织非"民主治理"——以苏北地区为例》,《南京农业大学学报》(社会科学版) 2013 年第 4 期,第 45~53 页。

的改革和发展方向的争论。

(一) 过渡时期信用合作社是否属于社会主义性质

对农业社会主义改造时期信用合作社的性质问题，理论界当时曾有两种代表性看法。

一种看法认为信用合作社是半社会主义性质的经济组织，这种看法的主要理由有：(1) 农业生产合作社是半社会主义的；(2) 信用合作社建立在小农经济占优势的基础上，只限于信用的活动，并不能决定生产关系本质的变化；(3) 信用合作社分红制度是以按资分配为形式之一，社会主义的分配原则是按劳分配，按资分配应逐步转变为按劳分配，所以信用合作社应看成半社会主义性质的。

另一种看法认为信用合作社是社会主义性质的，其主要理由有：(1) 信用合作社是群众的互助组织，分析它的性质须从它所处的政治制度、经济制度、领导关系与经济关系等基本方面加以考察；(2) 信用合作社的股金、公积金及业务盈余等为全体社员所公有，是社会主义所有制形式的一种；(3) 信用社是完全按照社会主义的原则进行经营的，它的任务是集中社会资金并对这些资金进行再分配；(4) 从信用社存款的所有权来分析信用社的性质是不能成立的。[1]

(二) 农村信用社的改革和发展方向

对农村信用社改革和发展方向的争论，概括起来，当时主要有五种意见。

第一种观点，认为我国农村信用社应该采取合作制产权模式。胡奇鸣从我国生产力发展水平、信用社的作用和地位、信用社"官办"倾向的弊病三个方面指出，信用社一定要坚持合作金融组织的性质。[2] 合作制的农村信用社存在的必要性在于它兼顾了效率与公平。[3] 刘钟钦等分别从农村信用社的发展历程、外国信用社的发展现状和农业农村经济发展需要出发，证明合作制是农村信用社改革的根本方向。[4] 汲长虹等认为农村信用社应建立规范的合作制，使农民可以通过团体合作、资金联合的方式实现互助，以相对较低的信贷交易成本满

---

[1] 转引自岳志《合作金融思想学说史》，远东出版社，2016年，第97~99页。
[2] 金言：《农村金融论稿》，杭州大学出版社，1990年，第78~80页。
[3] 陈雪飞：《合作制与股份制：不同经济背景下农村信用社的制度选择》，《金融研究》2003年第6期，第115~120页。
[4] 刘钟钦、冯赫：《合作制是农村信用社改革的根本方向》，《农业经济问题》2000年第7期，第25~28页。

足农民和农业这一弱势群体和弱势产业的融资需求。农村信用社走合作制道路是我国农村发展实际对农村金融服务的客观要求，也是信用社长期、稳定、健康发展的重要的制度保证。[1] 殷孟波等也同意这种观点，认为真正落实合作制才是农信社改革的方向，只有这样才能为农户提供一个融资便利的机制，使农村信用社服务于"三农"，促进农村经济的发展。[2]

第二种观点，认为农村信用社应该采取股份制产权模式，因为合作制在我国农村行不通。谢平认为农村信用社目前体制不具备向真正合作制过渡的可能性，我国从来没有真正存在过正规合作金融[3]；曾康霖支持上述观点，认为目前我国还不具备发展合作金融的经济基础、思想基础和制度基础。[4] 王醒男认为短期内看不出农村信用社已经具备了重新恢复到真正合作金融组织的内外前提条件，商业化是农村信用社改革模式的现实选择。[5] 吴永红等认为，"应当机立断放弃将农村信用社改造为农村合作金融组织这一不切实际的幻想"，"农村信用社的未来取向应该是，通过股份制改造成为农村商业银行"。[6] 庄岁林等认为"合作制作为一种产权制度和特定的企业文化，其有效运行需要一系列的前提条件。……在当前制度背景下，农村信用社体制确实不具备向真正合作制过渡的可能性。如果继续听任农村信用社保留'合作'之名行商业银行之实，将会进一步扭曲农村信用社的产权关系，非常不利于其正常发展"，因此，应明确将股份制作为信用社产权制度改革的主要选择。[7]

第三种观点，认为农村信用社应该改革的方向在于股份合作制。如朱永德等认为"进行股份合作制改造，可以适当提高信用社职工、经营管理者的持股比例，以调动他们的积极性"。因此，"农信社产权制度建设最终会走股份合作

---

[1] 汲长虹、刘仲生、田国强：《合作制：满足农村弱势群体融资需求的制度保证》，《金融研究》2003年第12期，第129~134页。

[2] 殷孟波、翁舟杰：《从交易费用看农村信用社的制度选择——为合作制正名》，《财经科学》2005年第5期，第28~32页。

[3] 谢平：《中国农村信用合作社体制改革的争论》，《金融研究》2001年第1期，第1~13页。

[4] 曾康霖：《我国农村金融模式的选择》，《金融研究》2001年第10期，第32~41页。

[5] 王醒男：《基于需求与发展视角的农村金融改革逻辑再考》，《金融研究》2006年第7期，第53~64页。

[6] 吴永红、郭晓鸣：《中国农村合作金融的发展与选择》，《中国农村经济》2001年第10期，第50~53页。

[7] 庄岁林、谢琼、王雅鹏：《农村信用社改革模式比较研究》，《农业经济问题》2007年第7期，第27~32页。

制道路"。① 黎和贵认为农村信用社选择股份合作制对中国大部分农村地区而言均是一种可行的金融制度安排,其具有以下优点:(1)通过设置资格股和投资股,扩大了股本来源范围,有利于扩大资本实力;(2)可以顾及农户、农村个体及私营企业等社会弱势群体的利益,充分体现大多数入股金额少的小股东意志,从而从股权结构、治理架构上确保了改制后的农村信用社不偏离服务"三农"的方向,能够达到支持农村经济发展的目标;(3)避免农村商业银行产权体制设计方面可能出现的追求利润最大化而对弱势产业——农业发展带来的负面影响。②

第四种观点,认为合作制与股份制是两种并行不悖的制度选择,不存在优劣问题,具体采取哪种模式,要结合当地农村实际情况。③ 如陈雪飞认为在以农户为主要生产单位的广大农村地区,农村信用社进行合作制改革既有必要,也有可能。而在不以农户为主要生产单位的非农产业发达的农村地区,农村信用社进行合作制改革既无必要,也无可能,必须进行股份制改革。④ 杜金向认为由于我国地域广阔,各地区间农村经济发展水平相差很大,因此,农村信用社不可能采取单一的组织模式,各地应根据自身的实际情况,选择自己的组织模式。股份制是经济发达地区农村信用社产权改革的正确方向,而在经济不发达地区则应恢复典型的合作制。⑤ 盛勇炜认为应推行因地制宜的改革方案,对达到一定条件的,可进行股份制改造,摘掉农村信用社帽子,办成地方性商业银行,或与已有的地方商业银行合并。但改革的核心是要把农村信用社办成真正为农民服务的区域性、多样性的地方金融机构,打破全国统一机构组织模式,把农村信用社办成适合中国国情的合作制金融组织,还农村信用社的本来面目。⑥

第五种观点,认为农村信用社坚持合作制原则并不现实,应根据地区经济发展情况,选择股份制商业银行道路或者并入农业银行。如何问陶等就认为农

---

① 朱永德、王家传:《农村信用社产权制度建设研究》,《农业经济问题》2002年第5期,第35~40页。
② 黎和贵:《我国农村信用社改革模式之争》,《中国改革报》2003年。
③ 李爱喜:《新中国60年农村信用社改革发展的回顾与展望》,《财经论丛》2009年第6期,第45~50页。
④ 陈雪飞:《合作制与股份制:不同经济背景下农村信用社的制度选择》,《金融研究》2003年第6期,第115~120页。
⑤ 杜金向:《对农村信用社改革与发展若干问题的思考》,《经济问题探索》2002年第6期,第90~94页。
⑥ 盛勇炜:《城市性还是农村性:农村信用社的运行特征和改革的理性选择》,《金融研究》2001年第5期,第119~127页。

村信用社恢复合作制后并不能使农村信用社的预期收益增加,反而大大增加了农村信用社的预期成本,农村信用社的合作制原则只能流于形式。而形式上的合作制还会进一步模糊被扭曲的产权关系,使产权结构的调整变得更为复杂。在农村信用社已基本走上商业化经营轨道的情况下,仍然继续坚持形式上的合作制,只会形成认识上和政策上的误区,使政府部门在制定和执行政策时出现偏差,不利于农村信用社的发展。因此,针对我国各地区农村信用社的经营状况和水平存在较大差距的现实,东部地区的农村信用社宜改造成地方性股份制商业银行;西部地区的农村信用社应并入农业银行;中部地区的农村信用社视经营规模和水平,或并入农业银行,或改造成地方性股份制商业银行。[①]

四 合作社内部信用合作

合作社内部信用合作作为一种新型的农村合作金融模式,强调依托合作社,通过成员间的经济与产权关系来调剂资金盈余。[②] 近年来,由于其发展势头迅猛,受到了理论界的广泛关注,并在合作社内部信用合作的产生背景与环境条件、制度创新及其功能等方面产生了不少重要成果。但在合作社内部信用合作的内涵与典型模式两个方面,理论界还是存在不同意见。

(一) 合作社内部信用合作的内涵

关于合作社内部信用合作的内涵,理论界目前主要有四种代表性观点。

第一种观点,认为农民专业合作社开展信用合作是专业合作的一种形式,是指经农民专业合作社成员(代表)大会决议,以产业为纽带,以成员信用为基础,由本社全部或部分成员自愿出资筹集互助资金,为本社社员发展专业化生产提供互助资金借款业务的资金互助活动。[③]

第二种观点,认为农民专业合作社内部信用合作是依托农民专业合作社,以成员信用为基础,以产业为纽带,由全部或部分成员自愿出资,为成员发展

[①] 何问陶、蒋海:《农村信用社产权制度改革与组织制度选择》,《金融研究》2000年第11期,第78~83页。
[②] 徐建奎、刘西川:《合作社内部信用合作研究综述:基于风险控制的视角》,《浙江理工大学学报》(社会科学版)2018年第2期,第105~111页。
[③] 薛桂霞、孙炜琳:《对农民专业合作社开展信用合作的思考》,《农业经济问题》2013年第4期,第76~80页。

生产提供资金服务的金融业务活动。①

第三种观点，认为农民专业合作社内部开展信用合作，是指经合作社全体成员（代表）大会通过，由合作社内部全体成员或部分成员以自愿方式入股，按照民主管理、自我服务、互惠互利的原则，在合作社内部成员之间为促进生产发展而开展互助性资金服务。②

第四种观点，认为农民专业合作社内部信用合作是指农民专业合作社内部部分或者全体成员，按照合作制原则和合作经济制度的基本框架，在相互信任的基础上共同出资，满足出资成员小额资金借贷需求的互助性金融活动和行为。③

（二）合作社内部信用合作的典型模式

合作社内部信用合作的典型模式有哪些？不同研究者从不同角度切入，提出了不同看法，主要有三类观点。

一种意见从开展形式出发，认为我国合作社开展的信用合作有两种基本形式：一是货币信用，以资金互助为代表；二是商品信用，包括合作社内部的农资、农产品赊销赊购，以及农产品供应链融资为主。④

另一种意见从依托对象出发，将合作社内部信用合作的运行模式概括为三类：第一类，围绕农业生产经营的相关环节，合作社与内部社员之间以"货物"等方式开展商业信用合作；第二类，依托合作社设立具有资金互助功能的业务单元或独立的资金互助组织，开展社员之间的货币信用合作；第三类，基于"公司+合作社+农户"的农业产业链开展商业信用和货币信用合作。⑤

再一种意见从资金需求特征出发，将合作社内部信用合作的具体模式分为三类：第一类是大型合作社"物流金融"式信用合作；第二类是社际交互担保信用合作；第三类是社内交互信用保险合作。其中，第一类为普遍的模式；第二

---

① 赵铁桥：《关于农民合作社信用合作的理论与实践问题》，《中国农民合作社》2015年第5期，第22~25页。
② 刘西川：《农民合作社发展信用合作的必要性和三条"硬杠杠"》，《中国农民合作社》2016年第11期，第16~18页。
③ 何广文：《合作社信用合作的制度优势及可持续发展的路径探讨》，《中国农民合作社》2017年第4期，第47~48页。
④ 苑鹏、彭莹莹：《农民专业合作社开展信用合作的现状研究》，《农村经济》2013年第4期，第3~6页。
⑤ 汪小亚、帅旭：《农民专业合作社信用合作的模式及现实选择》，《中国农村金融》2012年第14期，第54~57页。

类因为合作社内部社员具有相同的生产周期，因此往往存在资金需求上的同质性，这使得不同生产周期的合作社存在调剂资金需求的可能性；第三类则是考虑到一些产业，如养殖业存在较大风险，需要将保险机构吸引进来共同分担风险。[1]

五 村社型合作金融组织

在乡村振兴战略背景下，如何发展农村合作金融？朱泓宇等指出，村社型合作金融组织在扶助小农、实现要素村级联动和鼓励农民创业建设小城镇上有显著优势，今后的农村金融改革工作应该重视基于村社型的资金互助社的发展。[2]但我国理论界曾对以"乡—村—组"为依托而建立起来的带有一定地域概念的社区性经济组织是否属合作经济有过较为激烈的争论。

对其持肯定意见者认为，这种"社区性经济组织""已在一定程度上具备合作经济的内涵：第一，它具备独立的或相对独立的合作主体。第二，初步形成了合作所有制关系。第三，在一定程度上贯彻了民主、自治的原则。第四，基本上坚持了自愿互利原则。第五，开始将契约机制注入地区性合作组织内部"。[3]"它在民主办社、互利互惠、限制股金分红、建立公共积累等主要制度方面，都与国际合作社联盟章程的规定完全吻合"。[4]何广文认为不能以其是否依托于行政区域而断定其是否具有合作性，而要从其金融活动的内容上来把握，要看其是否坚持了合作制原则。为此，按照合作制原则规范后的中国农村信用合作社，已具有了合作经济组织发展的制度框架。[5]

持否定意见者，如农业部经济政策研究中心、中国社会科学院农村发展研究所经济增长课题组认为，"社区性经济组织"从一开始就带有"官办"和"行政"色彩，从实际职能上看，只不过是国家行政机构在农村的延伸，只能用行政方法无条件地执行上面的各种指令，不是农民的合作经济组织。[6]李庆曾认为我国现实中的"乡—村—组"系统只是典型的行政系统，而不是一个经

---

[1] 潘淑娟、王刚贞：《农民专业合作社资金互助的现状及运行机制——基于调查案例视角》，《中国农村金融》2012年第14期，第58~61页。
[2] 朱泓宇、李扬、蒋远胜：《发展村社型合作金融组织推动乡村振兴》，《农村经济》2018年第1期，第21~27页。
[3] 吕书正：《关于地区性合作经济组织内涵的思考——与唐寿春同志商榷》，《中国农村经济》1990年第3期，第53~56页。
[4] 夏英：《农村双层经营制的创新价值》，《农业经济问题》1988年第7期，第45~48页。
[5] 何广文：《合作金融组织的制度性绩效探析》，《中国农村经济》1999年第2期，第37~42页。
[6] 农业部经济政策研究中心、中国社会科学院农村发展研究所经济增长课题组：《农村改革的现状与未来》，《农村金融研究》1988年第6期，第1~6页。

济系统，更不是合作经济的组织系统。① 郭晓鸣等指出它在发展中沿袭了以行政区划划界的办法，区域内的农户一般都是天然的合作经济组织成员，农民只有入社的义务，没有退社的权利。这种封闭发展的方式，不仅违背了合作经济自愿互利的基本原则，而且人为地限制了生产要素的流动空间。②

第五节 总体考察

如前所述，新中国成立 70 年来，理论界围绕农村金融制度展开了富有成效的研究，并在"农村金融制度的贡献""农村金融制度的变迁""农村金融的供求关系""农村合作金融"四个重要问题上形成了极富价值的争论成果。基于前文的分析，本部分主要就上述研究演进的基本特点和未来研究演进的方向进行总结和展望。

一 农村金融制度研究的主要特点

总体来看，新中国成立 70 年来，理论界关于农村金融制度所展开的争论具有三个方面的显著特点：不断深化对农村金融服务"三农"的认识、坚持推进农村金融制度的改革和创新以及始终关注农村合作金融的发展。

（一）不断深化对农村金融服务"三农"的认识

农村金融服务"三农"是其"初心"和"本源"所在。新中国成立 70 年来，学者们关于农村金融与农民收入增长之间的关系、农村金融与农村经济发展之间的关系、农村金融供求主体特征、农户信贷需求的影响因素、农村金融供求失衡原因等问题的争论，本质上都是要通过对农村金融制度于"三农"的贡献和农村金融供求问题的讨论，逐步加深对农村金融要不要服务"三农"、农村金融服务"三农"的程度如何、农村金融怎样服务"三农"等问题的认识，而这正是不断深化对农村金融服务"三农"认识的过程。

（二）坚持推进农村金融制度的改革和创新

农村金融制度变迁的过程就是农村金融制度改革和创新的过程。新中国成

---

① 李庆曾：《让农民选择——农村经济组织理论与政策的反思》，《中国农村经济》1988 年第 9 期，第 25~32 页。
② 郭晓鸣、刘宇：《农村合作经济：两种发展趋势的分析与思考》，《湖北社会科学》1988 年第 6 期，第 31~34 页。

立70年来，学者们围绕农村金融制度变迁的阶段、农村金融制度变迁的特征、农村金融制度是诱致性制度变迁还是强制性制度变迁、农村金融制度变迁过程中的"路径依赖"、农村金融制度变迁遵循什么样的逻辑、农村金融制度的变迁受哪些因素的制约等问题展开了热烈争论。正是在这些争论的推动下，有力促进了农村金融制度的不断完善。

（三）始终关注农村合作金融的发展

农村合作金融是农村"三维"金融体系的重要组成部分。自新中国成立初期建立农村信用社以来，学者们围绕过渡时期的农村信用合作社是否属于社会主义性质、要不要发展农村合作金融、农村合作金融的本质属性是什么、农村信用社的改革和发展方向、什么是合作社内部信用合作等基本问题都有过大量争论。尤为值得说明的是，2003年前后，对于我国农村信用社到底是坚持合作制，还是进行商业化改制，或者是选择其他发展方向的争论，对当时农村信用社的改革和发展产生了巨大影响。一方面，这些争论不仅体现了理论界坚持对中国农村合作金融发展问题的关注；另一方面，也正是在这些争论的作用下，推动了中国农村合作金融的不断发展。

二 农村金融制度研究的未来展望

理论研究要回应时代需要。立足于当前我国农村金融发展面临的热点、难点和重点问题，我们认为以下四方面的问题值得未来理论界重点关注。

（一）回归本源，服从服务于"三农"

2017年，习近平总书记在全国第五次金融工作会议上强调，金融要"回归本源，服从服务于经济社会发展"[1]。农村金融也不例外。当前，农村金融回归本源，就是要服从服务于乡村振兴战略的实施，为打赢扶贫攻坚战、实现农业农村现代化做好坚实支撑。为此，理论界应深化对农村金融如何回归本源，农村金融回归本源的实质内涵是什么，农村金融怎样服务乡村振兴战略，乡村振兴背景下农村金融需求面临哪些新的特征，农村金融支持的重点领域和薄弱环节是什么，农村金融如何助力精准脱贫，新时代条件下农村金融如何进一步服务农业农村现代化等问题的研究。

---

[1] 习近平：《习近平谈治国理政》（第二卷），外文出版社，2017年，第278~279页。

（二）深化农村金融供给侧结构性改革

2019年，习近平总书记在中共中央政治局第十三次集体学习时强调，要正确把握金融本质，深化金融供给侧结构性改革，精准有效处置重点领域风险，增强金融服务实体经济能力。[①] 对于农村金融而言，未来理论界应加强对农村金融发展规律，农村金融供给侧结构性改革的必要性、困境、实现路径，农村金融风险的评估，农村信用社省联社改革，农村金融服务农村的总体水平如何，怎样健全商业性金融、政策性金融、合作性金融分工合理、相互补充的金融机构体系等问题的研究。

（三）农村普惠金融可持续发展

2013年，党的十八届三中全会将"发展普惠金融"确立为国家战略。普惠金融是一个能有效地、全方位地为人民群众，尤其是农民、农村低收入人群、贫困人群和残疾人、老年人等提供服务的金融体系。当前，我国农村普惠金融发展取得了一定成效，但仍有许多问题尚未解决。对此，理论界应重点关注农村普惠金融发展的绩效如何，"互联网＋"背景下如何推进农村数字普惠金融的发展，农村普惠金融如何实现可持续发展，农村普惠金融发展对农村的减贫效应如何，农村普惠金融如何与乡村振兴战略的实施有机衔接等问题。

（四）利用新技术推进农村科技金融发展

在以区块链、互联网、大数据和人工智能发展与运用为特征的第四次新技术革命条件下，农村金融发展面临新的机遇和挑战。对此，理论界应及时关注新技术革命对农村金融产品和服务创新、农村金融监管方式变革、农村金融风险防范和处置、农村金融服务效率提升、农村普惠金融发展等所带来的新的影响。例如，如何利用蚂蚁金服、京东金融等国内互联网头部企业在消费者行为、信用等方面的大数据解决小农户、农村小微企业缺少抵押物以致"贷款难""贷款贵"的问题，如何利用数字金融服务农村金融需求的转型，数字金融对农村金融机构内部治理的影响如何等问题都值得深入探讨。

[①] 习近平：《深化金融供给侧结构性改革 增强金融服务实体经济能力》，中国共产党新闻网，2019年2月23日，http://cpc.people.com.cn/n1/2019/0223/c64094-30898520.html。

第六章　农民教育

严重的问题是教育农民。① 新中国成立以来，在中国共产党的有力领导和高度重视下，广大农村面貌焕然一新，农民的各项权利得到了有效丰富和发展，广大农民的思想政治觉悟、文化和道德水平、法律和公民意识、经营和技术能力得到了有效提高。特别是改革开放以来，在解放思想、实事求是的思想指引下，我国农民教育理论和实践取得了巨大的进步，广大农民的积极性和创造性得到进一步的发挥。

学术争论是推动学术进步、繁荣学术研究的必然要求。新中国成立以来，学术界对中国农民教育问题的研究持续而深入，既有对马克思主义中国化农民教育相关论述的研究，也有对农民教育目标、内容、手段、载体的研究，还有对农民教育现代化、信息化的研究，以及对农民的社会化、组织化等方面的研究，其中一些方面存在较大的争论，且存在着明显的阶段性特征。通过对学术争论进行梳理，有益于清晰把握农民教育发展脉络和关键问题的变化，有益于进一步明确在新时代中国特色社会主义的历史方位上，促进和提高农民教育发展的方向和途径。

第一节　对马克思主义农民教育相关论述的阐释

一　马克思主义农民教育的主要目标及内容

学界对马克思主义农民教育主要目标的研究，贯穿于新中国成立以后的各个时期。在研究结果方面，虽然各阶段之间多有不同，但各阶段之内却同大于异。

在新中国成立初期，为了巩固新生政权、确保农村社会稳定和发展，中央

---

① 《毛泽东选集》（第四卷），人民出版社，1991年，第1477页。

高度重视农民教育工作。1957年8月8日，中共中央作出了《关于向全体农村人口进行一次大规模的社会主义教育的指示》，明确提出在农村开展社会主义教育的主要议题是宣传和教育农民认识到农村合作化的优越性问题、粮食统购统销的必要性和正确性的问题、工农关系问题，以及肃反和遵守法纪的问题。柴经在《农村社会主义教育讲话》中对农村社会主义教育的主要内容和目的进行了归纳，即深化农民合作化道路，讲清楚合作化的优越性，保障粮食统购统销，巩固工农联盟，确保肃反和社会秩序，坚决打击不法地主、富农、坏分子的进攻，团结和教育富裕中农，用集体主义教育农民，克服干部的右倾思想等方面[1]。"必须重视对农民的思想政治教育，大规模进行社会主义教育，把这项工作当成长期任务"[2]。而在《农村社会主义教育提纲》中，则将关于粮食和其他农产品统购统销的问题、关于农业合作化优越性问题、关于工农关系问题、关于肃反和遵守法制问题、关于农村基层干部问题这五个方面作为推进农村社会主义教育的核心内容[3]。

关于农民教育的主要内容，学界普遍认为，新中国成立以来各个阶段，由于国情的阶段性变化和农情的发展，农民教育的主要内容有较大区别。如郭道明认为，农民教育具有教育对象十分广泛、教育内容十分广泛，且要求高、办学形式多样、农民学习的自觉性和积极性高等特点。[4] 党的十一届三中全会以后，随着我国经济社会发展的加快，农村经济形势也发生了巨大变化，农民教育主要目标也发生了重大转移，由扫除文盲，提高农民文化知识，转移到重点开展农民技术教育，提高农民的科学技术文化水平，以及党的农村政策和新的农业技术的宣传、推广上来。[5]

关于马克思主义农民教育应以什么为主的方面，学界存在一定的分歧。如高海晨认为，农民教育要适应生产责任制的需要，主要是加强技术教育。[6] 王天民则认为，农民教育的内容主要是政治教育、文化教育和技术教育，不同时期农民教育的重点应有所不同，但政治、文化和技术教育必须紧密关联，从全局、长远来发展。[7] 毋竭之则认为，农民教育既要有文化教育，也要有技术教

---

[1] 柴经：《农村社会主义教育讲话》，通俗读物出版社，1957年，第1~36页。
[2] 柴经：《农村社会主义教育讲话》，通俗读物出版社，1957年，第3页。
[3] 时事手册编辑部编《农村社会主义教育提纲》，通俗读物出版社，1957年，第1~45页。
[4] 郭道明：《农村教育经济学讲座》，广西师范大学出版社，1987年，第140~141页。
[5] 郭道明：《农村教育经济学讲座》，广西师范大学出版社，1987年，第137页。
[6] 高海晨：《农民教育要适应生产责任制发展的需要》，《成人教育》1982年第3期，第21~22页。
[7] 王天民：《农民教育的内容与形式》，《北京成人教育》1983年第12期，第4页、第19~20页。

育，而且两者不能割裂，要统一进行。①陈占中则针对农村封建迷信依然盛行的状况指出，农民教育既要抓物质也要抓精神，不能分出轻重和主次，要综合提高农民的生产技术、文化水平、管理水平，法律常识、科学知识、计划生育知识等。②白林驰认为，马克思主义理论教育包括干部教育、学校教育、部队教育、青年教育、妇女教育、思想政治教育和思想政治工作等，农民教育则是马克思主义教育理论的重要组成部分。③但李全喜认为，马克思主义经典作家关于农民教育的思想，主要集中在四个方面：一是农民教育是革命发展、社会建设、巩固政权的客观需要；二是加强农民政治思想教育，是教育农民的重要组成部分；三是提高农民技能素质，助推新型农民出现是农民教育的重要指向；四是学历教育、技能培训，是农民教育的重要形式。④

从学界对于马克思主义农民教育主要目标及内容的分歧的简要比较，可以看出马克思主义农民教育主要目标及内容的变化具有鲜明的政治性、时代性、发展性和综合性的特点，就教育谈教育，就思想政治教育、职业技能教育等某一方面来谈农民教育，都是学界在努力克服和避免的。学界的分歧也生动地体现了我国在一穷二白的基础上发展农民教育，在封建腐朽思想仍然有着广泛影响的情况下发展农民思想政治教育，在严峻的国内外形势下建设和发展社会主义的特殊性和复杂性的特点。

二 马克思主义农民教育的主要方式

从一般情况来讲，农民教育的主要形式包括学校学历教育、半工半读技能教育、远程教育、短期技能培训、职业认证等多种形式。从更广的范围来讲，农民教育还包括依靠人文习俗、法律法规、先进典型等多种途径来进行教育，以及通过重大事件来进行教育等。在新中国成立以来的各个历史阶段，农民教育方式的主要呈现形式存在一定的区别。

在新中国成立初期，基于巩固新生的人民政权，快速提高农民文化科技综合素质，改变农村落后面貌的实际需要，在中央的号召和推广下，全国各地持续深入开展了各类社会主义教育活动，通过土改、镇压反革命、忆苦思甜、"破

---

① 毋竭之：《农民教育若干问题的研究》，《成人教育》1983 年第 3 期，第 12~15 页。
② 陈占中：《农民教育内容不能单一化》，《成人教育》1986 年第 2 期，第 48 页。
③ 白林驰：《从工人教育转向农民教育——马克思主义理论教育中国化的重要里程碑》，《四川教育学院学报》2008 年第 9 期，第 6~7 页、第 17 页。
④ 李全喜：《马克思主义经典作家的农民教育思想及其当代价值》，《天中学刊》2014 年第 3 期，第 33~36 页。

四旧、立四新"、"反右"、宣传抗美援朝和土地改革、生产互助、婚姻法、民主改革等新中国的进步和发展成果，宣传铁人王进喜、掏粪工时传祥、第一个女拖拉机手梁军、劳模申纪兰等典型形象，向广大农民群众大力灌输社会主义思想，批判资本主义和封建主义倾向，使受教育者在德育、智育、体育几方面都得到发展，成为有社会主义觉悟有文化的劳动者。在文化科技教育方面，通过创办扫盲班、工农速成班、农村业务教育学校，学习苏联教育经验，推广凯洛夫等苏联教育思想、建立中等专业学校，推广勤工俭学、半工半农、半农半学制度，实行"向工农开门""以民教民""社来社往""社来工往""两条腿走路"的教育方针，充分调动了农村和农民办学、学习的积极性，促进了各类农民教育的发展，如当时松江省在冬学运动中开展识字运动时积累的经验就有"识字必须与群众生产运动、群众生活需要或农村中心工作相结合""贯彻自觉自愿原则，打通群众思想，消除顾虑，启发认识识字的重要性，树立起长期学习的思想""发动农民自己教育自己，坚决执行'以民教民'的方针，有计划、有目标地培养大批群众教师，组织文化大军，体现识字运动的群众路线""领导上必须有重点且要善于发现与培养典型，总结经验，逐渐推动全面工作"。[1] 但囿于时代认知水平和物质文化进步程度，农民教育呈现出较大的盲目性和理想性的特点，并且，农民教育质量较低、结构失衡的情况较为突出。

"文化大革命"期间，在整个农民教育中，由于侧重于思想政治教育，系统和科学的职业技能教育受到极大破坏，当时的农村中学物理课教材只有所谓的"三机一泵"，[2] 教学质量低。各类高校停止招生，撤销了以"农业中学"为代表的农村职业学校，广大农村学生正常的升学、培训学习的途径受到极大影响。农村的其他各类职业技能培训活动也由于师资力量的匮乏、资金投入的不足、办学条件的简陋而造成农村经济社会发展和生产急需的技术型、实用型人才严重不足。并且，这一时期由于过分强调"普及教育"和"开门办学"、"群众办学"，农民教育呈现出铺摊子、低水平、效果差的状况。但与此同时，朱启臻认为，这一时期的农民教育有其独特性和进步意义，呈现出政治性、普及性、自给自足、灵活性四大特点[3]，而且在教育形式、教学内容、办学方向上有历史借鉴意义，比如，半工半读、以农养学的方式解决了穷国办教育的问题，没有过多的考试和各种证书，很好地体现了实践导向和实用导向的问题，教学内

---

[1] 《怎样在冬学基础上开展识字运动》，《人民日报》1950年3月16日，第3版。
[2] "三机一泵"指的是柴油机、电动机、拖拉机和水泵。
[3] 朱启臻：《中国农民职业技术教育研究》，中国农业出版社，2003年，第107~109页。

容针对农村实际需要,体现了农民教育服务农村的办学目标。[①]

改革开放以后,我国农民教育进入了社会主义发展的新时期,中国特色马克思主义农民教育思想也随着改革开放而不断深入和发展。一方面,农村思想教育进行了拨乱反正,树立了解放思想、实事求是的思想路线,及时结束和总结了"农业学大寨"运动,通过社会主义教育运动、"三下乡"、社会主义新农村建设等举措稳步推进农民思想政治教育;另一方面,通过打破平均主义,稳步推进农村家庭联产承包责任制,改革农村人民公社政社合一的体制,对农民进行按劳分配、自主经营、自力更生、艰苦奋斗的教育,加强了法制教育和社会主义核心价值观教育,使农村社会的精神面貌发生了重大变化。并且,通过贯彻"科教兴农"方针,扎实开展农村"普九"工作,稳妥推进农村教育综合改革、促进农科教结合,系统实施"星火计划""燎原计划""丰收计划""百、千、万工程",持续开展文化科技卫生"三下乡"活动,重点发展农村职业学校、农村农技校,大力提高农村教师队伍建设和农村教育的综合保障水平,极大促进了农村教育事业的发展。此外,针对农民工及其子女、返乡创业人员等特殊群体的教育,构建了公平、开放的受教育环境,改善了特殊群体的受教育条件,实现了农村教育的有效延伸。

三 马克思主义农民教育的启示

学界对中国特色农民教育理论和实践发展的启示的认识,在坚持和发展中国特色社会主义农村教育发展方向、充分调动广大农民群众的参与积极性、及时响应广大农民群众和社会大众对优质教育的迫切需求、及时减轻农民群众的教育负担、充分依靠基层力量办教育,实施分级分层管理、及时促进农村教育的系统性改革等方面,具有一致性。但在马克思主义理论,特别是马克思主义经典作家的相关思想与农民教育实践具体结合所取得的启示方面,存在一定的分歧。

关于马克思主义经典作家对农民教育相关论述的阐释,应竞丽通过对邓小平有关农民教育重要论述的研究,提出了三点启示:一是要用发展的思维改革和完善农村教育体制,确立教育优先发展的科学观念;二是要提高农村教育效益,促进农村教育与农村社会发展相适应;三是要体现农村教育的特质,增强农村

[①] 朱启臻:《中国农民职业技术教育研究》,中国农业出版社,2003年,第114页。

教育的适应性。① 曾志刚等通过研究毛泽东对农民教育的相关论述，提出了五点启示：一是正确教育农民必须立足于对世情、国情和农情的准确把握基础之上；二是要始终维护好发展好农民的物质利益；三是要尊重和善待农民，实现全体国民的小康；四是要以科学的指导思想引领农民教育，确保农民的思想观念和行为习惯发生积极变化；五是要将教育干部作为教育农民的一项重要内容和方式。② 夏晓丽则认为新中国成立以来对农民教育的启示主要有两点：一是对农民进行教育要以一定的实际物质利益为基础，要保护农民的切身利益，不能脱离农民的物质需求；二是对农民教育要以农民为本，充分尊重农民的主体地位，保护农民的积极性和首创精神。③ 李全喜归纳了四点启示：农民教育问题是一个需要长期关注的重大问题；把对农民的思想政治教育放在突出位置；做好人力资源反哺，提高农民的技能素质；建立健全农民学历教育、技能培训和实践参与的制度。④ 韩长赋通过对江村巨变的分析，认为中国乡村的巨变，是内因与外因、主观与客观等多种因素相互作用的结果，离不开党领导农民的不懈奋斗，也离不开外部环境的变化与推动，其中，改革开放让农业从计划封闭变成了自由开放，工业化城镇化的快速推进使农民进城务工、走向小康，信息化智能化的加快发展实现了农村与世界互联互通。农村发展的启示就在于，在推进农村发展中，要充分尊重乡村发展演进规律，坚持循序渐进，保持足够的历史耐心；要坚持城乡融合，推动城乡发展一体化；要坚持人才首要，确保乡村发展后继有人；要坚持统筹规划，一张蓝图干到底；要坚持尊重农民，调动农民积极性主动性创造性。⑤ 王慧也认为，新中国农民教育的发展与改革历程，有四大经验值得汲取：一是改革是农村教育发展的动力；二是政府是主导，政策是关键；三是要从体制改革入手，实现整体优化；四是必须坚持城乡教育均衡发展。⑥

虽然学者们对马克思主义农民教育的启示归纳不同，但从学者们的归纳概括情况可以总结出，新中国成立以来我国马克思主义农民教育实践，主要是围

---

① 应竞丽：《浅谈邓小平教育思想对农村教育发展的指导意义》，《西南民族大学学报》（人文社会科学版）2004年第8期，第62～65页。
② 曾志刚、江泰然、王永红：《毛泽东农民教育思想的特点及其启示》，《南昌大学学报》（人文社会科学版）2006年第3期，第82～87页。
③ 夏晓丽：《中共三代领导核心关于农民教育的思想及启示》，《石油大学学报》（社会科学版）2005年第4期，第51～55页。
④ 李全喜：《马克思主义经典作家的农民教育思想及其当代价值》，《天中学刊》2014年第3期，第33～36页。
⑤ 韩长赋：《从江村看中国乡村的变迁与振兴》，《经济日报》2018年6月5日，第11版。
⑥ 王慧：《中国当代农村教育史论》，光明日报出版社，2014年，第177～179页。

绕四条主线进行的：一是服务于政权建设，体现和贯彻国家意志，确保广大农村的社会主义发展方向；二是促进和改善"三农"问题，确保农业和粮食安全，实现农村的稳定和发展，提高农民的生活水平；三是促进城乡融合，为城市发展提供合格劳动力，实现城乡发展要素互补；四是通过提高和保障公共服务供给，为广大农村群众实现人的全面发展创造更多可能。

需要指出的是，对新中国成立到改革开放这30年间我国农民教育所经过的曲折路程，虽然学界具有高度一致的认识和反思，但对于改革开放以后我国农村综合教育改革的整体效果和发展实践的认识，学界的分歧则是明显存在的。

如朱世和、高文元认为，中国农村教育改革能取得巨大成就的原因有四个方面：一是解放思想、实事求是的思想路线和中国特色社会主义理论的指导，二是农村经济社会的发展和农民劳动致富的迫切愿望对农村教育提出的紧迫要求，三是广大教育工作者和干部群众的伟大实践与创新，四是充分借鉴世界各国教育改革有益经验。[1] 并且，在中国特色社会主义思想的指引下，我国农村教育改革取得了历史性突破，积累了很多宝贵经验，比如：农村教改要顺应农村经济社会发展和农民群众追求幸福生活和文明进步的切实要求；转变教育观念和重新认识农村教育任务，明确农村教育为当地建设培养人才的主要任务，是改革农村教育的关键；依靠人民办学，依靠地方发展县级以下教育，实行分级办学、分工管理；大力发展农村职业技术教育，对促进经济和社会的发展具有重要而深远的意义；形成多层次、多形式、多渠道的成人教育网络；实用技术培训是促进农民致富、农村发展最直接、最有效的途径；要改革基础教育观念、制度和内容，理顺教育内部关系，密切联系当地生产、生活实际，实行"三教"统筹，促进农科教结合，充分发挥现有人财物的作用，解决好教育同外部的关系，提高教育质量和办学效益[2]，等等。吴德刚也认为，通过实施农村教育综合改革，推进了农村办学指导思想的深刻变化，促进了农科教有机结合，优化了农村教育结构，带动了高等学校的教育改革，加快了科学技术在农村的推广和普及，改变了贫困地区的落后面貌，促进了农村精神文明建设，取得了显著的经济社会效益[3]。农村教育综合改革的成功，证明了我国农村教育改革发展的历史必然性和农村教育综合改革方向的正确性，也证明了农村教育改革是个复杂庞大的系统工程，只有通过坚持中国特色社会主义，通过加大投

---

[1] 朱世和、高文元主编《中国农村教育改革之路》，科学教育出版社，1992年，第31~33页。
[2] 朱世和、高文元主编《中国农村教育改革之路》，科学教育出版社，1992年，第1~33页。
[3] 吴德刚：《中国农村教育综合改革研究》，教育科学出版社，2010年，第9~17页。

入，讲求效益，发挥群众的创造力，充分进行综合的、系统的改革，注重理论上的创新和总结，才能取得农村教育综合改革的发展。①

而对于存在的问题，吴德刚认为，当前农村教育综合改革的主要问题体现在六个方面：发展很不平衡、认识还不到位、农村教育现状依然薄弱、农业专业教育规模和专业设置与实际要求还不相符合、教育经费投入不足、部门协调和统筹有待进一步加强。② 对此，张乐天等通过对新中国成立以来农村教育政策的梳理，认为我国在开展农村教育综合改革时，在农村教育政策的制定上均存在一定的非理性、非系统性的问题，在执行上存在着认识不足和资源供给不力、组织不力、监督检查和目标人群参与度不高的问题，在教育政策评估上也存在着制度体系不健全，评估走过场、表面化的问题，而且，还一直存在着农民教育地域发展不平衡，城乡分化严重，农村技术教育和成人教育普遍重视不够的问题。③ 也有不少学者认为，现有农民教育在整个成人教育中仍属于薄弱环节，④ 农民教育研究专门化程度较低，理论成果远不能满足教育实践发展的需要。如刘利平、刘春平就认为"从整体上看，农村教育研究的学理水平还很低，无论在研究内容上还是在研究方法上都需要对现有的研究加以学术反省"，⑤ 杨兆山等学者也持这一观点。⑥

而且，从现有文献可以看出，很多研究农民教育的学术成果要么局限于某个重要人物的农民教育思想进行分析和挖掘，从中梳理出蕴含的农民教育思想内容、特点及启示；要么针对新中国某一特定时期的农民教育思想展开研究，从而缺乏从历史宏观角度和历史演进角度来对我国历代领导人的农民教育思想进行梳理和阶段性的经验总结；要么以农业发展、农村教育等视角来研究农民教育相关问题，因此，农民教育基础理论研究所取得的成果较少，所提出符合新时代要求的有效对策和建议也还相对比较匮乏。

---

① 吴德刚：《中国农村教育综合改革研究》，教育科学出版社，2010年，第24~27页。
② 吴德刚：《中国农村教育综合改革研究》，教育科学出版社，2010年，第28~29页。
③ 张乐天等：《新中国成立以来农村教育政策的回顾与反思》，北京师范大学出版社，2016年，第240~245页。
④ 马启鹏：《探究与启示：毛泽东农民教育思想》，《宁波大学学报》（教育科学版）2008年第6期，第28~32页。
⑤ 刘利平、刘春平：《我国农村教育理论研究现状述评》，《天津师范大学学报》（基础教育版）2014年第4期，第5~10页。
⑥ 杨兆山、侯玺超、陈仁：《农村教育理论建设：必要性、问题域与落脚点》，《东北师范大学学报》（哲学社会科学版）2015年第6期，第195~199页。

四 马克思主义农民教育的发展方向

学界普遍认为，新中国成立 70 年来，特别是改革开放以来的农民教育实践和理论探索，取得了巨大的成就，有效促进了我国经济社会的发展，但也存在着研究不够系统深入的问题，如何适应新时代的发展要求，更好把握住农业农村现代化发展的客观规律和特点，更加深化对马克思主义农民教育系统深入研究，是学术研究的历史责任。

对于农民教育的未来发展，庞守兴认为，农村教育的症结在于城乡分立的二元结构，农村教育的出路在于把农村的实际与教育的实际认识清楚，在于促进农民对人生意义和人生价值的追求和凸显。① 张乐天等认为，要通过有效措施，促进农村教育政策建设的科学化、系统化进程，增强农村教育政策的执行力，与时俱进推进农村教育政策的创新发展。② 杨兆山等则认为，要对已有的农民教育理论成果进行梳理与总结，理清教育实践和理论的核心问题和基本矛盾，确立学术生长点，并基于辩证法和方法论，综合运用问题导向和学科导向，根据农村教育实际情况，通过"发现"问题，而不是"制造"问题，构建农村新的教育理论，实现农村教育理论适应性与超越性的统一。③

第二节 农民思想政治教育

农民思想政治教育是个涉及政治学、教育学、宗教学、哲学等多门学科的综合性问题，是国家政权建设的基础性工程。抓好农民思想政治工作是中国共产党的光荣传统和革命、建设取得胜利的重要法宝，一直受到党和国家的高度重视，并受到理论界的关注。新中国成立之初，"发动农民的另一个重要经验，是必须要经过充分的思想教育"④，对农民进行思想政治教育就已作为党的一条重要工作经验予以推广。在新中国成立之初开展的"冬学运动"中，也高度重视对农民进行思想政治教育，"从教育着手，提高群众觉悟，从思想上政治上予

---

① 庞守兴：《困惑与超越：新中国农村教育忧思录》，广西师范大学出版社，2003 年，第 1 页。
② 张乐天等：《新中国成立以来农村教育政策的回顾与反思》，北京师范大学出版社，2016 年，第 249～252 页。
③ 杨兆山、侯玺超、陈仁：《农村教育理论建设：必要性、问题域与落脚点》，《东北师范大学学报》（哲学社会科学版）2015 年第 6 期，第 195～199 页。
④ 《湖北农村主要经验：发动、组织新区农民从解决实际问题入手》，《人民日报》1949 年 10 月 13 日，第 2 版。

以根本解决，以便能更充分地提高生产热情，进行生产"。①

新中国成立以来，我国学界在进行农民思想政治教育中，一般都认为，农村思想政治教育工作是党在农村工作的生命线，对广大农民进行思想政治教育是传播意识形态的有效手段，是影响农村价值建设的重要依托。有效开展农民思想政治教育是促进农村健康发展的重要保障，是改造农村面貌的有力工具，是巩固和发展社会主义的必然之举。特别是改革开放以后，学者们对农村意识形态建设对于提高农民科学文化素质和思想道德素质，树立法制观念和市场观念、效率观念和时间观念，激发广大农民生产积极性、主动性和创造性上的重要作用进行了系统研究，取得了丰硕成果，但在学术研究上也存在一定的分歧。

一 农民思想政治教育概念的分歧

在是以教育对象来界定农民思想政治教育的概念，还是以教育目的来界定农民思想政治教育的概念方面，学界存在着一定的分歧。

一种是从农民思想政治教育作为特殊的教育对象来界定。如李德芳和杨素稳认为，农村思想政治教育，即党在农村中的思想政治教育，教育对象是农村居民，主体是农民。② 雷雅珍也认为，农民思想政治教育具有特殊性，特指我国运用党和国家政治优势，来对农村社会治理和农民人格塑造进行干预。③ 何文毅也认为，农民思想政治教育就是专门针对农民这一特殊群体开展的思想政治教育。④

另一种是从农民思想政治教育的特殊功能和手段来界定。如南俊英等认为，农村思想政治教育是对广大农民群众进行的思想教育工作和思想转化工作，以保证党在农村政治任务的完成和奋斗目标的实现为宗旨，以解决人的思想问题和普遍提高人的思想政治素质为任务，以宣传社会主义和共产主义的思想体系为内容，以充分发挥人的工作积极性、创造性和培养社会主义新人为目的。⑤ 与此相似，张学凤也认为，农民思想政治教育是运用党的基本理论、政策、路线对农民群众进行教育，深度开发和启动农民群众中蕴藏的巨大精神能源，逐步破除农民旧的保守的传统的观念和思想，实现农民的精神变物质的过程，为

---

① 《一九四九年冬学运动实施纲要》，《人民日报》1949年10月19日，第4版。
② 李德芳、杨素稳：《中国共产党农村思想政治教育史》，中国社会科学出版社，2007年，第7页。
③ 雷雅珍：《当前农民思想政治教育的创新思路》，《世纪桥》2006年第5期，第37~39页。
④ 何文毅：《关于农民思想政治教育实施策略的当代构建》，《学校党建与思想教育》2011年第6期，第14~17页。
⑤ 南俊英等：《农村思想政治教育：回顾·思考·研究》，北京经济学院出版社，1991年。

新农村建设提供精神动力和思想保障。①

通过梳理不难发现，学者围绕农民思想政治教育的概念所形成的共识主要集中在农民思想政治教育的重要作用和意义方面，以及在坚持党的领导，坚持改造农村落后腐朽文化和思想，提高农民群众的思想觉悟和政治水平等方面。而在农民思想政治教育的具体内容、实现载体、实现途径，以及由此引出的对农村思想政治教育作为具体研究对象所存在的问题的认识上存在着一定的分歧。

二 农民思想政治教育发展阶段划分的问题

学界对新中国成立以来农民思想政治教育发展阶段划分依据主要有三个不同视角，即有的是从中共党史的发展角度来划分，有的是从新中国国史分期来划分，有的则从党的思想政治教育自身发展方面来划分，依据不同则划分情况也不同。学界对阶段划分的不同依据和不同结果，体现出学界对农民思想政治教育发展的内在动力、运行机制和保障条件、影响因素的不同看法。

李德芳、杨素稳在《中国共产党农村思想政治教育史》中基于中国革命和社会主义建设发展史，将新中国成立以后的农民思想政治教育划分为五个阶段：新中国成立初期、社会主义曲折发展时期、拨乱反正与改革发展时期、社会主义市场经济条件下的农村思想政治教育、社会主义新农村建设中的思想政治教育。② 张耀灿在《中国共产党思想政治教育史论》中，对包括农民思想政治教育在内的中国共产党思想政治教育史划分也和上面的划分基本类似，他认为新中国成立后的思想政治教育阶段可以分为六个阶段：新中国成立初期、曲折前进时期、"文化大革命"时期、拨乱反正与改革发展时期、社会主义市场经济建立时期、全面建设小康社会时期③。还有的学者则将农民思想政治教育阶段划分为新民主主义革命时期、社会主义建设初步探索时期、改革开放新时期三个阶段。但王玉婷、王新山对此有不同的看法，他们主张将党的思想政治教育分为四个阶段：第一个阶段是孕育与形成阶段，主要是从 1917 年俄国十月革命一声炮响给中国送来了马克思列宁主义开始，到 1936 年 12 月中国共产党和平解决"西安事变"，促成第二次"国共合作"；第二个阶段是成熟与发展阶段，主要是从 1937 年的卢沟桥事变爆发到 1957 年 2 月毛泽东发表《正确处理人民

---

① 张学凤：《新农村建设和农民思想政治教育关系探析》，《长春大学学报》2014 年第 1 期，第 100~103 页、第 107 页。
② 李德芳、杨素稳：《中国共产党农村思想政治教育史》，中国社会科学出版社，2007 年。
③ 张耀灿：《中国共产党思想政治教育史论》，高等教育出版社，2014 年。

内部矛盾的问题》讲话；第三个阶段是曲折与挫折阶段，主要是从 1957 年的反右斗争扩大化到 1976 年 10 月粉碎 "四人帮" 集团；第四个阶段是恢复与创新阶段，即粉碎 "四人帮" 集团后，特别是党的十一届三中全会以来。他们认为中国共产党思想政治教育的历史有相对独立的发展规律，中国共产党思想政治教育的历史分期也应具有相应的历史轨迹点，研究党的思想政治教育史，一方面要考虑到新中国成立的大背景，考虑中国革命史，另一方面更要遵循党的思想政治教育本身形成和发展的历史轨迹和内在规律。①

三 农民思想政治教育目标及内容的问题

农民思想政治教育的具体目标和具体内容一直是学界研究的热点。而对内容的考虑，一般需要从目标的设定出发。目标不同，内容也就不同。

新中国成立初期的农民思想政治教育目标和主要内容的形成，很大一个因素就是针对农民在过去长期单干中形成的旧思想、旧习惯，以及对走社会主义道路和集体化道路信心不够的问题。"一方面加强政治教育，使社员们认识提高科学技术水平对高速度发展农业生产的重要意义。一方面通过各项生产建设实际加强社员们的技术学习。"②《前线》1963 年的社论指出，要通过加强对农民的思想政治教育，引导教育广大农村干部和社员认识到集体化的优势，坚定搞好集体生产、走社会主义道路的信心和决心，克服自发的资本主义倾向和其他旧的思想残余，树立爱国主义和热爱集体关心集体的风尚。③

改革开放以后，农民思想政治教育的目标和内容有了变化。范义认为需要从六个方面加强农民教育：一是进行党的路线、方针、政策的教育，消除部分农民对党的政策的误解和疑虑；二是进行正确处理好国家、集体和个人三者利益关系的教育，同时教育农民树立自力更生、勤俭过日子的思想；三是引导农民破除小农经济意识、树立起与商品经济发展相适应的新观念；四是对农民进行唯物论、无神论的教育，普及科学宣传、反对封建迷信，进行法制宣传教育，增强农民的法律意识；五是对青年农民进行共产主义人生观、历史知识和革命传统的教育；六是对农民进行控制人口、计划生育，男女平等，保护妇女儿童

---

① 王玉婷、王新山：《中国共产党思想政治教育历史分期的新思考》，《湖北社会科学》2013 年第 2 期，第 170～173 页。
② 《边劳动边学习 边研究边提高：城门公社技术人材迅速成长》，《人民日报》1960 年 1 月 12 日，第 4 版。
③ 《更深入地向农村干部和社员进行社会主义教育》（社论），《前线》1963 年第 1 期。

等方面的教育。① 杜君、张学凤则认为，农民思想政治教育需要通过加强农民的主体性教育、合作意识教育、民主意识教育来促进，促进农民的国家意识、法纪意识、独立意识、自主意识、自强意识、合作意识。② 孙玉娟认为，城镇化进程中重构农村精神文明的根本任务有三条：一是转变农民观念，开阔农民视野；二是转变农村生产方式，改善农村产业结构；三是改变生活方式，提高农民素质标准。在城镇化进程中，一定要从准确掌握农村现状、农民所需出发，适应形势，加强引导，树立建设"大文明"的观念，通过促进二三产业发展，改变农业生产方式、农民思维方式、生活方式，重构农村精神文明，重塑农民的精神世界。③ 学者们在农村思想政治教育的目标及内容上的分歧比较明显。

总的来说，学界对于农村思想政治教育在提高农民素质、提升群众道德水平、推进社会法治进程、巩固党的执政根基等方面的重要作用有着较大的共识。但研究所存在的问题是很明显的，即在农村思想政治教育内容和结构上，以及主次目标的设计上，研究不多且不够深入。

针对农村思想政治教育内容和目标存在的问题，周湘莲④、罗洪铁⑤等认为当前农村思想政治教育内容无法满足社会的需求，有必要针对现实需求进行内容的扩充，适时加入生命教育、民主意识教育、感恩、责任、诚信、马克思主义人权观、网络道德等内容。也有学者认为当前农村思想政治教育内容太多且太空泛，需要进行适当的压缩。如刘基、闫立超就认为包括政治教育、思想教育、道德教育、法制教育和心理健康教育在内的思想政治教育内容太杂，主张只保留思想教育和政治教育。⑥

更多的学者则主张对农村思想政治教育的内容进行调整和优化。如刘璟等认为必须依据社会发展与变迁、个体心理与品德规律等特征来对传统思想政治教育的内容进行改进。⑦ 熊建生则认为现有的思想政治教育内容过于理想化、

---

① 范义：《新时期贫困地区农民思想政治教育之我见》，《甘肃理论学刊》1987 年第 2 期，第 67~68 页。
② 杜君、张学凤：《新农村建设与农民思想政治教育》，《东北师范大学学报》（哲学社会科学版）2012 年第 3 期，第 22~24 页。
③ 孙玉娟：《中国城镇化进程中农村精神文明的重构》，《山东农业大学学报》（社会科学版）2005 年第 2 期，第 41~45 页。
④ 周湘莲：《思想政治教育内容整体构建研究》，《理论与改革》2004 年第 2 期，第 145~148 页。
⑤ 罗洪铁主编《思想政治教育学科理论体系演变研究》，中国社会科学出版社，2012 年。
⑥ 刘基、闫立超：《思想政治教育内容的反思与重构》，《求实》2011 年第 12 期，第 93~97 页。
⑦ 刘璟、熊永兰、田黎明：《现代思想政治教育内容建构刍论》，《思想政治教育研究》2007 年第 1 期，第 64~66 页。

泛政治化、单一杂乱,缺乏层次性,存在结构性弊端,可以通过合并同类项、删繁就简、淘汰过时性的教育内容,以便形成一套比较稳定、清晰、规范的内容体系,增强思想政治教育内容的整体性和系统性。①

对于以上的"扩张说""压缩说""调整说",学者们大多予以了肯定,但也有学者质疑其实际效果。如孙其昂等就认为,仅对思想政治教育内容进行增减和调整是不够的,"扩张说"和"压缩说"只是采用简单枚举式的浅层次归纳,并没有深入到思想政治教育内容的内部,无法深刻把握思想政治教育内容转型的复杂性和全面性,"调整说"尽管是从整体结构着眼,但是多为原则性的概述,对于如何细化落实等关键问题却没有提及,所以这都还没有找到思想政治教育内容转型的"钥匙"。②

四 农村思想政治教育实现途径的问题

如何提高农村思想政治教育的有效性和渗透力,是学界关注的热点,并形成了很多观点和意见,一些分歧也得以比较明显地呈现。

在开展农村思想政治教育应坚持的宗旨和原则方面,学者们都强调了要充分发挥和确保农民的主体性地位,确保党的政策方针的有效落实,但在具体的原则方面仍存在一定分歧。如蔡慧芳认为农村思想政治教育要坚持三条原则:一是坚持以人为本的原则,要承认和肯定农民的主体地位,以农民为中心,一切依靠农民,一切为了农民;二是坚持"三贴近"原则,即贴近农村实际、贴近农民生活、贴近农民群众;三是坚持层次性原则,要具体区分不同的教育对象,采用不同的教育方式,选择不同的教育内容开展思想政治教育。③ 王康日提出,应该在尊重客观规律、尊重农村习俗、遵循因地因人制宜、系统综合运用等原则的综合指导下,提高农村思想政治教育载体的实效性。④ 对于新形势下农村思想政治工作发展,慕乾伟则认为,在新形势下,农民思想政治教育的发展主要有五个方向,即提高工作的指导性、增强工作的针对性、增强工作的时代性、提高工作的实效性、提高工作

---

① 熊建生:《思想政治教育内容结构论》,中国社会科学出版社,2012年,第242页。
② 孙其昂等:《思想政治教育现代转型研究》,学习出版社,2015年,第240页。
③ 蔡慧芳:《加强农村思想政治工作,促进社会主义新农村建设》,《乌蒙论坛》2006年第4卷,第15~18页。
④ 王康日:《新时期农村思想政治教育载体拓展与创新原则》,《重庆科技学院学报》(社会科学版)2012年第18期,第23~25页。

的目的性。①

在农村思想政治教育的路径方面,有学者通过对农村思想政治教育的经验进行总结后得出优化发展的启示,也有学者从农民个体的接受角度和时代发展角度来提出优化建议。如杨以谦提出,促进农民思想政治教育要抓住"八个点":围绕结合点、找准切入点、抓住着重点、发现闪光点、培育生长点、重视注目点、突破聚集点、强化薄弱点。②杨正午认为,要将农村的思想政治教育与加快农村经济发展紧密结合起来、与为农民群众办实事办好事结合起来、与抓好基层组织建设结合起来、与推进农村民主法制建设结合起来。③王东维、路建华认为现阶段农村思想政治教育要借鉴历史经验,结合农民特点,实现"六结合":思想政治教育与党的中心工作相结合;思想政治教育与给农民看得见的物质利益相结合;教育内容的科学性和教育对象的层次性相结合;说理教育与形象教育相结合;以理服人与以情感人相结合;先进性与广泛性相结合。④于东锋也认为要做好农村的思想政治教育工作,必须了解农民的真情实感,以农民"想什么、盼什么、要什么"为切入点和突破口,力避单纯枯燥的说教,做到"六结合":农村思想政治教育要与为农民办实事相结合、与党员干部示范相结合、与发展农村经济相结合、与基层组织建设相结合、与群众精神生活相结合、与树立身边的榜样相结合。⑤李丰春则认为农村思想政治工作需要从五个方面进行加强:要有机融合时代中心任务来开展,找准工作的切入点;要把思想政治工作融入到农民的生活中,推进方法和手段不断创新,防止理论和实际相脱节,不能仅靠口头说教等单一途径;要与农民的物质利益结合起来开展;要加强农村基层党组织的建设,充分发挥党支部的政治核心作用;要贯穿到农村文化建设中去,加强对农村文化建设的投入,创新农村文化活动形式。⑥

对于建立健全农民思想政治教育机制方面,学者也提出了不同意见。如马

---

① 慕乾伟:《新形势下加强农民思想政治教育的有效途径》,《当代生态农业》2009年第1期,第187~188页。
② 杨以谦:《对农民思想政治教育要有新思路》,《江淮论坛》2000年第5期,第58~63页。
③ 杨正午:《加强对农民的思想政治教育》,《党建研究》2000年第6期,第6~8页。
④ 王东维、路建华:《中国共产党农民思想政治教育工作的历史经验与启示》,《毛泽东邓小平理论研究》2010年第7期,第21~26页、第86页。
⑤ 于东锋:《当前农村思想政治教育面临的挑战与对策》,《学习论坛》2012年第8期,第57~59页。
⑥ 李丰春:《中国共产党农村思想政治工作60年(1949—2009年)发展历程及思考》,《安徽农业科学》2011年第4期,第2517~2520页。

成荣认为要综合推进农民教育，要"充分发挥教育、科技、宣传、文化等部门各自的教育功能，相互沟通，密切配合，形成对农民思想政治教育的合力"。① 王学俭等认为，要优化和健全农村思想政治教育的工作机制、保障机制、激励机制、评估机制和反馈机制。② 也有学者从人才队伍方面提出建议，如陈海清的《全面建设小康社会与农村思想政治教育工作》、王芳的《农村思想政治工作面临的问题和对策》等。他们认为，要重视农村思想政治教育队伍的综合素质建设，要建立健全选拔、培养、激励、考核制度，建设一支政治强、业务精、纪律严、作风正、懂农村、懂农民的专兼结合的农村思想政治教育队伍。邱秋云则认为，农民思想政治教育需要实现"四个结合"，即与基层党组织建设相结合、与农民实际需要相结合、与农民的精神文化需求相结合、与农民的教育培训工作相结合，不断提升和拓展农民思想政治教育的空间和格局。③ 蒙丽娜认为，在新农村建设背景下，要通过加强农村教育文化建设，保障农村儿童受教育的权利，改变农民的落后观念，提高广大农民综合素质；要通过丰富和扩展农村思想教育载体，改变"一个本子一张嘴"的以往模式，充分运用和发挥现代技术，增强农民思想政治工作的实效性；要完善工作机制和组织制度建设，加强农村思想政治教育队伍的专业化和职业化建设，加强农村思想政治教育工作的组织机制建设。④

对于如何优化载体，学者的意见也有不同。彭幸国认为，农村精神文明建设要抓好四大载体：第一，以星级文明家庭为载体，组织开展创建"十星级"文明农户活动；第二，以创建文明村为载体，建设村级文化阵地，改造村容村貌；第三，以创建文明城镇活动为载体，以城带乡，成区、成片地推动农村精神文明建设；第四，以帮建活动为载体，组织社会力量共建农村精神文明。⑤ 邱仁富等学者则对农村传媒载体的规律性进行了研究，他们认为农村思想政治教育载体发展的一般规律主要表现为：农村思想政治教育载体发展与农村经济社会发展相互作用的规律；农村思想政治教育载体发展与农村文化相互作用的

---

① 马成荣：《关于农民教育的几点思考》，《北京成人教育》2000年第6期，第8~9页。
② 王学俭、宫长瑞：《新形势下农村思想政治教育对策探析》，《思想政治教育研究》2009年第3期，第25~27页。
③ 邱秋云：《新农村建设中农民思想政治教育面临的困局与对策》，《广东农业科学》2012年第7期，第175~177页。
④ 蒙丽娜：《论新农村建设背景下农民思想政治教育的现状及对策》，《教育教学论坛》2013年第16期，第150~151页。
⑤ 彭幸国：《简论农村精神文明的载体建设》，《前沿》2003年第5期，第74~75页。

规律；农村思想政治教育载体发展呈螺旋式上升的规律；农村思想政治教育载体发展与农村思想政治教育既相适应又相矛盾的规律；农村思想政治教育单一性载体发展向多样性载体共生发展转变的规律。[①] 特殊规律则包括定向规导律、内需梯度律、协同互推律和风险超越律等。[②] 对此，蒋勇、彭玲玲认为，加强农村思想政治教育载体建设需要按照三个基本原则发展四条途径，即通过坚持实事求是原则、层次性原则、政治性原则，发展和巩固农村思想政治教育的管理载体、优化农村思想政治教育的文化载体、丰富农村思想政治教育的活动载体、创新农村思想政治教育的大众传媒载体。[③]

对于思想政治教育载体的本身，学界也有不同的看法。有学者就认为，不能把思想政治教育载体与思想政治教育实践活动混为一谈，思想政治教育载体不是一种实践活动，而是一种活动形式，比如开会、谈话、理论学习、管理工作等，是能"为思想政治教育主体所运用，且主客体可借此相互作用的一种思想政治教育活动形式"。[④] 所以，开会、谈话、理论学习、管理工作等就可以是思想政治教育的活动形式和载体。但与此相对的观点却认为，思想政治教育的载体是能够使具有思想政治教育因素的事物发挥教育作用的活动及过程。[⑤] 也有学者认为，思想政治教育的载体是指"在思想政治教育过程中承载和传递思想政治教育信息、能为思想政治教育主体所操作并与思想政治教育客体发生联系的一种物质存在方式和外在表现形态"。[⑥]

五 农村思想政治教育研究整体认识的分歧

有学者认为，目前学界关于思想政治教育内涵的研究，主要有两个维度，一是作为社会实践活动的思想政治教育，二是作为学科存在的思想政治教育，而且思想政治教育概念内涵的演进大致经历了"施加论"、"转化论"、"内化

[①] 邱仁富、贺争平：《论农村思想政治教育载体发展的一般规律》，《经济与社会发展》2007年第1期，第53~56页。

[②] 邱仁富、贺争平：《论农村思想政治教育载体发展的特殊规律》，《学术论坛》2007年第5期，第190~194页。

[③] 蒋勇、彭玲玲：《加强农村思想政治教育的载体建设》，《湖北社会科学》2010年第8期，第195~198页。

[④] 王升臻：《关于思想政治教育载体几个理论问题的再思考》，《长春工业大学学报》（高教研究版）2007年第1期，第113页。

[⑤] 赵野田：《试论思想政治教育的载体》，《思想政治教育研究》1999年第2期，第29~30页、第42页。

[⑥] 贺才乐：《思想政治教育载体及其研究价值》，《上海交通大学学报》（社会科学版）2002年第2期，第91~94页。

论"和"发展论"四种模式，受教育者的个体地位得到了越来越多的重视。①

有学者认为，随着思想政治教育学科的发展，我国农村思想政治教育研究取得了很大的进展。在农村思想政治教育基本理论研究、农村思想政治教育历史研究、农村思想政治教育现实问题研究方面取得了重大进步。对农村思想政治教育科学内涵、内容结构、过程规律、方法原则的研究，以及关于农村思想政治教育现实问题的研究有了深入发展。②

但也有不少学者认为当前农村思想政治教育的研究还存在很多的欠缺和不足。如龙海平在《农村思想政治教育30年的回顾与展望》中对改革开放以来的农村思想政治教育进行了总结，他认为，30年来，虽然关于思想政治教育的研究成果非常多，但真正关注农村思想政治教育的研究成果还十分欠缺，农村思想政治教育实践与理论研究薄弱。所以，需要加强农村思想政治教育基础理论和应用研究，需要加强理论创新力度，积极探寻农村思想政治教育的一般规律，不能停留在梳理、阐释层面，需要加强农村思想政治教育知识继承、借鉴与比较研究，需要把握农村思想政治教育前沿问题。③

孙其昂等也认为，包括农村在内的思想政治教育各领域深受非此即彼的片面思维影响，表现出来的是四种"钟摆式"思想政治教育偏向：一是全能主义政治的"万能论"与去政治化的"无用论"倾向；二是现代性缺位的传统保守主义与传统缺位的反传统主义倾向；三是重政治价值、集体价值与轻社会价值、个体价值的倾向；四是纯粹"价值理性"倾向与纯粹"工具理性"倾向。④

对于思想政治教育目标现代化转型的反思，孙其昂等认为：一是过分强调思想政治教育目标确立的社会发展依据，甚至于将思想政治教育目标直接等同于党和国家的奋斗目标，由此导致思想政治教育目标研究的空间窄化，以及思想政治教育目标现代化转型显性研究的必要性或缺；二是思想政治教育自身形式化倾向凸显，脱离鲜活对象而导致研究的简单重复，思想政治教育目标现代化转型的迫切性也因此未能显现，而这种表现也体现在思想政治教育现代化转

---

① 张国启、张皓：《改革开放30年思想政治教育概念内涵的嬗变及启示》，《广西教育学院学报》2009年第4期，第1~4页。
② 石亚玲、王树荫：《我国农村思想政治教育研究三十年述要》，《学校党建与思想教育》2014年第9期，第20~23页。
③ 龙海平：《农村思想政治教育30年的回顾与展望》，《探索》2014年第4期，第123~126页。
④ 孙其昂等：《思想政治教育现代转型研究》，学习出版社，2015年，第119~123页。

型等论域当中。[①]

第三节　农民文化素质教育

提高农民的文化素质,对于提高劳动生产率,促进农村社会经济文化全面发展具有非常重要的意义。新中国成立以来,学界对于提高农民文化科技素质的重要性具有高度的共识,对于国家大力开展的诸如农村识字运动、扫盲运动、科普活动、"三下乡"活动、广播电视教育等进行了深入的研究,促进了国家出台各项提高农民文化科技素质的举措的顺利实施,同时,学界对农民文化科技素质教育方面存在的问题以及应该加强的方面进行了长期、充分的思考,为我国农民文化科技素质的提高提供了重要的学术参考。

一　农民文化素质教育概念及内涵的分歧

学界对于农民文化素质教育的概念界定,从目前的资料来看,专门讨论的不多,但对"农民文化素质教育"的组成和内涵的区别,却分歧不小。特别是在对农民文化素质的概念进行界定时,存在着单一主体、双元构成、三元构成等不同的看法,在是否将概念限定于文化,专指农民的文化素质,还是只谈科技素质,专指农民的科技素质,或是将文化和科技两者有效结合,共同纳入,指农民的文化科技素质上,存在较大分歧(见表6-1)。

表6-1　农民文化素质构成不同观点

主要观点类型	代表观点	代表学者
单一主体论	文化素质	关青、杜丹等
双元构成论	文化素质+科技素质	季建业、郭君平等
三元构成论	文化素质+科技素质+科技应用能力	辛贤、许柯等
其他	文化素质+科技素质+经营管理素质	赵文波、马艳萍等

如关青[②]、杜丹[③]等认为,农民的文化素质指的是农民所具备的文化知识水平,所反映的是农民文化知识的接受程度和掌握量的多少、质的高低。韩美群

[①] 孙其昂等:《思想政治教育现代转型研究》,学习出版社,2015年,第141~142页。
[②] 关青:《农民文化素质低的问题不容忽视》,《农村经济》1993年第7期,第36页。
[③] 杜丹:《我国农民文化素质发展的障碍与途径分析》,《内蒙古农业大学学报》(社会科学版)2008年第1期,第59~60页。

认为，在现代农业下，农民需要具备的文化科技主要包括两个方面：一是农业科技知识，二是农业组织管理和市场经济等相关知识。[1]但季建业[2]、郭君平[3]、张林[4]等认为，农民文化科技素质，主要是包括文化素质和科技素质。辛贤等认为农民科技文化素质主要是包括农民个体对文化知识和科技知识的认识和接受能力，以及对科技的运用能力和熟练程度。[5]顾禹标的观点与此相似，他认为"农民科技文化素质是指所具备的文化科技知识水平和专业技能。它通常反映农民接受文化科技知识教育的程度，掌握文化科技知识量的多少、质的高低，以及运用于农业生产实践的熟练程度"。[6]许柯等也认为，农民的科技文化素质主要包含三个方面的内容，即科技文化知识、科技意识和科技运用能力[7]。

但还有学者认为需要把经营管理知识放在其中，如赵文波等认为，农民的文化素质通常是指其所具备的文化科技知识水平和专业技能，包括文化素质、科技素质、经营管理素质三种，并且这三种素质密不可分，反映农民文化科技知识掌握的程度和质量的高低，以及运用于农业生产实践上的熟练情况。[8]马艳萍也认为，农民的科技文化素质在农民的整体素质中占重要位置，包括文化素质、科技素质、经营管理素质三个方面。[9]

从学者的分歧可以看出，对农民文化素质的分歧实际上是对农民文化素质内涵分歧的延伸，文化作为一个涵盖面更广的综合性术语，其包含的文化、科技、技能等各方面的内容，反映到农民文化科技素质教育的概念上，则体现为农民文化科技素质包含着文化素质、科技素质等各种有机构成，而其中最重要

---

[1] 韩美群：《论当代新型农民的文化诉求与理性导引》，《华中农业大学学报》（社会科学版）2012年第4期，第29~33页。

[2] 季建业：《谈谈农村发展与农民的文化素质》，《苏州大学学报》（哲学社会科学版）1985年第2期，第24~27页。

[3] 郭君平：《中国农民科技文化素质与新型农民培育探析》，《北京农学院学报》2010年第1期，第45~49页。

[4] 张林：《文化科技素质对农民收入的影响研究——以河南省为例》，《安徽农业科学》2012年第11期，第6885~6886页。

[5] 辛贤、毛学峰、罗万纯：《中国农民素质评价及区域差异》，《中国农村经济》2005年第9期，第23~25页。

[6] 顾禹标：《农村教育与农民文化科技素质的提高》，《教育与职业》2003年第7期，第56~57页。

[7] 许柯、张磊：《制约农民科技文化素质提高的小农意识及解决路径探讨》，《广东农业科学》2009年第10期，第268页。

[8] 赵文波、张宏：《农民文化科技素质：现状与教育》，《高等农业教育》2002年第9期，第13~15页。

[9] 马艳萍：《当代农民科技文化素质、需要及对策研究——以广东省为例》，《农业图书情报学刊》2017年第11期，第121~128页。

的两个部分，无疑就是文化素质与科技素质。但学者的分歧显然不仅仅在于此，文化素质与文化科技素质的概念，既有广义与狭义的区别，也有内涵与外延的差别。

二 农民文化教育存在问题的分歧

学界对农民文化素质教育存在问题的认识，基本都聚焦在以下方面，即农村基础教育长期重视度不足、投入不够、农村教育体制有待完善、培训内容不够丰富和贴切农村实际需要、农民素质较低、学习主动性不足、观念落后、运用先进教育技术和手段不足等。学界对影响和制约农民文化科技素质提高的内部因素和外部因素的认识也具有相当的一致性，但分歧和争议主要在于梳理制约因素时的覆盖面问题，以及多个制约因素中主次排序的问题。

黄蔚对我国农民文化科技素质整体偏低的原因主要归纳为四个方面：一是传统农业和小农经济对文化科技素质的抵制作用；二是以城市为中心的发展理念，使得农村、农民教育综合建设长期以来重视不够，农村学校在提高农民文化科技素质方面的作用没发挥到位；三是重普教、轻职教、重文轻技的传统教育观念阻碍了农民科学文化素质的提高；四是农村教育管理体制、结构、课程等没有按农村实际需求得以及时调整。[①] 杜丹认为，农民文化素质教育最大障碍在于农村经济落后和教育费用高昂，加上长期存在的城乡二元体制，导致了城乡文化事业质量上的严重不平衡，在农村社会大有市场的"读书无用论"与"唯大学论"，对农民在求知和教育投入有很多负面影响，以及对农民和农民工群体的不平等社会待遇，都影响了农民文化素质发展权益的保障和发展。[②]

许柯等认为，我国目前的农民科技文化素质整体普遍偏低，主要体现在三个方面：一是科技文化知识水平低下；二是接受科技的意识不强；三是运用科技的能力低下[③]。马艳萍通过对广东全省农民科技文化素质的数据统计，认为广东的农民科技文化素质有八个特点，如对子女接受高等教育的愿望强烈，但受过专业教育的家庭比例较低；充分肯定农业科技的作用，但接受过系统科技

[①] 黄蔚:《农民文化科技素质整体偏低的原因及实施农民素质教育工程》，《教育与经济》2004年第4期，第60页。
[②] 杜丹:《我国农民文化素质发展的障碍与途径分析》，《内蒙古农业大学学报》（社会科学版）2008年第1期，第59~60页。
[③] 许柯、张磊:《制约农民科技文化素质提高的小农意识及解决路径探讨》，《广东农业科学》2009年第10期，第268页。

培训的比例很低,仅有不到一半的农民的科技文化需求得到了满足;乡镇、村里和合作社组织的培训效果及影响大于农民田间学校、农业部门、函授大学、远程教育、文化共享工程等。[1] 张巧霞、丁慧则认为,低(农民的科技知识水平低)、危(我国农业科技含量低,国际竞争力非常缺乏)、非正规化(农民基本接受不到正规的、系统的农业科技教育)是我国当下农民科技素质的总体状况。造成这个局面的原因主要在于农村分配到的各项综合教育资源太少,农业职业教育浅薄,农民文化程度偏低[2]。韩美群认为,"农业科技文化是农民在现代农业生产条件下生存和发展的基础和工具,是确立其主体地位的保证"。[3] 但是目前,我国农村文化市场存在发育不足、管理不善、现有的各类文化服务机构弱化的问题,极大制约了传统农业向现代农业的转型。[4]

从以上学者的论争可以归纳出,农民文化素质的制约因素主要有五个方面,即小农意识及传统落后文化的历史因素、农民文化程度低的现实因素、城乡二元结构制约农村文化事业发展的体制因素、农村现有的文化教育重视不够水平不高的文化教育因素、农村文化教育市场发育不足和管理不善的市场因素,并且学界对这些方面的主次分别存在更大的分歧。

需要指出的是,将固守成规、安于现状、求同从众、目光短浅为主要特征的小农意识作为制约农民文化素质教育发展的一个重大因素,在学界存在很大的共识,而且是一个历时性的共识。从新中国成立初期到当前,学界均普遍将小农意识作为制约农民文化素质提高的重要因素。但也有学者对此持不同看法,如刘永选就认为小农意识虽然有其不符合现代农业和现代社会发展的一面,但小农意识历来在中国经济发展中扮演着非常重要的角色,精耕细作、重视人力资本积累、乐于尝试、勇于实践、不断改善的小农意识有其难能可贵之处,应当受到更加全面客观的认识。[5] 与此类似,袁银传在《小农意识与中国现代化》一书中也提出,我们需要更加正视小农意识的存在价值和文化意义,不能简单地予以肯定或否定、褒扬或排斥,应该更理性、更全面地来对待中国传统文化

---

[1] 马艳萍:《当代农民科技文化素质、需要及对策研究——以广东省为例》,《农业图书情报学刊》2017年第11期,第121~128页。
[2] 张巧霞、丁慧:《浅谈我国农民科技文化素质的现状》,《河北广播电视大学学报》2008年第3期,第7~8页。
[3] 韩美群:《论当代新型农民的文化诉求与理性导引》,《华中农业大学学报》(社会科学版)2012年第4期,第30页。
[4] 韩美群:《论当代新型农民的文化诉求与理性导引》,《华中农业大学学报》(社会科学版)2012年第4期,第29~33页。
[5] 刘永选:《重视小农意识》,《商界(评论)》2010年第1期,第44~47页。

中的小农意识问题,要认识到小农意识产生的历史根源和现实土壤,以及其所具有的文化价值和伦理价值,需要用批判性继承的态度来客观对待。① 应该说,学界对小农意识的态度认识,有更加深化、更加客观的发展趋势。

三 农民文化素质教育主要目标及内容的分歧

关于农民文化素质教育的主要目标及内容,学界的分歧具有比较明显的时代性特征,受到国家经济、政治等各方面的影响。张友在《谈农民的文化教育》中认为,农村文化建设主要有六个方面的内容:大力扫除文盲、普及义务教育、普及文化网、普及广播网、普及科学技术知识、发展医疗卫生事业和各种体育活动。② 而且,农村文化科技教育要遵循的原则有三条:第一条是农村的文化工作要为经济工作服务;第二条是文化不仅要为经济服务,同时也得和政治结合,为政治服务;第三条是依靠群众办事,必须树立一切依靠群众的观点。③ 显然,这一观点反映了新中国成立初期农民文化素质普遍不高的时代特征。

改革开放以后,随着我国经济社会的逐步发展,农民文化素质教育面临着新的要求和新的任务。如李广奎就认为,农民教育既要学技术,也要学文化,因为文化是政治教育和技术教育的基础。要扭转农民重技术轻文化的认识误区,促进农民文化素质的稳步提升。④ 陈占中也认为,作为成人教育的重要组成部分,农民教育的内容不能单一化,除了认字识字,还得学法律知识、计划生育、破除迷信,要综合提高农民的生产技术能力和精神水平。⑤

随着改革开放的持续深入,农民文化教育的内容也更加综合与多元,且文化教育的载体和手段也更加丰富,目标及内容也有了新的变化。王天民认为,要充实和加深农民的文化教育内容,要针对不同地区、不同需要,有计划、有步骤地开展农民的政治教育、文化教育、技术教育。并且,要在以技术教育为主的同时,重视和加强文化教育的基础地位,处理好与政治教育、技术教育的相互关系。⑥ 吴振华在其主编的《农民教育读本》中,将识字明理、讲案学法、学科学懂技术作为农民教育的三大板块,具体则包括村规民约、社会公德、务农敬业、家庭美德、科学种田、移风易俗、扫除恶习、村干自律、热爱家乡、

---

① 袁银传:《小农意识与中国现代化》,武汉出版社,2008年。
② 张友:《谈农民的文化教育》,通俗读物出版社,1956年,第6~10页。
③ 张友:《谈农民的文化教育》,通俗读物出版社,1956年,第11~19页。
④ 李广奎:《必须重视农民文化教育》,《成人教育》1984年第1期,第18~19页。
⑤ 陈占中:《农民教育内容不能单一化》,《成人教育》1986年第2期,第48页。
⑥ 王天民:《农民教育的内容与形式》,《北京成人教育》1983年第12期,第4页、第19~20页。

爱我中华，刑法、民法通则、经济法、婚姻法、继承法，种植业、养殖业、工业、农副产品加工业、农机具维修业等内容。[①]

对于改革开放以来农民文化科技素质培养的研究，学界的分歧还体现在研究原点的不同。从资料分析来看，研究原点主要分为三类：其一，基于城乡二元化日益严重、"三农"问题日益突出、农民收入增长乏力的背景，提出大力提高农民文化科技素质，这种研究起点在学界属于主流；其二，基于社会主义公平正义和实现人的自由全面发展，确保农民作为受教育主体地位的文化利益而强调的农民文化科技素质，如陈昌荣[②]、丁德昌[③]等；其三，基于促进科技运用、实现农村文化繁荣发展、建设社会主义新农村的角度，来探讨农民文化科技素质提高的问题，如韩美群[④]等。研究原点的不同，所得出的研究成果也必然存在较大差异。

四 农民文化素质教育实现途径的分歧

学术界对于提高农民文化素质教育质量和效益的途径及具体措施的研究，呈现出多彩纷呈的特点，既有从农民文化素质教育体制机制方面的研究，也有从农民文化素质教育的师资队伍、经费保障、技术支撑方面的研究，还有从农民的主体性、积极性、参与性等方面的研究。学界对这一问题从不同视角进行研究，分歧客观存在。

有学者主张强调激发和调动参与主体，特别是农民群体的自身积极性和参与性，以此来促进农民文化素质教育。如杨德龙就认为，激发农民的自身积极性，增强农民的文化科技意识，是提高农民科技文化素质的先决条件和关键所在。[⑤] 并且，提高农民的文化科技素质，需要根据农民的实际需求，以农民的脱贫致富为启动点，将农技服务与文化科普及教育结合起来，要抓住农村产业调整的契机，把握好农民素质的转换点，发挥好农村专业户的带头作用，点面线结合，有序立体逐步推进。柳较乾也认为，要提高农民的文化科技素质，就需要充分发挥政府、义务教育学校和高职院校、农校、村镇文化单位和场所、

---

① 吴振华：《农民教育读本》，新华出版社，1997年，第1~8页。
② 陈昌荣：《试论中国农民文化利益的缺失及价值回归》，《四川文化产业职业学院（四川省干部函授学院）学报》2014年第2期，第42~46页。
③ 丁德昌：《主体意识与农民发展权》，《佳木斯大学社会科学学报》2014年第6期，第37~40页。
④ 韩美群：《论当代新型农民的文化诉求与理性导引》，《华中农业大学学报》（社会科学版）2012年第4期，第29~33页。
⑤ 杨德龙：《提高农民文化科技素质之浅见》，《求实》1990年第3期，第26~28页。

农民合作社和文化组织的综合积极作用，提高对农民文化素质教育的重视程度，提高各方面的保障力度，切实加强培训，促进农民文化科技素质的进步。[①]

有学者从观念转变的角度来探讨这一问题。如顾禹标认为，提高农民科技文化素质，需要对农村教育实现三个转变：一是价值观方面，由"功利性"向"人本性"转变；二是教育制度方面，实现由"阶段"向"终身"转变；三是教育内容方面，实现由"单一"向"综合"转变。[②] 赵文波等也认为，提高农民文化科技素质，要解决好三个主要问题：一是农村教育的观念问题，二是农村教育的结构调整问题，三是教育形式和教育方法的转变问题。[③]

更多的学者则从农村教育和农民文化素质教育的体制机制改革方面来探讨。如王艳芳提出，要提高农民科技文化素质，需要加强三个方面：一是要加快推进农村义务教育体制改革，巩固基础教育，基础教育要面向农村全体学生，大力支持农村基础教育，提高农村教育整体条件；二是要加强对农民的科学技能培训力度，以发展生产力为切入点，针对农民的需求，改进培训方式，大力发展农村职业教育和成人教育，特别是抓好农村劳动力转移培训和农村实用技术人才的培训；三是完善各项措施，多形式、多渠道扎实地开展农民科学技能培训教育。[④] 更有学者从大教育的整体视角来探讨农民文化素质教育的提升之道。如张林主要是从职业教育和文化教育角度来讨论，他认为解决农民就业难、收入低的根本出路在于强化农民文化科技素质培养[⑤]，要通过发展职业教育，抓好基础教育，搞好基础文化设施建设等，来提高农民的文化科技素质。赵文波等则从更加多元的角度来讨论，他们认为，加强农民文化科技素质，需要多管齐下，既要加强基础教育，也要加强职业教育和成人教育的普及，还得加强科技知识的普及，建立终身学习制度，实施再培训工程，并且，要实现办学主体多元化，促进社区、企业、私人等社会力量办学，要形成全方位的育人环境，根据教育对象情况，统合全日制和半日制、函授式、工读式和广电教学等多种形式；既要加强理论教学，又要理论联系实际，结合生产、科研和服务实践，

[①] 柳较乾：《新农村建设与农民科技文化素质的思考》，《农村经济与科技》2008年第2期，第81~82页。

[②] 顾禹标：《农村教育与农民文化科技素质的提高》，《教育与职业》2003年第7期，第56~57页。

[③] 赵文波、张宏：《农民文化科技素质：现状与教育》，《高等农业教育》2002年第9期，第13~15页。

[④] 王艳芳：《大力提高农民科技文化素质是新农村建设的关键》，《兰州学刊》2009年第10期，第69~71页。

[⑤] 张林：《文化科技素质对农民收入的影响研究——以河南省为例》，《安徽农业科学》2012年第11期，第85~86页。

促进课堂教学与实践操作、社会服务与科技推广一体化;既要加强学生的维持性学习能力,又要建立全社会的创新性学习体制,尽早构建起由基础教育、成人继续教育、职业技术教育等构成的农村教育体系。[1] 杜丹则主要从乡村公共服务和乡村文化建设角度来研究,他认为,要促进农民文化素质发展,可从以下四个方面来进行:一是加强农村公共文化设施建设,加大政府对乡村文教事业的财政投入;二是要落实科教兴国战略,加强义务教育和农民职业教育和成人教育,促进农村教育事业综合全面发展;三是建设和发展文化村落,振兴村落文化,丰富农民的闲暇生活;四是要从根本上改善农民工的文化生存状况,加强农民工培训教育,公平对待农民及农民工,解决好农民工子女教育问题。[2]

学者的研究视角、视域的不同,客观反映了学界对如何促进农民文化素质教育进步的争论,同时,也从侧面反映出学界对农民文化素质教育这一情况复杂,涉及面广,且受到历史性、时代性、政治性各因素影响和制约的重大理论和现实问题的认识不断深化和不断综合的发展趋势。

五 民办教师在农民文化素质教育中所发挥的作用的分歧

民办教师的问题,是研究我国农民文化素质教育不能忽视的一个重要问题。新中国成立后的很长一段时期,民办教师实际承担了农村文化教育相当部分的任务。最多的时候,在 20 世纪 70 年代,民办教师的数量占全部农村教师的近 7 成。对于民办教师在其中承担的角色,以及发挥的具体作用及其效果,学界多有争议。

在新中国成立之初,依托民办教师办学是发展农村文化教育的重大举措,是"半工半农""以民教民""社办教育"的集中体现。1959 年 3 月 24 日《人民日报》在介绍山西榆次六堡村农民文化学习经验时,就推崇他们着重"以民教民""互教互学"的教学办法。[3] 对于农村文化教育师资队伍的培养,半工半读师范在当时发挥了重要作用。"半工半读师范的任务是:培养民办小学、工农业余小学和幼儿园的教师。学校一般都设有小学师资、工农师资、幼儿师资等班级。学制多为二年制或一年制,幼儿师资班是四个月到半年。多数学校实行

---

[1] 赵文波、张宏:《农民文化科技素质:现状与教育》,《高等农业教育》2002 年第 9 期,第 13~15 页。
[2] 杜丹:《我国农民文化素质发展的障碍与途径分析》,《内蒙古农业大学学报》(社会科学版) 2008 年第 1 期,第 59~60 页。
[3] 《山西榆次六堡村四百农民开始常年文化学习》,《人民日报》1959 年 3 月 24 日,第 3 版。

每周四天学习、两天劳动、一天休息的制度；幼儿师资班读书的时间更多一些。"① 与民办教师队伍配套的有完整的聘用选拔、考核转正、工资保险等制度，可以说，民办教师队伍是支撑我国农村文化教育的系统性力量，得到了国家各层面的广泛认可。

在研究如何提升农民文化素质教育的途径时，很多学者对新中国成立以来"穷国办大教育"中农村民办教师发挥的独特作用做了积极的历史性肯定，并且，近年来学界对民办教师的历史性贡献，以及民办教师坚守乡村教育岗位，推进农村扫盲、农村社会主义教育等方面的积极作用有了更客观的认识。肖月娥认为，长期以来，农村中小学教师队伍中的主干力量是民办教师。没有民办教师的长期艰苦付出，就不可能有广大农村劳动者今天的文化素质和思想水平的提高。民办教师是农村九年义务教育的脊梁，是农村教育改革和发展的中坚，承担着农村扫盲的重任。② 王献玲认为，新中国成立后的长达半个世纪里，民办教师实际主要承担了我国农村扫盲教育的历史重任，是当时中国扫盲教育的主力军。③

在我国民办教师作用发挥以及发展阶段的划分上，车丽娜、徐继存认为，民办教师群体是乡村基础教育的"脊梁"、乡村文化礼仪的"向导"、乡村行政事务的"智囊"，对于农民文化科技素质的养成有重要作用。民办教师这一职业群体经历了两个历史时期，一是新中国成立到"文革"时期的产生与扩张期；二是"文革"以后到现阶段的转型与消退期。④ 刘琼将我国民办教师发展概括为四个阶段——形成时期（1952～1957年）、畸形发展时期（1958～1966年）、极度膨胀时期（1967～1977年）、减缩期（1978年以来），并梳理了学界对民办教师概念的广义和狭义的区别，以及民办教师管理政策、民办教师职业要求等方面存在的问题及策略，对学界的一些不同观点有所展示。⑤

虽然学界对民办教师的重要性有共同的认识，但学界在对待农村民办教师的教学质量方面，则有不同的看法。分歧主要在于，民办教师的专业素质是否能满足乡村基础文化教育的问题，以及民办教师的教学质量问题。如朱涛在

---

① 《山东开辟出一条多快好省培养师资的途径 县县社社办半工半读师范》，《人民日报》1960年1月15日，第4版。
② 肖月娥：《充分认识和发挥民办教师的作用》，《河北师范大学学报》（社会科学版）1995年第4期，第92～96页、第101页。
③ 王献玲：《民办教师对中国扫盲教育的贡献》，《成人教育》2006年第12期，第82～83页。
④ 车丽娜、徐继存：《民办教师及其对乡村社会的影响》，《教育研究与实验》2014年第5期，第45～51页。
⑤ 刘琼：《民办教师政策研究三十年回顾与展望——以中国期刊网录入论文为例》，《当代教育理论与实践》2010年第1期，第79～82页。

《关于我国民办教师问题的思考》中提出：民办教师的专业素质存在先天不足的特点，对农村教育质量难以产生积极影响。[1] 顿华兴等在《关于加强农村民办教师队伍建设问题的调查》中也认为，农村民办教师队伍人心不稳，业务素质低、教学能力差的问题十分突出，严重影响了农村教育事业的发展，削弱了全民办学的积极性，也制约了我国科技兴农计划的实施，严重制约了农村的科技进步，造成"读书无用论"的泛起。[2]

但对此也有很多不同的意见，如向海认为，在严格把关、加强培养的前提下，建立专职民办教师队伍，可以保证农民教育的经常化、制度化开展，且有利于农村两个文明建设、有利于发展农民教育事业、有利于教育与实际的结合、有利于农村产业结构的改革和农业责任制的完善。[3] 刘辉汉则通过对吕梁地区民办教师的教学成绩进行调查后进一步表达了对民办教师教学质量的认可，他认为：从教学实际效果来分析，民办教师明显优于公办教师，公办教师的教学不合格率高于民办教师，民办教师获得县级以上模范或教学能手者高于公办教师，因而不能把教师素质不高归因于民办教师。[4]

总之，虽然民办教师作为一个职业群体，已经走进了历史，但作为在我国农民文化素质教育中曾经发挥过重要作用，并在文化知识教育、学校管理、农村文化普及等方面积累和传承下许多宝贵经验的一个特殊群体，其研究价值依然为学界所重视，如何进一步整理和发掘这个群体的进步意义和历史经验，仍然值得学者进行深入研究。

第四节　农民职业技能教育

新中国成立以来，各级党委政府高度重视对农民的职业技术教育，将提高农民的职业技能作为促进农业发展和农村进步的重要举措。新中国成立初期的"冬学运动"、农民业务学校、农业技术夜校，以及农业合作化进程等，都将农民职业技能教育作为重要组成部分来推进。农业中学和江西共产主义劳动大学的建立，标志着新中国成立后农民职业技术教育体系的初步形成，"从此我国不

---

[1] 朱涛：《关于我国民办教师问题的思考》，《教育与经济》1994年第4期，第42~44页。
[2] 顿华兴、王欣、李晓云：《关于加强农村民办教师队伍建设问题的调查》，《佳木斯教育学院学报》1991年第1期，第21~24页。
[3] 向海：《建立专职民师队伍切实搞好农民教育》，《成人教育》1983年第4期，第23~24页。
[4] 刘辉汉：《试论民办教师问题》，《中国教育学刊》1989年第6期，第55~57页。

仅有了进行农民职业技术教育的业余学习班职业中学、中专，也有了面向农民的职业大学"。① 虽然新中国成立初期到1978年改革开放这段时期，我国农民职业技术教育呈现出质量较低、技术含量较低的不足，但是体现了那一时期农民职业教育所具有的针对性、普及性、自足性、灵活性的特点，而且半工半读、以农养学等教学方式适应了当时农村社会的实际需求，特别是基本建立起了农民职业技术教育的完善体系。

改革开放以后，在"科学技术是第一生产力"、科教兴农的促进下，农民职业技能教育得到了全面加强，极大促进了农村劳动力转移、农民增收和农业增产，并且促进了产业化、城镇化、工业化的发展。在新中国成立70年以来的农民职教实践中，我国积极探索了农民职业技术教育半工半读、普教职教、国家与社会并举，两条腿发展的路子，并在推进"绿色证书"、培养新型职业农民等方面进行了积极探索。在学术界，对新中国成立以来农民职业技能教育的研究呈现出量多面广、持续深入的特点，一些制约农民职业技术教育发展的体制机制性问题也得到了深入广泛的研究。

一 农民职业技能教育概念及内涵的分歧

学界在研究农民职业技能教育时对其进行明确的概念界定并不多，但对其内涵的阐释却不少。在概念方面，如陈遇春认为："农民职业教育就是对具备有一定文化基础的农民施行的、以农业生产为基础的、各类相关职业需要的专门知识、技能以及相应的职业道德教育"。② 刘春生等认为，农民职业技术教育是指在一定的文化教育基础上，对农村求业人员和从业人员进行种养业、加工运输业、服务业等方面的专业知识和专业技能的教育。③ 在内涵方面，周发明等认为，农民职业技能教育与农民的文化基础教育、科技知识教育、生活技能教育、休闲娱乐教育、思想道德教育一起，共同组成农民的终身教育。④ 李文峰认为，农民的职业技术教育不属于普通教育、基础教育的范畴，是专为就业作准备的农民职前教育或在职教育，是我国教育体系中的一个有机组成部分。在义务教育阶段有必要进行劳动技术教育，促进学生的全面发展，但不应进行职业技术教育，而应该按照既有的学制要求打牢学习基础，以提高对未来技术发

---

① 朱启臻：《中国农民职业技术教育研究》，中国农业出版社，2003年，第103页。
② 陈遇春：《当代中国农民职业教育研究》，西北农林科技大学出版社，2005年，第42~43页。
③ 刘春生、王虹：《农村职业技术教育学》，高等教育出版社，1992年，第1页。
④ 周发明等：《构建农民终身教育体系研究》，湘潭大学出版社，2010年，第146~148页。

展的学习掌握能力。①

通过对学界对于农民职业技能教育概念及内涵认识分歧的简单梳理，可以大体总结出分歧主要集中在五个方面。其一，农民职业技能教育的目的，是否坚持农民职业技能培训应该"乡来乡往"，接受完培训后回到农村；其二，农民职业技能教育的形式和内容，是否需要将农民职业教育与农民技能培训进行严格的区分，以体现农民职业技能教育的专业性和系统性特点；其三，农民职业技能教育和思想政治教育的关系，是突出职业技能教育的专业性，还是将思想政治教育作为农民职业技能教育的一项重要内容；其四，农民职业技能教育和农村义务教育的关系，是否将农村基础教育作为农民职业技能教育的范畴，并将农村青少年学生作为农村职业技能教育的对象；其五，农民职业技能教育的体系，是否将农民职业技能教育作为农村继续教育或终身教育的重要组成部分（见表6-2）。

表6-2 农民职业技能教育学术争论的主要焦点

争论焦点	主要观点	代表学者
农民职业技能教育的目的	要坚持"乡来乡往"	林春、张忠政等
	要让农民获得更大发展空间和更多流动机会	张俊杰等
农民职业技能教育的形式和内容	应体现"短、平、快"的特点，以短期实用技术培训为主	安洁等
	要专业化、系统化进行	李水山等
农民职业技能教育和思想政治教育的关系	农民职业技能教育是综合性教育，要与思想政治教育紧密联系起来	李玉林等
	农民职业技能教育要强调职业道德教育，对于思想政治教育，应通过其他形式予以有效渗透	陈遇春等
农民职业技能教育和农村义务教育的关系	义务教育阶段不宜加入职业技能教育课程，实践效果差、影响负面，且不利于学生身心健康	彭灵、梁安培等
	农村义务教育的课程、学制等设置不能与城市同一标准、同一体系，加应入职业技能教育	李少元、李水山等
农民职业技能教育的体系	农民职业技能教育缺乏成为单独体系的基础条件	李水山等
	农民职业技能教育的独立性和特殊性应得到充分的认识	王守聪等

第一个分歧方面，呈现出鲜明的时代性特点。如在改革开放初期，在城市接纳农村剩余劳动力还相对有限、户籍制度松动有限的情况下，农村职业技能教育更多的是围绕农村的农业发展进行，学者也大多认为进行职业技能培训时要"乡来乡往"。如林春认为，兴办职业教育，发展农业中学，发展农技、农

---

① 李文峰：《农村初中进行职业技术教育的探讨》，《河南农业》2005年第5期，第42页。

机中专学校，按需开展农业工程技术、生物化学、农村水利、能源、农副业物料加工等新专业，要实行定向培养，乡来乡去。① 张忠政认为，要推行半工半读、半农半读，在农村普通中学开设劳动技术课。小学四年级以上农村全日制学生，应当按照教学计划所规定的时间，参加一定的生产劳动，学到一些相对简易的生产常识和技能。"要结合社队企业、科研站、农场等，举办业余技术学校或业余技术学习班、组，大力普及科学技术教育，直接为当地农业生产服务。林区学林，牧区学牧，水产区学渔"。②

随着改革开放的深入推进，学者们对农民职业技能教育在促进农村发展、促进城市繁荣方面的综合作用有了更深的认识。有学者就认为，农村学生在初中毕业后，相当大部分的学生没有升入更高一层的学校继续学习，而是选择了外出务工或留乡劳动，而且，外出务工人员中的一大部分又得回到农村继续劳动，所以，有必要把农村基础教育纳入农村职业技术教育的视野，在义务教育阶段就开始进行农村职业技能教育。如张俊杰认为要在普通初高中开设职业技术教育课程，抓好中小学"半工半读"教育，既是促进农村义务教育的好办法，又是促进农业现代化的有效途径。③ 张乐天等认为，直到2000年左右，国家在农村教育主要是为当地经济社会发展服务还是为城市和高等教育输送人才上一直摇摆不定，体现出我国农村教育转轨的艰难。④

第二个分歧方面，围绕是否要专业化、系统化进行农民职业技能教育，学界分歧较大。安洁认为，农民职业培训具有"短、平、快"特点，大多是为了一项或多项技术和技能的短期的一事一训。而农业职业教育则是更加基础、系统和综合的职业素质教育，通过职业教育使受教育者获得基础、系统的农业知识技能和综合管理能力，以及提高职业道德水平和加强诚信经营意识，进而达到培养农民职业能力的目的。⑤ 但也有学者认为，应该按需施教，因材施教，要充分认识到农村群众劳作繁忙、事务繁多、文化素质不高，但接受职业技能学习培训的愿望强烈的特点，根据农民群众中不同群体的不同特点，以及群众的实际

---

① 林春：《关于山西省农村知识分子的考察报告》，《晋阳学刊》1984 年第 3 期，第 7 页。
② 张忠政：《发展农村职业技术教育是促进农业现代化的战略措施》，《职业教育研究》1982 年第 3 期，第 5~9 页。
③ 张俊杰：《"半工半读"——农村普及职业技术教育的出路》，《职业技术教育》2002 年第 25 期，第 73 页。
④ 张乐天等：《新中国成立以来农村教育政策的回顾与反思》，北京师范大学出版社，2016 年，第 225 页。
⑤ 安洁：《农业职业教育与农民职业培训的区别》，《农民科技培训》2014 年第 7 期，第 29 页。

需要，对传统农户、新型职业农民、初高中毕业生等采取不同的措施，宜短期培训的则短期培训，宜系统培训的则系统培训，宜现场教学的则现场教学，宜远程教学的则远程教学，可以通过高校、农林院所、职业中专、职教中心进行系统的职业教育培训，也可以通过农业龙头企业、公司、工厂、实训基地等开展短期的职业技能培训。改革开放初期的农村职业技能教育实践也很多时候支撑了依托专业户家庭、农机、农技、畜牧中心开展短期技能培训能取得较好效果的论断。[1]

但李水山等认为，应急性的、临时的、零散的、短期的农民技术培训发挥不到好的效果，应该逐步为农村基础教育、职业教育和继续教育来取代，从而提高农民职业技术教育的系统性和全面性，而且，要从政府组织的号召性、群众性的职业技能培训，逐步发展到依靠正规的农业院校和各类培训机构来进行，确保农民职业技术教育的系统、全面和有效。[2]

第三个分歧方面，大多数学者认为对农民进行职业技能培训和教育，培养懂技术和懂经营的农业技术人员的同时，需要通过思想政治教育，对受训者进行适当的灌输，来提高农民的科学文化综合素质和职业道德素质，确保农民成为社会主义道路的拥护者和社会主义的建设者。如李玉林就认为农民职业技术教育的培养目标就包括有明确的思想政治教育的要求[3]，温涛、王煜宇在《中国西部农村教育与经济协调发展问题研究》中也持这一相似观点。[4]

但也有学者从农村职业技术教育的困境，以及绝大多数农民群众接受职业技术教育是为了短期内改善家庭物质生活的实际情况出发，认为首要的就是突出职业技术培训的专业性和实用性，确保广大农民群众乐于接受职业技术教育，满意于培训效果，确保农民增收致富，从而达到思想政治教育的既定目标。同时，陈遇春认为对农民进行职业技能教育时，应主要通过职业道德教育等途径，达到提高受教育者思想觉悟水平的效果，对于思想政治教育，则应通过其他形式予以有效渗透。[5]

第四个分歧方面，是否要将农民职业技能教育课程延伸到义务教育阶段，是否应该进行普教和职教"分流"，以及在普通课程中是否要加入职教课程，学界

---

[1] 中国教育学会编《中国农村教育的崛起》，人民教育出版社，1991年，第638~655页。
[2] 李水山、王振如、宋丽润、张天兴：《现阶段我国农村教育的认识偏差与对策》，《职教论坛》2005年第1期，第27页。
[3] 李玉林：《农村初级职业技术教育的培养目标与规格》，《佳木斯教育学院学报》1995年第4期，第66~69页。
[4] 温涛、王煜宇：《中国西部农村教育与经济协调发展问题研究》，西南师范大学出版社，2009年。
[5] 陈遇春：《当代中国农民职业教育研究》，西北农林科技大学出版社，2005年。

存在不同的意见。明确表示反对的有彭灵、梁安培等人。彭灵认为，按照《中共中央关于教育体制改革的决定》所形成的初、中、高"三级分流"为主，成人教育为辅的办学体制，更符合城市的职业教育发展规律，在我国农村发展极不平衡、农民身份固化、青年一代务农意愿极低的现实情况下，"三级分流"体制有其不合理的一面，且在农村产生的主要是消极作用。[1] 梁安培也认为，农村初中不适宜进行职业技能教育，如果初中阶段要加入职业技能教育，也应该分阶段进行。[2]

也有学者认为可以加入职教课程，但要注意形式。如徐耀认为要通过劳动技术课、挖掘文化课程的职业因素、组建兴趣小组和实训基地、毕业前培训等形式和途径，对义务教育阶段学生进行有效的职业教育渗透。[3] 李少元也认为，农村基础教育要走"素质教育"之路，重视学生综合素质的培养，并且，要充分考虑绝大多数初中毕业的学生不能继续升学的实际情况，使他们在义务教育阶段就习得适应农村生产所需的一些技能。[4]

李水山等则认为，农村教育的教材体系和课程体系都存在与农村实际脱节的问题，种类单一，科技课程太少，文化课程太多，农村初中课程与城市无异，不适应农村教育"双开发"和"不可分离性"的特点，如果简单地加入劳动技术课程，是起不到理想效果的，所以需要通过改革课程设置，来有效加入实用技术的教育。[5] 也有学者从农村义务教育阶段劳动教育、技能教育的实际效果，以及农村受教育对象的自由选择来评判，认为在初高中阶段开展系统的职业课程是不实际的，且不适合基础教育的实际情况。

第五个分歧方面，由于农村继续教育涵盖面很广，既有受教育方式的区别，例如自学考试、职业资格证书教育、"绿色证书"教育、文体娱乐培训等，也有受教育主体的区别，例如农村教师继续教育、农村医生继续教育、农村社区工作人员继续教育、农村会计人员继续教育，还有施教主体的区别，如中等职业学校、高等职业院校、工厂企业等，因此表现出一定的不同特性。[6] 所以很多学者认为农民职业教育是一个特殊的、单独的教育类型，是职业知识与职业技能、职业道德的综合教育。王守聪就认为，农民职业教育不能与普通教育、

---

[1] 彭灵：《"三级分流"和"合流、强化、普及"——对农村职业技术教育体制问题的思考》，《教育与职业》1988年第10期，第21~25页。
[2] 梁安培：《农村初中不宜进行职业技术教育》，《上海教育科研》1993年第5期，第25~26页。
[3] 徐耀：《浅谈农村学校渗透职业技术教育的途径》，《甘肃科技纵横》2008年第2期，第139页。
[4] 李少元：《农民教育论》，江苏教育出版社，1996年，第153~156页。
[5] 李水山、赵方印主编《中外农民教育研究》，广西教育出版社，2006年，第152页。
[6] 中国教育学会编《中国农村教育的崛起》，人民教育出版社，1991年，第638~655页。

农村职业教育、农业职业教育混为一谈，更不能以农民技术技能培训来代替。①宋志敏等也认为农村的职业技术教育和农村思想政治教育一样，是继续教育的一种重要形式，主要针对基层干部、农业技术人员、广大农民，以及剩余劳动力。②

但也有学者主张将农村职业技能教育与农村继续教育或终身教育、基础教育等相提并论，主张互相结合发挥作用。如李水山就认为，农村职业继续教育要为农村的全面发展服务，促进农村社会转型和农业发展、农民增收，在这过程中，需要与农村的基础教育、继续教育相结合，共同促进农村社会化终身教育的实现。③

二 农民职业技能教育存在问题的分歧

新中国成立以来，学界对农民职业技能教育的研究体现了强烈的问题意识和唯物主义、实事求是的优良传统。

新中国成立初期，面对师资校舍匮乏、农民文化素质和农业科技运用率极低、传统小农经济占主要地位的局面，学界对农民职业技能教育应根据实际需求、加强领导、加大投入、综合措施、扎根农村以农为主等方面具有高度的共识。如安徽省六安专区通过依靠各工厂、企业、矿山、林场与公社联合，开办各类职业学校，密切联系教育和生产劳动，使农民轮流学习各种科学技术和提高文化素质，为公社培养大批技术人员的做法，当时《人民日报》就专门刊文予以大力推崇和推广。④但也有不少分歧，主要集中在农民职业技能教育的师资队伍是以专职为主，还是要利用好乡土人才；是要依靠各级政府和乡镇公社的投入，还是要吸收社会各界的资金参与；是要掌握农业生产生活技能和经营知识，还是要掌握从事工业生产和城市服务业的"非农"知识和技能。

20世纪60年代以后一段时期农村职业教育不断被政治化，正常的学术争论被简单的政治立场所取代。如对于职业教育半工半读等形式问题的讨论，就成为坚持"教育为无产阶级政治服务，教育与生产劳动相结合"的教育方针⑤，

---

① 王守聪：《关于构建现代农民职业教育制度的新思考》，《教育与职业》2013年第29期，第12~14页。
② 宋志敏、张文敬、王国华：《关于加强农村继续教育的思考》，《郑州经济管理干部学院学报》2004年第4期，第64~65页。
③ 李水山：《关于农村职业继续教育几个焦点问题的认识》，《北京农业职业学院学报》2003年第1期，第55~56页。
④ 《开辟农民学习多种技术的途径》，《人民日报》1958年12月1日，第6版。
⑤ 《半农（工）半读制度是我国教育革命重要发展》，《人民日报》1965年9月28日，第2版。

巩固无产阶级专政、防止资本主义复辟的根本措施之一①被刻意拔高和扭曲，一些有益尝试和探索被当成"毒草""黑货"而被扼杀了。②

改革开放以来，学界对农民职业技能教育存在问题的研究主要集中在以下几个方面：农校所受到的重视程度和资源保障不足、招生难、保学难、就业难、专业设置不科学；"三级分流"机制是否科学的问题；户籍制度和条块分割的农村职教管理制度的负面影响问题；先进的教育手段作用发挥和农村远程教育质量如何保障、农民"绿色证书"培训、教学手段信息化科技化运用实际效果，以及农民职业技能教育的历史局限性等问题。如陆学艺指出，"我国农民的职业化倾向是初步性的，与完全职业化的差距还很大，因为它有许多限制条件……因此，农业不可能与二、三产业进行公平竞争，享受同等的市场待遇，虽然联产承包责任制使农民获得了土地的使用权和经营自主权，但由于人多地少，土地承包分割过细，农民尚不可能对土地进行大规模集约经营，也不可能全面地实现农业机械化操作，从而限制了农业劳动生产率和效益的提高，使得农业的赢利水平很低，有的地方根本没有赢利。这样，与二、三产业相比，农业仍只是解决了我国人民的温饱问题，尚不能使农民从温饱奔向富裕，靠农业致富在大多数农民看来是不可能的"。③

围绕谁来投资农民职业技术教育，以及如何看待农民职业技术教育投资不足、效果不够理想的问题，文黎明等学者认为，农民职业技术教育存在教育部门一家唱独角戏的问题，政府所投经费的分配和使用不合理，影响到了农村职业技术教育的整体效果。④潘意志、程丹丹等人则认为，农民职业教育与培训具有准公共产品的特点，因此政府应该是培训经费的投入主体⑤，但也要保持一定的商业介入。罗玲、徐涛也持相同看法，认为职业教育以纯公共产品的出现，会导致办学形式单一、与市场脱节，也会导致办学质量的低劣，因此要鼓励企业与学校共同办学，实行市场化办学。⑥李锐认为，普通农户在现有职教

---

① 《巩固无产阶级专政、防止资本主义复辟的根本措施之一——半工半读教育制度显示出鲜明优越性》，《人民日报》1965年12月6日，第1版。
② 段峰：《对半工半读中等技术学校的回顾和建议》，《职业教育研究》1984年第1期，第32~35页。
③ 陆学艺主编《社会主义道路与中国农村现代化》，江西人民出版社，1994年，第196页。
④ 文黎明：《发展农村职业技术教育亟待解决的问题》，《江西教育科学》1988年第2期，第40~44页。
⑤ 潘意志、程丹丹：《农村综合改革试验区农民职业教育与培训需求调查与分析：云浮1000个农户样本》，《国家林业局管理干部学院学报》2014年第3期，第32~39页。
⑥ 罗玲、徐涛：《面向农民的职业教育：问题与对策》，《中国职业技术教育》2004年第6期，第27~29页。

培训体系中存在难以承担成本,也无法参与决策的问题,处于被动的一方,客观上属于抬石头中的"矮子困境"中的矮子,需要政府、县级职教中心、职业学校、企业、村委会,以及家庭,分别在经费保障、完善课程体系、承担实训任务、动员发动人员、施以情感支持等方面共同努力,构建共同的利益格局。[①]而且,也有不少学者认为,鉴于农民职业技能教育在发展农业、发展民生方面的重要作用,应使其成为一项国家福利制度予以确认和进行保障。

学界对于改革开放以来国家实施的各项农民职业技能教育政策的实际效果、存在问题的看法,也多有不同。

如在看待农民"绿色证书"(农民绿色资格证书)培训上,周俊伍就认为,从1994年开始实行的绿色证书培训是改善我国农业种植情况的重要措施,虽然取得了很大成就,但还有很多不足,且实际上已经走向了没落。特别是2001年以后,很多地方的财政预算就不再安排资金进行农民绿色证书培训,相关的配套政策落实不够到位,师资技能难以得到保障,从而影响农民接受绿色证书培训的积极性和实际效果。[②] 与此同时,有学者认为,农民绿色证书培训走向没落的原因,主要不在于政府的不重视,而在于这一制度的本身问题,如张桂春、徐阳就认为,农民绿色证书的"自身培养目标的层次较低、内涵与外延过于狭窄,已经越来越不适应农村经济和社会进一步发展的需求"[③],要通过升级教学培训内容,拓宽学科、专业领域,培养更多的高技能农村技术人员,促进农民绿色证书培训实现新的发展。李水山、常英新认为,绿色证书教育不是单纯的培训和发证,需要经过一定的实践周期,形成"农民科技培训—社会实践—跟踪服务的农民职业教育有效循环机制"。[④] 而且,也有学者认为,要通过实施证书分级制度,升级质量效益,进一步探索出适合我国农村发展、农民实际的绿色证书培训制度。[⑤][⑥][⑦]

[①] 李锐:《"矮子困境"与解决之道——现代职业教育的组织方式与农民获取非农生产技术的互动与可能》,《陕西理工学院学报》(社会科学版)2009年第1期,第1~6页。
[②] 周俊伍:《我国农民绿色证书培训的现状问题和对策》,《农业与技术》2016年第22期,第247页。
[③] 张桂春、徐阳:《关于拓展农村绿色证书教育功能的思考》,《辽宁师范大学学报》(社会科学版)2005年第2期,第62~64页。
[④] 李水山、常英新:《农村基础教育和职业教育相结合的有效途径——在农村初中实施绿色证书教育的必要性和可行性》,《教育与职业》2002年第4期,第34~36页。
[⑤] 幺艳:《对农村绿色证书分级培训的探讨》,《农业经济》2006年第2期,第80页。
[⑥] 孙翔:《培养创业农民,创新三级"绿色证书"制度——我国实施"八大"农村人才创新工程》,《高等农业教育》2011年第10期,第3~6页。
[⑦] 李水山:《绿色证书教育的社会效益与发展趋势》,《教育与职业》2001年第8期,第45~47页。

需要指出的是，虽然"农民绿色证书"制度在全国一些地区还在施行，有些地区的实践探索仍在继续，但学界对于这一问题的研究实际上已经热度不再（见图6-1），特别是对于农民绿色证书实践中的经验和教训的总结和反思、对推进过程中遇到的问题和制度如何完善、绿色证书如何实现与乡村振兴计划有效结合、国外绿色证书实践的最新动态等方面的研究，没有得到有效的持续和深化。而与此形成鲜明对比的，是自2012年中央1号文件提出"新型职业农民"以来，学者对"新型职业农民"的研究热情持续高涨，已成为"三农"研究的热点（见图6-2）。

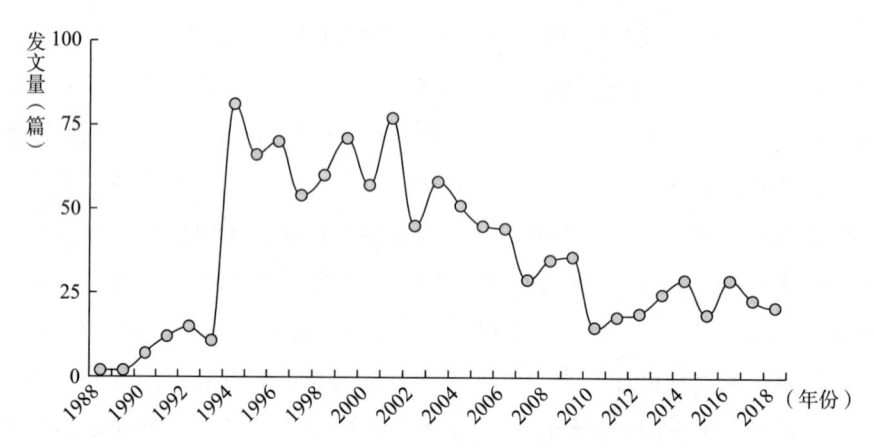

图6-1 1988年以来以"绿色证书"为主题的年度学术文章发表变化情况

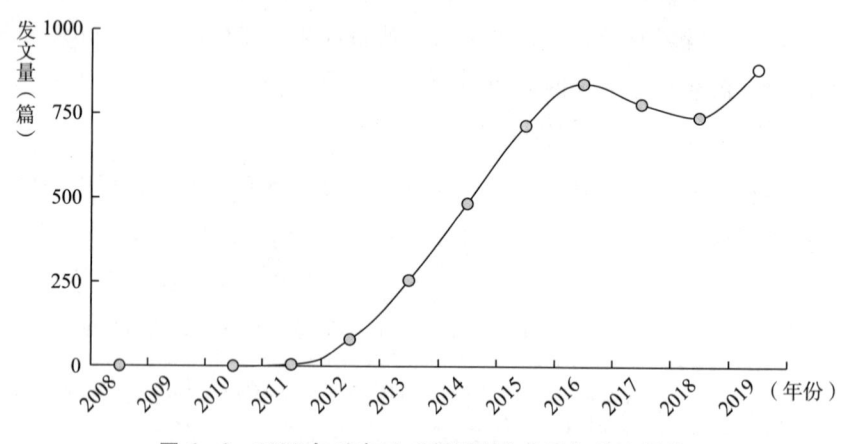

图6-2 2008年以来以"新型职业农民"为主题的年度学术文章发表变化情况

三 农民职业技能教育目标及主要内容的分歧

从新中国成立以来的农民职业技能教育发展整体进程来看，其目标及主要内容的变化，体现了我国社会进步、农业发展、技术更新的内在要求，但由于我国国情和农情复杂，发展难以避免存在延时性和差异性的问题，因此学术界对农民职业技能教育目标及主要内容的研究存在一定的分歧。特别是在肯定农民职业技能教育是一个系统性构成的前提下，学界对其具体内涵有着不同的认识。

在农民职业技能教育的目标体系构成上，张忠政认为，农民职业技能教育的开展是生产劳动与文化教育、科学技术的联结，需要实行生产与教育、科研三结合，需要由国家、地方或社队、私人举办，以及教育部门、业务部门，通过全日制、业余制、半工（农）半读制等方式，从小学到大学的一整套职业技术教育，以培养农业生产需要的技术人才，培养出具有社会主义觉悟、具有较高文化素质和科学技术的新式农民。具体到农村职业技术教育的培养目标，就是贯彻党的教育方针，用"共产主义思想和品德来教育学生，用先进的科学技术和文化知识来武装学生"[1]，培养出德智体诸方面得到发展，"既掌握了理论基础知识，又掌握了实际操作技能的又红又专的社会主义合格的劳动者"[2]。

而更多的学者则从个人、家庭、社会、国家等层面阐释农民职业技能教育的功能及目标设定。叶冬青、苏济在《论农村职业技术教育发展的现状及对策》中就农村职业技术教育的社会功能和目标进行了梳理，他们认为，农村职业技术教育具有四重社会功能和目标：为高职院校输送优秀人才、促进农村剩余劳动力转移，提高剩余劳动力的技能和素质、为当地农村经济发展培养专门农技人才、为全面提高农村劳动者素质，促进国家安全稳定奠定基础。[3] 曾书琴、梁山也认为，农村职业教育要以培养适合农村经济建设需要的各级各类人才为目标，并且，要以受教育者的基础职业技术素质的全面提高和专业实用技术的掌握为着眼点，要根据职业教育的特点和人才的成长规律、初中级人才社会需求，培养出质量合格、数量充足的新型农民和农村致富带头人，为农村的经济建设服务。[4]

---

[1] 张忠政：《发展农村职业技术教育是促进农业现代化的战略措施》，《职业教育研究》1982年第3期，第5~9页。
[2] 张忠政：《发展农村职业技术教育是促进农业现代化的战略措施》，《职业教育研究》1982年第3期，第5~9页。
[3] 叶冬青、苏济：《论农村职业技术教育发展的现状及对策》，《中国电力教育》2009年第2期，第28~29页。
[4] 曾书琴、梁山：《"三农"背景下发展农村职业教育的思考》，《广东农业科学》2009年第10期，第255~257页。

在农民职业技术教育主要内容方面，学者的观点也存在一定的分歧。如刘春生、王虹认为，农村职业技术教育的内容主要包括五个方面，即职业道德、职业文化、职业技能、职业经营和职业纪律教育，其构成体系则既包括技校的职业前准备教育，也包括职业后的技术教育，既包括义务教育阶段和高中阶段所开展的短期、单项的农村实用技术培训教育，也涵括其他普通教育中的职业技术教育因素。就其层次而言，呈现初级、中级、高级农村职业技术教育体系。而且，不同地区的农村职业技术教育的层次要根据各地的经济发展和普及教育的不同而有差异，要因地制宜。① 周发明等在《构建农民终身教育体系研究》中也认为，农民职业技术教育发展和提高的关键，在于构建多层次的农民职业技术教育体系。要把在农村普通基础教育中开展的农业职业技术教育，与社会培训机构提供的短期实用技术培训，以及专门的农民职业技术教育、农民初等（中等、高等）职业技术教育三者结合起来，构建成灵活、多元、有效的整体系统。②

与一些学者主张的农民职业技能教育专业化发展不同，陈遇春等则认为，农民职业教育"是对未来或现有的具有一定文化基础的农民施行的以农业生产为基础的各类职业需要的知识、技能教育"③，是一种全面的大职业教育，内容包含了各类职业技能和专门知识。并且，陈遇春等指出，农民职业教育这个概念包括三个重要内涵：一是所指的农民包含即将走向社会的未成年农民；二是农民职业教育不是文化教育但又必须以文化知识为基础；三是农业职业教育是基础，但不是全部，而是"包含各类适合农民生活与发展需要的各种职业技能教育，是一种全面的、大职业教育"。④ 阚言华等也认为，农民职业教育是全面、系统、综合的职业素质教育，既包括学历教育，也包括从业后的继续教育，内容涵盖农民生产生活和经营活动中的一系列知识，包括观念、理念、道德、技术、能力等。⑤ 朱启臻也支持这一观点，他认为，在建立农民职业技能教育体系时，需要坚持三个原则：一是社会适应原则，即要适应当地农村经济发展

---

① 刘春生、王虹：《农村职业技术教育学》，高等教育出版社，1992年，第2页。
② 周发明等：《构建农民终身教育体系研究》，湘潭大学出版社，2010年，第171页。
③ 陈遇春、吕卫东、朱宏斌：《新时期农民职业教育的概念与目标》，《教育与职业》2003年第19期，第45~47页。
④ 陈遇春、吕卫东、朱宏斌：《新时期农民职业教育的概念与目标》，《教育与职业》2003年第19期，第45~47页。
⑤ 阚言华、张云、徐辉、马景雪：《建设农民职业教育信息平台，培育新型职业农民》，《农民科技培训》2013年第12期，第15~17页。

的需要、要与农业生产的特点相适应、要与农民的特点和需要相适应;二是整体性与协调性原则,即改变学历教育至上的错误观念,打破学校教育的唯一教育模式,构建起学校教育、社会教育、家庭教育相结合的大教育观;三是多样性与灵活性原则,即省情、民情、农情的不同和差异,决定了我国农民职业技术教育必须具有足够的多样性和灵活性。① 并且,朱启臻认为,在农民职业技术教育的目的表述上,学界的认识和研究中存在两个突出问题,不利于农民职业技术教育的发展:一是见物不见人,重视农民掌握技术,促进生产力的发展,却忽视了人的发展;二是把农民职业技术教育局限为农业技术教育,认为农民职业技术教育的主要目的就是为农村社会培养"留得住"的使用技术人才,就是教育人"学农、务农、爱农"。② 这两种都有其不足,因而农民职业技术教育要以农村现代化为目标,并且要肩负起两个主要任务:一是要提高以"农业为职业的人们的综合素质,为农业的发展提供科技源泉,为农民自身的发展奠定基础;二是为农民跳出农门提供素质教育支持,为农民在非农领域就业提供教育服务"。③

朱启臻的这一观点具有较大的代表性。陈遇春的观点也基本与此呼应,他认为农民职业教育目标的设定既是现实的,也是具体的,要符合农民自身的文化水平和实际需要,要在农民有限的文化基础上实施技能培养,引导农民学会谋生、谋职、谋效,使其获得生活和致富的能力,并且,促进农民合理流动和农村剩余劳动力有序转移,使农民学会文明健康的生活方式,学会解放自己,学会与时代一同进步。④ 在具体内容方面,则主要有三个部分,即生产教育、生活教育、生态教育。⑤ 刘冬蕾、郝鹏飞也认为:发展农村职业教育,要针对农民的生产、生活等特点,综合利用好大中专职业院校,以及其他各类教育资源,形式多样地开展各种教育培训活动。⑥

四 农民职业技能教育实现途径的分歧

学界对农民职业技能教育实现途径的研究,准确把握住了农民职业教育实

---

① 朱启臻:《中国农民职业技术教育研究》,中国农业出版社,2003年,第336~338页。
② 朱启臻:《中国农民职业技术教育研究》,中国农业出版社,2003年,第309页。
③ 朱启臻:《中国农民职业技术教育研究》,中国农业出版社,2003年,第313~314页。
④ 陈遇春:《当代中国农民职业教育研究》,西北农林科技大学出版社,2005年,第43~44页。
⑤ 陈遇春:《当代中国农民职业教育研究》,西北农林科技大学出版社,2005年,第44页。
⑥ 刘冬蕾、郝鹏飞:《河北省农村劳动力职业技能体系研究》,《安徽农业科学》2011年第32期,第71~73页。

现途径的多元性、系统性、整体性的特征,并且大都主张系统全面开展农民职业技能教育。但在具体实现途径上存在一定分歧,特别是对在技术层面还是制度层面分析和解决问题存在着视角的不同。

赵树凯认为,农村职业技术教育要处理好三个问题,即要与农村经济协调发展,要培养多层次的人才,要针对在校生、社会人员等采取不同的教学形式。① 马戎在《中国农村教育问题研究》中则认为,由于中国农情和国情的复杂,所以农村职业教育的教学内容、发展规模、学制设置、专业开设等必须与当地经济社会发展、区域经济发展的要求相适应,要因地制宜灵活开展,要办出职业教育的特色,而不能套用某种模式。特别是在社会转型时期,农村职业教育更应坚持和清楚自己的发展方向。②

苏培安等认为农村职业技术教育的发展,需要通过办"大教育",实行农、科、教通力合作,"三教"统筹,农业部门、科技部门、农业教育部门等多条战线结合,才能适应农村体制改革和农业经济建设、农村教育改革的需要。③ 李文峰也认为,农村职业技术教育必须实现多元化发展,要推进农民职业技术教育"面向农业,面向工业,面向服务业"。④

基于同一问题的不同层面和不同区间的梳理、判断,学者给出的建议也是不同的。如王兆婷认为,要针对生产型、服务型、经营型职业农民的不同,从他们的实际主导需求出发,分层分类进行新型农民的培训。⑤ 潘意志、程丹丹则根据云浮市农村综合改革试验区1000个农户家庭的调查,认为要建立健全农民职业教育法律法规和制度体系,对农民职业教育的组织管理、教育机构、农民接受职业教育培训的权利和义务加以规范;加快制定现代职业农民的职业标准,正确引导农民职业教育培训、鉴定考核和技能竞赛等活动;根据现代职业农民的需求选择培训内容和培训方式,积极探索实施"工学结合、工学交替"的培养方式;加大农民职业教育与培训的财政投入。⑥

---

① 赵树凯:《农村的产业结构调整与职业技术教育》,《农业现代化研究》1985年第4期,第10~12页。
② 马戎:《中国农村教育问题研究》,福建教育出版社,2000年,第236页。
③ 苏培安、魏明春、侯大斌:《论"三农"协作发展我省农村职业技术教育》,《绵阳农专学报》1990年第4期,第48~52页、第55页。
④ 李文峰:《农村初中进行职业技术教育的探讨》,《河南农业》2005年第5期,第42页。
⑤ 王兆婷:《浙江农民科技文化素质与新型职业农民培育》,《湖北函授大学学报》2013年第7期,第75~76页。
⑥ 潘意志、程丹丹:《农村综合改革试验区农民职业教育与培训需求调查与分析:云浮1000个农户样本》,《国家林业局管理干部学院学报》2014年第3期,第32~39页。

除了从法规体系、质量体系、供需体系等方面给出建议外，还有学者认为，尤为迫切的是要把握农民职业技能教育的内在规律和农情、国情，特别是从人事权、财权、资源配置等方面出发加强农民职业技能教育。如杨少垒、蒋永穆认为，我国特殊的国情和农情决定了农业现代化过程中必须正视各主体之间既对立又统一的利益目标，在开展农民职业技能教育等方面，必须在坚持统筹兼顾的基础上，"最大限度平衡和协调各参与主体的利益需求"。[1] 李水山则认为，要克服农村职业技能教育体系和网络力量被削弱、师资流失、形式主义明显、缺乏长效机制等问题，就需要从农村教育的制度、体制和运行机制上找原因，抓住根本，将农民职业技能教育与相应的职前、职后教育相衔接，推进"三教统筹"和农科教结合，建立和完善具有中国特色的农村与农民职业教育体系和机制，为农村居民的全面发展和农村现代化服务。[2] 李水山还认为，要促进农村教育的发展，就必须承认农村教育的不平衡性、艰巨性和城乡教育的差异性、长期性等特征与客观规律，不能急于求成，更不能急功近利，要正视农村教育的教材、内容、方法等存在的缺陷，正视农村教育与城市教育的差异，不能简单追求农村教育与城市教育的对标发展，要逐渐统一教育的事权和财权，量力而行的调整教育资源层次结构和学校布局，实行准入制度，推行人事制度改革[3]，以此促进中国特色农业现代化道路的顺利推进。

陈遇春则认为，开展农村职业技能教育，关键在于构建多层次的农民职业技术教育体系，即：要在农村普通基础教育中进行农业职业技术教育，通过农民初等、中等、高等职业技术教育进行专门的农民职业技术教育，通过社会培训机构提供短期实用技术培训。[4] 因为农民职业技能教育具有教学活动的实践性、教学方法的直观性、教学内容的实用性、教学组织的多样性、教学场所的开放性等特点[5]，农民的个体流动频率、农业兼业化程度、文化水平差异情况等都影响了农民职业技术教育方式的选择和专业的设置，所以，农民职业技能教育不能限于传统种养业领域，也不能仅限于农业职业范围，而应该以农村经

---

[1] 杨少垒、蒋永穆：《中国特色农业现代化道路的科学内涵》，《上海行政学院学报》2013年第1期，第69~79页。
[2] 李水山：《我国农村职业教育存在的主要问题与发展对策》，《教育与职业》2004年第21期，第4~5页。
[3] 李水山、王振如、宋丽润、张天兴：《现阶段我国农村教育的认识偏差与对策》，《职教论坛》2005年第1期，第24~27页。
[4] 陈遇春：《当代中国农民职业教育研究》，西北农林科技大学出版社，2005年，第171页。
[5] 陈遇春：《当代中国农民职业教育研究》，西北农林科技大学出版社，2005年，第57~58页。

济发展和农村劳动力转移为目的，以市场化为导向，多层次多类型开展。①

如果从农民职业技术教育具体举措的评价方面来梳理学界的分歧，则会发现，基于农情、民情、省情的差异，学界对诸如农民终身教育、骨干农民培养、新型职业农民培养，以及农村远程教育、农村实用人才培训工程等问题都有或大或小的分歧。归纳起来，分歧的主要方面就在教育效果评价和改进方向上。

如对农村远程教育开展的实际效果的评价，学者的分歧主要在于问题梳理的涵盖面和主次之间的区别。温涛、王煜宇通过研究西部农村远程教育认为，西部地区的农村远程教育已形成了以农村中小学为主，以农村党员干部教育、农广校等为辅的教育体系，促进了优质教育资源的传播和城乡之间的教育资源共享，为农村经济社会发展、教育事业进步、乡风文明培养奠定了基础。② 农村远程教育面临的问题则主要在六个方面，即：经费投入不足、为"三农"服务的针对性不强、资源贫乏与资源重复建设问题突出、缺乏有效的学习支持服务体系、环境建设不到位、教师现代信息技术应用能力较低。③ 而魏向君则认为农村现代远程教育的不足主要在于四个方面：一是管理者、教育者、受众在对待远程教育上存在认识观念的不足，二是有效的分期分批资金投入不足，三是重"硬件"轻"软件"，四是能从事信息化教学的师资队伍不足。④ 柴娟娟则认为，农村远程教育的主要问题在于：教师数量和经费不足，导致许多有价值的教育电视节目和网上课堂资源得不到有效运用；教学管理和应用上的不足，导致远程教育设备利用率普遍不高；培训不到位，教培与实际需求脱节；缺乏系统的理论来指导发展招生管理和技术更新；软硬件建设存在低水平重复建设的问题。⑤

对于如何更好地运用远程教育开展农民职业技能教育，柴娟娟主张从提高政府重视程度、加强师资培训、提高基础设施建设水平三个方面来加强。⑥ 万全昌则认为，需要根据各地不同情况，形式多样，因地制宜地开展，在开展远程教育时，要讲究实效，坚持按需施教、学用一致的原则，增强针对性和吸引

---

① 陈遇春：《当代中国农民职业教育研究》，西北农林科技大学出版社，2005年，第121页。
② 温涛、王煜宇：《中国西部农村教育与经济协调发展问题研究》，西南师范大学出版社，2009年，第112页。
③ 温涛、王煜宇：《中国西部农村教育与经济协调发展问题研究》，西南师范大学出版社，2009年，第124~127页。
④ 魏向君：《四大软肋制约下的西部农村现代远程教育》，《发展》2007年第11期，第118页。
⑤ 柴娟娟：《浅谈西部农村地区现代远程教育的现状与未来》，《兰州学刊》2006年第7期，第205~206页。
⑥ 柴娟娟：《浅谈西部农村地区现代远程教育的现状与未来》，《兰州学刊》2006年第7期，第205~206页。

力，要从农民致富奔小康实际需要出发，推出一些群众欢迎、效果明显的"短、平、快"的实用技术培训，并且，要与其他有关部门协作和联合，共同推进农村远程教育服务于农村职业技术教育发展。① 蒋立兵、王继新则认为，要针对农村远程教育发展不平衡、作用发挥不充分等问题，科学系统地规划项目，实现优质资源共享，合理分配资金投入，发挥示范点的带动作用，鼓励基层教研人员和专家参与远程教学建设，综合举措提高教师的信息能力和素养，为人才建设做准备，加强与新课程改革、科技扶贫计划等项目的综合协调，建立合作关系，实现资源优化配置，并且，要建立科学的评价体系，强化监督、检查和考核，确保远程教育的可持续发展。② 通过梳理，可以看到学界对这一问题的研究呈现不断深化的趋势。

五　新型职业农民培养的分歧

自2012年中央一号文件出台以后，新型职业农民培养的研究就成为学界关注的热点，学界对新型职业农民的概念、分类、特征，以及新型职业农民培养的内涵、路径等问题的研究，基本呈现与中央政策和农业部等各部委出台的各项细则进度一致、良性互动的特点，并体现出不断深入和清晰的研究态势。学界对新型职业农民培育的分歧，主要在于具体评价和发展方向这两个方面。

沈琼认为，自2012年发展到现在，我国已基本建立新型职业农民培训、认证、扶持等一系列制度，"一主多元"③的体系初步形成，新型农民数量不断增加。存在的问题主要在于：培训对象方面，文化程度和科技水平低、思想观念落后、法律意识淡薄；培训体系方面，内容空洞、缺乏时效性和针对性、认证标准不统一、颁证后管理跟不上，土地流转、涉农信贷、农业保险、农业基础设施建设等方面的不规范和成本增加影响了扶持政策的效应；"一主多元"培育主体之间缺乏沟通协调，资金不足，监管不到位等。④ 至于下一步的发展，沈琼认为，要从优化培育环境（舆论环境、法制环境等），完善教育培训体系（培训主体、对象、内容、模式等），加强认定管理，加大政策扶持四个大的方

---

① 万全昌：《远程教育在农村职业技术教育中的优势与作用》，《江苏广播电视大学学报》2004年第4期，第10~12页。
② 蒋立兵、王继新：《对农村现代远程教育工程实施的一点建议》，《现代远距离教育》2005年第5期，第22~24页。
③ "一主多元"指的是以各类公益性涉农培训机构为主题，多种资源和市场主体共同参与。
④ 沈琼：《中国新型职业农民培育研究》，中国农业出版社，2017年，第44~57页。

面予以加强。① 而彭飞龙等则认为，新型职业农民培育路径优化的方向在于根据新型职业农民在建设现代农业中的地位和作用，建立一整套以教育培训制度、认定管理办法和支持扶持政策为主要内容的法规制度体系，特别是要强化政策导向，明确农业职业教育的各方面责任和义务，落实涵盖土地流转、信贷、补贴、社保等方面的支持和优惠政策，构建新型职业农民终身学习培养体系，积极探索可持续教育培育制度，建立政府主导、行业指导、企业参与的新机制。② 赵源则认为，在新型职业农民培育的内容上，要按照精细培训、因需施教的原则，结合当地农情民情，与主导产业发展和农民需求相结合，分专业、分层次、分产业、分类别地科学选择和制定培训内容及计划；在具体的培训过程中，则要坚持"一点两线"全程教育培训，围绕产业发展这个中心点，紧抓实用技术和培训管理这两个主线，按照弹性灵活、因时施教的原则，采用传统教学与现代培训相结合、集中与分散培训相结合、课堂教学与实践操作相结合的模式，采取"分段式、参与式、菜单式"培育形式来进行，以符合现代农业的发展特点，以及当代农民的学习特点。③

还有学者从系统提升新型农民培育的效果角度给出了不同的建议。如岳秀红从提高项目的精准度方面提出了建议。岳秀红认为，之前的新型职业农民培养存在精准度不高的问题，突出表现在培育对象的选取精准度不高、培育主体的职责定位不精准、培育计划及内容精准度不高、培育形式及方式针对性不强、职业资格认定不精准，后续扶持措施缺失等方面，下一阶段就需要针对以上问题，切实提高精准性。④ 江小国则从要素整合方面给出了建议，他认为，在推进新型农民的职业教育中，存在教育资源匮乏、相关政策制度和机制不完善、教育培训机制不够完善、教育培训理念落后等问题，在乡村振兴战略背景下，应该提高重视程度，整合优化教育资源，创新教育理念、内容与方式，完善政策制度，建立健全教育培训体系，提高新型职业农民培养的精准度、科学性、系统性。⑤ 而杨柳等在《美国新型职业农民培育经验与启示》一文中，通过系

---

① 沈琼：《中国新型职业农民培育研究》，中国农业出版社，2017年，第125~130页。
② 彭飞龙、陆剑锋、刘柱杰：《新型职业农民素质标准与培育机制》，浙江大学出版社，2015年，第124~130页。
③ 赵源：《新型职业农民培育公共课读本》，山西经济出版社，2016年，第60~63页。
④ 岳秀红：《提升新型职业农民培育质量的必然选择：精准培育》，《农业经济》2019年第7期，第54~56页。
⑤ 江小国：《乡村振兴战略背景下新型农民职业教育的困境和对策》，《教育科学论坛》2019年第4期，第65~67页。

统比较美国的经验和做法，对我国新型职业农民教育的继续发展提出了四个方面的建议，即：一是构建科学有效的制度框架，尽快出台单行法，明确职业农民教育的认定办法、认定标准、证书级别、扶持政策、考核制度、经费来源等具体事项，地方各级政府结合实际，出台相应地方法规和政策，促进具有中国特色的职业农民培育政策体系早日形成；二是制定出台既合理又实惠且符合实际的资金扶持政策，通过设立农业技术创新和职业农民培育基金会等形式，加大财政投入，不使政府扶持流于形式；三是建立衔接融合的新型职业农民培育体系，将培训机构、企业、专合社、农校等组织融合起来；四是创新培育模式，根据产业特点和实际情况，围绕乡村振兴人才的提升，结合新型职业农民的特点，因地制宜，创新建立符合地方发展需要、具有地方特色的新型职业农民培育模式。[1] 李文双等通过梳理学界对新型职业农民研究的文献认为，需要进一步完善和发挥政策的引导支撑作用，要办好职业教育，更好地发挥职业教育的民生效应；要加大资金和金融支持，进一步完善相关政策，推动职业教育的对策实施。[2]

与此同时，也有学者从历史性角度来分析新型职业农民培育的问题，认为新型职业农民培育作为一个较新的研究领域，目前各方面都还存在较多的问题，需要有时间、有耐心、有目标地推进。如彭飞龙等就认为，新型职业农民培育还处在发展阶段，建立和健全相应的质量机制、约束机制尤为重要，要明确阶段性目标，落实长远的工作任务来持续推进。[3]

可以说，目前学界对新型职业农民培育的研究，才刚刚起步，需要有效汲取之前培育骨干农民、职业农民的有益经验和做法，充分借鉴我国之前各项农民培育专项工程的具体实践，系统研究并总结提炼出新时代中国特色社会主义的农民职业技能教育之路。

第五节　总体考察

从整体来看，新中国成立70年来，学界围绕马克思主义农民教育思想展开

---

[1] 杨柳、杨帆、蒙生儒：《美国新型职业农民培育经验与启示》，《农业经济问题》2019年第6期，第137~144页。
[2] 李文双、李逸波、王妍令仪、彭建强、薛凤蕊：《新型职业农民培育文献综述》，《合作经济与科技》2019年第5期，第65~67页。
[3] 彭飞龙、陆剑锋、刘柱杰：《新型职业农民素质标准与培育机制》，浙江大学出版社，2015年，第154页。

了富有成效的学术研究和实践探讨,并就农民思想政治教育、农民文化素质教育、农民职业技能教育等重大问题展开了卓有成效的研究和阐发,推动了我国农民教育理论和实践的发展。正如马克思所言:"最好是把真理比作燧石,——它受到的敲打越厉害,发射出的光辉就越灿烂"①,学界围绕农民教育各方面问题所展开的争鸣和碰撞,是推动当代中国农民教育不断取得进步和突破的重要因素和必要环节。通过梳理新中国成立70年来学界对农民教育的论争,可以简要归纳出以下四个方面的研究特点。

一 农民教育研究的主要特点

一是充分体现了对农民教育研究的高度自觉。从总体来看,在新中国成立70年来的发展历程中,农民教育一直受到党和国家的高度重视,集中体现了强大的国家意志和坚韧的战略定力。广大学术界对农民教育各方面综合问题的持续关注和深入研究,既客观反映了党和国家对农民教育工作的高度重视,也充分体现了学术界高度的理论自觉和行动自觉。

二是客观反映了学术研究的唯物主义立场和方法。对于农民教育各领域中存在的理想与实际之间的差异,学界的认识都存在或悲观,或谨慎,或乐观的三种不同态度。从客观而言,由于新中国成立后农民教育基础差、起点低,建设有中国特色的社会主义可供借鉴和参考的成功经验、案例和渠道不多,再加上新中国成立以后,特别是改革开放以来客观存在的地域差距和城乡二元结构的沟壑,面对农民教育各种实际状况,以及农民教育实践的飞速发展,学界的以上三种态度都有其合理性一面,是符合我国农民教育发展实际的客观认识,反映了学界对唯物主义立场的坚持,以及对同一问题进行不同层面和角度进行探讨的学术精神。

三是有效实现了研究的与时俱进、开拓创新。回顾新中国成立70年以来学界对于农民教育的研究,可以清晰地看出70年来农民教育的巨大进步,是党和政府、市场和社会、传统和科技进步等多方面综合作用的结果,并从一开始就呈现"多元动力驱动"的鲜明特征。学界紧扣改革开放以来的市场化浪潮、席卷全球的科技化浪潮,以及信息化时代的特点,面对新情况、新问题进行探索,确保了对农民思想政治教育、农民职业技能教育、新型职业农民培养等各方面研究的及时更新与拓展,体现了学术研究的时代性和发展性特点。

---

① 《马克思恩格斯全集》(第一卷),人民出版社,1956年,第69页。

四是全面展示了农民教育研究的内在发展脉络和逻辑。学界对新中国成立以来农民教育的研究，虽然观点、结论及论证过程存在不同，但集中体现了我国农民教育研究发展的内在逻辑。其中，对农民思想政治教育的整体研究，主要体现了两条逻辑主线：一条是对各个时期中国共产党领导开展的农民思想政治教育进行宣传和阐释，另一条是对农民思想政治教育中存在的问题、出现的状况进行研究和批判。这两条主线的并进，促进了我国农民思想政治教育理论和实践的发展。对新中国成立以来开展的农村文化教育的研究，主要体现了三条逻辑发展曲线：一条是农民教育农民办→农民教育由国家和农民一起办→农民教育由国家主要承担的责任主体变化曲线；一条是农民文化教育重在识字扫盲→重在普九打基础→重在推动城乡教育均衡发展的质量上升曲线；一条是农民文化素质教育由传统的教学模式，发展到依托农村义务教育及义务阶段后教育，并综合运用函授、电大等新的教学模式，再发展到充分运用互联网、数字技术等教学模式来进行的技术进步曲线。对于农民职业技能教育的研究，则基本体现了三条推进主线：一是研究农民职业技能教育如何更好适应经济社会发展转型，以及促进城镇化和农业现代化的社会功能逻辑；二是研究农民职业技能教育如何更好实现农民个人发展，促进农民提高个体劳动素质，以此确保农民获得合适的技能和匹配相应工作的个体发展逻辑；三是研究农民职业技能教育如何体现国家意志，如何贯彻党和国家相关要求，对劳动者的职业道德、社会公德、家庭美德、法制意识等方面的形成和发展进行有效介入的政治灌输逻辑。

二 农民教育研究的未来展望

农民教育事业的全面协调发展，对于顺利实施乡村振兴战略，促进农村经济社会的更好发展具有重要意义。从总体来看，当前农民教育研究整体上呈现出多元综合、拓宽加深的时代性、发展性特点，但要对这一重大问题作出全面系统深入的研究，难度依然不小。与此同时，在具体研究上，当前对农民教育的学术研究依然存在一些以偏概全、刻意贬低或拔高、以古非今或以今非古等现象，重学术研究轻实践论证的现象还比较突出。所以，遵循当代中国农民教育的内在发展逻辑和生长规律，调动和发挥农民教育各参与主体的积极性和热情，对农民教育理论与实践予以更加科学的学理性提炼和总结，扎实推进具有中国特色的农民教育理论和实践的不断发展，仍需学界予以重视和加强。

一是牢牢把握新时代背景下农民教育的发展方向。在新时代背景下，农民教育要坚持以习近平新时代中国特色社会主义思想为指导,以确保党对农村教育的领导地位、巩固党在农村的思想阵地、促进"农业基础稳固,农村和谐稳定,农民安居乐业"[①]、"把广大农村建设成农民幸福生活的美好家园"[②] 为目标,按照《中共中央国务院关于实施乡村振兴战略的意见》的要求,切实提高对农民教育重要性、紧迫性的认识,更加坚定农民教育民族的、科学的、大众的发展方向,更加注重引导广大农民积极践行社会主义核心价值观;发展壮大乡村产业,拓宽农民增收渠道,提高农村公务服务水平;加快推进城乡基本公共服务均等化,增进农民幸福感获得感;稳步推进农村移风易俗工作,治理不良社会风气;完善乡村治理机制,保持农村社会和谐稳定,推进乡村振兴,不断增强农民教育研究的时代性和进步性。

二是善于总结和科学运用农民教育的宝贵经验和实践成果。走得再远,都不能忘记来时的路。新中国成立70年来农民教育的理论探索和实践发展,积累了很多弥足珍贵的经验,如:要充分发挥农村办学资源,调动广大农民群众的积极性和热情,确保农民教育在农村综合有效开展;要根据经济社会发展的实际水平和农业农村发展的实际需要,巩固和发展农民的各项权益;要发挥政府主导作用并充分发挥社会各界力量,构建起一元主导多元参与的农民教育综合体系;要切实加强农民教育实际效果的综合评价,提高资源的配置能力和使用效率,避免多头管理和资源浪费;等等。我们在今后的研究中要进行有效的继承和发扬。同时,对于改革开放以前运动式、大跃进式开展农民教育,片面主张贫下中农接管教育,改革开放以后一段时间主张"农村教育农村办",向农民转移办学负担,并由此降低了农民教育质量,以及实行严格的户籍管理制度,限制农民进城,忽视城乡教育差异等做法,学界需要有清醒的认识,坚持做真学问,为人民大众做研究,不断增强学术研究的使命感和责任感。

三是坚定不移走创新发展之路。学术研究的精髓就在于创新,推动未来农民教育研究进步与发展,根本也在于创新。要客观看待新中国成立70年来,学界在农民教育研究领域的理论体系、话语体系、传播体系建设等方面取得的成绩和存在的不足,以及一些研究成果存在重复低效、经不起推敲和论证、脱离农业农村农民实际的问题,要大力弘扬求真务实、刻苦钻研、创新求变的学风,

---

① 中共中央文献研究室:《在中央农村工作会议上的讲话》(2013年12月23日),载《十八大以来重要文献选编》(上),中央文献出版社,2014年,第658页。
② 李学仁、黄敬文:《习近平在湖北考察改革发展工作时强调:坚定不移全面深化改革开放 脚踏实地推动经济社会发展》,《人民日报》2013年7月24日,第1版。

贴近实际、贴近生活、贴近农民开展学术研究，抓重点、补短板、强基础，既要紧盯时代热点问题进行研究，更要紧扣基础性问题、关键性问题、系统性问题展开持续深入研究，稳步推进农民教育研究的观念创新、内容创新、方法创新、载体创新、机制创新，为促进我国农村经济社会高质量发展，确保农村安全稳定和谐，加快构建中国特色社会主义农民教育体系作出更大的学术贡献。

第七章 农村贫困与反贫困

为解决贫困问题，人类孜孜以求。新中国成立以来，我国农村反贫困实践不断深入，学术界对农村贫困与反贫困问题也进行了深入研究，形成了大量研究成果，其中一些观点存在分歧或争鸣。本章主要对学术界关于马克思主义贫困与反贫困相关论述、农村贫困产生的根源与贫困类型、农村反贫困的阶段及方式、精准扶贫与精准脱贫问题的研究成果进行梳理，概括其基本观点及争鸣点，总结中国特色减贫道路研究的特点，并对未来这一问题可能的研究方向作一展望。

第一节 对马克思主义贫困与反贫困相关论述的阐释

马克思主义贫困与反贫困相关论述作为我国反贫困政策和实践的理论渊源，学术界对其研究丰富，且形成了诸多鲜明的学术观点。本节主要从纵向维度梳理学者对马克思恩格斯贫困与反贫困相关论述和毛泽东、邓小平、江泽民、胡锦涛、习近平贫困与反贫困相关论述的研究。

一 马克思恩格斯有关贫困与反贫困相关论述

学者们对马克思恩格斯贫困与反贫困相关论述的研究由来已久，主要争议集中在四个方面：一是马克思恩格斯贫困与反贫困相关论述的形成和发展阶段，二是马克思恩格斯贫困与反贫困相关论述的起始范畴，三是关于马克思恩格斯贫困与反贫困相关论述的内在逻辑，四是马克思恩格斯贫困与反贫困相关论述在其理论体系中的地位。

（一）对马克思恩格斯反贫困相关论述形成和发展阶段的争议

国内学者对马克思主义贫困与反贫困相关论述形成和发展阶段的划分存在

一定争议。如王朝明认为,马克思贫困理论的逻辑路线起于异化劳动转入雇佣劳动,其思想结晶表现在写于1844年的《1844年经济学哲学手稿》和1867年出版的《资本论》之中。他指出,正是在异化劳动这方面,马克思归结出了伴随资本主义诞生的产业工人劳动异化的贫困。贫困发轫于劳动的异化,因而他将马克思对异化劳动的研究看作马克思主义贫困理论研究的开始。[①] 江峰、陈晨认为《资本论》蕴含丰富的反贫困思想元素,标志着马克思反贫困理论的形成和完善。[②] 蒲文胜认为早年马克思在《关于林木盗窃法的辩论》中第一次直接研究了贫困问题。[③] 杜利娜认为马克思消除人类贫困的"初心",可以追溯到中学阶段。在《青年在选择职业时的考虑》中,马克思就立志选择"最能为人类而工作的职业"。后来,在伦敦贫困交加的政治流亡经历,坚定了马克思为人类求解放并消除贫困的决心。她指出,马克思构建贫困理论是从对贫困现象的感性认识开始的,而后在1843年《〈黑格尔法哲学批判〉导言》中批判了黑格尔的思辨哲学,标志着马克思对资本主义及其贫困问题开始进行深入的政治经济学批判。[④] 吕长征认为马克思的无产阶级贫困化理论最先是在《1844年经济学哲学手稿》中提出来的,后来在《雇佣劳动与资本》、《工资》手稿和《1861—1863年经济学手稿》中都做了不同程度的论述,在1867年《资本论》第一卷问世以后便最终形成了。[⑤] 陆立军则是将马克思恩格斯的反贫困思想的发展历程划分为具体的三个阶段。第一阶段(19世纪40年代),是马克思恩格斯贫困理论的创立时期。这一时期,马克思恩格斯一方面深入调查英、德两国工人阶级状况,另一方面,批判继承前人的优秀成果,在此基础上进行革命的创造,初步奠定了科学的贫困理论的基础。第二阶段(19世纪50年代到60年代中期),是马克思恩格斯贫困理论走向成熟的时期。这一阶段,马克思恩格斯撰写了数十篇专论和涉及贫困问题的论文、评论和报道。这些文献表明,对无产阶级状况的调查和分析是当时马克思恩格斯研究的中心问题之一。第三阶段(19世纪60年代中期到19世纪末),马克思恩格斯贫困理论进一步完善和发展。

[①] 王朝明:《马克思主义贫困理论的创新与发展》,《当代经济研究》2008年第2期,第1~7页。
[②] 江峰、陈晨:《试析〈资本论〉反贫困理论的辩证思维特质》,《北京师范大学学报》(社会科学版)2016年第1期,第137~144页。
[③] 蒲文胜:《制度性贫困与反贫困力量考察》,《云南民族大学学报》(哲学社会科学版)2014年第1期,第77~82页。
[④] 杜利娜:《马克思的贫困理论及当代启示》,《马克思主义研究》2018年第8期,第31~40页。
[⑤] 吕长征:《马克思的无产阶级贫困化理论》,《暨南学报》(哲学社会科学)1983年第1期,第35~43页。

1867 年《资本论》的问世,是这个理论成熟的重要标志。①

(二) 对马克思恩格斯贫困与反贫困相关论述起始范畴的争议

国内学者关于马克思恩格斯贫困与反贫困相关论述的起始范畴的观点差异较大。主要有以下几种观点。

第一种观点认为,"私有财产"是马克思恩格斯贫困与反贫困相关论述的起始范畴。如刘丰、刘恒新认为,"私有财产"是马克思贫困理论的第一个关键词,"异化劳动"则是第二个。②

第二种观点认为,马克思恩格斯贫困与反贫困相关论述的逻辑起点是"贫困化"这一社会现实。苗泉竹认为,贫困是资本主义的共生现象,马克思早期真正抓住的第一个资本主义机体的重要的病理现象是贫困化,这使他放弃了以抽象的自由、公平为观察问题的出发点。贫困化是马克思解剖现实、实现理论转变的切入点,也是马克思始终关注的现象,只是在不同的阶段,马克思对它揭露的角度不同。马克思正是抓住了社会张力和冲突的焦点——贫困化,从对经济利益和政治国家的初步探讨扩展到对人生存的意义、价值和根据所代表的哲学层面的探索。③

第三种观点认为,"资本"是马克思恩格斯贫困与反贫困相关论述的起始范畴。周剑认为,马克思的理论是以资本为核心的,并从马克思的资本理念出发引出一个资本穷人模型。在这个模型中,缺乏资本是贫困的真正根源。最后得出结论:反贫困政策必须基于资本而不是收入。④

第四种观点认为,马克思恩格斯的贫困与反贫困相关论述是从"商品"出发的。侯征认为,无产阶级贫困化理论,是马克思恩格斯抓住商品这个资本主义生产关系的物质外壳,在劳动价值学说和剩余价值学说的基础上,通过资本主义积累一般规律的揭示而创立的。商品是资本主义经济的细胞,它包含着资本主义生产方式的一切矛盾的萌芽。要认识资本主义制度,了解其发生、发展

---

① 陆立军:《马克思恩格斯无产阶级贫困理论初探》,《河南师大学报》(社会科学版)1980 年第 3 期,第 19~27 页。
② 刘丰、刘恒新:《"他者剥夺"与"自我剥夺"——贫困的哲学解读》,《重庆行政》2010 年第 1 期,第 102~106 页。
③ 苗泉竹:《关注贫困化——马克思理论批判的着力点和理论发展的张力所在》,《学术论坛》2005 年第 7 期,第 4~7 页。
④ 周剑:《马克思的资本理念及其反贫困的政策含义》,《贵州财经学院学报》2009 年第 1 期,第 83~87 页。

和灭亡的规律，必须从商品开始，并抓住它不放。在无产阶级贫困化问题的研究上，也是这样，而且不能不这样。第一，只有从商品出发，并抓住商品进行研究，才能坚持劳动价值学说，真正抓住无产阶级贫困化的实质。第二，只有从商品开始，并抓住商品进行分析，才能坚持剩余价值学说，认清无产阶级贫困化是客观必然的，是一种趋势。①

第五种观点认为，"剥削"是马克思恩格斯贫困与反贫困相关论述的起始范畴。余达淮认为，正是资本主义剥削，带来了无产阶级贫困化问题。在资本主义社会，剥削是资产阶级的权利，而贫困则是无产阶级的必然命运。剥削与贫困两者相互关联，没有剥削，无产阶级也就将摆脱贫困。"在没有劳动可供剥削的地方，既不会有资本家，也不会有资本主义生产"。②

表7-1 马克思恩格斯反贫困相关论述起始范畴研究一览

代表观点	代表学者
"私有财产"是马克思贫困理论的第一个关键词	刘丰等
马克思恩格斯贫困与反贫困相关论述的逻辑起点是"贫困化"这一社会现实	苗泉竹
"资本"是马克思恩格斯贫困与反贫困相关论述的起始范畴	周剑
马克思恩格斯的贫困与反贫困相关论述是从"商品"出发的	侯征
"剥削"是马克思恩格斯贫困与反贫困相关论述的起始范畴	余达淮

（三）对马克思恩格斯反贫困相关论述内在逻辑的争议

对于马克思恩格斯贫困与反贫困相关论述的内在逻辑，国内学者研究的视角各有不同。多数学者遵循现象—原因—路径的研究范式对马克思恩格斯贫困与反贫困相关论述进行梳理。如华正学、刘建华、丁重扬等学者指出，无产阶级的贫困属于制度性贫困，只有消灭资本主义制度，才能最终消除贫困。③④ 胡联等认为马克思贫困理论是在资本主义制度背景下，从制度分析视角对阶级

---

① 侯征：《试论马克思的无产阶级贫困化理论的实质和核心》，《陕西师范大学学报》（哲学社会科学版）1982年第3期，第20~25页。
② 余达淮：《马克思对剥削与贫困问题经济伦理意蕴的揭示》，《河海大学学报》（哲学社会科学版）2010年第1期，第9~13页。
③ 华正学：《试论马克思反贫困理论的思想精粹》，《农业经济》2014年第6期，第6~8页。
④ 刘建华、丁重扬：《马克思主义经济学的贫困理论及其当代价值》，《政治经济学评论》2012年第2期，第129~139页。

贫困的性质进行的深入分析。在马克思的贫困理论中，资本无偿占有剩余价值是贫困的基础，资本主义为了再生产而进行的资本积累是贫困的源泉，其根源在于资本主义生产资料的雇佣劳动制度和私有制。[①] 李少荣认为马克思恩格斯反贫困理论可以从贫困根源、反贫困途径、反贫困目标三个方面进行归纳，分别对应社会制度决定论、消灭剥削制度论以及消灭贫困，实现人类共同富裕论。[②] 王大超也认为马克思关于贫困问题的制度分析可以分为三个部分，一是关于无产者致贫根源的发现及对剥削秘密的科学揭示，二是关于无产者贫困积累规律及改变贫困命运的途径分析，三是关于未来社会消灭贫困、实现人类共同富裕的构想。[③] 杜利娜指出，马克思恩格斯始终坚持无产阶级立场，揭露了资本主义社会贫困问题的社会根源、制度根源，指明了无产阶级整体脱贫的方向与路径。[④] 陆立军从本质、内容、理论抽象三个基本点论证了马克思恩格斯贫困理论的整体性。第一，无产阶级的贫困，就其本质而言，是"社会贫困"；第二，无产阶级的贫困，就其内容而言，是"一切贫困"；第三，马克思恩格斯从相对和绝对两个方面揭示无产阶级所遭受的贫困，是对"一切社会贫困"的理论抽象。[⑤] 田超伟认为马克思贫困理论的主要内容包括四个方面：贫困的根源、贫困的表现形式、贫困积累以及贫困的破解之法。[⑥]

也有学者对马克思恩格斯贫困与反贫困相关论述进行了结构性的划分。如陈为雷认为马克思的贫困理论是贫困结构范式的典范，他指出，马克思分离出经济基础的两个结构性维度，一个是"物质生产力"，即对技术、原材料、生产技能、技术可能性等的特定安排，以及对这些安排的控制，另一个是"社会生产关系"，特别是围绕生产资料所有制的那些关系。马克思正是以此为结构展开其研究。[⑦] 吕长征认为马克思的无产阶级贫困化理论的体系是按照无产阶级

[①] 胡联、王娜、汪三贵：《精准扶贫的理论创新——基于马克思主义政治经济学视角》，《财贸研究》2017年第7期，第1~7页。

[②] 李少荣：《马克思主义反贫困理论的发展及其指导意义》，《理论探讨》2006年第1期，第46~48页。

[③] 王大超：《〈资本论〉关于贫困问题的制度分析及对我国反贫困实践的启示》，《当代经济研究》2002年第5期，第3~7页。

[④] 杜利娜：《马克思的贫困理论及当代启示》，《马克思主义研究》2018年第8期，第31~40页。

[⑤] 陆立军：《马克思恩格斯无产阶级贫困理论初探》，《河南师大学报》（社会科学版）1980年第3期，第19~27页。

[⑥] 田超伟：《马克思贫困理论及对新时代我国反贫困事业的实践价值》，《东南学术》2018年第3期，第84~91页。

[⑦] 陈为雷：《马克思的贫困结构范式及其对当代中国的启示》，《社会主义研究》2013年第2期，第16~22页。

的贫困和贫困的增长两个部分建立起来的。① 汪连杰从国家、资本、文化三大视角解读了马克思贫困理论,分别是国家视角:"政治国家—贫困"理论、资本视角:"资本积累—贫困"理论、文化视角:"意识形态—贫困"理论。②

(四)对马克思恩格斯反贫困相关论述在马克思主义理论体系中的地位的争议

对于马克思恩格斯贫困与反贫困相关论述在其自身理论体系中的地位,学术界主要有两种观点。

一种观点认为马克思恩格斯贫困与反贫困相关论述属于马克思主义理论体系的基础,服务于或奠基于其整个理论体系。如郭东敏、冒晓慧认为马克思的贫困理论是服务于其资本和剩余价值理论的,在于通过贫困的分析来批判资本主义制度,去说明、论证其政治主张。③ 苗泉竹认为,对贫困化的研究是推动马克思主义理论发展的动因和实践旨趣形成的关节点,马克思对贫困化的分析在理论上是层层深入和提升的,即从对经济利益和政治国家的初步探讨扩展到对人生存的意义、价值和根据所代表的哲学层面的探索,创立了异化劳动学说,建立了新的世界观。进而,马克思深入地解剖和批判资本主义生产方式,创立了剩余价值理论,揭示了资本主义的暂时性,开辟了新的经济社会形态的远景。④ 周可指出马克思关于贫困问题的论述和阐释,是促使他关注现实问题,思考人类解放的直接原因,也是他追探一系列深层次理论问题的逻辑起点。⑤

另一种观点认为马克思恩格斯贫困与反贫困相关论述是马克思主义理论体系的基本理论之一。如洪大璘认为马克思恩格斯关于无产阶级贫困化的理论是马克思主义的基本理论之一。它不是马克思的个别论点,也不是一般性的学说,而是在马克思主义政治经济学中占有十分重要地位的理论,是马克思主义的基本理论之一。⑥

---

① 吕长征:《马克思的无产阶级贫困化理论》,《暨南学报》(哲学社会科学)1983年第1期,第35~43页。
② 汪连杰:《马克思贫困理论及其中国化的探索与发展》,《上海经济研究》2018年第9期,第15~21页。
③ 郭东敏、冒晓慧:《浅论马克思的贫困理论及其在当代中国的发展运用》,《内蒙古农业大学学报》(社会科学版)2010年第2期,第291~292页。
④ 苗泉竹:《关注贫困化——马克思理论批判的着力点和理论发展的张力所在》,《学术论坛》2005年第7期,第4~7页。
⑤ 周可:《青年马克思论贫困——兼评古典政治经济学的贫困观》,《黑龙江社会科学》2015年第5期,第12~18页。
⑥ 洪大璘:《马克思主义的贫困化理论过时了吗?——关于无产阶级贫困化理论的若干问题》,《兰州学刊》1983年第2期,第10~16页。

陈胜余也指出，无产阶级贫困化理论，是马克思经济学说的重要组成部分，是资本主义社会的重要规律，是工人阶级争取解放的强大思想武器。[①]

表7-2 关于马克思恩格斯贫困与反贫困相关论述在其理论体系中的地位研究

代表观点	代表学者
马克思恩格斯贫困与反贫困相关论述是马克思主义理论体系的基础，服务于或奠基于其整个理论体系	郭东敏等
	苗泉竹
	周可
马克思恩格斯贫困与反贫困相关论述是马克思主义理论体系的基本理论之一	洪大璘
	陈胜余

而对于马克思主义贫困与反贫困相关论述的历史地位，学者们的观点高度一致，认为马克思主义贫困与反贫困相关论述不仅对于我们认识资本主义国家的贫困问题具有重要意义，也对当前我国的反贫困理论和实践具有重要的指导作用。如王朝明指出，马克思的贫困理论主要是以资本主义工业化过程中的无产阶级贫困化为研究对象，对于我们认识当代后工业化的资本主义国家的贫富鸿沟和贫困现象仍然具有指导意义。虽然马克思的贫困理论没有具体涉及社会主义条件下的贫困问题，但马克思关于消除贫困，实现人的全面自由发展的思想对于我们今天在社会主义初级阶段大力发展生产力，坚持以人为本，解决民生问题，消除绝对贫困，实现共同富裕无疑是有重大的理论和实践意义。[②] 田超伟认为马克思贫困理论的研究方法、立场、分析框架具有的一般指导意义，其对于分析当代资本主义国家贫困问题，尤其是由贫富两极分化产生的相对贫困现象仍具解释力。[③]

二 中国化的马克思主义贫困与反贫困研究

马克思恩格斯的贫困与反贫困相关论述在与中国实践相结合的过程中，形成了中国化的马克思主义反贫困理论，并最终落地为一系列的反贫困方针和政策。

[①] 陈胜余：《马克思关于无产阶级贫困化的理论并不过时》，《昆明师范学院学报》（哲学社会科学版）1982年第1期，第7~13页。
[②] 王朝明：《马克思主义贫困理论的创新与发展》，《当代经济研究》2008年第2期，第1~7页。
[③] 田超伟：《马克思贫困理论及对新时代我国反贫困事业的实践价值》，《东南学术》2018年第3期，第84~91页。

（一） 对毛泽东贫困与反贫困相关论述的研究

学者们对毛泽东贫困与反贫困相关论述的研究主要集中在三个方面，一是毛泽东贫困与反贫困相关论述的内容，包括毛泽东对贫困原因的认识以及反贫困路径的选择；二是对毛泽东贫困与反贫困相关论述积极意义的探讨；三是对毛泽东贫困与反贫困相关论述的历史反思。

1. 关于毛泽东贫困与反贫困相关论述主要内容的研究

学者们对毛泽东贫困与反贫困相关论述的研究较为一致，集中在贫困原因、反贫困路径和反贫困目标等内容。在贫困原因方面，学者们指出，新中国贫困的根源在于对旧社会贫穷落后的"继承"，反贫困的路径包括土地改革、工业化、合作化，而反贫困的目标是共同富裕。华正学认为毛泽东的反贫困理论初步回答了社会主义中国为什么还存在贫困，以及如何消除贫困等一系列重大问题，代表了马克思主义反贫困理论中国化第一次历史性飞跃所达到的理论高度。其主要内容包括三个方面，一是对中国贫困问题根源的科学分析；二是对中国消除贫困目标的大胆设定；三是对消除中国贫困问题的战略思考。[①] 覃敏良也从贫困原因、反贫困目标、反贫困举措三个方面论述了毛泽东反贫困思想的主要内容。[②] 文建龙认为，毛泽东共同富裕思想包含三个方面：共同富裕思想的使命目标是实现农民的共同富裕，实现途径是必须走社会主义道路，实践模式是搞土地改革、农业合作化和办人民公社。他还分析了在毛泽东共同富裕思想指导下，中国扶贫实践所取得的成绩和存在的问题。[③] 王改彦认为毛泽东反贫困思想的主要内容具体体现在其基本原则和主要举措方面，新中国成立初期毛泽东反贫困思想中贯穿着坚持一切从实际出发、实事求是、坚持党的领导以及充分发挥农民主体性等原则；主要举措则包括开展土地改革运动、努力实现农业现代化、强调统筹协调发展。[④] 也有学者具体分析了某一历史时期的反贫困路径。张瑞敏、张晓婵分析了1949~1958年的反贫困路径选择。他们指出，以毛

[①] 华正学：《毛泽东反贫困理论的当代审视与科学反思》，《河北省社会主义学院学报》2012年第3期，第58~61页。
[②] 覃敏良：《毛泽东反贫困思想对精准扶贫工作的启示》，《广西教育学院学报》2017年第1期，第48~50页。
[③] 文建龙：《毛泽东共同富裕思想与20世纪50~70年代的中国扶贫实践》，《佳木斯大学社会科学学报》2015年第5期，第29~31页。
[④] 王改彦：《建国初期毛泽东反贫困思想——对新时代精准扶贫工作的启示》，《陕西学前师范学院学报》2018年第12期，第40~44页。

泽东为代表的中国共产党人先后采用了三种不同的路径和实践模式来试图较快地解决贫困问题,分别是为"扫除旧中国所遗留下来的贫困和愚昧",实施新民主主义政纲;为了摆脱经济困境,走"共同富裕"之路,提早进行社会主义改造;实施赶超战略,在"大跃进"中追逐大同梦。①

尽管多数学者认为围绕贫困根源、反贫困路径和目标,毛泽东的贫困与反贫困相关论述形成了一个理论体系,但也有学者认为毛泽东对于当时的贫困问题并未形成系统认识。如郑丽箫指出,新中国成立后,毛泽东一直致力于改变中国贫穷落后的社会面貌,提高人民的生活水平,取得了一定的成效。但他在这一阶段对贫困问题没有形成系统的认识,没有把反贫困问题上升到社会主义本质的高度来认识,并且对解决当时社会贫困问题的难度也估计不足。② 唐磊蕾、张欣然也认为毛泽东对贫困问题的认识思考角度存在偏差,没有考虑到当时生产力的水平,仅仅是从意识形态和生产关系的角度上来考虑贫困问题。③ 黄承伟、刘欣也指出,从新中国成立到1977年改革开放前这一时期,党和国家

表7-3 关于毛泽东贫困与反贫困相关论述主要内容的研究

不同认识	代表观点	代表学者
毛泽东对贫困问题形成了系统认识和理论	毛泽东的反贫困理论初步回答了社会主义中国为什么还存在贫困,以及如何消除贫困等一系列重大问题,代表了马克思主义反贫困理论中国化第一次历史性飞跃所达到的理论高度	华正学
毛泽东未形成关于贫困问题的系统认识和理论	毛泽东在这一阶段对贫困问题没有形成系统的认识,没有把反贫困问题上升到社会主义本质的高度来认识,并且对解决当时社会贫困问题的难度也估计不足	郑丽箫
	从新中国成立到改革开放前这一时期,党和国家领导人尚未形成对中国贫困问题的系统认识,亦没有做出专门性的政策安排	黄承伟等
	毛泽东对贫困问题认识思考角度存在偏差,没有考虑到当时生产力的水平,仅仅是从意识形态和生产关系的角度上来考虑贫困问题。	唐磊蕾等

---

① 张瑞敏、张晓婵:《新中国成立初期毛泽东反贫困路径选择探析》,《中南民族大学学报》(人文社会科学版) 2014年第5期,第86~90页。
② 郑丽箫:《毛泽东邓小平江泽民的反贫困战略思想比较》,《江西社会科学》2004年第8期,第159~163页。
③ 唐磊蕾、张欣然:《试探析毛泽东反贫困理论及其当代启示》,《重庆电子工程职业学院学报》2014年第3期,第49~52页。

领导人尚未形成对中国贫困问题的系统认识，亦没有做出专门性的政策安排。[①]

2. 对毛泽东贫困与反贫困相关论述的评价

对毛泽东贫困与反贫困相关论述及其指导下的实践，学者们大都采取辩证的态度进行考察，既指出了其对我国反贫困理论发展和反贫困实践推进的积极作用，肯定了新中国成立初期我国在反贫困上所取得的成就，也对其进行了科学反思，并在此基础上论述了毛泽东贫困与反贫困相关论述对我国现阶段反贫困事业的指导意义。

一方面，毛泽东贫困与反贫困相关论述所指导的实践，对于农民摆脱贫困是有着积极成效的。1952年出版的《两年来的中国农村经济调查汇编》一书对新中国成立两年多后的各地农村经济进行了典型调查，"早在一九四七年完成了土地改革的华北老解放区农村，在经过一九四八到一九四九两年的生产运动之后，绝大部分贫农、雇农和中农摆脱贫困，普遍上升"。[②] 黄承伟、刘欣也指出，从新中国成立到1977年改革开放前这一时期，通过农村土地改革和技术进步，以及农村基础教育、医疗卫生及社会保障等一系列广义的扶贫措施，全国人民的收入和福利水平逐步提高，取得了一定的减贫成效。[③] 另一方面，学者们也对毛泽东贫困与反贫困相关论述进行了科学反思。如华正学认为，毛泽东时代的反贫困实践毕竟是在探索建设中国特色社会主义道路的过程中实施的，由于理论准备的欠缺和实践探索的失误，也自然无法超越社会的经济结构以及由经济结构所制约的文化发展，不免带有一些历史的遗憾，在认识贫困的思维方法上有所不足，对消除贫困的艰巨性、长期性估计不足，在消除贫困的方法对策上也有所不足。[④] 施由明、刘清荣指出，毛泽东在探索国家建设和人民富裕的实践中产生了一些失误，但毛泽东提出的农民共同富裕的思想和一系列观点，是符合当时中国国情，也符合马克思主义的辩证唯物主义和历史唯物主义的基本原则，为后来启动扶贫开发奠定了理论基础。[⑤]

[①] 黄承伟、刘欣：《新中国扶贫思想的形成与发展》，《国家行政学院学报》2016年第3期，第63~68页。
[②] 中央人民政府农业部计划司：《两年来的中国农村经济调查汇编》，中华书局，1952年，第81页。
[③] 黄承伟、刘欣：《新中国扶贫思想的形成与发展》，《国家行政学院学报》2016年第3期，第63~68页。
[④] 华正学：《毛泽东反贫困理论的当代审视与科学反思》，《河北省社会主义学院学报》2012年第3期，第58~61页。
[⑤] 施由明、刘清荣：《从毛泽东到胡锦涛：中国扶贫开发理论的不断深化》，《农业考古》2007年第6期，第332~337页。

（二）对邓小平贫困与反贫困相关论述的研究

1978 年，我国开始实行改革开放，反贫困先后进入以体制改革推动扶贫的阶段、大规模开发式扶贫阶段、扶贫攻坚阶段、扶贫开发新阶段和精准扶贫阶段，我国的反贫困取得了巨大成就。学术界对几代领导集体的贫困与反贫困相关论述以及我国农村扶贫政策的历史演变进行了大量理论研究，主要集中在贫困与反贫困相关论述的形成、内容、历史评价等方面，总体来看，研究结论较为统一。

1. 关于邓小平贫困与反贫困相关论述背景和主要内容的研究

对于邓小平贫困与反贫困相关论述的背景，学术界从理论的继承发展和现实的需要两个方面进行了论述。黄承伟、刘欣认为，毛泽东关于共同富裕的思想及追求平等的反贫困实践，为邓小平等进一步深化共同富裕思想，以及中国的扶贫开发积累了经验。此外，改革开放之初，中国农村处于普遍贫困状态，国家发展面临着怎样建设社会主义、怎样摆脱国家贫困面貌等重大现实问题，需要迅速改变计划经济体制、"大跃进"、"文化大革命" 等战略性失误造成的困难局面。在这样的背景下，从 1978 年开始，通过全面启动农村改革，实行家庭联产承包责任制，放宽农产品价格，赋予农民农业生产自主权，极大激发了广大农民的劳动积极性，体制改革释放出巨大减贫效应。[1] 甘路有、王洪树指出，邓小平反贫困理论是对马克思主义反贫困理论的继承和发展，是马克思主义反贫困理论中国化的重要成果和新飞跃。[2] 文建龙指出，邓小平的扶贫思想是适应中国社会发展的时代产物。[3] 王朝明指出，邓小平的反贫困理论是在批判 "文化大革命" 中 "四人帮" 颠倒黑白、混淆社会主义本质的谬论中创立的。[4]

学者们在研究邓小平的贫困与反贫困相关论述时，几乎都论述了其主要内容，但关注重点略有不同，一些学者总结了邓小平贫困与反贫困相关论述的具体内容。如甘路有、王洪树认为邓小平反贫困理论的主要内容包括四点，一是认识到社会主义条件下贫困的根源，认为大力发展生产力是消除贫困根源的关

---

[1] 黄承伟、刘欣：《新中国扶贫思想的形成与发展》，《国家行政学院学报》2016 年第 3 期，第 63~68 页。
[2] 甘路有、王洪树：《邓小平反贫困理论及其当代启示》，《中共山西省委党校学报》2016 年第 3 期，第 50~53 页。
[3] 文建龙：《邓小平的扶贫思想及其时代意义》，《观察与思考》2014 年第 11 期，第 63~67 页。
[4] 王朝明：《马克思主义贫困理论的创新与发展》，《当代经济研究》2008 年第 2 期，第 1~7 页。

键；二是明确规定了社会主义反贫困的奋斗目标——共同富裕；三是对社会主义反贫困实现路径的战略谋划——"三步走"的发展战略和"两个大局"的战略构想；四是对社会主义反贫困保障条件的科学分析——中国共产党的领导。同时，他们还指出了邓小平反贫困理论的四大创新特色，即坚持对内搞活与对外开放相依托、坚持发展生产与共同富裕相融合、坚持全局统筹与区域发展相协调、坚持党的领导与依靠群众相结合。① 文建龙指出，邓小平的扶贫思想是一个严谨的思想体系，它包括扶贫的必要性和紧迫性、扶贫的战略目标、扶贫的关键、扶贫的长期性和艰巨性、实现扶贫目标的手段、实现扶贫目标的必要途径、实现扶贫目标的政治保证等诸多内容。②

也有一些学者从邓小平贫困与反贫困相关论述的逻辑结构出发，归纳了其逻辑体系。如乔永平指出，反贫困战略思想是邓小平理论体系中的重要组成部分，包含丰富的内容，包括指导原则——实事求是；反贫困战略步骤——"三步走"；反贫困战略重点——农村反贫困；反贫困战略的路径选择——让一部分人、一部分地区先富起来，带动和帮助其他地区和个人共同富裕；反贫困战略的根本对策——改革开放。③ 蒋永穆等从三个方面归纳了以邓小平为主要代表的中国共产党人的减贫思想：价值目标——共同富裕，战略规划——"三步走"战略与"两个大局"，战略重点——体制改革。④ 华正学从六个方面论述了邓小平反贫困理论的科学体系，即社会主义反贫困的战略意义论——"贫穷不是社会主义"；社会主义反贫困的发展目标论——解决温饱，实现小康，达到世界中等发达国家水平；社会主义反贫困的价值追求论——实现共同富裕；社会主义反贫困的战略对策论——改革创新；社会主义反贫困的实现途径论——"三步走"和"两个大局"；社会主义反贫困的领导力量和依靠力量论——坚持四项基本原则和尊重群众首创精神。⑤ 孟志中、陈占安将邓小平有关农民脱贫致富的论述分为互相联系的三个组成部分，即农民脱贫论、农民致富论、农民

---

① 甘路有、王洪树：《邓小平反贫困理论及其当代启示》，《中共山西省委党校学报》2016年第3期，第50~53页。
② 文建龙：《邓小平的扶贫思想及其时代意义》，《观察与思考》2014年第11期，第63~67页。
③ 乔永平：《邓小平反贫困战略思想研究》，《湖北经济学院学报》（人文社会科学版）2012年第1期，第5~6页。
④ 蒋永穆、罗平、王丽程、张红霞、卢洋：《中国农村改革四十年：回顾与经验》，四川大学出版社，2018年，第189~191页。
⑤ 华正学：《邓小平反贫困理论的科学体系探析》，《农业经济》2012年第1期，第20~22页。

扶贫论。邓小平的农民脱贫论揭示了农民脱贫的保障条件、农民脱贫的意义、农民脱贫的途径与方式；农民致富论阐明了农民致富性质、致富方法、致富道路、致富保证等思想；农民扶贫论包括扶贫的必要性和重要性、扶贫的基本思路及方法等方面。①

2. 关于邓小平贫困与反贫困相关论述的历史评价

邓小平对贫困与反贫困问题的独到见解成为这一时期我国反贫困实践的指导方略，学术界对此给予了高度评价，论述了其理论意义、实践意义和世界意义。黄承伟、刘欣认为邓小平首次提出了制度性贫困以及中国反贫困的总体战略，主张在中国社会改革、开放、发展的进程中消除贫困，对于反贫困战略及对策措施方面提出了一系列构想，初步形成了新中国的扶贫思想体系。② 文建龙分别从实践、理论和世界意义阐明了邓小平扶贫思想的时代意义：邓小平扶贫思想为中国社会脱贫致富开辟了新的时代、丰富了马列主义毛泽东思想、为世界其他国家反贫困提供了理论借鉴。③ 华正学高度评价了邓小平反贫困理论体系，他指出，邓小平是马克思主义反贫困理论中国化第二次历史性飞跃的开拓者。他对中国化的马克思主义反贫困理论的最大贡献就是从社会主义本质的高度回应了人们对贫困问题的诘问，全面奠定了社会主义反贫困理论的科学体系，从而将马克思主义反贫困理论中国化的历史进程推进到新的阶段。④

（三）对江泽民贫困与反贫困相关论述的研究

20 世纪 90 年代，面对新的形势，以江泽民为主要代表的中国共产党人继续将反贫困事业推向前进。学术界对江泽民贫困与反贫困相关论述的研究主要集中在两个方面，一是对江泽民贫困与反贫困相关论述形成渊源和主要内容的探讨；二是对江泽民贫困与反贫困相关论述的评价。

1. 关于江泽民贫困与反贫困相关论述形成背景和主要内容的研究

对于江泽民贫困与反贫困相关论述的背景，学者们主要从理论、历史、现实三个维度进行阐释。如李安增、孙迪亮认为江泽民农村扶贫思想的产生，适应了五大需要：践行共产党根本宗旨，贯彻邓小平农村反贫困思想，维护改革、

---

① 孟志中、陈占安：《邓小平农民脱贫致富思想》，《当代中国史研究》2004 年第 4 期，第 72~79 页。
② 黄承伟、刘欣：《新中国扶贫思想的形成与发展》，《国家行政学院学报》2016 年第 3 期，第 63~68 页。
③ 文建龙：《邓小平的扶贫思想及其时代意义》，《观察与思考》2014 年第 11 期，第 63~67 页。
④ 华正学：《邓小平反贫困理论的科学体系探析》，《农业经济》2012 年第 1 期，第 20~22 页。

发展、稳定大局,彰显社会主义优越性,应对国际人权斗争。① 石明指出,江泽民从国家发展战略的高度论述了扶贫开发工作的重要性和必要性,开展扶贫工作是由党的宗旨和社会主义的性质、我们面临的历史任务以及维护改革、发展、稳定的大局所决定的。②

  学者们对于江泽民贫困与反贫困相关论述的主要内容探讨较多,主要可以分为三类。一是对江泽民贫困与反贫困相关论述的梳理。如罗一华梳理了江泽民关于实施扶贫开发的战略意义、力量组合和基础策略等思想及重要论述。③ 王均伟认为江泽民扶贫攻坚相关论述的主要内涵主要包括三个方面:一是对扶贫工作的意义进行了新的阐发;二是深入回答了扶贫工作的一系列基本问题,包括效率与公平的关系问题、扶持贫困地区与扶持贫困群众的关系问题、政府和社会帮扶与自力更生的关系问题;三是探索出了一条适合中国国情的消除贫困的正确道路。④ 华正学从江泽民关于反贫困问题的理论阐述和实践发展中总结出其反贫困思想的三大精神特质:特别强调从共产党执政为民这一宗旨的高度深刻把握反贫困的极端重要性,特别注重从保障人权和人的全面发展视角赋予反贫困新的内涵,特别着手从均衡发展与可持续发展的战略高度开辟反贫困的新路径。⑤ 二是对江泽民贫困与反贫困相关论述内在逻辑的研究。如李安增、孙迪亮认为江泽民农村扶贫思想的逻辑蕴涵主要表现为"三论",即农村扶贫对象论、农村扶贫主体论和农村扶贫路径论。此"三论"分别回答了"扶谁""谁扶""怎么扶"等关于农村扶贫的一系列基本问题。⑥ 杨名刚从三重维度来把握江泽民扶贫思想的内在机理:从技术维度上看,农村扶贫治理的根本动力在于科技生产力;从制度维度上说,合理制度与科学机制是推动农村扶贫事业发展的根本保证;从目标维度上讲,农村扶贫治理的奋斗目标在于共同富裕。⑦

---

① 李安增、孙迪亮:《江泽民农村扶贫思想的逻辑蕴涵及时代价值》,《党史研究与教学》2007年第4期,第19~25页。
② 石明:《论江泽民扶贫开发工作思想及其启示》,《农村经济与科技》2010年第9期,第17~19页。
③ 罗一华:《试论江泽民同志的扶贫观》,《毛泽东思想研究》2004年第3期,第114~116页。
④ 王均伟:《消除贫困:治国安邦的大事——江泽民扶贫攻坚思想研究》,《党的文献》2011年第3期,第92~99页。
⑤ 华正学:《江泽民反贫困思想的精神特质及成因分析》,《河北省社会主义学院学报》2015年第4期,第62~65页。
⑥ 李安增、孙迪亮:《江泽民农村扶贫思想的逻辑蕴涵及时代价值》,《党史研究与教学》2007年第4期,第19~25页。
⑦ 杨名刚:《科技·制度·共富:农村扶贫治理的三重维度——江泽民同志扶贫思想的现实启示》,《毛泽东思想研究》2012年第5期,第83~86页。

三是从理论创新的角度概括了江泽民贫困与反贫困相关论述的主要内容。如施由明、刘清荣认为江泽民继承毛泽东、邓小平关于共同富裕的思想，总结了从毛泽东到邓小平时期的扶贫开发实践，将共同富裕和扶贫开发工作结合起来考虑，既深化了共同富裕的思想，又明确提出了扶贫开发的理论，论述了扶贫开发在中国社会主义初级阶段的重要意义以及扶贫开发的路径方法。①

2. 关于江泽民贫困与反贫困相关论述的评价

学者们对于江泽民贫困与反贫困相关论述给予了一致的积极评价。或从总结经验的角度总结其对现阶段反贫困的启示，或从理论和现实层面论述了其重要意义。王均伟总结出了坚持以共同富裕为目标，从政治的、战略的高度重视扶贫工作，坚持开发式扶贫方针，充分发挥社会主义集中力量办大事的政治优势，采取综合措施推动扶贫工作全面、可持续发展等七条宝贵经验。②黄承伟、刘欣指出江泽民系统回答了"为何扶""扶谁""谁扶""怎么扶"等一系列扶贫开发的基本问题，促进了中国扶贫思想的发展，尤其是开发式扶贫以及瞄准对象由贫困地区向贫困人口的转变，进一步丰富了中国特色的减贫实践和理论。③陈承红认为党的第三代中央领导集体对扶贫开发的理论贡献主要体现在进一步阐明了消除贫困，实现共同富裕的重大意义；进一步明确了扶贫开发的基本方针和首要任务；进一步组织扶贫开发，实行综合治理；进一步加强对扶贫开发的领导。④刘光辉、韩亚珠指出，党的第三代中央领导集体在消除贫困方面做出了新的历史性贡献：科学制定消灭贫困的行动纲领和实践方案；合理配置资源，提高农民的组织化程度，利用市场机制加快脱贫步伐；发挥社会主义的政治优势，把制度扶贫与社会扶贫有机地结合起来。⑤

（四）对胡锦涛贫困与反贫困相关论述的研究

进入 21 世纪，我国的贫困问题呈现新的特点，反贫困事业也面临新的形

---

① 施由明、刘清荣：《从毛泽东到胡锦涛：中国扶贫开发理论的不断深化》，《农业考古》2007 年第 6 期，第 332～337 页。
② 王均伟：《消除贫困：治国安邦的大事——江泽民扶贫攻坚思想研究》，《党的文献》2011 年第 3 期，第 92～99 页。
③ 黄承伟、刘欣：《新中国扶贫思想的形成与发展》，《国家行政学院学报》2016 年第 3 期，第 63～68 页。
④ 陈承红：《开发性扶贫攻坚——江泽民对邓小平共同富裕伟大构想的丰富和发展》，《武汉职业技术学院学报》2003 年第 2 期，第 25～29 页。
⑤ 刘光辉、韩亚珠：《中国共产党人消除贫困的伟大创造——十一届三中全会以来反贫困的理论与实践》，《晋阳学刊》1999 年第 1 期，第 9～15 页。

势，以胡锦涛同志为主要代表的中国共产党人继续将反贫困事业推向前进。学术界对胡锦涛贫困与反贫困相关论述的研究也主要集中在两个方面，一是对胡锦涛贫困与反贫困相关论述形成背景和主要内容的探讨；二是对胡锦涛贫困与反贫困相关论述的评价。

1. 关于胡锦涛贫困与反贫困相关论述形成背景和主要内容的研究

对于胡锦涛贫困与反贫困相关论述的背景，学者们主要从现实逻辑这一层面展开论述。如李志平、杨江帆指出，通过此前三个阶段的扶贫开发，我国农村扶贫事业取得了巨大成就，但也面临严峻挑战和尖锐问题。我国扶贫的标准较低、容易返贫，贫困地区落后的状况还没有得到根本改观，扶贫投入与产出效益的反差较大。在此背景下，胡锦涛农村扶贫思想逐步形成，并在理论上自成体系，日益成为指导我国的农村扶贫事业的强大思想武器。[①]

对于胡锦涛贫困与反贫困相关论述的主要内容，学者们从不同角度进行了解读。一些学者主要从其反贫困举措中凝练内容。如李志平、杨江帆从根本保证、根本途径、根本原则、根本方针总结了胡锦涛农村扶贫思想，指出根本保证是坚持正确的领导，根本途径是坚持开发式扶贫，根本原则是坚持可持续发展，根本方针是坚持全方位帮扶：开发式扶贫和社会保障相结合，外部支持与自力更生相结合，专项扶贫和行业扶贫、社会扶贫相结合。[②] 张永光、张鹏也总结了胡锦涛反贫困的基本路径：坚持政府主导，统筹发展，更加注重基本公共服务均等化；选择典型地区进行扶贫改革试验；注重智力开发和培养引进人才。[③] 也有学者从理论深化和思想发展的角度探讨了胡锦涛贫困与反贫困相关论述的主要内容。如施由明、刘清荣认为胡锦涛对扶贫开发理论的深化，表现为他对扶贫开发工作的具体指示，更主要的是他从 21 世纪的广阔视野和全球的视角及中国的实际状况出发，提出了科学发展观和建设社会主义和谐社会及新农村建设的理论，将扶贫开发的重要性和扶贫开发的目标置于更广阔、更深刻的背景之下，对 21 世纪中国的扶贫开发工作，提出了更高水平的要求。[④] 蒋永

---

① 李志平、杨江帆：《胡锦涛农村扶贫思想论析》，《山西农业大学学报》（社会科学版）2014 年第 1 期，第 1~4 页、第 27 页。
② 李志平、杨江帆：《胡锦涛农村扶贫思想论析》，《山西农业大学学报》（社会科学版）2014 年第 1 期，第 1~4 页、第 27 页。
③ 张永光、张鹏：《中国特色反贫困思想研究》，《山西高等学校社会科学学报》2018 年第 2 期，第 20~23 页、第 28 页。
④ 施由明、刘清荣：《从毛泽东到胡锦涛：中国扶贫开发理论的不断深化》，《农业考古》2007 年第 6 期，第 332~337 页。

穆等从两个方面总结了以胡锦涛为主要代表的中国共产党人的减贫思想,一是全面小康的内涵不断深化,二是确立了宏观政策与专项扶贫相结合的总体思路。① 华正学认为胡锦涛全面创新发展了马克思主义反贫困理论,他从新内涵、新路径、新目标、新战略四个方面具体阐述了胡锦涛创新发展马克思主义反贫困理论的具体表现和理论内容:坚持以人为本,赋予反贫困新的内涵;构建和谐社会,开拓反贫困新的路径;建设全面小康,描绘反贫困新的目标;实现科学发展,彰显反贫困新的战略。② 还有学者总结了胡锦涛反扶贫相关论述的特点,如杨伟智指出,胡锦涛扶贫开发思想具有鲜明的实践特色、强烈的民生情怀和统筹解决贫困问题的大思路、大格局。③

2. 关于胡锦涛贫困与反贫困相关论述的评价

对于胡锦涛贫困与反贫困相关论述的评价,学者们也从理论和实践两个层面对其贡献进行了梳理。如李志平、杨江帆认为,从理论层面看,胡锦涛农村扶贫思想是科学发展观的重要组成部分;从实践层面看,胡锦涛农村扶贫思想是社会主义新农村建设的重要理论指南。④ 施由明、刘清荣指出,胡锦涛从新的理论高度、新的理论视野和新世纪扶贫开发工作的实际需要,从理论上深化了中国的扶贫开发理论,从实际工作上对扶贫开发提出了明确的指示,为21世纪的扶贫开发工作指明了方向。⑤

(五) 习近平关于贫困与反贫困的重要论述

党的十八大以来,以习近平同志为代表的中国共产党人将中国的反贫困推进到了一个新的阶段。习近平关于贫困与反贫困的重要论述集中体现为精准扶贫基本方略,其内容十分丰富。学术界关于精准扶贫基本方略的内容的研究多来自对领导人讲话和相关政策的解读,尚未形成统一观点,但都包含了诸如消除贫困是社会主义的本质要求、内源扶贫、大格局扶贫等重要内容。

---

① 蒋永穆、罗平、王丽程、张红霞、卢洋:《中国农村改革四十年:回顾与经验》,四川大学出版社,2018年,第193~194页。
② 华正学:《胡锦涛同志对马克思主义反贫困理论中国化的新贡献》,《毛泽东思想研究》2012年第3期,第76~79页。
③ 杨伟智:《胡锦涛扶贫开发思想的几个特点初探》,《中共中央文献研究室个人课题成果集2012(下)》2013年,第689~698页。
④ 李志平、杨江帆:《胡锦涛农村扶贫思想论析》,《山西农业大学学报》(社会科学版)2014年第1期,第1~4页、第27页。
⑤ 施由明、刘清荣:《从毛泽东到胡锦涛:中国扶贫开发理论的不断深化》,《农业考古》2007年第6期,第332~337页。

四元论。宁甜甜、丛松日从四个维度进行分析,认为习近平精准扶贫基本方略已逐步形成十分完备的脱贫攻坚体系,主要包含了坚持人民主体地位和首创精神,把握实事求是的实践经验,创新多种扶贫发展方式,深挖新时代中国特色社会主义思想的价值本质四个维度。[1]

五元论。刘义圣、许彩玲将习近平反贫困的主要观点归纳为五点。分别是反贫困的目标升级:如期稳定实现全面脱贫。反贫困的思路创新:精准扶贫。反贫困动力的增添:内源扶贫。反贫困力量的强化:合力扶贫。反贫困体制机制的创新:制度扶贫。[2]

六元论。李培林等根据其界定的外部介入式全过程精准扶贫的六个相关要件,指出我国已初步建立了精准扶贫的治理体系和政策体系、方法体系、扶贫干预体系、扶贫资源投入和动员体系。[3] 欧健、刘晓婉从六个方面概括了十八大以来习近平关于扶贫论述的主要内容:消除贫困、改善民生,是社会主义的本质要求;贫困人口完全脱贫是全面建成小康社会的必然要求;创新扶贫思路,实施精准脱贫方略;在党的领导下依靠社会合力实现脱贫;发展是摆脱贫困帽子的总办法;要创新扶贫开发的体制机制。[4]

七元论。蒋永穆、周宇晗则通过对习近平讲话和著作的梳理,认为可以将其扶贫工作有关论述归纳为七个方面:消除贫困是社会主义的本质要求;脱贫致富贵在立志;发展是摆脱贫困帽子的总办法;扶贫需要切实强化扶贫开发工作管理体制创新;扶贫攻坚成败之举在于精准;社会合力构建大扶贫格局;打好扶贫攻坚战,民族地区是主战场。[5] 王相坤也从七个方面对精准扶贫基本方略进行了阐述:社会主义本质和党的重要使命;补齐短板、同步进入全面小康社会;找对路径、展现特色;精准扶贫脱贫;政策引导与内生动力相结合;扶贫"先治愚、先扶智";大格局扶贫。[6]

---

[1] 宁甜甜、丛松日:《习近平精准扶贫思想四维分析》,《吉林工商学院学报》2017年第6期,第103~106页。
[2] 刘义圣、许彩玲:《习近平反贫困思想及对发展中国家的理论借鉴》,《东南学术》2016年第2期,第1~9页。
[3] 李培林、魏后凯、吴国宝:《中国扶贫开发报告(2017)》,社会科学文献出版社,2017年,第1页。
[4] 欧健、刘晓婉:《十八大以来习近平的扶贫思想研究》,《社会主义研究》2017年第6期,第13~21页。
[5] 蒋永穆、周宇晗:《习近平扶贫思想述论》,《理论学刊》2015年第11期,第11~18页。
[6] 王相坤:《十八大以来习近平精准扶贫思想形成的历史背景、科学内涵及实践要求》,《北京党史》2017年第6期,第33~38页。

九元论。黄承伟认为,习近平关于扶贫的论述由九个方面组成:消除贫困是社会主义的本质要求、农村贫困人口脱贫是全面建成小康社会的最艰巨任务、科学扶贫、精准扶贫、内源扶贫、社会扶贫、阳光扶贫、扶贫开发要坚持发挥政治优势和制度优势、共建一个没有贫困的人类命运共同体。①

表7-4 对习近平关于贫困与反贫困的重要论述的研究

分类	代表观点	代表学者
四元论	坚持人民主体地位和首创精神,把握实事求是的实践经验,创新多种扶贫发展方式,深挖新时代中国特色社会主义思想的价值本质	宁甜甜等
五元论	如期稳定实现全面脱贫,精准扶贫,内源扶贫,合力扶贫,制度扶贫	刘义圣等
六元论	治理体系和政策体系、方法体系、扶贫干预体系、扶贫资源投入和动员体系	李培林等
七元论	消除贫困是社会主义的本质要求;脱贫致富贵在立志;发展是摆脱贫困帽子的总办法;扶贫需要切实强化扶贫开发工作管理体制创新;扶贫攻坚成败之举在于精准;社会合力构建大扶贫格局;打好扶贫攻坚战,民族地区是主战场	蒋永穆等
九元论	消除贫困是社会主义的本质要求、农村贫困人口脱贫是全面建成小康社会的最艰巨任务、科学扶贫、精准扶贫、内源扶贫、社会扶贫、阳光扶贫、扶贫开发要坚持发挥政治优势和制度优势、共建一个没有贫困的人类命运共同体	黄承伟

第二节 农村贫困产生的根源与贫困类型

贫困是一个涉及多学科、囊括多方面的复杂问题。经济学、社会学、人类学等学科分别从不同视角对这一问题的研究作出了独特贡献。随着我国反贫困实践的不断推进,国内对贫困问题的研究越发深入与多元。

一 关于贫困内涵和根源的研究

贫困概念的界定与贫困原因的探讨是反贫困理论研究和实践探索的前提,因此理论界在研究贫困问题时面对的第一个问题便是,贫困究竟是何种原因造成的。总体来看,学者们对多元因素导致贫困这一观点并无异议,但各自切入

---

① 黄承伟:《习近平扶贫思想论纲》,《福建论坛》(人文社会科学版)2018年第1期,第54~64页。

的重点并不相同。从定义来看,贫困意味着缺乏,不同程度的贫困也代表着不同程度的缺乏,但学术界对根源性的缺乏却有不同看法。学者们的研究主要有以下几个视角。

(一) 环境决定论

这一理论主张贫困源于自然环境恶劣以及由此带来的资源利用和开发不足。如姜德华等在《中国的贫困地区类型及开发》一书中侧重从自然资源的角度概括贫困的分布及特征,根据自然条件、社会经济条件指标,将664个贫困县归纳为6个集中连片的区域类型:黄土高原丘陵沟壑贫困、东西部平原与山地接壤带贫困、西南喀斯特山区贫困、东部丘陵山区贫困、青藏高原贫困、蒙新干旱区贫困。[①] 郭来喜、姜德华将当时我国592个贫困县划分为三大类型:中部山地高原环境脆弱贫困带、西部沙漠高寒山区环境恶劣贫困带、东部平原山丘环境危急及革命根据地孤岛型贫困带。[②] 张义丰、周礼认为生态环境恶化是西部农村贫困的重要根源。他们指出,西部经济发展缓慢、农民生活贫困,原因是很复杂的,但自然条件恶劣、生态环境恶化是根本原因之一。[③]

(二) 要素短缺论

经济学者更多倾向于从要素短缺和资源配置的角度来研究贫困成因,认为贫困是由要素短缺和生产要素不能有效配置所导致的。

如董辅礽指出,贫困大体上首先是指生理方面的需要不能满足;其次是指精神方面的需要不能满足;再次是指社会方面的需要不能满足。[④] 汪三贵认为贫困是缺乏生活资料,缺少劳动力再生产的物质条件,或者因收入低而仅能维持相当低的生活水平。[⑤] 国家统计局农调总队将贫困定义为:"个人或者家庭依靠劳动所得和其他合法收入不能维持其基本的生存需要"。[⑥] 林闽钢认为,贫困是经济、社会、文化落后的总称,是由低收入造成的基本物质、基本服务相对

[①] 姜德华、张耀光、杨柳、侯绍范:《中国的贫困地区类型及开发》,旅游教育出版社,1989年,第38~40页。
[②] 郭来喜、姜德华:《中国贫困地区环境类型研究》,《地理研究》1995年第2期,第1~7页。
[③] 张义丰、周礼:《西部贫困的根源是生态贫困》,《调研世界》2000年第11期,第13~15页。
[④] 董辅礽:《中国经济纵横谈》,经济科学出版社,1996年,第38页。
[⑤] 汪三贵:《贫困问题与经济发展政策》,农村读物出版社,1994年,第1页。
[⑥] 转引自罗遐:《1980年代中期以来中国贫困问题研究综述》,《学术界》2007年第6期,第247~257页。

缺乏或绝对缺乏以及缺少发展机会和手段的一种状况。① 台湾学者江亮演认为，通常所称的贫困是指生活资源缺乏或无法适应所居的社会环境，也就是无法或有困难维持其肉体性或精神性生活的现象。② 康晓光指出，贫困是一种生存状态，在这种生存状态中，人由于长期不能合法地获得基本的物质生活条件和参与基本社会活动的机会，所以无法维持生理和社会文化可以接受的生活水平。③ 王今朝、蔡星认为，从本质上看，贫困的根源主要不是个人能力、权利的缺乏，而主要是缺失必要的社会经济资源。摆脱贫困，无论是摆脱绝对贫困还是摆脱相对贫困，都是贫困人口的经济社会地位上升的过程。他们将中国的贫困分为绝对贫困与相对贫困，并分别分析了致贫原因，指出从浅层原因来看，绝对贫困是一种继承的贫困，而深层原因在于组织的缺失和异化；相对贫困的产生与政府政策制度的安排有着一定的关系，也与不同阶层的利益矛盾和不公平的财富分配有关系。④

（三）社会排斥论

这种观点认为，物质缺乏并不是贫困的根源，贫困根源于社会排斥或社会剥夺进而造成的贫困群体的能力缺失。社会剥夺理论产生于现代贫困的研究，在不少西方学者的论述中，贫困与社会剥夺基本是同义的。如印度经济学家 Amartya Sen 认为，贫困是一个被侵占被剥夺的过程，贫困者之所以贫困，根本在于穷人应该享有的基本权利被系统性地剥夺，所以他们陷入贫困的恶性循环。国内学者从这一视角进行的研究起步较晚。关信平认为贫困是由于权利的缺乏，在特定的社会背景下，部分社会成员由于缺乏必要的资源而在一定程度上被剥夺了正常获得生活资料和参与经济和社会活动的权利，所以他们的生活水平持续性地低于该社会的常规生活标准。⑤ 银平均认为中国农村在经济、政治、社会生活、福利制度和文化等五个维度上长期遭受社会排斥，这是农村贫困成为社会发展中久治不愈的深层次原因。社会排斥及其他因素的综合作用，形成了农村贫困的再生产机制，使农村贫困处于恶性的代际传递与循环之中。⑥ 胡

---

① 林闽钢：《中国农村贫困标准的调适研究》，《中国农村经济》1994 年第 2 期，第 56~59 页。
② 江亮演：《社会救助的理论和实务》，中国台北桂冠图书公司，1990 年，第 23 页。
③ 康晓光：《中国贫困与反贫困理论》，广西人民出版社，1995 年，第 2~3 页。
④ 王今朝、蔡星：《中国贫困根源的结构性分析与治理对策》，《学术探索》2016 年第 9 期，第 31~36 页。
⑤ 关信平：《中国城市贫困问题研究》，湖南人民出版社，1999 年。
⑥ 银平均：《社会排斥视角下的中国农村贫困》，《思想战线》2007 年第 1 期，第 11~19 页。

鞍钢、李春波认为实际上收入方面的问题只是贫困问题的一个表面特征，贫困深层的原因在于人的基本能力的缺乏。他们提出知识贫困（knowledge poverty）的概念，认为知识贫困衡量的不仅仅是教育水平低下的程度，还有获取、吸收和交流知识能力的匮乏或途径的缺乏，换言之，也就是人们获取、吸收和交流知识的能力和途径被剥夺。所谓"剥夺"是指人们无法获得本应享有的获取、吸收和交流知识的途径、机会和选择权，从而导致能力的缺乏。①

（四）体制贫困论

这种观点认为，贫困是由制度或者体制性的因素造成的。最早系统提出制度贫困论的应是马克思和恩格斯，他们论述了无产阶级贫困化的根源，并找到了无产阶级解放自身、解放全人类的现实路径。在20世纪50年代，有学者在批驳马尔萨斯的人口论时重申了这一观点，周修睦在面对"人口增加是几何级数，生产增加是算术级数，这是社会贫困的根源"这一诘问时指出，"人民的生活是决定于社会制度，而不是决定于人口数量"。②

我国在1956年确立起了社会主义制度，但在社会主义制度的框架下仍然存在贫困问题，这时，有学者尝试从体制性因素中寻找贫困的根源。张红宇认为贫困有其历史、社会地理和文化传统等多种因素，但主要表现在体制方面（如政府管理、引导治理、组织赏罚不力等），在于一种封闭、禁锢型体制与落后的生产力相混合，两种消极作用强化并加重了贫困地区社会经济文化的不发达程度。③ 刘明宇认为，人之所以贫困是因为不能实现社会上多数人所能实现的生活方式，这与他的资源禀赋、能力禀赋有关，更与他面临的制度约束有关。他解释了制度性贫困的含义，即权利的不公平分配可能使部分人的可行能力遭到过度剥夺，因而陷入贫困。他将农民制度性贫困成因概括为，农民面临分工深化的制度阻碍，如缺乏择业自由，土地没有受到有效的产权保护等。这些制度安排最终阻碍了农民参与城市分工，也阻碍了农民自身的分工深化，使农民陷入了制度性贫困陷阱。④ 靳涛认为制度创新供给不足

---

① 胡鞍钢、李春波：《新世纪的新贫困：知识贫困》，《中国社会科学》2001年第3期，第70～81页。
② 周修睦：《学习问题解答（第三辑）》，上海通联书店，1953年，第16～17页。
③ 张红宇：《农业经济论丛8》，农业出版社，1988年，第80页。
④ 刘明宇：《分工抑制与农民的制度性贫困》，《农业经济问题》2004年第2期，第53～57页。

和有效制度滞后是造成农民相对贫困的重要原因。制度创新不足和制度滞后主要体现在农地使用制度、户籍制度和农业税费制度和农村基层行政管理制度四个方面。① 黄少安认为农民贫困源于制度性贫困，是不合理的制度决定了农民贫困、制约了农民致富。现行土地制度、户籍制度、税费制度、教育制度和政治体制中不合理的成分是导致农民贫困或不能致富的主要因素。② 叶普万认为，中外学者有关贫困的定义，忽视了一个极其重要的因素——造成贫困的制度性因素。他认为，贫困是由制度因素和非制度因素所造成的使个人或家庭不能获得维持正常的物质和精神生活需要的一种生存状态。③ 张伟认为，农民贫困的根源不是源于农村和城乡之间内在的经济基础差异，而是源于凌驾于农村和城乡物质基础之上的不合理的制度设计。从制度经济学的角度分析，中国农民贫困问题的现状源于产权制度的缺失、结构制度的差异、保障制度的偏颇、财政制度的歧视、法律制度的失灵、传统文化制度的禁锢。④

（五）素质贫困论

也有学者将贫困的根源归结于人的素质缺失。王小强、白南风在《富饶的贫困》一书中指出，中国的贫困地区存在令人震惊的自然资源富饶和令人震惊的贫穷的矛盾现实，贫困的本质规定，不是资源的匮乏，不是产值的高低，也不是发展速度的快慢和收入的多少，而是"人的素质差"：人从事商品生产和经营的素质。他们进而把人的素质量化为"进取心量表"进行测量，包括改变取向、新经验、公共事物参与、效率感、见识、创业冲动、风险承受、计划性等8类指标。⑤ 赵晓晨认为，发展中国家的贫困是多种因素共同作用的结果，有历史条件制约、经济基础落后、自然资源匮乏、生态环境恶化、人口过度增长、经济结构单一、发展战略不当、经济政策失误等内部因素，也有国际经济秩序不合理、债务负担沉重、贸易条件恶化、贸易地位不利等外部因素，但最根本的原因是教育水平低下。原因在于，贫困人口只有获得谋生的机会，才能消除贫困；而如果没有利用和把握谋生机会的能力，或者说没有对机会的反应能力，任何机会都会从身边溜走。受教育程度低或没有受过任何教育的人，很难获得

---

① 靳涛：《农民贫困的制度滞后分析》，《人文杂志》2004年第1期，第186~191页。
② 黄少安：《制约农民致富的制度分析》，《学术月刊》2003年第6期，第96~102页。
③ 叶普万：《贫困经济学研究：一个文献综述》，《世界经济》2005年第9期，第70~79页。
④ 张伟：《制度权利失衡：农民贫困问题的制度根源探析》，《莱阳农学院学报》（社会科学版）2006年第1期，第17~20页。
⑤ 王小强、白南风：《富饶的贫困：中国落后地区的考察》，四川人民出版社，1986年，第56页。

这种能力。① 孙哲认为能力贫困和文化贫困才是造成西部农村贫困的根本原因，而使所有这一切贫困恶性循环的根源就是贫困文化，并分析了直接影响农村发展的贫困文化的主要特征：听天由命，消极无为的人生观；安于现状，好逸恶劳的幸福观；不求更好，只求温饱的消费观；固守田园，安土重迁的乡土观；小农本位，重农轻商的经济观；"等、靠、要"的度日观。②

（六）多维贫困理论

多维贫困理论则认为贫困并非单一因素造成的，而是各种因素综合作用的结果。如唐均在《中国城市居民贫困线研究》一书中指出贫困存在于三个不同的层面。第一，贫困作为一种社会客观存在的生活状况，是与"落后"或"困难"联系在一起的。第二，贫困作为一种社会上普遍公认的社会评价，是低于"最低"或"最起码"的生活水准的。第三，贫困作为一种社会环境造成的社会后果，与"缺乏"有关，其实质是缺乏"手段""能力"以及"机会"。③ 陈端计认为贫困是一个综合症，内因即根本原因是人的素质差，即主体的不发育，外因是贫困地区内部环境的不完善，外部环境的不平等，即载体的不完善、供体的不平等。也就是说，贫困的真正根源是：贫困地区"主体不发育—供体不平等—载体不完善"所构成的一个低质态的"三位一体"的区域经济社会运转体系。④

郭熙保认为，贫困概念有两种理解：区域贫困与个体贫困。混淆概念会给政策带来负面影响，而我们通常所说的贫困是个体意义上的贫困。此外，郭熙保概述和评论了收入贫困、能力贫困和权利贫困三种贫困类型，指出这三种贫困类型是互补关系，且收入、能力、权利三者相互作用。他最后将贫困归结为两种形式的剥夺：生理形式的剥夺（营养、教育、健康等）和社会形式的剥夺（脆弱性、无发言权、社会排斥等）。⑤ 王小林、Sabina Alkire 采用 Alkire and Foster 于 2007 年开发的多维贫困测量方法，利用 2006 年中国健康与营养调查数据，对中国城市和农村家庭多维贫困进行了测量。测量结果表明，中国城市和农村家庭都存在收入之外的多维贫困，城市和农村近 1/5 的家庭存在收入之外

---

① 赵晓晨：《中国和发展中国家的贫困根源及其消除》，《生产力研究》2002 年第 2 期，第 41~43 页。
② 孙哲：《贫困文化——探寻西部农村贫困恶性循环的根源》，《理论界》2009 年第 2 期，第 164~165 页。
③ 唐均：《中国城市居民贫困线研究》，上海社会科学出版社，1998 年，第 17 页。
④ 陈端计：《贫困根源新探》，《开发研究》1992 年第 6 期，第 50~52 页。
⑤ 郭熙保：《论贫困概念的内涵》，《山东社会科学》2005 年第 12 期，第 49~54 页、第 19 页。

任意3个维度的贫困。维度分解结果表明,卫生设施、健康保险和教育对多维贫困指数的贡献最大。①

由此可见,我国学术界对贫困概念的认识在不断深化,从单纯注重物质贫困向多元视角转变,提出了"知识贫困""人文贫困"等概念,体现了贫困内涵和外延的不断拓展,也体现了我国社会的发展变迁。

表7-5 学术界关于贫困内涵和贫困根源的研究

代表观点	代表学者
环境决定论	郭来喜等
	张义丰等
要素短缺论	董辅礽
	汪三贵
	林闽钢
	康晓光
	江亮演
社会排斥论	关信平
	胡鞍钢等
体制贫困论	刘明宇
	靳涛
	黄少安
	洪朝辉
	叶普万
素质贫困论	王小强等
	赵晓晨
	孙哲
多维贫困理论	唐均
	陈端计
	郭熙保

二 关于贫困类型的研究

根据不同的标准可将贫困分为不同的类型,这也是理论界关注的重要问题

---

① 王小林、Sabina Alkire:《中国多维贫困测量:估计和政策含义》,《中国农村经济》2009年第12期,第4~10页、第23页。

之一。国内不少学者对这一问题进行了开创性的研究,主要体现在以下几个方面。

根据生存状态和生活状态进行的划分。童星、林闽钢认为,根据贫困的程度,可将贫困分为绝对贫困和相对贫困。绝对贫困泛指基本生活没有保证,温饱没有解决,简单再生产不能维持或难以维持。如果温饱基本解决,简单再生产能够维持,但低于社会公认的基本生活水平,缺乏扩大再生产的能力或能力很弱,则属于相对贫困。绝对贫困又可分为生存贫困和生活贫困,生存贫困即特困,是指最低生理需求得不到满足、生存有困难,它是生活状况中最低的一种。[1] 汪三贵也认为按贫困的内涵,可分为绝对贫困和相对贫困。绝对贫困是指缺乏劳动力再生产的物质条件,连劳动者简单再生产也不能维持或者只能进行萎缩再生产,个人或家庭生存受到威胁的生活状况。相对贫困是指国内收入总额中所占份额处于最低水平约占总人口 10% ~20% 那一部分人的生活状况,是人际收入差异问题,属于社会公平的另一主题。[2] 王今朝、蔡星也认为中国的贫困分为绝对贫困和相对贫困。绝对贫困是指个人或家庭收入不足以维持其最基本的生存需要;相对贫困是指社会各阶层之间或阶层内部的收入差距,贫困人口收入水平在一定程度上低于社会平均水平。相对贫困容易导致绝对贫困,摆脱绝对贫困也可能陷入相对贫困。[3]

根据贫困的动态性特征进行的划分。李实等依据调查数据,综合考虑收入标准和消费标准,将贫困分为持久性贫困、暂时性贫困和选择性贫困。收入和消费都低于贫困线为持久性贫困,收入低于贫困线而消费高于贫困线为暂时性贫困,收入高于贫困线而消费低于贫困线为选择性贫困。[4] 这一分类方法体现出了贫困的动态性特征。叶普万认为对贫困类型的划分,应从动态和静态两个方面进行。从动态或者历史演进的角度讲,贫困分为四种类型:①古典贫困(老式贫困),主要是指由饥荒和生产能力不足而引起的贫困;②稀缺中的贫困或者经济不发展而导致的贫困,主要是指经济不发达而导致的贫困;③经济高速发展的贫困,这是指许多发展中国家在经济高速发展过程中,大量农村劳动力涌入城市,导致城市就业水平和底层劳动者收入水平下降而产生的贫困;

---

[1] 童星、林闽钢:《我国农村贫困标准线研究》,《中国社会科学》1994 年第 3 期,第 86~98 页。
[2] 汪三贵:《贫困问题与经济发展政策》,农村读物出版社,1994 年,第 1~2 页。
[3] 王今朝、蔡星:《中国贫困根源的结构性分析与治理对策》,《学术探索》2016 年第 9 期,第 31~36 页。
[4] 李实、John Knight:《中国城市中的三种贫困类型》,《经济研究》2002 年第 10 期,第 47~58 页、第 95 页。

④富裕中的贫困，这是许多发达国家普遍存在的贫困。从静态的角度讲，可将贫困分为制度性贫困与非制度性贫困。其中，制度性贫困主要表现为两种类型：体系性贫困和观念性贫困；非制度性贫困有五种类型：一是资源匮乏型贫困，二是生态恶劣型贫困，三是资源富饶型贫困，四是灾害导致型贫困，五是能力衰弱型贫困。①

根据社会发展标准进行的划分。佟新在其著作《人口社会学》中将贫困分为了三种类型：生存型贫困、温饱型贫困和发展型贫困。生存型贫困表现为最低生活需求难以满足；温饱型贫困表现为人们基本解决了温饱问题，但生活水平仍然很低，经济上还相当困难，抵御灾祸的能力较弱，进一步发展受到限制；发展型贫困是指在稳定解决温饱问题之后，在进一步的发展过程中出现的相对贫困人口。②谭楚贤、朱力基于实证研究，指出西部民族地区转型期的农村贫困可以分为生存型贫困、温饱型贫困、发展型贫困三种基本类型。③马雷军认为贫困可分为生存型贫困（危及生命的贫困）、半饥饿性贫困（妨碍人体健康的贫困）、温饱型贫困（影响社会安定的贫困）。④

根据贫困成因进行的划分。康晓光根据决定生活质量的三种因素——制度、区域、个人，将贫困分为制度性贫困、区域性贫困、阶层性贫困。制度性贫困是由社会制度决定的，是生活资源在不同社区、不同区域、不同群体和个人之间的不平等分配，导致某些社区、区域、群体和个人处于贫困状态。区域性贫困是指不同的区域之间由于自然条件和社会发展的差异，某些区域生活资源的供给相对缺乏、贫困人口相对集中。阶层性贫困是指在相同的制度环境中，在大约均质的空间区域或行政区域内，某些群体、家庭或个人，由于身体素质较差、文化程度不高、家庭劳动力少、生产资料不足、缺乏社会关系等原因，竞争有限的生活资源的能力较差而导致的贫困状态。⑤原华荣按照贫困成因将贫困分为生产性贫困与社会性贫困，并根据影响生产力发展的因素，进一步将生产性贫困分为资源性贫困、决策性贫困、结构性贫困、教育性贫困、人口性贫

---

① 叶普万：《贫困概念及其类型研究述评》，《经济学动态》2006年第7期，第67～69页、第119页。
② 佟新：《人口社会学》，北京大学出版社，2000年，第252页。
③ 谭楚贤、朱力：《贫困类型与政策含义：西部民族山区农村的贫困人口——基于恩施州的实证研究》，《区域发展》2012年第1期，第109～113页。
④ 马雷军：《农村贫困的差异分析》，《中国社会保障》2006年第12期，第28～29页。
⑤ 康晓光：《中国贫困与反贫困理论》，广西人民出版社，1995年，第8～9页。

困、贸易性贫困、历史性贫困、观念性贫困、灾害性贫困;根据社会性贫困的成因将社会性贫困分为人口性贫困、权力性贫困、政策性贫困、失业性贫困、行业性贫困、人口特征性贫困、背景性贫困、个人特征性贫困、观念性贫困、意外性贫困。①

根据贫困人口的组成进行的划分。随着经济社会的发展与竞争的日益激烈,出现了新的贫困群体,与传统贫困并存,如失业人群、农民工、城镇贫困职工等。如刘家强等指出,社会结构转型、经济体制转轨、产业结构调整、公有制企事业单位改革,同时分配制度和社会保障制度改革相对滞后,导致了新型贫困人口的出现。这一概念既区别于计划经济体制下形成的传统性收入贫困,同时也打破了城乡界限,将资源获取和社会地位作为判断新贫困人口的指标。新型贫困人口是指在市场经济中,由于所处社会地位较低和获取社会资源较少,缺少竞争能力和就业机会,需要借助外在力量的支持摆脱困境的群体。包括三类:一是因体制性因素下岗的职工,企业破产的失业职工,企业停产或半停产的在职职工;二是由农村流入城镇,靠打短工为生并经常处于失业状态的农民工;三是在快速推进的工业化和城市化过程中被征地农民。②

从历史纵深的角度进行的划分。如蔡昉从历史纵深的角度将中国的贫困划分为三种类型:整体贫困、边缘性贫困和冲击性贫困。他认为,在改革开放前,中国处于整体贫困状态,属于"整体贫困"。在改革开放后,由于实行大规模的扶贫政策,贫困人口大幅度减少,但一些"老、少、边、穷"地区,由于自然、历史、经济和社会政策等方面的原因,仍处于贫困状态,他将这种贫困定义为"边缘化贫困"。20 世纪 90 年代以来,城市地区的一些弱势群体,由于在竞争中处于不利地位,又未得到社会救助而被边缘化,从而出现了"第三类贫困",即冲击性贫困。③

按照发展面临的最大制约因素进行的划分。胡鞍钢、李春波认为至少存在三类贫困:一是传统的收入贫困(income poverty),即收入水平极其低下,不能维持基本生活;二是人类贫困(human poverty),指缺乏基本的人类能力,如不识字、营养不良、较短的预期寿命、母婴健康水平的低下和可预防性疾病的危

---

① 原荣华:《生产性贫困与社会性贫困》,《社会学研究》1990 年第 6 期,第 81~88 页。
② 刘家强、唐代盛、蒋华:《中国新贫困人口及其社会保障体系构建的思考》,《人口研究》2005 年第 5 期,第 10~18 页。
③ 蔡昉:《转轨中的城市贫困问题》,社会科学文献出版社,2003 年。

害等；三是知识贫困（knowledge poverty），知识贫困又可以进一步划分为获取知识能力的贫困、吸收知识能力的贫困和交流知识能力的贫困。三类贫困之间不是互相隔离、相互独立的，而是相互联系、相互作用的。缺少收入会导致缺乏营养、缺乏清洁水、缺乏教育；由于人类贫困和知识贫困，人们很难摆脱收入贫困；一些已经暂时脱离收入贫困的农户和城市人口在遭到疾病或不识字等人类贫困或知识贫困打击后，容易返回收入贫困状态。[①]

第三节 农村反贫困的阶段及方式

理论界在考察中国贫困治理历程时，大多对中国减贫道路进行了阶段性的划分，以厘清我国反贫困的阶段性差异和演进过程，但学者对我国农村反贫困的阶段性划分和反贫困方式选择略有争议。

一 农村反贫困的阶段

学者在我国农村反贫困的阶段性划分上的争议主要体现在两个方面：一是关于反贫困的起点及划分标准，二是关于具体阶段划分的争议。

（一）反贫困的起点及划分标准

对中国减贫历程阶段性划分的分歧集中体现在对 1949～1978 年这段历史的处理上。一是是否将这段历史纳入中国减贫史，即如何看待 1949～1978 年这一阶段在我国减贫史中的地位。二是这一阶段应以何种标准来进行划分，即具体划分标准存在争议。三是对精准扶贫阶段起点的争议。

1. 划分起点的争议

学者们根据各自的研究主题，对于我国农村反贫困的阶段划分各有不同。总体上，对中国减贫道路的划分可分为三类。

第一类是以 1949 年为起点的划分。杨宜勇、吴香雪[②]，刘超、朱满德等[③]，

[①] 胡鞍钢、李春波：《新世纪的新贫困：知识贫困》，《中国社会科学》2001 年第 3 期，第 70～81 页。

[②] 杨宜勇、吴香雪：《中国扶贫问题的过去、现在和未来》，《中国人口科学》2016 年第 5 期，第 2～12 页。

[③] 刘超、朱满德、王秀峰：《中国农村扶贫开发的制度变迁：历史轨迹及对贵州的启示》，《山地农业生物学报》2015 年第 1 期，第 71～76 页。

曾小溪、汪三贵[①]，黄承伟[②]等都是以 1949 年为起点，将新中国成立后的减贫实践划分成若干阶段。第二类是以 1978 年为起点的划分。文建龙[③]、刘解龙、陈湘海[④]、李全利[⑤]、吴振磊、张可欣[⑥]等人着重研究了改革开放后我国减贫的若干阶段。第三类是以 1986 年为起点的划分。左停等将 1986 年后我国的减贫实践分为三个阶段。他们认为我国自 1986 年成立专门性减贫工作机构并开始对农村贫困现象进行有针对性的消除，而此前主要通过经济增长所带来的自发减贫效应并辅之以救济式扶贫来消除贫困。[⑦]

2. 划分标准的争议

虽然刘娟、朱小玲、刘超、朱德满、王思铁等学者都将 1949～1978 年纳入中国减贫史，但上述学者对这段减贫历史的归纳也有不同。大多将这一阶段归纳为救济式扶贫阶段或保障生存阶段。如刘娟[⑧]、朱小玲等[⑨]将这一阶段的反贫困归纳为小规模的救济式扶贫阶段，依托自上而下的民政救济系统，对边远落后地区、因灾致贫人口和战争伤残人口实施生活救济。曾小溪、汪三贵[⑩]将这一阶段归纳为保障生存阶段。

但也有一些学者的划分标准略有不同。刘超等将 1949～1985 年划分为一个阶段，其特征在于以制度性变革减缓农村贫困。他认为，这 30 多年（1949～1985）减贫行动的制度逻辑，核心在于通过全面的、综合性的制度变革调整社会生产关系，调动社会各方面特别是贫困农民的积极性，发展农业生产和农村经济，促进国民经济发展，以经济增长缓解全社会的贫困问题；重点在于更大

[①] 曾小溪、汪三贵：《中国大规模减贫的经验：基于扶贫战略和政策的历史考察》，《西北师大学报》（社会科学版）2017 年第 6 期，第 11～19 页。
[②] 黄承伟：《中国扶贫开发道路研究：评述与展望》，《中国农业大学学报》（社会科学版）2016 年第 5 期，第 5～17 页。
[③] 文建龙：《改革开放以来中国共产党的扶贫实践》，《大庆师范学院学报》2016 年第 1 期，第 26～31 页。
[④] 刘解龙、陈湘海：《精准扶贫的几个基本问题分析》，《长沙理工大学学报》（社会科学版）2015 年第 6 期，第 98～104 页、第 125 页。
[⑤] 李全利：《扶贫治理理论演进轨迹及其引申》，《重庆社会科学》2017 年第 4 期，第 26～32 页。
[⑥] 吴振磊、张可欣：《改革开放 40 年中国特色扶贫道路的演进、特征与展望》，《西北大学学报》（哲学社会科学版）2018 年第 5 期，第 101～111 页。
[⑦] 左停、杨雨鑫、钟玲：《精准扶贫：技术靶向、理论解析和现实挑战》，《贵州社会科学》2015 年第 8 期，第 156～162 页。
[⑧] 刘娟：《中国农村扶贫开发的沿革、经验与趋向》，《理论学刊》2009 年第 8 期，第 55～58 页。
[⑨] 朱小玲、陈俊：《建国以来我国农村扶贫开发的历史回顾与现实启示》，《生产力研究》2012 年第 5 期，第 30～32 页、第 261 页。
[⑩] 曾小溪、汪三贵：《中国大规模减贫的经验：基于扶贫战略和政策的历史考察》，《西北师大学报》（社会科学版）2017 年第 6 期，第 11～19 页。

范围减轻或缓和全社会贫困的程度（即 poverty alleviation），而不是注重减少贫困人口或者根除贫困；着眼点在全国层面，尚未集中在农村贫困地区。[1] 持同样观点的还有蒋永穆等学者，他们认为，救济式扶贫与体制改革推动扶贫的共同点在于，二者都是通过变革生产关系以适应和促进生产力的发展来缓解贫困，因而也将1949～1985年划分为一个阶段，即制度式扶贫阶段。[2]

表7-6 关于1949～1978年和1949～1985年减贫阶段的划分

阶段	代表观点	代表学者
1949～1978年	1949～1978年为小规模的救济式扶贫阶段	刘娟
		朱小玲
	1949～1978年为保障生存阶段	曾小溪等
1949～1985年	1949～1985年这一阶段的特征在于以制度性变革减缓农村贫困	刘超等
	1949～1985年这一阶段为制度式扶贫阶段，通过变革生产关系以适应和促进生产力的发展来缓解贫困	蒋永穆等

3. 精准扶贫阶段的起点

2013年11月，习近平到湖南湘西考察时强调要实事求是、因地制宜、分类指导、精准扶贫。这也是习近平首次提出"精准扶贫"。但有部分学者认为，事实上我国的精准扶贫实践早在这一基本方略形成和提出之前便已开始。因而学者们对精准扶贫这一阶段的起点仍存在争议。

第一种意见认为精准扶贫开始于2011年。这也是多数学者的观点，如曾小溪、汪三贵以扶贫方略和政策为标准，将2011～2020年定义为全面小康阶段，精准扶贫、精准脱贫是这一阶段的扶贫战略。[3] 刘解龙、陈湘海也将2011年之后的扶贫阶段归纳为以全面小康为目标的扶贫阶段。[4] 李全利也指出，2011～2020年是我国扶贫治理的一个全新阶段，即小康精准扶贫阶段。[5] 王琳将2011

---

[1] 刘超、朱满德、王秀峰：《中国农村扶贫开发的制度变迁：历史轨迹及对贵州的启示》，《山地农业生物学报》2015年第1期，第71～76页。

[2] 蒋永穆、江玮、万腾：《中国特色减贫思想：演进主线与动力机制》，《财经科学》2019年第1期，第52～62页。

[3] 曾小溪、汪三贵：《中国大规模减贫的经验：基于扶贫战略和政策的历史考察》，《西北师大学报》（社会科学版）2017年第6期，第11～19页。

[4] 刘解龙、陈湘海：《精准扶贫的几个基本问题分析》，《长沙理工大学学报》（社会科学版）2015年第6期，第98～104页、第125页。

[5] 李全利：《扶贫治理理论演进轨迹及其引申》，《重庆社会科学》2017年第4期，第26～32页。

年至今这一阶段归纳为扶贫开发与精准扶贫阶段,并指出精准扶贫方略更加注重扶贫对象由县域向村级以及贫困人口的识别,更加注重扶贫开发成效的考核,确保贫困人口全部脱贫。[1] 刘超等以 2011 年《中国农村扶贫开发纲要(2011~2020)》的颁布为标志,指出中国农村扶贫开发进入全新阶段,即全面深入扶贫开发以根除贫困的阶段。这一阶段的扶贫与之前的减贫扶贫行动相比,贫困标准、扶贫开发主战场、扶贫开发目标和方式均有所调整。[2] 谢卓芝也将 2011 年至今的阶段归纳为精准扶贫脱贫阶段。[3]

第二种意见认为精准扶贫开始于 2012 年。主要代表学者为吴振磊、张可欣等,他们认为精准扶贫阶段为 2012 年至今。这一阶段的扶贫目标是基本实现脱贫,主要扶贫方式为精准扶贫,扶贫重点为瞄准贫困户的精准扶贫。[4]

第三种意见认为精准扶贫开始于 2013 年。公丕宏、公丕明以习近平总书记在湖南湘西考察时明确提出扶贫开发要精准扶贫为标志,指出精准扶贫阶段始于 2013 年。[5] 蒋永穆等学者将 2013 年至今的扶贫划分为精准靶向式扶贫阶段。赵定东、方琼也将 2013 年至今的阶段归纳为"精准扶贫"和"脱贫攻坚"阶段。[6]

(二) 具体阶段划分

将中国的减贫历程进行阶段性划分有助于厘清中国扶贫实践和理论的发展脉络,辩证看待各个阶段的减贫措施和成效,以更好推动新时期的扶贫实践以及 2020 后的扶贫工作。根据学者各自不同的划分标准,划分的阶段也不尽相同,出现了两阶段、三阶段、四阶段和五阶段的划分。

1. 以 1949 年为起点的划分

两阶段论。杨宜勇、吴香雪按照经济体制的变革历程,将新中国成立至今

---

[1] 王琳:《中国扶贫开发的理论演进、实践发展与思路创新》,《宏观经济研究》2018 年第 1 期,第 75~81 页。
[2] 刘超、朱满德、王秀峰:《中国农村扶贫开发的制度变迁:历史轨迹及对贵州的启示》,《山地农业生物学报》2015 年第 1 期,第 71~76 页。
[3] 谢卓芝:《习近平扶贫开发思想生成逻辑的三重维度》,《中共桂林市委党校学报》2017 年第 4 期,第 9~12 页。
[4] 吴振磊、张可欣:《改革开放 40 年中国特色扶贫道路的演进、特征与展望》,《西北大学学报》(哲学社会科学版) 2018 年第 5 期,第 101~111 页。
[5] 公丕宏、公丕明:《论中国特色社会主义扶贫实践和理论》,《上海经济研究》2017 年第 9 期,第 10~17 页。
[6] 赵定东、方琼:《新中国成立以来农村反贫困政策的层次结构与历史变迁》,《华中农业大学学报》(社会科学版) 2019 年第 3 期,第 1~10 页。

的贫困治理实践分为两个阶段：计划经济时期的扶贫（1949~1977年）、社会主义市场经济建立与发展时期的扶贫（1978~2020年）。①

三阶段论。蒋永穆等以生产力发展和生产关系变革为根本标准，并以由此所致的中国共产党减贫实践中范式手段的不同，将中国减贫道路划分为制度式扶贫阶段（1949~1985年）、开发式扶贫阶段（1986~2012年）、精准靶向式扶贫阶段（2013年至今）三个阶段。②

四阶段论。刘超等依据政策内容及属性将我国农村扶贫开发变迁历程分为以制度变革减缓贫困程度阶段（1949~1985）、以专项性扶贫措施减少贫困人口阶段（1986~2000）、以综合性发展措施减少贫困人口阶段（2001~2010）、以全面深入扶贫开发根除贫困阶段（2011年至今）。③

五阶段论。曾小溪、汪三贵将新中国成立后的扶贫战略和政策分为五个阶段：保障生存阶段（1949~1978年）、体制改革阶段（1979~1985年）、解决温饱阶段（1986~2000年）、巩固温饱阶段（2001~2010年）、全面小康阶段（2011~2020年）。④王琳将中国扶贫开发道路分为救济式扶贫阶段（1949~1978年）、农村经济体制改革推动下的农村减贫阶段（1978~1985年）、区域瞄准为主的开发式扶贫阶段（1986~2000年）、扶贫对象的村级转移与参与式扶贫阶段（2001~2010年）、扶贫开发与精准扶贫阶段（2011年至今）。⑤赵定东等将新中国扶贫历程分为社会救济阶段（1949~1977年）、制度改革推动扶贫阶段（1978~1985年）、扶贫规范化、专门化阶段（1986~1993年）、开发式扶贫阶段（1994~2012年）、精准扶贫和脱贫攻坚阶段（2013年至今）。⑥

六阶段论。黄承伟则将新中国成立后的扶贫历程分为六个阶段：实施计划经济体制下的广义扶贫战略阶段（1949~1978年）、实施农村经济体制变革推

---

① 杨宜勇、吴香雪：《中国扶贫问题的过去、现在和未来》，《中国人口科学》2016年第5期，第2~12页。
② 蒋永穆、江玮、万腾：《中国特色减贫思想：演进主线与动力机制》，《财经科学》2019年第1期，第52~62页。
③ 刘超、朱满德、王秀峰：《中国农村扶贫开发的制度变迁：历史轨迹及对贵州的启示》，《山地农业生物学报》2015年第1期，第71~76页。
④ 曾小溪、汪三贵：《中国大规模减贫的经验：基于扶贫战略和政策的历史考察》，《西北师大学报》（社会科学版）2017年第6期，第11~19页。
⑤ 王琳：《中国扶贫开发的理论演进、实践发展与思路创新》，《宏观经济研究》2018年第1期，第75~81页。
⑥ 赵定东、方琼：《新中国成立以来农村反贫困政策的层次结构与历史变迁》，《华中农业大学学报》（社会科学版）2019年第3期，第1~10页、第158页。

动减贫的战略阶段（1978～1985年）、实施区域开发式扶贫战略阶段（1986～1993年）、实施综合性扶贫攻坚战略阶段（1994～2000年）、实施整村推进与"两轮驱动"扶贫战略阶段（2001～2012年）、实施精准扶贫精准脱贫方略阶段（2013至今）。①

2. 以1978年为起点的划分

三阶段论。文建龙认为改革开放以来，我国的扶贫实践大致可分为体制改革推动扶贫阶段、专项计划推动扶贫阶段和两轮驱动推动扶贫阶段三个阶段。在扶贫实践不断深化的进程中，扶贫重心发生了转移，由单纯的经济救济式扶贫到侧重生产性扶贫到侧重文化观念性扶贫到侧重发展能力基础上的权利保障治理式扶贫。②李小云认为，从20世纪80年代开始至今，中国农村扶贫工作大致经历了三个阶段：体制改革推动扶贫阶段（1978～1985年）、大规模的农村开发式扶贫阶段（1986～2000年），以及"开发式扶贫"和"保护式扶贫"共同发挥作用的新阶段（2001年至今）。③

四阶段论。吴振磊、张可欣指出，改革开放40年来，逐步探索形成了中国特色扶贫道路，这一道路可以划分为以救济式扶贫、区域式扶贫为主的阶段、以开发式扶贫为主的阶段、以参与式扶贫为主的阶段以及精准扶贫阶段四个时期。④谢卓芝、公丕宏等也从1978年后的扶贫实践开始梳理分析，认为改革开放后我国的反贫困实践经历了改革推动减贫阶段、大规模扶贫攻坚阶段、综合扶贫开发阶段、精准扶贫脱贫阶段，但其划分的具体时间节点不同。⑤⑥

五阶段论。刘解龙、陈湘海认为我国改革开放以来的扶贫工作，呈现出明确的递进关系：改革扶贫—开发扶贫—攻坚扶贫—定点扶贫—精准扶贫。⑦李全利也将我国改革开放后的反贫困治理分为五个阶段：体制变革扶贫阶段、

---

① 黄承伟：《中国扶贫开发道路研究：评述与展望》，《中国农业大学学报》（社会科学版）2016年第5期，第5～17页。
② 文建龙：《改革开放以来中国共产党的扶贫实践》，《大庆师范学院学报》2016年第1期，第26～31页。
③ 李小云：《我国农村扶贫战略实施的治理问题》，《贵州社会科学》2013年第7期，第101～106页。
④ 吴振磊、张可欣：《改革开放40年中国特色扶贫道路的演进、特征与展望》，《西北大学学报》（哲学社会科学版）2018年第5期，第101～111页。
⑤ 谢卓芝：《习近平扶贫开发思想生成逻辑的三重维度》，《中共桂林市委党校学报》2017年第4期，第9～12页。
⑥ 公丕宏、公丕明：《论中国特色社会主义扶贫实践和理论》，《上海经济研究》2017年第9期，第10～17页。
⑦ 刘解龙、陈湘海：《精准扶贫的几个基本问题分析》，《长沙理工大学学报》（社会科学版）2015年第6期，第98～104页、第125页。

区域开发扶贫阶段、攻坚计划扶贫阶段、战略联动扶贫阶段和小康精准扶贫阶段。并指出我国扶贫治理理念经历了从消极救助到积极扶贫、从扶贫开发到扶贫治理、从扶绝对贫困到扶相对贫困的转变；扶贫实践也经历了从"体"到"面"到"线"再到"点"的过程，先是市场经济"体"制的扶贫尝试，然后是区域性"面"的扶贫开发，接着是从定点到县最终走向精准到村、户、人的扶贫和开发。[1]

3. 以 1986 年为起点的划分

左停等指出，我国自 1986 年成立专门性减贫工作机构并开始对农村贫困现象进行有针对性的消除，而此前主要通过经济增长所带来的自发减贫效应并辅之以救济式扶贫来消除贫困。此后，我国的扶贫开发工作经历了大规模开发式扶贫阶段（1986～1993 年）、"八七"扶贫攻坚阶段（1994～2000 年）、新世纪整村推进扶贫开发阶段（自 2001 年开始）。[2]

二 农村反贫困的方式

新中国成立 70 年来，中国发生了翻天覆地的变化。在不同时期，我国经济社会发展状况、反贫困的总体形势以及贫困的具体特点有所不同，因而我国反贫困的方式也在不断进行调整。对农村反贫困方式演进的研究是当前学术界贫困研究的重点之一。这一研究既可说明精准扶贫提出的历史逻辑，也可总结历史经验，为我国下一步的扶贫工作提供理论指导。

（一）合作化与责任制

在 70 年历史长河中，学者对于贫困地区是否应该实行农业合作化形成了不同看法。一种观点认为，小农经济具有明显的历史局限，走合作化道路才是农民摆脱贫困的有效途径。另一种观点认为，在边远山区和贫困落后的地区，搞合作化反而不利于发挥集体经济的优越性和个人的积极性。

一方面，支持合作化的学者们对小农经济的局限性以及合作化的优点和必然性进行了论述。中国共产党湖北省委宣传部宣传处在 1955 年出版的《农业生产合作社问题解答》一书中明确指出，农民摆脱剥削，摆脱贫困就是要"在农村逐渐实行农业合作化，集体化，通过合作化逐步由限制富农经济到最后消灭

---

[1] 李全利：《扶贫治理理论演进轨迹及其引申》，《重庆社会科学》2017 年第 4 期，第 26～32 页。
[2] 左停、杨雨鑫、钟玲：《精准扶贫：技术靶向、理论解析和现实挑战》，《贵州社会科学》2015 年第 8 期，第 156～162 页。

富农经济，消灭人剥削人，人压迫人的剥削制度，使农民最后摆脱剥削和贫困"，同时"积极支援国家逐渐实现社会主义工业化，积极走合作化的道路，发展三大合作"。① 朱剑农也论述了小农经济对农业生产力发展的局限性及其最后不能摆脱贫困的境遇。② 1956 年出版的《农业合作化讲话》一书中也指出，"农业合作化"是农民彻底摆脱贫困和剥削的唯一道路。③

另一方面，20 世纪 80 年代的学者用理论和实践共同论述了生产责任制对于缓解贫困和发展农业集体经济的积极作用。刘洪礼、吴海指出，"实践证明，对那些贫困落后的社队，包产到户是一种较好的选择。看起来，这似乎是一种后退，但这种后退确实退到适合于生产力水平的阵地上去，退到农民愿意接受的阵地上去，以便站稳脚跟，使农业集体经济更加健康地稳步前进"。④ 1983 年出版的《家庭联产承包制 200 问》一书中指出，扶持贫困户是完善联产承包制的重要内容。⑤ 进入 21 世纪，也有学者在总结经验教训时阐明了类似的观点，施由明、刘清荣认为，毛泽东在探索国家建设和人民富裕的实践中产生了一些错误，如把变革生产关系作为实现共同富裕的主要途径，过分强调公有化。⑥

（二）人口政策对减贫的影响

人口数量对减贫有着怎样的影响这一问题在学术界也存在一定的争议。最早对这一问题进行论述的是英国经济学家马尔萨斯，他将人类的贫穷归结为人口的增长。对于人口增长与贫困之间的关系，我国学者也在具体的历史节点上展开过讨论。

一种意见认为，贫穷与人口数量无关。周修睦驳斥马尔萨斯人口数量增加导致贫困的论断时，阐明了人民的生活状况不是取决于人口数量这一观点，并通过对比苏联与帝俄时代的人口数量与生活状况，论证了这一观点。⑦

另一种意见认为，贫穷与人口数量之间存在关联。如王晗认为人口压力阻

---

① 中国共产党湖北省委宣传部宣传处：《农业生产合作社问题解答》，湖北人民出版社，1955 年，第 21～22 页。
② 朱剑农：《我国过渡时期的生产资料所有制》，湖北人民出版社，1955 年，第 85 页。
③ 浙江人民出版社编《农业合作化讲话》，浙江人民出版社，1956 年，第 7 页。
④ 刘洪礼、吴海：《农业生产责任制》，上海人民出版社，1981 年，第 59～62 页。
⑤ 中共黑龙江省委农工部经营管理处：《农业联产承包制 200 问》，黑龙江科学技术出版社，1983 年，第 69～70 页。
⑥ 施由明、刘清荣：《从毛泽东到胡锦涛：中国扶贫开发理论的不断深化》，《农业考古》2007 年第 6 期，第 332～337 页。
⑦ 周修睦：《学习问题解答（第三辑）》，上海通联书店，1953 年，第 16～17 页。

碍了我国减缓贫困,"毛泽东在革命战争中运用'人民战术'取得胜利,因此'人多力量大'的观念在他脑海中根深蒂固。在社会主义经济建设时期,他并没有认识到人口压力在贫困治理过程中的阻碍作用。1949 至 1978 年间,我国人口由六亿到十亿多的增长,于我国经济发展而言不堪重负"。① 郑丽箫也持同样的观点,"他并没有意识到人口对国家摆脱贫困的压力,反而批判了马尔萨斯的'人口论'。而建国后到改革开放前,中国的人口增长是相当惊人的,三十多年的时间,就由原来的六亿变成了十亿多,这对一个发展中国家是不堪重负的"。② 还有学者认为人口数量受到贫困程度的影响,"贫困出人口"。杜闻贞指出,"经济越发达,人民生活水平越高的国家和地区,出生率越低;经济越落后,人民生活越贫穷的国家和地区,出生率却越高,也就是说贫困会创造出高出生率"。③

(三) 政府主导与群众主体

当前我国的扶贫开发呈现政府主导、群众主体、多元力量参与的特征。但学术界对政府主导与群众主体地位仍然存在争议。

一种观点认为,在中国贫困人口基数大、分布广、贫困程度深、脱贫难度大的实际状况下,要完成如此大规模的减贫任务,必然需要集中力量办大事,需要集中统一的领导和规划。如蒋永穆等认为我国在 40 年的减贫实践中,探索出一条以政府集成为主线的减贫道路。"政府集成"既是中国减贫道路的特色,也是中国减贫道路的优势。这种"政府集成"主要体现在:中央政府和地方政府的集成、政府主体与其他主体的集成、"扶志"与"扶智"的集成、输血与造血的集成、"精准"方略的集成和"政策"扶贫的集成。④ 许文文则用"整体性"概括中国农村扶贫中政府主导、各界社会力量积极参与这一核心特征,并指出"整体性扶贫"表现为多元主体的多元整合模式;政府建立了自上而下的、全国性的、制度化的组织保障和激励机制以及政府始终处于绝对的主导地位。在"整合式扶贫"中,多元的扶贫模式、多元的整合机制使扶贫开发工作

---

① 王晗:《毛泽东、邓小平、习近平的贫困治理思想比较研究》,《长沙大学学报》2018 年第 6 期,第 79~82 页、第 96 页。
② 郑丽箫:《毛泽东邓小平江泽民的反贫困战略思想比较》,《江西社会科学》2004 年第 8 期,第 159~163 页。
③ 杜闻贞:《人口纵横谈》,中国青年出版社,1985 年,第 26 页。
④ 蒋永穆、万腾、周宇晗:《基于政府集成的中国特色减贫道路(1978 - 2018):历史进程和逻辑主线》,《当代经济研究》2018 年第 12 期,第 51~58 页、第 99 页。

能够整合一切可能被整合的主体和资源，政府的主导作用使扶贫开发中政府内外部的通力合作成为可能，制度化的组织保障和激励机制保证了各地政府对扶贫开发工作的重视，使扶贫开发中的一切"整合"得到落实。① 黄承伟认为始终坚持实施政府主导、层次分明的扶贫战略是中国扶贫开发的基本经验之一。② 闫坤、于树一将中国反贫困模式创新归纳为"两线一力"，"两线"即经济发展和社会安全网两条线索，"一力"即政府主导力。③

另一种观点认为，强调政府主导可能导致对群众主体地位的排斥，不利于"造血式"扶贫。于海利指出，精准扶贫主体共建共治要求与现有政府主导的管理机制存在低位匹配。当前的扶贫体系中，虽然呈现政府主导、多元力量参与的显著特性，但多元主体协作下的扶贫效果并不明显。原因在于信息壁垒的制约、政府部门对社会力量的隐蔽性排斥、扶贫主体之间缺乏相应的平等协作机制等。④ 葛志军、邢成举也提到，政策要求方面的重视个体性和特殊性与扶贫措施中的普遍性和统一性是一对矛盾。⑤ 姚迈新指出，由政府组织系统对扶贫资源进行分配、管理和运作，是中国解决农村贫困人口贫困问题的一大特点，但实践说明，政府主导的扶贫行动目标经常发生偏离和转换，这是以政府为主导的扶贫制度安排与扶贫对象"自愿贫困"心理等共同作用的结果。一方面，从扶贫项目的提出到选择、实施的全过程来看，资源分配体系呈现"自上而下"的特点，从扶贫资源的传递过程来看，各层级政府在其中扮演主控的角色，计划和管理色彩突出。另一方面，由于贫困人群的"权利贫困"，在各级政府、贫困户各方围绕扶贫资源进行的博弈中，贫困户往往处在被动失语的位置，扶贫目标发生偏离与转换往往成为自然结果。⑥ 马良灿将扶贫项目的主体分为资源主体、执行主体与参与主体三个层次，指出项目制背景下农村扶贫工作出现了资源主体、执行主体、参与主体与受益主体的角色倒置与目标错位问题。

---

① 许文文：《整体性扶贫：中国农村开发扶贫运行机制研究》，《农村经济问题》2017年第5期，第65~71页、第111~112页。
② 黄承伟：《中国扶贫开发道路研究：评述与展望》，《中国农业大学学报》（社会科学版）2016年第5期，第5~17页。
③ 闫坤、于树一：《论新时期我国"两线一力"的反贫困模式》，《全球化》2014年第2期，第54~64页、第126页。
④ 于海利：《新时代背景下的精准扶贫：新要求、新困境、新方略》，《社会政策研究》2018年第2期，第128~137页。
⑤ 葛志军、邢成举：《精准扶贫：内涵、实践困境及其原因阐释——基于宁夏银川两个村庄的调查》，《贵州社会科学》2015年第5期，第157~163页。
⑥ 姚迈新：《对扶贫目标偏离与转换的分析与思考——政府主导型扶贫模式中的制度及行动调整》，《云南行政学院学报》2010年第3期，第122~126页。

在扶贫实践中，由于各类扶贫项目被地方各种权力与利益关系所绑架，扶贫结果与扶贫初衷和目的出现了严重背离。要使农村贫困群体成为扶贫项目的真正受益主体，就应打破由各级政权所建构的权力利益结构之网，重建贫困者的主体性地位。[1]

表7-7 关于扶贫开发工作中政府主导与群众主体地位的争议

争议	代表观点	代表学者
政府主导	"政府集成"既是中国减贫道路的特色，也是中国减贫道路的优势	蒋永穆等
	始终坚持实施政府主导、层次分明的扶贫战略是中国扶贫开发的基本经验之一	黄承伟
	中国反贫困模式创新："两线一力"，"两线"即经济发展和社会安全网两条线索，"一力"即政府主导力	闫坤等
群众主体	精准扶贫主体共建共治要求与现有政府主导的管理机制存在低位匹配	于海利
	政府主导的扶贫行动目标经常发生偏离和转换，这是以政府为主导的扶贫制度安排与扶贫对象"自愿贫困"心理等共同作用的结果	姚迈新
	要使农村贫困群体成为扶贫项目的真正受益主体，就应打破由各级政权所建构的权力利益结构之网，重建贫困者的主体性地位	马良灿

（四）资源集聚与资源分散

扶贫主体由"单一"向"多元"转变和扶贫对象由"面"到"点"的转变必然导致扶贫资源呈现越发分散的趋势。资源集聚能够发挥"集中力量办大事"的优势，具有规模效应，而资源分散也具有"精准"的优点。理论界对这一问题也有争议。

一种意见认为，我国在扶贫实践中长期存在"大水漫灌"的问题，造成了资源极大浪费，且收效欠佳，因此提高针对性和指向性是必然之举。如刘解龙、陈湘海认为，长期以来，扶贫工作中存在的贫困人口底数不清，具体情况不明，措施针对性不强，扶贫资金和项目指向不准，对相关政策落实变形走样、到位打折扣等方面的问题较为突出，方式粗放，方法漫灌，也就是说，扶贫方法上的创新是解决扶贫成效不高问题的重要出路。[2] 任超、袁明宝认为，整村推进

---

[1] 马良灿：《项目制背景下农村扶贫工作及其限度》，《社会科学战线》2013年第4期，第211~217页。

[2] 刘解龙、陈湘海：《精准扶贫的几个基本问题分析》，《长沙理工大学学报》（社会科学版）2015年第6期，第98~104页、第125页。

扶贫能够在短时间内集聚各部门项目资源，从而可以改善贫困村庄的基础设施条件，但不可能解决贫困农户的发展能力和发展机会问题，只是改善其基本生产生活条件。①

另一种意见认为，资源分散使资源效益大打折扣，也无法解决贫困地区亟待解决的基础设施等问题，可能导致扶贫治理碎片化。如许汉泽、李小云指出，在精准扶贫基本方略提出之前，我国政府实行的是村级瞄准和片区开发相结合的扶贫方式，扶贫资源会下沉到村庄这一层级，会被投入在"整村推进"等村庄层面的交通、水、电等基础设施方面，能够将有限的扶贫资金集中起来办大事。而推行精准扶贫基本方略之后，扶贫资金大部分被投放到了瞄准性领域，一方面，扶贫资金被分散使用，很难再集中起来打造统一的村级扶贫项目，其效益大打折扣，不能发挥规模优势，产生碎片化的治理效果。另一方面，扶贫资金被分散传递给贫困户之后，由于贫困户的贫困深度不同，少量分散化的资金也很难发挥脱贫致富的作用。② 葛志军、邢成举认为，在精准扶贫的要求中，扶贫资金是针对贫困户个体设置的，这类资金主要用于个体层面的经济行动与项目推动，但事实上，贫困户所在村的基础设施等整体性贫困问题却并没有得到足够的重视。所以在调查中，一些扶贫干部希望能够将精准扶贫资源用于基础设施等关涉村庄整体的事务上。过分强调对个体的扶持，实际上会弱化村级组织统筹发展村庄经济的能力，小农经济即使能够获得发展，也会因为道路、水利和技术等整体性问题而无法实现经济价值。③

表7-8 关于资源集聚与资源分散的争议

争议	代表观点	代表学者
资源分散	扶贫工作中存在的贫困人口底数不清、具体情况不明、措施针对性不强、扶贫资金和项目指向不准等问题，方式粗放，方法漫灌，扶贫方法上的创新是解决扶贫成效不高的重要出路	刘解龙
	整村推进扶贫能够在短时间内集聚各部门项目资源，从而可以改善贫困村庄的基础设施条件，但不可能解决贫困农户的发展能力和发展机会问题，只是改善其基本生产生活条件	任超等

---

① 任超、袁明宝：《分类治理：精准扶贫政策的实践困境与重点方向——以湖北秭归县为例》，《北京社会科学》2017年第1期，第100~108页。
② 许汉泽、李小云：《精准扶贫：理论基础、实践困境与路径选择——基于云南两大贫困县的调研》，《探索与争鸣》2018年第2期，第106~111页、第143页。
③ 葛志军、邢成举：《精准扶贫：内涵、实践困境及其原因阐释——基于宁夏银川两个村庄的调查》，《贵州社会科学》2015年第5期，第157~163页。

续表

争议	代表观点	代表学者
资源集聚	扶贫资金被分散使用,很难再集中起来打造统一的村级扶贫项目,使其效益大打折扣,不能发挥规模优势,产生碎片化的治理效果;扶贫资金被分散地传递给贫困户之后,由于贫困户的贫困深度不同,少量分散化的资金也很难发挥脱贫致富的作用	许汉泽等
	过分强调对个体的扶持,实际上会弱化村级组织统筹发展村庄经济的能力,小农经济即使能够获得发展,也会因为道路、水利和技术等整体性问题而无法实现经济价值	葛志军等

(五)"输血式"与"造血式"

扶贫的最终目的是要从根本上摆脱贫困。大多数学者认为,为达成这一目标,必须进行"造血式"扶贫,增强贫困群众的自身造血能力,使脱贫成果具有可持续性。但有部分学者认为,我国现阶段的扶贫仍然没有摆脱"输血式"扶贫的框架。还有一部分学者指出,我国应当采取"输血+造血"的扶贫战略。

陈栋生指出单纯的救济易形成"年年贫困、年年救济,年年救济、年年贫困"的恶性循环,应改革国家用于贫困地区资金的使用方向和方式,变"济穷"为"治穷",从单纯救济转向经济开发。[①] 李鸥、叶兴建在湖北等地的调研发现,很多地方政府都制定了年度脱贫计划和脱贫任务,而且普遍持有追求"短""平""快"的扶贫思想,认为越早完成制定的脱贫计划越好,这样可以将相关资金、资源用于其他建设领域。而某些村干部也希望尽早完成扶贫任务,以缓解工作压力、减少负担。这种关注短期脱贫效应的思想,极易使扶贫回归"输血式"的旧办法中,不利于形成推动形成贫困对象内生转型的常态化效应。[②] 方劲认为,中国农村扶贫工作总体性特征从正向层面来看促成了减贫成就的巨大彰显,而从逆向层面看,则难以掩盖扶贫领域的"内卷化"困境。在国家扶贫资源不断增加的情况下,农村扶贫工作的整个内部系统变得更加精细化和复杂化,但难以完全实现从"救济式"向"开发式"转变进而达到可持续发展的减贫目标,反而陷入难有实质性发展的刚性结构之中。他认为,在具体操作过程中,输血扶贫并没有退出历史舞台,当前许多造血扶贫模式其实是在借助输血扶贫为载体发挥作用的。造血扶贫更多的是作为一种理想状

---

① 陈栋生:《经济布局的理论与实践》,辽宁大学出版社,1988年,第301页。
② 李鸥、叶兴建:《农村精准扶贫:理论基础与实践情势探析——兼论复合型扶贫治理体系的建构》,《福建行政学院学报》2015年第2期,第26~33页、第54页。

态而存在。[①] 张新伟也指出，在效率优先的原则下，造血式扶贫战略的减贫效果并不尽如人意。[②]

另一方面，也有学者指出，中国应采取输血与造血并进的战略。如谭贤楚指出，单一实施这两种模式都具有一定的局限性。为了应对农村社会及其贫困问题的新变化，"输血与造血的协同互动"模式是较好治理农村贫困问题的必然选择和趋势。[③] 蒋永穆等也认为，在当前情况下，我国仍要坚持"输血"与"造血"的集成，坚持社会救济和扶贫开发的两轮驱动扶贫模式，既保障人的生存权，也关注人的发展权。[④]

第四节 精准扶贫与精准脱贫

自精准扶贫基本方略实施以来，学者围绕这一方略进行了积极探讨，主要包括精准扶贫的理论基础、精准扶贫的现实逻辑和精准扶贫的科学内涵。学者们从不同的视角对以上问题进行了论述。

一 对精准扶贫基本方略理论基础的研究

对精准扶贫的理论基础，学者的观点高度一致。大体上，对精准扶贫理论基础的研究主要包括三个方面，一是马克思主义的反贫困理论；二是中国化的反贫困理论；三是中华民族优秀传统文化。学者从其中一个或多个角度论述了精准扶贫基本方略的理论基础。

如潘石、安增军、胡联等从马克思主义发展史的角度论述了精准扶贫基本方略对马克思主义反贫困理论和中国化的马克思主义反贫困理论的继承和发展。潘石指出马克思的反贫困理论是精准扶贫的伟大指南，它从制度层面揭示了资本主义制度下贫困产生的根源。精准扶贫正是继承了马克思反贫困理论及其中国化的成果。[⑤] 安增军、高绮雪指出，习近平关于反贫困的相关论

---

① 方劲：《中国农村扶贫工作"内卷化"困境及其治理》，《社会建设》2014年第2期，第84~94页。
② 张新伟：《市场化与反贫困路径选择》，中国社会科学出版社，2001年，第18页。
③ 谭贤楚：《"输血"与"造血"的协同——中国农村扶贫模式的演进趋势》，《甘肃社会科学》2011年第3期，第226~228页。
④ 蒋永穆、万腾、周宇晗：《基于政府集成的中国特色减贫道路（1978~2018）：历史进程和逻辑主线》，《当代经济研究》2018年第12期，第51~58页、第99页。
⑤ 潘石：《论习近平对马克思主义政治经济学理论的重大创新与贡献》，《当代经济研究》2017年第11期，第22~31页、第97页。

述继承和发展了马克思主义经典作家的共富理论。[①] 胡联等认为精准扶贫是对马克思的制度贫困论、中国特色社会主义理论体系中的反贫困理论的创新发展。[②] 谢卓芝认为马克思主义反贫困理论和中国特色扶贫开发理论构成了习近平扶贫开发相关论述的理论逻辑主线。[③] 李先伦等认为，习近平精准扶贫基本方略坚持和发展了马克思主义唯物论、马克思主义群众观以及社会主义本质理论，具有十分崇高的精神境界。[④] 欧健、刘晓婉认为习近平扶贫相关论述源于马克思主义及其反贫困理论，源于中国共产党历代中央领导集体反贫困的理论和实践探索，源于党的伟大事业的要求和人民的期待。[⑤] 唐任伍、于海利认为，"共同富裕"是精准扶贫基本方略生成的理论基础。

也有一些学者从继承和创新中华民族优秀传统文化的角度论述了精准扶贫基本方略的理论基础。如潘慧等指出，我国优秀传统文化中蕴含着丰富的减贫思想，是精准扶贫基本方略形成的文化土壤。[⑥] 李更生从消除贫困的传统道德伦理、土地政策、机制保障、赋税政策等方面论述了古代消除贫困的主要思想，并分析了其对当代消除贫困的借鉴意义。[⑦] 孙皖江、孙彦会指出，大同思想、民本思想、王阳明心学中重视个人的主观能动性思想这些精髓都在新时期扶贫思想中有所体现。[⑧] 刘宾也认为，习近平扶贫相关论述吸收了传统文化中的民本思想、同情弱者思想以及大同思想，实现了对优秀传统文化的创造性转化、创新性发展。[⑨] 黄承伟指出，习近平扶贫相关论述是对马克思主义思想的继承、创新和发展，也充分体现了中国优秀传统文化与时代发展的有机结合。扶危救

[①] 安增军、高绮雪：《论习近平反贫困思想及其战略意义》，《河南工业大学学报》（社会科学版）2016年第3期，第50~55页。

[②] 胡联、王娜、汪三贵：《精准扶贫的理论创新——基于马克思主义政治经济学视角》，《财贸研究》2017年第7期，第1~7页。

[③] 谢卓芝：《习近平扶贫开发思想生成逻辑的三重维度》，《中共桂林市委党校学报》2017年第4期，第9~12页。

[④] 李先伦、李建民、房晓军：《习近平精准扶贫思想的战略创新》，《现代经济探讨》2017年第3期，第35~39页。

[⑤] 欧健、刘晓婉：《十八大以来习近平的扶贫思想研究》，《社会主义研究》2017年第6期，第13~21页。

[⑥] 潘慧、滕明兰、赵嵘：《习近平新时代中国特色社会主义精准扶贫思想研究》，《上海经济研究》2018年第4期，第5~16页、第26页。

[⑦] 李更生：《中国古代反贫困思想及对当代的影响》，《理论与当代》2006年第10期，第23~25页。

[⑧] 孙皖江、孙彦会：《试析习近平扶贫思想的传统文化底蕴》，《世纪桥》2017年第12期，第64~65页。

[⑨] 刘宾：《习近平新时代中国特色社会主义扶贫思想渊源探析》，《河南社会科学》2018年第5期，第39~43页。

困、改善民生、建设小康社会都是中国传统文化的内在追求，仁爱为本、兼爱、大同等社会思想，不仅蕴含着中国古代对贫困和反贫困问题的基本看法，也为中国扶贫救助、慈善思想的形成发展奠定了基础。[①]

此外，对精准扶贫理论基础的研究还有其他视角。黄承伟、覃志敏认为习近平精准扶贫基本方略的理论基础是赋权与参与式发展理念、合作型反贫困理念。[②] 许汉泽、李小云认为社会精细化理论、参与式发展理论以及社会互构论是精准扶贫基本方略的理论基础。[③] 虞崇胜、余扬认为，精准扶贫的理论逻辑在于将贫困问题视为社会中分配的不平等，而正义的平等或者如威尔弗莱德·亨氏所言的"被证明的不平等"——必须是对社会弱者进行补偿，这也是精准扶贫的目的所在，即通过对社会弱者给予补偿，使社会中不可避免的不平等变成正义的平等。精准扶贫的理论逻辑使我国的扶贫事业从关注贫困问题的表象深入到重视贫困问题的内涵，把看待贫困问题的角度从"事实"方面转向了"价值"方面，从"财富"的角度转向"能力"的角度。[④] 李鹍、叶兴建对精准扶贫的理论溯源是：权利贫困理论与包容型增长减贫理念、参与式扶贫理念与合作型反贫困理论、涓滴理论与利贫式减贫理念。[⑤]

二 对精准扶贫基本方略现实逻辑的研究

理论界对精准扶贫的现实逻辑的研究也体现出高度的一致性，集中在分析时代背景和扶贫工作中的突出问题。主要有两种角度：一是目标驱动的角度；一种是问题导向的角度。向玉乔、李皓从伦理学视野分析指出，习近平精准扶贫基本方略产生的现实基础是决胜全面建成小康社会的伦理价值诉求。[⑥] 唐任伍指出，精准扶贫基本方略生成的现实基础是"全面建成小康社会"的宏伟目

[①] 黄承伟：《论习近平新时代中国特色社会主义扶贫思想》，《南京农业大学学报》（社会科学版）2018年第3期，第12~18页、第152页。
[②] 黄承伟、覃志敏：《论精准扶贫与国家扶贫治理体系建构》，《中国延安干部学院学报》2015年第1期，第131~136页。
[③] 许汉泽、李小云：《精准扶贫：理论基础、实践困境与路径选择——基于云南两大贫困县的调研》，《探索与争鸣》2018年第2期，第106~111页、第143页。
[④] 虞崇胜、余扬：《提升可行能力：精准扶贫的政治哲学基础分析》，《行政论坛》2016年第1期，第22~25页。
[⑤] 李鹍、叶兴建：《农村精准扶贫：理论基础与实践情势探析——兼论复合型扶贫治理体系的建构》，《福建行政学院学报》2015年第2期，第26~33页、第54页。
[⑥] 向玉乔、李皓：《习近平精准扶贫思想的伦理学阐释》，《广西社会科学》2018年第5期，第12~15页。

标。① 缑建芳等也指出精准扶贫是全面建成小康社会的根本需要。②

更多的学者是从问题导向的角度出发进行研究。如杨伟智认为精准扶贫的提出，有着深刻的时代背景，扶贫开发工作中存在的突出矛盾和问题是其直接原因，扶贫开发工作面临的新阶段新任务是其时代要求，让"真扶贫、扶真贫"思想与时俱进地发展是其实践特色，始终牵挂贫困群众的扶贫情结是其促成因素。③ 易棉阳从两个方面说明了精准扶贫基本方略的现实基础：经济增长的减贫效应不断下降、以地区和县为瞄准目标的扶贫模式减贫乏力。④ 李先伦等认为，习近平精准扶贫基本方略的提出，是基于一种宏大的视野。社会主义本质理论是精准扶贫基本方略的理论渊源，当前我国的贫困现状是精准扶贫基本方略的现实依据，而中国共产党的宗旨使命则是精准扶贫基本方略的内在动力。⑤ 陈健探讨了习近平精准扶贫基本方略的理论基石与现实逻辑，他指出习近平新时代精准扶贫基本方略的形成主要是基于全面建成小康社会、破解发展不平衡不充分短板等现实需要。⑥ 庄天慧等结合精准扶贫的理论推演，从多维贫困理论、空间贫困理论、贫困治理理论出发，分析了新阶段我国农村贫困分布的广泛性、贫困表现的多维性和致贫原因的差异性，指出正是这样的现实困境决定了我国必须提高扶贫精准度，实施精准扶贫。⑦ 谢卓芝认为，全面建成小康社会的现实要求、破解当代脱贫困境的实际需要和对全球减贫事业的孜孜追求是习近平扶贫开发相关论述的现实逻辑主线。⑧

三 对精准扶贫基本方略科学内涵的研究

精准扶贫作为一项国家重大战略、一项重要的民生工程，内涵十分丰富，

---

① 唐任伍：《习近平精准扶贫思想阐释》，《人民论坛》2015 年第 30 期，第 28~30 页。
② 缑建芳、栾奕、王猛、郎花、刘枫、韩晋：《精准扶贫理论的内涵及其策略》，《农业图书情报学刊》2017 年第 5 期，第 9~11 页。
③ 杨伟智：《"用绣花的功夫实施精准扶贫"——学习习近平关于精准扶贫精准脱贫的重要论述》，《党的文献》2017 年第 6 期，第 47~53 页。
④ 易棉阳：《论习近平的精准扶贫战略思想》，《贵州社会科学》2016 年第 5 期，第 139~144 页。
⑤ 李先伦、李建民、房晓军：《习近平精准扶贫思想的战略创新》，《现代经济探讨》2017 年第 3 期，第 35~39 页。
⑥ 陈健：《习近平新时代精准扶贫思想形成的现实逻辑与实践路径》，《财经科学》2018 年第 7 期，第 48~58 页。
⑦ 庄天慧、陈光燕、蓝红星：《精准扶贫主体行为逻辑与作用机制研究》，《广西民族研究》2015 年第 6 期，第 138~146 页。
⑧ 谢卓芝：《习近平扶贫开发思想生成逻辑的三重维度》，《中共桂林市委党校学报》2017 年第 4 期，第 9~12 页。

这也是当前学术界研究的重点。就现有文献来看，对精准扶贫基本方略科学内涵的研究主要可以分对精准扶贫内在逻辑的研究和对"精准"的解读。

（一）对精准扶贫基本方略内在逻辑的研究

精准扶贫基本方略科学内涵的研究重点之一是对其逻辑结构的研究，学者的观点因研究侧重点不同而有所差别。多数学者从三个维度切入。刘铮、浦仕勋从精准扶贫的理论基础、价值目标和实践取向三个方面归纳了精准扶贫的科学内涵，即立足于社会生产力的发展要求是精准扶贫的理论基础，实现共同富裕是精准扶贫的价值目标，实现民族复兴中国梦是精准扶贫的实践取向。[1] 孙晓阳从人的本质、实践主体、内外因三个维度来探讨习近平精准扶贫基本方略的哲学内涵。[2] 季素娇认为，习近平精准扶贫基本方略逻辑体系包含三个重要方面，一是以因地制宜、分类管理为主要手段，二是以精准化实施为基本理念，三是以科学化、精细化的政策跟进为根本保障。[3] 鄢凤芹、华正学从总体性视角来阐释习近平精准扶贫基本方略，认为其总体性论述分为历史性、系统结构性与主体性三个维度，并与马克思主义经典作家的总体性思想存在统一的内在联系。[4] 唐任伍从核心要义、基础工具和战略重点三个层面进行阐释，他认为在精准扶贫基本方略的内容中，精准化理念是核心要义，分批分类理念是基础工具，精神脱贫理念是战略重点。[5]

四维度说。李卓然认为，习近平精准扶贫基本方略基于系统思维的横向贯穿，在实践和理论的融合中要把握四个维度，即以历史思维审视精准扶贫的发展规律、以战略思维提升精准扶贫的价值诉求、以系统思维把握精准扶贫的全局架构、以导向思维引领精准扶贫的驱动方向，从而科学提升扶贫工作的精度和准度。[6] 杨伟智对精准扶贫的主要内涵、基本要求、基本思路和根本目的进

---

[1] 刘铮、浦仕勋：《精准扶贫思想的科学内涵及难点突破》，《经济纵横》2018年第2期，第72~77页。
[2] 孙晓阳：《习近平精准扶贫思想的哲学内涵探讨》，《开封教育学院学报》2017年第3期，第15~17页。
[3] 季素娇：《习近平精准扶贫思想逻辑体系论略》，《山东社会科学》2017年第10期，第127~131页。
[4] 鄢凤芹、华正学：《总体性视域下的习近平精准扶贫思想探析》，《农业经济》2017年第1期，第6~8页。
[5] 唐任伍：《习近平精准扶贫思想阐释》，《人民论坛》2015年第30期，第28~30页。
[6] 李卓然：《习近平精准扶贫思想科学思维的把握》，《中学政治教学参考》2017年第27期，第5~7页。

行分析：对扶贫对象和资源进行精细化管理和配置是主要内涵，有效实施"六个精准"是基本要求，进行"五个一批"分类施策是基本思路，精神脱贫、完善贫困退出机制是根本目的。① 徐龙顺等从精准扶贫的关键、精髓、保障和目标四个维度探讨了精准扶贫的内在逻辑。精准扶贫的关键是"精""准""扶"，精准扶贫的精髓是全面扶贫、科学扶贫、高效扶贫，精准扶贫的保障是程序公正、法律许可，精准扶贫的目标是持续脱贫、永不返贫。② 陈明生将精准扶贫的内涵理解为包含目标、对象（含致贫原因）、手段、措施在内的精准扶贫脱贫的完整体系。③

五维度说。梁土坤则从差异性、精准性、系统性、发展性、托底性五个维度来理解精准扶贫的内涵，他指出，差异性是精准扶贫的基本前提、精准性是精准扶贫的核心要义、系统性是精准扶贫的总体要求、发展性是精准扶贫的本质属性、托底性是精准扶贫的政策底线。④ 蔡晓良等将精准扶贫基本方略的深刻内涵归纳为五论："精准扶贫目标论""精准扶贫方略论""社会合力脱贫论""精准扶贫制度论""脱贫世界合作论"。⑤ 曾维伦、谢卓芝认为习近平关于扶贫开发的相关论述已形成了涵括战略定位、战略目标、战略内核、战略重点、战略保障在内的严密逻辑体系：以"两个重中之重"为战略定位、以"现行标准下贫困人口和贫困县脱贫"为战略目标、以"四种扶贫思路"为战略内核、以"深度贫困地区脱贫"为战略重点、以"三大机制"为战略保障。⑥

七维度说。潘慧等认为精准扶贫基本方略包括七大体系：责任体系、工作体系、政策体系、投入体系、帮扶体系、社会动员体系、监督考核体系。其中，责任体系是前提，工作体系是根本，政策体系是基本，投入体系是基础，帮扶

---

① 杨伟智：《"用绣花的功夫实施精准扶贫"——学习习近平关于精准扶贫精准脱贫的重要论述》，《党的文献》2017年第6期，第47~53页。
② 徐龙顺、李婵、宋娜娜、黄森慰：《精准扶贫：理论内涵、实践困境与对策研究——基于山东菏泽两个村庄的调查》，《中南林业科技大学学报》（社会科学版）2016年第6期，第41~45页、第61页。
③ 陈明生：《我国精准扶贫的三种方式：内涵、手段与政策措施》，《北方经济》2018年第11期，第13~16页。
④ 梁土坤：《新常态下的精准扶贫：内涵阐释、现实困境及实现路径》，《长白学刊》2016年第5期，第127~132页。
⑤ 蔡晓良、谢强、陈宝国：《习近平新时代精准扶贫思想研究》，《广西社会科学》2017年第12期，第6~11页。
⑥ 曾维伦、谢卓芝：《习近平扶贫开发战略思想的丰富内涵》，《红旗文稿》2018年第6期，第19~21页。

体系是关键、社会动员体系是动力，监督考核体系是保证。[1]

（二）对精准扶贫基本方略"精准"角度的研究

不少学者认为"精准"是精准扶贫基本方略的最核心要义，也是区别于传统扶贫方式和国外扶贫手段的重要标志。因此，围绕"精准"二字对精准扶贫基本方略进行归纳和定义的学者众多。

三个精准论。易棉阳基于政府与农民关系的研究视角，认为党的十八大以来习近平在宏观层面提出的精准扶贫，蕴含着精准识别、精准帮扶、精准管理三大战略思想内涵，工作重点是凝聚社会扶贫合力，催生贫困对象的脱贫内生力。[2] 王鑫、李俊然认为精准扶贫目标更加明确、措施更具针对性、管理更加精细。[3] 缑建芳等将精准扶贫概括为三大理念：精准化理念、分批分类理念以及精神脱贫理念。[4]

四个精准论。也有不少学者认为精准考核也是精准扶贫的题中之义，形成了四个精准论。如葛志军、邢成举从贫困对象的精准识别、精准帮扶、精准管理和精准考核等四个方面来定义精准扶贫。[5] 钟关华将习近平精准扶贫基本方略的科学内涵系统梳理为扶贫思路精准、动力精准、机制精准、策略精准。并指出精准扶贫基本方略实现了扶贫战略的四大转变：由就地脱贫到根源脱贫转变、由完全政府推动到政府和市场双轮驱动转变、由"外源被动型"扶贫到"内生主动型"脱贫转变、从全面铺开扶贫向差异化精准施策转变。[6] 汪三贵、郭子豪认为，精准扶贫就是将扶贫资源、政策与措施有针对性地落实到真正贫困的个体农户身上，精准识别和消除各种致贫因素，实现贫困地区农户的有效脱贫、可持续脱贫。主要包含三个方面内容：贫困户的精准识别和精准帮扶、扶贫对象的动态管理，以及扶贫效果的精准考核。[7]

---

[1] 潘慧、滕明兰、赵嵘：《习近平新时代中国特色社会主义精准扶贫思想研究》，《上海经济研究》2018年第4期，第5~16页、第26页。
[2] 易棉阳：《论习近平的精准扶贫战略思想》，《贵州社会科学》2016年第5期，第139~144页。
[3] 王鑫、李俊杰：《精准扶贫：内涵、挑战及其实现路径——基于湖北武陵山片区的调查》，《中南民族大学学报》（人文社会科学版）2016年第5期，第74~77页。
[4] 缑建芳、栾奕、王猛、郎花、刘枫、韩晋：《精准扶贫理论的内涵及其策略》，《农业图书情报学刊》2017年第5期，第9~11页。
[5] 葛志军、邢成举：《精准扶贫：内涵、实践困境及其原因阐释——基于宁夏银川两个村庄的调查》，《贵州社会科学》2015年第5期，第157~163页。
[6] 钟关华：《习近平精准扶贫思想的浙江实践——以武义下山脱贫为例》，《观察与思考》2016年第5期，第45~52页。
[7] 汪三贵、郭子豪：《论中国的精准扶贫》，《贵州社会科学》2015年第5期，第147~150页。

六个精准论。理论的内涵和外延随着实践的发展在不断深化和扩展,精准扶贫基本方略也随着精准扶贫实践的展开而不断丰富,不少学者提出了六个精准论。汪三贵认为扶持对象精准、项目安排精准、资金使用精准、措施到户精准、因村派人精准、脱贫成效精准这"六个精准"是习近平精准扶贫基本方略的关键内涵。[①] 刘兴灿也认为,"六个精准"是习近平精准扶贫基本方略的内涵,且要重点做好精准识别、精准帮扶和制度保障。[②]

层级精准论。着重从"精准"这一角度阐述精准扶贫科学内涵的还包括对层级精准的分析。庄天慧等指出,精准扶贫的内涵主要表现为扶贫"对象—资源—主体"精准、扶贫"目标—过程—结果"精准以及"微观—中观—宏观"的不同扶贫层级精准。[③] 刘解龙、陈湘海认为,精准扶贫有微观、中观、宏观、全过程四重内涵。微观层次上主要是具体扶贫行为的整体性、系统性设计与实施,主要包括对象识别、判断与评价,项目设置,活动的要素组合,活动主体组合及责权利界定,活动内容与过程,成效等方面的精细化。中观层次体现在两个方面:一是产业层次的精准扶贫和一定区域范围内的精准扶贫。重点是解决好经济效益最大化,或者发展成本最低化的问题。宏观层次实际上包括贫困片区的整体脱贫。全过程是将精准的精神、内容、标准体现到全过程之中,进行精准性评价。[④]

过程精准论。学术界还有不少学者从资源精确对接这一过程视角对精准扶贫进行了阐释。李培林等横向比较了国际上主流的目标瞄准扶贫,将我国的精准扶贫界定为外部介入式全过程精准扶贫:通过相应的制度安排和政策支持,将扶贫资源通过一定的方式准确地传递给符合条件的目标人群,帮助他们通过一定的、合适的形式改善条件、提高能力,进而摆脱贫困的一种全过程精准的、特殊的目标瞄准扶贫方式。[⑤] 张占斌指出,精准扶贫分为识别贫困人口和瞄准扶贫资源两个主要部分,如何将两者精确对接、做到"真扶贫、扶真贫"是精准扶贫基本方略的核心实质。只有科学有效地配置扶贫资源,才能促进贫困群众早日稳定

---

① 汪三贵:《习近平精准扶贫思想的关键内涵》,《人民论坛》2017年第30期,第54~55页。
② 刘兴灿:《习近平精准扶贫战略思想的内涵及实践路径探析》,《贵州社会主义学院学报》2017年第2期,第9~11页、第17页。
③ 庄天慧、杨帆、曾维忠:《精准扶贫内涵及其与精准脱贫的辩证关系探析》,《内蒙古社会科学》(汉文版)2016年第3期,第6~12页。
④ 刘解龙、陈湘海:《精准扶贫的几个基本问题分析》,《长沙理工大学学报》(社会科学版)2015年第6期,第98~104页、第125页。
⑤ 李培林、魏后凯、吴国宝:《中国扶贫开发报告(2017)》,社会科学文献出版社,2017年,第2~3页。

脱贫,逐步减少贫困人口,彻底消除贫困。[1] 安增军、高绮雪认为习近平反贫困相关论述具体可以从"扶持谁""谁来扶""怎么扶"三个关键点进行阐述。[2]

也有学者从时间进程维度和路径层面展现了扶贫的全过程,强调全过程的精准。如莫光辉从扶贫开发的时间进程维度和扶贫开发规划的顶层设计角度来阐述精准扶贫。他从精准识别贫困人口、精确把握致贫原因、滴灌式的精准帮扶、共享发展成果等方面来全面把握精准扶贫内涵,指出精准扶贫是中国特色社会主义扶贫开发体系的建构要素,并从精准扶贫主体、目标、过程、方式等方面分析了精准扶贫治理模式的转型。[3] 王安忠指出,习近平精准扶贫路径体现在五个方面:一是通过采取各种措施,找准贫困根源,准确识别"扶持谁";二是完善协作运行机制,强化责任分工,明确"谁来扶";三是把握特点规律,实施"五个一批"工程,有效落实"怎么扶";四是健全退出机制,落实精准脱贫,解决"如何退";五是"重点扶"革命老区、边疆地区、民族地区及连片贫困区等四地区。[4]

第五节　总体考察

新中国成立之初,中国处于极度贫穷落后的状态。1950 年中国的人均国民收入只有 31 美元,只相当于美国人均国民收入的 1.8%、苏联的 9.1%、联邦德国的 7.1%、英国的 4.5% 和法国的 5.0%。[5] 占世界人口总量 21.66% 的中国,贫困人口总数占世界总数的 40% 以上。1950 年中国人类发展指数(HDI)仅为 0.225,为世界最低。[6] 贫困问题成为新中国的巨大挑战之一。为了缓解贫困以至最终消除贫困,一代又一代的中国共产党人艰辛探索,走出了一条中国特色的减贫道路,形成了中国特色的减贫思想。

一　农村贫困与反贫困问题研究的主要特点

学术界对中国农村减贫问题进行了较为广泛的探讨和研究,尤其在党的十

---

[1] 张占斌:《习近平同志扶贫开发思想探析》,《国家治理》2015 年第 36 期,第 3~8 页。
[2] 安增军、高绮雪:《论习近平反贫困思想及其战略意义》,《河南工业大学学报》(社会科学版) 2016 年第 3 期,第 50~55 页。
[3] 莫光辉:《精准扶贫:中国扶贫开发模式的内生变革与治理突破》,《中国特色社会主义研究》2016 年第 2 期,第 73~77 页、第 94 页。
[4] 王安忠:《习近平扶贫思想探析》,《学习论坛》2017 年第 12 期,第 19~23 页。
[5] 张磊:《中国扶贫开发历程(1949~2005)》,中国财政经济出版社,2007 年,第 6 页。
[6] 胡鞍钢:《国情报告》(第 17 卷·2014 年),党建读物出版社,2016 年,第 180~181 页。

八大以后，随着精准扶贫、精准脱贫的纵深推进，对中国特色减贫思想和道路的研究越来越深入，研究视角越来越开放和多元，呈现以下特点。

（一）贫困和反贫困内涵不断丰富

随着经济社会的进步以及反贫困实践的不断推进，学术界对贫困和反贫困问题的研究热情持续高涨（见图7-1、图7-2），2014年以来增长尤为迅速。与这一趋势相适应，贫困和反贫困的内涵也不断丰富和发展。新中国成立之初，百废待兴，物资极度匮乏，贫困是普遍现象。当时的贫困更多指向物质贫困，学者对贫困也着重从物质缺乏的角度加以定义，对反贫困从发展国民经济的角度着手，兼以实施救济式扶贫。改革开放后，物质匮乏的局面得以改善，学者对贫困的原因和表现进行了诸多探讨，贫困研究由最初的物质贫困逐步延伸到

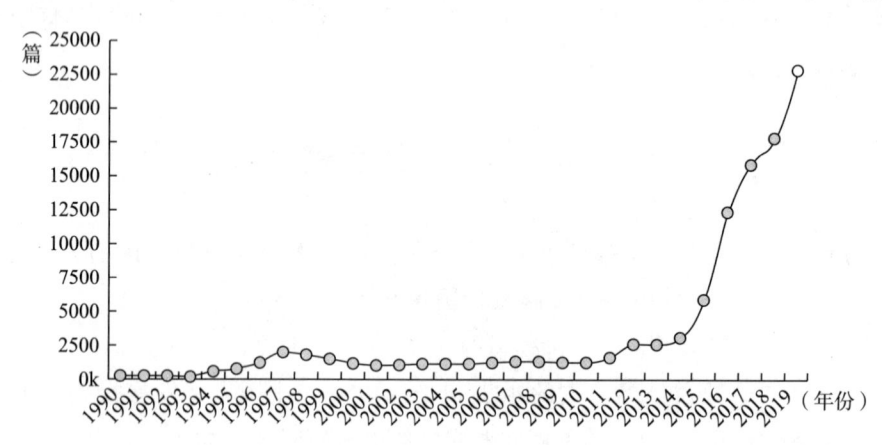

图7-1 知网以"扶贫"为主题的年度学术文章（中文文献）发表情况

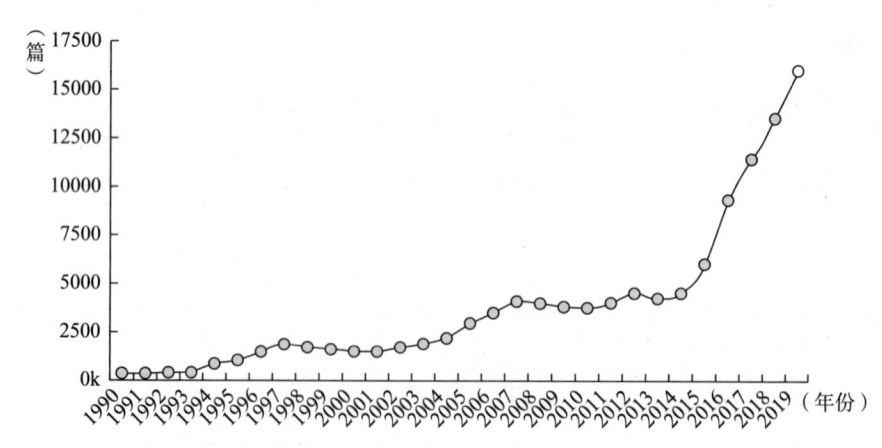

图7-2 知网以"贫困"为主题的年度学术文章（中文文献）发表情况

权利贫困、文化贫困和素质贫困等多个方面，囊括经济、社会、政治、文化等诸多范畴，同时，小康社会的内涵与外延也不断丰富。与此相适应，反贫困也由单一的物质救济转向目标多元、手段多样的开发式扶贫，更加注重人的发展和各项权利的保障。

（二）重视依靠制度优势减贫

我国农村贫困与反贫困问题一直是学术界高度关注的领域。学者或对某一阶段的减贫思想、政策和实践进行了探究，或对新中国的扶贫历程进行了归纳梳理。在研究中，学者高度重视依靠制度优势减贫。中国人口基数大、贫困人口多且分布广、贫困类型复杂，发挥社会主义制度的优势，并不断推进制度创新，是中国减贫取得巨大成就的独特优势。学者对新中国 70 年来的减贫实践进行了阶段性的划分，划分标准不一，但对制度减贫这一优势和经验高度认可，从新中国成立之初的救济式扶贫，到改革开放后的体制改革推动扶贫、开发式扶贫等，再到如今的精准扶贫，我们始终坚持和完善社会主义制度，筑牢了减贫的根本制度保障。一方面，研究者深入探讨了我国的制度减贫机制，另一方面，也对我国制度减贫的经验进行了总结。

（三）积极探索减贫路径

纵观学术界对农村贫困与反贫困问题的研究，其研究重点在于如何有效减贫。我国在不同的历史时期，采用的主要减贫措施和手段各有不同。回顾 70 年的减贫之路，不难看出，中国特色的减贫思想和实践经历了对象从普惠式到特惠式、方式从输血式到造血式、主体从单一化到多元化的演进历程。学者围绕如何有效减贫这一问题展开了大量研究和讨论，蕴含着辩证思维与历史思维。在主体演进方面，学者围绕"政府主导"和"群众主体"展开了讨论；在方式演进方面，形成了"输血式"与"造血式"扶贫的争论；在对象演进上，对资源利用方式也略有分歧。

（四）坚持走中国特色减贫道路

学术界对 70 年来的减贫历程和减贫效果给予了积极评价，认为中国走出了一条极具特色的减贫道路，并且未来仍要坚持走中国特色减贫之路。一方面，对 70 年来中国减贫的整体效果或某一阶段的减贫成效进行了阐述和分析，并总结了历史经验。另一方面，也对每一阶段减贫中存在的问题以及未来推进反贫困事业仍面临的困难进行了有益的探讨，以更好地推进中国的减贫事业。

二 对农村贫困与反贫困问题研究的未来展望

经过70余年的努力，到2020年，我国将实现现行标准下农村贫困人口全部脱贫，贫困县全部摘帽。在剩下的一年多时间内，我们仍然面临深度贫困地区的脱贫攻坚问题。2020年全面脱贫也并不意味着中国反贫困任务的完结，在取得阶段性胜利后，中国还面临稳定脱贫、解决相对贫困问题等任务，这也将成为未来中国特色减贫思想和实践的研究重点。

一是深度贫困地区高质量脱贫问题。深度贫困地区生态脆弱，自然灾害频发，基础设施和经济发展长期滞后，致贫原因复杂，脱贫成本高、难度大，且民族、宗教、边境问题交织，是脱贫攻坚的坚中之坚。截至2018年末，全国农村贫困人口减少至1660万人，贫困发生率下降至1.7%[①]，但剩余的农村贫困人口大多分布在深度贫困地区，实现这部分农村贫困人口的高质量脱贫，要大胆探索符合不同地区、不同民族特点的扶贫方式方法，这考验全党全国人民的智慧。

二是稳定脱贫问题。一方面，贫困标准的动态性决定了脱贫是一项长期工程。贫困标准在不同时期具有不同内涵，处于不断调整之中。20世纪80年代的贫困线是以卡路里为标准计算得出的"温饱线"或"生存线"，而现在的贫困线显然具有住房、教育、社会保障等多维度的内涵。改革开放以来，中国政府多次上调国家扶贫标准，如2009年，国家扶贫标准从2008年的1067元上调至1196元，2010年随CPI上涨而上调至1274元，2011年，中央决定将农民人均纯收入2300元（2010年不变价）作为新的国家扶贫标准，因而全国贫困人口数量由2010年的2688万人扩大到2011年的1.28亿人。[②] 因此，随着人类社会的发展，贫困标准必然会有客观上的变化和主观上的调整，也就必然形成新的形势，带来新的要求。如何让贫困群众持续增收、稳定脱贫，这仍然是未来中国反贫困的重点之一。另一方面，已脱贫群众可能存在返贫风险。在全面脱贫后，扶贫工作的重心必将转移到巩固脱贫成果、防止和治理返贫上来，这也将成为学术界关注的重点和难点问题，可分为两个方面，一是从理论层面来看，

[①]《国家统计局：2018年全国农村贫困人口减少1386万人》，新华网，2019年2月15日，http://www.xinhuanet.com//2019-02/15/c_1124120302.htm。

[②]《中国贫困线上调接近世行名义标准》，人民网，2011年11月29日，http://society.people.com.cn/GB/136657/16437012.html。

在全面脱贫后有无返贫可能性？原因为何？二是从实践角度出发，如何防止和治理返贫问题？

三是相对贫困问题。绝对贫困问题解决后，相对贫困问题将更加凸显，影响社会和谐与经济持续健康发展。因而研究重点也将更多聚焦于如何提升低收入群体的收入水平，完善收入分配结构，解决相对贫困的问题，包括对相对贫困问题的表现、原因、解决措施的研究。

四是组织贫困问题。在当前的扶贫实践中，仍然存在组织功能弱化这一问题。创新方式方法强化组织作用是下一步减贫工作的重点和难点。一方面，要发挥基层党组织的"领头雁"作用，突出组织引领；另一方面，要发挥集体经济组织在促进农民持续增收、稳定脱贫中的重要作用。

五是中国减贫经验的国际分享与应用。贫困是国际社会面临的共同难题，70年来，中国在致力于解决自身贫困问题的同时，也在不断向发展中国家和国际组织提供经济援助和技术支持，积极履行国际责任。如今中国取得的减贫成就世界瞩目，是"中国奇迹"最浓墨重彩的篇章，"共建没有贫困的人类命运共同体"需要积极开展国际减贫合作。因此，中国减贫经验的国际分享与应用也将成为未来的研究重点之一。

第八章 农村文化

文化是一个国家、一个民族的灵魂,作为中华民族悠久文化的重要根基,农村文化问题一直是新中国成立70年以来学术界关注较多的问题,学者以不同的研究视角对农村文化进行了深入研究和理论探讨,形成了丰富的研究成果。而学界对于"农村"与"乡村"的用词和语义仍存在不同看法,原因在于生产力的发展促进了农村的经济发展,造成了"农村"语义及用词的分化。但是,农村为中华民族传统文化提供了生存根基,使用"农村"一词更能全面体现70年来的农村文化发展脉络,充分体现农村文化的发展特点,从这个程度上讲,不同条件下的用词在其本质上表达的意思是一致的,时代的发展和变化只是赋予"农村"以新的内涵。由于农村文化内容的丰富性,本章首先对基础性问题进行了研究,梳理了农村文化的内涵和外延,以及农村文化的变迁及其实质,在此基础上集中研究了农村文化的核心内容,主要包括如何推进农村文化建设、农村文化建设与城镇化的关系、农耕文明的传承保护和创新的问题。

第一节 农村文化的内涵和外延

新中国成立以来,农村文化问题就受到学者的关注,但是,随着社会经济的发展,农村文化的内涵和外延不断得到丰富和拓展,纵观学术界的研究,主要内容集中在两个方面,一是农村文化的内涵,二是农村文化建设的内涵,如图8-1所示。

一 农村文化的内涵

学界所关注的侧重点有所不同,对农村文化的内涵有不同理解,对其概念的界定仍未形成统一认识,主要有三种不同的观点。有的学者认为农村文化就是一种物质生产,在人与人、人与自然、人与社会的交往中得以实现;也有学者认为农村文化应该是一种精神生活,更多地反映了乡风民俗、价值观念和心

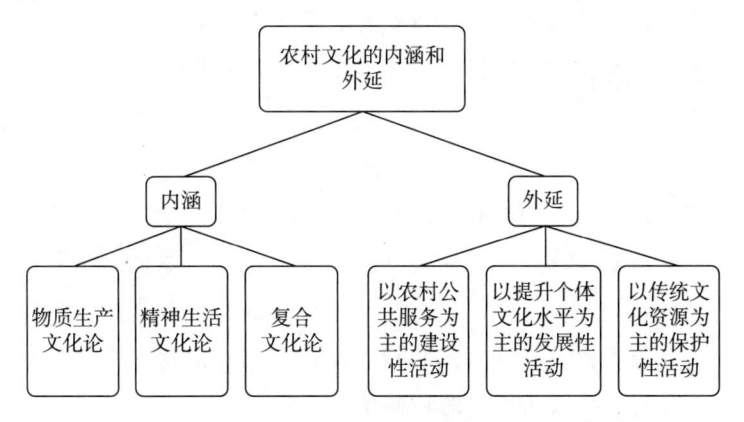

图 8-1 关于农村文化的内涵和外延的研究

理结构要素；还有学者认为，农村文化是一种复合文化，其内涵不局限于某一层面，会随着时代的发展而不断丰富和完善。

（一）物质生产文化论

第一种观点认为农村文化是一种生活方式，是人的社会交往方式和生活方式的集中反映，如黄永林认为，农村文化就是指与农村区域的生产方式和生活方式相联系，适应当地群众需要的思想观念、道德伦理、法律意识、科学文化、知识教育、文娱活动的统称，是农村经济、政治、社会生活发展变化的反映。[①] 吴淼也认为，农村文化为农村社会实践提供了价值支撑和意义体系，是乡村社会的重要组成部分，对农民的生活以及乡村社会秩序的维持发挥着重要作用。并进一步从微观、中观、宏观三个层面分析了农村文化的内在运行机制，在微观上，农村文化保障了农民在乡村生活中的主体性，给予农民心理上的慰藉；在中观上，将人们的行为保持在乡村秩序的范围内；在宏观上，主要是使农村在保持相对独立自主性的基础上，进一步地融入宏观社会和国家。[②]

第二种观点认为农村文化是一种乡村产品。人的生产实践活动创造了农村文化的现实产品，为此，有学者指出，应该深化农村文化的理解范畴。如张艳认为，乡村文化就是人类与乡村自然相互作用过程中所创造出来的所有事物和现象的总和，而乡村文化的各构成要素是在长期的历史发展过程中积累和沉淀下来的，在乡村旅游开发中，很多要素都可以转化为乡村旅游产品。其中，田

[①] 黄永林：《论新农村文化建设中的现代与传统》，《民俗研究》2008年第4期，第14~23页。
[②] 吴淼：《论农村文化建设的模式选择》，《华中科技大学学报》（社会科学版）2007年第6期，第108~112页。

园景观、农耕文化、建筑文化、饮食文化、手工艺文化、家庭文化、艺术文化具有浓郁的乡土气息，构成乡村旅游独具特色的核心吸引物，成为开发重点。[①] 陈文珍、叶志勇认为，所谓农村文化，指的是以农村为地域，农村所创造的一切物质与非物质的成果。[②] 纪丽萍则在此基础上进一步将乡村文化看作是一种特殊形态的文化，认为乡村文化是人类创造的一切乡村产品的总称。[③] 张建宏也以旅游开发为背景，认为乡村文化就是以乡村民众为主体，在乡村这个特定的环境中，经过长期生产与生活过程，逐渐形成并发展起来的，一套相对稳定的心理特征、思想观念、思维方式和行为模式，以及由这些心理特征、思想观念、思维方式和行为模式所衍生的种种作品。[④]

第三种观点认为农村文化是一种社会活动。随着社会经济的发展，人的生产实践活动也处于不断更新的过程中，农村文化的内涵也应该不断完善。张燕就从农村土地资源利用状况出发，分析了农村文化的缺失，认为现代农村文化的内涵应涉及信息化时代条件下的一系列活动，主要囊括网络与信息、科学普及与推广、法律道德教育与宣传、民俗传承与发展、观念转变与更新、政策宣讲、基层干部与老百姓之间的互动，以及组织符合农村生活实际状况的其他活动等。[⑤]

（二）精神生活文化论

精神生活文化论从农村文化字面含义出发，将其看作一种单纯的精神文明活动，侧着于强调个人的精神层面。新中国成立初期，翻身后的农民普遍有文娱活动的要求，很多地方都组织了农民剧团，1949年春，辽东省通化在22个自然村中就有28个剧团。[⑥] 也有学者从乡村文化的构成要素及其功能价值出发来阐释，如龙玉祥认为乡村文化是人类在改造乡村自然环境过程中所创造出来的精神文化的总和，而乡村文化的各种构成要素是乡村在长期的历史发展过程中积累和沉淀下来的，也是区别于现代都市文化的重要标志。他进一步将乡村文化划分为四个层次，即乡村物态文化、乡村行为文化、乡村规制文化和乡村

[①] 张艳：《乡村文化与乡村旅游开发》，《经济地理》2007年第3期，第509~512页。
[②] 陈文珍、叶志勇：《社会主义新农村文化构建》，湖南师范大学出版社，2010年，第1页。
[③] 纪丽萍：《变迁视阈中的现代性与中国乡村文化》，《理论月刊》2013年第5期，第176~179页。
[④] 张建宏：《记住乡愁：旅游开发背景下乡村文化变迁与重构研究》，《江苏商论》2017年第2期，第47~51页。
[⑤] 张燕：《农村土地资源利用现状及对策》，《现代农业科技》2012年第1期，第377~379页。
[⑥] 《辽东省的农村文化活动》，《人民日报》1949年12月1日，第3版。

精神文化。[①] 邓永明则通过对山东省民族传统体育现状的调查和分析,将农村文化看作主体的人的精神文明活动,并从狭义上来理解农村文化,认为农村文化仅指农村的精神文明活动,它能为新农村建设提供精神动力和智力支持。[②] 张华超也认为,农村文化是指在特定的农村社会生活方式的基础上,以农民为主体,建立在农村社区的文化,是农民文化素质、价值观、交往方式、生活方式等深层心理结构等的反映,表达了农民的心灵世界、人格特征及文明开放程度。[③]

区别于其他研究视角,有学者从人类学研究视角出发,在分析乡村文化的主体、内容、形式的基础上对其内涵进行了界定。如赵旭东、孙笑非认为,乡村文化是中国传统文化的根基,侧重于展现乡村意境的因素,如村貌农舍、红白喜事、庙会祭祀、地方戏曲、传统艺术、传说谚语、民间禁忌等。这些扎根于乡村土地等文化类型随着历史的变迁和地域差异而变化,展示出乡村意境的多样性,既有抽象无形的一面,也是农民生活世界的重要组成部分。总之,乡村文化就是指在乡村社会中,以农民为主体,以乡村社会的知识结构、价值观念、乡风民俗、社会心理、行为方式为主要内容,以农民的群众性文化娱乐活动为主要形式的文化类型,它为乡民现实生活中的思维逻辑与行为选择提供了内在基础。[④]

(三) 复合文化论

针对上述观点,有学者主张从物质和精神两个层面来理解农村文化。如何兰萍指出,农村文化主要包含物质文化和精神文化两个层面,它是一个包含了众多内容的丰富体系。从物质层面来讲,主要包含乡村建筑、民居布局、文化设施等,从精神层面来讲,主要包含民间信仰、民间艺术、乡村演出、节日庆典、礼仪风俗、道德伦理等。[⑤] 为了更全面地把握农村文化,有学者在此基础上进行了完善,纳入了制度层面的农村文化内涵。如马永强从物质文化、精神

[①] 龙玉祥:《基于文化营销的乡村旅游发展战略初探》,《农村经济》2009年第6期,第59~61页。
[②] 邓永明:《基于新农村文化建设背景下的山东省农村民族传统体育开展现状的调查与分析》,《山东体育学院学报》2012年第2期,第32~37页。
[③] 张华超:《农村文化生活》,河北科学技术出版社,2014年,第4页。
[④] 赵旭东、孙笑非:《中国乡村文化的再生产——基于一种文化转型观念的再思考》,《南京农业大学学报》(社会科学版)2017年第1期,第119~127页。
[⑤] 何兰萍:《论当前农村文化建设的难点与重点》,《湛江师范学院学报》(哲学社会科学)2008年第2期,第33~37页。

文化和制度文化三个层面展开,认为农村文化就是指以乡村区域共同体为基础,并受到客观因素和经济基础的制约,是一种内在文化积累的多因素总和,具体涉及生产生活方式、认知方式、价值观念、风俗习惯、宗教信仰、语言符号、知识技能、行为规范、组织结构、劳动创造等。[1] 张良也认为,学界一些主流观点对农村文化的内涵和外延界定过于狭隘,以至于农村文化建设往往只注重与农村文化相关的人、财、物等外在实体性建设,而忽视了对农村文化内在层面的培育与发展。因此,农村文化是适应农业生产方式、能够为农村提供秩序规范、体现农民终极关怀的一整套娱乐方式、道德规范和意义体系。它不但包括文化设施、文化组织、文化活动等实体性文化,还应包括以道德伦理、公共规则、公共舆论为主体的规范性文化和以价值信仰、宗教信仰为主体的信仰性文化,这三者相互联系。[2]

随着城市化进程的推进,农村文化的内涵应不断得到丰富和发展,如胡丰顺、杨少波认为,农村文化至少有三个层面的新内涵:一是具有浓厚历史特点、打下了深厚的农耕烙印的,与工业文化为代表的城市文化相对应的文化,具有历史积淀性和独特性;二是精神心理层面深层积淀,如价值观念、人文精神、思维方式、风俗习惯、道德规范等,彰显农村文化的相对独立性,这种相对独立性是农村文化的核心和关键,认识了这一点,才能抓住农村文化的根本;三是显的物质,包括文化硬件,文化载体等。[3] 史亚军也认为,狭义的农村文化就是指在一定的村落共同体中形成的以农民为载体的文化,它是农民的深层心理结构,表达了农民的心灵世界、人格特点及文明开化程度。同时也要认识到,作为一种文化形态,农村文化实际上是一个由各要素构成的复合性整体,包括社会制度、价值观念、科学水平、文化艺术四个层面的内涵。[4]

二 农村文化建设的内涵

学术界对于农村文化建设内涵的不同理解,集中表现为以下三种代表性观点。第一种观点认为农村文化建设就是以农村公共服务为主的建设性活动,重视提升农村的公共文化服务水平;第二种观点认为农村文化建设是以提升个体

---

[1] 马永强:《农村文化建设的内涵和视阈》,《甘肃社会科学》2008年第6期,第75~78页。
[2] 张良:《实体性、规范性、信仰性:农村文化的三维性分析——基于湖北、安徽两省八县(区)的实证研究》,《中国农村观察》2010年第2期,第87~96页。
[3] 胡丰顺、杨少波:《我国城市化进程中农村文化的变迁与重构》,《江西社会科学》2012年第11期,第238~241页。
[4] 史亚军:《农村文化产业概论》,中央广播电视大学出版社,2014年,第8页。

文化水平为主的发展性活动，关注"人"自身的文化水平及其发展问题；第三种观点认为农村文化建设就是以传统文化资源为主的保护性活动，以兴盛传统文化为价值追求。

(一) 以农村公共服务为主的建设性活动

农村的公共服务水平是衡量农村地区发展水平的重要标准之一，并在农村文化建设中发挥着重要作用。如万俊毅认为，农村文化建设是以"树人为主"，其内涵丰富、功能多样、作用强大，且功效发挥时间长，对其他农村地区的人力资源开发方式具有正外部性作用。要重视农村人力资源的开发方式，发挥文化人才的积极作用，促进农村文化基础设施和农村公共文化服务体系建设，根据农民的发展需要提供相应的文化服务，促进农村文化建设队伍的稳定化发展，激发农民的自主建设积极性，建立城市援助农村的文化机制。[1] 马永强认为，农村文化建设除了"人的自身建设"以外，还是一种属于乡村和农民的新乡村文化，这种新乡村文化建设的核心是构建公共文化体系，它在"现代"与"传统"的对话与互融中实现乡土文化的重构与创新，在乡村文化生态的内循环系统和外循环系统建设中实现和谐。具体来讲，内循环系统涉及乡村各种文化之间的关系及其乡村文化多样性的问题，外循环系统则指乡村文化与现代文化、都市文化的对话和交流。[2] 秦海燕也持同样观点，主张从新农村、新文化、新建设三个层面来把握农村文化建设的内涵，具体来讲，新农村应具备三个特点：即整体摆脱贫穷，生活水平提高；农村公共服务体系相对完善；农民在思想上有一定的进步和解放。因此，农村文化建设不仅要关注农村的软件，还要关注农村的硬件，要在经济发展的基础上为农村提供更全面的基础设施服务。[3]

(二) 以提升个体文化水平为主的发展性活动

农民在农村文化建设这项系统性工程中始终处于主体性地位，为此，有学者指出，国家和政府的一系列举措都应以农民的根本利益为出发点和落脚点。

---

[1] 万俊毅：《农村人力资源开发方式的比较研究》，《经济问题探索》2007年第12期，第85~88页。
[2] 马永强：《农村文化建设的内涵和视阈》，《甘肃社会科学》2008年第6期，第75~78页。
[3] 秦海燕：《新农村文化建设存在的问题及对策研究》，《法制与社会》2010年第3期，第202~203页。

林黄萍就从新农村文化建设的基本任务出发，对新农村文化建设的内涵进行了界定，认为新农村文化建设是全面建设小康社会的内在要求和构建社会主义和谐社会的重要内容。其基本任务就是依托于科学技术的成就，切实提高农民的知识文化水平，通过培养"四有"新型农民，即培养农民的理想信念、道德水平、文化水平、纪律意识，破除封建思想和转变传统观念，提高思想道德和科学文化素质。[1] 张广胜也指出，农村文化建设就是要完善与农民的生产生活方式相关、符合广大农民需求的文化资源、道德伦理、文化环境、科学文化、知识教育、文娱活动、意识观念等，从而提高农村的文化氛围，提高农民的文化素质，为创造和谐新农村奠定文化基础，为新农村建设、统筹城乡建设做好铺垫。[2] 王丹宇也持同样的观点，认为农村文化建设是指在农村这个地域范围内发展教育、科学、文学艺术、体育卫生等多项文化事业，发展文化产业，开展农民思想道德建设等多项活动。[3]

同时，随着社会经济的发展，有学者认为农村文化建设的内涵将不断深化，主张在发展中把握农村文化建设的内涵和外延，与时俱进地丰富其内涵，形成新的认识。如王国敏等认为，要提高认识水平，对新农村文化建设加以重视，必须要改变文化站、文化室等"小文化"视野，拓展新农村文化建设的内涵和外延，要有包括社会伦理思想、道德风尚、文化艺术、教育、医疗、卫生、体育等诸多方面的"大文化"战略。[4]

（三）以传统文化资源为主的保护性活动

农村地区为传统文化提供了根基和土壤，为此，农村文化建设应该更加注重对传统文化的保护。如吴作人指出，在过去反动统治的年代，古代文物被废弃和糟蹋，被帝国主义国家不断盗窃是司空见惯的，但是新中国成立后，在中国共产党和政府的领导下，中国的古代艺术遗产受到了尊重和爱护。为了发展人民的艺术，我们必须吸收古代优秀的民族艺术遗产。[5]

---

[1] 林黄萍：《新农村文化建设背景下农民素质提升研究——以仙游县农民为例》，《云南农业大学学报》（社会科学版）2012年第6期，第6~10页。
[2] 张广胜：《农村文化建设工作手册》，辽宁电子出版社，2012年，第17页。
[3] 王丹宇：《农村文化建设研究》，湖南大学出版社，2014年，第39页。
[4] 王国敏、黄基秉、李玉峰：《成都新农村文化建设的经验与建议》，《成都大学学报》（社会科学版）2009年第2期，第36~39页。
[5] 吴作人：《祖国古典艺术遗产的又一宝库——麦积山石窟勘查纪略》，《人民日报》1954年1月4日，第3版。

王凤双等非常重视农村文化建设对传统文化的发展,并以地区传统文化为视角,结合黑龙江的新农村文化建设现状,分析了传统文化对于新农村文化建设内涵的重要拓展,认为集体主义精神是黑龙江传统文化的灵魂,如今的新农村文化建设应当继承和发扬优良的民族精神文化传统,重视中国传统文化精神、少数民族的文化内涵、外来文化艺术品格,不断充实新农村文化建设的内涵。① 张国民等也指出,要不断深化新农村文化建设的内涵,新农村文化建设是一项系统工程,不仅是一块阵地,一个平台,也是一个资源宝藏,需要大力开发,促进新农村文化建设跨入新的发展阶段,实现良性循环,进一步推动新农村文化建设各方面工作协调发展。② 何白鸥、齐善兵进一步强调,农村文化建设内涵丰富,在强调农民主体文化地位的基础上,还要重视传统文化资源的保护利用,加强对独特的自然环境、植被作物、生产方式、社会组织、风俗习惯、生活状态、村落格局、民居建筑等的保护和利用,进一步推动形成新的乡村文化,传承和发展农耕文明,并以此为基础推动乡村文化的兴盛。③

第二节 农村文化的变迁及其实质

农村文化的变迁贯穿于各个不同时期,是衡量某一时期农村社会发展程度的重要标尺,学术界对于该问题的研究仍然存在不同的认识,主要从以下四个方面展开了理论争鸣。一是农村文化的历史变迁,二是农村文化变迁的影响因素,三是农村文化变迁的特点,四是农村文化变迁的实质。

一 农村文化的历史变迁

对于农村文化历史变迁的研究,有不同的研究方法和阶段划分方式,学者采取了不同的划分标准,选取不同的划分时间节点,目前主要存在"两阶段论""三阶段论"和"四阶段论"的理论争鸣,如表8-1所示。

---

① 王凤双、杨彦华、张宏韬:《黑龙江传统文化精神在新农村文化建设中的作用探析》,《经济研究导刊》2013年第11期,第40~41页。
② 张国民、张燕、韩彩虹:《用系统性思维推进新农村文化建设》,《系统科学学报》2010年第1期,第63~66页。
③ 何白鸥、齐善兵:《乡村振兴战略实施中加强乡村文化建设的建议》,《领导科学》2018年第4期,第4~5页。

表 8-1 农村文化历史变迁的不同阶段

阶段	代表性观点	代表学者
"两阶段论"	革命文化和传统文化阶段	王凤梅
	传统文化的延续和稳固阶段（1949~1978 年） 农村文化面临转型阶段（1978~2009 年）	李先明
"三阶段论"	农村文化的变化极其缓慢阶段（晚清时期） 农村文化发生微妙变化阶段（民国时期） 农村文化的巨大变革阶段（新中国成立以后）	纪丽萍
	中国共产党的政治嵌入阶段（1949~1978 年） 农村文化与先进文化的融合阶段（1978~2004 年） 农村文化快速发展时期阶段（2005 年至今）	刘彦武
"四阶段论"	农村宗族文化的维系阶段（1949 年以前） 农村政治文化的强化阶段（1949~1978 年） 农村文化逐渐荒漠化阶段（1978~2000 年） 农村公共文化的复兴阶段（2000 年至今）	鲁可荣等
	农民"离乡不离土"阶段（1978~1989 年） 农民"亦工亦农，农工并重"阶段（1992~2002 年） 农民"以工为主，以农为副"阶段（2003~2014 年） 农工分离阶段（2014 年至今）	柴楠等

（一）"两阶段论"

新中国成立后至改革开放前，农村传统文化观念逐渐发生改变，并影响了乡村文化的变迁历程。王凤梅认为 1949~1978 年，中国农村传统文化结构发生了变化，作为传统文化核心和基础的村落家族文化受到冲击，农村传统的思想价值观念也受到影响，由此形成了极富特色的乡村双层文化。具体而言，带有革命色彩的意识形态被看作"场面上"文化，即热烈的"革命场面文化"，它以各种形式输送至农村，使人们接受思想教育，摒弃原有传统观念。传统文化则是"场面下"文化，并在乡村文化变迁过程中发挥着隐性作用，以其超稳定性维持生存根基，其中，宗法观念和家族意识是传统文化的重要内容。这两种文化相互依存、相互冲突，共同构成了新中国成立后的乡村文化整体。[①]

同时，乡村文化的变迁与国家的建构密切相关，国家的权力运行模式对乡村文化的发展产生了重要影响。李先明以曲阜的乡村文化演变为例，

[①] 王凤梅：《1949~1978 年中国农村传统文化观念的变迁——以山东省为例》，《山东大学学报》（哲学社会科学版）2010 年第 5 期，第 133~138 页。

将乡村文化的变迁划分为两大阶段。第一阶段，1949~1978年。该阶段实施的一系列国家建构的制度性变革和组织重构措施，对乡村文化的变迁产生着深刻影响，但是，由于生成"现代"文化的经济基础并未发生根本改变，乡村文化传统特别是其价值层面依然具备顽强的生命力。第二阶段，1978~2009年。该阶段的乡村文化面临着全新的转型，随着国家权力从乡村撤出，乡民获得在经济、政治上的话语权，乡村文化开始从器物层面向观念层面转型。[1]

（二）"三阶段论"

制度性变迁与农村文化的变迁密不可分，把握近代中国社会制度的历史有助于理解农村文化的变迁。如纪丽萍认为，我国乡村文化的变迁大致分为三个历史性阶段。第一阶段，鸦片战争以后的晚清时期。该阶段的乡村文化变化极其缓慢，乡村物质文化的贫困明显，乡村制度文化则依然延续乡村自治传统；第二阶段，辛亥革命以后的民国时期。在西方民主、人权观念的影响下，政治革命对广大农村的影响微乎其微，乡村物质文化和乡村制度文化变化不大；第三阶段，新中国成立至今。1949年中华人民共和国成立后，乡村物质文化和乡村制度文化均实现了巨大变革。总之，中国乡村文化经历了由被动到主动，由消极到积极的，包含成效与代价、适应与对抗、学习与创新的变迁历程。[2] 也有学者指出，为了全面反映农村文化的变迁历程，应当从重大历史事件中考察农村文化的变迁历程，并以新中国成立、改革开放等重要事件为划分节点。如刘彦武就以嵌入性理论为视角，采取了政治学的研究范式，分析了先进文化对乡村文化的嵌入过程，并将其划分为三个阶段：第一阶段，从新中国成立到十一届三中全会召开，是中国共产党革命话语体系强制嵌入阶段；第二阶段，从改革开放到2004年，乡村文化与先进文化进入相持相融阶段；第三阶段，2005年至今，乡村文化快速发展时期。[3] 郧在廷也认为，现代性视阈下的乡村文化变迁大致分为三个阶段，即新中国成立前，乡村秩序的固守与惯性化阶段；新中国成立后至改革开放前，乡村文化的改造与二元化阶段；改革开放后，乡

---

[1] 李先明：《曲阜乡村文化的百年变革及其启示》，《温州大学学报》（社会科学版）2012年第3期，第53~58页。
[2] 纪丽萍：《变迁视阈中的现代性与中国乡村文化》，《理论月刊》2013年第5期，第176~179页。
[3] 刘彦武：《从嵌入到耦合：当代中国乡村文化治理嬗变研究》，《中华文化论坛》2017年第10期，第5~13页。

文化的没落与符号化阶段。[1]

(三)"四阶段论"

公共文化空间载体的变化充分反映了农村文化的历史性变迁,以鲁可荣、程川为代表的学者就采用了实证调研的研究方法,他们以浙江省蒲塘村、琐园村、月山村为对象,重点考察了以乡村公共空间为载体的农村文化的变迁历程,随着村落公共空间从祠堂到会堂再到礼堂的变化,乡村文化经历了四个阶段的变迁。一是乡村宗族文化的维系阶段(中华人民共和国成立以前),二是乡村政治文化的强化阶段(中华人民共和国成立初至改革开放前),三是在改革开放初至21世纪初,乡村文化在市场经济的潮流中逐渐荒漠化,四是乡村公共文化的复兴阶段(21世纪初至今)。[2]柴楠、吕寿伟则重点研究了农村地区的辍学现象,认为农民工的发展史既是中国农村生产和生活的变革史,也是农村文化的变迁史,更是中国农村教育命运的演变史,它们都历经了四个阶段的发展。第一阶段从改革开放初期到1989年,农民工"以农为主,以工为副"。农村经济体制的变革及乡镇企业的发展促进了农民"离乡不离土"的身份渐变;第二阶段从1992年到2002年,农民工"亦工亦农,农工并重"。邓小平南方谈话后,农民工人数剧增并流向发达地区,农民身份出现"离乡又离土"的变化;第三阶段是2003年至2014年,农民工"以工为主,以农为副"。这一阶段农民工数量达2.69亿,新生代农民工出现;第四阶段是2014年至今,农民工必将走向"农工分离"。户籍制度的改革以及农村土地经营权的有序流转,促进了"农"与"工"分离,农民开始走向职业化道路。[3]

二 农村文化变迁的影响因素

在乡村文化变迁的影响因素中,学术界从不同维度进行了阐释,并根据各要素在农村文化变迁过程中所起作用和地位的不同展开了理论争鸣,主要有单因素论、双因素论、三因素论三种代表性观点,如表8-2所示。

---

[1] 郧在廷:《现代性视阈下乡村文化的变迁、困境与选择》,《北京印刷学院学报》2017年第8期,第51~55页。

[2] 鲁可荣、程川:《传统村落公共空间变迁与乡村文化传承——以浙江三村为例》,《广西民族大学学报》(哲学社会科学版)2016年第6期,第22~29页。

[3] 柴楠、吕寿伟:《"非贫困性辍学"的贫困根源》,《当代教育科学》2017年第7期,第13~17页。

表 8-2 农村文化变迁的影响因素

代表性观点	主要影响因素	代表学者
单因素论	文化融合	扈海鹂
	传播媒介	方晓红
双因素论	文化理论灌输、文化实践	贺雪峰
	经济、文化	周军
三因素论	政府、市场、传统	李佳
	政府、市场、农民	闫惠惠等

（一）单因素论

新中国成立初期，农村文化的变迁与文化的宣传密切相关，对影片的宣传解释直接影响着群众的文化生活活动的顺利进行。20世纪50年代，"中苏友好月"成为中苏文化交流的主要载体，很多农民群众看不懂影片的主要意思，有的地方就做得比较好，如济南市电影院在"中苏友好月"内一般都发说明书，介绍影片的内容，为照顾不识字的群众，还会在放映电影前由广播讲解影片内容。[①] 改革开放以后，农村文化在发展中实现了与现代性的有效互动，市场化的推进向文化融合提出了新的挑战，不同文化之间的交流互动直接影响着乡村文化的变迁，扈海鹂认为文化融合程度对未来乡村文化与乡村秩序的演变产生了重要影响，并主要取决于主流文化、市场文化与乡村文化三者的融合程度。首先，主流文化在中国乡村的影响依然是一个事实，主流文化会对乡村社会、农民的思维方式、行为方式与交往方式产生影响，而主流文化要真正成为乡村社会中占主导地位的文化，并能够引导农村居民的行为，不但取决于中国共产党与政府的重视程度与文化自觉，还取决于党与群众的血肉联系。其次，市场文化是真正的强势文化，凭借资本并通过大众传媒，依靠消费主义激起的欲望，借助于主流文化，在城市和农村中产生重要影响。最后，过去存留下来的乡村文化基本模式已被瓦解，但它们的一些内容仍然在乡村生活中发挥功能，它们中的某些载体（传统礼仪）呈现复兴的态势，有不可替代的历史作用及文化传承作用。[②] 张晓瑜、褚晓明则重点关注了社会因素的影响，认为农村社会生活是乡村文化存活的根基，农村社会的生产方式是乡村文化产生和发展的根脉，

[①] 《做好影片的宣传解释工作——读者来信综述》，《人民日报》1953年1月16日，第2版。
[②] 扈海鹂：《变化中的乡村秩序与乡村文化》，《唯实》2008年第12期，第48~53页。

而农民的日常生活方式是乡村文化延续和发展的载体。农村社会生活变迁对乡村文化的具体影响主要体现在两个方面，一是集体劳作生活向家庭劳作生活转变的影响。随着农民社会生活方式的转变，一些健康、文明的公共文化形式走向衰微，乡村公共文化空间弱化，而以家庭消费为核心的文化获得了长足发展，其缺少集体组织性，不便于引导和管理；二是单纯农业劳作生活向复合劳作生活转变的影响。随着农村社会劳动力的解放，农业生产和乡镇企业的发展，农民流动性的加强，复合劳作生活逐渐成为主流，农民身份发生改变，这在一定程度上造成了传统文化的精英人才流失和群众性文化组织的解散及乡土意识淡化。[①] 区别于上述研究视角，方晓红采取了新闻传播学的研究范式，以苏南农村为例，分析了大众传播媒介与苏南农村文化发展之间的关系，首先，随着大众传媒进入农村文化生活，农村传统的休闲活动方式逐渐发生变化，印刷媒介、音乐、电视娱乐性节目等对农村的发展及农民的思想观念产生了不同程度的影响；其次，在文化媒介的作用下，农村中的新文化现象开始出现，农村对城市的"文化反哺"作用明显增强。[②]

（二）双因素论

农村文化的变迁始终围绕"人"本身及其一系列生产实践活动而展开，个人在其中发挥着主体性作用。解小明认为，要综合考虑社会财富变迁和人口因素的影响。一方面，社会财富的变迁，表明了城市等财富集聚地的自身吸引力，而乡村原有的以农耕为主体的经济活动逐渐被工业化的经济活动所代替；另一方面，人口的流动性影响，乡村人口的单向流动衍生出农村文化的不稳定和变动性，并造成乡村文化的主体缺失。[③] 贺雪峰则以河南周口为例，认为文化和价值的传递并不是仅仅依靠灌输和宣讲，而是在生活中自然习得，人们在新中国成立后的生育观念与人生任务均发生了变化，正是农村文化实践的巨变形成了两代人关于人生任务的不同规定性，从而形成了重大的农村社会文化变迁和农民价值变迁。[④] 陈燕采取了文化传播学的研究范式，重点强调了文化传播和社会制度对农村文化变迁的影响，认为城乡二元结构的形成加剧了社会分化与

---

① 张晓瑜、褚晓明：《改革开放以来农村社会生活与乡村文化变迁》，《长沙航空职业技术学院学报》2015 年第 2 期，第 67~70 页。
② 方晓红：《大众传媒与农村》，中华书局，2002 年，第 120~138 页。
③ 解小明：《现代化转型下的乡村文化》，《农村经济与科技》2015 年第 12 期，第 238~240 页。
④ 贺雪峰：《河南周口农村调查》，《21 世纪经济报道》2012 年 1 月 17 日，第 15 版。

分层，拉大了城乡文化差异，首先，城乡受众不均衡导致乡村文化式弱，文化信息资源的不均衡，引发了社会分层，权力精英占有社会中最有价值和最必要的资源，社会成员之间的不平衡加剧；其次，社会制度变迁作用于乡村文化变迁，在文化和社会发展内部传承方式与外部环境作用下，社会制度发生变迁，在市场经济和现代化进程中，城乡发展失衡，村庄场域文化衰落；最后，乡村传播生态下的差序传播，与城市文化相比较而言，乡村文化信息传播相对贫瘠，乡村传播生态环境不均衡，影响传受关系的整体格局。[①] 周军则采取了宏观与微观相结合的分析方法，重点分析了经济和文化对农村文化变迁的六大影响。一是计划经济引发的内源性文化危机是内在动因。国家政权对乡村社会的政治、经济、文化和意识形态进行了全面的控制，经济和社会结构日益复杂化。二是市场经济的外源性文化注入是根本动因，改革开放后建立的社会主义市场经济体制促进了思想文化和社会生活的变迁。三是文化的异质性因素增强为多元文化的交流创造了必备条件，多元文化的渗透与交互决定了乡村文化建设的长期性和复杂性。四是现代教育与大众传媒的影响。五是城市吸引力是诱因。六是信息社会的到来是重要影响因素。[②]

（三）三因素论

乡村文化的发展是多种力量博弈的结果，李佳认为，在影响乡村文化发展的多种力量中，政府、市场和传统这三种力量决定了乡村文化的发展态势和发展路径。第一，政府首先通过意识形态，后通过经济发展，涉入乡村文化的塑造。第二，市场对乡村文化的影响最显著，对文化差异的拉平效应十分明显，市场缩小了农村文化与城市文化的差异，并促进了价值观的同化。同时，市场的另一个伪装方式是技术，通常以中性的姿态出现，能迅速取代地方性传统技术的地位，导致依附于传统技术上的文化失去了生存根基，并使得乡村地区特别是少数民族乡村地区陷入传统已失、现代不可得的尴尬境地。第三，传统力量在全球化和现代化进程中彰显出强大力量，外部的变化并没有完全摧毁乡土文化，乡村仍按照自身逻辑和惯性延续着，并不断转换形式，坚守自己的内部文化意识。这三种力量代表各自的逻辑和立场，在乡村文化中聚集，相互联系

[①] 陈燕：《二元结构下乡村文化变迁的差序传播与重构》，《新闻界》2017年第9期，第44~48页。
[②] 周军：《当代中国乡村文化变迁的因素分析及路径选择》，《中央民族大学学报》（哲学社会科学版）2011年第2期，第60~64页。

又相互排斥，影响着乡村文化的走向。① 刘博则从乡村精英视角出发，分析了精英历史变迁与乡村文化断裂的关系，认为精英结构的改变与政府、市场和传统的相互作用密不可分，具体来讲，传统农村经济的解体冲击了乡村文化的基础，国家政权建设改变了乡村精英格局，城乡发展的不平衡造成了乡村精英流出，这些从不同程度上影响着农村文化的发展。②

同时，也有学者指出，农民作为农村文化建设的主体，长期处于边缘化状态甚至被忽视，应将农民纳入三因素中。如闫惠惠、郝书翠认为，在现代性模式选择与乡村文化发展的影响力量中，农民、政府与市场集中发挥了作用。其中，政府与市场的力量远大于农民，并在不同时期发挥着巨大作用，无论是在民国时期还是新中国成立后，政府的强制力都发挥了强大作用，近代以来，农民的自主性在农村现代化与乡村文化变迁的过程中被忽略。同时也要认识到，农村文化建设的主体是农民，农民有愿望和有能力根据环境的变迁进行生产实践活动，传承与创新乡村文化，也只有依赖于农民的主体力量，才能使现代性与文化创新发展同时具备广度与深度。农民、市场、政府虽然有不同的利益诉求和运行轨迹，但各方力量的共同作用可以决定现代性与乡村文化的走向。③

三 农村文化变迁的特点

对于农村文化变迁特点的研究，学术界的争论主要体现在三个方面。一是在文化变迁动力上，强调动力的联动性；二是在多元文化并存的条件下，强调样态的多样性；三是在文化的空间拓展上，强调视野的开放性。

（一）文化动力的联动性

农村文化变迁的动力依赖于内外力的相互作用，外在影响因素与农村文化内在要素相互作用，共同推动了农村文化的变迁。如李晓伟认为，观念形态文化的演变是一个变动不止的过程，其变迁的速度、规模及具体表现形式，取决于多因素的影响及相互作用。现代化过程中的变迁呈现全新的特点：一是变迁规模的"颠覆性"，现代化使传统乡村文化及农民观念发生了根本变化；二是

---

① 李佳：《乡土社会变局与乡村文化再生产》，《中国农村观察》2012年第4期，第70~75页。
② 刘博：《精英历史变迁与乡村文化断裂——对乡村精英身份地位的历史考察与现实思考》，《青年研究》2008年第4期，第44~49页。
③ 闫惠惠、郝书翠：《背离与共建：现代性视阈下乡村文化的危机与重建》，《湖北大学学报》（哲学社会科学版）2016年第1期，第152~158页。

变迁动力的"经济力强制",在众多影响因素中,社会经济的变化是文化变迁的最主要原因,经济发展所导致的差异性对乡村传统风俗习惯和价值观提出了挑战;三是变迁形式的"肢解"与"整合",一方面是传统乡村文化的分离和影响力降低,另一方面是新旧并存与交融、继承与创新的统一;四是变迁过程的"冲突"与"和解"的多方面统一。[1] 林成策、郭百灵也强调,我国乡村的一系列变化都是在市场外力的推动和农村内生动力的作用下得以顺利实现的,如我国乡村原有的传统性、封闭性文化被如今的现代性、开放性文化所代替;乡村原有的"重义轻利"价值观被"义利并重"甚至"重利轻义"的价值观所取代;乡村原有的愚昧、落后、感性的生活方式被科学、先进、理性的生活方式所取代并集中体现了乡村文化的变迁。[2] 陈波也强调,改革开放以来的农村文化变迁速度明显加快,中国农村社会的变迁在很大程度上依赖于国家力量的推动,同时,中国农村社会的文化变迁也在国家计划变迁的"诱导"下相对缓慢地进行,因此,中国农村文化的变迁就是国家计划变迁和内在变迁双向变迁结果,呈现复杂性、多元性的特征。[3] 刘彦武则以嵌入性理论为新视角,运用了新经济社会学研究中的核心理论对当代中国乡村文化的嵌入主客体、嵌入过程与空间、嵌入效果以及嵌入方式展开了具体分析,并从国家治理能力现代化角度对当代中国乡村文化的嵌入格局进行了探讨,认为嵌入性是当代中国乡村文化发展的根本性特征,主要表现为先进文化与乡村文化、城市文化之间形成耦合效应,达到相互促进、相互渗透、相互作用、相互制约、相互演变、共同发展的目的。[4]

(二) 文化样态的多样性

在不同的时代条件下,农村文化表现出不同的形态,区域性文化差异性的存在,决定了农村文化的多样性。如农村经济技术社会知识丛书编委会认为,我国民族众多,居住在不同地域生态环境中的农民,因其人文环境、生活方式、风俗习惯各有不同,创造出了各具特色的地方文化,具体表现在民族传统节日

---

[1] 李晓伟:《论社会变迁中的乡村文化与乡村秩序》,《黑龙江科技信息》2009年第26期,第95页。
[2] 林成策、郭百灵:《城镇化背景下我国乡村文化变迁及乡村文化建设问题探讨》,《齐鲁师范学院学报》2015年第1期,第37~42页。
[3] 陈波:《二十年来中国农村文化变迁:表征、影响与思考——来自全国25省(市、区)118村的调查》,《中国软科学》2015年第8期,第45~57页。
[4] 刘彦武:《从嵌入到耦合:当代中国乡村文化治理嬗变研究》,《中华文化论坛》2017年第10期,第5~13页。

中，从这个意义上来说，农村文化具有地域性、分散性、实用性、普及性、实用性的特点。[1] 然而，在多样性农村文化的发展条件下，不可避免地出现了发展的不平衡，如闫秀敏、黄小晏认为，农村文化总体落后且发展不平衡，农村文化不仅总体落后于城市文化，而且就农村与农村之间的比较而言，各种条件的限制，再加上农村之间各自具有的发展特点和独特文化，导致了农村文化发展强弱不等，显示出明显的发展不平衡特征，且农村文化的静态多于动态，传统多于趋时，为此，要积极弘扬农村传统文化，传播先进文化。[2] 胡重明、马飞炜则以浙江省绍兴市桃园村为典例，认为桃源村在文化变迁过程中逐渐形成了一种新乡村文化，由于受到现代文化及多元异质文化的影响，这种新乡村文化就充分体现了传统乡土文化在现代多元文化冲击下形成的"形散而神聚"的特征，体现了文化间的矛盾、对立与妥协和桃源文化的特性。[3] 也有观点指出，即使农村文化具有多种样态，也要从总体性视角出发来正确把握农村文化的特点，如李先明认为，要将乡村文化变迁的过程看作一个总体的文化转型过程，文化转型并不是物质文化层次、组织文化层次和精神文化层次有分别地、互无牵连地转变原有形态，在乡村文化变迁的过程中，乡村文化各个层次的发展与转变是互相牵动、互相制约的，是一种立体的而非直线式的转型模式。[4]

（三）文化视野的开放性

新中国成立以来的农村文化一直处于持续的变迁过程中，为此，有观点指出，农村文化在变迁过程中不断加入了新的因素。如黄永林认为，要善于从农村文化建设的现代与传统关系中总结特点，认为传统和现代只有在相互交流、相互影响中进行整合，农村传统文化和现代文化才能统一发展，从这个意义上说，创造性与继承性也是乡村文化的特征，即使在农村文化的承传性中，作为要素之一的创造性也居于主要地位，因为它决定着承传的活力和发展方向。[5] 张中文也认为，农村文化的包容性日益增强并具有城市文化所不具有的性质与

---

[1] 农村经济技术社会知识丛书编委会：《农村文化建设》，中国农业出版社，2000年，第4页。
[2] 闫秀敏、黄小晏：《基于SWOT分析的新农村文化发展战略研究》，《安徽农业科学》2008年第33期，第14755~14757页。
[3] 胡重明、马飞炜：《离散抑或聚合：社会变迁中的"桃源文化"——析浙江省绍兴市桃园村新乡村文化现象》，《中国农村观察》2010年第4期，第74~80页。
[4] 李先明：《当代中国文化的转型启示》，《内蒙古社会科学》（汉文版）2010年第1期，第127~129页。
[5] 黄永林：《论新农村文化建设中的现代与传统》，《民俗研究》2008年第4期，第14~23页。

特点，它以乡土性为主要特点，然而，国人尤其是社会精英群体对于这种农村文化很少能够从积极层面上给予重视。文化的生命活力在于多元，文化的生命之根在于社会的生产生活方式，农村文化与城市文化都有各自的特点，正如农村不能取代城市、农业不能取代工业一样，和谐发展才是我国现代文化发展的科学道路。① 也有学者指出，面对市场化的冲击，作为农村文化重要载体的乡村文化遗产应得到重视，如龙芋吉认为，可以通过对乡村文化遗产的分析，了解乡村文化的变迁，因为它直观地反映了乡村文化的内容和特点。我们对于乡村文化的传承和开发离不开对乡村文化遗产的保护，要注重从乡村物质文化遗产和非物质文化遗产中总结乡村文化的特点。总之，要在保护的基础上积极挖掘物质文化遗产的历史，保存好村落独特的民族风格特点，同时注重对非物质文化遗产的保护，它集中且直观地反映了当地人民的生产、生活等方面的基本情况。②

四 农村文化变迁的实质

农村文化的变迁是一个长期而又复杂的过程，它在历史进程中不断实现自我更新和自我完善，学者对其变迁的实质进行了相应的研究，其理论争鸣的焦点主要集中在两个方面。一是文化的传承延续，认为农村文化在现代化进程中不断挖掘自身价值，实现有效传承；二是文化的现代转型，认为农村文化正面临一系列转型机遇。

（一）文化的传承延续

现代化进程在一定程度上对农村文化造成了冲击，但是，农村传统文化的根基仍未受到根本性动摇，为此，有学者指出，传统文化的变迁从本质上来讲是传统文化的传承和延续。如黄永林揭示了人们对于城市与农村关系的认识误区，对比了中西方的城乡发展历程，认为我们应当理性对待现代与传统的关系。由于中国的城乡分离是被迫的和突发的，中国农村也并未被纳入资本主义体系中，而是停留在传统的封建社会框架下，我们现在进行的新农村文化建设，是在中国农村既定的历史条件下的一种文化创造活动，而传统农村文化则是这种

---

① 张中文：《我国乡村文化传统的形成、解构与现代复兴问题》，《理论导刊》2010年1月，第31~33页。
② 龙芋吉：《新农村背景下的乡村文化传承与开发》，《新西部》（理论版）2015年第11期，第27~28页。

历史条件的重要组成部分，是新农村文化建设的现实基础，因此，从这个意义上来讲，西方文化的实质是城市文化，而中国乡村文化的实质是传统文化。[①] 进一步地，在正确认识传统文化的基础上，孙庆忠围绕传统生活方式和价值观念，论证了乡村文化变迁的实质，分析了农村劳动力流动与乡土社会的变局，揭示了乡土文化的决定性作用，认为农业社会的转型并未瓦解乡村文化，农业凋敝与农村"虚空化"所衍生的社会问题，不过是乡村文化危机的表象，那些根植并存活于乡土社会的生活观念和价值体系，乃"乡土"之"神"，"形散"而"神聚"才是乡村文化的实质。[②] 也有学者认为家庭和村庄是农村文化的集中体现，如杨懋春重点分析了人类学视角下的乡村文化变迁，并对其变迁实质加以具体化，从家庭和村庄更加微观的角度出发，认为在中国的乡村文化中，家庭是初级群体，大多数经济和社会组织仍然以家庭而不是个人为基础，整个家庭事务是公共的；村庄则是次级群体，任何村组织都只是单位家庭的联盟，具有消极、村内分裂、家族利益的特点，凸显出中国乡村生活的基本特点和乡村文化的本质。[③] 张莉也认为，由于村内生活尤其是家庭生活，占据了传统农民生命活动的绝大部分，因而杨懋春先生将家庭和村庄两部分内容作为全书的重点，以突显中国乡村生活的基本特点和乡村文化的本质。[④] 周大鸣则从传统文化传承路径方面进行了思考，认为旅游的适度开发与有效控制，可以削弱旅游的消极影响，扩大积极影响，有利于传统文化的保护，为此，旅游开发可以作为激活民间传统文化的"偶然性因素"，许多被遗忘的、消失了的传统习俗在旅游开发过程中得以再生，村民的民族归属感和认同感增强，旅游开发促进了对文化和自然资源的保护意识萌生。同时，民族文化旅游开发会促使人们主动积极地审视和阅读自己的文化，修正和重构自身的文化价值取向，这是一个长期的需要磨合的过程。[⑤]

（二）文化的现代转型

第三产业的发展为乡村文化旅游产业带来了发展机遇，将进一步促进农村文化的转型，为此，有学者指出，要以文化营销和特色农业旅游为视角，分析

---

① 黄永林：《论新农村文化建设中的现代与传统》，《民俗研究》2008年第4期，第14~23页。
② 孙庆忠：《离土中国与乡村文化的处境》，《江海学刊》2009年第4期，第136~141页。
③ 杨懋春：《一个中国村庄——山东台头》，江苏人民出版社，2012年，第227~234页。
④ 张莉：《一个华北乡村生活的巨变——读杨懋春先生〈一个中国村庄——山东台头〉》，《中国农业大学学报》（社会科学版）2007年第1期，第197~199页。
⑤ 周大鸣：《文化人类学概论》，中山大学出版社，2009年，第375~376页。

乡村文化变迁的实质。如龙玉祥认为乡土性是乡村文化的本质属性，乡土性是乡村旅游整体营销的核心和独特卖点，为此，要培育乡村旅游的核心竞争力，就要抓住乡土性这个本质属性，开发出富含文化意蕴的乡村旅游产品，积极吸收和借鉴现代化过程中的合理因素，使乡村文化保持持久的吸引力和旺盛的生命力，探寻乡村旅游市场拓展的最佳路径。① 黄爱莲、李月兰以特色农业旅游为视角，认为乡村旅游是近年来旅游业发展的新方向，特色农业旅游以广泛散布在乡村的特色农业文化为主要对象，是对乡村旅游的深度开发，同时也要认识到特色农业文化是民族、民间文化的重要组成部分，为此，要促进乡村旅游与农业文化的有效互动，从这个意义上讲，乡村文化的本质就是农业文化，而特色农业旅游能够较好地把握"到乡下去旅游"到本质方面。② 周大鸣则分析了旅游对乡村都市化产生的影响，认为少部分介入旅游社区的都市化速度是和缓的，是一种无意识的变化过程，大部分参与旅游发展的社区的都市化是一种有意识的变迁，是变迁主体对自身的文化、制度、观念等进行改革和发展的过程。一方面，民间的"精英们"会挖掘民族历史、记忆和传统，在新需求的刺激下，重新生产出一种"传统文化"，这是一种传统文化在新形势下的再造；另一方面，旅游业的发展为农村文化的转型提供了有利条件，不仅加速了农村人口结构的分化，推动了经济结构的多元化、农民生活方式的都市化、农民思想观念的现代化，为农村的发展提供了外部动力。③

同时，随着城镇化进程的推进，互联网的发展为农村文化的发展注入了新的活力，在新闻传播学视阈下，乡村文化的变迁就是一个多元主体互动的过程。如戴蔚分析了主流媒体传播与当代农村文化的创建与转型，认为农村文化建设主要是以政府为主导，并涉及多个主体的参与，主要包括农民、族群、媒体等，揭示了农村文化创建的系统性。从这个意义上来讲，"农村文化"的本质是一种群体性文化，需要在其成员日常互动过程中被创造出来，并得以稳定、牢固。虽然在政府的主导作用下，农民的生活面貌和精神面貌得到了一定的改善，形成了较好的文化建设基础，但某些任务型行为可在短期内取得成效，而最终的文化价值行为依赖于广大群众的自觉行动，需要在多成员的互动中不断得到强化。④

---

① 龙玉祥：《基于文化营销的乡村旅游发展战略初探》，《农村经济》2009年第6期，第59~61页。
② 黄爱莲、李月兰：《特色农业旅游与民族民间文化生态景观》，《广西社会科学》2005年第1期，第59~62页。
③ 周大鸣：《文化人类学概论》，中山大学出版社，2009年，第373~375页。
④ 戴蔚：《主流媒体传播与当代农村文化创建研究——基于湖北省宣恩县伍家台村的田野调查》，《湖北社会科学》2016年第2期，第70~76页。

第三节　如何推进农村文化建设

如何推进农村文化建设一直是新中国 70 年来学术界重点关注的问题，纵观学术界的研究，学者们关注的侧重点各有不同，并围绕该问题形成了五种不同的认识，一是加强党对农村文化建设的领导，二是提升农村文化的市场化程度，三是丰富农村群众文化生活，四是补足农村社会化服务短板，五是强化农村绿色生态意识。

一　加强党对农村文化建设的领导

第一种观点认为，中国共产党在农村文化建设过程中发挥着引领作用，要坚持并加强党对农村文化的全面领导。新中国成立初期，为加快推进华北地区文化建设，在中央的要求下，各地文联重视中国传统节日，组织和领导剧团、旧戏班、洋片、大鼓、木偶戏等艺人团体，在必要时开办培训班，向群众广泛地宣传新内容，帮助工人、农民集体创作新文艺作品和活动，各地还酌情发动创作竞赛和奖励。[1] 刘彦武认为农村文化建设在嵌入主体上，以中国共产党领导下的革命文化及社会主义先进文化为主，这不仅是提高中国共产党执政能力的体现，也是乡村文化革故鼎新的现实要求，而作为嵌入主体，先进文化始终在乡村文化建设中发挥着引领性、主动性、主导性作用。在嵌入过程与空间上，具体项目直接影响了先进文化与乡村文化交流，为此，要重视指导思想、正式制度、基层公共场所的建设。[2] 朱保安认为，针对农村文化建设中农村干部重视不足、文化基础设施落后、农村文化市场发育不足等问题，一方面，要加强领导，各级党政领导要重视农村文化建设，正确认识经济和文化关系，立足于"大文化"建设，支持和创造条件促进农村文化发展；另一方面，要拓宽思路，建设农村特色文化，并加强对农村文化市场的管理。[3] 周恩帅也强调，在党和政府的高度重视下，新农村文化建设呈现了较好的发展局面，不仅要加强农村文化自身的建设，丰富和创新农村文化形式和内容，还要确保农村文化建设的

---

[1]《动员开展今年大生产运动　华北筹备春节文娱　团结旧艺人发动群众共同进行》，《人民日报》1950 年 1 月 27 日，第 3 版。

[2] 刘彦武：《从嵌入到耦合：当代中国乡村文化治理嬗变研究》，《中华文化论坛》2017 年第 10 期，第 5~13 页。

[3] 朱保安：《农村文化建设中存在的主要问题及发展对策》，《河南社会科学》2005 年第 1 期，第 133~134 页。

正确方向。服务"三农"是农村文化的出发点和落脚点,其内容必须贴近农村生产生活实际,要结合农民脱贫致富需求,重视文娱活动,保护文化资源,普及先进知识和卫生保健常识等。① 扈海鹏分析了主流文化、市场文化对农村文化建设的影响,强调主流文化在中国乡村的强大影响,认为主流文化要想真正成为乡村社会中占主导地位的文化,并能够引导居民的行为,取决于以下因素:一是中国共产党与政府的重视与文化自觉;二是党与群众的血肉联系;三是要回应市场文化的负面因素,加强社会建设,重提公民文化下的权责意识。②

第二种观点认为,要坚持在党的领导下完善顶层设计,以系统性思维推进农村文化建设。如罗志峰认为,在思想上,要牢牢把握先进文化的前进方向,坚持马克思主义指导思想,坚持解放思想和实事求是;组织上,加强党对乡村文化建设工作的领导,保证乡村文化建设的稳步推进;在制度上,不断推进乡村文化管理体制改革和创新;在价值选择上,坚持以农村和农民的利益为出发点;在原则上,坚持"二为"方向和"双百"方针,"二为"即为人民和社会主义服务,"双百"即百花齐放和百家争鸣;在乡村文化发展上,坚持把社会效益放在首位,促进社会效益和经济效益相统一;在资源上,促进乡村传统文化与现代文化的融合。③ 张国民等也认为,社会主义新农村文化建设是一项系统工程,要以系统性思维推进农村文化建设,进行整体规划,突出重点。重视发展农村文化教育,搭建农村文化建设平台,构建农村文化建设框架,并不断深化农村文化建设的内涵。④ 王钧林则从"三农"视野出发,认为城市及其文化目前在二元格局中占优势,但乡村及其文化在最本质方面或许更适宜人的生存和发展。农村建设要放长眼光,从实际国情出发,把农村、农业、农民摆到适当的位置,给予高度重视,加快实现农业现代化,切实搞好乡村建设。⑤ 刘忱则强调,要充实乡村振兴战略的文化内涵,这对于提升乡村经济社会全面发展意义重大,要站在乡村振兴的宏观视角,认识乡村文化的价值,从乡村自身着手推动文化复兴,不仅要实现传统文化的传承和发展,还要实现其与现代文

---

① 周恩帅:《论新农村文化规划和文化建设》,《山东省农业管理干部学院学报》2009年第5期,第33~36页。
② 扈海鹏:《变化中的乡村秩序与乡村文化》,《唯实》2008年第12期,第48~53页。
③ 罗志峰:《改革开放以来中国共产党对乡村文化建设的基本经验》,《云南行政学院学报》2019年第1期,第35~42页。
④ 张国民、张燕、韩彩虹:《用系统性思维推进新农村文化建设》,《系统科学学报》2010年第1期,第63~66页。
⑤ 王钧林:《近代乡村文化的衰落》,《学术月刊》1995年第10期,第49~57页。

化的融合创新,发挥文化在现代乡村经济、社会以及促进城乡融合发展等方面的作用,在城乡优质元素互动中促进文化复兴。① 何白鸥、齐善兵也认为,要促进农村文化建设与乡村振兴战略的有效衔接,乡村文化是乡村振兴的重要基础和保障,加强乡村文化建设是满足广大农民美好生活需要的现实选择,要尊重农民的文化主体地位,重视传统文化资源的保护利用,推动形成新乡村文化。第一,要办好新时代农民讲习所;第二,加强对优秀文化遗产的保护;第三,重塑适应时代发展要求的乡贤文化;第四,鼓励农民种好自家"文化田"。② 李凤兰进一步强调,乡村振兴是新时代党和国家推进农村社会全面发展的需要,要培育具有社会主义核心价值观的个性化农民,为乡村振兴提供基础,推动其主动、富有创造性地参与乡村振兴的伟大实践,成为乡村振兴战略发展的主力军。③

第三种观点认为,还要重视基层自治组织的建设,加强基层治理,提升乡村发展的自主性。新中国成立以来,中国共产党就通过干部榜样示范带动基层发展,江西省广丰县的鹤山经过 80 多名下放干部的五年建设,改造良田、开渠引水、发展种养植业,五年共向国家交粮 55 万斤,黄麻 3 万多斤,还有猪、家禽、蛋品等④,不仅完善了农业农村基础设施,还为乡村的自主发展创造了有利条件。改革开放以后,有学者关注了现代性视阈下的农村文化建设,如纪丽萍强调要重视政府和社会作用,一方面,有效发挥基层地方政府的主导作用,加强乡村文化建设的政治保证;另一方面,积极探索农村社会治理新模式,扩大乡村文化发展的社会力量,构建农民、乡村精英、乡村企业、村民委员会、乡镇政府等多元主体共同协作与沟通的治理网络。⑤ 吴淼基于农村文化建设的行政供给模式困境分析,认为行政供给模式下的农村文化建设呈现一系列弊端:以国家意志为准则,片面强调文化的科学性和先进性;文化建设任务化,按科层式官僚机制运行;文化建设趋于功利化和娱乐化。为此,要关注乡村的自主发展,一是从中国社会实际情况出发,回归农村文化本土性;二是保障乡村和农民的文化主体地位,培养文化的农村自主供给机制;三是保持农村文化的开

---

① 刘忱:《乡村振兴战略与乡村文化复兴》,《中国领导科学》2018 年第 2 期,第 91~95 页。
② 何白鸥、齐善兵:《乡村振兴战略实施中加强乡村文化建设的建议》,《领导科学》2018 年第 4 期,第 4~5 页。
③ 李凤兰:《社会主义核心价值观引领乡村文化振兴——基于日常生活理论视角》,《贵州社会科学》2018 年第 7 期,第 11~17 页。
④ 《广丰下放干部努力建设新山村》,《人民日报》1963 年 1 月 28 日,第 2 版。
⑤ 纪丽萍:《变迁视阈中的现代性与中国乡村文化》,《理论月刊》2013 年第 5 期,第 176~179 页。

放性，积极发挥国家的"监制人"角色。[1] 黄辉祥则更重视农村社区文化的重建，强调要合理利用传统农村文化资源中的积极因素，大力推进新农村文化建设，一是要重视农村社会文化的重建；二是进一步深化村民自治，吸收农村文化积极的一面，促进农村村民自治和现代社会相一致。[2]

二 提升农村文化的市场化程度

改革开放以来，市场化改革为农村文化提供了发展机遇，为此，有学者主张提升农村文化的市场化程度，促进农村文化与现代化发展的有机衔接；也有学者主张培育农民的市场意识，更新传统思想观念；还有学者认为要构建多元市场主体，促进农村文化市场繁荣发展。

（一）发展农村文化产业

关于能否发展农村文化产业，以及文化产业发展的现代性弊端，是学者们关注较多的问题。有学者持肯定态度，主张发展农村文化产业，也有学者持否定态度，强调要重视对农村文化的保护性发展，还有学者持中立态度，认为应该辩证地看待农村文化产业发展的问题。

第一种观点积极支持农村文化产业的发展，主张加强市场要素在农村文化中的流动。如史亚军重点关注了农村文化产业的发展，肯定了农村文化产业具有三种功能，一是经济功能，它可以创造出更高的文化生产力，促进民生问题的解决，以及产业结构的调整与产业承接；二是社会功能，可以传承文化，从根本上改变农民的生活方式及价值观念；三是政治功能，促进农村繁荣稳定发展。[3] 李佳也认为，有必要对农村文化建设进行文化空间和文化意象的重构，以及制度性重构，促进农村文化产业的发展，一方面，是文化空间和文化意象的重构，乡村文化产业的实质是精神产品的再生产；另一方面，是制度性重构，对乡村文化产业的政策、组织等进行宏观建构，同时，在市场、投资、消费等中观和微观层次上进行建构，建立起符合现代产业方式的合理体系。[4] 也有观点指出，要促进乡村文化与旅游产业的融合发展，如李勇军、王庆生提出了创

---

[1] 吴淼：《论农村文化建设的模式选择》，《华中科技大学学报》（社会科学版）2007年第6期，第108~112页。
[2] 黄辉祥：《农村社区文化重建与村民自治的发展》，《社会主义研究》2008年第2期，第72~76页。
[3] 史亚军：《农村文化产业概论》，中央广播电视大学出版社，2014年，第15~24页。
[4] 李佳：《从资源到产业：乡村文化的现代性重构》，《学术论坛》2012年第1期，第77~81页。

意设计、休闲体验、展示和技术路径的融合路径，并指出应在此基础上促进乡村文化旅游产业链的发展，发挥政府、乡村集体、外来投资商、乡村居民个体的积极作用，培育产业融合发展的多主体经营模式。① 张艳、张勇也持相同观点，主张促进乡村文化与乡村旅游的开发，因为乡村文化可以满足人们的乡村旅游需求，是产生乡村旅游的动因，并主张采用文化观光型模式、文化体验型模式或文化综合型模式，开发出乡村文化旅游系列产品。② 龙玉祥进一步分析了文化营销视角下的乡村旅游发展，强调要正确认识乡村文化的构成要素及其功能价值，要充分发挥乡村文化的辐射功能、吸引功能、差别化功能、整合功能，以乡村文化为基础，培育乡村旅游的核心竞争力。而文化营销是乡村旅游市场拓展的最佳路径，首先，应进行乡村旅游的文化定位与产品设计；其次，重视乡村旅游文化的传播与推广；最后，构建乡村文化旅游的特色品牌，进行统筹规划，既突出本地特色，又贴近自然，保持乡土特色，注重人文与自然的和谐发展。③

第二种观点持否定态度，认为农村文化与现代性出现冲突具有必然性，并揭示了单纯发展农村文化旅游业的弊端。如季中扬认为，任何一种活的文化都首先是一种日常生活方式，必须为文化主体所强烈认同。就当下乡村文化纳入文化现代性整体框架的实践来看，新农村文化建设的主要模式是发展乡村旅游文化产业，事实上，旅游文化产业不仅没有起到保护原生态乡村文化的作用，反而成为一种破坏性发展，乡村文化的功能也逐渐丧失，成了都市文化的"他者"。因此，建设具有现代性的新农村文化，首先要让乡村成为宜居之地，吸引一批具有现代意识的文化主体，推动文化主体自发、自觉地变革，这种改变既不是意识形态的强制改变，也不是都市文化的外力入侵，而是合乎文化变革自身规律的自发性改变。④

第三种观点持中立态度，主张辩证地认识农村文化的发展问题。如赵旭东、孙笑非认为，在从传统向现代的演变中，乡村文化的传承变成了一个动态的过程，呈现不同的特点，但是文化的本质持续存在，其核心根植于社会发展的历程中，为此，要全面把握中国农村文化在社会发展中的多种表现与流变形式，正确对待乡村文化中的新经济增长点，在文化自觉中促进乡村文化再生产。从这个

---

① 李勇军、王庆生：《乡村文化与旅游产业融合发展研究》，《财经理论与实践》2016年第3期，第128~133页。
② 张艳、张勇：《乡村文化与乡村旅游开发》，《经济地理》2007年第3期，第509~512页。
③ 龙玉祥：《基于文化营销的乡村旅游发展战略初探》，《农村经济》2009年第6期，第59~61页。
④ 季中扬：《乡村文化与现代性》，《江苏社会科学》2012年第3期，第202~206页。

意义上讲，我们要关注的不是应不应该发展旅游业的问题，而是要看到农村文化建设中的乡村旅游利弊两面性。虽然旅游业的发展会带来一系列现代性问题，但是，在农村文化建设中应该最大限度地发挥旅游业对乡村文化的积极影响，并将其负面影响降到最低。① 谢中元也强调，旅游开发与农业文化存在双向重构的可能，但是对于如何避免乡村旅游陷入"表演化"开发模式，以及如何规避农村文化产业开发对于非物质文化遗产保护带来的弊端，学界仍要加强研究。②

（二）培育农民市场意识

为了全面提升农村文化的市场化程度，除了经济上的产业化路径，文化上还要更新农民传统思想观念，加强对"主体的人"的现实关怀。为此，有学者指出，我们要在思想上厘清认识误区，科学把握传统与现代的关系，培育农民的市场观念。如黄永林总结了我国农村文化建设的历史教训，在结合农村非物质文化遗产保护实际的基础上，阐述了新农村文化建设中传统与现代的关系，认为我们必须打破过去传统与现代势力对立的思维模式，正确认识传统与现代的承传和延续关系。同时，要在新农村文化建设中彻底改变城市文化中心论，改变主流意识对农村文化的认识、想象与评价体系，重新思考和发掘农村传统文化的价值，并注重对农村非物质文化遗产的保护。③ 王传真认为，要开拓农村文化市场，首先要从思想观念的更新入手，克服"农村文化市场与农村经济发展关系不大"的错误观念，注意抓农民群众思想观念的更新，克服封闭、落后的文化意识，引导他们积极参与文化市场活动，为农村文化市场的建立打下坚实的基础。④ 李先明也认为，要注重内外要素的有效结合，推动乡村文化转型的最优路径是内生性变迁与外生性变迁的有机结合，在这个过程中实现传统与现代的和谐发展，为此，要促进乡村文化内在结构性要素的自我更新和重新排列组合，并使之适应社会主义条件下的社会发展节奏，推动传统村落文化机制的解体并转向现代社会机制。⑤ 同时，还有学者补充到，在市场化条件下，

---

① 赵旭东、孙笑非：《中国乡村文化的再生产——基于一种文化转型观念的再思考》，《南京农业大学学报》（社会科学版）2017年第1期，第119~127页。
② 谢中元：《国内新农村建设与非物质文化遗产保护关联研究述评》，《广西社会科学》2014年第3期，第54~59页。
③ 黄永林：《论新农村文化建设中的现代与传统》，《民俗研究》2008年第4期，第14~23页。
④ 王传真：《农村文化的建设与管理》，宁夏人民出版社，1999年，第130~131页。
⑤ 李先明：《当代中国乡村文化转型的启示》，《内蒙古社会科学》（汉文版）2010年第1期，第127~129页。

还要引导农民树立保护意识,如林成策、郭百灵强调,要不断强化乡村文化的主体意识,引导农村居民树立先进的思想价值观念,促进农业剩余劳动力就地转移,引导他们在小城镇中寻找发展空间,留住乡村文化建设主体,强化乡村居民精神文化培育,解决好乡村留守儿童的教育缺失问题。同时,新生代农民逐渐丧失了对乡村传统文化的认同,保护意识不强,政府要加大投资力度,在新农村建设中保护好传统文化,建立起科学有效的农村传统文化发展机制。①

(三) 构建多元市场主体

在市场化发展的大背景下,要促进农村文化市场的繁荣,必然要推动文化创新,调动多主体参与积极性,充分激发人民群众的智慧。如闫惠惠、郝书翠认为,乡村文化的重建处于多方力量博弈下,不仅要消除传统与现代的二元对立观念,处理好乡村文化的传承和延展,还要培养和均衡发展多方力量,即农民、市场和政府的力量。它们来自不同方向,有不同的利益诉求和运动轨迹,却相辅相成,相互影响,各方力量此消彼长,决定了现代性与乡村文化的走向。②陈波、耿达也认为,要激活政府、市场、农民群体的积极性和创造性,发挥三者合力。一是加强外推力,制定农村文化建设战略规划,形成制度化投入和管理机制,建立合理的文化供给体系,加大农村文化扶贫力度,促进"大文化"管理模式的形成。二是激活原动力,通过农村文化市场促进建设主体多元化。在政府的积极引导下,建立起农村文化市场化运作机制,培育新型文化农民。三是提升内促力,整合农村既有文化资源,打造农村新型公共文化活动空间。四是发展趋向力,重视优秀传统文化的保护。③王国敏等则以成都市新农村文化建设为例,在总结成都建设经验的基础上强调各主体的不同作用,一是政府的高度重视是关键;二是发挥集体经济的经济支撑作用;三是挖掘本地特色资源;四是依靠市场运作是根本途径;五是坚持循序渐进地进行社会主义新农村文化建设;六是结合中央要求和农民需求,实现农村文化建设目标。④

---

① 林成策、郭百灵:《城镇化背景下我国乡村文化变迁及乡村文化建设问题探讨》,《齐鲁师范学院学报》2015年第1期,第37~42页。
② 闫惠惠、郝书翠:《背离与共建:现代性视阈下乡村文化的危机与重建》,《湖北大学学报》(哲学社会科学版) 2016年第1期,第152~158页。
③ 陈波、耿达:《城镇化加速期我国农村文化建设:空心化、格式化与动力机制——来自27省(市、区) 147个行政村的调查》,《中国软科学》2014年第7期,第77~91页。
④ 王国敏、黄基秉、李玉峰:《成都新农村文化建设的经验与建议》,《成都大学学报》(社会科学版) 2009年第2期,第36~39页。

也有学者在此基础上进行了补充完善,如季中扬、胡燕认为,面对乡村社会精英流失的困境,必须要重视乡贤文化建设,因为乡贤文化自觉与践行是乡村内部精英和乡村建设的主动担当,是乡村文化建设的根本之计。为此,要积极鼓励、表彰现代乡贤积极参与当代乡村建设,成立各类乡贤组织,凝聚群体力量。一方面,重视"富乡贤"的合理诉求;另一方面,重视地方德高望重的文教卫工作者,成立相应理事会,加强规范性管理和监督。① 也有学者分析了传播学研究范式下的多主体重要性,陈燕从文化传播视角出发,提出了推进乡村文化建设的三重路径,首先,政府可以强化顶层设计,弥合城乡传播生态差距;其次,媒介可以植入用户思维,优化乡村文化传播生态格局,充分发挥外源性媒介和内生性媒介的优势,打通文化传播与变迁中的物理距离、文化距离、心理距离,实现有效传播;最后,提高受众的内容审辨能力,把握传播的话语权。②

同时,农村文化市场的发展离不开政府的有效监管,如黄向阳认为,政府加强对农村文化建设和农村文化产业的监管是毋庸置疑的,针对农村文化多元的现状,政府要加强对文化信息渠道和文化市场的监管。一是加强对农村广播电视的监管工作,二是加强对封建迷信活动的监管,三是加强对潜在文化冲突的管理。同时,政府还要注意提升监管水平和改善监管方法,在监管水平上,要注意区分宗教文化和封建迷信、传统文化中的腐朽文化和优秀文化;在监管方法上,地方政府工作人员必须提高工作水平,提高监管的科学性。③

三 丰富农村群众文化生活

为了应对多元文化的冲击和农村文化认同危机,满足农村地区人民群众的精神生活需要,有学者指出,要多措并举,促进农民文化生活可持续健康发展,维持农村社会的稳定和谐。新中国成立初期,开展剧团演出成为丰富群众文化生活的主要方式之一,为了不影响农民的生产活动,各地根据农民的具体情况有季节性地进行文娱活动,不仅各区都有一个重点村剧团,发挥榜样作用,还进行集体编导、搞小型娱乐晚会、创新秧歌的形式与内容,激发群众兴趣。④

---

① 季中扬、胡燕:《当代乡村建设中乡贤文化自觉与践行路径》,《江苏社会科学》2016年第2期,第202~206页。
② 陈燕:《二元结构下乡村文化变迁的差序传播与重构》,《新闻界》2017年第9期,第44~48页。
③ 黄向阳:《农村文化建设中的政府作用——以中部为例》,湖南师范大学出版社,2009年,第44~49页。
④ 《辽东省的农村文化活动》,《人民日报》1949年12月1日,第3版。

改革开放以来，随着市场化的发展，农村文化建设中的"文化自觉"日益受到重视。如沈小勇主张从文化迷信走向文化自信，从文化批评走向文化传承，从文化传承走向文化延展，建构起符合中国乡村特色的文化新认同，日益强化地方文化的根源和认同性，总之，要在乡村文化建设的实践中构建起的乡村文化，不局限于自身道德生存伦理，也超越西方现代性的负面因素。① 王凤双等则以黑龙江为例，主张发挥中国传统文化精神的引领作用，发挥集体主义、少数民族文化、外来文化艺术的积极作用，制定可行的文化发展政策，树立正确的传统文化观，积极开展多样性文化活动，建立多元融资体制，打造地域特色文化产业。② 唐开福以乡村文化教育为视角，揭示了乡村文化传承与发展的乡村学校三维路径，一是培育乡村少年儿童的双重文化品性，重视对乡村文化宝贵养分的汲取和对城市先进文化的学习。二是引领乡村文化生活新风尚。乡村学校应加强与农村社区的交往，一方面，师生与村民形成良性互动，另一方面，在满足村民精神文化需求的基础上激发起内生发展动力。三是激发村民文化自觉。促进村民成为乡村文化传承和发展的主体，充分发挥乡村学校的价值导向作用。③ 孙锡文认为，农村群众文化队伍和团队建设不足，群众文化活动不受重视，基层文化馆作用未能充分发挥，为此，要树立积极的文化创新服务理念，为群众性活动搭建开展平台，提升各级部门的重视程度，还要加大对群众文化骨干人才的培养，发展地方精品文化项目。④

也有学者认识到，民族体育活动作为群众性文化生活的一部分，在人们的日常文化活动中被逐渐弱化，农村文化建设也忽视了民族体育活动。为此，邓永明等以山东省为例，分析了民族传统体育的重要作用及发展现状，认为农民参与的民族传统体育锻炼具有多样性特点，同时也存在缺乏体育观念和组织领导不足的问题。他们认为不仅要重视民族传统体育的建设，将民族传统体育融入农村文化建设，助力全面建成小康社会，提高农村居民物质和精神生活质量，还要发挥民族传统体育的健身娱乐价值和特有的民族文化伦理功能。一是要挖掘具有本地民族传统和地域特色的体育文化资源；二是要有各级政府部门的重

---

① 沈小勇：《传承与延展：乡村社会变迁下的文化自觉》，《社会科学战线》2009 年第 6 期，第 241~243 页。
② 王凤双、杨彦华、张宏韬：《黑龙江传统文化精神在新农村文化建设中的作用探析》，《经济研究导刊》2013 年第 11 期，第 40~41 页。
③ 唐开福：《城镇化进程中乡村文化的传承困境与学校策略》，《湖南师范大学教育科学学报》2014 年第 2 期，第 107~110 页。
④ 孙锡文：《如何丰富农村文化活动》，《山东科技报》2018 年 3 月 16 日，第 4 版。

视和投入；三是要有加强组织服务体系建设。① 古维秋、涂传飞也认为，传承民族传统体育文化有利于推进农村文化建设，民族传统体育文化是历史发展的产物，是我国各民族传统文化的重要表现形式，而掌握民族传统体育文化的民间艺人是建设农村文化的骨干力量，发挥骨干和桥梁的作用，要充分发挥民间艺人的积极作用，激发农村自身的文化活力。②

四 补足农村社会化服务短板

农村文化建设的载体发挥着重要作用，不管是建设主体、建设内容还是建设路径，都必须以载体为依托，为此，有学者认为，农村文化建设应该以提升社会化服务水平为主。如肖剑忠认为，农村公共文化建设是保障农民群众基本文化权益、落实政府公共服务职能的应有之义，是培育新型农民、确保社会主义新农村建设持续顺利推进的内在需要，是化解农村社会矛盾、构建农村和谐社会的有效途径，是传播社会主义先进文化、巩固党的执政基础的需要，也是保护非物质文化遗产、繁荣社会主义文化的必然要求。③ 鲁可荣、程川认为公共空间始终是乡村文化传承和村落共同体延续的重要载体，要培育多元主体的文化自觉与协同参与，重构村落的公共空间，充分考虑村落公共空间的选址、布局、建设形式，营造乡村文化建设的有形物质空间和无形精神家园。同时，也要从农村居民实际需求出发，强化农村文化建设的归属感和共同体意识。④ 刘秀峰也认为，文化礼堂作为农民的精神文化空间，更是乡村日常生活空间，打造公共空间，实质上是村庄作为一个"社区"的营造过程，应通过人、文、地、景四个方面建造一个新农村，营造一种新文化，塑造一代新农民。⑤ 苏红进一步指出，强化农村公共文化服务体系建设，一是要明确服务的主体和对象；二是要丰富文化产品与服务内容；三是要加大基础设施建设；四是要强化人才队伍；五是要健全服务资金投入机制。⑥ 疏仁华、杨龙飞也认为，在文化设施

---

① 邓永明、姜玉泽、杨德军、刘晓黎、车艳丽、李臣锋、尹海立：《基于新农村文化建设背景下的山东省农村民族体育传统开展现状的调查与分析》，《山东体育学院学报》2012年第2期，第32~37页。
② 古维秋、涂传飞：《民族传统体育文化传承与农村和谐社会建设》，《北京体育大学学报》2008年第10期，第1303~1311页。
③ 肖剑忠：《农村文化建设调查与思考》，江西人民出版社，2008年，第9~12页。
④ 鲁可荣、程川：《传统村落公共空间变迁与乡村文化传承》，《广西民族大学学报》（哲学社会科学版）2016年第6期，第22~29页。
⑤ 刘秀峰：《农村文化礼堂：从公共空间到社区营造》，《浙江日报》2014年4月25日，第14版。
⑥ 苏红：《论农村公共文化服务体系及其构建》，《兰州大学学报》（社会科学版）2009年第4期，第53~57页。

上，要加大基础工程和网络设施建设，打造农村综合公共文化服务中心，推进农村公共文化数字化建设；在制度设计上，要加快体制机制创新，完善农村公共文化服务供给机制，优化人才队伍，培育农村文化内生机制；在政策运行上，要加强供给过程监管，强化绩效考核、专项资金监管和服务监督。[①]

农村公共文化空间是一项系统工程，与其他各方面的建设紧密相关。王传真认为，要促进农村文化设施的建设与文化产业的衔接，农村文化设施是农村文化构成的重要因素，是精神文明活动的物质载体，而我国的农村文化设施由于受到社会状况、地理环境、人口素质、财力物力等多因素影响，发展面临困境，各级政府要强化目标管理，将文化设施纳入城乡建设总体规划，多渠道筹集资金，加快农村文化设施建设步伐。具体来讲，要在规划上立足长远，在选址上合理布局，在建设规模上量力而行，在实施步骤上以县城带动乡镇，以乡镇促进县城，在使用管理上实行"二权"（所有权、使用权）分离。[②]胡重明、马飞炜也认为，传统与现代的和谐从根本上反映的是人内心的和谐，乡风文明建设的关键在于发挥农民的自觉性和主体性，培育农民的自觉意识，而突出农民的主体地位也正是建设乡村公共文化服务体系的核心。[③]对于多主体的具体作用，何兰萍主张发挥政府的文化价值观引导作用，同时调动民间社会及其他力量加强农村文化队伍建设。[④]邢双军等则以浙江省11个地区为例，主张建立县、乡、村、户四级农村公共文化基础设施网络布局，为农村文化建设提供硬件保障。在县级层面，重点加强县文化馆、图书馆、文艺队、数字电影放映队、文化广场等阵地建设；在乡镇层面，加强乡镇文化站、文化活动中心等设施建设；在村级层面，加强村级报栏工程、农家书屋、远程教育站、业余剧团、活动室等阵地建设；在户级层面，重点拓展家庭文化阵地，扩大有线电视、电信宽带网络等覆盖面，同时还要加强农村广播电视公共服务体系建设。[⑤]

[①] 疏仁华、杨龙飞：《加快农村公共文化服务体系建设的路径》，《安徽日报》2019年1月22日，第6版。
[②] 王传真：《农村文化的建设与管理》，宁夏人民出版社，1999年，第94~107页。
[③] 胡重明、马飞炜：《离散抑或聚合：社会变迁中的"桃源文化"——析浙江省绍兴市桃源村新乡村文化现象》，《中国农村观察》2010年第4期，第74~80页。
[④] 何兰萍：《论当前农村文化建设的难点与重点》，《湛江师范学院学报》2008年第2期，第33~37页。
[⑤] 邢双军、吴李艳、王亚莎：《新农村人文生态环境的保护与发展研究》，浙江大学出版社，2012年，第164页。

五　强化农村绿色生态意识

良好的生态环境是农村文化建设的基础和前提，为此，有学者指出，要实现农村文化建设与生态建设的有机统一。新中国成立以来，政府就非常重视农村的绿化工作，如萧枫指出，新中国成立后，经过土地改革和农业合作化，群众的绿化意识得到提升。尤其是在1956年合作化高潮的时候，党中央、毛主席提出"十二年绿化祖国"的号召，全社（山西省夏县周陈乡的"友好农业社"）掀起了一个四旁绿化（即屋旁、路旁、水旁、村旁）的高潮，为加快推进这一工作，社里设置了林业股，制定了造林工作定额，统一安排劳动力和工酬，这一年就有66%的社员参加了四旁绿化工作，造林数超过1955年的69%。[①] 江泽林也认为，农业农村是一个完整的自然生态系统，要尊重自然规律，科学合理利用资源进行生产，在稳定获得农产品供给的同时还能很好地保护和改善生态环境。为此，要改善农业生态系统，增强可持续发展能力，明确保护生态环境的底线要求，转变粗放的发展方式，最大限度减少资源消耗，恢复和提升农村生态环境。[②] 赵建军、胡春立也认为，美丽乡村建设是实现全面建设美丽中国的起点和重点，绝不能只关注青山绿水，更重要的是留住乡愁，关注乡村文化的"根"与"魂"。因为乡村文化是美丽中国建设的重要部分，美丽中国建设要有骨、有肉，更要有鲜活的血液赋予美丽中国生命力，而乡村文化正是流淌在美丽中国建设过程中的血液，已成为美丽中国不可或缺的一部分。尤其是在现代与传统的文化价值冲突中，乡村文化物质载体受到冲击、道德伦理逐渐解构、文化多样性日益消解、文化传承出现断裂，要通过文化传承载体建设，重塑农民的乡土价值观、以文化惯性保持乡村文化多样性，促进乡村文化与城市文化的双赢，逐步消除城市社会与乡村社会的文化鸿沟，为美丽中国的建设提供动力源泉。[③] 李萍、汤立许认为，乡村是农耕文化的重要载体，是实现美丽中国、构筑生态文明的基本单位，是典型的"小村落、大文化"的缩影，而现代化过程中的村落终结现象严重，如果这种态势不及时扭转，乡村文化日益边缘化，美丽中国的建设将是一句空话。为此，要在美丽中国的目标指引下，回归特色小镇的基本价值，打造"生产、生活、生态"融合的美丽小镇，将特色

---

① 萧枫：《四旁绿化》，《人民日报》1958年1月1日，第3版。
② 江泽林：《乡村振兴，生态和产业要融合》，《人民日报》2018年3月28日，第2版。
③ 赵建军、胡春立：《美丽中国视野下的乡村文化重塑》，《中国特色社会主义研究》2016年第6期，第49~53页。

小镇看作一个具有明确产业定位和旅游功能项目组合的理念,让当地居民和村集体参与小镇建设,提升农村居民幸福指数。①

第四节 农村文化建设与城镇化的关系

对于农村文化建设与城镇化的关系,学界围绕二者的有效互动进行了讨论,探讨的焦点集中于三个方面,一是农村文化建设直接影响城镇化水平的高低,二是城镇化的发展影响农村文化建设的基本方向,三是应促进农村文化建设与城镇化协调发展。

一 农村文化建设直接影响城镇化水平的高低

学界认为,城镇化水平的高低将直接受农村文化建设的影响。一种观点认为,农村文化建设具有滞后性,在一定程度上阻碍了城镇化的进程;另一种观点认为,农村文化具有独特的功能优势,将助推城镇化建设。

(一)农村文化建设的滞后性阻碍了城镇化进程

农村劳动力综合素质普遍较低,影响了城镇化的顺利推进。娄本东分析了城市化中的文化建设难题,认为农村文化建设的程度及农民文化素质的高低直接影响了我国的城市化进程。首先,文化的缺失使农村劳动力向城市转移遇到困难。由于文化素质较低,外出的农民未能掌握必要的专业技能,大多数农民在进城后只能从事体力劳动和技术简单的工作,导致收入水平低下。同时,农村劳动力的学习意愿和学习能力较差,再加上其他因素影响,其知识结构无法跟上产业结构调整的步伐,面临失业风险。其次,文化缺失使农民的城市生活遭遇困难。受教育水平影响,农村生活方式无法顺利向城市生活方式转变,文明卫生习惯、法制观念等缺乏,农民自身的不适应性明显。最后,文化缺失阻碍了农村文化遗产的保护,给城市化推进造成困难。农民的保护意识缺失,难以认清当地文化遗产的巨大价值,全面提升农村居民的文化素质成为发展必然。② 同时,农村长期以来形成的传统思想观念,有其固有的文化生存根基,对城镇化的推进提出了挑战。秦红星、王俊义分析了文化传播视角下的农村城

---

① 李萍、汤立许:《乡土危机与行动逻辑:民间体育与魅力乡村的融合治理发展》,《武汉体育学院学报》2018年第8期,第56~61页。

② 娄本东:《略论农村文化建设与城市化的融合》,《理论导刊》2012年第11期,第83~85页。

镇化建设，认为即便是在城镇化的推动下，促进农民思想观念转变也将是一项长期任务，具有长期性和复杂性的特点。城镇化的发展改变了农民的生活环境，但是农民的思想观念是在长期的农村生活实践中形成的，还保留着特定的社会交往和文化心理特征，而当前农村的城镇化与文化传播的不协调发展，给城镇化建设带来了新的难题，需要认真研究和解决。为此，在城镇化的背景下，不仅要传承农村独特的文化传统，还要建立起新的文化认同，这将成为农村城镇化过程中文化传播的重要任务。[①] 雷青松则认为，农村公共文化建设对于城镇化具有重要意义，要更加重视城镇化背景下的农村公共文化建设，因为农村城镇化与农村公共文化建设具有内在契合性。加快农村公共文化的建设是农村城镇化健康发展的必然要求，同时也是实现农村城镇化健康发展的有效保证。农村公共文化建设，是解决农民全面发展的有效途径，可以改变农民落后的生活方式，规范农民的日常行为习惯，提高农民的思想道德素质，助力我国城镇化建设。[②]

（二）农村文化的功能优势将助推城镇化建设

有学者指出，即便是在城镇化条件下，农村传统文化仍然具有强大影响力，并能够在有利条件下发挥其巨大优势。唐宗力就采取了田野调查的方法，对城镇化与农村宗族文化的关系进行了分析，认为中国的城镇化对农民及其传统文化产生的作用和影响，与欧美国家相比较，要缓慢得多。在城镇化过程中，个人主义上场，族人关系淡化，农民正从大家庭转向小家庭，与包括远亲在内的族人关系不断疏远，而与近亲和家人的关系有所改善。然而，在涉及祖先崇拜、孝文化、家庭、国家、修谱等价值观上，多数受访者仍带有强烈的传统色彩，体现了文化的历史延续性，而地区文化历史传统仍然保持着强大的影响力。[③] 黄永林也持同样的观点，并从新农村文化建设中现代和传统的关系出发，认为必须彻底打破过去关于传统与现代势不两立的对立思维模式，同时要彻底改变城市文化中心论，改变主流意识对农村文化的认识、想象与评价体系，重新思考发掘农村传统文化的价值。[④]

为进一步发挥农村文化优势，其他学者进行了补充和完善，强调要发挥和

[①] 秦红星、王俊义：《农村城镇化视野下的文化传播》，《青年记者》2015年第26期，第29~30页。
[②] 雷青松：《我国城镇化进程中农村公共文化建设探论》，《理论建设》2014年第5期，第65~69页。
[③] 唐宗力：《城镇化与农村宗族文化》，《安徽大学学报》（哲学社会科学版）2017年第3期，第103~118页。
[④] 黄永林：《论新农村文化建设中的现代与传统》，《民俗研究》2008年第4期，第14~23页。

挖掘农村文化在城镇化过程中的正面功能和作用。如邹晓抒主张以历史的眼光看待农村文化和城市化，千百年来的农村稳定结构中所形成的价值传统，与现代文明相比，具备一定落后性，但是，城市病也普遍存在，要充分肯定城镇化进程中农村乡土文化的道德价值。并指出，城市化是我国实现现代化的必然选择，但是城市化进程与乡土精神并不是对立的，农业文明有其独立的价值与文化个性，一方面，要肯定乡土文化的道德价值，即乡土信仰、乡土意识、乡土生活等；另一方面，城市化对乡土文化造成了一定的冲击，我们在乡土文化的建构中，必须要坚持建构的平等性，突出农民的文化主体性，认识农村文化建设的目的，坚守农业精神的本体性。[1] 邢红梅等也强调了农村文化的多功能性，认为文化建设的缺位严重阻碍了中国的城市化进程，要充分发挥农村文化建设在城市化进程中的作用，正确认识农村文化建设的重要作用。一方面，农村文化建设的功能是多方面的，除了具有丰富业余生活，提高农村生活质量和人口文化素质，净化农村社会风气，挖掘、继承、发扬传统特色文化的功能以外，还具有推进农村城市化、加速农民市民化功能。另一方面，由于意识上的欠缺和认识的不足，地方政府对农村文化建设的城市化功能认识不足，缺乏合理的政策引导。为此，要发挥郊区农村和小城镇文化的辐射作用，发挥第一代市民和农民工的文化传播作用，充分利用现代传播媒介，多渠道推进城市化进程。[2]

二 城镇化的发展影响农村文化建设的基本方向

学界关于城镇化对于农村文化建设的影响的探讨，主要有两种代表性观点，一种观点认为城镇化可以推动农村文化的转型；另一种观点认为城镇化的推进提升了农村文化的市场化水平，激发了农村文化发展活力。

（一）在城镇化进程中推动农村文化的转型

农村文化建设和城镇化是一个有效互动的过程，要最大限度利用城镇化优势，促进传统农村转型，创造机会，整合资源，促进城乡和谐发展。如刘新静认为，传统农村和农业已经成为我国现代化建设的关键制约，在资源、产品、环境等现实问题和矛盾焦点的基础上，中国传统农村和农业必须实现转型。城镇化的推进势必带动传统农村的转型，与国家提出的新农村建设不谋而合，同

---

[1] 邹晓抒：《城市化进程中乡土文化的道德价值》，《人民论坛》2017年第24期，第84~85页。
[2] 邢红梅、谢士法、于彩辉：《城市化视阈中的农村文化建设》，《河北学刊》2009年第4期，第250~252页。

时，传统农村转型和新农村建设是一个长期过程，不可能一蹴而就，面对种种危机和矛盾，需要从政策、观念、机制、文化等多方面入手，找到农村发展的"新路"。[①] 蔡章伟也认为，城乡二元结构的存在掩盖了乡村文化和城市文化的差异，城市化使得城乡文化差异既可以走向文化和谐，又有可能走向社会冲突，但是文化差异并不是文化冲突的充分条件，城乡文化天然的差异不一定会导致文化冲突。为此，要从战略上、社会制度上、各项政策上、组织管理上，加强城乡文化对话，建立文化调停和危机应对机制，发挥城镇化建设对农村建设的积极作用，带动乡村发展，实现城乡文化的和谐发展。[②] 任成金、潘娜娜指出，为了克服大城市、小农村，形式多、互动少，冲突多、融合少的问题，要促进城乡的文化融合，强化文化认同功能、保障功能、外溢功能，以城市发展优势补足农村发展的短板，促进资源要素向农村地区流动，提升其发展潜力，促进双方的可持续发展。[③]

同时，有学者认识到农村文化转型的长期性和复杂性，如吴学丽认为，城市化进程是一个从传统的乡村社会向现代城市社会转变的历史过程。从某种意义上讲，城市化的过程是一个由农民进城带动历史的过程，主要表现为农村工商业的发展、外出务工的增加、城市化和工业化的推进、当代大众文化的影响。然而，当代中国城市化本身处于发展中，尚未建立起体系完备的城市文化体系，必然造成当下农村文化转型的反复性、复杂性，呈现一系列农村文化转型的初级形态特征：农民城市化之路的生存伦理、以亲情血缘为基础的传统依附型人际关系、传统文化价值体系的不确定性等。[④] 白永秀也认为，改革开放后，我国城乡二元文化结构呈现加速分离趋势，城市市场经济文化和农村自然经济文化的差异性逐渐扩大，城市人思维方式和乡村人思维方式差异明显，同时，生活方式的差异也逐渐扩大，而城乡二元文化结构处在一个不断被强化的螺旋式积累增长中。[⑤] 但是，也有学者指出，农村文化的转型可以借助城镇化的系列优势得以实现，如陆益龙认为，农村地区长期处于落后状态，经济发展水平低

[①] 刘新静：《城镇化进程中我国传统农村的转型及新农村建设研究》，《学术界（月刊）》2013年第3期，第22~30页。
[②] 蔡章伟：《城市化进程中的文化冲突与文化和谐》，《中共成都市委党校学报》2007年第3期，第57~59页。
[③] 任成金、潘娜娜：《城乡文化整合的功能定位与路径选择》，《深圳大学学报》（人文社会科学版）2013年第4期，第120~125页。
[④] 吴学丽：《城市化背景下的农村文化转型》，《理论学刊》2009年第6期，第78~81页。
[⑤] 白永秀：《城乡二元结构的中国视角：形成、拓展、路径》，《学术月刊》2012年第5期，第67~76页。

且思想观念封闭,农村需要从城镇化进程中谋求进一步发展之路,作为现代化的重要内容。城镇化将促进农村实现质的飞跃和发展,是农村发展的根本出路,如果农村的发展忽视城镇化,就会偏离方向。[1]

(二) 在城镇化进程中提升农村文化市场化水平

第一种观点认为,城镇化条件下的市场要素流动,使农村文化建设迎来了发展机遇,要发挥城镇化对农村文化、文化产业的带动作用。如李静波、郭丹丹认为,农村教育事业的发展也可以利用城镇化优势,农村城镇化不仅是农村社会制度与经济结构的调整,还是一个文化变迁和文化革新的过程。在此条件下,农村教育的文化使命被顺理成章地推向了时代前沿,而城镇化的发展为农村文化变迁创造了有利的制度和经济环境。农村文化教育的发展可以利用好这个契机和平台,改善农村文化发展的滞后性,应通过大力发展农村教育,加速农村文化变迁,促进农村经济社会的全面繁荣。[2] 同时,要拓宽认识视野,提升农村文化建设的高度,如李一吉将新型城镇化建设看作国家治理体系和治理能力现代化的体现和重要方式手段,而新型城镇化的推进对于城乡文化的共同发展意义重大。但是农村文化在城镇化进程中面临发展困境,不同程度地存在传统文化传承弱化、城市文化在农村盲目引入,农村文化断层且缺乏有效的组织管理体制、农民素质提高缓慢等问题。为此,要借助于城镇化的有利因素,大力发展农村文化,批判继承传统文化和促进现代文化的发展,从全面建成小康社会的层面努力构建全新的农村文化。[3] 在强调文化产业发展的观点中,有学者主张利用城镇化优势探索乡村文化的产业化发展道路。张振鹏认为,乡村文化在发展过程中,要注意避免城镇化过程中出现的各种问题,要在充分尊重文化的自然属性的基础上保护和传承乡村文化,实现传统乡村文化与现代产业形式的结合,实现传统与现代的有机融合,是寻求共同发展的必然趋势,为此,乡村文化走产业化发展道路是必然选择。[4]

第二种观点认为,农村文化市场化的弊端日益显露,主要表现为农村文化主体思想观念的分化、农村文化建设缺乏特色。如何美丽、左停认为,城镇化

---

[1] 陆益龙:《多元城镇化道路与中国农村发展》,《创新》2010年第1期,第5~10页。
[2] 李静波、郭丹丹:《城镇化进程中农村教育的文化使命》,《国家教育行政学院学报》2004年第1期,第33~38页。
[3] 李一吉:《城镇化进程中农村文化发展问题研究》,《农业经济》2017年第4期,第54~56页。
[4] 张振鹏:《新型城镇化中乡村文化的保护与传承之道》,《福建师范大学学报》(哲学社会科学版) 2013年第6期,第16~22页。

的推进不仅改变了农村居民的生活方式,也对其思想观念造成了冲击。我国城市化质量低、城市病严重、市民化程度低,在城乡二元结构的长期约束下,城乡居民的社会资本模式存在明显差异性,"文化堕距"不可避免,且源于人的现代性产生了发展的规律性,城市现代文化价值观念已经向农民渗透。农村文化建设主体的观念出现了"二元结构"分化,一是生产与就业观念的分化;二是消费与理财观念的分化,传统家庭消费观念受到冲击,同时,村集体资产经营方式的创新,促进了农民的增收;三是政治与法律观念的分化;四是生活与教育观念的分化。[①] 同时,农村教育价值取向逐渐转变,缺乏农村教育特色,如田夏彪强调了农村文化传承主体的无力,农村"文化心理场"的消减,农村学校的去乡土化等因素,认为城镇化进程中的农村教育文化功能处于失衡状态,主要有三个表现,一是农村教育价值取向的"城市化"。农村教育在发展过程中以城市教育为模版,办学理念和模式趋同,没有寻求自身的价值定位。二是农村教育目的的"工具化"。其教育带有一定的功利目的,农村教育的内容重心围绕升学考试来组织,进行高强度的知识训练,教育被当作一种工具,忽略了人的自身才是教育的目的。三是农村教育环境条件的"世俗化"。[②] 江立华进一步指出,农民向城市流动引发了留守儿童的问题。面对现代文化的冲击,现实中的乡村文化与原本的传统文化、乡村历史记忆出现了断裂,农村陷入了较为严重的文化危机、伦理及秩序危机,乡村文化的衰落,农村社区缺乏生机与活力,乡村文化价值体系的解体,直接导致了乡村儿童精神世界荒芜,加剧了留守儿童问题的严重性。[③]

也有学者指出,应进一步深化对农民观念分化的认识。如孙喜英认为,乡土文化面临精神、物质、行为三个层面的文化迷失,农村文化传承的缺失进一步瓦解了乡土文化的根基,乡村文化失去了普遍的价值认同,面临认同危机。[④] 胡丰顺、杨少波也强调,城镇化与农村文化在双向互动的过程中相互影响,农村文化实现了与现代化、城市文化的全面对接和融合。一方面,现代化和城市文化不可遏制地在中国广大农村扩展开;另一方面,广大农村两千多年来的封

[①] 何美丽、左停:《城市化背景下农民观念"二元结构"分化》,《农业经济》2014年第10期,第46~48页。
[②] 田夏彪:《城镇化进程中农村教育文化认同功能失衡的审视》,《内蒙古社会科学》(汉文版) 2014年第3期,第148~151页。
[③] 江立华:《乡村文化的衰落与留守儿童的困境》,《江海学刊》2011年第4期,第108~114页。
[④] 孙喜英:《时代境遇变迁中乡土文化的规约与走向》,《河南师范大学学报》(哲学社会科学版) 2017年第5期,第113~117页。

闭状态被彻底打破。中国农村与城市的现代化第一次全方位、多层次深入对接融洽。但是,由于我们长期忽视农村的历史和发展现状,简单地认为城乡一体化就是城市代替农村,这种对接融洽,更多地带有强制性,这种强制性不仅推动着农村的城市化进程,还直接导致农村和城市的同质化,农村文化建设缺乏特色,体现了冲突的特征。[①]

三 促进农村文化建设与城镇化协调发展

学界关于农村文化建设与城镇化的协调发展趋势已基本达成共识,但在具体的发展路径上仍存在一定争议,目前主要存在三种观点。

第一种观点认为,要破除思想误区,推动实现农村文化建设与城镇化协调发展。如左信、刘永生基于城乡统筹的研究视野,强调了对农村文化建设进行思想引导的重要性,认为城乡统筹实际上表现为城市化带动农村逐步城市化的过程,强调了农村城市化的发展趋势。一方面,农村城市化加快了城乡统筹的速度,缓和了城乡二元结构的矛盾对立关系,有利于城市"反哺"措施在农村的顺利实施;另一方面,农村的渴求导致了"饥不择食"现象的发生,特别是在农村文化建设上,城市文化对农村文化的渗透带来了一定的负面影响。为此,要处理好城镇化与农村文化建设的关系,正确引导农村文化建设,将嵌入的城市文化看作一棵幼苗,要逐步培养其适应农村的土地和气候,慢慢扎根农村,为广大农民带来便利。[②]胡惠林则以文化空间构建为视角,揭示了城市化进程与乡村文化的密切关系,认为多年来乡村精神社会空间的设计与构造,长期被忽视,它被纳入城市文化空间的规划范畴,是城市文化空间的一种延伸形态或补充形态。但是,也要认识到以下问题。第一,中国城市是从乡村文明发展而来的精神社会体,城市和乡村相互联系又相互区别,城市是人类社会在乡村之后选择构建起来的一种社会组织形态,是人类在漫长的历史演化进程中产生的,城市始终是乡村空间文化文明形态的延展,而不是割裂。第二,中国城乡社会的精神差异性构成了城乡精神社会冲突的原因,城市和乡村都作为不同的精神社会空间构建形态,都在相互作用中改变彼此的精神文化空间形态。第三,城市化进程中我国基本社会结构之间的矛盾与冲突、城市化的发展,给乡村带来

[①] 胡丰顺、杨少波:《我国城市化进程中农村文化的变迁与重构》,《江西社会科学》2012年第11期,第238~241页。

[②] 左信、刘永生:《基于城乡统筹的新农村文化建设审视》,《人民论坛》2014年第29期,第152~154页。

了社会结构的拉扯与更改，构成我国基本社会结构的矛盾和冲突，反映在政治、经济、社会、生态等各个方面。①

第二种观点认为，要发挥理论的先导作用，引领农村文化与城镇化建设。如李松认为，为确保农村文化建设和城镇化建设的正确方向，要做到以下几点。首先，我们对城镇化过程中文化变迁的关注，应该建立在一个清晰的价值体系之上，要转变乡村发展的理念，提升新农村建设的质量。其次，在城镇化进程中要清晰、理性地判断"现代化"的本质意义，这是文化保护的思想基础。再次，要重视乡村文化的保护方法，尊重乡村的文化变迁，在村落的保护中实现动静结合，对村落文化保护和社会发展进行类型细分，实行利用性保护。最后，追求和谐发展的农村发展理念，在乡村社区服务理念上坚持农民利益最大化。②沈一兵则认为，要将发展理念与文化自信结合起来，文化自信是化解乡村文化危机的根本途径，促进文化自信的建构有利于乡村文化危机的化解，它是乡村文化理念、价值观和生存方式的整体性呈现。③

第三种观点认为，要回归文化本身，促进城乡文化融合发展。农村文化建设与城镇化相辅相成、相互促进，应进一步深化对于两者关系的认识高度，从社会主义的建设、人的自由全面发展的高度进行理解。如张小飞、郑小梅认为，城乡文化有冲突，也有融合，具体表现为现代与传统、中心与边缘、强势文化与弱势文化的冲突，而城乡发展间距、文化制度差异和心理排斥是造成冲突的主要诱因。为此，要统筹城乡文化发展，促进城乡文化融合。第一，促进城乡文化共存，因为城市化同属于中国文化体系，可以与农村文化并存，互相影响，彼此借鉴，我们要在马克思主义的指导下，存包容之心，尊重和理解彼此的文化；第二，大力加强农村文化基础设施建设，增加农村服务总量；第三，以农村教育事业的发展为立足点，努力促进城乡文化的融合与交流互鉴。④ 王建莲指出，统筹城乡文化是城乡一体化发展的必然要求，加快城乡文化一体化发展是建设社会主义文化强国的重要内容，是新农村建设和培育新型农民的迫切需

---

① 胡惠林：《城市文化空间建构：城市化进程中的文化问题》，《思想战线》2018年第4期，第126~138页。
② 李松：《城镇化进程中乡村文化的保护与变迁》，《民俗研究》2014年第1期，第8~10页。
③ 沈一兵：《乡村振兴中的文化危机及其文化自信的重构——基于文化社会学的视角》，《学术界》（月刊）2018年第10期，第56~66页。
④ 张小飞、郑小梅：《城市化进程中城乡文化的冲突与融合》，《人民论坛》2012年第27期，第118~119页。

要，我们需要破解思维误区和发展乱象，在政府主导下推进城乡一体化建设。[1]孟芳则认为，在城镇化过程中必须关注并有效推动农村文化建设，一方面，小城镇作为农村文化的中心，城市文化建设可以提高农民的文化层次，而小城镇的最基层——乡镇是农村文化建设的重点，要充分发挥乡镇文化建设对农村文化建设的导向和辐射作用。另一方面，农村文化建设可以促进城镇化规模的不断扩大，特别是文化产业的发展可以促进经济收入的增长及人的全面发展，进而推动城镇化的深入发展。城镇化的问题最终是解决人的问题，人的问题归根到底是人的自由全面发展问题，而文化建设就是解决人的全面发展问题的重要途径。[2]

第五节 农耕文明的传承、保护和创新

一 农耕文明传承、保护和创新的必要性

学术界围绕农耕文明传承、保护和创新的必要性展开了讨论，主要有三种代表性观点，第一种观点认为这是保护中华民族传统文化的内在要求，第二种观点认为是实现乡村振兴的必然选择，第三种观点认为是实现农耕文明转型的时代要求。

（一）保护中华民族传统文化的内在要求

在对待传统文化的态度上，学术界普遍强调要传承和发扬优秀传统文化的精髓，就必须要传承和保护农耕文明，在发展中推动农耕文明的创新。曹玮等以城镇化为分析视角，认为传统村落与农耕文明具有内在联系，粗放式城镇化的推进使大批古村落迅速消失，背离城镇化的内生性和规律性。对新型城镇化的片面解读和误导，难免会造成对传统村落的破坏，加速农耕文明的泯灭，因此，对农耕文明的保护是保护中华民族优秀传统文化的内在要求。[3]刘成纪也强调，中国文化是农耕文明的产物，就中国传统农业与文化的关系来看，中国

---

[1] 王建莲：《城乡一体化视角下的新农村文化建设》，《中共南京市委党校学报》2013年第1期，第96~99页。
[2] 孟芳：《城镇化视角下的农村文化建设研究》，《理论导刊》2013年第6期，第90~92页。
[3] 曹玮、胡燕、曹昌智：《推进城镇化应促进传统村落保护与发展》，《城市发展研究》2013年第8期，第34~36页。

文化重视人与自然的关系，中国文化的人本精神、伦理取向以及对自然时空审美价值的发现，都直接来自农耕文明。而农业的发展与中国文化的传播具有协同关系，劝农传统、移民政策和屯田制度等，都是中国文化确立影响力并向外扩张的重要手段。①

然而，中华民族优秀的传统文化还包含丰富的生态智慧，尤其是对于绿色发展和生态文明建设具有重要的指导意义。夏澍耘就充分肯定了中华农耕文明丰富的生态智慧，我们在农耕文明时期确立了人与自然的互动关系，尤其是生态化的农耕方式和农耕生活，不仅赋予了农耕文明重要特征，也是中华文明长盛不衰的重要原因。它是一种根源性、群体性智慧，顺天时、量地利、取用有度、有机循环、多样平衡的实践智慧。为此，在乡村振兴视阈下，传承和发展农耕文明的智慧精华，对于中华民族的伟大复兴与人类文明进步具有深远的历史意义。② 高有鹏、解浩也认为，中原地区的农耕文明以农为本、以土为本，民间生产以农耕文明为核心，在发展中形成了和谐的生产理念与生活理念，在整个中华民族的发展中占据举足轻重的位置，深刻影响高度稳定的社会生活秩序的运行与发展，同时，也影响整个国家的发展。③

（二）实现乡村振兴的必然选择

为了深入把握乡村振兴与农耕文明的内在逻辑联系，促进两者的有效互动，也有学者指出，要站在乡村振兴的战略全局来理解农耕文明。如吴理财、解胜利认为，农耕文化是我国劳动人民在几千年的农业和农村生产生活实践中形成的，一系列包括物质、技术和理念等在内的，独特生活方式的总和，其理念、技术是乡村振兴中发展生态农业、形成生态宜居美丽乡村的重要基础，要构建乡村振兴战略下的乡村文化发展体系，就要加强对农耕文明的保护。④ 解胜利、赵晓芳则基于文化治理视角，认为农耕文化是我国优秀传统文化的代表，农耕文化的复兴既是民族文化自信的表征，也是乡村振兴战略下进行乡村文化治理

---

① 刘成纪：《从中原到中国：中国文化的农耕本性》，《江苏行政学院学报》2013年第5期，第40~47页。
② 夏澍耘：《论中华农耕文明的生态智慧》，《中国地质大学学报》（社会科学版）2018年第6期，第91~99页。
③ 高有鹏、解浩：《关于中原地区的农耕文明问题》，《河南大学学报》（社会科学版）2004年第6期，第58~62页。
④ 吴理财、解胜利：《文化治理视角下的乡村文化振兴：价值耦合与体系建构》，《华中农业大学学报》（社会科学版）2019年第1期，第16~23页。

的基础。在文化治理视角下,农耕文化具有四重价值。一是政治治理价值,农耕文化传统中所蕴含的自治与德治文化能够为简约治理和基层民主治理提供文化心理基础和传统智慧经验。二是经济治理价值,农耕文化可以促进乡村经济文化和文化产业的共同提升。三是社会治理价值,乡村农耕文化中的礼俗活动和道德规范可以成为新时期营造乡风文明和孕育村庄共同体的基础。四是生态治理价值,农耕文化中崇尚自然与和谐的生活理念可以为我们提供理念指导和技术支持,是形成生态宜居的美丽乡村的文化基础。[①]

另一部分学者则侧重从农业现代化的发展趋势来理解农耕文明。韩长赋认为,我国社会正处于全面建成小康社会的决定性阶段,正在为实现中华民族伟大复兴的中国梦而努力奋斗,在加快推进农业现代化的同时,既要借鉴世界先进生产技术和经验,也要继承发扬我国璀璨的传统农耕文明,学习前人智慧,汲取历史营养,推动现代化的生产经营方式与传统的精耕细作生产方式的有机结合,坚持走中国特色农业现代化道路。[②] 夏益国、宫春生从粮食安全视阈出发,分析了农业现代化发展的必然趋势,认为推进农业适度规模经营和培育新型职业农民是解决我国农业劳动生产率低和农民种田效益低下、保障国家粮食安全的重要切入点,而我国传统农业技术水平低,生产手段落后,农耕文明的传承主要依靠经验习俗的代际传播,已经不能适应现代化农业的发展需要,为此,有必要探索农耕文明传承和创新的新形式。[③]

(三)实现农耕文明转型的时代要求

随着经济社会的发展和生产力水平的提高,在现代化的冲击下,农耕文明面临发展困境,促进农耕文明的转型是实现有效保护、有效传承和创新的必由之路。张恒山从文明转型的维度出发,对比和分析了商工文明与农耕文明的特点。认为农耕文明是人类社会的一种特殊生产生活方式,以农业生产和物质财富生产为主要方式,商业和工业是社会财富生产的辅助形式;商工文明则以商业交换和工业生产为物质财富生产的主要方式,农业生产退居次要地位,人们以商业交换、商业谋利为主导进行工农业生产。然而,从人类发展史来看,商

---

① 解胜利、赵晓芳:《从传统到现代:农耕文化的嬗变与复兴》,《学习与实践》2019年第2期,第126~132页。
② 韩长赋:《从中华农耕文明中汲取丰厚营养》,《农民日报》2014年12月23日,第3版。
③ 夏益国、宫春生:《粮食安全视阈下农业适度规模经营与新型职业农民——耦合机制、国际经验与启示》,《农业经济问题》(月刊)2015年第5期,第56~63页。

工文明代表新兴的文明,是一个发展中和扩张中的文明,农耕文明则处于没落、衰退和缩减中。① 李孝梅则分析了现代化对农耕文明的冲击,并阐述了贵州地区的文化传承困境,在物质利益风气盛行的大环境下,学校教育面临如何实现传统和现代、民族文化和大众文化的结合的困境。同时,基础设施的改进和生活方式的变化给传承带来了压力,农耕文明面临现代工业技术和农村人口流失的挑战和威胁。② 加快公共文化服务体系建设研究课题组也以传统村落为视角,认为村落是历史发展的产物,也是农耕文明的成果和典型特征,承载了人类历史、文化与文明信息,在城镇化时期,传统农业文明和村落正逐渐走向"终结",在城市扩张和体制弊端的影响下,传统村落面临生存困境。一方面,传统村落的生存环境面临衰败。村落经济、社会、文化、人口、建筑和土地等因素受到冲击,它们的消失就是对村落最大的肢解;另一方面,传统村落的发展趋势是加速消亡。现代化进程使城市社会逐渐成为社会的主导型结构,村落是农耕生活的源头与根据地,然而,传统农村生产生活方式的载体,传统农业文明和农村文化正在消亡。③

二 农耕文明传承、保护和创新的路径

对于农耕文明传承、保护和创新路径的研究,学界的探讨焦点主要集中于四个方面,一是重视古村落保护,二是发展乡村旅游,三是创新文化治理,四是推进农业现代化。

(一) 重视古村落保护

古村落是农耕文明的重要载体和历史产物,有的学者非常重视对古村落的保护。如黄永林认为,非物质文化遗产是农村传统文化最重要的内容和组成部分,要坚持开发并重原则,处理好农村建设与文化传承的关系。④ 王云霞进一步指出,要促进宏观政策的设计和微观举措的结合,对于古村落、农耕文明的保护,一是要有政策的支持和法律法规的约束,有关部门要制定详细的政策法规,使古村落、农耕文明得到及时保护与维修;二是要加强、扩大宣传教育,

---

① 张恒山:《论文明转型——文明与文明类型》,《人民论坛》2010年第32期,第19~21页。
② 李孝梅:《现代化冲击下的农耕文明传承研究——以贵州民族芦笙文化传承为例》,《安徽农业科学》2012年第5期,第3012~3016页。
③ 加快公共文化服务体系建设研究课题组:《城镇化进程中传统村落的保护与发展研究——基于中西部五省的实证调查》,《社会主义研究》2013年第4期,第116~123页。
④ 黄永林:《论新农村文化建设中的现代与传统》,《民俗研究》2008年第4期,第14~23页。

使人们具有自觉保护意识。[①] 杨庭硕、耿中耀也认为，可以通过对传统村落的保护来实现农耕文明的传承和保护，因为传统村落不是狩猎采集文明、游耕文明、游牧文明的发展产物，而是农耕文明的产物，为此，要清楚掌握传统村落的文化生态归属，准确区分村落形成的样式差异，找准传统村落稳定延续的自然与社会基础，将有效的传承和保护落到实处。[②]

同时，在村落保护中，还涉及一些村落文化，也有学者强调，要重视村落所盛行的传统节日文化。张秀君、张磊认为，要实现农耕文明的传承和保护，就要重视传统的节日文化。首先，要加强对传统节日文化的宣传，培养文化自觉性；其次，要重视传统节日的现实意义；再次，要搭建现代化桥梁，实现农耕文明的创造性转换，以一种新的方式实现农耕文明的世代传承发展；最后，要以社区为依托弘扬传统节日文化。[③] 鲁可荣、程川则进行了相应的完善，以浙江三个传统村落为调查样本，分析了乡村公共空间的变迁与乡村文化的传承问题，认为公共空间始终是乡村文化传承和村落共同体的重要载体。一方面，要侧重多元主体文化自觉与协同参与，调动其积极性和创造性；另一方面，要重构村落公共文化空间，传承乡村文化。[④] 詹国辉、张新文进一步指出，典型传统村落的共生系统呈现非稳定性并兼具共性，要通过提高共生单元的质参量、完善共生界面、促进共生新增能量的产生，实现传统村落的共生性发展。[⑤] 还应该不断完善和发展村落保护方法，李松从乡村文化本身出发，强调了要尊重乡村的文化变迁，而村落的保护需要动静结合，其中，最理想的方式是"利用性保护"，通过这种方式激活乡村文化传统，并使其在现代发展中产生现实效益。[⑥]

（二）发展乡村旅游

现代化的发展为农耕文明提供了发展机遇，有学者就强调，要充分利用乡

[①] 王云霞：《生态文明视阈下的新农村建设问题及对策研究》，《山东经济战略研究》2014年第8期，第59~62页。

[②] 杨庭硕、耿中耀：《农耕文明与传统村落保护》，《原生态民族文化学刊》2016年第4期，第73~78页。

[③] 张秀君、张磊：《从农耕文明被边缘化看传统节日文化的发展》，《中华文化论坛》2013年第12期，第102~106页。

[④] 鲁可荣、程川：《传统村落公共空间变迁与乡村文化传承》，《广西民族大学学报》（哲学社会科学版）2016年第6期，第22~29页。

[⑤] 詹国辉、张新文：《乡村振兴下传统村落的共生性发展研究——基于江苏S县的分析》，《求实》2017年第11期，第71~84页。

[⑥] 李松：《城镇化进程中乡村文化的保护与变迁》，《民俗研究》2014年第1期，第8~10页。

村旅游的发展优势，为农耕文明的保护、传承和创新提供有利条件。如魏卫、黄杜佳从乡村旅游视角出发，认为旧式的乡村旅游导致自然景观、农业生产、农耕文明在乡村旅游中的作用退化，为此，在开发、经营低碳乡村旅游的过程中，以农业历史和农耕文明传承为特色营造乡村旅游亮点，推进美丽乡村建设。① 莫莉秋则借鉴了国外乡村旅游的发展经验，分析了以政府为主导的法国模式、以都市为依托的美国模式、功能复合型的日本模式，总结其普遍经验，即注重农业的多功能发挥，乡村旅游的开发必须要突出乡村性。为了实现我国农耕文明的有效保护，重视发展乡村旅游业，不仅能够促进传统乡土文化和文明的发展，还能够促进农业产业结构调整，增加农户收入，因此，发展乡村旅游是推动农村社会持续发展和农耕文明传承的重要途径。②

同时，在发展乡村旅游的过程中，要寻求农耕文化与现代化的契合点，促进两者和谐发展。靳翠萍认为这是有效避免"城市病"发生的途径之一，首先，要处理好"情感社会"和"利益社会"的关系，谨防乡村社会滑入"利益社会"的泥潭；其次，要处理好"文化个性"和"文化共性"的关系；最后，要处理好"人格独立"和"极端个人主义"的关系。③

（三）创新文化治理

为了促进优秀农耕文化与乡村社会治理的有机结合，必然要重视文化的治理。金绍荣、张应良就强调，要促进农耕文化自信与乡村自治互融、农耕文化治理与乡村德治互通、农耕文明培育与美丽乡村建设互动。一是设立集约化指挥中心，统筹嵌入资源；二是培育多元治理主体，集聚嵌入合力；三是构建系统化治理体系，完善嵌入保障；四是推行人文化治理方式，实现深度嵌入；五是制定科学考核体系，保障嵌入质量。④ 解胜利、赵晓芳也认为，要重视文化治理的创新，推动实现农耕文化的现代复兴。一是强化政府对农耕文化发展的引导，加强乡村公共文化服务体系建设，促进农耕文化消费，并建立农耕文化人才引导机制和价值引导机制，以农耕文化促乡风文明。二是激发多元主体对

---

① 魏卫、黄杜佳：《低碳乡村旅游驱动"美丽乡村"建设》，《农林经济管理学报》2015年第4期，第438~444页。
② 莫莉秋：《国外乡村旅游发展的典型模式》，《人民论坛》2017年第31期，第202~203页。
③ 靳翠萍：《城市化视阈下的农村文化扶贫》，《华中农业大学学报》（社会科学版）2013年第6期，第89~94页。
④ 金绍荣、张应良：《优秀农耕文化嵌入乡村社会治理：图景、困境与路径》，《探索》2018年第4期，第150~156页。

农耕文化发展的参与，促进转型乡村社会的公共文化重建和内生秩序构建。三是推进农耕文化发展的协同创新，推进农耕文化创新资源整合，构建利益协调机制和创新平台，打造协同创新共同体。[①] 也有学者强调了农业院校在文化治理中的作用，孙其勇以苏州农业职业技术学院为例，强调农业院校的建设对传承农耕文明的重要意义，分析了农耕特色校园文化传承的基本途径。一是从顶层设计上制定科学规范的领导机制，二是在具体执行中分层实施措施，三是研究利用历史传承条件，四是在资金上重点倾斜打造精品，五是在考核上实施科学有度的三方评价。[②]

（四）推进农业现代化

农业现代化的发展离不开对农耕文明的传承和发展，有学者指出，要认识到农业功能的重要性。刘成玉、杨建利认为，现代化条件下的农业功能有了新的拓展，要正确认识农业的文化传承功能。因为农业是记录和延续农耕文明、传承文化的重要载体，传统保留得最好的地方是农村，中国的原生态文化大多根植于农村，而农民是传统的坚强守护者，即便是在高度现代化的美国，人们依然持同样的观点，为此，要发挥农业的文化传承功能，保护农业有助于保留民族传统文化。[③] 在此基础上，还要推动农耕文明的保护、传承、创新，以及其与农业现代化的衔接。如倪建伟等认为，农业现代化的发展必须要传承农耕文明。一是要充分发挥区域精细农耕传统；二是要实现农耕文明的传承与现代科技创新协同发展，把两者放在同等重要位置；三是要全身心传承特色农耕文明，推进特色农耕文明和工艺的传承和推广，加大力度建设农耕文化体验园、农业特色基地和农业科技园。[④] 曹幸穗则结合我国的农业现代化历程，重点关注农耕文明的传承和创新，强调要充分利用农耕文明遗产，为传统要素注入农业科技创新，发挥农业思想文化的优势、品种资源的多元化优势、有机绿色元素支撑的优势，促进农耕文明在新时代的农业科技创新中发挥独特的历史借鉴

[①] 解胜利、赵晓芳：《从传统到现代：农耕文化的嬗变与复兴》，《学习与实践》2019年第2期，第126~132页。
[②] 孙其勇：《农业院校农耕特色校园文化建设的有效途径》，《吉林省教育学院学报》2017年第4期，第107~111页。
[③] 刘成玉、杨建利：《论现代农业功能的新拓展》，《农村经济》2009年第7期，第3~5页。
[④] 倪建伟、陈鋆泽、桑建忠：《发达地区推进现代农业"第六产业化"发展路径研究——基于杭州市的案例分析》，《农村经济》2016年第11期，第46~51页。

作用。[①] 杨邦杰、郧文聚则主张实现耕地生产、生态与文化保护的统一。在对历史文化遗产实现保护的同时传承农耕文明，促进耕地保护与耕地建设的统一，实行全面的耕地保护，要充分认识到，保护耕地就是保护民族文化。[②]

第六节 总体考察

一 农村文化研究的主要特点

回顾新中国成立 70 年以来学术界对于农村文化的研究，具有以下三个方面的特点，一是始终在国家的强制推动力下实现发展；二是始终坚持继承和发扬优秀传统文化；三是始终坚持以人民群众的文化需求为发展导向。

（一）始终在国家的强制推动力下实现发展

新中国成立 70 年来，我国农村文化的发展主要依赖于国家行政强制力的推动，在外力的推动下得以发展。从农村文化发展的时间维度来看，农村文化的发展以制度推动为主。新中国成立初期，中国共产党在农村文化建设中始终发挥着引领作用，为促进农村社会稳定和谐发展，学界的研究均以重大历史事件为划分节点，并围绕不同的历史时期主要研究了农村文化建设的必要性，农村文化的建设主体、建设内容等问题。改革开放以后，随着社会主义市场经济体制的建立，农村文化迎来了新的发展机遇，学者开始关注农村文化的市场化问题，并重点围绕国家、政府、企业、个人等多元主体在农村文化发展中的不同地位进行了探讨。

（二）始终坚持继承和发扬优秀传统文化

作为传统文化生存根基的农村，一直延续着中华民族的优秀传统文化。新中国成立初期，学界对于农村文化的延续性关注较少。直至改革开放以后，农村的生产力得到了极大的发展，传统文化在内外力的推动下开始变迁，学者普遍认为农村文化变迁的实质主要是"文化的传承延续"和"文化的现代转型"。就"文化的传承延续"而言，农村优秀传统文化具有延续性、渗透性的特征，

[①] 曹幸穗：《农耕文明的传承和创新》，《农民科技培训》2018 年第 9 期，第 24~26 页。
[②] 杨邦杰、郧文聚：《论坚守耕地红线的内涵》，《中国发展》2008 年第 2 期，第 1~4 页。

学界普遍认为"形散"而"神聚"才是乡村文化变迁的实质;就"文化的现代转型"而言,即便有观点主张应重点发展农村文化产业,并从文化营销、文化传播、乡村旅游等多视角进行了研究,但继承和发扬优秀传统文化才能使农村文化永葆生机活力,使农村文化产业发展找到新增长点。

(三) 始终坚持以人民群众的文化需求为发展导向

人民群众作为农村文化建设的主体,始终是学者研究的重点。党领导农村文化建设的出发点和落脚点都是为了满足人民群众的文化需求,学者所关注的"培育农民市场意识""构建多元市场主体""丰富群众文化生活""完善农村社会化服务体系"等问题,其主体都是人民群众。虽然有观点认为农村居民思想观念落后,在一定程度上阻碍了现代化的历史进程,但也对此提出了发展农村文化教育、改善农村文化基础设施、发展农村文化产业等路径,多措并举,合力提升农村居民文化素质,满足农村居民文化需求。

二 农村文化研究的未来展望

农村文化是现代社会的文化的根源和基石,关乎社会稳定发展和乡村振兴的稳步推进。如何以全面深化改革促农村文化发展活力,如何拓宽研究视野,促进农村文化与乡村振兴战略的有机衔接,并进一步加快推进农村文化政策配套设施建设,都是需要进一步研究的问题。

(一) 以全面深化改革促农村文化发展活力

较之于城市文化而言,农村文化的发展具有一定的滞后性,在现有的研究中,学界普遍对农村文化发展的制度性障碍及其改革进行了研究,为农村文化制度体系的改革奠定了前期研究基础。如何进一步缩减城乡差距,以全面深化改革统筹农村文化建设,打破二元结构对农村文化的制约,激发农村文化发展活力,将是学术界需要进一步研究的难点问题。

(二) 促进农村文化与乡村振兴战略的有机衔接

就学术界目前的研究来看,农村文化正处于"精神文化困境阶段",传统文化资源的流失和农民精神文化需求短缺,乡村空心化严重,亟须实施乡村振兴战略,以更广阔的视野推进农村文化建设。一是如何挖掘和发挥农村文化的正面功能,实现农村文化优势最大化;二是如何实现农村文化产业、农村文人才、农村文化治理、农村文化生态与乡村振兴战略的精准对接;三是如何在乡村振兴战略背景下持续巩固农村思想文化阵地。这些问题,都是未来需要系统研究的主要问题。

(三) 继续弘扬中华民族优秀传统文化

继续保护和传承中华民族优秀传统文化将为增强文化自信提供优质载体,在现代化的冲击下,如何在保护传承的基础上推进中华民族传统文化的创造性转化和创新性发展,赋予其新的时代内涵和表现形式;如何保护利用好农村传统文化,深入挖掘农耕文化中蕴含的优秀思想观念,充分发挥其凝聚人心、教化群众、淳化民风的重要作用;如何实现农村文化建设与特色小镇建设结合,并深入挖掘农村的特色文化符号,重塑文化生态将是下一步需要重点解决的问题。

(四) 加快推进农村文化政策配套设施建设

完善的政策配套设施将为农村文化营造良好的发展环境,农村文化目前在基础设施、社会化服务、市场化主体培育等方面都存在发展短板,发展动力明显不足,以至于农村居民思想观念长期落后,各类优势资源流失。虽然农村文化的变迁源于内外力的相互作用,但加快推进农村文化政策配套设施建设,进一步健全农村文化制度体系、完善农村公共文化服务体系、增加农村公共文化产品和服务供给,将促进农村文化与现代性的有效互动,增强农村文化发展的系统性,实现外部政策保障与内生动力源泉的有机结合。

第九章　乡村治理

　　乡村治理是国家治理的基础，是国家治理在农村的具体实践。新中国成立70年来，中国共产党始终把农村工作视为一切工作的重中之重。党的十九大更是把乡村振兴提到了国家战略的高度，乡村治理作为乡村振兴战略的一项重要内容，学术界对其进行的分析和研究也掀起了一个前所未有的热潮。学界的专家学者以治理理论为研究方法，不断地创新方式，尝试从不同的视角来解释和分析我国的乡村社会，以求找到解决乡村社会问题的方法，实现乡村社会的和谐稳定与繁荣发展。理论界围绕乡村治理这一主题的激烈争鸣，推动着乡村治理研究的不断发展和不断深入。本章通过对理论界关于乡村治理理论、发展历程、治理主体、治理模式以及基层党组织建设等方面研究成果的梳理，对中国乡村治理70年变迁历程进行整体考察，探究其发展变迁的特点并对乡村治理研究的未来发展方向予以展望。

第一节　乡村治理与乡村治理体系

　　"得农者得天下"，[1] 回顾历史，我国历朝历代并不乏有识之士对乡村建设进行积极的探索。"梁漱溟先生是我国乡村建设理论的引导人，他理想中的乡村社会组织便是中国古代的乡约制度"。[2] 中国最早成文的乡约民规可追溯到北宋时期。20世纪二三十年代，以梁漱溟先生倡导的乡村建设运动为代表，创造了我国农村研究历史上的一个黄金时期。但是抗日战争的爆发，使兴盛一时的乡村建设研究逐渐式微，中国古来昔贤先觉建设乡村的理想和尝试湮没于战火硝烟之中。新中国成立以后，经过几十年的艰苦奋斗，我们逐渐走出了一条适合我国国情和民情的乡村发展道路。随着乡村建设实践经验的不断丰富，我国乡

---

[1] 〔美〕塞缪尔·亨廷顿：《变革社会中的政治秩序》，李盛平、杨玉生等译，华夏出版社，1988年，第267页。

[2] 杨开道：《乡村服务参考资料：中国乡约制度》，山东省乡村服务人员训练处印，1937年，第1页。

村建设的理论体系也逐渐构建起来。改革开放以前我国的理论界还没有乡村治理这个概念，直到 20 世纪 90 年代末，乡村治理的概念首次提出，并从此引发了理论界对乡村治理研究的高度关注。源于乡村治理概念提出的理论背景，理论界很多专家学者对乡村治理的研究都是从研究西方舶来的治理理论开始的。总体上来说，乡村治理在我国理论界还是一个比较新的概念，我们对乡村治理的研究还有很多有待深入的地方。

一 治理理论

治理（governance）理论是我国乡村治理研究的理论基础，长期以来被理论界广泛应用于解读我国的乡村问题。尽管理论界认为治理理论在我国乡村治理的运用中存在诸多水土不服的问题，但它对我国乡村问题研究起到的积极推动作用也是理论界公认的。以下便是对理论界对治理理论的认识和理解的梳理。

（一）治理的概念及由来

理论界对治理理论的概念和由来的认识，基本是相同的。"治理"一词来源于拉丁文和古希腊语，原义是控制、引导和操纵。俞可平认为联合国全球治理委员会 1995 年发表的《我们的全球伙伴关系》研究报告中对治理的定义具有很大的代表性和权威性，即：治理是各种公共的或私人的个人和机构管理其共同事务的诸多方式的总和，它是使相互冲突的或不同的利益得以调和并且采取联合行动的持续的过程。[①] 姜安心、王梓林认为，治理的现代含义兴起于 20 世纪 80 年代的西方经济学，后来，治理理论从企业管理层面引入国家管理层面，并赋予了其新的内涵。[②] 沈荣华、金海龙提出，1992 年世界银行年度发展报告对治理的解释，就是运用权力对国家经济和社会资源进行管理的一种方式，其权力主体不仅有各种政府组织，还包括各种非政府组织以及私人企业和社会公众等各种利益相关者。[③] 周双双、明梦妮提出，1998 年世界银行提出了"治理危机"，由此也将治理的概念和性质以及治理理论从经济学引入政治学、社会学领域，同时赋予"治理"一词新的含义和新的生命。自此，"治理"一词得到

[①] 俞可平：《治理和善治：一种新的政治分析框架》，《南京社会科学》2001 年第 9 期，第 40~44 页。
[②] 姜安心、王梓林：《美丽乡村治理体系构建的探索》，《经济研究导刊》2016 年第 13 期，第 32~33 页。
[③] 沈荣华、金海龙：《地方政府治理》，社会科学文献出版社，2006 年，第 34~38 页。

广泛使用。[1]

(二) 治理的内涵

随着治理理论的兴起,理论界对治理理论内涵的理解有了新的界定,学者们从多个维度进行了阐述。

从治理过程的角度认识治理的内涵。俞可平、徐秀丽从政治学的角度出发,认为治理就是政治管理的过程,就是在规定的范围界限内,通过权威的手段去规范约束公众的行为,运用权力的指导和控制来规范公民的行为,以此来满足大众的利益,这就是治理的最终目的。[2] 徐勇认为,治理是通过一定权力的配置和运作对社会加以领导、管理和调节,从而达到一定目的的活动。[3] 陈家刚认为,治理指的是政府组织和(或)民间组织在一个既定范围内运用公共权威管理社会政治事务,维护社会公共秩序,满足公众需要。治理的理想目标是善治,即公共利益最大化的管理活动和管理过程。善治意味着官民对社会事务的合作共治,是国家与社会关系的最佳状态。[4]

从治理特征的角度认识治理的内涵。郭正林认为,"治理"就是多元主体对公共事务或共同事务进行协同管理的体制、过程与效果,其包含四个特征:一是治理主体的多元性,二是治理方式的协同性,三是治理内容的公共性,四是治理目标的实效性。[5] 韩兆柱、翟文康认为治理是一个复杂的体系,它的目标是追求善治;它的主体多元且地位平等;治理的环境是高度复杂化、高度不确定的;治理结构是网络化的;治理机制是靠制度安排;治理过程是上下互动;治理方式是互动性的协商合作;治理的工具多样化,包括数字化技术、市场化工具、工商管理技术和社会化手段;治理在目标、主体、环境、结构、机制、过程、方式、工具上构成独立的理论体系。[6] 曹明军认为治理的内涵主要体现在四个方面:一是治理主体多元化;二是治理权力多元化;三是治理手段多元

---

[1] 周双双、明梦妮:《乡村治理进程中的困境研究》,《农村经济与科技》2016年第12期,第201~202页。

[2] 俞可平、徐秀丽:《中国农村治理的历史与现状——以定县、邹平和江宁为例的比较分析》,《经济社会体制比较》2004年第2期,第13~26页。

[3] 徐勇:《中国农村村民自治》,华中师范大学出版社,1997年,第22页。

[4] 陈家刚主编《基层治理》,中央编译出版社,2015年,第1页。

[5] 郭正林:《乡村治理及其制度绩效评估:学理性案例分析》,《华中师范大学学报》(人文社会科学版)2004年第4期,第24~31页。

[6] 韩兆柱、翟文康:《西方公共治理前沿理论述评》,《甘肃行政学院学报》2016年第4期,第23~39页、第126~127页。

化；四是治理目标相同。①

（三）治理与管理

从本义上来讲，"治理"（governance）和"管理"（administration）的第一要义都体现在一个"管"字上，都有管理之义。但是除了管理的意思之外，"治"还有整治、惩处和治疗的意思，而"管"还有管辖、统领、控制之义。因此治理和管理具有同一性，但又各有侧重。

一种观点倾向于认为治理比管理更具有效性。江必新认为，管理与治理虽非截然对立，但至少有如下显著区别：一是主体不同。管理的主体只是政府，而治理的主体还包括社会组织乃至个人。二是权源不同。政府的管理权来自权力机关的授权，而治理权当中的相当一部分由人民直接行使，这便是所谓的自治、共治。三是运作模式不同。管理的运作模式是单向的、强制的、刚性的，因而管理行为的合法性常受质疑，其有效性常难保证。治理的运作模式是复合的、合作的、包容的，治理行为的合理性受到更多重视，其有效性大大增加。②

另一种观点则更加强调治理对于管理的辅助性。王方华认为，所谓管理是为了实现某种目标而进行的计划、组织、领导、控制的过程。管理的目的是提高效率和效益，管理的本质是指挥和协调，管理的真谛是聚合各类资源，发挥最大效用。所以，管理是常规的、普遍的，大到国家、政府，小到企业、家庭，都具有管理行为，它渗透于社会组织的各个领域。所谓治理是指强化管理的行为方式，以及通过某种途径用以调节组织行为的机制。治理更突出整治与管理深化的要义。③

（四）治理与统治

关于"治理"（governance）与"统治"（government）的联系和差别，理论界有诸多研究。

比较普遍的观点是强调治理与统治存在差别，对"治理"的协商性、多主体性予以肯定。俞可平、徐秀丽认为治理是一个比统治更宽泛的概念。他们认为，治理与统治最基本区别的是：治理虽然需要权威，但这个权威并不一定是

---

① 曹明军：《水资源治理与传统水利管理的区别分析》，《农业科技与信息》2016年第7期，第129~130页。
② 江必新：《管理与治理的区别》，《山东人大工作》2014年第1期，第60页。
③ 王方华：《治理与管理刍议》，《上海管理科学》2014年第2期，第2页。

政府机关；而统治的权威则必定是政府。统治的主体一定是官方的公共机构，而治理的主体既可以是官方机构，也可以是民间机构，还可以是官方机构和民间机构的合作。此外，他们还认为，治理与统治在管理过程中权力运行的向度不一样。政府统治的权力运行方向总是自上而下的，它运用政府的政治权威，通过发号施令、制定政策和实施政策，对社会公共事务实行单一向度的管理。治理则是一个上下左右互动的管理过程，它主要通过合作、协商、确立认同等方式实施对公共事务的管理。① 苏敬媛认为"治理"超越了传统意义上的"统治"，它和"统治"有着本质的区别。第一，治理的主体多元化，治理的权威中心不是唯一的，而是各种主体互相之间的管理活动，它不仅仅是政府的事务，也可以是各种社会团体、私人机构甚至个人参与的公共事务管理活动。第二，治理的目的是在各种不同的制度关系中运用权力去引导、控制和规范公民的各种活动，最大限度地增进公共利益，而不是仅仅为了统治阶级的利益。第三，治理是一个协商、合作、上下互动过程，而不仅仅是一个自上而下的政治统治的过程。第四，治理意味着社会自主管理的存在，在公共事务管理中存在较多的民间性和较少的政治性。②

还有学者强调治理与统治的联系，对"统治"的作用予以肯定。张昱、焦志勇认为统治是国家本质的表现，是国家主体在其活动场域实施管理的核心和主要形式。那些社会"不可解决的""不可调和的"矛盾只能通过统治才能解决。而治理并不适用于国家与社会关系的各个场域，也不适用于所有事件，社会参与也并不是越多越好，只有在国家与社会互渗的场域和事件中，治理才具有其实质的意义。因此单一地强调统治或者治理都是片面的，应该根据不同的场域、不同的事件，采取不同的管理方式。③

二 乡村治理

（一）乡村治理的概念和内涵

对于乡村治理概念的提出，理论界的观点是一致的。1998年，华中师范大

---

① 俞可平、徐秀丽：《中国农村治理的历史与现状——以定县、邹平和江宁为例的比较分析》，《经济社会体制比较》2004年第2期，第13~26页。
② 苏敬媛：《从治理到乡村治理：乡村治理理论的提出、内涵及模式》，《经济与社会发展》2010年第9期，第73~76页。
③ 张昱、焦志勇：《统治 治理 自治：国家与社会关系视角》，《社会建设》2015年第2期，第3~9页。

学中国农村研究中心吸收了在全球范围内日益流行的治理理论,首次提出乡村治理概念,并运用这个新概念来解释和分析乡村社会。从此,乡村治理便成为中国乡村研究的主流概念,并且乡村研究领域实现了从村民自治向乡村治理的话语转变。[1]

对于乡村治理概念的认识,理论界的专家学者表达了各自的理解。马建英提出,乡村治理是国家治理的基础,是国家治理中一个必不可少的重要组成部分。乡村治理现代化程度的高低将直接决定国家治理现代化能否顺利地达成。[2]郭正林认为,乡村治理就是性质不同的各种组织,通过一定的制度机制共同把乡下的事务管理好。[3]徐勇认为,乡村治理是指通过解决乡村面临的问题,实现乡村的发展和稳定。[4]党国英认为,乡村治理就是指以乡村政府为基础的国家机构和乡村其他权威机构给乡村社会提供公共品的活动。[5]贺雪峰认为,要从宏观、中观、微观三个层面把握乡村治理的概念,具体而言,乡村治理是指如何对中国的乡村进行管理,或中国乡村如何可以自主管理,从而实现乡村社会的有序发展。[6]徐晓全认为,乡村治理实际上是一个历久弥新的话题,简而言之,就是指乡村社会在不同历史时期实现有效治理的方式。[7]俞可平、徐秀丽认为,乡村治理,就是乡村的公共权威管理乡村的社区,增进乡村社区公共利益的过程。[8]姜安心、王梓林认为,乡村治理是指以乡村政府为基础,国家和社会共同作用于乡村政府并为其提供公共产品,围绕公共权力和资源有效配置展开的活动。其中,乡村政府和乡村其他权威机构是乡村治理的主体,为乡村建设提供动力和支持。[9]

---

[1] 徐晓全:《当代中国乡村治理结构研究:现状与评析》,《领导科学》2014年第8期,第4~7页。
[2] 马建英:《构建新时代乡村治理体系的理论意蕴及时代价值》,《宁夏党校学报》2019年第1期,第118~123。
[3] 郭正林:《乡村治理及其制度绩效评估:学理性案例分析》,《华中师范大学学报》(人文社会科学版)2004年第4期,第24~31页。
[4] 徐勇:《县政、乡派、村治:乡村治理的结构性转换》,《江苏社会科学》2002年第2期,27~30页。
[5] 党国英:《我国乡村治理改革回顾与展望》,《社会科学战线》2008年第12期,第1~17页。
[6] 贺雪峰:《乡村治理研究的三大主题》,《社会科学战线》2005年第1期,第219~224页。
[7] 徐晓全:《当代中国乡村治理结构研究:现状与评析》,《领导科学》2014年第8期,第4~7页。
[8] 俞可平、徐秀丽:《中国农村治理的历史与现状——以定县、邹平和江宁为例的比较分析》,《经济社会体制比较》2004年第2期,第13~26页。
[9] 姜安心、王梓林:《美丽乡村治理体系构建的探索》,《经济研究导刊》2016年第13期,第32~33页。

除了直观的定义之外,理论界对乡村治理的丰富内涵也进行了诸多的阐述。党国英提出,乡村治理指的是乡村社会处理公共事务的传统和制度,它包括选举政府首脑、监督政府工作和设置政府更迭的程序,也包括政府制定和执行政策的能力,以及居民对这些制度的服从状况。[1] 张艳娥认为,乡村治理是包括乡镇范围以内的乡镇、行政村和自然村庄在内的三个层次之间,包括政府组织和乡村社会以及其他主体在内的一种围绕公共权力与资源配置运用的多向治理关系,是对传统政府一元统治模式的超越,其特点是强调多中心参与、分工合作,目的在于实现乡村的善治。[2] 郭正林认为,乡村治理就是性质不同的各种组织,包括乡镇的党委政府、"七站八所"、扶贫队、"工青妇"等政府及其附属机构,村里的党支部、村委会、团支部、妇女会、各种协会等村级组织,民间的红白喜事会、慈善救济会、宗亲会等民间群体及组织,通过一定的制度机制共同把乡下的公共事务管理好。[3] 黎珍认为,乡村治理相对城镇管理而言,是以农村为对象范围,以基层党政组织、社会组织、乡贤、普通村民为主体,通过官方、民间或二者同时发力,形成乡村治理的主体合力,从而推进乡村社会公共利益最大化实现善治的过程。[4] 樊雅强、陈洪生认为,乡村治理是一种新型基层政治的理想术语,它包容了乡村政治中的新机制与新实践,因而是一个更具包容性的概念。一般而言,它是关于乡村服务的委托、组织和控制,这些服务包括乡村区域内的卫生、教育、治安、基础设施和经济。[5]

(二) 乡村治理的几个要素

推进乡村治理的要素理论界阐述得很多,但归结起来主要体现为政府主导、村民参与以及相应的政策制度保障三个方面。

1. 政府主导

政府在乡村治理制度创新和变革中具有相应的领导优势、组织优势和效率优势。新中国成立以来,政府在乡村建设和治理过程中一直发挥着重要的主导

---

[1] 党国英:《论取消农业税背景下的乡村治理》,《税务研究》2005年第6期,第3~6页。
[2] 张艳娥:《关于乡村治理主体几个相关问题的分析》,《农村经济》2010年第1期,第14~19页。
[3] 郭正林:《乡村治理及其制度绩效评估:学理性案例分析》,《华中师范大学学报》(人文社会科学版)2004年第4期,第24~31页。
[4] 黎珍:《健全新时代乡村治理体系路径探析》,《贵州社会科学》2019年第1期,第73~77页。
[5] 樊雅强、陈洪生:《社会主义新农村建设中的乡村治理理论与实践》,《江西社会科学》2007年第3期,第227~234页。

作用。新中国成立初期，政府的主导作用不仅体现在领导农村生产上，还体现在抗灾救灾中。《人民日报》1949年10月3日的一则通讯报道了，黄河沿岸爆发百年罕见洪灾时，政府"在灾区进行急赈，安置难民，帮助打捞庄稼和资财"的情况；[①] 还报道了河北省"广大农民在各级党委和人民政府的坚强领导下，以百倍的斗争毅力，战胜了旱、风、雹、洪水、病虫等各种灾害，致大部地区获得丰收"的情况；[②]《人民日报》1955年3月1日刊登的一则消息指出，为了让湖北省遭受水灾的地区顺利进行春耕生产，党和政府向灾区发放耕牛、农具贷款和种子预购款以及救济款，还领导和扶助受灾地区的农民制订全年或春季生产计划。[③] 政府领导农村建设生产的实例举不胜举，理论界对政府在乡村治理中的主导作用，也有相当的认识和研究。李莉、卢福营提出，当代中国乡村治理的变迁过程，始终贯穿着政府的领导和主动推动，是一个政府主导的过程。他们认为政府的主导性集中表现在以下几方面。一是政府供给乡村治理及其创新的制度。二是政府领导乡村治理变革过程。从土地改革和农会建设到合作化，再到人民公社化运动，直至最终实行农村改革，推行家庭承包经营和村民自治，以及社会主义新农村建设，无一不是在有关政府部门及其负责人的推动和领导下展开的。三是政府组织和推动乡村治理的变迁。各地的乡村治理创新和变迁都与地方政府的主动性密切相关。即使是由农民和村级组织自发组织的乡村治理创新工作，也需要政府的支持、总结和推广。[④] 王勇、李广斌也阐述了政府在建设乡村集中社区中的主导作用。[⑤]

2. 村民参与

村民是乡村治理的重要主体。李莉、卢福营提出，乡村治理变迁既是一个国家建构和政府主导的过程，也是一个群众参与和创造的过程。[⑥] 金太军认为，乡村治理的最终所有权掌握在村民手中，村民是乡村治理实质意义上的主体。[⑦]

[①] 华新室：《黄河沿岸十五万干部群众苦斗半月 安渡百年罕见洪水 数百万人民生命财产得以保全 少数受灾村庄政府正积极施救》，《人民日报》1949年10月3日，第5版。

[②] 保定电：《河北全省秋收将毕 正突击秋耕种麦》，《人民日报》1949年10月3日，第5版。

[③] 本报集体通讯员湖北日报编辑部：《国家拨款支援灾区农民春耕》，《人民日报》1955年3月1日，第2版。

[④] 李莉、卢福营：《当代中国的乡村治理变迁》，《人民论坛》2010年第17期，第60~61页。

[⑤] 王勇、李广斌：《苏南乡村集中社区建设类型演进研究——基于乡村治理变迁的视角》，《城市规划》2019年第6期，第55~63页。

[⑥] 李莉、卢福营：《当代中国的乡村治理变迁》，《人民论坛》2010年第17期，第60~61页。

[⑦] 金太军：《关于村民自治的若干认识误区辨析》，《江苏社会科学》1999年第6期，第30~32页。

陈晓莉认为，村民是中国一个最庞大而又最基础的社会群体，他们应该拥有关于自身生存、发展的话语权和最终决定权。[①] 白贵一认为，村民的自觉自为是乡村治理的需要，村民参与村务讨论决策与管理，是直接的权力监督，会使得乡村治理更加民主和科学。[②] 钟卓良、韦明认为，村民参与乡村治理的程度和水平会直接影响乡村治理的成效，认为应创新外出务工经商者参与乡村治理的渠道、提高村民参与乡村治理的意愿和能力、拓宽村民参与乡村治理的渠道等。[③]

3. 政策保障

政策制度是我国乡村治理的前提和保障。李莉、卢福营提出，任何一个时期的乡村治理均以一定的制度为依据，任何一场乡村治理的创新和变革同样也需要有一定的制度根据。[④] 袁金辉回顾道，1952年12月政务院颁布的《乡（行政村）人民政府组织通则》明确规定了行政村与乡为一级地方政权机关；1954年1月，内务部颁布了《关于健全乡政权组织的指示》，要求各地对乡政权组织、民主制度及工作方法，加以整顿和健全；1954年9月，第一届全国人民代表大会第一次会议通过了《中华人民共和国宪法》和《地方各级人民代表大会和地方各级人民委员会组织法》，其中宪法明确规定：我国的农村的基层政权为乡、民族乡、镇。1958年8月，中共中央公布《关于在农村建立人民公社问题的决议》，为"政社合一"治理格局奠定了基础。改革开放以后，《关于实行政社分开建立乡政府的通知》的发布，让中国延续了26年的"政社合一"人民公社体制终于退出了乡村政治历史舞台。新中国的乡村治理逐渐进入"乡政村治"阶段。[⑤] 可见，我国乡村治理发展的每一步，都是在相应的政策制度保障之下完成的。

（三）乡村治理研究

党的十九大把乡村振兴提到了国家战略的高度，乡村治理作为乡村振兴战

[①] 陈晓莉：《新时期乡村治理主体及其行为关系研究》，中国社会科学出版社，2012年，第115~116页。

[②] 白贵一：《村务公开、村民参与乡村治理的逻辑探析》，《河南法制报》2019年9月2日，第7版。

[③] 钟卓良、韦明：《农村社区治理中的村民参与问题研究——以河池市安宁社区为例》《南方论刊》2019年第8期，第57~60页。

[④] 李莉、卢福营：《当代中国的乡村治理变迁》，《人民论坛》2010年第17期，第60~61页。

[⑤] 袁金辉：《中国乡村治理60年：回顾与展望》，《国家行政学院学报》2009年第5期，第69~73页。

略的一项重要内容,学术界对其进行的分析和研究也掀起了一个前所未有的热潮。乡村治理研究的问题,理论界的专家学者提出了自己的看法。贺雪峰提出,乡村治理研究主要包括两个方面的含义,一是乡村治理,一是学术研究。他认为乡村治理研究具有四个方面的明显特征,一是具有对中国农村发展强有力的实践关怀;二是以经验研究为基础,尤其以对当前中国农村乡村治理实践的调查作为研究的基础;三是注重对中国乡村治理现实的理论提炼,尤其是概念化的工作,以为乡村治理研究的学科化作出准备;四是注重形成学术积累,因此注重提炼乡村治理研究的主题。① 周朗生提出,乡村治理构成了中国乡村政治学中的一个理想术语,他认为乡村治理研究的内涵体现在三个方面:一是我国农村的社会变革可能为西方舶来的治理理论提供现实土壤;二是乡村治理回答了"谁在治理,何以可能"的问题;三是乡村治理研究有其学术特色。他认为虽然治理理论是新农村建设的一个理论基础,但我们的实践表明,从治理到乡村治理,无论从理论还是从实践而言,都还有较长的一段路要走。他认为中国的乡村治理理论到了破茧而出的时候了。② 乡村治理没有共同的模式,在探索建设和谐新农村的路上,我们只能自己去探寻和构建起一套适合我们自己的乡村治理的理论体系。

三 乡村治理体系

(一)乡村治理体系的内涵

对于乡村治理体系的内涵,理论界已有丰富的认识。刘金海认为,乡村治理是一个综合性的体系,除了必需的权力、组织及制度之外,更有诸如区域、体系、主体、对象、经费、事务等必要条件。③ 黎珍认为,乡村治理是一项系统工程,具有其体系特征,需要从主体、机制、结构多方入手。④ 党国英认为,乡村治理的本质是乡村社会公共资源的配置,公共资源包括社会文化习俗、政治经济制度、自然资源及财富、政府及各类公共机构的财政和服务能力等,保

---

① 贺雪峰:《乡村治理研究的三大主题》,《社会科学战线》2005年第1期,第219~224页。
② 周朗生:《治理的理论诠释——从治理到乡村治理》,《兰州学刊》2008年第7期,第57~59页。
③ 刘金海:《乡村治理模式的发展与创新》,《中国农村观察》2016年第6期,第67~74页、第97页。
④ 黎珍:《健全新时代乡村治理体系路径探析》,《贵州社会科学》2019年第1期,第73~77页。

障经济高效运行、社会权利平等以及社会关系和谐,是社会治理的基本目标。[①]黄佳民等认为,乡村治理体系,主要指农村多元主体参与、民主协商、共同决策的农村社区公共事务管理系统。他认为乡村治理体系的特征有三个:①乡村治理体系是多元主体参与的自治模式;②乡村治理体系是一套正式规则与非正式规则相结合的系统;③乡村治理机制是一个动态过程。他把自改革开放以来我国农村治理的体系划分为基层组织重建、强化民主管理和监督、完善公共服务职能、健全治理体系四个阶段;并提出未来乡村治理体系的组织架构是党组织、基层自治组织、各类社会组织、各类经济组织以及农村精英。[②]姜晓萍从目标、内容、方式归纳了乡村治理体系的多维内容,她认为乡村治理是"以实现和维护群众权利为核心,发挥多元治理主体的作用,针对国家治理中的社会问题,完善社会福利、保障改善民生,化解社会矛盾,促进社会公平,推动社会有序和谐发展的过程"。[③]

(二) 乡村治理体系构建的几个维度

关于乡村治理体系,理论界大致是从乡村治理的制度、结构、主体、方式、目标几个维度来构建的。

1. 乡村治理的制度

公丕祥提出,任何一场剧烈的社会变革运动,要实现其预定的目标,不仅要从根本上改变旧的国家治理体系及其制度安排,进而创造新的国家治理体系,形成新的制度机制,而且要在新的国家治理体系及其制度依托的基础上,致力于建构有机的乡村社会治理秩序,释放广大社会民众建设新国家与新生活的巨大社会能量。从新中国成立初期的土地改革运动、贯彻婚姻法运动和农业合作化运动,到改革开放以后家庭联产承包责任制的推行,再到新时代中国的基层乡村治理开启新的历史征程,一系列历史进程中的乡村治理制度对基层乡村治理新秩序的形成都产生了重要影响。[④]

---

① 党国英:《中国乡村社会治理现状与展望》,《华中师范大学学报》(人文社会科学版) 2017 年第 3 期, 第 2~7 页。
② 黄佳民、张照新:《农民专业合作社在乡村治理体系中的定位与实践角色》,《中国农业资源与区划》2019 年第 4 期, 第 188~195 页。
③ 姜晓萍:《国家治理现代化进程中的社会治理体制创新》,《中国行政管理》2014 年, 第 2 期, 第 24~28 页。
④ 公丕祥:《新中国 70 年进程中的乡村治理与自治》,《社会科学战线》2019 年第 5 期, 第 10~23 页。

2. 乡村治理的结构

温铁军、逯浩认为，与经济基础领域的"三农问题"形势严峻相对应的，是"三治"（县治、乡治、村治或称乡村治理结构）这个上层建筑领域问题的对抗性冲突的增加。乡村发展与治理的难题，在大多数发展中国家都是普遍存在的。[①] 俞可平、徐秀丽认为，农村治理中的公共权威既可以是官方，也可以是民间的，或官方与民间机构的合作，从近代到现代，中国农村治理的公共权威结构主要由政府、政党和民间三部分组成，政府和政党属于官方的权威机构，在中国农村治理中起决定性作用，但从形式上和制度来看，在乡村治理中起着重要作用的，除了法定的农村自治权威机构外，还有其他各种农民自发成立或政府倡导成立的民间组织。[②]

3. 乡村治理的主体

李莉、卢福营提出，农民的自主行为推动着乡村治理制度的创新，农民群众的参与和支持是乡村治理变迁的重要动力，农民群众的抗争则以一种独特的方式影响着乡村治理的变迁过程。乡村治理变革需要尊重农民的自主性，充分发挥民间创造力。[③] 俞可平、徐秀丽提出，乡村治理的主体理所当然是广大村民，村民的积极参与是实现村治的基础，他们的素质、能力、参政热情直接决定着农村治理的优劣，他们按照村民主体在乡村治理中的地位和作用将村民区分为普通村民、农村精英（即俗称的乡贤、乡绅、能人）和村干部。村民是乡村治理的主体，村民中被遴选为法定治理者的村干部和那些虽不是村干部但在村民中有威望和影响的"乡贤""乡绅""能人"等所起的作用超过普通村民，而乡村精英的标准随时代变迁不断发生变化，但不管哪个时期，乡村精英对乡村治理的重要性一直都在以不同的形式体现出来。[④]

4. 乡村治理的模式

乡村治理在不同的历史时期，根据不同的治理制度，有不同的治理手段。如新中国成立初期沿用的革命时期的乡村治理模式，人民公社时期实行"政社合一"的治理模式，改革开放以后是乡政村治模式，等等。乡村治理的具体模

[①] 温铁军、逯浩：《新时代"三农"与"三治"问题的内涵转换及其问题域》，《西安财经学院学报》2019年第4期，第5~16页。

[②] 俞可平、徐秀丽：《中国农村治理的历史与现状——以定县、邹平和江宁为例的比较分析》，《经济社会体制比较》2004年第2期，第13~26页。

[③] 李莉、卢福营：《当代中国的乡村治理变迁》，《人民论坛》2010年第17期，第60~61页。

[④] 俞可平、徐秀丽：《中国农村治理的历史与现状——以定县、邹平和江宁为例的比较分析》，《经济社会体制比较》2004年第2期，第13~26页。

式，是乡村有效治理的基础。关于乡村治理的模式后文会有详细的梳理，此处不再赘述。

5. 乡村治理的目标

俞可平提出乡村社会治理的最终价值目标都是指向"善治"。① 贺雪峰提出乡村善治具有其特殊的内涵，当前农村治理现代化推进的主要表现是试图通过为农民提供日常化规范化服务达到农村善治，② 邓大才提出乡村善治的构成要素应该由秩序性、参与性、成本性、稳定性构成。③

第二节　乡村治理的变迁

新中国成立70年以来，随着社会不断发展变化，乡村治理也经历着历史的变迁。理论界对乡村治理的发展历程、变迁特点等都进行了深入的研究，形成了较为丰富的理论成果。

一　乡村治理发展的历程

70年来乡村治理经历了不同的发展阶段，理论界普遍以改革开放为节点对乡村治理历史阶段进行划分，有的学者在这两个大的历史阶段划分的基础上，又从不同的视角进行了细分，形成了不同的观点。比较普遍的观点是"三阶段"论和"四阶段"论，每一种划分的时间节点却又不尽相同。

（一）"三阶段"论

一种观点是将新中国乡村治理的发展历程划分为三个阶段（如表9-1所示）。刘守英、熊雪锋把新中国成立以后的乡村治理历史划分为"土改到集体化时期"、"农村改革到2002年开启城乡统筹时期"以及"2003年以后的城乡统筹时期"；④ 冯石岗、杨赛把新中国乡村治理的历史划分为三个阶段，第一个阶段是"计划经济时期"，以人民公社制度建立的时间为起点；第二个阶段是

---

① 俞可平：《治理与善治》，社会科学文献出版社，2000年，第8~11页。
② 贺雪峰：《乡村治理40年》，《华中师范大学学报》（人文社会科学版）2018年第6期，第14~16页。
③ 邓大才：《治理的类型：从"良序"到"善治"——以乡村社会为研究对象》，《社会科学战线》2018年第9期，第177~184页、第2页。
④ 刘守英、熊雪锋：《中国乡村治理的制度与秩序演变——一个国家治理视角的回顾与评论》，《农业经济问题》2018年第9期，第10~23页。

"改革开放后",以20世纪70年代末为时间起点;第三个阶段是"市场经济条件下",以1994年确立费改税的时间为起点。① 席丁香把新中国乡村治理的历史划分为三个历史阶段,第一个阶段是"新中国成立初期",以新中国成立为时间起点;第二个阶段是"人民公社时期"以1958年为时间起点;第三个阶段是改革开放以后的"新时期",以20世纪80年代初为时间起点。② 黄博、朱然从历史与逻辑的视角将新中国乡村治理的历史划分为三个阶段,第一个阶段是"传统乡村社会时期",指的是新中国成立以前;第二个阶段是"人民公社时期",以"20世纪50年代后期"为时间起点;第三个阶段是"改革开放以来"的历史阶段,他们主要从1987年通过的《村民委员会组织法(试行)》为研究起点。③ 戚晓明从农村环境治理主体变迁的维度划分了三个历史阶段,即:传统一元化政府管控时期,从1949年到2005年;农村社区建设推动下社区加入治理行列时期,从2006年到2012年;我国基层社会治理模式变革背景下多元主体共治时期,从2013年至今。④

表9-1 乡村治理发展历程"三阶段论"的部分观点

主要观点			代表学者
第一阶段	第二阶段	第三阶段	
土改到集体化时期	农村改革到2002年开启城乡统筹时期	2003年以后的城乡统筹时期	刘守英等
计划经济时期,以人民公社制度建立的时间为起点	改革开放后,以20世纪70年代末为时间起点	市场经济条件下,以1994年确立费改税的时间为起点	冯石岗等
新中国成立初期,以新中国成立为时间起点	人民公社时期,以1958年为时间起点	新时期,以20世纪80年代初为时间起点	席丁香
传统乡村社会时期	人民公社时期,以20世纪50年代后期为时间起点	改革开放以来,从1987年通过的《村民委员会组织法(试行)》为研究起点	黄博等
传统一元化政府管控时期,从1949年到2005年	农村社区建设推动下社区加入治理行列时期,从2006年到2012年	我国基层社会治理模式变革背景下多元主体共治时期,从2013年至今	戚晓明

---

① 冯石岗、杨赛:《新中国成立以来我国乡村治理模式的变迁及发展趋势》,《行政论坛》2014年第2期,第22~25页。
② 席丁香:《我国农村治理模式变迁回顾》,《理论观察》2014年第9期,102~103页。
③ 黄博、朱然:《历史与逻辑视野下我国乡村治理体制的变迁及其创新指向》,《理论导刊》2015年第2期,第71~74页。
④ 戚晓明:《乡村振兴背景下农村环境治理的主体变迁与机制创新》,《江苏社会科学》2018年第5期,第31~38页。

(二)"四阶段"论

另一种观点是将新中国乡村治理的发展历程划分为四个阶段(如表9-2所示)。尤琳将新中国乡村关系的演进历史划分为四个阶段,即土地改革时期、合作化时期、人民公社时期和乡政村治时期;[①] 任映红将新中国乡村治理划分为四个阶段,即1949年到1978年国家权力主导的阶段、1979年到1985年乡村民主萌生的阶段、1986年到2001年家族文化复兴的阶段、2002年以后经济能人村治的阶段。[②] 唐鸣、祁中山认为,新中国成立以来的乡村社会治理先后经历了1950年至1953年的乡村并立时期、1954年至1958年的乡政权时期、1958年至1983年的人民公社时期以及1983年以后的乡政村治时期。[③]

表9-2 乡村治理发展历程"四阶段论"的部分观点

主要观点				代表学者
第一阶段	第二阶段	第三阶段	第四阶段	
土地改革时期	合作化时期	人民公社时期	乡政村治时期	尤琳
1949年到1978年国家权力主导的阶段	1979年到1985年乡村民主萌生的阶段	1986年到2001年家族文化复兴的阶段	2002年以后经济能人村治的阶段	任映红
1950年至1953年的乡村并立时期	1954年至1958年的乡政权时期	1958年至1983年的人民公社时期	1983年以后的乡政村治时期	唐鸣等

二 乡村治理变迁的特点

从理论界研究乡村治理的文献来看,尽管学者们立足的视角不尽相同,但也能体现出乡村治理变迁的历史进程主要与社会发展、经济制度、治理方式、治理理念四个方面紧密相关。

(一)与社会发展变迁紧紧相连

袁金辉提到,新中国成立初期到农业合作化之初,我国当时的村组织是国

[①] 尤琳:《中国乡村关系——基层治理结构与治理能力研究》,中国社会科学出版社,2015年,第65~75页。
[②] 任映红:《新中国成立以来村落政治精英的产生与乡村治理模式的变迁——以浙南XF村为例》,《江西社会科学》2011年第11期,第204~208页。
[③] 唐鸣、祁中山:《中国乡村治理的历史底色》,《紫光阁》2018年第1期,第92~94页。

家的一级政权组织，后来随着农业生产合作社的发展，它在村中的地位和作用越来越突出，合作社管理委员会实际上行使了村组织的职权，于是出现了村社合一的局面。1958年8月，中共中央公布《关于在农村建立人民公社问题的决议》之后，建立了农林渔副牧全面发展、工农商学兵互相结合的人民公社，实行政社合一体制，到了1984年底，全国共建立了948628个村民委员会和588万多个村民组。至此，我国乡村治理从集体化时期的"集权—政治运动模式"进入"乡政村治"模式阶段。[1]可见，社会发展变迁与乡村治理的变迁紧密相连，是乡村治理历史阶段划分的重要依据。

（二）与经济体制变迁紧紧相连

冯石岗、杨赛谈道，计划经济时期，我国广大农村地区各项事业均处于恢复和发展时期，党和国家充分利用战时经验，带领全国人民完成了土地改革，稳定和发展了农村经济，进而保证了乡村治理工作的顺利进行；改革开放后，国家着手在意识形态领域纠正过去所犯的错误，反映到经济建设方面，我国逐渐迈出了改革开放的步伐，全国的工作重心开始向经济建设方向转移。随着建立社会主义市场经济体制构想的逐步成熟，计划经济体系开始在部分农村地区瓦解，取而代之的是商品经济，各地农村纷纷从人民公社时期的"大锅饭"转变为更具活力的"大包干"。市场经济条件下，我国在部分省份（如安徽省）探索调整农村税费制度，2000年后，党中央决定在全国范围内进行农村税费制度的改革创新，农村"费"改"税"之后，村民自治由过去的行政化逐渐向自治化过渡。[2]可见，经济体制的变迁与乡村治理的变迁紧密相连，是乡村治理历史阶段划分的又一重要依据。

（三）与国家治理方式紧密相关

刘守英、熊雪锋在《中国乡村治理的制度与秩序演变——一个国家治理视角的回顾与评论》中指出，在乡村治理进程中，乡村的秩序既取决于国家的治理方式，也取决于国家与代理人之间的委托代理关系和代理人的行为，以及作为乡村治理基础的非正式制度的作用。他们认为，"土改"到集体化时期，国

---

[1] 袁金辉：《中国乡村治理60年：回顾与展望》，《国家行政学院学报》2009年第5期，第69~73页。
[2] 冯石岗、杨赛：《新中国成立以来我国乡村治理模式的变迁及发展趋势》，《行政论坛》2014年第2期，第22~25页。

家对乡村的治理目标除了获得传统的税赋外,还追加了国家工业化积累的资本形成,并在正式制度形成的强控制秩序下,国家通过集体组织和其代理人实现对乡村人、财、物的控制与管理;农村改革到2002年开启城乡统筹时期,国家治理乡村的正式制度发生改变,家庭经营制度取代集体经营制度,乡政政权取代人民公社制度,乡村自治取代村庄集体治理,国家对乡村的索取程度降低,但作为乡村治理中枢的乡镇政权仍依赖合法索取和制度外搭车,加剧正式治理与农民关系的紧张;2003年以后的城乡统筹时期,国家正式制度对乡村的治理方式发生历史性改变,税费改革和城乡统筹政策的实施,国家对乡村从索取转向给予,将乡镇和村庄干部工资和开支纳入财政,国家与乡村的紧张关系得到缓解,但是国家治理的成本大幅上升。[1]

(四) 与国家治理理念紧密相连

何植民、陈齐铭指出,尽管不同历史阶段的治理环境及治理的主体内容存在较大的差异,但不论是过去突出国家行政力量的治理理念,还是如今强调自治属性的治理模式,实质上都是国家在特定的治理环境下实现其在乡村基层社会治理能力的体现。[2] 包先康、李卫华认为,中国乡村社会治理,经历着"礼治—理治—法治"的历史变迁,"礼治"以儒家的"德"为核心对乡村事件和人际交往进行规范和管理,建立人与人之间的普遍的和谐和友好的社会秩序。"理治"是国家意志借助一次次的运动不断向乡村社会渗透的过程,它依据的是革命领袖的政治口号。他们认为,在"理治"阶段,国家政权借助互助组、初级社、高级社、合作社,直到最后的人民公社,全面深入乡村;改革开放以后,依法治国成了国家治理的主导话语,乡村治理的"法治"得以不断推进。[3]

第三节 乡村治理的主体

乡村治理主体根植于特定的经济、政治和行政制度当中,其选择和变化取决

---

[1] 刘守英、熊雪锋:《中国乡村治理的制度与秩序演变——一个国家治理视角的回顾与评论》,《农业经济问题》2018年第9期,第10~23页。
[2] 何植民、陈齐铭:《中国乡村基层治理的演进及内在逻辑》,《行政论坛》2017年第3期,第25~30页。
[3] 包先康、李卫华:《国家政权建构与乡村治理理念的变迁》,《安徽农业大学学报》(社会科学版)2008年第3期,第1~4页、第17页。

于农村产权制度和社会结构的变迁及政府职能的转变,[1] 在乡村治理活动过程中起着非常重要的作用。理论界对乡村治理主体有关方面的研究成果也颇为丰富。

一 乡村治理主体的结构

理论界对乡村治理的主体结构从不同的角度有不同的认识（如表9-3所示）。

表9-3 关于治理主体构成的部分观点

观点	代表学者
组织性主体（乡镇政府、村两委等）、群体性主体（乡村社会组织等）、个体性主体（体制外精英、村民代表等）	陈晓莉等
中央政府、地方政府、乡村集体、社会组织、乡村成员等	黄韬等
村级组织、县级政府、新乡贤与农民等	张娟娟等
将个体精英细化为政治精英、社会精英、文化精英等	何晓杰等
体制内治理主体和体制外治理主体	张艳娥
制度性治理主体，从组织层面看主要有：乡镇政府、村民委员会、村基层党委会和村民代表会；从个体层面看有：村组干部、村支书、村民代表和普通村民	任艳妮
非体制性治理主体：农民组织、市场企业、宗族势力和乡村精英	

比较普遍的观点认为乡村治理的主体结构主要体现为三个层级，即国家政府层面的管理机构、村级层面的群体组织以及发挥重要作用的村民个体。陈晓莉认为乡村治理主体包括乡镇政府、村两委等组织性主体，乡村社会组织等群体性主体，体制外精英、村民代表等个体性主体。[2] 何晓杰还将村庄个体精英进一步划分为政治精英、社会精英、文化精英等。[3] 黄韬、王双喜提出，乡村治理主体应包括中央政府、地方政府、乡村集体、社会组织、乡村成员等。[4] 张娟娟、丁亮从乡村振兴的视角出发，认为乡村治理主体主要有村级组织、县

---

[1] 黄韬、王双喜：《产权视角下乡村治理主体有效性的困境和出路》，《马克思主义与现实》2013年第2期，第173～179页。

[2] 陈晓莉：《新时期乡村治理主体及其行为关系研究》，中国社会科学出版社，2012年，第68～94页。

[3] 何晓杰：《"后农业税时代"的中国乡村治理：以东北农村为研究视域》，人民日报出版社，2014年，第104～117页。

[4] 黄韬、王双喜：《产权视角出发，认为乡村治理主体有效性的困境和出路》，《马克思主义与现实》2013年第2期，第173～179页。

级政府、新乡贤与农民等。①

还有学者将乡村治理主体化分为两大大类：体制内的和体制外的。张艳娥提出我国乡村治理主体大致分为制度性治理主体和非制度性治理主体两类。她认为，制度性治理主体指的是在当前乡村政治运行发展的制度和法律框架下，被纳入体制设计内部，先在和内生的参与主体。这种制度性治理主体在当前乡村治理的实践中主要包括四种：乡镇政府、村民委员会、村基层党委会和村民代表会。② 任艳妮认为，制度性治理主体治理的凭借资源主要是政治性资源，具有较强的制度支持、法制保障和组织依托，掌控村庄的主要经济资源，是目前乡村治理的主要主体。从组织层面看主要有：乡镇政府、村民委员会、村基层党委会和村民代表会；从在这些组织内具体参与乡村治理的行为个体层面看有：村组干部、村支书、村民代表和普通村民。③ 关于非制度性治理主体，张艳娥认为，所谓非制度性治理主体指的是从社会本位视角分析，后在于和外在于制度的那些乡村治理的重要影响因子。这些重要影响因子虽然尚未被纳入制度以内，却是制度运行过程中必然要衍生的。通过对乡村社会运行情况的调研发现，当前主要的非制度性主体因子表现为：农民组织、市场企业和宗族。④ 任艳妮提出，非体制性治理主体与体制性主体相对应，后在于和外在于制度框架的那些乡村治理的重要主体：农民组织、市场企业、宗族势力和乡村精英。这些非制度性治理主体虽然尚未被纳入体制以内，却是乡村治理过程中必然要衍生的，和体制性主体相比较，他们的政治性、组织性治理资源较弱，主要依靠经济资源、文化资源和社会资源获得权威，参与治理。她认为，事物并非静止不变的而是动态发展的，治理主体的演变也将会随着乡村治理的实际情况变化而变化。随着一些新的影响主体性的因素出现，乡村治理的主体必然会出现新的变化。⑤

---

① 张娟娟、丁亮：《乡村振兴：治理逻辑、主体与关键领域——第三届县域治理高层论坛会议综述》，《社会主义研究》2019年第1期，第167~172页。
② 张艳娥：《关于乡村治理主体几个相关问题的分析》，《农村经济》2010年第1期，第14~19页。
③ 任艳妮：《乡村治理主体围绕治理资源多元化合作路径探析》，《农村经济》2011年第6期，第19~23页。
④ 张艳娥：《关于乡村治理主体几个相关问题的分析》，《农村经济》2010年第1期，第14~19页。
⑤ 任艳妮：《乡村治理主体围绕治理资源多元化合作路径探析》，《农村经济》2011年第6期，第19~23页。

二 乡村治理主体的角色定位

关于乡村治理主体的角色定位，理论界的专家学者们从不同的角度对其进行了阐述（如表9-4所示）。

权力关系的角度。刘丽等在现有乡村治理结构的基础上对政府和村民等不同主体间的权力关系进行了界定，他们认为，乡镇政府是乡村治理的重要主体，村民自治是乡村治理的实质主体，村庄精英是乡村治理中不可缺少的主体。[①] 马良灿、黄玮攀认为，人民公社时期的乡村干部们所掌握的政治资源能够转化为经济资源，在经济分配中占据有利位置。村庄的社会公共生活，包括农业生产、经济分配、思想学习、文化生活以及日常纠纷的调解等，大都被乡村精英所把持。改革开放以后，在政策的支持和地方政府的帮助下，村庄精英们开始接触村庄事务，并通过主导经济发展的形式来影响控制乡村社会。[②] 周朗生认为，一方面，乡村治理是包括自治权力在内的各种权力对乡村社会的治理活动；另一方面，它又不是仅仅指村庄内部的封闭式治理，乡村社会与基层政权和国家宏观政治之间的互动都是乡村治理的重要内容。[③]

主体责任的角度。李金哲、黄广飞从顶层设计层面入手，对三元自治主体权力边界进行了界定。他们认为，党支部应抓好服务，发挥领导核心作用；村委应负责村务管理，体现村民自治的主体地位；村组两级议事会应承担监督作用，与党支部随时反馈信息，形成良性循环网络，实现体制内和体制外的有机结合，促进三者之间交流互动。[④] 王辉对于不同主体在乡村治理中的角色定位进行了分析。他认为，第一，县乡政府机构是公共服务者，既要严格贯彻落实上级政府的政策和任务，又要不断完善乡村治理制度，为广大乡村居民提供更好的公共管理和服务，其兼具四项职能，即：发挥宏观经济管理的职能、完善农村社会管理的职能、健全公共产品服务的职能、强化乡村监督管理的职能。第二，乡村基层组织是组织协调者，它既是国家和社会的公共权威的组成部分，

[①] 刘丽、刘屹、唐绍洪：《"多元主体"在乡村治理中的路径选择》，《领导科学》2009年第32期，第53~55页。

[②] 马良灿、黄玮攀：《中国乡村治理主体与治理规则的双重变奏》，《贵州师范大学学报》（社会科学版）2017年第4期，第49~57页。

[③] 周朗生：《治理的理论诠释——从治理到乡村治理》，《兰州学刊》2008年第7期，第57~59页。

[④] 李金哲、黄广飞：《论权力制衡下农村新三元主体乡村治理长效机制——广东省清新区村组两级议事会乡村治理新模式探析》，《前沿》2013年第19期，第47~52页。

又是官方的主要公共权威；村民委员会作为乡村治理的重要主体，负责组织协调乡村治理过程中各项事务的具体运作，是微观层面的组织协调者；民间乡村社群组织是基于村民共同利益和兴趣需求自发组织而成的社会团体，在乡村治理中是民间层面的组织协调者。第三，广大乡村居民是主动参与者，应积极参与村民自治中的民主选举，主动参与村民自治中的民主决策，自愿参与村民自治中的民主监督。[①]

表9-4 关于治理主体构成及角色定位的部分观点

主体构成	角色定位	代表学者
乡镇政府	重要主体	刘丽等
村民自治	实质主体	
村庄精英	不可缺少的主体	
党支部	发挥领导核心作用	李金哲等
村委	负责村务管理，体现村民自治的主体地位	
村组两级议事会	承担监督作用	
县乡政府机构	公共服务者	王辉
乡村基层组织	组织协调者	
广大乡村居民	主动参与者	

三 乡村治理主体的演变

随着社会发展阶段和乡村治理的变迁，治理主体也在不断发生改变。专家学者们对这种转变，做了不同的阐述，提出了自己的观点。乡村治理主体是一个从单一主体到多元主体的演变过程，这在理论界基本上是一个共识。但是专家学者表述的立场和角度又是不尽相同的（如表9-5所示）。

乡村精英的演变。马良灿、黄玮攀认为新中国乡村治理主体经历了一个从政治精英到多元精英的过程。他们提出农村集体化后，人民公社的领导干部，生产大队和生产队的干部等是伴随那个时代的需要而产生的乡村政治精英，几乎统管了乡村生活的一切资源；随着农村经济的快速发展，乡村社会涌现出一批批先富群体、经济能人和社会精英，在国家以经济建设为中心的政策背景下，

---

① 王辉：《论新时代乡村治理主体的角色定位》，《华北水利水电大学学报》（社会科学版）2018年第3期，第55～59页、第89页。

开始主理乡村事务,成了乡村发展的掌舵人。①

农村组织的演变。李莉、卢福营认为新中国乡村治理是一元治理到多个主体良性互动的过程。其所谓的"一元"并不是同一个治理主体,而是不同时期唯一起主导作用的主体。他们提出,在土地改革时期,乡村基层公共权力集中于农民协会;合作化时期主要集中于党领导下的合作社管理委员会;在人民公社体制下,高度集中于政社合一的公社组织;"文化大革命"期间则集中于公社和大队革命委员会。改革开放以后,1983年的政社分开、撤社建乡才突破了这种一元治理的模式。到20世纪80年代中后期,农村新兴民间组织逐渐涌现,并得到政府的承认。特别是老年人协会、农村专业经济合作社等组织对农村社会政治生活产生了日益重要的影响。由此,建构了党组织、村民自治组织、集体经济组织、民间社会组织等多个组织有机统一的乡村基层公共权力组织体系,形成了多个治理主体良性互动的多元治理格局。②

权力组织的演变。王辉认为新中国乡村治理经历了从政府占绝对核心地位的"一元"到"多元共管"的演变过程,中国乡村治理已经形成了事实上的"多元主体"的共治结构模式,实现了县乡政府机构、乡村基层组织和乡村村民的"多元共管"。③ 甘信奎详细阐述了乡村政权的演变历程,1949~1954年在农村建立了村一级的政权,1954~1958年国家取消了村级政权,乡镇成为农村的基层政权系统,1958年以后,国家撤销乡政府,代之以人民公社并在人民公社体制下,建立了人民公社、生产大队、生产队三级严密的组织体系;十一届三中全会之后,人民公社的部分权力开始从农村社会退出,部分地方开始自发组建村民委员会,协助乡镇政府维护社会治安。从1982年起,国家在继续发挥和加强党的农村基层组织的作用之外,大力推动村民委员会的建立,在县以下设乡人民代表大会和乡人民政府作为基层政权组织。④ 韩小凤认为,新中国成立以来我国乡村治理经历了从以党组织为核心的一元治理到多元化治理主体的变迁。她认为,人民公社体制将分散的农民通过政治运动组织进了一个个超越家庭的生产队和人民公社中,形成以党组织为核心的一元治理模式;随着农村

---

① 马良灿、黄玮攀:《中国乡村治理主体与治理规则的双重变奏》,《贵州师范大学学报》(社会科学版)2017年第4期,第49~57页。
② 李莉、卢福营:《当代中国的乡村治理变迁》,《人民论坛》2010年第17期,第60~61页。
③ 王辉:《论新时代乡村治理主体的角色定位》,《华北水利水电大学学报》(社会科学版)2018年第3期,第55~59页、第89页。
④ 甘信奎:《改革开放三十年中国乡村治理模式变迁回顾与展望》,《前沿》2008年第10期,第108~111页。

改革的推进，村民自治组织在党和政府领导下自主地管理基层社会事务，形成乡政与村治二元主体并存的局面；20世纪90年代以后，多元化治理主体的村治模式成为历史的必然。她认为，这种变迁与国家的现代化建设密不可分，并且适应于现代国家建设需要。[①]

表9-5 理论界关于治理主体演变的部分观点

主体角色	观点 "一元"	观点 "多元"	代表学者
乡村精英	政治精英	多元精英：先富群体、经济能人和社会精英	马良灿等
农村组织	土地改革时期：农民协会 合作化时期：合作社管理委员会 人民公社体制下：公社组织 "文革"期间：公社和大队革命委员会	党组织、村民自治组织、集体经济组织、民间社会组织等多个组织有机统一的乡村基层公共权力组织体系	李莉等
权力组织	1949~1954年的村政权 1954~1958年的乡镇政权 1958年以后的人民公社	改革开放以后，继续发挥和加强党的农村基层组织的作用，大力推动村民委员会的建立，在县以下设乡人民代表大会和乡人民政府作为基层政权组织	甘信奎
	政府占绝对核心地位	县乡政府机构、乡村基层组织和乡村村民"多元共管"	王辉
	党组织为核心的一元治理	多元化治理主体的村治模式是历史必然	韩小凤

四 乡村治理主体面临的困境及解决路径

理论界对乡村治理主体的组织层面和个体层面面临的困境都进行了分析并提出了解决这些困境路径（如表9-6所示）。

一种观点认为，乡村治理组织层面的主体面临的问题，主要源于治理架构的不合理和组织制度的不完善。唐绍洪、刘屹认为，乡政村治的治理架构只是从形式上弱化了乡镇政府的主体行为，实质上农村并没有摆脱乡镇权力的控制；第二，村民自治并没有从根本上解决农村面临的诸多实质问题，国家行政管理

---

① 韩小凤：《从一元到多元：建国以来我国村级治理模式的变迁研究》，《中国行政管理》2014年第3期，第53~57页。

体系并不直接面对管理结构最边沿的农民个体,村民委员会沦为乡镇基层政府的附属物,在实际讨论决定农村事务之时,容易出现无法抉择、不敢抉择的情况。① 李金哲、黄广飞认为,一是"两委"权力相对应的责任真空无人填补,同时还存在村委选举民主实施困难、农民利益分化、农村公共产品供给不足等问题。② 高康楠等认为,我国乡村基层治理主体单一,乡镇政府"悬浮化"造成基层治理动力不足。③

另一种观点认为,乡村治理个体层面的主体面临的问题,主要体现在主体意识不强、能力素质不够等方面。唐绍洪、刘屹认为,乡村精英阶层的社会价值没有真正为政府管理者和乡村群众所认同④,主体价值体现不够完全。李金哲、黄广飞认为,村支书和村委会主任"一肩挑"导致权力扩大泛滥,村支书与村主任边界不清、权力冲突形成分庭抗礼格局,使得村民自治形同虚设,无法充分发挥村民的积极性。⑤ 高康楠等认为,农民的治理主体意识缺失。⑥

对于解除治理主体面临困境的路径,理论界也做了诸多的思考和探索。唐绍洪、刘屹提出,要实现多元主体在乡村治理中的协调共存,加大对农村体制内精英的培养,形成一支高素质的乡村自治队伍,同时,还要严格规范村委会选举行为,加强对黑恶势力操纵选举的打击,促进体制内精英与体制外精英的良性流动。⑦ 李金哲等提出三元治理构想,提出要构建平权式新三元主体乡村治理长效机制:第一,建立村组两级议事会联动议事机制以形成合力;第二,创新党支部、村委会、议事会权力制衡循环善治机制;第三,做好法律、激励内部保障与外部行政环境机制保障;第四,构建良好的"外部行政环境",高

---

① 唐绍洪、刘屹:《"多元主体治理"的科学发展路径与我国的乡村治理》,《云南社会科学》2009年第6期,第38~42页。
② 李金哲、黄广飞:《论权力制衡下农村新三元主体乡村治理长效机制——广东省清新区村组两级议事会乡村 治理新模式探析》,《前沿》2013年第19期,第47~52页。
③ 高康楠、张喜东、刘中华、张颖惠:《乡村振兴视域下农村治理主体培育路径分析》,《知识经济》2018年第15期,第6~7页。
④ 唐绍洪、刘屹:《"多元主体治理"的科学发展路径与我国的乡村治理》,《云南社会科学》2009年第6期,第38~42页。
⑤ 李金哲、黄广飞:《论权力制衡下农村新三元主体乡村治理长效机制——广东省清新区村组两级议事会乡村治理新模式探析》,《前沿》2013年第19期,第47~52页。
⑥ 高康楠、张喜东、刘中华、张颖惠:《乡村振兴视域下农村治理主体培育路径分析》,《知识经济》2018年第15期,第6~7页。
⑦ 唐绍洪、刘屹:《"多元主体治理"的科学发展路径与我国的乡村治理》,《云南社会科学》2009年第6期,第38~42页。

度重视结合配套乡镇改革,进行"乡村管理的第二次制度创新"。[1] 高康楠等提出了农村治理主体的培育途径:第一是推动乡村治理主体多元化,注重发挥社会组织在治理中的作用;第二是转变乡镇政府职能,推动乡镇治理体系和治理能力现代化;第三是提高农民在基层治理中的主体意识;第四是重建乡村精英模式,推进农村社区发展。[2]

表 9-6 关于乡村治理主体面临的困境和解决路径的部分观点

观点			代表学者
主体角色	面临困境	解决路径	
乡镇政府	主体行为只是形式上的弱化	加大对农村体制内精英的培养,严格规范村委会选举	唐绍洪等
村民	自治没有解决诸多实质问题		
乡村精英	社会价值没有真正被认同		
"两委"	责任真空,村委选举民主实施困难	建立第三治理主体	李金哲等
农民	利益分化,农村公共产品供给不足等		
村支书和村委会主任	"一肩挑"导致权力扩大泛滥;边界不清、权力冲突		
基层治理主体	单一	推动治理主体多元化,推动乡镇治理体系和治理能力现代化,提高农民主体意识,重建乡村精英模式	高康楠等
乡镇政府	"悬浮化",治理动力不足		
农民	主体意识缺失		

第四节 乡村治理的模式

乡村治理模式一直都是乡村治理中的重点问题,新中国 70 年的乡村治理实践形成了几大典型的乡村治理模式。学术界关于乡村治理模式研究的成果也颇为丰富,回顾这些研究成果,其主要争鸣体现在以下五个方面:乡村治理模式的演变历程、乡村治理模式的演变动因、乡村治理模式的演变特点、"三治结合"模式以及乡村治理模式的评价。

---

[1] 李金哲、黄广飞:《论权力制衡下农村新三元主体乡村治理长效机制——广东省清新区村组两级议事会乡村治理新模式探析》,《前沿》2013 年第 19 期,第 47~52 页。
[2] 高康楠、张喜东、刘中华、张颖惠:《乡村振兴视域下农村治理主体培育路径分析》,《知识经济》2018 年第 15 期,第 6~7 页。

一 乡村治理模式的演变历程

由于经济、社会与国家发展的需要，在新中国成立 70 年的乡村治理实践中，乡村治理模式也发生了一些变化。学术界对乡村治理模式的划分整体上达成了一致意见，但对于新中国成立至改革开放之间的乡村治理模式的划分仍存在一定的争议。回顾现有的研究成果发现，学术界关于新中国 70 年乡村治理模式的划分存在"两阶段"和"三阶段"的争议。

（一）"两阶段"说

持"两阶段"说的学者主要是以新中国成立和改革开放这两大标志性事件为划分依据，他们把新中国 70 年的乡村治理分为改革开放前与改革开放后两个阶段。主要研究如下，朱天奎将新中国成立以来农村治理模式划分为"新中国成立后的人民公社模式"和"改革开放后的村民自治模式"。[1] 王海影等将新中国成立以来的农村治理模式划分为"人民公社阶段"和"'乡政村治'阶段"。[2] 刘涛将新中国成立以来的乡村治理模式划分为"乡村治理中'政社合一'的国家主导模式"和"从'国家治理'到'乡政村治'的模式"。[3] 陈开炳以改革开放为界限，将新中国成立以来我国的乡村治理模式大致分为两个阶段：20 世纪 80 年代以前主要是"政社合一"的人民公社时期，20 世纪 80 年代后以村民自治为核心的"乡政村治"时期。[4] 苏海新、吴家庆将我国的乡村治理模式划分为两个阶段。1949～1978 年的国家主导下的"政社合一"时期。这一时期国家出于整合农村资源支援国家现代化建设，通过土地改革、合作化运动以及人民公社化运动达到对乡村社会的空前介入，建立国家主导下的"政社合一"的乡村治理模式。1978 年以来，国家治理下的"乡政村治"时期。20 世纪 70 年代末期，高度集中的人民公社体制难以为继，与此同时农村公共组织和公共权力呈现"真空"的状态，如何有效治理农村和维护农村稳定，成为乡村治理的重要问题，新的治理模式即"乡政村

---

[1] 朱天奎：《中国农村治理模式的演变与重建》，《宁夏党校学报》2006 年第 3 期，第 79～82 页。
[2] 王海影、李宏宇、董水生：《农村治理模式的转变与发展趋势研究》，《科学决策》2009 年第 5 期，第 74～80 页。
[3] 刘涛：《六十年中国乡村治理逻辑的嬗变》，《中共贵州省委党校学报》2010 年第 1 期，第 51～54 页。
[4] 陈开炳：《乡村治理模式变革与农村社会发展——以浙东 DT 村为个案》，《福州党校学报》2013 年第 2 期，第 74～77 页。

治"应运而生。①

(二)"三阶段"说

持这种观点的学者,多数是在乡村治理模式"两阶段"说的基础上把1949~1957年这一阶段单独划分出来,从而形成乡村治理模式"三阶段"说。侯万锋认为,新中国成立以来,我国的乡村治理模式演进大致经历了"乡政权制"的治理模式"人民公社制"的治理模式以及"乡政村治"的乡村治理模式。②何晓杰也持这种观点,她将新中国成立以来的乡村治理模式分为新中国成立初期土地改革运动中的"(乡)行政村制"模式、人民公社时期"政社合一"的全能主义控制型模式以及改革开放后"乡政村治"的政府主导型模式。③汪荣也将新中国成立以来我国的乡村治理模式划分为三个阶段:"新中国成立初期的村治模式""人民公社化时期的村治模式"以及"村民自治制度的实践探索"。④祁勇、赵德兴"基于经济发展水平的差异以及基层政权设置的变动",认为我国的乡村治理模式大致分为三个明显的阶段。第一阶段是"新中国成立后建立起以行政村为基层单位的政治体制",即"新中国成立初期的'乡(村)政权'治理模式(1949~1957年)";第二阶段是人民公社时期形成的"公社—生产大队—生产队"三级治理体系的"政社合一"模式,即"人民公社时期的'政社合一'模式(1958~1978年)";第三阶段是"以村民自治为基础、乡镇政府指导的乡政村治体制",即"改革开放以来的'乡政村治'模式(1978年至今)"。⑤席丁香也将我国的乡村治理模式划分为三个阶段,第一阶段是以"村级组织行政化""农业合作化经济组织消融于行政组织之中""乡村党组织设立具有以党代政倾向"为特征的新中国成立初期的农村基层政权治理模式;第二阶段是以"政治、经济严格一体化""领导一元化""农民对公社的严重依附性"为特征的人民公社时期的"政社合一"治理模式;第三阶段

---

① 苏海新、吴家庆:《论中国乡村治理模式的历史演进》,《湖南师范大学社会科学学报》2014年第6期,第35~40页。
② 侯万锋:《新中国成立以来我国乡村治理模式的历史回顾、现实难题与治理机制优化》,《河南师范大学学报》(哲学社会科学版)2009年第5期,第45~48页。
③ 何晓杰:《"后农业税时代"的中国乡村治理——以东北乡村为研究视域》,人民日报出版社,2014年,第63~65页。
④ 汪荣:《我国乡村治理模式的历史演进及其发展路径浅探》,《理论月刊》2013年第7期,第172~175页。
⑤ 祁勇、赵德兴:《中国乡村治理模式研究》,山东人民出版社,2014年,第37~40页。

是以"政府主导下多元主体参与""国家力量综合与协调"为特征的新时期"乡政村治"治理模式。① 谢东升等将新中国成立以来的乡村治理模式分为新中国成立初期的"乡村政权并存"模式、人民公社化时期的"政社合一"模式以及改革开放后的"乡政村治"模式。②

在"三阶段"划分里,除了上述较为典型的划分标准以外,学术界还有一些学者依据其他标准和时间段也将其划分为三个阶段,具体如下:刘涛等基于国家与社会关系的视角将新中国成立以来乡村治理模式分为人民公社时期的"政社合一"的全能主义模式、20世纪80年代以来"乡政村治"的放权型模式和多元交汇下的治理模式三种。③ 吴好等依据不同主体将其分为新中国成立初期到20世纪70年代的政府全能模式、20世纪80年代以后的"乡政村治"模式以及未来的多中心治理模式。④ 冯石岗等认为,随着我国从传统社会向现代社会转型,我国的乡村治理模式大致实现了从新中国成立初期的"人民公社"到改革开放后的"乡政村治",再到"和谐新农村"三种基本模式的重大变迁。⑤ 高其才等将改革开放40年来的乡村治理模式分为"政社分设"(1978～1982年)、"村民自治"(1982～2017年)以及"自治、法治、德治相结合"(2017年以来)。⑥

二 乡村治理模式演变的动因

推动乡村治理模式演变的动因,也是多种多样,整体上看它不仅受到政治、经济、法律以及制度的影响,还受到一些新兴因素的影响。不同的学者从不同视角进行了研究,纵观已有的研究成果,乡村治理模式演变的动因主要有以下两种观点:"三因素"说、"四因素"说。

---

① 席丁香:《我国农村治理模式变迁回顾》,《理论观察》2014年第9期,第102～103页。
② 谢东升、张华:《我国乡村治理模式的历史演进及启示》,《现代经济信息》2015年第9期,第43～44页。
③ 刘涛、王震:《中国乡村治理中"国家—社会"的研究路径——新时期国家介入乡村治理的必要性分析》,《中国农村观察》2007年第5期,第57～64页、第72页、第81页。
④ 吴好、梅伟伟:《协同学视阈下的乡村治理模式研究——基于乡镇政府与农民组织关系的探析》,《天府新论》2010年第2期,第11～15页。
⑤ 冯石岗、杨赛:《新中国成立以来我国乡村治理模式的变迁及发展趋势》,《行政论坛》2014年第2期,第22～25页。
⑥ 高其才、池建华:《改革开放40年来中国特色乡村治理体制:历程·特质·展望》,《学术交流》2018年第11期,第66～77页。

（一）"三因素"说

韩海侠、陈文芳认为，推动乡村治理模式变迁的动力包括：时代转换的需要、政府的推动以及村民致富的要求。[①] 祁勇、赵德兴将新中国成立以来乡村治理模式演变的原因分为经济原因、政治原因以及文化原因经济原因层面他们认为随着"三大改造"的推进，农村初级合作社以及高级合作社先后出现，从而实现了农村集体经济组织对农村的基本生活资料和生产资料的支配，在这种具有计划经济性质的集体经济模式下，国家政权对乡村社会实现了高度控制，最终乡级政权组织与经济组织合并，形成了"政社合一"的乡村治理模式；改革开放以后市场经济的发展则为"乡政村治"模式创造了生存的土壤。[②] 政治原因层面他们认为，坚持一元化领导体制的中国共产党通过推动乡村实现党政合一，逐步实现了对中国乡村社会的全面控制和国家在政治民主化方面的基层发展。进一步推动乡政村治体制这一治理模式的实现以及村民自治，得益于国家的制度安排和市场经济的发展。[③] 文化原因层面他们认为"中央引领民众阶级斗争扩大化以及对权力的神化是公社政社合一体制的政治文化基础"。[④] 黄雅兰认为，乡村治理模式的转变主要跟以下三个因素有关：政府下派任务减少、传统管理模式转变、其他组织参与乡村治理。[⑤]

（二）"四因素"说

杜力夫、魏登峰从现行的乡村治理模式问题出发，认为推动乡村治理模式转变的动因主要包括以下四个方面：乡镇政权的财政窘境和负债黑洞、乡镇政权的目标替代和功能异化、乡镇政权的腐败与黑社会化以及村民自治的困境与变形。[⑥] 陈洪生认为，推动乡村治理模式发展离不开以下四个方面的基础条件：一是乡村的经济发展；二是经济利益的不断分化带来利益诉求多元化，而最终需要民主化机制来协调各种分化的利益；三是公民素质的提高；四是政府控制

[①] 韩海侠、陈文芳：《论乡村治理模式的变迁：由道德巨人治理到经济能人治理》，《改革与开放》2013年第17期，第69~70页。
[②] 祁勇、赵德兴：《中国乡村治理模式研究》，山东人民出版社，2014年，第41页。
[③] 祁勇、赵德兴：《中国乡村治理模式研究》，山东人民出版社，2014年，第42页。
[④] 祁勇、赵德兴：《中国乡村治理模式研究》，山东人民出版社，2014年，第42页。
[⑤] 黄雅兰：《乡村治理与乡村治理模式研究述评》，《广东蚕业》2018年第1期，第15~17页。
[⑥] 杜力夫、魏登峰：《从"乡政村治"到"县政乡治"——新农村建设中乡村治理模式再探讨》，《华东经济管理》2007年第2期，第47~50页。

和主导社会力量的能力。[1] 吉青认为，乡村治理模式变迁的推动力主要包括以下四个方面：市场经济的发展是推动乡村治理模式变迁的物质基础，即乡村治理模式的变迁离不开生产力和经济的发展；乡村治理模式的演变离不开政府治理理念和战略的变化和发展；乡村治理模式的变迁离不开乡村精英的"推波助澜"；农民的不断成熟是乡村治理变迁的内在动力。[2]

三 乡村治理模式的演变特点

关于新中国 70 年乡村治理模式的演变特点，不同的学者有着不同的观点，主要有以下几种观点。

第一种观点，付翠莲认为乡村治理模式的演变是从间接治理到直接治理的转变。她认为，中国的乡村治理模式经历了从"背对背"的中国传统乡村间接治理模式，到"面对面"的后农业税时代乡村直接治理模式（即以保障个体权利为核心、以强化基层代理人监控为目的、将国家权力直接对接农户作为组织机制的治理模式）的过程。她认为，新中国成立至 21 世纪初取消农业税，我国的乡村治理模式一直延续着几千年来中国传统社会"皇权不下县"的间接治理传统。1949 年后国家通过建立起来的社、队乡村集体组织对乡村社会进行间接治理，之后"政社合一"的人民公社制全能控制型模式在我国农村兴起，改革开放后乡村治理体制也相应地从"政社合一"逐步过渡到"乡政村治"的政府主导型模式，但仍然属于间接治理的范畴。2006 年我国全面取消农业税后，国家实施的一系列惠农政策，使得乡村治理模式发生了重大转变：依托于乡、镇、村集体组织的"背对背"的间接治理模式逐渐解体，而以彰显农民个体权利为核心的"面对面"的直接治理模式在乡村治理中逐渐兴起。国家通过废除农业税、粮食直补、新农合等一系列政策措施，试图建立与农民之间面对面的关系，实现国家对乡村社会的直接治理。[3]

第二种观点，庞鹏认为乡村治理模式的演变是从管治模式到共治模式的转变。他认为，新中国成立后，为了整合农村资源进行社会主义建设，国家先后在农村实行了土地改革、农业合作化运动和人民公社化，乡村治理实行了国家

---

[1] 陈洪生：《论自觉自治型乡村治理模式的生成条件》，《江西农业大学学报》（社会科学版）2009 年第 4 期，第 1~6 页。
[2] 吉青：《乡村治理模式变迁的推动力分析》，《湖北科技学院学报》2014 年第 1 期，第 27~29 页。
[3] 付翠莲：《我国乡村治理模式的变迁、困境与内生权威嵌入的新乡贤治理》，《地方治理研究》2016 年第 1 期，第 67~73 页。

主导下的"政社合一"的治理模式,以实现国家对农村社会的全面控制和介入。20世纪70年代末,计划经济暴露出了权力高度集中和体制僵化的弊端,原先的治理模式难以为继,农村社会逐步实行政府主导下的"乡镇村治"模式,乡镇政府成为最基层的行政机关,村民委员会被赋予了广泛的自治权。这既适应了改革开放后农村基层民主建设的要求,又体现了由管制到共治的社会治理发展趋势。[①]

第三种观点,包先康、李卫华认为乡村治理模式的演变是从理治模式到法治模式的转变。他们认为,新中国成立后,开始了真正意义上的现代国家建构过程,虽最初也曾试图建立现代化的法治国家,但后来"规划的社会变迁",以及一次次的运动,尤其是"文化大革命",结束了乡村自治传统,乡村传统治理的理念和秩序被彻底打破,法制受到践踏,那一个时期的乡村治理实际上是一种"理治"的模式,"理治"是国家借助一次次的政治运动不断向乡村社会渗透的过程,它依据的是"社会理想"和革命领袖的政治口号。改革开放以后,中国社会发生新的急剧的分化和整合,法治观念再度渐进人心,"依法治国"成了国家治理的主导话语,政府加强了乡村社会的法制建设,开展了送法律下乡运动,在乡村开展了一系列的法制实践,同时,还制定了《村民委员会组织法》,使得"依法治村"有了可能。[②] 同时,李莉、卢福营也持这一观点,他们认为在改革开放以前的乡村治理实际运作过程中,出现了种种一言堂、"大民主"、主观随意、个人专断、官僚主义、家长制作风等违背民主、法治的现象,呈现出典型的人治特征;改革开放以后,"依法治国"、"依制治村"得到强调,一系列关于乡村治理的法律法规和制度相继出台,尤其是农村民主建设和村民自治发展逐步纳入了法治化、制度化轨道,农村管理的权威逐渐从人转移到了相关自治机构和组织。[③]

第四种观点,包先康、李卫华认为乡村治理模式的演变是从集权到分权的转变。他们认为,新中国成立至改革开放之前,随着国家建设的不断开展,需要获取大量的生产资料,国家权力加强了对乡村的控制,对农村实行集权化的行政控制。随着农村改革开放的深化,在农村推行了家庭联产承包责任制,打

[①] 庞鹏:《从管制到共治:农村社会治理模式的嬗变》,《中共郑州市委党校学报》2016年第2期,第93~96页。
[②] 包先康、李卫华:《国家政权建构与乡村治理理念的变迁》,《安徽农业大学学报》(社会科学版) 2008年第3期,第1~4页、第17页。
[③] 李莉、卢福营:《当代中国的乡村治理变迁》,《人民论坛》2010年第17期,第60~61页。

破了原来行政集权的管理模式，创新了村庄治理的新模式——村民自治，从而扩大了农村民主，满足了农民民主治村的需求。[①] 李莉、卢福营也赞同这种观点，他们认为，改革开放以后，特别是实行家庭承包经营和村民自治制度以来，乡村治理逐渐开始分权：一是党政组织向经济组织和农民分权，政府将经济管理权下放给经济组织，将农业生产经营管理权下放给农户和农民个人；二是国家向社会分权，推行村民自治，由农民群众自己管理自己的事情，实现自我管理、自我教育、自我服务，随着民间组织的产生和发展，国家又将部分社会管理的权限分离下放给特定的农村民间组织，实现乡村治理权力主体的转化。[②]

第五种观点，付翠莲认为乡村治理模式的演变是从"索取"到"给予"的转变。她认为税费改革之前我国乡村治理的模式基本上都是属于"索取"型，直到税费改革之后，国家对乡村治理的模式才转变成为"给予"型。国家通过新农村建设来实现这种转变，通过粮食直补、新农合、退耕还林补贴、农资综合补贴、良种补贴、农机具购置补贴等各种农业补贴，以及义务教育"三免一补"等方式，依靠现代科技手段在某些领域加深了渗透，使农村基本公共品供给呈"输入式供给"状态，很大程度上改善了农民的生活，切实减轻了农民负担。[③]

第六种观点，徐勇认为乡村治理模式的转变是农村社会从"统"到"分"再到"合"的转变。他认为，新中国乡村社会经历和正在经历着从"统"到"分"再到"合"三个阶段。他认为，第一阶段的典型特征是"统"。进入20世纪，伴随现代化的开启，国家政权下沉乡村社会，对分散的乡村社会进行整合和改造，并在人民公社时期达到"极致"。政社合一、权力高度集中的公社组织成为农民生产和生活的基本单位。家户被统合到国家组织体系内，并被结构化。"家一户主义"为国家—集体主义所取代。第二阶段的典型特征是"分"，即农村改革中出现"分户经营"、"政社分开"、"村企分开"等，家户成为相对独立的组织单元。伴随市场经济和村民自治的引入，个人本位的个体主义开始兴起。第三阶段的典型特征是"合"。家户为单位的生产组织难以抵御自然、市场和社会等多重风险，个体主义必然造成乡村社会的离散化。为此，

---

① 包先康、李卫华：《国家政权建构与乡村治理理念的变迁》，《安徽农业大学学报》（社会科学版）2008年第3期，第1~4页、第17页。
② 李莉、卢福营：《当代中国的乡村治理变迁》，《人民论坛》2010年第17期，第60~61页。
③ 付翠莲：《我国乡村治理模式的变迁、困境与内生权威嵌入的新乡贤治理》，《地方治理研究》2016年第1期，第67~73页。

乡村社会将进入一个由分化到整合的阶段，这一阶段要求强化农民间的合作，增强农民的自组织性和地方治理的自治性，以个体利益为基础的合作主义将因此兴起。①

四 "三治结合"：乡村治理的新模式

中国特色社会主义进入新时代，中国的乡村治理也进入了新时代。如何在新时代推进乡村治理迈上新台阶，党的十九大提出构建"自治、法治、德治"相结合的乡村治理体系，为推进新时代乡村治理体系现代化指明了新的方向。

（一）"三治结合"乡村治理模式的提出背景

"自治、法治、德治"相结合的乡村治理体系的提出，既有长期的实践基础，也有强烈的现实背景。从实践基础来看，它是新中国70年的乡村治理实践的探索结果，尤其是2013年以来，以浙江、江苏、四川等地为代表的乡村"三治结合"治理的探索结果。②从现实背景来看，它"既是新时代国家治理现代化的内在要求，也是解决乡村治理困境的必然选择"③。这体现在以下几个方面：

一是推进国家治理体系现代化的内在要求。党的十八届三中全会提出，全面深化改革的总目标就是要完善和发展中国特色社会主义制度，推进国家治理体系的现代化，而乡村治理体系作为国家治理体系的重要组成部分，推进国家治理体系现代化，必然要求推进乡村治理体系现代化。

二是解决乡村治理困境的内在要求。在新中国70年的乡村治理探索中，在乡村治理方面取得了巨大的成绩，但仍存在一些问题。乡村社会结构发生巨大变化，当前农村的社会结构处于深刻变动的时期，人口结构、社会阶层、组织结构都发生了重大的变化，这也需要寻找新的乡村治理体系。④乡村治理理念略有落后，缺乏总体性治理的理念和思路，难以对基层社会的分化、社会力量的多样化和利益群体的多元化而做出适应性的调试。⑤乡村治理制度的缺陷，

---

① 徐勇：《县政、乡派、村治：乡村治理的结构性转换》，《江苏社会科学》2002年第2期，第27~30页。
② 李亚冬：《新时代"三治结合"乡村治理体系研究回顾与期待》，《学术交流》2018年第12期，第79~86页。
③ 李亚冬：《新时代"三治结合"乡村治理体系研究回顾与期待》，《学术交流》2018年第12期，第79~86页。
④ 张天佐、李迎宾：《强化"三治"结合 健全乡村治理体系》，《农村工作通讯》2018年第8期，第18~21页。
⑤ 周庆智：《县政治理：权威、资源、秩序》，中国社会科学出版社，2014年，第1页。

在分税制改革和农村税费改革后，乡村治理存在着基层权力严重行政化以及城镇化背景下资源配置失衡的问题。① 乡村治理的实践困境，在乡村治理的实践中，存在社会道德滑坡，民众信访不信法，乡村治理水平不足，工作依赖政府而造成政府万能论。面对这种困境，需搭建民众与政府理解沟通的桥梁，激发民众积极性。②

（二）自治、法治、德治的辩证关系

关于"自治、法治、德治"的关系，学术界普遍认为三者在乡村治理体系中扮演着不同的角色，其中自治是核心，法治是保障，德治是基础，三者统一于推进乡村治理体系现代化的伟大实践中。谢乾丰对"三治"的辩证关系进行了分析，他认为：第一，自治是健全乡村治理体系的核心目标，因为坚持自治是我国基本政治制度和乡村治理的要求，也是国家治理体系和治理能力现代化的要求；第二，法治是健全乡村治理体系的重要保证，这是因为，村民学法知法是确保乡村治理步入法治化轨道的重要基础，同时，村干部依法办事是确保乡村治理步入法治化轨道的首要因素；第三，德治是健全乡村治理体系的有力支撑，因为德治是促使村风民风文明的重要前提，是乡村治理的重要辅助方式。自治是目标，法治是保证，德治是支撑，这三者之间是"一体两翼"的辩证关系：自治是"一体"，法治和德治是"两翼"，即法治和德治犹如车之两轮、鸟之双翼，共同推进乡村治理体系和治理能力现代化。③ 何阳、孙萍认为，自治、法治、德治的关系应当理解为一体两翼，自治是主要内容，法治是保障底线，德治是辅助工具。乡村治理体系建设中的自治需要朝着治理主体多元化、治理对象扩大化、治理方式合作化、治理权威约定化、治理利益共享化方向发展，打造多元主体的协同共治格局。他们认为，"三治结合"乡村治理体系建设须以法治为基础，村民自治是法治基础上的自治，德治也不能与法治相违背，这是对法治精神的有效践行。德治是乡村治理体系建设的辅助工具。他们认为，法律是最低的道德底线，意味着道德在调节社会关系的对象范围上比法律更为宽泛。但法律是最低道德底线的准则反映了法律并不是万能的，没有将所有社

---

① 易承志、李涵钰：《健全"三治合一"的乡村治理体系》，《中国社会科学报》2018年2月14日，第7版。
② 李亚冬：《新时代"三治结合"乡村治理体系研究回顾与期待》，《学术交流》2018年第12期，第79~86页。
③ 谢乾丰：《关于健全"三治结合"乡村治理体系的若干思考》，《社会科学动态》2018年第4期，第16~22页。

会关系均纳入调节对象范畴。法律的性质也决定了将所有社会关系通过法律进行调节不具有现实可行性，这便为通过道德调节社会关系提供了空间和可能。[1] 裘有度认为自治是法治和德治所追求的目标，法治是自治和德治的重要保障，德治是自治和法治的传统基础支撑。"三治结合"乡村治理体系的终极目标是达到乡村的有效治理，实现人民群众的获得感、安全感、幸福感。[2]

（三）构建"三治结合"乡村治理模式路径

构建"三治结合"的乡村治理模式是新时代农村建设的重点工作，不同学者从不同的方面进行了路径的探讨，形成了以下几种观点。

马建英提出实现"三治合一"乡村治理模式的三种路径：一是加强基层组织建设，夯实党的执政基础；二是突出"三治"的管理功能，创新三治融合模式；三是凸显"三社联动"的服务功能，夯实三治融合发展基础。[3]

蒋永穆等提出健全自治、法治、德治相结合的乡村治理模式的四种路径：一是推进农村基层党组织建设。农村基层党组织建设是巩固党在乡村的执政基础、健全乡村治理体系的重要内容。二是推进村民自治建设，村民自治是促进乡村民主和政治建设的有效途径。三是推进乡村法治建设，法治既是自治和德治的保障，又是乡村治理的根本。四是推进乡村德治建设，德治既是自治和法治的有益补充，又是乡村治理的重要手段。[4]

黎珍提出三治合一乡村治理模式构建的五种路径：一是要始终坚持党建引领；二是要全面落实村民自治制度；三是必须坚持依法治理；四是要注重道德培育；五是要加快推进农村经济发展。[5]

五 乡村治理模式的评价

学术界将新中国70年来乡村治理模式分为三种："政社合一"、"乡政村治"以及"三治结合"。

---

[1] 何阳、孙萍：《"三治合一"乡村治理体系建设的逻辑理路》，《西南民族大学学报》（人文社会科学版）2018年第6期，第205~210页。

[2] 裘有度：《"三治结合"乡村治理体系：内涵、意义与建设路径》，《西昌学院学报》（社会科学版）2019年第1期，第25~29页。

[3] 马建英：《构建新时代乡村治理体系的理论意蕴及时代价值》，《宁夏党校学报》2019年第1期，第118~123。

[4] 蒋永穆、罗平、王丽程、张红霞、卢洋：《中国农村改革四十年：回顾与经验》，四川大学出版社，2018年，第373页。

[5] 黎珍：《健全新时代乡村治理体系路径探析》，《贵州社会科学》2019年第1期，第73~77页。

（一）对"政社合一"的乡村治理模式的评价

学术界关于"政社合一"乡村治理模式的评价，主要有两种观点：一种是"政社合一"的产生具有一定的合理性和历史必然性，另一种观点认为它对社会的发展具有一定的阻碍作用。

1. "政社合一"乡村治理模式的积极作用

朱德禄、高荣贵认为，这种乡村治理模式是马克思列宁主义与中国实践相结合的典范，有利于推进中国农村政治、经济、文化的发展，有利于推进我国社会主义的建设与发展。[1] 潘熊烈从经济基础与上层建筑的视角出发，认为"政社合一"产生于经济基础的变化，反过来帮助其基础的发展和巩固，具体有：增加全民所有制的成分、并为集体所有制过渡到全民所有制创造了有利条件；有利于各项建设事业的全面跃进和加快生产力的发展；使各项政策的贯彻有了更加坚强的群众基础。[2] 吴山、寿康侯认为，"政社合一"的乡村治理模式不仅减少了机构和脱离生产的工作人员，还推动了国家经济教育等功能的实现，推动了农村经济的发展，使人民的精神面貌得到了改善，提升了人们的共产主义思想觉悟和道德品质，有利于扩大社会主义民主。[3] 纪程认为，人民公社体制是中国近代以来最为有效的农村社会治理方式，首先，它摧毁了乡村社会旧的经济体制，使国家的政策、方针乃至意识形态都直接贯彻到乡村社会；其次，它有利于农村社会的稳定，并使广大农民在一定程度上得到实惠；最后，有利于保证农村社会中高素质人才稳定。[4] 侯万锋认为，国家主导下的"政社合一"的乡村治理模式增强了国家的动员能力，强化了国家的整合能力。[5]

2. "政社合一"乡村治理模式的消极作用

学术界不仅看到"政社合一"乡村治理模式对农村社会与国家经济发展的积极作用，同时，一些学者也看了其弊端。纪程认为："它直接导致了工业与农业、城市与乡村发展的不均衡，形成了经济领域和社会领域的二元结构。这种

---

[1] 朱德禄、高荣贵：《人民公社制度的创立是马克思列宁主义和中国具体实践相结合的典范》，《吉林大学人文科学学报》1958年第4期，第17~29页。
[2] 潘熊烈：《谈谈政社合一》，《教学与研究》1959年第3期，第30~31页。
[3] 吴山、寿康侯：《论政社合一》，《法学研究》1959年第1期，第4~8页。
[4] 纪程：《"国家政权建设"与中国乡村政治变迁》，《深州大学学报》（人文社会科学版）2006年第1期，第77~78页。
[5] 侯万锋：《新中国成立以来我国乡村治理模式的历史回顾、现实难题与治理机制优化》，《河南师范大学学报》（哲学社会科学版）2009年第5期，第45~48页。

经济社会的二元结构一旦成型、固化之后,其消极功能就日益凸显出来:它不但压抑了农民的积极性,破坏了农村生产力的发展,而且加剧了城市居民对国家的依附性,限制了城市工业化和其自身的发展。"[1] 冯石岗等认为,人民公社式的"政社合一"乡村治理模式存在四个方面的弊端:"第一,扭曲了农民的政治参与。人民公社模式下的农民政治参与,本意是使农民通过人民公社来参与农村事务的管理,达到农村政治的民主化。但是,极'左'思想入侵人民公社后,这一高度集权的系统表现出很多负面影响,逐渐沦为阻碍农村政治参与的机器。第二,激化了乡村的社会矛盾。缘于人民公社模式自身所具有的高度集权特质,这一模式下的乡村社会呈现出高度封闭的特点。这种封闭性使得所有社员的生产生活活动除了公社划定的范围之外别无选择。第三,阻碍了乡村的正常分化。人民公社模式下,城乡社会的合理流动被严格禁止,'市民'和'农民'之间隔着坚固的体制之墙。土地再次成为农民的'枷锁',尤其是对于那些'乡村精英'来说,'农民'这一身份既是他们主人身份的象征,又是击碎他们个人希望的武器。第四,阻碍了农村的生产发展。人民公社模式下,生产活动不是农民出于经济利益的自发行为,农民没有合法的生产自主权。这就造成了两种极端后果:一方面,农业生产计划严重脱离实际,各地'浮夸风'盛行;另一方面,平均主义严重打击了农民的劳动积极性和创造性。"[2]

(二) 对"乡政村治"的乡村治理模式的评价

学术界关于"乡政村治"乡村治理模式的评价,一些学者充分肯定其在社会政治经济发展中的积极作用;一些学者也看到了其不足,并探讨了其未来走向。

1. "乡政村治"乡村治理模式的积极作用

柳云飞认为,"乡政村治"是我国乡村治理模式的一次历史性变革,形成了国家与乡村社会之间的互动机制,同时还在一定程度上改变了人民公社时期的乡村社会兵营式的图景。具体来说,"'乡政村治'模式实现了国家行政权力同乡村社会自主性权力的分离;在国家与乡村社会之间初步构建了新的权衡体系;村民自治体现了我国社会主义民主的本质,是'亿万农民当家作主的伟大

---

[1] 纪程:《"国家政权建设"与中国乡村政治变迁》,《河南社会科学》2006年第2期,第7~10页。
[2] 冯石岗、杨赛:《新中国成立以来我国乡村治理模式的变迁及发展趋势》,《行政论坛》2014年第2期,第22~25页。

实践'"。① 关翠霞认为,这种治理模式已经在中国农村初步扎下了根并且取得了不错的成效,"农村基层民主政治建设走出了一条新路;锻造和培养了农民的民主意识;解决了目前农村中的实际问题;促进了农村经济和社会的发展"。② 侯万锋认为:"'乡政村治'治理模式在很大程度上对巩固国家政权、保证农村社会的稳定起到了不可替代的作用。"③ 王海影等认为,在这种模式下极大地推动了农村经济和社会的发展,尤其是"村民委员会成立来,在发展农村集体经济,维护农村公共秩序等方面起到巨大作用,极大地唤醒了农民的民主意识,提升了广大村民参政议政能力,推动了农村社会自治的稳定发展。"④ 汪荣也认为,这种治理模式"提供公共服务,促进了农村经济社会的发展;推动了农村和谐安定的社会秩序建立;在宏观上村民自治推进了对现行农村自治体制的探索,随着村民自治的开展,我国农村民主政治建设与发展取得了显著成效,可以说,村民自治的实施对加强农村管理制度的创新、农村民主政治社会基础、增强村民民主意识等都起了重要作用,有效推动了基层政治民主化的进程"。⑤ 祁勇等认为,"乡政村治"模式对推动农村地区的发展起了非常重要的积极作用:"改变了传统农村地区的政治权力结构和权力运作的方向,对我国农村基层民主建设具有划时代的重要意义;农民素质得到全面提高,促进了农村基层政治的制度化和法制化;有效监督和制约村级领导干部,有助于社会主义新农村建设;使我国社会主义民主的实践和理论得到丰富。"⑥

2. "乡政村治"乡村治理模式的消极作用

随着时间的推移,一些学者也看到了"乡政村治"的局限性。柳云飞认为,"'乡政村治'模式作为国家治理乡村社会模式选择只是被动适应乡村社会的'生存理性';'乡政村治'模式难于形成对乡镇政府权力扩张、泛化和异化

---

① 柳云飞:《"乡政村治"模式制度性缺陷分析》,《金陵科技学院学报》2003年第4期,第70~73页。
② 关翠霞:《50年来中国村治模式研究》,《石家庄师范专科学校学报》2004年第4期,第46~50页。
③ 侯万锋:《新中国成立以来我国乡村治理模式的历史回顾、现实难题与治理机制优化》,《河南师范大学学报》(哲学社会科学版)2009年第5期,第45~48页。
④ 王海影、李宏宇、董水生:《农村治理模式的转变与发展趋势研究》,《科学决策》2009年第5期,第74~80页。
⑤ 汪荣:《我国乡村治理模式的历史演进及其发展路径浅探》,《理论月刊》2013年第7期,第172~175页。
⑥ 祁勇、赵德兴:《中国乡村治理模式研究》,山东人民出版社,2014年,第135~136页。

的制衡；'乡政村治'模式仍然将乡村社会排斥在国家现代化之外"。① 张举认为，"'乡政村治'模式作为农村治理的制度安排，其隐含的弊端已由隐性转为显性"，具体他认为，乡政村治模式下，乡政和村治主要表现为合流与冲突的关系，而在实际运行中村治与乡政的合流又最终占据了支配地位，从而使村民正在逐步丧失其自治地位，在很大程度上沦为"乡政"的附庸。由于党政关系不协调、政经职能不理顺、人民代表大会制度建设不完善等问题的存在，难以达到"乡政"与"村治"合理对接的目的，"乡政"使得"村治"自治功能退化，弱化了"村治"的自治性，增强了村治的行政性，成为"乡政"的行政下级，使"村治"流于形式。这就使"乡政村治"模式制度设计的功能异化，导致"乡政"缺乏村民意志的约束，村民利益表达渠道容易堵塞，社会矛盾的"缓冲器"失灵，农村社会矛盾不断激化。② 王海影等认为，随着农村社会的发展，"乡政村治这种治理模式的弊端也渐渐显现出来，其弊端涵盖了从村委会选举到村委会权力运行的各个方面。主要表现在以下几个方面：一是国家基层政权主导农村社会。二是自我利益扩张使基层政权既没有发展成为代表乡村社会利益的自治组织，也没有发展成为代表国家政权利益的代理组织，反而由于财政困境引发组织行为扭曲。三是村民自治组织游走于'过度自治化'和行政化之间，乡村关系失调。四是乡镇供给公共产品的能力欠缺"。③ 南刚志认为，"乡政村治"乡村治理模式本身具有较强的包容性和不平衡性，随着市场经济的发展和村民自治的深入，其局限性也逐渐表现出来，"一是村党组织领导权与村民自治权关系不协调，村党支部书记包揽村庄权力的现象普遍存在；二是乡镇行政权与村民自治权关系不和谐，绝大部分村沦为'行政村'而非'自治村'；三是乡镇政治权力过分集中，很多政治参与制度流于形式，执行效果不理想，没有获得农民广泛的认同，农民政治参与行为的可预期性较低，同时农民组织的合法性、自主性和互助性不强，乡镇政府与农民组织的关系处理不当"。④ 冯石岗等认为，随着经济社会的发展，"乡政村治"模式使得农村资源被过度消费以及"农民的基本权利被再次剥夺的风险增加，农村发展再次陷入

---

① 柳云飞：《"乡政村治"模式制度性缺陷分析》，《金陵科技学院学报》2003年第4期，第70~73页。
② 张举：《乡民自治：农村治理模式的一种选择》，《理论导刊》2005年第9期，第9~11页。
③ 王海影、李宏宇、董水生：《农村治理模式的转变与发展趋势研究》，《科学决策》2009年第5期，第74~80页。
④ 南刚志：《中国乡村治理模式的创新：从"乡政村治"到"乡村民主自治"》，《中国行政管理》2011年第5期，第70~73页。

滞后和无序化的窘境"。①

3. "乡政村治"乡村治理模式的未来走向

针对"乡政村治"乡村治理模式的局限,部分学者开始探讨了未来乡村治理模式的走向。学术界普遍将未来的乡村治理模式分为"理想村民自治"和"批判村民自治"两种模式。② 在这两种模式下,一些学者又进行了细分。

张慧卿将其总结为五种乡村治理模式,主要有:"县政·乡派·村治;精乡扩镇,乡派镇治;乡镇自治;乡村·村政·社有;大农村社区。"③ 郭唐心心也将乡村治理模式分为五种:"县政、乡派、村治"模式,"乡派镇治"模式,"乡派镇政"模式,"乡(镇)民自治"模式以及"乡治·村政·社有"模式。④ 饶义军将乡村治理模式归结为八种:县政·乡派·村治模式、县政乡社模式、农村社区模式、合作性社区模式、法治模式、自觉自治型治理模式、"乡村民主自治"模式以及"善治"模式。⑤

(三) 对"三治结合"的乡村治理模式的评价

党的十九大报告提出"健全自治、法治、德治相结合的乡村治理体系"。⑥ 蒋永穆等认为,自治,法治、德治"三治结合"既是从民主管理转向有效治理的思路创新,又是满足农民日益增长的民主法治需要的重要手段。健全自治、法治、德治相结合的乡村治理模式,既充分体现了以人为本的发展理念,与国家大政方针和政策导向相一致,又充分适应了乡村的发展实际,体现了村民的发展诉求,能够有力地促进乡村和谐稳定。⑦ 马建英认为,"三治合一"的乡村治理体系是结合我国农村的历史与现实,对新时代农村社会治理勾勒的宏观和

---

① 冯石岗、杨赛:《新中国成立以来我国乡村治理模式的变迁及发展趋势》,《行政论坛》2014年第2期,第22~25页。
② 蔺雪春:《当代中国村民自治以来的乡村治理模式研究述评》,《中国农村观察》2006年第1期,第74~79页。
③ 张慧卿:《社会主义新农村视野下乡村治理模式的重构》,《中共福建省委党校学报》2009年第5期,第30~34页。
④ 郭唐心心:《新农村建设背景下的乡村治理模式探析》,《赤峰学院学报》(汉文哲学社会科学版)2010年第11期,第59~61页。
⑤ 饶义军:《乡村治理模式研究综述——兼论贵州民族地区乡村治理模式转变取向》,《凯里学院学报》2014年第2期,第51~55页。
⑥ 习近平:《决胜全面建成小康社会 夺取新时代中国特色社会主义伟大胜利——在中国共产党第十九次全国代表大会上的报告》,人民出版社,2017年,第32页。
⑦ 蒋永穆、罗平、王丽程、张红霞、卢洋:《中国农村改革四十年:回顾与经验》,四川大学出版社,2018年,第373页。

有限途径。自治是健全乡村治理体系的必然选择和力量源泉，法治是乡村治理的制度保障和经验总结，德治是健全乡村治理体系的文化根基。构建"三治合一"的乡村治理体系，是实现乡村振兴战略的重要支撑，是实现国家治理能力现代化的基础前提。[1] 杨静认为，推行自治、法治、德治"三治融合"，是依法治国、创新基层治理模式和以规促德的完美统一。三者之间的关系为，民主自治，探索治理新路径，自治是乡村治理的基础。法治为本，提升治理能力，法治是乡村治理的底线，也是"硬治理"，法律作为强制约束力，最具说服力和公信力。[2] 谢乾丰认为，自治是加强基层民主政治建设的终极目标，法治是推进与落实依法治国战略的重要举措，德治是弘扬中华民族传统美德与社会主义核心价值观的重要途径。[3]

第五节　农村基层党组织建设

农村基层党组织建设关系到农村发展的成色和质量。农村基层党组织建设一直都是学术界关心的热点话题，研究方向要集中在农村基层党组织建设的历程、农村基层党组织建设的经验、农村基层党组织的功能、农村基层党组织建设面临的挑战以及加强农村基层党组织建设的路径五个方面。

一　农村基层党组织建设的历程

新中国成立以来，围绕不同时期的奋斗目标和中心任务，农村基层组织建设经历了不同的历史发展阶段。学术界从不同的视角出发，总结了不同的阶段划分。具体有"两阶段"、"四阶段"以及"五阶段"三种观点。

（一）"两阶段"说

曹亚雄等从党建载体及党组织功能特征的角度提出，新中国成立后，农村基层党组织建设，主要经历了改革开放前以生产队为载体的党支部"行政化、全能化"和改革开放后以行政村为载体的农村治理"领导者、决策者与支配

---

[1] 马建英：《构建新时代乡村治理体系的理论意蕴及时代价值》，《宁夏党校学报》2019年第1期，第118~123页。
[2] 杨静：《北河镇"三治融合"乡村治理体系探析》，《山西农经》2019年第1期，第167页。
[3] 谢乾丰：《关于健全"三治结合"乡村治理体系的若干思考》，《社会科学动态》2018年第4期，第16~22页。

者"两个阶段。他们认为，改革开放前的公社化治理模式实际上是一种行政管制模式，农村基层党组织的行政色彩很浓，扮演了行政管理主体的角色。农村党支部全面领导农村生产、行政和社会管理工作，农村大队党支部体现出行政化、全能化特征，以党代政，党政不分。改革开放后，乡村社会关系得以理顺，农村基层党组织工作重心逐步从原来的阶级斗争、政治整合转移到推动农村经济发展、加快民生建设等经济及社会建设任务中来。基层党组织不再通过行政化方式全面干预农村基层经济社会发展，但是以行政村为载体和基础，构筑出了覆盖乡村社会各个组织实体的党组织体系，并通过政治领导、组织动员、队伍建设、管理与服务巩固党执政的基层社会基础，实现对乡村社会的管理与控制，是农村经济社会发展的领导者、决策者与支配者。①

（二）"四阶段"说

李寿峰在回顾建党90年农村基层党组织建设的时候，把新中国成立以来的历史阶段做了四个阶段的阐述：一是1949年10月至1978年10月，党围绕建设基层政权、农村社会主义改造、农村经济建设等中心任务，重点强调抓好支部建设和其他村级组织建设。二是1978年10月至1989年6月，党尊重群众的首创精神，顺应农民群众的愿望，先后出台了一系列文件，对农村基层组织工作做出了一系列重要决定，有力地保障了党的农村工作，尤其是基层组织工作的健康发展。三是1989年6月至2002年11月党和国家高度重视"三农"问题，尤其是农村党的基层组织建设工作。四是2002年11月党的十六大之后，党中央连续出台相关文件，把解决农村、农业、农民问题作为中心内容，体现了党中央围绕"三农"问题搞好农村工作的清醒而全面的基本思路。②

黄亦君将改革开放以来农村基层党组织建设分为四个阶段：第一阶段是基层党组织建设的调整改革阶段（1978年到1992年），即从党的十一届三中全会到邓小平南方谈话。这一时期基层党组织建设的最大特点是拨乱反正，推动社会转型，建设一个具有中国特色的社会主义现代化国家。第二阶段是基层党组织建设的初步发展阶段（1993年到2002年）。这一时期基层党组织建设最突出

---

① 曹亚雄、柳李华：《社区化党建：当代农村基层党组织建设的现代转换》，《社会主义研究》2015年第2期，第122~129页。
② 李寿峰：《党的农村基层组织建设90年回顾与展望》，《中国石油大学学报》（社会科学版）2011年第3期，第13~17页。

的特点是"纠偏",在社会主义市场经济大潮中不断提升基层党组织应对复杂局面、处理新问题的能力。第三阶段是基层党组织建设的巩固完善阶段(2003年到2012年)。这一时期基层党组织建设主要是为构建社会主义和谐社会这一党的中心工作和重要任务服务。第四阶段是基层党组织建设全面提升的新时代(党的十八大以来)。这一时期基层党组织建设最突出的特色是全面从严治党。[1]

李青文将改革开放40年农村基层党组织建设分为四个阶段：第一个阶段,1978年至1990年的改革调整时期,调整设置党组织形式；第二个阶段,1990年8月至2002年11月的制度完善时期,确立和巩固党的核心领导地位；第三阶段,2002年11月至2012年的创新发展时期,加强高素质的领导班子建设；第四阶段,2012年11月以来的巩固提高时期,加强对党员教育和管理。[2]

马建新等认为："党的十一届三中全会后,农村家庭联产承包责任制和村民自治陆续展开,党顺应农村改革新形势,先后对农村基层组织建设作出了一系列重要决定；从党的十三届四中全会到党的十六大,为了适应社会主义市场经济体制的建立和发展,农村基层党组织建设进入全新的发展阶段；从党的十六大到党的十八大,以执政能力建设和先进性建设为主线,农村基层党组织建设在创新中不断发展；党的十八大以来,农村基层党组织建设适应全面建成小康社会的新形势,进入全面从严治党的新阶段。"[3]

(三)"五阶段"说

张书林将1978年至2008年的农村基层党组织建设分为五个阶段：1978~1993年,主要解决农村基层党组织软弱涣散的情况以及确立农村基层党组织的领导核心地位；1994~1998年,主要进一步加强和改进农村基层党组织建设,开展创建"五个好"党支部活动等；1999~2001年,主要从制度上规范了农村基层党组织的设置和职责；2002~2006年,主要重点是加强以村党组织为核心的村级组织配套建设,探索让干部经常受教育、使农民长期得实惠的有效途径；2007年以后,主要是如何协调和处理好村党支部与农民专业合作组织、村民自

---

[1] 黄亦君：《改革开放以来基层党组织建设的历程与经验启示》,《学习论坛》2018年第11期,第31~37页。
[2] 李青文：《改革开放40年农村基层党组织建设的历程回顾与基本经验》,《齐齐哈尔大学学报》(哲学社会科学版)2018年第10期,第21~24页。
[3] 马建新、宋翠：《改革开放以来农村基层党组织建设的回顾与展望》,《中共珠海市委党校珠海市行政学院学报》2019年第1期,第5~10页。

治组织的关系。①

孙畅雪提出，新中国成立以来农村基层党建体制模式遵循着中国共产党执政环境和政党自身现代化为脉络，以发挥农村党组织功能为目标，从新中国成立初期的"党政紧密型"向"以行政组织为依托"，"探索与经济、社会组织结合"的党建体制模式的历史演变，大致经历了五个阶段：一是1949年到1950年，这一阶段以巩固政权、宣传树立党在农村形象为目标，依托县级及县级以下各级政权，建立各级党组织以及党组织的配套组织，形成了初期的"党政紧密型"党建模式。二是1951年到1957年，这一阶段以党组织覆盖新生政权、贯彻社会主义改造政策为目标，"党政紧密型"党建体制模式在农村得到了全面的发展。在这段历史时期，为了巩固新生政权，我们党的组织向乡镇不断延伸。三是1958年到20世纪70年代末，这个阶段以坚强领导核心和社会管理为目标的"政社合一制"，是"党政紧密型"党建体制模式的最终确立。四是20世纪70年代末到90年代中期，这个阶段以适应改革开放初期的农村经济社会形势为目标，从"党政紧密型"模式向"政经结合"模式转变。五是20世纪90年代中后期以来，这个阶段以富民、适应多元化的农村经济社会状况为目标，探索适应现代化农村的党组织设置模式。②

二 农村基层党组织建设的经验

新中国农村基层党组织建设经过70年的历程，在实践中积累了丰富的经验，总结其经验，有利于进一步推进其发展。学术界关于其经验总结主要形成了"四经验"说、"五经验"说和"六经验"说。

（一）"四经验"说

林炳玉提出，新中国成立以来，加强基层组织建设的实践探索，可以得出如下的经验启示：第一，加强基层党组织建设的前提条件是不断深化和科学定位基层党组织地位和作用；第二，加强基层党组织建设的核心是分类实施各类型基层党组织的建设工作；第三，加强党的基层党组织建设的保证是根据基层党组织前沿性、基础性的特征改进工作方式；第四，加强党的基层党组织建设

---

① 张书林：《论十一届三中全会以来农村基层党组织建设》，《中共天津市委党校学报》2008年第6期，第8~12页。
② 孙畅雪：《建国以来农村基层党建体制模式的历史演进与启示》，《大连干部学刊》2011年第7期，第33~34页。

的关键是不断完善体制机制。[①] 黄亦君将改革开放以来农村基层党组织建设经验总结为四点：政治建设是基层党组织建设健康发展的重要前提；群众路线是基层党组织建设的重要基础；围绕中心、服务大局的工作理念是基层党组织建设的必然要求；制度建设是基层党组织建设健康发展的重要保障。[②] 李青文将改革开放40年农村基层党组织建设的基本经验归为四条：必须坚持以政治领导力为核心原则，明确农村基层党组织在农村工作中的各项领导；必须以思想力为着力点，永葆农村基层党组织的先进性和纯洁性；必须坚持以群众凝聚力为基本目的，密切党群关系；必须坚持以作风建设为重要抓手，加强制度化建设。[③] 张志胜也将农村基层党组织建设经验归为四点：围绕农村的中心工作抓党建、将思想建设摆在首位、支部领导班子建设是关键、农村基层党组织制度建设常态化。[④] 马建新等也将改革开放以来农村基层党组织建设的启示归为四点："农村基层党组织建设必须紧紧围绕农村经济社会发展来进行；农村基层党组织建设必须坚持思想建党与制度治党相结合；农村基层党组织建设必须既注重顶层设计，又尊重基层的首创精神；农村基层党组织建设必须坚持目标导向与问题导向相结合。"[⑤]

（二）"五经验"说

张书林在2008年以改革开放三十年为背景，总结了改革开放三十年来农村基层党组织建设的经验启示，并将其总结为五点："必须始终如一地高度重视农村基层党组织建设、必须以改革创新精神推进农村基层党组织建设、必须将农村基层党组织的服务功能与政治功能有机统一起来、必须高度重视农村基层党组织的制度建设、必须在尊重党员主体地位的基础上推进农村党员队伍建设。"[⑥]

[①] 林炳玉：《新中国60年执政党基层组织建设的经验启示》，《文史博览》（理论）2009年第10期，第21~23页。

[②] 黄亦君：《改革开放以来基层组织建设的历程与经验启示》，《学习论坛》2018年第11期，第31~37页。

[③] 李青文：《改革开放40年农村基层党组织建设的历程回顾与基本经验》，《齐齐哈尔大学学报》（哲学社会科学版）2018年第10期，第21~24页。

[④] 张志胜：《改革开放40年来农村基层党组织建设的实践与探索》，《西安建筑科技大学学报》（社会科学版）2018年第5期，第9~16页。

[⑤] 马建新、宋翠：《改革开放以来农村基层党组织建设的回顾与展望》，《中共珠海市委党校珠海市行政学院学报》2019年第1期，第5~10页。

[⑥] 张书林：《论十一届三中全会以来农村基层党组织建设》，《中共天津市委党校学报》2008年第6期，第8~12页。

林炳玉对加强农村基层党组织的经验做了总结。他认为,立足中国国情,重视吸收农民成分的先进分子入党,保证了党成为能够领导中国革命和建设取得胜利的大党;坚持思想建党,使农民成分占绝大多数的中国共产党保持了先进性,探索出了有中国特色的建党之路;围绕完成党的中心任务,适应农村发展特点,科学探索农村基层党组织的设置,建立和完善了党实现农村领导的有效载体;不断深化对农村基层党组织地位作用的认识,开展农村基层党组织的整顿和目标创建工作,夯实了党在农村的组织基础;以改革创新精神改进农村基层党组织管理方式、工作方式和活动方式,进一步提高了农村基层党组织建设的科学化水平,有效发挥了农村基层党组织的战斗堡垒作用。[①]

(三)"六经验"说

张书林以改革开放三十年为背景,又将改革开放三十年来农村基层党组织建设的经验启示总结为六点:"农村基层党组织建设只能加强,不能削弱;推进农村基层党组织建设,必须坚持解放思想、实事求是、与时俱进的思想路线;推进农村基层党组织建设,要高度重视制度建设,建立健全领导责任制;推进农村基层党组织建设,应坚持政治功能与服务功能建设'两手抓、两手都要硬';推进农村基层党组织建设要大力加强党员队伍建设,使党员真正成为党的基层组织建设的主体;推进农村基层党组织建设,要紧紧围绕党的基本路线,为党的中心任务服务。"[②]

三 农村基层党组织的功能

农村基层党组织的功能一直都是学术界关于农村基层党组织建设研究的重要组成部分,学术界对农村基层党组织功能的建设历程和分类探讨也存在一些分歧:关于其建设历程主要有两阶段和三阶段说;关于其功能分类主要有两功能、三功能、四功能、五功能、六功能以及八功能说。

(一)农村基层党组织功能建设的历程

关于农村基层党组织功能建设的历程,不同学者依据不同标准将新中国成

[①] 林炳玉:《试述中国共产党农村基层组织建设的历史经验》,《世纪桥》2011年第15期,第5~6页。
[②] 张书林:《论改革开放三十年农村基层党组织建设》,《大庆社会科学》2008年第4期,第14~19页。

立 70 年的基层党组织功能的建设历程分为两阶段和三阶段。

1. "两阶段"说

康晨依据历史条件和形式任务将其分两个阶段。第一阶段是"建设初期农村基层党组织的功能建设",在这一阶段,农村基层党组织功能建设主要是"全能型";第二阶段是"改革开放时期农村基层党组织的功能建设",在这一阶段,农村基层党组织功能建设主要从"全能化"、包揽一切工作回到政党本身,承担起农村基层党组织为巩固党的执政地位而应承担的功能。[①] 何文兰也持这种观点,将其分为"计划经济时期,农村基层党组织'行政化'功能"和"改革开放以来市场经济时期,农村基层党组织'政党化'功能"两个阶段。[②]

2. "三阶段"说

杨雅涵等依据从组织功能定位和组织功能实践特征,将新中国成立以来,农村基层党组织功能建设分为三个阶段。第一阶段为"新中国成立至中共八届三中全会前",在这一阶段农村基层党组织功能建设主要依靠思想教育和组织整顿,缺乏制度化建设,从而使得农村基层党组织功能建设"行政化";第二阶段为"中共八届三中全会后至中共十一届三中全会前",在这一阶段农村基层党组织功能建设主要依靠极端的政治运动,使得农村基层党组织功能建设"全能化";第三个阶段为"中共十一届三中全会以来",在这一阶段农村基层党组织功能建设多样化,使得农村基层党组织功能建设逐渐回归"政党化"。[③]

(二) 农村基层党组织功能的分类

关于农村基层党组织的功能,学术界普遍认为其功能都在从"政治动员"向"整合社会"转变,从"权力控制"向"服务引导"转变,从"直接干预"向"利益协调"转变。但其分类,不同学者有不同的观点,目前学术界主要有六种观点。

1. "两功能"说

农村基层党组织既有推动农村形成良好风气及群众养成良好习惯的作用,

[①] 康晨:《农村基层党组织功能建设问题思考》,《中共山西省直机关党校学报》2012 年第 5 期,第 46~48 页。

[②] 何文兰:《农村基层党组织功能历史嬗变及影响因素》,《江南社会学院学报》2013 年第 3 期,第 63~66 页、第 71 页。

[③] 杨雅涵、殷焕举:《农村基层党组织功能建设的历程与经验——以新中国成立为研究起点》,《人民论坛》2010 年第 4 期,第 56~57 页。

也有推动农村革命和生产的发展的作用。① 马勇进认为,基层党组织具有双重功能,"农村基层党组织作为政党在基层社会的延伸,肩负着宣传党的路线、方针、政策和国家法律法规的历史使命,同时农村党组织的社会属性要求党组织必须深谙社情民意,与基层社会保持最广泛的联系,以服务基层民众和服务基层社会的发展为己任。"② 据此他提出基层党组织功能分为社会性功能(服务和联系群众、表达农民的利益诉求、农村利益的整合、推进农村经济发展、提供社会服务)以及政治性功能(农村基层社会的核心领导力量、人才输入和录取、巩固和发展政权)。

2. "三功能"说

张力等根据新时代农村发展的要求和农村的实际特点,认为农村基层党组织功能包括:"一是领导功能,即加强对村级各种组织的统一领导;二是政治引领功能,即做好思想政治工作,推动党的路线方针政策的贯彻执行;三是服务群众功能,即推进服务型组织建设,为群众办好事办实事。"③

3. "四功能"说

将基层党组织功能分为四种是学术界普遍的观点,主要有以下代表:周广均根据市场经济体制的完善和社会环境的深刻变化,提出农村基层党组织应该具有政治领导功能、致富带动功能、民主建设功能以及维稳倡新功能四个方面。④ 王志国将农村基层党组织功能归纳为"推动发展、服务群众、凝聚人心、促进和谐"四个方面。⑤ 闫璐等也持这种观点,将其分为推动农村发展的功能、服务农民群众的功能、凝聚农村人心的功能以及促进农村和谐的功能四个方面。⑥ 朱正平将基层党组织功能分为四个,即"领导农村科学发展功能、全面服务农民群众功能、促进农村和谐稳定功能、团结农民凝聚人心功能"。⑦ 肖纯

---

① 《临洮县潘家集公社革委会紧紧依靠群众及时处理群众来信来访干部走上第一线 群众来信群众办》,《人民日报》1969年1月13日,第1版。
② 马勇进:《农村基层党组织功能及实现路径》,《青海社会科学》2017年第5期,第94~101页。
③ 张力、李鑫、王文娟:《农村基层党组织的功能定位及其优化路径(上)——基于自组织视角》,《中国发展观察》2017年第24期,第44~47页。
④ 周广均:《农村基层党组织在新农村建设中功能定位探析》,《毛泽东思想研究》2009年第4期,第45~48页。
⑤ 王志国:《新形势下农村基层党组织的功能定位与实现路径的探析》,《中共福建省委党校学报》2010年第3期,第21~27页。
⑥ 闫璐、鲍振东:《农村基层党组织的功能定位及实现路径》,《人民论坛》2011年第32期,第82~83页。
⑦ 朱正平:《新农村基层党组织的功能转换与实现路径探索》,《湖北社会科学》2011年第12期,第49~52页。

柏从政治学的视角将农村基层党组织功能分为领导核心功能、服务功能、利益表达与利益综合功能以及政治录用与政治社会功能四类。[1] 吴梅芳等将农村基层党组织功能分为领导核心功能、政治录用功能、政治社会化功能以及利益综合与利益表达功能四个方面。[2] 罗新阳依据乡村多元化的背景也将农村基层党组织功能分为领导核心功能、利益表达和利益整合功能、政治社会化功能以及政治录用与精英输送功能四个方面。[3] 陈宇宙提出在新农村建设中，农村基层党组织的功能有领导核心、战斗堡垒功能，发展现代农业、带领农民致富功能，服务农民群众、凝聚人心功能，维护农村稳定、促进社会和谐功能四大基本功能。[4] 吴晓俊和何渭巍认为："农村基层党组织在社会主义新农村建设中应承担起推动农村发展和带领农民致富的经济功能、服务群众和凝聚人心的政治功能、宣传教育与促进和谐的文化功能和社会功能。"[5]

4. "五功能"说

吴海红提出农村基层党组织应具备以下五个方面的功能：政治引导功能；社会控制功能；利益表达和利益协调功能；教育和管理党员的功能；吸纳和培育社会精英的功能。[6] 胡坚也认为，基层党组织应承担总揽大局、把握大政方针，协调整合，教育引导，保证监督以及培养和推荐干部五大功能。[7] 李海认为，面对金融危机，农村基层党组织应发挥以下五种功能："领导核心功能，统一思想，凝民心；发挥服务功能，保障民生，暖人心；发挥利益表达与利益综合功能，化解矛盾，稳人心；发挥政治录用功能，储备人才，振民心；发挥政治社会化功能，引导农民，得民心。"[8] 李金哲认为新时代农村基层党组织基本功能包括以下五个：思想引领功能、政治领导功能、服务功能、领导经济发展

---

[1] 肖纯柏：《农村基层党组织功能的政治学思考》，《中共云南省委党校学报》2009年第4期，第83~86页。

[2] 吴梅芳、周建庆：《农村基层党组织的主要功能与实现途径》，《求实》2010年第4期，第25~28页。

[3] 罗新阳：《新形势下农村基层党组织功能转型研究》，《中共珠海市委党校珠海市行政学院学报》2012年第2期，第24~28页、第57页。

[4] 陈宇宙：《农村基层党组织角色、功能定位及其实现途径》，《长白学刊》2012年第2期，第53~56页。

[5] 吴晓俊、何渭巍：《农村基层党组织在新农村建设中的功能及其完善》，《江西社会科学》2011年第6期，第230~233页。

[6] 吴海红：《论社会转型与基层党组织的功能定位》，《理论与改革》2004年第5期，第56~58页。

[7] 胡坚：《乡镇党的建设》，党建读物出版社，2005年，第10~11页。

[8] 李海：《金融危机下农村基层党组织五种功能的发挥》，《广西社会科学》2009年第9期，第118~120页。

功能以及参与管理与监督功能。①

5. "六功能"说

中共安徽省委党校课题组认为，基层党组织在新农村建设中应担负以下六种功能：一是总揽全局的功能，包括按照社会主义新农村建设的"五大目标"要求制定建设规划、按照五项原则推进新农村建设工作、按照"四位一体"的思路开展农村工作；二是宣传教育的功能，包括宣传社会主义新农村建设的紧迫性和科学内涵、宣传新农村建设目标任务及其长期性和艰巨性、教育群众真正认识到自己是新农村建设的主体、教育党员干部从农民最关心最直接最易受益的事情做起；三是利益表达和利益综合功能，包括倾听群众意见和呼声、深入群众，开展调查研究并掌握新农村建设的最新动向，及时准确完整地向党中央和上级党政领导部门反映情况和问题等；四是协调与整合功能，包括整合社会各方面的积极力量、协调好各方的作用；五是社会服务功能，包括为乡（镇）政府和村委会开展工作服务和为村民生产生活提供服务；六是社会控制功能，包括对农村意识形态的引导、对农村社会矛盾以及农村社会危机的控制。②

6. "八功能"说

吴梅芳认为，社会主义新农村建设中农村基层党组织应加强并主要担负以下八种功能：一是领导发展功能，具体包括是领导与推动农村经济发展、领导农村社会主义民主政治建设、领导农村精神文明建设、领导与推动农村社会事业发展；二是规划导向功能，具体包括因地制宜制定全面科学的新农村建设规划、按照"五项原则"规划新农村建设；三是服务群众功能，具体包括为乡（镇）政府和村委会开展工作服务和为村民生产生活提供服务；四是利益表达和利益综合功能，具体包括整合社会各方面的积极力量、协调好各方的作用；五是宣传教育功能，具体包括宣传社会主义新农村建设的紧迫性和科学内涵、宣传新农村建设目标任务及其长期性和艰巨性、教育群众真正认识到自己是新农村建设的主体、教育党员干部从农民最关心最直接最易受益的事情做起；六是促进和谐功能，具体包括协调农村社会各方面利益关系和解决农村社会矛盾两个方面；七是示范引导功能，具体包括党组织典型示范引导、农村党员干部带头示范引导；八是吸纳培育和输送社会精英功能，即拓宽吸纳、培育社会精

---

① 李金哲：《新时代农村基层党组织基本功能研究》，《甘肃理论学刊》2018年第4期，第30～36页。
② 中共安徽省委党校课题组：《论农村基层党组织在社会主义新农村建设中的功能定位》，《理论视野》2007年第9期，第57～59页。

英的渠道，推动农村基层党组织的功能创新。①

四 农村基层党组织建设面临的挑战

关于农村基层党组织建设面临的困境，学术界普遍认为来自两个方面：一方面是自身建设本身存在的困难，另一方面是来自客观形势的变化带来的挑战。具体来看，可以将学者的论述划分为"四方面"说和"五方面"说。

（一）"四方面"说

龚丽丽认为，农村基层党组织建设主要存在以下四个方面的问题：一是部分农村基层党员干部素质与社会主义市场经济发展的要求不相适应；二是部分农村基层班子的领导能力与当前广大农民致富奔小康的强烈愿望不相适应；三是部分农村基层党组织和部分基层干部职能定位不准确；四是农村基层民主政治的进一步扩大对农村基层党组织的控制力提出新要求。② 徐建华认为，当前农村基层党组织建设主要面临四个方面的挑战：一是农村社会权力结构变化；二是村民自治制度安排的不周延性；三是农村环境深刻变化；四是农村党组织自身建设状况。③ 刘进民认为，一些农村基层党组织对所承担任务发生的变化认识不清，不能很好地适应；村民推选的一些"带头人"常常使村民自身陷入非常尴尬的境地；一些地方村党支部和村委会关系不和谐，影响了农村工作的正常开展；市场经济带来的党员思想状况不纯问题比较突出。④ 胡红霞将农村基层党组织面临的困境总结为四个方面：农村基层党组织领导能力和水平与形势不适应，领导发展的能力不足；农村基层党员队伍素质偏低、结构不尽合理；部分农村基层党员先锋模范作用不强；村党支部和村委会职责不清，配合不协调。⑤ 徐行等认为，当前农村基层党组织建设面临四个新问题：农村基层党组织的党内民主建设相对滞后、农村基层党组织的党内民主建设相对滞后、农村党员干部自身素质亟待提高、农村基层党

---

① 吴梅芳：《社会主义新农村建设中农村基层党组织的功能定位》，《中州学刊》2009年第6期，第28~31页。
② 龚丽丽：《加强农村基层党组织的建设》，《理论探索》2006年第2期，第56~57页、第100页。
③ 徐建华：《当前影响农村基层党组织建设的主要因素》，《理论前沿》2008年第11期，第18~19页。
④ 刘进民：《新农村建设中的农村基层党组织建设探论》，《理论导刊》2008年第11期，第72~73页。
⑤ 胡红霞：《新农村建设中的农村基层党组织建设途径探析》，《陕西行政学院学报》2009年第2期，102~104页。

组织的设置方式存在缺陷。①张志胜认为,农村基层党组织建设存在的四个问题:建设思路与方法滞后、党组织的凝聚力不强、组织建设的物质基础萎缩、党组织的管理制度不完善。②

(二)"五方面"说

冀准提出,伴随着农村经济体制改革和农业增长方式的深刻变革,农村基层组织建设存在五个方面的问题:一是农村基层组织的工作环境和自身活力与农村社会迅速发展的客观要求不适应;二是农村基层党组织的领导能力、执政水平与推进农村民主政治建设的客观要求不适应;三是农村党员的发展、教育管理和村级干部队伍建设与农村劳动力流动的形势不适应;四是农村基层党建活动的内容和方式与农村党员思想和生活方式变化的要求不适应;五是农村思想政治教育有待进一步完善,宣传教育形式要更加多样化,为农民群众所喜闻乐见。③赵玉峰认为,在建设社会主义新农村过程中农村基层组织存在五个主要问题:一是思想理论水平有欠缺,能力不足;二是村党支部和村委会配合不协调;三是党支部领导核心作用弱化;四是市场经济带来的党员思想状况不纯问题;五是社会组织形式和社会生活方式的多样化带来的组织生活弱化问题。④艾理生将农村基层党组织建设面临的挑战总结为五个方面:经济发展多元化、组织权责模糊性、党员结构断层化、村落文化中的落后性以及社会矛盾显性化。⑤张庆杭认为,新形势下,农村基层党组织建设主要存在五个方面的问题:一是人才困乏,二是经济基础薄弱,三是干部能力不强,四是工资待遇不高,五是核心作用有待加强。⑥马建新认为,新的环境下农村基层党组织建设面临五个方面的挑战,一是农村党员干部队伍缺少优秀群体支撑,影响农村基层党组织的战斗力;二是土地流转等问题考验农村基层党组织引领发展的能力;三是"三留守"人员困境凸显农村基层党组织服务功能亟待强化;四是

---

① 徐行、田晓:《农村基层党组织建设的现存问题与对策思考》,《学习与实践》2011年第3期,第54~61页。
② 张志胜:《改革开放40年来农村基层党组织建设的实践与探索》,《西安建筑科技大学学报》(社会科学版)2018年第5期,第9~16页。
③ 冀准:《农村基层组织建设问题与对策研究》,《组织人事学研究》2002年第1期,第50~52页。
④ 赵玉峰:《论社会主义新农村建设中的农村基层组织建设》,《求实》2006年第4期,第83~85页。
⑤ 艾理生:《农村基层党组织与社会主义新农村建设问题探析》,《衡阳师范学院学报》2007年第4期,第32~34页。
⑥ 张庆杭:《农村基层党组织的现状、挑战及应对之策》,《中国井冈山干部学院学报》2014年第4期,第87~93页。

党员教育管理机制滞后削弱着农村基层党组织的凝聚力；五是"村官"腐败多发，严重降低了农村基层党组织在农民群众中的公信力。① 王同昌认为，新时代基层党组织建设存在五个方面的问题：部分农村基层党组织带头人素质不高、部分农村党员能力有待提升、部分农村基层党组织内部运行机制不畅通、部分农村基层党组织掌握的资源不足、部分农村基层党组织作用发挥不充分。②

五 加强农村基层党组织建设的路径探索

加强农村基层党组织建设一直都是学术界研究的热点，目前关于如何加强农村基层党组织建设主要"四路径"说和"五路径"说两种观点。

（一）"四路径"说

加强农村基层党组织建设一直都是学术界十分关注的话题。20世纪50年代，《人民日报》文章提出加强农村基层党组织需要加强其与广大群众的联系、开展批评与自我批评、学习先进人物的优秀品质以及加强先进思想的理论学习。③ 李静等认为，加强农村基层党组织建设需要做好以下四个方面的工作，一是明确一个方向：紧紧围绕农村经济发展抓党建；二是突出一个重点：建设坚强有力的党支部班子；三是抓住一个关键：支部管理制度和工作机制的创新；四是强调一个意识：全心全意为基层广大人民服务的意识。④ 梁磊提出，加强农村基层党组织建设应从以下四个方面着手：一是坚定政治方向，以政治建设为统领，增强农村基层党组织政治领导力；二是以精细管理为路径，精细化织密党建责任网，增强农村基层党组织组织凝聚力；三是以服务人民为中心，健全基层服务体系，增强农村基层党组织社会号召力；四是以协同发展为使命，推进组织引领，创新党的组织设置和活动方式，增强农村基层党组织发展推动力。⑤ 蔡臻臻等也从四个方面给出路径：理顺农村"两委"关系，提升农村基层党组织的战斗力和凝聚力；实现乡村治理方式的转变，推动乡村治理走向法

---

① 马建新：《城镇化进程中农村基层党组织建设面临的挑战及对策》，《中州学刊》2016年第9期，第12~17页。
② 王同昌：《新时代农村基层党组织振兴研究》，《中州学刊》2019年第4期，第14~19页。
③ 《党员要做彻底革命者 支部要成为坚强堡垒》，《人民日报》1965年7月1日，第1版。
④ 李静、杜玉银：《农村基层党组织建设路径分析》，《湖北经济学院学报》（人文社会科学版）2008年第6期，第23~24页。
⑤ 梁磊：《建强基层战斗堡垒 全面提升农村基层党组织组织力》，《四川党的建设》2018年第23期，第34页。

治化；加强基层党内民主建设，引导乡村治理走向民主化；深入持久开展思想政治教育，提高基层党员干部的管理水平和农村党员的思想文化素质。①

（二）"五路径"说

赵玉峰提出在社会主义新农村建设中加强党的农村基层组织建设的主要途径：一是开展先进性教育，解决思想观念问题，重点解决好理想信念问题和发展观念问题；二是处理好村党支部同村委会的关系，探索党对村民委员会领导的途径和形式，理顺和规范村"两委"工作关系，引导村党支部改进领导方式和工作方法，引导村委会在党支部的领导下依法行使职权，健全和完善党支部领导下的村民自治运行机制；三是抓好精神文明建设，抓好农村党员和群众的理论学习，扎实开展党员联系群众工作，加强遵纪守法和权利义务意识的教育，抓好农民的科学文化知识教育，用社会主义思想和健康、文明、进步的风尚占领农村阵地；四是按照德才兼备的原则，选择好的支部书记；五是做好长期规划，稳步推进基层组织建设。② 龚丽丽提出加强农村基层党组织建设需要：紧紧围绕农村经济发展抓党建、建设坚强有力的党支部班子、创新支部管理制度和工作机制、加强社会主义精神文明建设和做好思想政治工作。③ 张书林提出加强农村基层党组织建设要走开放之路、民主之路、统筹之路、法治之路以及民心之路。④ 徐行等认为，加强农村基层党组织建设需要大力加强农村基层党组织的干部队伍建设，积极推进农村基层党组织的民主建设，调整和完善农村基层党组织设置模式，建立健全农村基层党组织的考评监督机制，继续探索农村基层党组织活动的新方式、新内容。⑤ 彭汉琼认为加强农村基层党组织建设需要做好五个创新：创新党建思维方式、创新党建组织设置、创新党建领导体制、创新党建活动载体、创新党建工作机制。⑥ 张志胜认为，加强农村基层党

---

① 蔡臻臻、刘婧：《乡村振兴战略视域下农村基层党组织建设路径探究》，《观察与思考》2018年第11期，第65~71页。
② 赵玉峰：《论社会主义新农村建设中的农村基层组织建设》，《求实》2006年第4期，第83~85页。
③ 龚丽丽：《加强农村基层党组织的建设》，《理论探索》2006年第2期，第56~57页、第100页。
④ 张书林：《试论改革开放三十年农村基层党组织建设》，《大庆社会科学》2008年第4期，第14~19页。
⑤ 徐行、田晓：《农村基层党组织建设的现存问题与对策思考》，《学习与实践》2011年第3期，第54~61页。
⑥ 彭汉琼：《农村基层党组织建设的实践创新及理论思考》，《学习与实践》2012年第11期，第34~38页。

组织建设需要优化农村基层党组织的建设原则与思路、创新农村基层党组织的设置载体与活动形式、加强农村基层党组织的领导班子建设、夯实农村基层党组织建设的经济基础、推进农村基层党组织制度化建设。[①] 王同昌提出新时代农村基层党组织振兴的五个路径，培养高素质的党组织带头人是农村党组织振兴的前提，建设一支过硬的党员队伍是农村党组织振兴的基础，构建良好的运行机制是农村党组织振兴的关键，增加农村党组织资源是农村党组织振兴的根本，夯实领导责任是农村基层党组织振兴的保障。[②]

第六节　总体考察

乡村治理是国家治理的一个重要有机组成部分。探索有效的乡村治理一直都是国家和理论界高度关注的问题。新中国成立70年来，乡村治理也在随着实践的发展而不断发展。乡村治理模式在发展中体现出了一些特点：坚持党的领导贯穿其中、适应国家经济社会发展的需要贯穿其中、乡村治理的主体多元化贯穿其中。在新时代实现乡村治理体系现代化和乡村治理能力现代化需要健全"三治结合"的乡村治理体系、加强乡村基层组织建设、加强乡村社会治理、创新乡村社会治理。

一　乡村治理研究的主要特点

乡村治理是一个复杂的系统，涉及的要素多、领域广。通过对新中国70年来乡村治理的回顾，发现主要有以下几个特点：

（一）坚持党的领导贯穿其中

"党政军民学，东西南北中，党是领导一切的。"[③] 坚持党管农村工作是我们的一贯方针，也只有坚持党的领导才能不断推进乡村治理的现代化。新中国70年来，乡村治理的变迁历程始终贯穿着党的领导，其主要体现在三个层面：一是党始终把握乡村治理的变迁方向。新中国70年乡村治理的变迁历程，也是

[①] 张志胜：《改革开放40年来农村基层党组织建设的实践与探索》，《西安建筑科技大学学报》（社会科学版）2018年第5期，第9~16页。
[②] 王同昌：《新时代农村基层党组织振兴研究》，《中州学刊》2019年第4期，第14~19页。
[③] 习近平：《决胜全面建成小康社会　夺取新时代中国特色社会主义伟大胜利——在中国共产党第十九次全国代表大会上的报告》，人民出版社，2017年，第20页。

乡村治理不断完善的过程，更是乡村治理效果不断提升的过程，这其中始终离不开党在变迁历程中的领导。无论乡村治理如何变迁，都不能把广大农村人民群众当家作主的制度改掉，都不能把维护农村社会经济社会发展的制度改掉，更不能把社会主义性质改掉，因此乡村治理的实践不能没有党来把握方向。二是党在实践中不断总结乡村治理经验并上升为理论。我国的乡村治理方式方法多数是采用"先试点，再推广"，同时乡村治理很多的实践经验都是来源于广大农村人民群众，如何将这些行之有效的经验进行推广，需要党将其经验进行理论化。党将其上升为理论不仅有利于更好地指导乡村治理的实践，而且还有利于进一步丰富"三农"思想的宝库。三是党在实践不断完善乡村治理的政策和体制机制。坚持党的领导不仅需要党把握乡村治理的变迁方向和将其经验理论化，还需党不断完善乡村治理的政策和体制机制。具体来说，需要强化基层党组织的建设，夯实乡村治理的组织保障，加强对乡村治理的资金、人才以及制度的投入等。

（二）适应国家经济社会发展的需要贯穿其中

通过回顾新中国 70 年乡村治理的变迁历程，可以发现，在任何一个时期乡村治理的变革与完善都体现出了适应国家经济发展的需要。换言之，只有当经济社会发展迫切需要改变阻碍其继续发展的生产关系，才会形成推动乡村治理变革的巨大动因。在新中国成立初期，为了巩固新生政权和恢复、发展国民经济，改变落后的农村面貌，我国在农村继续推进土地改革、实现农业合作社以及人民公社，尤其是在人民公社体制下，国家通过行政手段把粮食、商业、财政以及银行等基层机构下放给公社，这标志我国的乡村治理基本形成了"政社合一"的乡村治理体制。[①] 1978 年，农村经济改革率先打响改革的"第一枪"，随着家庭联产承包责任制在全国的推行，农村的生产力得到极大的发展。然而在人民公社时期形成"政社合一"的乡村治理已经严重阻碍了农村生产力的进一步发展，迫切需要改革农村的政治体制机制，1982 年《宪法》明确了设立村民委员会，这标志着"政社合一"的乡村治理模式的终结，乡村治理进入"乡政村治"（"村民自治"）时期。为了更好地调动广大农村群众投身中国特色社会主义建设的积极性，推动农村经济社会的发展，党和国家不断完善乡村治理体制机制。中国特色社会主义进入新时代，在新时代，中国特色社会主义建设

---

① 袁金辉：《中国乡村治理 60 年：回顾与展望》，《国家行政学院学报》2009 年第 5 期，第 69～73 页。

面临着新的目标和任务,尤其是推动国家治理现代化和实施乡村振兴战略,迫切需要乡村治理理念的更新,因此,"三治结合"乡村治理体系应运而生。乡村治理70年的变化过程既是乡村经济社会发展的推动,也是国家经济社会发展的需要。

(三) 乡村治理的主体多元化

乡村治理主体,一般意义上是指在乡村治理中扮演重要角色的组织、机构和个人。在新中国70年的乡村治理实践中,乡村治理的主体也实现了由一元到多元的转变。新中国成立后,为了整合农村资源进行社会主义建设,国家先后在农村实行了土地改革、农业合作化运动和人民公社化,乡村治理实行了国家主导下的"政社合一"的治理模式,以实现国家对农村社会的全面控制和介入,这种治理模式下,乡村治理的主体是单一的政府。改革开放以后,农村生产力极大发展,现有的农村生产关系已经不再适应生产力的发展要求,为了进一步推进农村生产力的发展,也迫切需要改变农村生产关系。原来单一的乡村治理主体已经难以继续推进农村发展,为了更好地推进农村生产力的发展,乡村治理主体开始打破政府的单一主体,开始了政府与市场二元主体治理时期。[①] 2006年农村税费改革以后,乡村的治理主体又开始发生变化,尤其是在新农村建设的推动下,乡村治理主体变得越来越多元化,形成了以广大农民为主体,政府、市场、社会组织、新乡贤等多种组织参与的多元主体的乡村治理模式。尤其是在新时代,推进乡村治理体系现代化更加需要进一步完善多元化的乡村治理体系,需要进一步完善以农民为主体,政府、社会组织、新乡贤以及新型经营主体参与的主体多元化的乡村治理体系。这既可以保障广大农民的直接参与乡村治理的主体地位,调动其参与乡村建设和发展的积极性,也可以弥补农民参与乡村治理的短板,提升乡村治理的水平。

二 乡村治理研究的未来展望

完善乡村治理一直都是"三农"领域的重点工作,透过学术界关于乡村治理的概念、乡村治理体系的变化、乡村治理的变迁、乡村治理的主体、乡村治理的模式以及农村基层党组织建设等方面的研究成果,可以发现我国的

---

① 殷民娥:《多元协同:构建新型乡村治理主体关系的路径选择》,《江淮论坛》2016年第6期,第46~50页。

乡村治理取得了巨大成绩,在新时代,推进乡村治理需要加强以下几个方面的工作:

(一) 健全"三治结合"的乡村治理体系

"治理有效"是乡村振兴的重要保障,而实现治理有效的关键在于坚持自治、法治、德治相结合的乡村治理体系。正如习近平总书记所说:"健全自治、法治、德治相结合的乡村治理体系,是实现乡村善治的有效途径。"[1] 乡村治理的实践需要不断丰富基层民主协商的实现形式,发挥广大村民的监督作用,让广大农民自己"说事、议事、主事",做到村里的事情村民商量办,从而实现村民自治的目标。[2] 也需要不断培育具有地方特色和时代精神的新乡贤文化,让新乡贤在乡村治理中发挥其积极作用。"法治是乡村治理的前提和保障,要把政府各项涉农工作纳入法治化轨道,加强农村法治宣传教育,完善农村法治服务,引导干部群众尊法学法守法用法,依法表达诉求、解决纠纷、维护权益。"[3]

(二) 加强乡村基层组织建设

推进乡村治理这项系统工程,关键在于一个"实"字,必须立足农村实际,真抓实干。在真抓落实乡村治理的过程中,需要抓好乡村的基层组织建设,从而强其筋骨。经过新中国成立以来70年的建设,尤其是党的十八大以来的建设,乡村基层组织的发展取得了历史性的成绩,乡村组织体系日益健全、基层党组织的能力逐渐提高、集体经济组织的实力逐渐增强以及村民自治组织的体制日益健全。但通过对乡村组织现状的分析,发现乡村基层组织依然面临一些困境:社会组织的质量欠佳、基层党组织软弱涣散、集体经济组织的实力薄弱以及村民自治组织不太完善等。因此在加强乡村基层组织建设的实践中既需要发挥基层党组织的"领头雁"作用,也需要发挥集体经济组织、村民自治组织、群团组织以及社会组织的作用,从而构建完善的乡村基层组织体系,实现乡村组织振兴,为推进乡村治理发展奠定组织保障。

---

[1] 中共中央党史和文献研究院编:《习近平关于"三农"工作论述摘编》,中央文献出版社,2019年,第135页。
[2] 习近平:《论坚持全面深化改革》,中央文献出版社,2018年,第408页。
[3] 习近平:《论坚持全面深化改革》,中央文献出版社,2018年,第409页。

(三) 加强乡村社会治理

"农村改革发展离不开稳定的社会环境。"① 确保农村社会环境稳定,需要进一步加强乡村社会治理。加强乡村社会治理一方面需要加强农村基层党组织带头人队伍建设。"提衣提领子,牵牛牵鼻子。办好农村的事,要靠好的带头人,靠一个好的基层党组织。"② 因此,加强乡村治理需要把加强农村基层党组织建设和农村基层党组织带头人队伍建设作为重点工作,通过切实可行的办法来"整顿软弱涣散农村基层党组织,解决弱化、虚化、边缘化问题"。③ 与此同时,"要加强对农村基层干部队伍的监督管理,严肃查处侵犯农民利益的'微腐败',给老百姓一个公道清明的乡村。"④ 另一方面需要强化基层民主和法治建设。在实践中"要扩大农村基层民主、保证农民直接行使民主权利,重点健全农村基层民主选举、民主决策、民主管理、民主监督的机制"。⑤

(四) 创新乡村社会治理

创新是发展的动力,推动乡村治理现代化,需要在实践中不断创新乡村社会治理。创新乡村社会治理一方面需要创新乡村治理理念。理念是行动的先导,只有用先进的理念指导乡村社会治理,才能实现乡村社会治理现代化的目标。这要求在实践"树立系统治理、依法治理、综合治理、源头治理理念"。⑥ 通过系统治理和综合治理构建全方位的乡村治理体系;通过依法治理推进乡村法治建设,提升乡村法治效果;通过源头治理找准真正的问题,提升乡村治理效果。另一方面需要创新基层管理体制机制。在实践中落实新的乡村治理理念,需要不断"创新基层管理体制机制,整合优化县乡公共服务和行政审批职责,打造'一门式办理'、'一站式服务'的综合便民服务平台。"⑦

---

① 中共中央党史和文献研究院编:《习近平关于"三农"工作论述摘编》,中央文献出版社,2019年,第133页。
② 习近平:《论坚持全面深化改革》,中央文献出版社,2018年,第407-408页。
③ 习近平:《论坚持全面深化改革》,中央文献出版社,2018年,第408页。
④ 习近平:《论坚持全面深化改革》,中央文献出版社,2018年,第408页。
⑤ 中共中央党史和文献研究院编:《习近平关于"三农"工作论述摘编》,中央文献出版社,2019年,第132页。
⑥ 中共中央党史和文献研究院编:《习近平关于"三农"工作论述摘编》,中央文献出版社,2019年,第130页。
⑦ 中共中央党史和文献研究院编:《习近平关于"三农"工作论述摘编》,中央文献出版社,2019年,第136页。

第十章 城乡关系

"城乡关系的面貌一改变,整个社会的面貌也跟着改变。"[①] 城乡关系是人类社会最基本的经济社会关系,是社会发展的核心问题,处理好工农、城乡关系关乎社会主义现代化的成败。学术界关于城乡关系的研究内容丰富,本章仅以新中国成立70年来城乡关系的发展变化为背景,主要着眼于对马克思主义城乡关系相关论述的阐释、城市化还是城镇化、城乡二元结构、城乡人口流动、对城乡关系阶段的判断和对这一时期城乡关系研究的总体考察这六个核心问题进行研究。

第一节 对马克思主义城乡关系相关论述的阐释

新中国成立以来,中国城乡关系的发展以马克思主义城乡观为指导思想,学术界对这一指导思想进行了广泛的研究和阐释。纵观学者们的研究,虽然坚持了马克思主义城乡观的指导思想,但是在阐释马克思恩格斯城乡关系相关论述以及中国化马克思主义城乡关系理论方面存在分歧。

一 对马克思恩格斯城乡关系相关论述的阐释

学术界普遍认为,关于城乡关系,马克思恩格斯没有形成系统的论述或专著,其散见于马克思恩格斯的诸多著作中,蕴藏在马克思主义的理论体系中。因此,在理解和总结马克思恩格斯城乡关系相关论述的形成过程、城乡思想内容,以及城乡对立的根源、城乡发展趋势等方面形成了不同的观点。

(一) 关于马克思恩格斯城乡关系相关论述的形成过程

对于马克思恩格斯有关城乡关系的论述,理论界普遍承认其三大理论来源,

[①] 《马克思恩格斯文集》(第一卷),人民出版社,2009年,第618页。

但是在探索马克思恩格斯城乡关系相关论述的形成过程时,学者分别基于不同的学科背景进行了深入研究,从而形成三种不同观点。

第一种观点认为,马克思恩格斯城乡关系相关论述基于马克思恩格斯的哲学思想,是马克思恩格斯借鉴德国古典哲学的方法论,在探索人类社会的发展规律、形成历史唯物主义哲学时形成的。如有学者指出,"马克思主义在创立历史唯物主义的过程中,将城乡关系作为一个重要的理论范畴加以论述,形成了其颇具特色的城乡关系理论"。[1] 支持这一观点的学者从城乡关系的辩证逻辑阐述了城乡关系经历"肯定—否定—否定之否定"的辩证发展过程,认为辩证法贯穿了马克思恩格斯对城乡关系理论的最终指向和归宿的阐述过程,从而认为马克思恩格斯有关城乡关系的论述是建立在辩证唯物主义与历史唯物主义的基础之上的。[2] 也有学者从黑格尔对劳动概念的唯心主义理解出发,通过对黑格尔提出的"城乡差别"和马克思提出的"乡村城市化"比较分析后指出,马克思在批判黑格尔唯心主义历史观的基础上,强调了城乡关系并不是抽象的规定,它与一定社会的生产方式密切相关,马克思关于城乡关系的论述中蕴含着丰富的历史辩证法思想。[3] 还有学者认为"马克思和恩格斯在批判继承德国古典哲学、英国古典政治经济学和英法空想社会主义方法论的基础上创建了历史唯物论,并以此研究资本主义城乡经济关系的历史形成、现实状况和发展趋势,形成了对城乡经济关系的科学认识"。[4]

第二种观点认为,马克思恩格斯有关城乡关系的论述是其政治经济学理论的重要组成部分,是马克思恩格斯在考察整个人类社会的发展规律(重点是资本主义社会的社会分工和生产力发展状况)、揭露资本主义社会本质的过程中形成的。如有学者指出,"马克思恩格斯在揭示资本主义本质时,经常剖析城乡之间的对立和城市本身的矛盾,并进而论及了社会主义的城乡关系和城市问题。"[5] 也有学者指出,"分工"是把握马克思城乡关系思想的关键。马克思恩

---

[1] 郭彩琴:《马克思主义城乡融合思想与我国城乡教育一体化发展》,《马克思主义研究》2010年第3期,第100~105页。

[2] 曾长秋、胡馨月、李邦铭:《马克思恩格斯城乡关系思想的哲学审视》,《求实》2013年第2期,第4~8页。

[3] 屈婷、樊红敏:《"自然的"乡村何以社会化——论马克思对黑格尔城乡差别观点的超越》,《山西财经大学学报》2015年第s1期,第15~17页。

[4] 蒋永穆、鲜荣生、张晓磊:《马克思恩格斯城乡经济关系思想刍论》,《政治经济学评论》2015年第4期,第102~117页。

[5] 汪巽人:《初探马克思主义的城乡融合学说》,《福建论坛》(社科教育版)1983年第3期,第46~50页。

格斯认为社会分工促进了生产力进步和私有制产生，推动"代表城市"的利益与"代表乡村"的利益的断裂，造成城乡走向分裂与对立，最终，随着分工的进一步发展加剧了城乡对立，使得农村被迫屈从于城市；马克思恩格斯也看到，建立在高度分工基础上的城市在引领社会发展的同时，又孕育着城乡之间从对立走向合作的可能性，随着社会分工的消除，"城乡关系"将走向真正的融合。[1]

第三种观点认为，马克思恩格斯有关城乡关系的论述是其科学社会主义理论的重要内容，是马克思恩格斯在考察人类社会发展规律的基础上，借鉴空想社会主义理论，提出的对未来社会的科学规划。如有学者指出，马克思恩格斯城乡关系理论"既是马克思主义社会发展理论的重要内容之一，也是马克思主义关于未来社会构想的重要组成部分"。[2] 也有学者指出，"正是在创立和发展科学社会主义理论的过程中，马克思恩格斯关注城乡差别的现实问题，逐步提出了具有时代特征的城乡差别思想。"[3] 还有学者指出，马克思关于城乡关系的论述是其科学社会主义思想的重要组成部分，这一思想的源头可以追溯至16世纪托马斯·莫尔关于"城乡一体"的乌托邦构想，19世纪的空想社会主义者对"城乡一体"的理论和实践探索则成为马克思城乡关系相关论述最直接的理论来源之一。[4] 持此观点的学者还有姚永明、盛辉、罗林生等。

（二）马克思恩格斯城乡关系相关论述的主要内容

围绕对马克思恩格斯城乡关系相关论述的理解和总结，主要形成了如下观点（见表10-1）。

1. 三论说

支持三论说的学者们普遍认为，马克思恩格斯城乡关系相关论述可以概括为三大部分内容，但基于其研究角度不同，学者们阐释的具体内容又不尽相同。第一，从城乡分离到城乡融合全过程研究视角，有学者指出，城乡融合的提出

---

[1] 岑乾明、宋卫琴：《分工理论：理解马克思主义城乡观的钥匙》，《求索》2010年第9期，第100~102页。
[2] 陈伟东、张大维：《马克思恩格斯的城乡统筹发展思想研究》，《当代世界与社会主义》2009年第3期，第19~24页。
[3] 吴平凡：《马克思恩格斯的城乡差别思想》，《西北师范大学学报》（社会科学版）2008年第4期，第76~80页。
[4] 祝小宁、罗敏：《对马克思恩格斯城乡统筹发展理论体系的当代解读》，《西华师范大学学报》（哲学社会科学版）2008年第5期，第66~70页。

表 10 – 1　对马克思恩格斯城乡关系相关论述的研究

研究视角	研究角度	代表学者
城乡分离到城乡融合的全过程视角	规律论、成因论、趋势论	汪巽人等
	城乡对立统一论、城乡关系变迁论、城乡融合论	易文彬等
城乡统筹发展视角	成因论、目标论、措施论	詹卉等
城乡融合发展视角	趋势论、条件论、路径论	刘先江等
	趋势论、动力论、实现方法论	李邦铭等
城乡发展全过程视角	起源论、转变论、发展论、回归论	岑乾明、宋卫琴等
	基础论、动力论、机制论、路径论	许彩铃、李建建等
城乡统筹发展视角	动力论、条件论、目标论、实现论	陈明生等
宏观视角	一大趋势、两种定位、三大原因、四种弊端、五条路径	董济杰等

是马克思恩格斯对资本主义的又一重要批判。城乡从"分离"走向"融合"是历史发展的必然规律，私有制的产生导致了城乡分离现象的发生，随着社会生产力的发展和公有制经济基础的建立，城乡融合之势就会形成。[①] 由此，笔者在这里将马克思恩格斯城乡融合思想概括为规律论、成因论和趋势论。也有学者认为，马克思主义有关城乡关系的主要观点包括城乡对立统一论、城乡关系变迁论和城乡融合论。[②] 第二，从城乡统筹发展的研究角度，有学者提出，在马克思看来，资本主义发展所带来的城乡对立和农业的基础地位是城乡统筹发展的原因；城乡融合是城乡统筹发展的根本目标；废除私有制、城市带动农村、工农业结合是城乡统筹发展的措施。[③] 第三，从城乡融合的视角，有学者提出，从马克思恩格斯城乡融合思想的内在逻辑出发，认为其思想理论应包含：城乡融合发展的必然性、城乡融合发展的条件和实现路径。[④] 也有学者提出马克思恩格斯城乡融合思想包含趋势论、动力论和实现方法论三论。[⑤]

[①] 汪巽人：《初探马克思主义的城乡融合学说》，《福建论坛》（社科教育版）1983 年第 3 期，第 46～50 页。
[②] 易文彬：《马克思主义城乡观及其对我国农村空心化治理的启示》，《河南大学学报》（社会科学版）2018 年第 1 期，第 1～6 页。
[③] 詹卉：《从马克思主义城乡融合论看中国城乡统筹》，《重庆工商大学学报》（西部论坛）2006 年第 5 期，第 17～20 页。
[④] 刘先江：《马克思恩格斯城乡融合理论及其在中国的应用与发展》，《社会主义研究》2013 年第 6 期，第 36～40 页。
[⑤] 李邦铭：《论马克思、恩格斯的城乡关系思想》，《河北学刊》2012 年第 2 期，第 172～176 页。

2. 四论说

通过对城乡从分离到相融合的全过程考察,有学者总结指出"分工"是把握马克思主义城乡关系理论的关键,以分工为理论基点,将马克思主义城乡关系理论总结为:起源论、转变论、发展论和回归论,即由分工带来的生产力发展和私有制产生直接导致了城乡从浑然一体走向分化和对立;分工的不断发展进一步加剧了城乡对立,使得农村被迫屈从于城市;建立在高度分工基础上的城市引领社会发展的同时,又孕育着城乡之间从对立走向合作的可能性;随着社会分工的消除,城乡关系将走向真正的融合。[①] 也有学者从基础、动力、机制、路径等四个方面对马克思恩格斯在城乡经济互动方面的观点进行了较为系统的梳理和解读。他们认为,在马克思恩格斯的城乡关系相关论述中,城市和乡村两大经济区域各具优势、差异互补,这是其经济互动的现实基础;城乡之间发展的不平衡和落差是其经济互动的关键动力;城市经济的"集聚"、"辐射"和向乡村的"扩散"效应是其经济互动的主要机制;实现农业现代化和城乡要素自由流动、加强生态合作是城乡融合的实现路径。[②] 还有学者从城乡统筹发展的视角提出马克思主义经典作家对城乡统筹关系的相关论述应该包括动力论、条件论、目标论、实现论四论说,即农业的基础地位与城乡对立构成城乡统筹发展的主要动力;基于城市本身的聚合作用和扩散作用,实现以城市为中心的发展构成城乡统筹发展的条件;城乡统筹发展的现实条件是城乡对立,城乡融合构成统筹发展的目标;通过废除私有制和以大城市为中心的发展,实现城乡产业统筹发展,最终实现城乡融合。[③]

3. "一二三四五"论说

与以上学者的视角不同,有学者从更加宏观的视角对马克思恩格斯城乡关系的相关论述进行总结和解读,提出"一大趋势、两种定位、三大原因、四种弊端、五条路径"的概括。跟随马克思恩格斯的研究视角,学者检索出"城乡对立"并非永恒的历史现象,伴随生产力的发展,城乡关系从"混沌一体"发展到"分离对立",最终实现"融合发展"是一大趋势。马克思对城乡对立中的"城"和"乡"进行了区分和定位,乡村在人类社会结构中处于基础地位,

---

[①] 岑乾明、宋卫琴:《分工理论:理解马克思主义城乡观的钥匙》,《求索》2010年第9期,第100~102页。

[②] 许彩玲、李建建:《城乡经济互动发展:马克思、恩格斯城乡关系思想的当代视界》,《经济研究参考》2014年第11期,第76~80页。

[③] 陈明生:《马克思主义经典作家论城乡统筹发展》,《当代经济研究》2005年第3期,第13~17页。

这一地位不可动摇;而城市由于其本身的聚合效应和优势地位在人类社会结构中处于中心地位,这是马克思恩格斯对城乡关系的"两种定位"。马克思将城乡分离的原因归结为三个方面:生产力、社会分工和私有制。生产力的发展构成城乡分离的根本原因,社会分工是直接原因,私有制是城乡对立的催化原因。该观点认为,马克思在肯定了城乡分离的进步作用的同时,着重分析了其消极作用:城乡对立造成城市发展的中心化和农村发展的边缘化,动摇了农业的基础地位,带来了人的发展的片面化,最终导致社会矛盾、阶级对立等"四大弊端"。随着城乡对立历史范畴的结束,马克思恩格斯认为实现城乡融合发展是各方面条件构成的合力,包括发展提高生产力、城市带动乡村、工农业合理布局发展、发挥科技的作用和废除私有制、建立新的社会分工等五条路径。[1]

(三) 关于马克思恩格斯城乡对立相关论述的理解

学术界普遍认可城乡对立是一个历史范畴,不是永恒的自然现象。但对于如何理解"物质劳动和精神劳动的最大的一次分工,就是城市和乡村的分离"。找到城乡对立的根源,形成了如下观点。

第一种观点是社会分工说。该观点坚持社会分工是城乡关系的关键,是城乡产生对立的根本原因。"社会分工是城乡对立的根本原因,城乡的分离与对立是伴随着农业和手工业的分工使生产、生活等要素环节都向城市集中化的过程中浮出水面的。资本主义大工业与私有制则是进一步导致近代城乡尖锐对立的根本原因"。[2] 有学者进一步指出,社会分工不仅促进了生产力发展和私有制产生,造成城乡利益分裂,使农村屈服于城市,形成城乡对立;同时,社会分工的高度发展也孕育着城乡合作的可能性,随着社会分工的消除,"城乡关系"将走向真正的融合。[3]

第二种观点是生产力说。与社会分工说不同的是,该观点认为生产力的发展为社会分工提供了条件。有学者提出,"城市的出现、城乡关系的分离,根源于生

---

[1] 董济杰:《马克思恩格斯城乡关系理论及对当前中国城乡一体化的启示》,《前沿》2017年第8期,第11~17页。
[2] 费立群、滕翠华:《城乡产业一体化:马克思主义城乡融合思想的当代视界》,《理论学刊》2010年第1期,第62~65页。
[3] 岑乾明、宋卫琴:《分工理论:理解马克思主义城乡观的钥匙》,《求索》2010年第9期,第100~102页。

产力'有所发展但又发展不足'的必然结果和客观要求,具有历史的必然性"。[1] 持此观点的作者进一步指出,生产力有所发展是指农业劳动生产率逐步提高,不仅有能力生产出维持农业劳动者本身所需要的劳动产品,还出现了结余,这为城乡分离、工农分离提供了可能;生产力发展不充分是指生产力的发展水平虽然提高,但还不足以避免城乡之间发展的不平衡以及由此引发的利益分化和利益冲突,从而形成了城乡之间的对抗。

第三种观点是综合说。有学者将马克思关于城乡分离原因的论述总结为生产力、社会分工和私有制三个方面:生产力的发展构成城乡分离的根本原因,社会分工是直接原因,私有制是城乡对立的催化原因。[2] 也有学者提出,马克思恩格斯从四个方面阐述了城乡分离的原因:一是对比城市和乡村、工业和农业,商品经济、市场经济在城市和工业部门发展的速度快于在农村和农业部门发展的速度。二是对比工农业自身的特点,工业劳动生产率高于农业、发展快于农业。三是对比工业工人和农业工人,城市工业工人比农村农业工人更易于获得高工资。四是对比城市文明与乡村文明、工业文明与农业文明,历史上城市的出现使民众摆脱了野蛮和愚昧。[3]

(四) 关于马克思恩格斯对城乡发展趋势相关论述的认识

关于马克思恩格斯对城乡发展总体趋势判断的认识,理论界的意见是一致的,关于总体趋势分为几个阶段或步骤,国内学者形成了不同的意见。

第一种观点是四步骤说。有学者通过悉心研读马克思恩格斯的经典文献资料,得出马克思恩格斯探讨的城乡关系是按照"城乡混沌—城乡对立—城乡关联—城乡统筹—城乡融合的历史发展脉络推进的"。[4]

第二种观点是三步骤说。有学者认为马克思恩格斯分析城乡关系这个历史范畴的总的看法是"从古代到现代的资本主义,城乡之间由分离的出现到对立的激化;在废除私有制后,城乡之间由对立转为差别;在社会主义迈向共产主义

---

[1] 周志山:《从分离与对立到统筹与融合——马克思的城乡观及其现实意义》,《哲学研究》2007年第10期,第9~15页。
[2] 董济杰:《马克思恩格斯城乡关系理论及对当前中国城乡一体化的启示》,《前沿》2017年第8期,第11~17页。
[3] 何增科:《马克思、恩格斯关于农业和农民问题的基本观点述要》,《马克思主义与现实》2005年第5期,第49~59页。
[4] 费立群、滕翠华:《城乡产业一体化:马克思主义城乡融合思想的当代视界》,《理论学刊》2010年第1期,第62~65页。

时期，人类将自觉地采取各种措施，逐步消灭这种差别，使城乡融合一体"。① 这里笔者所探讨的三步是：第一步，由城乡分离到城乡对立；第二步，由城乡对立到城乡差别；第三步，由城乡差别到城乡融合。持此种观点的学者还有罗林生，他认为"马克思、恩格斯运用辩证唯物史观揭示了城乡关系运动经历着城乡分离、对立、差别和融合四个阶段……"② 持类似观点的学者还有李邦铭，他认为"在原始氏族社会初期，城市尚未产生，不存在城乡之别；随着分工的发展和私有制的产生，城市和乡村逐步走向分离，从而产生了城乡对立；在封建社会制度下，城乡对立及城乡差别进一步拉大和加深；到了资本主义社会，城乡对立和城乡矛盾发展到了极端的、不可调和的地步；在私有制和分工被消灭后，城乡关系走向融合，城乡成为更高级的社会综合体。"③ 笔者在这里探讨了城乡关系经历的三个阶段：城乡同一、城乡对立和城乡融合。

第三种观点是两步骤说。有学者认为，"以生产力和生产关系矛盾统一体所形成的生产方式的更替，表征着社会文明形态依次演进的基本图式，即分离与对立到统筹与融合"。④ 这里他探讨的两步骤是指由分离与对立走向统筹与融合。显然，持此观点的作者只是从发展程度上区分了分离与对立，统筹与融合，并没有认识到两者之间存在本质的区别，界定不甚准确。

二 对毛泽东城乡关系相关论述的阐释

新中国成立前夕，党的工作逐步形成了工农并举、城乡兼顾的城乡发展思想，但长期以来，学术界认为这一时期是农业服务于工业、乡村服务于城市的重工轻农、重城轻乡发展政策，围绕这一问题，学术界展开争论。

一种观点认为这一时期的城乡发展思想是工农并举、城乡兼顾。该观点普遍认同毛泽东的城乡关系思想是工农并举、城乡互助，但分析视角不尽相同。

视角一是城乡发展社会实践角度。有学者提出，鉴于党在七届二中全会上提出"城乡兼顾"，因此，在新中国领导人的规划和设想中"城市与乡村、工业与农业处于同等重要的地位"。这一时期的诸多努力都是在"力图改变战争

---

① 汪巽人：《初探马克思主义的城乡融合学说》，《福建论坛》（社科教育版）1983年第3期，第46~50页。
② 罗林生：《马克思主义城乡路理论的重大发展》，《桂海论丛》1985年第1期，第60~62页、第64页。
③ 李邦铭：《论马克思、恩格斯的城乡关系思想》，《河北学刊》2012年第2期，第172~176页。
④ 周志山：《从分离与对立到统筹与融合——马克思的城乡观及其现实意义》，《哲学研究》2007年第10期，第9~15页。

时期造成的严重城乡隔阻现象,并为建立'城乡兼顾'的新局面而努力"。① 新中国刚刚建立,便通过农民参观工业展览、工农相互沟通的形式为建立新型城乡关系展开努力。② 很快,中央为减轻农民的负担、更好地发展城乡,提出"以税收制度平衡城乡负担"。③ 这一时期肯定了经济建设以重工业为中心,发展了农业合作化,通过工业支援农业,实现农业的机械化、现代化,"以农业为基础,以工业为主导,把优先发展重工业和迅速发展农业结合起来"成为新中国城乡发展的基本规划。④ 在党中央和毛泽东同志的领导下,全国掀起了城市支持农村、工业支援农业的运动,这"是在社会主义条件下,密切城乡关系,巩固工农联盟的一种新的有效的形式"。⑤ 也有学者提出,新中国成立初期,为了赶超发达国家,资源在城市集中的优势是显而易见的,毛泽东也曾经承认城市化是社会发展的一般规律,但毛泽东仍然致力于消灭城乡差别,主要体现在:首先,在处理中国城乡关系时,立足于中国实际解决农村剩余劳动力的就业问题,创办农村工业,通过人民公社使农民就地转化为工人,这些社队企业在改革开放后带来了农村生活的繁荣。其次,将城市占优势的教育、医疗卫生资源更多地引入农村,使农村基础教育水平显著提高⑥,通过农村合作医疗,保障了城乡居民的基本需求,被联合国称为"低收入发展中国家举世无双的成就"。⑦ 论者进一步指出,政府出台限制人口流动的户籍政策实属无奈之举,目的不是把农民束缚在土地上过苦日子,而是"要就地提高农村的生活水平,缩小城乡之间的差距,让农村人民也能过上城市类似水平的生活"。⑧ 毛泽东构建新型工农城乡关系的探索不是"反规律",而是对马克思主义基本原理的继承和发展。支持这一观点的学者还有焦晓云等。岑乾明等进一步指出,毛泽东的

---

① 付志刚:《新中国成立前后中国共产党对城乡关系的认识与定位》,《四川大学学报》(哲学社会科学版) 2018 年第 3 期,第 77~86 页。
② 《农民代表的呼声——从天津工展看新的城乡关系》,《人民日报》1949 年 11 月 8 日,第 2 版。
③ 《中央人民政府政务院颁发全国税政实施细则,统一税收制度平衡城乡负担》,《人民日报》1950 年 2 月 1 日,第 1 版。
④ 《工农业并举是我国社会主义经济的一个重要规律》,《红旗》1960 年第 22 期。
⑤ 哲人:《城市支援农村,工业支援农业,加速实现农业机械化,进一步巩固工农联盟》,《理论战线》1960 年第 Z1 期,第 1~4 页。
⑥ 朱高林:《非均衡视野下中国居民消费水平考察:1949—1978》,《学术界》2012 年第 4 期,第 175~188 页、第 288 页。
⑦ 国务院发展研究中心课题组:《对中国医疗卫生体制改革的评价与建议》,新华网,2005 年 7 月 29 日。
⑧ 张慧鹏:《毛泽东构建新型工农城乡关系的探索与启示》,《马克思主义与现实》2017 年第 6 期,第 185~192 页。

城乡兼顾思想还体现为加大对农村农业的投入，如加大农村医疗投入、保障农村医疗需求，建立合作社为农业提供机械支持，兴修水利基础设施保障农业生产等。"据不完全统计，上个世纪50年代到70年代，全国先后共修建了8万多座大、中、小型水库"，结束了农业靠天吃饭的历史。[1] 周锦涛则从城乡关系的总统筹和城市、乡村的分统筹的视角支持了这一观点。[2] 美国学者梅斯纳高度评价毛泽东的农村工业化策略和"赤脚医生"制度，认为它"既对农村的发展又为整个国民经济做出贡献"，当时的城市提供了许多技术、科学家、书籍和管理人员来发展农村工业，并进而指出，毛泽东的规划是"在农业地区达到当地社会经济自给自足和缩小城乡差别"。[3]

视角二是从城乡发展历史进程角度。有学者在系统梳理毛泽东城乡关系思想发展历程的基础上提出，毛泽东的城乡关系思想经历了以乡村为重心、最终夺取城市——优先发展重工业，城乡统筹兼顾——超速发展工农业——农业是基础、工业是主导的发展历程。在实践上虽有偏差，但城乡关系的指导思想还是工农并举、城乡兼顾。[4] 宫玉松等考察了毛泽东城乡关系思想的核心内容并提出，毛泽东重视城乡兼顾，致力于消灭三大差别，在实践中倡导乡村工业化，重视农业和农民的利益，从教育和医疗方面加大对农村的投入。[5] 杨洛等提出，"坚持城乡协调发展是毛泽东同志的一贯思想。"在社会主义城乡关系中，通过推动工农业产品的等价交换，致力于缩小城乡差距。[6] 支持这一观点的学者还有许彩玲等。

除此之外，还有学者提出，城乡兼顾是毛泽东城乡发展观的方法论，城乡均衡是毛泽东城乡发展观的总目标。[7]

---

[1] 岑乾明、宋卫琴：《马克思"城乡融合"理论之"中国化"——毛泽东城乡关系理论与实践探析》，《云南行政学院学报》2012年第2期，第77~80页。

[2] 周锦涛：《建国初毛泽东城乡统筹发展思想》，《毛泽东思想研究》2007年第4期，第16~19页。

[3] 〔美〕梅斯纳：《毛泽东的中国及其发展——中华人民共和国史》，张瑛等译，社会科学文献出版社，1992年，第418~419页。

[4] 李建建、许彩玲：《毛泽东城乡关系思想：脉络梳理及经验启示》，《当代经济研究》2014年第11期，第5~12页。

[5] 宫玉松、聂济冬：《毛泽东关于城乡关系的思想》，《毛泽东思想研究》1992年第1期，第80~83页。

[6] 杨洛、廖元和：《毛泽东对马克思主义城乡关系理论的运用和发展》，《社会科学研究》1984年第1期，第2~9页。

[7] 朱慧勇：《兼顾与均衡：毛泽东城乡发展观的逻辑主线》，《山西高等学校社会科学学报》2016年第4期，第6~11页。

另一种观点认为这一时期的城乡发展思想是重工轻农、重城轻乡的城市偏向政策。这一观点主要形成于改革开放以来，源于学术界将苏联工业化论战中的"超工业派"理论的引入。如有学者认为，城乡兼顾的发展思想只是在新中国成立初期得到短暂的实施，随后，建立统购统销制度把农业积累向工业转移；建立严格的户籍管理制度，限制农民向城市流动和迁徙，把大量农业人口束缚在有限的土地上；使城市居民享有住房、医疗、教育等多项福利制度农民享受不到，在实践上偏离了这一思想，实行的是"城市偏向政策"。[1] 吕世辰提出，新中国成立之初的30年中，城乡形成了二元经济和二元社会，形成了城乡封闭的两个运行系统，城乡之间的经济联系被人为切断，铸造了难以转换的社会身份体系，城乡之间几乎是"鸡犬之声相闻，老死不相往来"。而这些都源于重工业倾斜的工业化战略。[2] 支持这一观点的学者还有杜漪、顾益康、邵峰、张海鹏等。[3][4][5]

除此之外，还有一种观点认为，毛泽东是反对重城轻乡的，虽没有做到城乡兼顾，但致力于消灭城乡差距。持此观点的主要是一些国外学者，如美国学者莫里斯·迈斯纳认为，虽然毛泽东提出革命胜利后发展以城市为中心的政策，但是在实践中，采用发展农村工业化的方式消灭城乡差别，莫里斯·迈斯纳认为，毛泽东城乡关系思想的目标既不是使城市"农村化"，也不是使乡村"城市化"，而是要使"农村现代化"，使城市融于现代化的农村环境，最终实现消除城乡差别的目标。[6]

三 对中国特色社会主义城乡关系相关论述的阐释

改革开放以来，党对新中国成立30年来的城乡关系进行了反思和总结，继承和发展了毛泽东提出的工农并举、城乡兼顾的城乡关系，形成了中国特色社会主义城乡关系理论，学术界对这一时期的城乡关系思想的认识基本一致，只

---

[1] 姚小飞、昝启均：《毛泽东城乡关系理论及对中国城乡一体化的启示》，《改革与战略》2015年第12期，第23~27页。
[2] 吕世辰：《农民流动与中国社会结构变迁》，新华出版社，1999年，第605页。
[3] 杜漪：《构建和谐城乡关系的经济学研究》，光明日报出版社，2007年，第180~184页。
[4] 顾益康、邵峰：《全面推进城乡一体化改革——新时期解决"三农"问题的根本出路》，《中国农村经济》2003年第1期，第20~26页、第44页。
[5] 张海鹏：《中国城乡关系演变70年：从分割到融合》，《中国农村经济》2019年第3期，第2~18页。
[6] 〔美〕莫里斯·迈斯纳：《毛泽东与马克思主义、乌托邦主义》，中共中央文献研究室《国外研究毛泽东思想资料选辑》编辑组编译，中央文献出版社，1991年，第70~71页。

是在研究的侧重点上略有不同。

(一) 城乡互助、城乡互动

城乡互动、城乡互助是在反思城乡二元发展的基础上提出的,有学者以此为研究视角,概括了邓小平同志有关城乡关系论述的内容:农业、农村、农民的稳定发展是实现城乡互动的前提;工业支援农业,农业发展了反过来支持工业,工农业相互支援是实现城乡互动的核心;乡镇企业架起城乡互动的桥梁,是实现城乡互动的重要载体;科技人才队伍的培养为缩小城乡差距、促进城乡经济社会发展提供支撑,科学技术进步是实现城乡互动的重要推动力;改革城乡二元体制是消除城乡互动体制障碍的根本途径。[1] 支持这一观点的学者还有许彩铃,她认为邓小平是在正确认识社会主义的本质和我国城乡差别的基础上论述城乡互动的,包括:城乡产业发展战略转向农、轻、重的侧重顺序;工农城乡关系以工农城乡互动发展来重构;城乡资源配置方式转向计划与市场相结合;以放权、让利、搞活为总思路改革城乡传统经济体制;以"先富—后富—共富"为实践路径调整城乡区域发展战略。[2]

对城乡互助、城乡互动的分歧主要在于两个方面:一是城乡互动的内涵,二是城乡互动的动力机制。

1. 城乡互助、城乡互动的内涵与目的

关于城乡互动的内涵,学术界普遍着眼于城乡资源配置,"城乡都需要互相支援、互相服务、互相协作。"[3] 但在城乡互动的目的理解上观点不尽相同。

第一种观点认为城乡互动的目的在于实现资源的优化配置。如赵勇从良性互动的视角阐释城乡互动的内涵,城乡通过人力、金融、信息、产业、文化等资源结构的调整和机制的建立实现相互依赖、相互补充的动态平衡。既发挥城市对农村的带动和辐射作用,也发挥农村在自身发展基础上对城市发展的促进作用,以市场机制为基础,推动城乡交流平台建立,改变城乡二元结构,实现工、农业和城乡在总体资源配置中的最优状态。[4] 段娟从城乡地理学视角提出,城乡互动发展是指资本、劳动力、物质、信息等社会经济要素在城乡空间的双

---

[1] 彭晓伟、林伯海:《邓小平的城乡互动思想及其对统筹城乡发展的启示》,《毛泽东思想研究》2012年第4期,第101~105页。
[2] 许彩铃:《城乡经济思想的演进:从毛泽东到习近平》,福建师范大学博士学位论文,2011年,第68~90页。
[3] 卢文:《论发展新型城乡关系》,《江汉论坛》1987年第2期,第18~22页。
[4] 赵勇:《大力实施城乡良性互动战略》,《理论前沿》2002年第19期,第5~7页。

向流动与优化配置。城乡互动有利于城乡区域空间的整体优化。① 支持此观点的学者还有杨井宝、韩东鹤等。

第二种观点认为城乡互动的目的在于实现城乡持续发展。如范海燕等认为，城乡互动是从区域发展的角度出发，通过市场机制，是资源、技术等要素在城乡之间、产业之间有序流动和优化组合，从而实现城乡经济的持续发展。论者认为，城乡互动的目标不是消灭城乡差别，而是改善城乡结构，协调城乡利益，合理配置城乡要素，实现城乡持续发展。城乡互动是城乡之间的多维互动过程，既包括农村资源、劳动力等要素向城市转移，也包括城市技术、资金等要素向农村渗透。城乡互动包括城市对农村的拉动和农村对城市的促进作用，是城市和农村的双向发展。②

第三种观点认为城乡互动的目的在于优化资源配置和改善居民生活。吴振磊提出，城乡互动是城乡经济社会一体化的重要体现，是城乡在产业发展、市场体系、经济主体等方面实现对接的动态关系，可以实现城乡资源优化和推动城乡居民生活改善。作为城乡互动核心的经济互动，包括城市对乡村的拉动作用和乡村对城市的推动作用。③

2. 城乡互动的动力机制

关于城乡互动的动力机制，学术界主要存在"一动力说、三动力说、四动力说、六动力说"。

一动力说。有学者分析了城乡互动与政策制度的关系，认为城乡互动各方面内容的实现都直接或间接地依赖于相关政策制度的支持，因此推导出，政策制度因素是城乡互动发展的核心因素。④ 也有学者引入种群生态学中的共生理论，把"城市"和"农村"视为两个复杂相关的生态有机种群，通过剖析二者的共生单元、共生模式、共生环境和共生界面，从一个全新的角度，解读了城乡互动发展的运作机理。⑤

三动力说。有学者通过对比中外城市化的历史，总结出城市聚变引力定律、

---

① 段娟、文余源、鲁奇：《近十五年国内外城乡互动发展研究述评》，《地理学进展》2006年第4期，第118~128页。
② 范海燕、李洪山：《城乡互动发展模式的探讨》，《中国软件科学》2005年第3期，第155~159页。
③ 吴振磊：《西部地区城乡经济社会一体化支持体系研究》，中国经济出版社，2011年，第70页。
④ 罗雅丽、李同升：《制度因素在我国城乡一体化发展过程中的作用分析》，《人文地理》2005年第4期，第47~50页、第86页。
⑤ 曲亮、郝云宏：《基于共生理论的城乡统筹机理研究》，《农业现代化研究》2004年第5期，第371~374页。

乡村裂变推力定律、城市文明普及率加速定律，称为城市化三大定律，并进而指出，正是这三大定律推动着城市扩展、乡村转型和城乡共同发展。①

四动力说。许多学者认为城乡互动是多种因素综合推动的，一些学者认为城乡互动的动力机制是中心城市的向心力和离心力、农村工业化、乡村城镇化和农业现代化。持此观点的学者主要有宁越敏、崔功豪等、段杰、李同升、李培祥等。还有学者认为国家建设的推动和中心城市建设的扩散形成的自上而下的扩散力机制，乡村推动和城市拉动形成的自下而上的集聚力机制，外资注入的驱动力和自然生态动力学机制构成了城乡互动的动力机制。②

六动力说。吴伟年认为，除了中心城市的向心力和离心力、农村工业化、乡村城镇化和农业现代化构成城乡互动的动力机制外，城乡要素市场的联动和城乡基础设施一体化也是城乡相互作用的动力之一。③

（二）城乡统筹发展

城乡统筹发展思想的提出是对农村服务于城市、农业服务于工业的做法的调整。有学者提出，城乡统筹的重点在于农村、农业和农民，核心在于解决城乡发展的不平衡，从这一意义上说，邓小平的城乡关系思想包括：农业搞不好，工业就没有希望；工业支援农业，是工业的重大任务；农村发展、农民生活水平提高，是中国社会稳定、经济发展的关键；农业是根本，不能忘掉；统筹安排，促进工业与农业平衡发展。④ 李羚从现代化入手，把这一思想总结为：工业化建设中正确处理工农互补；城市化建设中正确处理城乡互补；民主化建设中正确处理稳定与参与，这是缩短城乡差距的政治保障；消除城乡差距关键在于正确处理新时期农民问题，发展农业现代化，实现共同富裕。⑤ 吴学凡指出，邓小平对改革开放之初的城乡差别做出了准确的判断和预见，认为不合理的城乡差别将会导致阶层分化，从而威胁社会稳定，这是违背社会主义的本质的。在此认识的基础上，邓小平从战略高度设计了解决这一问题的路径：高度重视

---

① 高佩义：《中外城市化比较研究》，南开大学出版社，1991年，第151页。
② 张安录：《城乡相互作用的动力学机制与城乡生态经济要素流转》，《城市发展研究》2000年第6期，第51~55页。
③ 吴伟年：《城乡一体化的动力机制与对策思路——以浙江省金华市为例》，《世界地理研究》2002年第4期，第46~53页。
④ 白雪秋：《邓小平统筹城乡发展思想探析》，载《北京大学邓小平理论研究中心论文集》，2004年，第323~327页。
⑤ 李羚：《邓小平城乡关系与中国现代化发展道路探索》，《毛泽东思想研究》2012年第6期，第67~72页。

农业这一基础；坚持集体化方向改革农村基本经营制度；工业支援农业，统筹城乡发展；发展乡镇企业，推进农村工业化，解决农村剩余劳动力就业问题；先富带动后富，最终实现共同富裕。[1]

学术界对城乡统筹发展的分歧主要集中于对其思想内涵的阐释，不同学者分别从体制、制度视角和涵盖的内容视角展开研究。

1. 从体制、制度视角阐释城乡统筹发展

从这一视角出发，学者们认为城乡统筹发展就是打破城乡二元分割的经济体系和城市偏向的制度设计，构建城乡平等、城乡互促的大循环系统，实现城乡资源共享、双赢双荣。如有学者提出，城乡统筹发展就是彻底摒弃计划经济体制，改变城市偏向的政策、制度，摆脱城乡分割、重工轻农、重总量轻结构优化的经济发展战略，加大对"三农"的支持、投入和保护，实现城乡一盘棋发展。[2] 支持这一观点的学者有章玉钧、郭正模，刘树成，赵勇，蔡昉、都阳等。也有学者提出，城乡统筹发展就是彻底打破二元结构，赋予城乡居民平等的身份、地位，通过制度建设和再分配政策促进城乡要素的双向流动和资源配置的优化，实现城乡良性互动。[3] 学者陈希玉、郭翔宇、陈里君等也持有同样的观点。还有学者提出，城乡统筹发展是一项强制性制度创新，通过这一制度设计可以实现农民、政府、企业的"三赢"，也可以由于溢出效应惠及国家和社会，实现"四赢"。[4]

2. 从统筹的内容阐释城乡统筹发展

从这一视角出发，学者们通过考察城乡统筹发展所涵盖的内容来阐释其内涵。如有学者认为城乡统筹发展就是统筹城乡经济、社会发展。[5] 也有学者考察了城乡统筹发展思想的形成过程，提出城乡统筹发展战略内涵丰富，首先是城乡经济资源的统筹，实现城乡经济的良性互动和协调发展；其次是城乡政治资源的统筹，实现城乡政治、民主的共同发展；再次是城乡社会资源的统筹，实现城乡文化、文明的繁荣发展。[6] 还有学者通过考察世界城市化进程和中国

---

[1] 吴学凡：《新时期中国城乡差别问题》，社会科学文献出版社，2009年，第67~68页。
[2] 顾益康：《统筹城乡经济社会发展加快农村全面小康建设》，《农村经济问题》2003年第4期，第9~14页。
[3] 张小林：《城乡统筹挑战与抉择》，南京师范大学出版社，2009年，第80页。
[4] 陈学华、赵洪江：《城乡一体化动因及结果：基于制度创新的视角》，《农村经济》2007年第8期，第97~100页。
[5] 张平军：《统筹城乡经济社会发展》，中国经济出版社，2004年，第7页。
[6] 铁明太：《建设和谐社会视角下的统筹城乡发展问题研究》，《农业经济》2009年第8期，第12~14页。

城乡关系的演变,提出城乡统筹发展是一项社会系统工程,其主要内容包括:统筹城乡经济发展,统筹城乡文化发展,统筹城乡政治发展和统筹城乡社会事业发展。① 此外,也有学者提出,城乡统筹发展是一种战略思维,目标是打破城乡二元体制,建立城乡互动格局,最终实现城乡的协调发展,其主要内容包括:城乡要素资源的统筹,实现双向自由流动;城乡政策体制统筹,改变城乡分割的结构;城乡社会发展统筹,改善城乡公共产品供给;城乡政府管理统筹,开启城乡和谐、高效的管理局面。②

(三) 城乡一体化

城乡一体化是破解"三农"难题、推动城乡共同繁荣的根本路径。蒋永穆等认为,改革开放之初,中国的农业生产力水平已经大幅提高,但是城乡二元体制抑制了农业的进一步发展。在此基础上,邓小平等领导人提出了一系列城乡发展思想,其主要内容包括:坚持农业的基础地位,不要忘记农业是根本;推动农业和工业、农村和城市相互促进、互动、互助;推动农村工业化,乡镇企业的兴起是实现城乡一体化的重要路径;逐步建立特色、有效的社会保障制度促进城乡一体化。③

学术界对城乡一体化的总体趋势普遍认同,学者们对这一思想的分歧集中于对其内涵的阐释,形成了不同观点。

1. 城乡互动说

这一观点强调城乡之间相互促进和发挥各自的优势。如有学者提出城乡一体化是指生产力发展到一定水平之后,把城乡建设成一个相对依存,相互促进的统一体。城乡一体化是充分发挥城市和乡村各自的优势,是一个地域社会经济过程,不是要"城乡一样化",而是要"城市与乡村互相吸收先进和健康的,摒弃落后和病态的一种双向演进。"④ 也有学者对比了城市化和城乡一体化的联系与区别,从城乡互动的视角提出城乡一体化的实质是城乡之间竞争与合作的耦合联动发展。⑤ 还有学者提出,城乡一体化是在生产力水平相当高的时期,充分发挥城乡各自优势、理顺交流途径的双向演进过程;是城带乡、乡促城,

---

① 张小林:《城乡统筹挑战与抉择》,南京师范大学出版社,2009年,第82~88页。
② 吴振磊:《西部地区城乡经济社会一体化支持体系研究》,中国经济出版社,2011年,第71页。
③ 蒋永穆、罗平、王丽程、张红霞、卢洋:《中国农村改革四十年:回顾与经验》,四川大学出版社,2018年,第261~263页。
④ 杨荣南:《关于城乡一体化的几个问题》,《城市规划》1997年第5期,第41~43页、第52页。
⑤ 石忆邵:《关于城乡一体化的几点讨论》,《规划师》1999年第4期,第114~116页、第138页。

城乡互为资源，互为市场，互相服务，互为环境，共同享受现代文明的对立统一。①

2. 城乡系统说

该观点从城乡一体涵盖的内容阐释城乡一体化，认为城乡一体化是一个整体系统，是涉及社会、经济、生态、规划建设等的复杂、系统工程。② 它是在大力发展生产力的过程中，促进农村人口城市化，缩小城乡差别，实现经济、社会、环境和谐发展，使城乡共享现代文明空间，③ 是城乡发展的最高阶段。城乡一体化是要改变计划经济体制下形成的城乡差距发展战略，建立起地位平等、开放互通、互补互促、共同进步的城乡社会经济发展新格局。④ 狭义城乡一体化是指城市和乡村是一个整体，在这个系统内，人流、物流、信息流自有合理的流动；城乡之间经济、社会和文化相互渗透、相互融合、高度依赖，各种时空资源得以高效利用。在这一系统中城市和乡村虽然功能有差异，但地位平等。⑤

3. 城乡空间融合说

该观点认为，城乡一体化是城乡在区域范围内实现的空间优化和融合。如有学者提出，城乡一体化是城乡两个不同特质的经济、社会单元和人类聚落空间在一个相互依存的区域范围内结为一体，谋求融合发展、协调共生、共同繁荣的过程。⑥ 支持这一观点的学者还有姜作培等。还有学者从区域角度出发，提出城乡一体化是寻求区域持续、协调、全面发展的途径。城乡一体化不是城乡空间的均衡化，而是在明确城乡分工、相互促进基础上的双向发展过程，是一个有效聚集、有机疏散、高效协作的最优空间网络系统。城乡一体化的目标是为区域内城乡居民创造"物心具丰"的生活空间，是区域内城乡关系发展的高级阶段和终极目标。⑦

---

① 陈雯：《"城乡一体化"内涵的讨论》，《现代经济探讨》2003年第5期，第16~18页。
② 朱志萍：《城乡二元结构的制度变迁与城乡一体化》，《软科学》2008年第6期，第104~108页。
③ 应雄：《城乡一体化趋势前瞻》，《浙江经济》2002年第13期，第48~49页。
④ 顾益康、邵峰：《全面推进城乡一体化改革——新时期解决"三农"问题的根本出路》，《中国农村经济》2003年第1期，第20~26页、第44页。
⑤ 甄峰：《城乡一体化理论及其规划探讨》，《城市规划汇刊》1998年第6期，第28~31页、第64页。
⑥ 洪银兴、陈雯：《城乡一体化的科学内涵》，《经济研究参考》2003年第55期，第32页。
⑦ 李同升、库向阳：《城乡一体化发展的动力机制及其演变分析——以宝鸡市为例》，《西北大学学报》（自然科学版）2000年第3期，第256~260页。

4. 城乡发展过程说

该观点认为，城乡一体化更强调过程，城乡一体化是城乡由分离、对立到融合的过程，是城乡在政府、企业等主体推动下，在产业发展、城乡规划、市场体系、经济主体、公共服务、社会管理、基础设施、生活方式等方面消除对立，实现一体化的过程；是城乡融合发展，经济社会结构耦合的过程。①

四 对新时代城乡关系相关论述的阐释

顾益康考察了改革开放以来城乡关系演变和乡村变化趋势，将这一时期划分为：乡村裂变阶段（20世纪80年代以来）、乡村蝶变阶段（新世纪以来）和乡村聚变阶段（新型城乡关系构建以来）。②依据这种划分，新时代正是新型城乡关系构建的乡村聚变阶段。有学者进一步把党的十八大以来的城乡关系分为两阶段：2012-2017年城乡一体化战略和新型城乡关系的形成时期；2017年10月至今城乡融合下的乡村振兴战略时期。③在此基础上，学术界对习近平城乡关系思想的阐释主要集中于两个方面：一是城乡发展一体化；二是城乡融合发展。

（一）城乡发展一体化

对城乡发展一体化思想内容的阐释，学术界的观点大同小异，主要是视角不同：

第一种是新型城乡关系构建、新型城镇化的角度。城乡发展一体化主要包括：农业转移人口的市民化，发展可持续发展产业；尊重社会发展规律、现实需求和农民群众的意愿，科学规划新农村建设；发展农业适度规模经营等。④

第二种是多维透视的视角。城乡发展一体化以解决"三农"问题为重点，以改革开放为根本动力，以"以人为本"为核心，以深化农村土地制度改革为基础，以城乡要素平等交换和公共资源均等配置为实质，以市场决定和政府主导为主要机制，以新型城镇化建设和新农村建设为两翼。⑤

---

① 吴振磊：《西部地区城乡经济社会一体化支持体系研究》，中国经济出版社，2011年，第69页。
② 顾益康：《关于城乡发展一体化的趋势与建议》，《浙江经济》2017年第12期，第8~9页。
③ 孔祥志、张效榕：《从城乡一体化到乡村振兴——十八大以来中国城乡关系演变的路径及发展趋势》，《教学与研究》2018年第8期，第5~14页。
④ 张晓山：《习近平"城乡一体化"思想探讨》，《人民论坛》2015年第30期，第25~27页。
⑤ 许彩玲、李建建：《习近平城乡发展一体化思想的多维透视》，《福建论坛》（人文社会科学版）2015年第3期，第17~23页。

第三种是破解城乡二元结构视角。有学者把城乡发展一体化思想归纳为八个方面：推进城乡发展一体化是我国经济发展到一定阶段的必然要求；实现城乡发展一体化是一项关系全局、关系长远的重大任务；推进城乡发展一体化必须坚持中国特色；推进城乡发展一体化需要动员各方力量形成新格局；农村发展的出发点和落脚点是维护好、实现好、发展好农民权益；农村发展的根本是坚持不懈推进农村改革和制度创新；新型城镇化和新农村建设必须协调推进、互惠一体；推进城乡发展一体化必须加强顶层设计和系统谋划。[1]

（二）城乡融合的路径

学术界对城乡融合实现路径的争鸣主要集中在两个方面，一是从城乡融合的内涵阐释实现路径，二是从城乡融合与乡村振兴结合的角度阐释实现路径。

1. 从城乡融合的内涵阐释实现路径

有学者提出，城乡融合发展是在城乡地位平等的基础上，全面推动城乡经济、社会、文化、生态、治理各领域的制度并轨、体制统一，加快城乡要素市场一体化，实现公共资源和生产要素和生产力在城乡之间均衡配置和布局，充分发挥城乡各自的功能，形成工农互促、城乡互补的新型工农城乡关系。在此基础上，论者认为城乡融合发展在政策上要坚持农业农村优先发展，推动公共资源更多向乡村配置；要深化改革，实现要素在城乡之间双向、自由流动和平等交换；要加快推进乡村治理体系和治理能力现代化，缩小城乡治理能力差距；要注重发掘乡村的价值，发挥乡村的长处，促进新型城镇化和国家现代化的健康发展。[2] 城乡融合的本质是在城乡要素自由流动、公平与共享基础上的城乡协调和一体化发展。城乡融合发展，要素融合是基础，基础设施与公共服务融合是抓手，空间融合是保障，生态融合是目标。[3] 城乡融合发展的制度保障和政策体系搭建要做到：全面推进户籍制度改革，深化土地制度改革，实现城乡公共资源均衡配置，健全财政、金融支持政策。[4] 还有学者分析了现阶段我国

---

[1] 蒋永穆、赵苏丹、周宇涵：《习近平城乡发展一体化思想探析》，《政治经济学评论》2016年第5期，第111~125页。

[2] 金三林：《新时期推进城乡融合发展的总体思路和重大举措》，《中国经济时报》2019年7月1日，第5版。

[3] 刘春芳、张志英：《从城乡一体化到城乡融合：新型城乡关系的思考》，《地理科学》2018年第10期，第1624~1633页。

[4] 蔡继明、李蒙蒙：《城乡融合发展的制度保障和政策体系搭建》，《经济研究参考》2019年第8期，第123~125页。

城乡要素流动的主要障碍，提出实现城乡融合发展的制度保障，包括全面推进户籍制度改革，摆脱福利鸿沟；深化土地制度改革，保障农民权益；建立健全财政、金融、社会资本保障机制，加大对"三农"的支持和投入。[1]

2. 从城乡融合与乡村振兴结合的角度阐释实现路径

有学者提出"以乡村振兴战略带动城乡融合发展是当今我国农村发展的必由之路。"乡村振兴必须以建立健全城乡融合发展体制机制和政策体系为关键环节，论者在分析了我国乡村发展的困境的基础上，提出实施乡村振兴战略下城乡融合发展的路径选择：一是与实施农业供给侧结构性改革相衔接，二是与推进新型城镇化建设相融合，三是与实现农业现代化建设相配套，四是与推进农村精神文明建设相联系。[2] 也有学者从考察中国城乡演变和乡村发生的"裂变—蝶变—聚变"的基础上提出，要把推进城乡发展一体化和五化（新型工业化、新型城镇化、信息化、新型农业现代化、绿色化）同步推进作为主线；要把乡村复兴作为"三农"发展的新任务和新目标；要从城乡生命共同体和城乡命运共同体的认识出发，全面把握城乡经济社会发展的规律性，深刻认识中国"三农"的新内涵；要推进城乡综合配套改革，彻底消除城乡二元分割的体制机制和法律政策的影响。[3] 实现城乡融合，关键要坚持乡村振兴与城镇化双轮驱动，塑造新型城乡结构关系；坚持农村、农业发展的"优先性"，塑造新型城乡利益关系。论者进一步指出城乡融合的基本路径是构建新型社会治理体系，实现城乡发展等值化；构建要素双向配置互动机制，实现城乡经济融合化；打造特色小镇，实现城乡发展纽带化。[4] 城乡融合包括要素融合、区域融合和生活方式融合，城乡融合下的乡村振兴要解决产业兴旺、体制机制创新和人才、资金问题。[5]

除此之外，有学者从中国城乡变化入手，提出加快建立城乡融合的体制机制和政策体系，首先，要破除城市中心主义的错误认识，树立正确的城乡融合发展观；其次，要促进公共资源在城乡之间均衡合理配置；再次，要促进城乡要素双向流动，加快形成要素城乡均衡配置格局；最后，要科学合理做好乡村

---

[1] 蔡继明、李蒙蒙：《中国城乡融合发展的制度障碍及政策建议》，《河北学刊》2019年第4期，第139~145页。

[2] 马晓双、金丽馥：《乡村振兴战略下的城乡融合发展之路》，《改革与开放》2019年第9期，第21~23页、第28页。

[3] 顾益康：《关于城乡发展一体化的趋势与建议》，《浙江经济》2017年第12期，第8~9页。

[4] 陈丹、张越：《乡村振兴战略下城乡融合的逻辑、关键与路径》，《宏观经济管理》2019年第1期，第57~64页。

[5] 孔祥智、张效榕：《从城乡一体化到乡村振兴——十八大以来中国城乡关系演变的路径及发展趋势》，《教学与研究》2018年第8期，第5~14页。

人力资源开发。① 未来调整城乡关系要深化户籍制度改革，提高城镇化率，夯实城乡融合发展基础；优先推进城乡发展中所需的同类要素内容，实现城乡融合发展重点突破；加快城乡要素市场一体化，攻克城乡融合发展的薄弱环节；推动乡村三产融合发展，建立城乡融合发展的产业基础。②

第二节　城镇化还是城市化

马克思主义认为，城乡发展关系的总体趋势是由城乡分离走向城乡融合。以什么方式（城镇化还是城市化）实现城乡融合是学术界争论的焦点，围绕这一问题形成如下几方面的争论。

一　城镇化与城市化的内涵

以什么样的方式实现城乡关系的融合发展？城市化与城镇化是否同一概念？学术界从探索城市化、城镇化的词源和内涵两个方面进行了研究，形成了不同的观点。

（一）城镇化与城市化的来源与译法

学术界大都承认"城镇化"或"城市化"是一个外来语，都源自英文"Urbanization"。但是对如何翻译和理解这一词汇形成了三种观点。

第一种观点认为应翻译为"城市化"。该观点认为，城市化不仅是具体的有形过程，而且是一种抽象的无形过程。而"城镇化"译法更强调外延，不能完整表达城市化的抽象涵义，不能涵盖不同学科对城市化的理解。该观点进一步指出，"城市化"的译法则更符合"Urbanization"的内涵，而小城镇作为城市初级形态也可列入"城市"的外延之内，就统一使用而言，用"城市化"比"城镇化"好。③ 持类似观点的学者还有罗淳、舒宇，他们还认为"城市"与"城镇"分别指代社会经济发展不同阶段的两类城市化形态，前者已脱离农业产业主导和农村生活方式，是城市化进程的高级形态；后者则是城市化的初级

---

① 韩俊：《破除城乡二元结构走城乡融合发展道路》，《理论视野》2018 年第 11 期，第 5～8 页。
② 张海鹏：《中国城乡关系演变 70 年：从分割到融合》，《中国农村经济》2019 年第 3 期，第 2～18 页。
③ 宋俊岭：《中国城镇化知识 15 讲》，中国城市出版社，2001 年，第 35～36 页。

形态，依然与农业和农村联系紧密。①

第二种观点认为应翻译为"城镇化"。该观点指出，中国是一个人口大国，镇的规模一般都很大，差不多相当于甚至大于外国的小城市。同时，中国的城市化不仅仅是人口向城市（City）集中，而且还要向大量的城镇（City and Town）转移和聚集，所以，用"城市化"或者"都市化"都不太准确，不能概括中国的人口向城市和镇的"转移、集中与聚集"的整个过程，适宜的选择是用"城镇化"，更能反映中国的实际状况。②

第三种观点认为既可译成"城市化"、"都市化"，也可译成"城镇化"。该观点认为，城镇化与城市化本质上并无二致，至于将"Urbanization"译成"城市化"还是"城镇化"，要从实际需要出发，不宜强调二者必取其一或者孰优孰劣的问题。③ 城市化和城镇化都是总体城市化的组成部分。

（二）城镇化与城市化的内涵

学术界主流观点是区分使用和研究城市化和城镇化的内涵的，在探索的视角方面存在以下争议。

第一种观点是以涵盖范围为视角区分城市化与城镇化。"城市化是一个严谨的科学概念，学术界提出的农村城市化、城镇化、非农化、城乡一体化等概念仅仅是揭示了城市化的某一个层面，而不能涵盖城市化的全部内涵，更不能将其与城市化等同起来。"④ 不少学者以要素转化为视角，认为城市化是农村要素非农化的过程，如人口学研究认为，城市化就是农村人口不断进入城市，农业人口非农化的过程，非农业人口所占比例是衡量一个国家城市化的尺度。地理学研究认为，城市化是农村区域向城市区域的转化或集中的过程，或者也可以说是城市向农村扩张的过程，即地域的非农化。社会学研究认为，城市化是农村生活方式、农业生产方式向城市生活方式、工业化生产方式的转化，即生产、生活方式的非农化。历史学研究认为，城市化是人类社会由乡村社会、乡村文明向现代城市社会、城市文明逐步转化的历史过程，即社会、文明发展的非农化。以上研究只是从不同学科研究了农村城市化的内涵，而城镇化只是农村城

---

① 罗淳、舒宇：《中国人口"城""镇"化解析》，《人口与经济》2013年第4期，第3~11页。
② 成德宁：《城镇化与经济发展——理论、模式与政策》，科学出版社，2004年，第70~78页。
③ 姜爱林：《"城市化"和"城镇化"基本涵义研究评述》，《株洲师范高等专科学校学报》2003年第4期，第46~50页。
④ 周加来：《城市化·城镇化·农村城市化·城乡一体化——城市化概念辨析》，《中国农村经济》2001年第5期，第40~44页。

市化的一条路径，周加来认为，一个国家如果城市数量足够，有能力吸纳全部劳动力，就不需要发展城镇化，可以通过农村工业化、农业现代化和劳动生产率的提高促进人口非农化。

第二种观点是以发展阶段来区分城市化和城镇化。该观点认为，城市化是阶段性的，城市化和农村城镇化是两个不同的概念，农村城镇化是城市化进程中量的增加阶段，是广义城市化的初级阶段。有学者认为，中国改革开放以来以发展小城镇为主，成效显著，但是进入21世纪，中国城市化理应进入"第二阶段"[1]，支持这一观点的学者有周加来、冯云廷等。乡镇企业——小城镇的发展模式只是我国城市化的起始模式而不是终极模式，学者们根据城市化进程的"S"形发展规律提出，当城市化水平低于50%时，城市化以"量"的增加为主，主要通过农村城市化（主要是城镇化）的方式实现，当城市化水平超过50%时，城市化转入"同化"阶段，[2] 城乡差别持续缩小，城市化真正实现。

第三种观点以"量—质"转变区分城镇化和城市化。该观点认为，城市化是一个过程，这一过程包括城市化"量"的持续增加和积累的过程，也包括逐步消灭城乡差别，实现城市化的质变的过程。量变过程中主要对应模式就是农村城镇化的过程，质变的过程是城市化"同化"的过程，是真正的城市化。支持这一观点的学者有田雪原、周加来等。这一观点是建立在城市化过程分期理论的基础之上的，周加来认为，城市化是量和质的统一的过程，城市化的初期，主要任务是使传统、落后的农村向现代城市转变，这一时期城市化的主要表现是农村的城镇化，是城市化"量"的积累期；当城市化率越过50%时，城市文明开始传播和扩散，城市文明开始"同化"社会，城乡差别逐步消失，城市化发生质变，城乡融合实现。[3] 支持这一观点的学者还有高佩仪[4]。

此外，还有学者认为城镇化和城市化是城市化的两种不同模式，二者相互区别又相互联系。首先，城镇化和城市化都强调农村人口向城市的转移，农村城镇化实质是城市化进程"量"的激增阶段，是狭义城市化。其次，农村城镇化主要考虑农村要素的转化，忽略了城市本身的发展和升级，而城市化则关注包括农村、城市在内的整个社会的进步。再次，从发展阶段上看，城市化进程

---

[1] 田雪原：《城镇化还是城市化》，《人口学刊》2013年第6期，第5~10页。
[2] 周加来：《城市化·城镇化·农村城市化·城乡一体化——城市化概念辨析》，《中国农村经济》2001年第5期，第40~44页。
[3] 周加来：《城市化·城镇化·农村城市化·城乡一体化——城市化概念辨析》，《中国农村经济》2001年第5期，第40~44页。
[4] 高佩义：《中外城市化比较研究》，南开大学出版社，1991年，第19~26页。

包括农村城镇化、城市现代化和城市集群化；城镇化则涉及二元转化问题，只有城市化水平高度发展之后，城市群、城市带的发展才成为城市化的核心。[①]

二 城镇化与城市化道路

进入21世纪以来，中国城市化发展道路的探讨日趋深入，关于城市化与城镇化道路，一种观点认为中国应该坚持城镇化的发展道路，另一种观点认为应该坚持城市化的道路。

（一）坚持城镇化道路

该观点认为中国城乡关系的发展应该坚持城镇化的发展道路，但在关于为什么会选择城镇化道路发展城乡关系，学术界也形成了三种观点。

1. 国情生长说

该观点认为，中国城乡关系发展选择城镇化道路是由我国的特殊国情决定的，这是区别于西方城市化道路的根本所在。有学者跟踪研究中国乡土社会、城乡发展近80年，提出"中国工业化，要从农村开始。"[②] 这不仅是指中国工业化的原始积累要依靠农业，也是指改革开放后中国乡镇企业的兴起。论者认为，对比西方工业化道路，工业入侵农业和乡村，把农民视为猎物，造成了对农业的极大破坏，引起工农业矛盾和城乡矛盾，而中国这种"草根工业"是从农村本土生长出来的工业，工农业相辅相成，这是具有中国的特色的工业化道路。与这样的工业化相伴而生的是中国小城镇的发展，小城镇的发展使农业剩余劳动力转化为工业的巨大生产力，截留了大量涌向城市的人口，起到了"蓄水池"作用，不仅保证了社会的安定，也形成了新的人口分布格局。"小城镇作为一个城乡社会的环节，凝聚了中国社会结构变动中种种矛盾所产生的推动力……小城镇的兴起解决了包含在中国现代化进程中的种种矛盾。"[③] 支持此观点的学者还有吴友仁。徐志辉、孟桂英在《乡镇企业-小城镇建设-城市化道路：我国农村剩余劳动力转移的必由之路》中也提出，与西方国家相比，走"乡镇企业-小城镇化-城市化"道路是我国农民的独创，是我国实现工业化、城市化的必由之路。

[①] 吴振磊：《西部地区城乡经济社会一体化支持体系研究》，中国经济出版社，2011年，第67~68页。
[②] 费孝通：《中国城乡发展的道路》，上海人民出版社，2016年，第136页。
[③] 费孝通：《中国城乡发展的道路》，上海人民出版社，2016年，第136页。

2. 经验借鉴说

该观点认为，世界城市化进程与人类社会的发展规律相匹配，我们可以借鉴世界各国城市化的经验，甚至可以借鉴和超越"大城市—中小城市"的经验，以小城镇作为城市化的主要模式。有学者悉心对比世界各国城市化历史，提出世界各国城市化主要以两种模式进行：一种是大城市模式，一种是中小城市发展模式。发达国家主要采用大城市发展模式，这是一种"自发式"发展模式，而"中小城市"模式则是在国家政策指导下的"自觉式"发展模式。论者还发现，20世纪以来，主要发达国家的工业化和人口迅速向大城市集合，大城市规模急剧扩大，城市人口迅速膨胀，各国痛尝"城市病"的恶果，之后大城市的发展陷入停滞，工业和人口开始向中小城市和城市近郊的"小镇"转移，20世纪70年代出现了普遍"逆城镇化"现象。而发展中国家此时正在经历"分散——集中"的模式转换，随着新的科技革命的兴起，城市的发展将再次走向"分散"。论者认为，我们可以打破世界城市化的"定规"，以"小城镇"作为城市化的主要模式，形成具有中国的特色的城市化道路。[①] 支持此观点的学者还有徐更生，他认为大城市的发展道路不仅使城市人口"爆炸"，而且使农村陷入萧条和衰败，"从美国及其他发达资本主义国家的'城市化'的经历来看，大城市并非是人类的最后归宿，城乡差别最终要靠全国星罗棋布的小城镇来解决。"因此，在中国"发展小城镇是实现农村现代化以至国民经济现代化的捷径。"[②]

3. 现实需要说

该观点认为，中国之所以选择"城镇化"的发展模式源于社会的现实需要。支持此观点的学者主要有顾益康、黄祖辉等，论者从对"乡村病"和乡镇企业的分析入手，认为大部分学者对工业化的小城镇带来日益严重的"乡村病"注意不够。农村日益出现农业副业化、生态环境恶化、小城镇无序化和离农人口两栖化等"乡村病"。论者认为"乡村病"的病根并不在工业化的小城镇，而是在于二元社会经济体制，不能使转为非农人口的公民身权统一。要想正确评价乡镇企业和小城镇，论者认为需要把握两点：一是肯定其历史功绩，乡镇企业和小城镇扭转了国民经济特别是农村经济的萎缩，促进农村经济增长和农民富裕，变革了农民的思想观念和生活方式，首次冲击了二元社会经

[①] 叶克林：《以小城镇为主体的中国城市化模式》，《管理世界》1986年第5期，第25~37页。

[②] 徐更生：《发展小城镇是我国实现农村现代化的捷径》，《中国农村经济》1987年第11期，第57~59页。

济结构；二是"乡镇企业——小城镇道路作为中国农村工业化和城市化的起步模式有其客观必然性，它是农民面对国家尚未彻底取消城乡分割的二元社会经济的各种政策和制度的限制条件而作出的现实抉择"。但同时，论者也指出"不能把乡镇企业——小城镇这一农村工业化、城市化的起始模式当作终极的最佳模式"。[①]

（二）坚持城市化道路

该观点主要形成于21世纪，部分学者认为城镇化道路只是中国城乡发展的权宜之计，无论从人类社会的发展规律、城市化规律，还是解决城镇化发展的造成的诸多矛盾来看，中国城乡关系发展都应该坚持城市化道路。

1. 人类社会发展规律匹配说

该观点认为，城乡结构的演变遵循一定的规律，这一规律是与人类社会发展规律的内容相统一的，城市化正是这一规律的外部表现。人类社会的发展轨迹是从农业文明转向工业文明再到科技文明。与此相匹配，城乡关系的发展将外化为乡村—城市—城镇，即随着以分散的手工劳动为标志的农业文明向以工业集中为特点的工业文明的转变，承载农业文明的分散的农村结构开始向承载工业文明的集中的城市结构转变，与工业集中相匹配的是大城市的发展。随着社会发展和人类科技的提高，人类将转入新的分散结构。论者认为这反映了"人类社会组织形式与文明载体由分散到集中又到新的分散包括适当集中的否定之否定规律"。[②] 青川在《根据规律和国情选择城市化道路——中国城市化道路研讨会综述》一文中，也阐述了这一观点：集中型城市化是由工业化阶段物质生产规模效益规律所决定的，"离土不离乡，进厂不进城"的高度分散型发展模式，和工业化阶段所需要的集中型城市化客观趋势相违背。[③]

2. 城市化规律匹配说

一种观点认为市场经济条件下，我国将重点放在小城镇上是反其道而行之，我们应该遵循国际上"先发展大中小城市，然后再配套发展小城镇"的道路。[④]

---

① 顾益康、黄祖辉等：《对乡镇企业—小城镇道路的历史评判——兼论中国农村城市化道路问题》，《农村经济问题》1989年第3期，第11~16页。
② 宋书伟：《新型中等城市中心论——科技文明时代的新型社会结构》，《城市问题》1990年第1期，第3~9页、第17页。
③ 青川：《根据规律和国情选择城市化道路——中国城市化道路研讨会综述》，《经济学动态》1989年第10期，第12~16页。
④ 秦尊文：《小城镇道路：中国城市化的妄想症》，《中国农村经济》2001年第12期，第64~69页。

也有学者提出，人口向城市集中，尤其是向大城市集中是社会发展的规律，不把大城市发展作为城镇化的重点，就不可能带动中小城市的发展。① 另一种观点虽然承认了改革开放 20 年来发展小城镇的成效，但认为 21 世纪以后，"我国的城市化已步入'以大为主'的第二阶段"②，以国家社会城市化的"S"形曲线走势为依据，认为我国需要以大城市为主导推进城市化。也有学者从聚集经济效应（地方经济的外在化和城市化经济的内在化）进行阐述，认为从城镇化到城市化，是我国现阶段农村城镇化模式的必然转变。③ 还有学者提出：为了中国城市化的健康发展，当务之急是放弃"城镇化"的发展思路，确立"城市化"的指导思想。④。

3. 矛盾解决说

一种观点认为，小城镇的发展不仅没有解决城乡二元经济结构的社会矛盾，而且带来诸多社会问题，还在一定程度上形成了"城市——城镇——乡村"的三元社会结构，使城乡矛盾复杂化。只有城市化的路径才能根本改变城乡关系的二元结构化发展，实现城乡一体、实现现代化。"城市化是伴随着工业化和经济改革而出现的、解决城乡二元结构矛盾的出路。"⑤

另一种观点认为，城镇化发展道路困难重重。首先是我国的小城镇绝大多数仍然处在交通不便、信息不畅、文化落后、技术水平低、投资分散且效益低下的状态，片面强调发展小城镇，必然造成乱占乱用土地、重复建设严重、浪费资源、污染环境等严重问题。其次是小城镇基于自身的局限而存在着"小城镇病"，即集聚能力低、集聚效益差。再次是与大中城市相比，小城镇的综合经济效益很差。⑥ 小城镇的城市化成本比较高，据有关计算，以同样的成本，在大城市可以吸纳 6~8 个非城市人口，而在小城镇则只能吸纳 1 个，小城镇的城市功能往往残缺不全，加之规模太小，难以提供更多的就业机会，这就限制了小城镇的人口吸纳能力。小城镇对资源的消耗也比较大，小城镇建设用地需求要比大中城市多得多。⑦

---

① 张正河、谭勇：《小城镇难当城市化主角》，《中国软科学》1998 年第 8 期，第 14~19 页。
② 田雪原：《城镇化还是城市化》，《人口学刊》2013 年第 6 期，第 5~10 页。
③ 冯云廷：《城镇化到城市化：农村城镇化模式的转变》，《农村经济》2006 年第 4 期，第 71~80 页。
④ 樊纲：《发展大城市是当务之急》，《中国联合商报》2018 年 3 月 5 日，第 A04 版。
⑤ 朱铁臻：《城市化是新世纪中国经济高增长的强大动力》，《经济界》2000 年第 1 期，第 32~36 页。
⑥ 季建林：《当前我国农村经济的主要问题与出路》，《经济理论与经济管理》2001 年第 1 期，第 70~72 页。
⑦ 魏杰：《简论我国城市化战略的新选择》，《光明日报》2005 年 11 月 8 日，第 6 版。

三 城镇化重点

自从费孝通先生提出"小城镇大问题"之后,选择什么样的"城镇化"作为发展城乡关系的路径也成为学术界争论的热点,围绕这一争论形成五种观点,如表10-2所示。

表10-2 城镇化重点

观点	研究角度	代表学者
以小城镇为重心	对比大城市	费孝通、徐志辉、孟桂英等
	借鉴已有经验	柳思维、叶克林、徐更生、李鑫生等
以发展县域中心镇为重心		温铁军、罗必良、刘志澄、辜胜阻、李永周等
以中等城市为重心		俞宪忠、吴伪佳、吴良镛、宋书伟、吕颖慧、石红溶、李英东、刘纯彬等
以大城市为重心		朱铁臻、李润田、钟荣魁、王小鲁、夏小林、洪银兴、陈雯、李迎生、饶会林等
以城市群为重心	对比说	朱铁臻、周一星、蔡宇平、廖丹青、于江平、李梦白等
	系统说	冯云廷、魏杰、姚士谋、张平宇、石忆邵、朱卫峰等
	因地制宜说	费孝通、简新华、罗钜均、黄锟、何干强等
	规律说	方创琳、李英东、赵哲等
	其他	蒋致洁、王福定、潘琼等

(一) 以小城镇为重点

学者们虽然在城镇化路径选择上观点一致,但视角不同。

视角一,与城市化对此。有学者认为,小城镇发展模式可以避免大城市"过度城市化的现象",中国城市化应大力发展小城镇。理由在于,第一,小城镇发展起来后,可以起到蓄水池的作用,将农村转移出来的人口留在当地,"离土不离乡",这样就可以减轻大中城市的人口压力,减少社会震荡,增强中心城市的辐射作用。第二,小城镇发展模式可以发展乡村的城镇化,振兴农村经济,以此来实现我国的城市化。[①] 论者经过对我国乡镇企业的长期研究也指出,"乡镇企业使农村走向城镇化,工农差距在缩小,城乡差别也在逐步消失。"[②] "发

[①] 费孝通:《中国城乡发展的道路》,上海人民出版社,2016年,第194~212页。
[②] 费孝通:《中国城乡发展的道路——我一生的研究课题》,《中国社会科学》1993年第1期,第3~13页。

展乡镇企业,进而实现小城镇化,最终完成城市化"[1]是我国城市化的具体路径。与此相应的,以县域经济为核心,发展小城镇也就成为城乡发展一体化的核心内容。

视角二,借鉴已有经验。有学者提出,农村小城镇是解决中国城市化问题的根本出路,农村城镇化是世界各国城市化起步阶段的共同选择。以农村小城镇为主加快城市化适合我国的国情。经过二十多年的改革、开放和发展,我国已进入发展小城镇的最好时期。小城镇的发展是培育和开拓农村市场、扩大国内市场需求的根本措施,也是消化城市化过程中大量农村剩余劳动力的重要场所。[2]持同样观点的学者还有王慧炯。也有学者提出,城乡关系的发展应该与人类社会经历的农业社会——工业社会——信息社会的发展历程相匹配,我国不能像资本主义国家一样,把大量的农业剩余人口赶入城市,使他们陷入动荡不定的失业当中。"积极发展小城镇,实行农村剩余劳动力的就地转化,不仅具有必然性,而且具有现实性。"[3]论者进一步指出,以小城镇为纽带,不仅可以发挥城乡优势,互补城乡之短,还可以消除"城市病",促进城乡融合。论者甚至预言,"在'大城市毁灭'的时代,在'城乡融合'的更高水平上,将会没有城市,也没有乡村,而到处都会有'小城镇'。"支持此观点的学者还有徐更生、李鑫生等。

(二) 以发展县域中心镇为重点

有学者提出,小城镇的发展优势在于小城镇的发展可以把城乡两个市场较好、较快地连接起来,迅速促进农村第二、三产业的发展,由此大量吸纳农村剩余劳动力,缓解农村人多地少的矛盾,进而促进农业规模效益的提高和农民收入的增长,同时又可以缓解大中城市人口膨胀的压力,因此进一步提出可以优先发展中心镇,"小城镇在国家没有投资的情况下仍然大量增加。所以这个决策(小城镇建设)是比较符合实际的。"[4]还有一些学者认为,城乡发展一体化的切入点应为发展县域经济,如果"县域工农业、城乡发展失调,我国就不可

---

[1] 徐志辉、孟桂英:《乡镇企业-小城镇建设-城市化道路:我国农村剩余劳动力转移的必由之路》,《黄淮学刊》1997年第2期,第37~42页。
[2] 柳思维:《关于发展农村小城镇与加快中国城市化的若干问题》,《湖南商学院学报》1999年第5期,第1~6页。
[3] 叶克林:《以小城镇为主体的中国城市化模式》,《管理世界》1986年第5期,第25~37页。
[4] 温铁军:《城乡二元体制矛盾的形成与城镇化发展战略探讨》,《山东省农业管理干部学院学报》2001年第1期,第8~11页。

能顺利地实现由二元化异质社会经济结构向同质一元化社会经济结构转变"。①辜胜阻等在反思"小城镇论"的局限后提出"县域重点论",将发展县域中心城镇作为提高城市化水平的途径,认为应"促进部分具有一定规模效应和集聚效应的县城和中心镇升级",大力发展中小城市。②罗必良明确反对现阶段继续将发展大中城市作为城市化的主要模式,理由是现有的以大中城市为中心的发展模式扩大了城乡收入差距,与城市化的初衷相违背。论者认为,这主要是"重城市、轻乡村"的城市偏向政策造成的,应该改变这一政策,实施以中心镇发展战略缩小城乡差距。因为"中心城镇具有'城市之末、乡村之首'的特点,在城乡统筹背景下是城乡连结的纽带和结合部,对于促进县域经济增长、促进农业产业化、加快农村劳动力转移、带动社会主义新农村建设等具有重要意义。"③

(三) 以中等城市为重点

一种观点认为,中等城市不但可以解决小城镇发展过于分散的难题,而且可以避免大城市的城市化路径带来不同程度的社会问题和"城市病",中等城市具有更好的吸引力和包容性。因此,以中等城市为核心的发展才是我国社会结构的最佳构建模式。有学者提出应"尽快把县级城市作为中国城市化发展战略的根本空间选择和主要社会载体。"④ 理由是以乡镇为中心的"城镇化"不但不能从根本上解决农民面临的问题,还会将原来的城乡二元结构变为"城市——乡镇——乡村"三元结构,资源配置的浪费和环境污染不可避免,乡镇企业存在的基础和必要性已经丧失。"在事关中国城市化这一重大发展战略问题上,我们既不主张'城市病'日益凸显的大城市化,让大城市化留给城市竞争和'再城市化'或'后城市化'去加以后续性的持续调适,也不主张含有'农村病'的'城镇化'尤其是'小城镇化',真理总是处在两个极端主张中间的某个合理位置,县级中小城市就会自然成为中国城市化演进的主要创新路径。"⑤

---

① 刘志澄:《统筹城乡发展 壮大县域经济》,《农业经济问题》2004 年第 2 期,第 4~6 页。
② 辜胜阻、李永周:《实施千座小城市工程启动农村市场需求》,《中国农业银行武汉管理干部学院学报》2000 年第 1 期,第 2~9 页。
③ 罗必良:《缩小城乡收入差距的城镇化战略》,《农村经济》2013 年第 1 期,第 9~11 页。
④ 俞宪忠:《是"城市化"还是"城镇化"——一个新型城市化道路的战略发展框架》,《中国人口·资源与环境》2004 年第 5 期,第 86~90 页。
⑤ 俞宪忠:《中国城市化发展的路径选择》,《人口学刊》2013 年第 6 期,第 11~19 页。

另一种观点认为，与大城市相比，中等城市数量多、分布均衡，是联系广大农村的桥梁，起着承上启下的纽带作用，可塑性大，社会问题少，不仅可以解决快速城市化的问题，也可以更好地解决城市化滞后于工业化的问题。[1] 中等城市对上可以吸引大城市富余的资金、技术，对下可以容纳剩余劳动力，有利于社会资源的合理配置和产业结构的合理调整。[2] 有学者悉心考察和对比了古代农业文明以乡村为中心的发展模式，以及近代以来与工业文明相匹配的以大城市为中心的发展模式，提出未来社会应该建立与科技文明相匹配中等城市发展模式。论者认为这既是对人类社会发展规律的遵守，也是我国城市化的现实路径。大城市虽然可以带来较大经济效益，但同时也带来了日益增多的"城市病"，论者进一步提出发展20万至50万人的中等城市可以获取生态、社会与经济的综合效益的观点。[3]

此外，柳思维、徐志耀在《发展中大国城市化模式影响因素实证分析》中提出，在未来，中国特色城市化道路应坚持重点发展中、大城市。石红溶等认为，限制中、大城市发展的城市化模式造成严重的效率损失，国家应改变这种格局，通过中、大城市的充分发展来扩大内需。[4] 刘纯彬对比了国内外各级城市的规模化效益，认为中等城市在经济效益和社会效益方面可以取得很好的统一，提出"我们把发展的重点放在建设中等城市上，积极促进小城市和县城向中等城市发展，不是农民盲目大量涌入城市，而是农民采取多种多样的方式投资来建设城市，从而自然地进入城市，使几亿农民真正地离开农民的队伍，真正地离土进城"。[5]

（四）以大城市为重点

该观点认为，相比中小城市和小城镇发展思想，大城市具有较多优势。一是大城市本身是区域的中心，发展的潜力较大，资本密集型和技术密集型产业

---

[1] 吕颖慧：《中国城市化应以中等城市为发展重心》，《山东师大学报》1997年第6期，第27~29页。
[2] 吴为佳、吴良镛：《中国特色城市化道路的探索与建议》，《城市与区域规划研究》2008年第2期，第1~16页。
[3] 宋书伟：《新型中等城市中心论——科技文明时代的新型社会结构》，《城市问题》1990年第1期，第3~9页、第17页。
[4] 石红溶、李英东：《城市化模式转变与我国经济持续增长》，《郑州大学学报》（哲学社会科学版）2013年第1期，第85~89页。
[5] 刘纯彬：《中国城市化要以建设中等城市为重点》，《财经科学》1988年第7期，第49~52页。

大都集中在这里。① 二是大城市本身通过聚集效应,可以吸引大量的资金、技术和高水平人才。三是大城市在资源节约、经济效益上是具有显著优势的。四是大城市是世界城市化进程中的普遍现象。② 但是坚持这一观点的学者在对待城乡发展的态度上又不尽相同,有学者旗帜鲜明地提出坚持大城市化,反对城乡一体化,认为社会发展的趋势是城市化而不是城乡一体化。③ 这是根据中国城乡发展的情况做出的判断,认为城市辐射下的小城镇可以使农村欣欣向荣。相关论者在其另一部著作中进一步阐述了城市化是人类生活的大趋势的思想,"大城市在发展过程中逐渐克服了初期出现的弊端,成为各国乃至世界经济与社会发展的火车头,左右着人类前进的列车。"因为"从经济利益看,大城市比中小城市高。"④ 大城市的最优规模是"人口在100万至400万之间"⑤。与此观点相反,有学者提出"城乡一体化是现阶段城市化的重要内容"⑥。论者认为城镇化有其产生的历史必然性,然而城镇化带来的潜在问题不容忽视:城镇化没有根本解决城乡分割的问题;城镇化建立了与城市基本雷同的产业结构,造成不必要的竞争;城镇化带来耕地锐减、污染加重等问题。因此论者认为城乡一体化是实现城乡二元结构向一元结构转变的现实路径。

此外,李迎生明确反对把小城镇作为城市化的主要模式,提出"根据城市化发展的一般规律和我国现阶段的基本国情,在我国城市化的现阶段,必须选择以大城市为主体的城市化模式。"⑦ 饶会林认为无论从哪一方面,大城市的效益都要高于中小城市。⑧

温铁军、魏杰等明确反对大城市为中心的发展思想。

(五) 以城市群为重点

"城市化"与"城镇化"的争论,试图以规模大小来协调城乡发展问题,没有抓住问题的核心,没能最终解决中国城乡发展问题。随着城市化发展的深入,

---

① 朱铁臻:《城市现代化研究》,红旗出版社,2002年,第278页。
② 李润田:《现代人文地理学》,河南大学出版社,1992年,第35页。
③ 钟荣魁:《社会发展的趋势是城市化不是城乡一体化》,《城市问题》1994年第4期,第31~34页。
④ 钟荣魁:《城市化:人类生活大趋势》,四川人民出版社,1992年,第45~48页。
⑤ 王小鲁、夏小林:《优化经济规模 推动经济增长》,《经济研究》1999年第9期,第22~29页。
⑥ 洪银兴、陈雯:《城市化和城乡一体化》,《经济理论与经济管理》2003年第4期,第5~11页。
⑦ 李迎生:《关于现阶段我国城市化模式的探讨》,《社会学研究》1988年第2期,第36~44页。
⑧ 饶会林:《试论城市规模效益》,《中国社会科学》1989年第4期,第3~18页。

越来越多的学者开始跳出单一化的发展模式,提出区域化、城市群发展模式。

1. 对比说

有学者从城市扩展和城市原有地区的关系视角,提出我国城镇化发展的道路应采取大中小城市和城镇化并举、多元协调发展的发展模式。论者认为任何城镇不论大小,只要它的收益大于投入,它的存在和发展就有可能性和合理性。我国的城镇化发展模式应根据我国的实际情况,大中小城市协调发展。[①] 中国存在规模巨大的农村人口,要实现城市化的目标,需要大中小城市和小城镇共同分流,那种人为地控制某一类城市的发展是不可取的。[②] 支持这一观点的学者还有蔡宇平、廖丹青、于江平、李梦白等。

2. 系统说

有学者总结了中国"城市化"与"城镇化"两种模式在劳动力转移、规模效应与承载能力等方面的差异,进而认为,两种城市化模式的对接与融合将引发城市空间结构演变,这将"彻底瓦解传统的、封闭的'城市—乡村'体系",城市把隔绝的乡镇和农村纳入到自己的发展体系之中,形成"真正意义上"的城乡合作,这是"一条新型的城市化道路,即以区域的整体发展为基础而不是单一的大城市或小城镇为基础的集约型城市化。"[③] 论者认为应把体系化战略作为城市化发展的新选择,即通过大中小城市和小城镇的协调发展来有效实现城市化。[④] 过去的城镇化虽然取得了巨大成就,促进了城乡一体化发展,但也带来了城市的无序发展、盲目扩张、资源退化、生态恶化等诸多问题。未来的城市化,"应加强中国大中小城市与重点小城镇的协调发展……逐步使中国的城镇化走上以质量效益型为主的健康城镇化可持续发展之路"。[⑤] 论者在我国城镇化发展的具体实践基础上提出了6种典型的城镇化地域组织模式:一是大城市郊区城市化发展模式;二是开发速生型城镇化发展模式;三是中心城——卫星城镇或新城互动发展模式;四是组团式城市群(都市圈)发展模式;五是异地城镇化发展模式;六是产业集群——特色小城镇发展模式。[⑥]

[①] 周一星:《论中国城市发展的规模政策》,《管理世界》1992年第6期,第160~165页。

[②] 朱铁臻:《城市化是新世纪中国经济高增长的强大动力》,《经济界》2000年第1期,第32~36页。

[③] 冯云廷:《两种城市化模式的对接与融合》,《中国软件科学》2005年第6期,第86~95页。

[④] 魏杰:《简论我国城市化战略的新选择》,《光明日报》2005年11月8日,第6版。

[⑤] 姚士谋、张平宇等:《中国新型城镇化理论与实践问题》,《地理科学》2014年第6期,第641~647页。

[⑥] 石忆邵、朱卫峰:《中国城镇化的地域组织模式及其发展研究》,《中国工业经济》2004年第10期,第13~20页。

3. 因地制宜说

有学者在对区域发展的进一步研究中发现，不同城市的地域不同、条件不同、生财之道也不同，应该因地制宜，发挥地域优势，从而提出了"农村－小城镇－中小城市－以大城市为中心的区域化"的发展模式，提出要充分发挥大城市的聚合效应、辐射效应和小城镇的城乡结合优势、经济外化效应，形成以大城市为龙头、在其辐射下形成城乡一体化的新型城镇化模式。①"坚定不移走城乡协调、布局结构合理、集约、智能、绿色、低碳的新型城镇化道路。"② 中国城乡发展战略只能是集中与分散相结合，形成"形散实聚"的城市群。③

4. 规律说

有学者认为我国城市化进程已顺利渡过了城镇化初期和中期的快速增长期，即将迈入后期成熟阶段，要"全面引导发展城市群，严格控制超大城市和特大城市，合理发展大城市，鼓励发展中等城市，积极发展小城市和小城镇，形成城市群与大、中、小城市与小城镇协同发展的新型城镇化高质量发展新格局。"④ 在未来，大都市区将成为我国城市化和经济增长的主要动力，在大都市区内的中小城镇、农村都可以成为大都市区的有机组成部分，实现大都市区与中小城市的融合发展。这也是城市化率超越 50% 之后，世界各国城市化的普遍选择。⑤

此外，还有学者提出西部地区城市化道路应定位为：巩固和完善大城市的中心城市的地位和功能，积极建设中等城市，重点发展小城镇，以内涵发展和可持续发展为基本原则，构建一个量级结构合理、功能完备协调的大城市——中等城市——小城市区域城镇网络体系。该观点认为"重点发展小城镇"应成为西部地区发展的主要模式。⑥ 更有学者通过对影响城镇化的相关因子分析、因素分析和量化分析，提出了异地城镇化和就地城镇化的发展模式，认为异地城镇化牵引下的城镇化水平提高，是欠发达地区社会进步的表现，是区域经济一体化的必然结果，它不仅减轻了欠发达地区近期经济建设和环境保护的压力，而且促进该地保持"地方化"和固有的特色，最终为提高城镇在区域内的吸引

---

① 费孝通：《中国城乡发展的道路》，上海人民出版社，2016 年，第 434～450 页。
② 简新华、罗钜钧、黄锟：《中国城镇化的质量问题和健康发展》，《当代财经》2013 年第 9 期，第 5～16 页。
③ 何干强：《当代中国社会主义经济》（第二版），中国经济出版社，2009 年，第 229 页。
④ 方创琳：《中国新型城镇化高质量发展的规律性与重点方向》，《地理研究》2019 年第 1 期，第 13～22 页。
⑤ 李英东、赵哲：《大都市区的演进趋势与经济增长》，《理论学刊》2016 年第 3 期，第 60～67 页。
⑥ 蒋致洁：《西部地区城市化道路探析》，《兰州商学院学报》2001 年第 6 期，第 20～23 页。

力和综合竞争力奠定基础。①

四 城镇化质量

关于中国城镇化、城市化质量问题,学术界一直存在"滞后论"和"超前论"②和"基本协调论"之争。

(一) 基本协调论

该观点认为,中国城镇化进程与经济发展基本同步,促进了社会的发展和进步。周一星认为,中国当前的城镇化水平与经济发展水平在总体上是相适应的,"中国的城镇化水平在总体上并不滞后,在继续推进城镇化进程时,应该更多地关注城镇化的质量"。③ 支持此观点的学者还有陈明星。陈明星认为,从世界格局来看,中国城市化与经济发展水平基本协调,但是由于政治因素的推动,"近年来城市化呈现冒进态势"。④ 因此,新时期城市化应该更加关注质量,而非速度。姚士谋等指出,在过去一阶段,城镇化推动了中国社会经济发展,取得了巨大成就,并在城市现代化建设与城乡一体化方面取得了惊人的发展。⑤

卢盛峰等以数据统计的形式研究了政府推动下的城市化进程,研究发现,政府在城市化进程中更好地促进了县域经济的发展,发挥出"援助之手"的作用。⑥ 支持这一观点的学者还有王志凯和史晋川。研究发现,政府推动型城市化虽然在一般意义上有效地发挥了中心城市对县域经济的带动作用,但在一些不发达地区,这一城市化思路并未有效促进县域的经济发展。论者提醒要特别警惕假性城市化延缓县域经济的隐患,过快或干预过多的城市化模式同样可能会损害经济的健康发展。⑦ 这种城市化模式,更加偏重土地、人口,未必有利于区域经济发展。李永友和徐楠认为,中国失地农民市民化远滞后于土地城市

---

① 王福定、潘琼:《浙江省欠发达地区城镇化模式探究》,《人口与经济》2002年第5期,第55~58页。
② 邓宇鹏:《中国的隐性超城市化》,《当代财经》1999年第6期,第20~23页。
③ 周一星:《关于中国城镇化速度的思考》,《城市规划》2006年第s1期,第32~35页、第40页。
④ 陈明星:《城市化领域的研究进展和科学问题》,《地理研究》2015年第4期,第614~630页。
⑤ 姚士谋、张平宇等:《中国新型城镇化理论与实践问题》,《地理科学》2014年第6期,第641~647页。
⑥ 卢盛峰、张思霞等:《政府推动型城市化促进了县域经济发展吗?》,《统计研究》2017年第5期,第59~68页。
⑦ 王志凯、史晋川:《行政区划调整与城市化经济空间——杭州、萧山地方政府博弈的实证》,《浙江大学学报》(人文社会科学版)2015年第3期,第103~111页。

化，同时失地农民普遍存在"被城市化"的感觉。①

（二）滞后论

该观点认为，从城市化与工业化对比的视角来看，城市化严重滞后于工业化的发展，带来诸多社会问题。有学者提出，中国的城市化率远低于世界平均水平，中国的大城市不是太多了，而是太少了。根据国际经验，只有大城市才具有较高的聚集效应，从而带来较大的规模收益和就业机会，在这方面，中国发展的空间还很大。②

1. 被动城市化

有学者认为，在中国，城市化主要体现为被动城市化，而大城市化道路引起的被动城市化所带来的社会问题比小城镇模式要大得多。被动城市化通常是大城市周边的近郊农村或"城中村"被大城市裹挟着的城市化，它们在地域上属于城市，而其居民在生活空间、生活习惯、生活环境、社会身份等方面仍保留农村特征，是一种"不彻底的城市化"。被动城市化也带来很多社会问题：如近郊乡村因为逐步被城市所同化，因失去存在的基础和条件而逐步瓦解；失去土地的农民没有真正融入城市，成为新的贫困群体；"城中村"在夹缝中生存，逐渐失去了中国传统村落和谐人居空间的文化意蕴和美学意义。③

2. 概念城市化

有学者提出，中国城市化进程中"概念城市化"现象明显，与真正的城市化相差甚远，这是一种非均衡的偏态式城市发展，这种偏态式城市发展虽然在城市化率和城市规模上貌似使人满意，但在城市的内部结构和区域性可持续发展方面埋下隐患。这种城市化发展模式使城市"被推着走"，农村被压抑了潜能，最终形成城乡二元结构和城市发展的总体性失衡。论者认为，应该发展新型城市化以纠正城市的偏态发展，追求城市的速度、数量与质量、效益并重，城市的空间发展和社会变革并存，城市的物质环境改善与文明生活方式共倡。论者进一步指出新型城市化发展重心应该"从'城市'转向'农村'；发展机制应该以市场机制为主；发展理念和导向应该是共享化；发展的价值应该是以

---

① 李永友、徐楠：《失地农民工作关系认同度及其决定因素——基于宁波和周口市的实证考察》，《中国人口科学》2011年第5期，第103~110页、第112页。
② 王小鲁、夏小林：《优化经济规模 推动经济增长》，《经济研究》1999年第9期，第22~29页。
③ 章光日、顾朝林：《快速城市化进程中的被动城市化研究》，《城市规划》2006年第5期，第48~54页。

人为本；发展目标应该是宜居性"。①

3. 半城市化

从农民融入城市的视角，学术界普遍认为，由于城乡二元分割的户籍制度、城市倾向的公共政策、人力资本不足、社会资本缺乏和其他社会文化因素等原因，农民生活在城市的边缘，无法真正融入城市。②表现为回不去农村也融不进城市的"半城市化"状态。③"游离在城市的边缘，职业与社会身份的分离、城市认同感和归属感的缺失均表明他们未能真正融入城市，而是呈现一种'虚城市化'现象。"④认为中国的城市化进程缺乏对农民的重视。也有不同声音指出，农民家庭城市化有代际的明确责任与分工，呈现出"代际接力"的基本模式，并且这种广泛实践着的"接力式城市化"是"人的城市化"的基本路径，这把城市化的过程看成农民家庭的自主选择，充分尊重了农民的主体性。⑤在现有社会背景下，农村和农民很难一次性实现完全城市化，"接力式城市化模式"是与我国现有国情和农民家庭实际相匹配的一种城市化的路径选择，是"人的城市化"的有效实践模式。作为"接力式城市化"的中间一环，"半城市化"是与农民家庭实际状况相契合的，符合农民家庭的理性选择和利益最大化。它继续发挥着农村"稳压器"和"蓄水池"的功能。⑥持类似观点的学者还有刘刚、张晓珊，两位学者提出，"从发展的视角来看，中国的'半城市化'积累体制，既是中国经济高速增长的制度基础，也是中国增长质量相对较低的历史结果"。⑦王德福将这种"半城市化"的路径称为"弹性城市化"，这种"弹性城市化"避免了大量人口涌入城市，形成西方的贫民窟现象和社会动荡，它保证农民在城乡之间进退有据，从而保证了我国城市化进程的稳定有序。⑧

---

① 杜宾宾、白雪：《论纠正城市化偏态发展的新型城市化变革》，《经济体制改革》2014年第2期，第5~9页。
② 吴华安、杨云彦：《中国农民工"半城市化"的成因、特征与趋势：一个综述》，《西北人口》2011年第4期，第105~110页。
③ 杨昕：《新生代农民工的"半城市化"问题研究》，《当代青年研究》2008年第9期，第6~10页。
④ 陈丰：《从"虚城市化"到市民化：农民工城市化的现实路径》，《社会科学》2007年第2期，第110~120页。
⑤ 王海娟：《人的城市化：内涵界定、路径选择与制度基础——基于农民城市化过程的分析框架》，《人口与经济》2015年第4期，第19~27页。
⑥ 朱占辉：《接力式城市化：一种选择路径》，《重庆社会科学》2017年第5期，第72~79页。
⑦ 刘刚、张晓珊：《中国高速增长的"半城市化"调节模式：布瓦耶和阿瑞吉的比较与补充》，《中国人民大学学报》2017年第1期，第82~91页。
⑧ 王德福：《弹性城市化与接力式进城——理解中国特色城市化模式及其社会机制的一个视角》，《社会科学》2017年第3期，第66~74页。

(三) 超前论

有学者通过考察中国城镇化的历程和对比中外城镇化速度，提出中国的城镇化脱离了循序渐进的原则，越出了正常的城镇化轨道，存在"急速城镇化"或"冒进城镇化"现象，造成虚高的城镇化速度和城镇化率与资源、生态的破坏并存。中国已承受不住这种"急速、冒进"式的城镇化。[①] 虽然高速发展的工业化是城市化的推动力，但刘玉梅也指出"畸形的经济发展模式会推动盲目的城市化"。[②]

李通屏认为，中国城市化存在诸多问题，"半城市化"、"被城市化"、"大跃进式城市化"和"贵族化城市化"并存，未来城市化道路应该由"增长导向型"转向"民生导向型"，以人为本，重在质量，实现工业化、信息化和农业化的同步发展。[③] 张自然等也认为，城市化率跨过50%之后，城市化进程应该从量变转向质变。[④]

第三节 城乡二元结构

城乡二元结构问题是城乡问题的核心。新中国成立以来，尤其是改革开放以来，我国学者对城乡二元结构问题进行了大量研究，形成了许多代表性观点，同时在很多关键问题上展开了激烈争论。本节就城乡二元结构的内涵、成因、测度、影响等内容，对新中国成立以来理论界的诸多观点进行探讨。

一 城乡二元结构的内涵和特点

(一) 我国城乡二元结构的内涵

学者普遍认为，中国的城乡二元结构，是指近代以来逐渐形成的城乡隔绝

[①] 陆大道、姚士谋：《中国城镇化进程的科学思辨》，《人文地理》2007年第4期，第1~5页、第26页。
[②] 刘玉梅：《浅析盲目城市化与畸形经济发展模式》，《特区经济》2015年第1期，第23~24页。
[③] 李通屏：《未来的城市化道路——基于中国城市社会的思考》，《城市观察》2015年第6期，第5~19页。
[④] 张自然、张平等：《中国城市化模式、演进机制和可持续发展研究》，《经济学动态》2014年第2期，第58~73页。

且各自演进的一种经济社会结构。[①] 但对于城乡二元结构具体包含哪些内容，理论界出现了诸多不同观点。总的来说可以归纳为六类：经济二元结构说、社会二元结构说、政治二元结构说、制度二元结构说、生态二元结构说、综合二元结构说。

1. 经济二元结构

持这一观点的学者认为，城乡经济二元结构是城乡二元结构的主要内容，具体体现为城乡之间经济资源要素的明显差别。如刘守英等学者提出，城乡二元结构的一个重要体现，就是城乡二元的土地制度，这一制度带来了城乡二元的土地权利体系、城乡土地不同的配置方式、土地增值收益在城乡之间分配严重不公、土地管制缺陷等，造成了城乡不平等发展。[②] 侯风云、张凤兵等学者指出，城乡二元结构主要体现为人力资本的二元结构，城市长期以来对农村人力资源的吸收带来了劳动力的二元结构，是城乡二元的主要体现。[③] 再比如，韩正清等学者认为，在城市，遍布全国的各类银行，组成了一个有限的但却是有组织的金融市场；而在农村，传统的、小规模的非正式金融组织广泛存在于经济的各层次，也就是说正式金融与非正式金融在城乡之间构成了二元金融体系[④]，这是城乡二元结构的主要体现之一。

2. 社会二元结构

持这种观点的学者认为，社会二元结构的形成，带来城乡居民教育、医疗、社会保障上的显著差别，标志着城乡二元结构真正意义上的形成。褚宏启等学者指出，城乡社会中的教育差别已经十分突出[⑤]，形成了城乡教育二元结构，城乡教育二元结构的主要结果和外在表现是城乡存在的巨大教育差距，城市成为优质教育资源的集聚地，城乡学校在办学条件、师资水平、教育质量等方面差距显著。[⑥] 同时，仇雨临、翟绍果和郝佳等学者认为，在医疗领域，由于城

[①] 辛逸、高洁：《从"以农补工"到"以工补农"——新中国城乡二元体制述论》，《中共党史研究》2009 年第 9 期，第 15~24 页。

[②] 刘守英：《中国城乡二元土地制度的特征、问题与改革》，《国际经济评论》2014 年第 3 期，第 9~25 页。

[③] 侯风云、张凤兵：《从人力资本看中国二元经济中的城乡差距问题》，《山东大学学报》2006 年第 4 期，第 133~138 页。

[④] 韩正清：《中国城乡金融二元结构强度分析》，《农村经济》2009 年第 5 期，第 62~65 页。

[⑤] 褚宏启：《教育制度改革与城乡教育一体化——打破城乡教育二元结构的制度瓶颈》，《教育研究》2010 年第 11 期，第 3~11 页。

[⑥] 褚宏启：《城乡教育一体化：体系重构与制度创新——中国教育二元结构及其破解》，《教育研究》2009 年第 11 期，第 3~10 页。

乡医疗保障制度呈现出嵌入二元经济社会结构的制度特征，城乡居民医疗在筹资、管理、支付、服务和环境等方面也存在二元结构。[1] 除教育、医疗领域的二元结构外，还有学者指出，在社会保障方面，我国城镇基本形成了一套涵盖养老、医疗、失业、生育等方面的保障体系，而农村社会保障的发展则大大落后于城市，城乡之间的社会保障同样呈现二元特征，这一城乡二元的社会保障体系影响着整个社会保障体系的发展，是城乡社会二元结构的重要体现。[2]

3. 政治二元结构

有学者认为，城乡发展到一定阶段，城乡政治也出现了鲜明的二元结构，并对整个城乡二元结构产生明显影响。如徐勇等学者就提出，社会主义一定阶段内城乡政治发展的二元性特点主要是由于城市和乡村的经济文化差别造成的。除文化差别这一主导原因外，城市作为政治、经济、文化中心，在国家政治生活中居突出地位。建立在社会化大生产基础上的城市为民主政治发育提供了较有利的条件，而传统的农业经济基础未得到根本性改变，乡村在社会民主化进程中的发展更为困难。[3]

4. 制度二元结构

绝大多数学者认为，城乡二元结构和城乡二元制度虽然具有紧密联系，但是具有明显界限。也有学者认为，城乡二元结构的主要内容实际就是城乡二元制度所构成的体系。如白琳、白瑛就明确提出，我国的二元社会结构是经济社会二元体系，也是二元制度结构体系。[4]

5. 生态二元结构

随着生态环境在经济社会发展中扮演的角色越来越重要，我国学者也开始关注城乡生态的二元结构。具体而言，这些学者主要聚焦于城乡之间在防治与控制环境污染和生态破坏方面的明显差异。如洪大用就指出，城乡之间在这一问题上存在着很大的差异，这些差异可以概括为控制体系的二元性[5]，是城乡

---

[1] 仇雨临、翟绍果、郝佳：《城乡医疗保障的统筹发展研究：理论、实证与对策》，《中国软科学》2011年第4期，第75~87页。

[2] 杨宜勇、刘婉：《我国城乡二元社会保障体系面临的主要问题及原因》，《经济纵横》2007年第3期，第25~28页。

[3] 徐勇：《城市与乡村二元政治结构分析》，《华中师范大学学报》（哲社版）1990年第1期，第13~20页。

[4] 白琳、白瑛：《我国城乡二元结构：演化、现状及协调路径选择》，《生产力研究》2007年第7期，第81~83页。

[5] 洪大用：《我国城乡二元控制体系与环境问题》，《中国人民大学学报》2000年第1期，第62~66页。

二元结构的重要体现。

6. 综合二元结构

持这种观点的学者认为我国的城乡二元结构是城乡二元分化在多个层面的综合体现。其中比较有代表性的是"经济+社会"二重结构说，以及"经济+政治+社会+文化"四重结构说。王国敏等认为，我国城乡在经济和社会两个方面都存在相当程度的二元分化，我国的二元结构表现为二元经济结构和二元社会结构的"双二元结构"特征，造成了城市与乡村的对立。[①] 而白永秀等则在经济、社会二元结构的基础上，对政治和文化的二元结构进行了研究，提出我国的城乡二元结构经历了从经济领域到政治领域、社会领域、文化领域拓展的过程，最终形成了经济、政治、社会、文化四重二元结构。[②]

（二）我国城乡二元结构的特点

除城乡二元结构的内容外，我国学者还对我国城乡二元结构的特点进行了总结归纳。多数学者认为我国的城乡二元结构与其他发展中国家相比更显独特。主要包括以下方面。

1. 演化进程上呈多阶段

很多学者指出，我国城乡二元结构的演化表现为多个阶段，且多数学者支持我国城乡二元结构大致经历了形成、巩固、扩大、消解的历程。如蒋永穆、周宇晗提出，我国城乡经历了启动农村改革注入发展活力的城乡互动阶段、建立市场经济体制实现快速发展的城乡协调阶段、形成战略思想不断缩小差距的城乡统筹阶段、全面深化改革实现发展一体化的城乡融合阶段四个主要阶段。[③]

还有一些学者从其他角度对我国城乡二元结构的演化进行了分析。如张桂文等人提出，二元结构的演变隐含着二元经济转型滞后于工业化进程的演变脉络，其过程可以通过经济转型和工业化的"在场性"进行划分。[④] 李明宇、金丽馥等则创新地提出我国城乡二元结构经历了从"制度型二元"到"市场型二

[①] 王国敏:《城乡统筹：从二元结构向一元结构的转换》,《西南民族大学学报》（人文社科版）2004年第9期，第54~58页。

[②] 白永秀:《城乡二元结构的中国视角：形成、拓展、路径》,《学术月刊》2012年第5期，第67~76页。

[③] 蒋永穆、周宇晗:《改革开放40年城乡一体化发展：历史变迁与逻辑主线》,《贵州财经大学学报》2018年第5期，第1~10页。

[④] 张桂文:《中国二元经济转型的特殊性及其对城市化影响》,《河北经贸大学学报》2013年第5期，第15~19页。

元"的转变,认为我国早期的城乡二元结构是制度型二元结构,但在市场机制的作用下,城市对农村的依赖关系逐渐淡化,城市居民的生活越来越多的部分不再与农民、农村发生关系,城市居民的收入也不再流入农村。可以说,在后一阶段,城市与农村之间的断裂不是制度造成的,而是市场经济发展的结果。①

2. 结构上呈双层二元结构

很多学者对城乡二元结构进行了进一步细分,提出其具有双层的特性。如任保平等学者提出,我国的城乡二元结构表现为"双层刚性二元经济结构",即城市是现代工业和传统工业并存,农村是传统农业和乡镇企业并存。② 蒋永穆、戴中亮等分别对城市和农村的二元结构进行了细致分析,提出在农村形成了农村内部二元经济结构,主要指我国农村经济发展过程中形成的以乡镇企业为代表的农村现代工业部门和传统农业部门之间的对立和差别。③ 而在城市,改革开放后,随着工业化和城市化进程的加快,大量农业剩余劳动力涌入大城市,但其在政治、经济和社会地位等方面与当地户籍居民存在较大的差距,在大城市内部形成了新二元社会结构。④

3. 特有的城乡二元体制

一部分学者提出,我国城乡二元结构的形成和发展与我国经济体制转轨具有同步性,形成了与之相适应的城乡二元体制。张桂文等学者提出,我国二元经济转型以体制转轨为背景,并受体制转轨进程的制约。⑤ 任保平等提出,我国的二元经济是转型二元经济,二元经济结构与制度的变迁结合在一起形成特殊的二元经济。⑥

另一部分学者则主要关注我国城乡之间以户籍制度和经济体制为主要内容的现实差别。如吴楚材、陈雯、顾人和以及张落成等提出,我国城乡二元结构在世界上是非常特殊的,远比其他发展中国家突出。主要表现在,第一,城乡居民存在两种身份,城乡分割,形成两种社会形态和两大利益集团;第二,城

---

① 李明宇、金丽馥:《我国城乡二元结构现状解析及路径选择》,《农业经济》2005年第4期,第3~4页。
② 任保平:《论中国的二元经济结构》,《经济与管理研究》2004年第5期,第3~9页。
③ 蒋永穆、戴中亮:《双重二元经济结构下的城乡统筹发展》,《教学与研究》2005年第10期,第22~29页。
④ 蒋永穆、张晓磊:《大城市新二元社会结构的形成和破解》,《党政研究》2015年第2期,第113~118页。
⑤ 张桂文:《中国二元经济转型的特殊性及其对城市化影响》,《河北经贸大学学报》2013年第5期,第15~19页。
⑥ 任保平:《论中国的二元经济结构》,《经济与管理研究》2004年第5期,第3~9页。

市以国有经济为主，农村以集体和个体所有制为主，形成互相独立的两大不同性质的经济板块。[①] 陆学艺和杨桂宏则提出，在严格区分的城乡户籍制度管理下，我国国家土地制度、财政支出等都呈现出城乡不平等。[②] 国务院发展研究中心农村部课题组则主要研究了土地权利、劳动力市场、金融制度、公共资源等领域的城乡二元体制，认为这些城乡二元体制构成了中国城乡二元结构的最大特征。[③] 佟明忠指出，我国的城乡二元结构体制，不同于一些国家在现代化过程中自然形成的自然经济和商品经济并存的过渡状态，而是一套带有中国特色的社会体制。[④]

二 城乡二元结构的成因

多数学者认为，我国城乡二元结构与其他国家不同，更多地是由国家发展战略导致的，但也有学者持不同意见，其主要观点可以分为以下几类。

（一）国家发展战略说

这一观点分为两类，一类认为我国城乡二元结构是由优先发展重工业的战略选择和与之相适应的制度安排带来的，另一类单纯强调城乡二元分化的制度安排。

具体而言，许涤新、王思华、范若一、杨坚白、孟令伟、温铁军、蒋永穆等认为，国家的经济战略选择是形成二元结构的根本原因，在此基础上的一系列制度安排则直接导致了城乡二元结构。如许涤新等认为，国家通过规定价格的农产品收购，来处理国家和农民的关系，支持了城市工业体系的建设。[⑤] 王思华等提出，国家工业化是实现农业合作化的先决条件，对此国家实行了优先实现工业化的战略。[⑥] 杨坚白和范若一也认为，早在社会主义改造时期，国家

---

① 吴楚材、陈雯、顾人和、张落成：《中国城乡二元结构及其协调对策》，《城市规划》1997年第5期，第38~41页。
② 陆学艺、杨桂宏：《破除城乡二元结构体制是解决"三农"问题的根本途径》，《中国农业大学学报》（社会科学版）2013年第3期，第5~11页。
③ 国务院发展研究中心农村部课题组：《从城乡二元到城乡一体——我国城乡二元体制的突出矛盾与未来走向》，《管理世界》2014年第9期，第1~12页。
④ 佟明忠：《论我国的城乡二元体制与城乡一体化道路》，《社会科学》1989年第6期，第30~34页。
⑤ 许涤新、于家驹、管大同：《我国条件下价值规律的作用问题》，《经济研究》1959年第6期，第56~62页。
⑥ 王思华：《关于过渡时期国家工业化与农业合作化的相互适应问题》，《经济研究》1956年第1期，第5~18页。

开始通过价格调整来调节农业生产①、调节工农经济比例②，缩小了价值规律的作用范围。孟令伟在20世纪80年代曾指出，我国政府借助政权的力量改造了其他经济成分，然后把整个经济纳入一个既定的产品经济框架之中，从地域和人口上将中国划分为二元经济。③ 温铁军指出，我国在实行工业化战略的过程中形成了结构偏差，其派生出的"资本排斥劳动"，统购统销、户籍制度等相关制度导致了城乡二元结构。④ 蒋永穆和周宇晗提出，我国实行的优先发展重工业的战略选择，以及与这一经济战略相应的一系列制度，包括生产资料和生活资料供给制度、户籍制度、就业制度、教育医疗制度等，导致城乡之间存在相当程度的隔离。⑤ 国务院发展研究中心农村部课题组提出，新中国成立后，为了实现赶超目标，不仅没有去推动城乡二元结构的转换，反而集中资源推进工业化，试图在较短时期内建成现代化的工业体系，为服务于这一战略意图，逐步建立起了城乡分割的二元体制。⑥ 肖冬连提出，从根源上说，是重工业优先的赶超型工业化战略、高度集中的计划经济体制和基数巨大且增长迅速的人口因素，制约了城市就业机会的创造和对农村人口的吸纳能力。中国农民之所以长期被"堵在城门外，捆在土地上"，则是因为实行了户籍制度、城市福利保障制度、统购统销制度、人民公社制度等一整套的制度安排。⑦ 唐寿春，李善民等认为，中国"城乡离差"的形成有着与一般发展中国家不同的特点，即中国通过国家超经济强制的方式促成并维系着"城乡离差"，从而形成二元经济结构，农产品低价政策和农产品统购统销制度帮助实现了积累的再分配。⑧《人民日报》1958年的刊文也指出，当时我国的工农关系和城乡关系是建立在社会主义公有制基础上的、工人阶级领导的互助合作关系，这一关系的一个重

---

① 杨坚白：《按比例发展规律与价值规律》，《经济研究》1959年第2期，第46~49页。
② 范若一：《再论重工业产品的价格政策》，《经济研究》1957年第3期，第56~67页。
③ 孟令伟：《二元结构和农村城市化问题——兼与刘福垣同志商榷》，《农业经济问题》1989年第1期，第46~49页。
④ 温铁军：《城乡二元体制矛盾的形成与城镇化发展战略探讨》，《山东省农业管理干部学院学报》2001年第1期，第8~11页。
⑤ 蒋永穆、周宇晗：《改革开放40年城乡一体化发展：历史变迁与逻辑主线》，《贵州财经大学学报》2018年第5期，第1~9页。
⑥ 国务院发展研究中心农村部课题组：《从城乡二元到城乡一体——我国城乡二元体制的突出矛盾与未来走向》，《管理世界》2014年第9期，第1~12页。
⑦ 肖冬连：《中国二元社会结构形成的历史考察》，《中共党史研究》2005年第1期，第21~31页。
⑧ 唐寿春、李善民：《论中国二元经济结构的历史成因与现实转换》，《经济问题》1988年第11期，第2~7页。

要体现是由农业建设高潮推动起来的工业建设高潮,包含了农村在物资和劳动力上对工业建设的支援。① 1987 年 8 月 10 日《人民日报》评论员文章再次提到,优先发展工业的战略使得一定时期内城市与城市工业发展较快的同时,农村与农业的落后面貌没有得到相应的改变,形成了城乡之间、工农之间不相协调的"二元结构"。②

另一部分学者则单纯强调制度的重要作用。如杨春旭指出,工农城乡之间商品流通的计划性,是社会主义商业的特点和优点,是城乡二元结构的主要成因。③ 郑梦熊提出,我国的农业问题、农村问题和农民问题实质上是体制的问题。④ 林辉煌、贺雪峰等学者认为,在中国,城乡二元结构不仅是一种自然的产业结构差异,更是一种国家主导的制度设置。⑤ 王岗峰和黄雯提出,建立于新中国成立初期的城乡二元结构体制实际上是一种不平等的"特权"制度,它将全国人口分为农业人口和非农业人口。围绕着这一城乡二元户籍制度建立起的包括城乡二元就业制度、城乡二元福利保障制度、城乡二元教育制度、城乡二元公共事业投入制度等在内的一系列社会制度体系,人为地在城乡间设立起一道壁垒,将城市居民和农村居民划分为两个在发展机会和社会地位方面极不平等的社会集团。⑥ 吴新博提出,新中国成立之后,国家通过一系列的制度安排,形成了一整套包括统购统销、户籍制度等在内的城乡隔离的经济体制⑦,在此作用下,我国逐渐形成了城乡二元结构。

(二) 工农天然差异说

持这一观点的学者认为,社会分工及工业和农业发展的客观规律,决定了城乡二元结构必然产生。薛暮桥认为,工业资金有机构成高,若按照生产价格决定产品价格的原则,工业产品的价格将高于其价值,而农产品价格将低于其

---

① 《论工农关系和城乡关系的新发展》,《人民日报》1958 年 5 月 16 日,第 2 版。
② 《农村不富,中国就富不了》,《人民日报》1987 年 8 月 10 日,第 1 版。
③ 杨春旭:《社会主义商业如何促进工农业生产高潮的发展——论"及时收购,积极推销,生意做活,活而不乱"的原则》,《经济研究》1965 年第 7 期,第 37~41 页。
④ 郑梦熊:《改革城乡隔绝体制 实现城乡一体发展》,《经济改革》1994 年第 3 期,第 72~75 页。
⑤ 林辉煌、贺雪峰:《中国城乡二元结构:从"剥削型"到"保护型"》,《北京工业大学学报》(社会科学版) 2016 年第 6 期,第 1~10 页。
⑥ 王岗峰、黄雯:《新农村建设与改变城乡二元结构体制》,《马克思主义与现实》2007 年第 2 期,第 166~169 页。
⑦ 吴新博:《我国二元经济结构的特征、测度及对策》,《华中师范大学学报》(人文社会科学版) 2008 年第 11 期,第 64~68 页。

价值，这就导致了产品交换中的剪刀差。① 汪旭庄认为，社会主义工业和农业是建立在两种不同社会主义所有制基础上的，同时他们的社会性质、劳动生产率的不同带来了工农城乡的天然差别，但这一差别是可以通过其共同发展而消除的。② 徐琳等则提出，按照马克思和恩格斯的分工理论，社会生产力的发展客观带来了第一次社会大分工，而这一分工造成了城乡的分裂③，而这一规律同样适用于我国。贾克城等认为剪刀差只反映工农业商品的不等价交换关系，工农城乡之间天然的生产率差别也将产生剪刀差。④ 再比如刘文超等提出，由于城市集聚经济和农村分散经济的不同特性，城乡经济之间交易效率和分工水平的不平衡是导致城乡二元经济结构产生的根本原因。⑤ 刘福垣也提出了类似观点，他认为，今日我国的二元结构，不是我国政策的产物，而是由历史的原因和自然资源、人口数量及国际环境所客观造成的。⑥

（三）其他原因说

持这类观点的学者认为，我国城乡二元结构的生成，是由其他多层次的综合原因导致的。如白永秀就提出，我国城乡二元结构的形成除了一般的普适性原因起作用外，还有着自己异质性的原因，包括四大推力：中国社会的特殊发展道路产生了来自国外的工业文明与市场经济的冲击，中国计划经济体制的固化，改革开放以前"级差式"和"分离化"改革措施的加速，改革开放以后国有企业战略重组等。⑦ 刘新则认为，农业自身的弱质性、农民自身的分散性，是城乡二元经济结构产生的原因；小农经济的长期性，是中国分立型城乡关系形成的基础性根源；长期以来，我国"以农养工"、"以乡养城"、抽取农业剩余的一系列政治经济制度安排，是我国城乡二元经济结构形成的决策性原因。⑧

---

① 薛暮桥：《社会主义社会商品价格中的几个尚待讨论的问题》，《经济研究》1963年第5期，第1~5页。
② 汪旭庄：《论社会主义制度下工业和农业相互结合的规律》，《经济研究》1963年第6期，第20~32页。
③ 徐琳：《从我国社会主义建设实践看消灭城乡差别、工农差别和体力劳动与脑力劳动差别的问题》，《教学与研究》1959年第1期，第23~27页。
④ 贾克城、张跃庆：《关于剪刀差》，《经济研究》1979年第1期，第63~65页。
⑤ 刘文超：《分工、交易效率与城乡二元经济转化》，《当代经济科学》2011年第2期，第60~66页。
⑥ 刘福垣：《关于农村城市化的几个认识问题》，《农业经济问题》1988年第9期，第10~14页。
⑦ 白永秀：《城乡二元结构的中国视角：形成、拓展、路径》，《学术月刊》2012年第5期，第67~76页。
⑧ 刘新：《中国城乡二元经济社会结构形成原因探析》，《农业经济》2009年第5期，第3~5页。

有少数学者提出，战争等外力作用是城乡二元结构的生成原因，如有学者指出，战争打破了城乡之间商品的流通机构和交换关系，城乡之间的关系表现为城市对农村的"超经济剥削"，形成了当时的城乡二元经济结构。[①]

三　城乡二元结构的测度

（一）以劳动生产率、二元对比系数和二元反差系数为指标

目前大多数学者将比较劳动生产率、二元对比系数和二元反差系数作为测度城乡二元结构的指标。如蒋永穆等以改革开放以来的城乡劳动生产率、二元反差系数为指标进行分析后，提出改革开放以来城乡综合经济差距不断缩小的观点。[②] 蔡雪雄同样以比较劳动生产率、二元对比系数和二元反差系数等指标，认为我国城乡二元经济差距呈逐步缩小之势，并指出其主要应归因于中央政府加大了对"三农"的支持力度，极大地推动了农村经济的加快发展。[③] 任保平在这三个指标的基础上，对反映城乡生活质量、社会公共品供给差异的农业工业产值比重、农业工业劳动力比重等指标展开研究后，提出我国城乡二元经济结构总体上趋于变弱，但依然呈现高强度和超稳态的特征。[④]

（二）以城乡居民收入差距为指标

持这种观点的学者认为二元经济结构集中表现为城乡居民存在收入差距。一些学者直接将城乡收入差距作为测度城乡二元结构的指标。此外还有部分学者按照这一思路进行了深入分析，如高帆等认为，城乡居民的收入差距与城乡两部门的劳动力（人口的转化）、经济产出（居民收入）的转化以及劳动力（经济产出的转化）紧密相关。具体而言，二元经济结构可被分解为与收入差距联系的四种因素：收入产出比差距、资本产出比差距、资本劳动比差距和劳动参与率差距。论者基于这种因素分解法，通过实证分析得出，1981～2009年，在我国的二元经济结构中，收入产出比差距、资本产出比差距、资本劳动

[①] 读者书店编辑部：《论城乡关系》，读者书店，1949年8月，第3页。
[②] 蒋永穆、罗平、王丽程、张红霞、卢洋：《中国农村改革四十年：回顾与经验》，四川大学出版社，2018年，第293～296页。
[③] 蔡雪雄：《我国城乡二元经济结构的演变历程及趋势分析》，《经济学动态》2009年第2期，第37～40页。
[④] 任保平：《加快中国城乡二元经济结构的转变》，《重庆工商大学学报》（西部论坛）2004年第6期，第4～10页。

比差距和劳动参与率差距的年均贡献率分别为 -68.7%， -13.73%， 164.35% 和 18.14%，而劳动生产率差距的年均贡献率为 150.62%，提出我国二元经济结构转化的主要影响因素是劳动生产率差距和劳动参与率差距。[1]

（三）构建其他指标体系

除上述观点外，一些学者构建了特有的指标体系，对城乡二元结构进行测度。

如韩正清等以城乡金融差异的有关指标对二元经济结构程度进行了测度。其通过城乡存贷款差异、城乡金融资产总量差异、城乡经济金融化水平差异、城乡金融市场差异几个方面，对城乡金融二元化程度进行了测度，认为城乡金融在多个方面存在着巨大的差异。[2] 再比如仇娟东和何风隽以城乡"FIR比"为指标，研究得出中国城乡二元金融差异呈递增趋势，且出现了"自我强化"态势。[3]

秦海林等则对财政支出结构系数、产值结构系数、农业的财政投入力度、非农业的财政投入力度、二元财政对比度等指标进行测度，从财政角度对城乡二元结构进行了测度，指出中国的财政支出存在明显的二元色彩，但这种情况一直处于不断改善之中。[4]

再比如高觉民等构建了城乡消费二元结构模型，分析得出结论：中国城乡居民的消费量和消费设施都处于"不对称"状态，我国消费二元结构一直处在加剧的过程中，体现为城乡群体对私人消费和公共消费占比的差距拉大。[5]

四 城乡二元结构的影响

城乡二元结构对我国的经济社会发展产生了巨大影响，不同学者对其评价有较大差异，主要可以分为正、反、中三类观点。

（一）正面评价

持这种观点的学者更多地关注了城乡二元结构的正面意义。如郑千里、黄

---

[1] 高帆：《中国城乡二元经济结构转化的影响因素分解：1981~2009年》，《经济理论与经济管理》2012年第9期，第5~18页。
[2] 韩正清：《中国城乡金融二元结构强度分析》，《农村经济》2009年第5期，第62~65页。
[3] 仇娟东、何风隽：《中国城乡二元经济与二元金融相互关系的实证分析》，《财贸研究》2012年第4期，第25~33页。
[4] 秦海林：《二元经济中的二元财政测度与分解研究》，《中央财经大学学报》2007年第1期，第7~12页。
[5] 高觉民：《城乡消费二元结构及其加剧的原因分析》，《消费经济》2005年第2期，第3~7页。

希穆等认为我国城乡二元结构并未割裂工农城乡之间的关系。早在新中国成立之初,我国工业部门就开始了对农业生产的支援[1],这是我国社会主义建设事业的客观要求[2]。杨坚白指出,党中央对于我国重工业和农业的战略部署,是根据辩证唯物主义的原则和马克思主义再生产的原理,从全面的观点出发的结果,保证了我国社会主义工业化的健康发展。[3] 俞明仁提出,城乡二元结构给工业化积累提供了大量的资金,我国当时五亿多勤劳俭朴的农民是积累资金的巨大力量。[4] 黎克明等在20世纪70年代就曾提出,三大差别的产生是历史的必然,标志着社会的进步。[5] 佐牧也认为,国家运用价格工具把农业的一部分积累集中到国家手中,为社会主义建设做出了伟大贡献,是具有其必要性的。[6] 再比如贺雪峰等也从保护农民利益的角度出发,指出当前的城乡二元结构让农民在务工失败之后可以返回家乡,这就使得城乡二元结构有可能成为保护农民这一市场经济中的弱势群体的制度安排。[7]

(二) 负面评价

持这种观点的学者则更多地关注城乡二元结构的负面影响。如党国英指出,城乡二元体制是我国社会公正目标实现的主要障碍。[8] 吴楚材、陈雯、顾人和、张落成列出了城乡二元结构五个方面的负面影响,包括阻碍国民经济的协调发展,影响工业化和农业现代化进程;刺激农村人口膨胀,不利于农村人口控制;资源配置的不合理程度加剧,资源浪费严重;阻碍农村剩余劳动力转移和城乡人口流动;造成农村贫困化,引发社会问题。[9] 朱林兴则明确提出,实践证明城乡二元社会经济结构政策利少弊多,造成了许多难以解决的困难和深层次矛盾,包括给中国农村城市化造成了巨大障碍和滞后效应,削弱了推进农村城市化的物质基础,削弱了工农联盟的基础,不利于国家安定团结,制约了先进生

---

[1] 郑千里:《解放以来工业部门如何支援农业生产》,《经济周报》1954年第13期,第15~16页。
[2] 黄希穆:《无锡市工业支援农业的群众运动》,《经济研究》1954年第7~8期,第56~61页。
[3] 杨坚白:《论国民经济根本性的比例关系》,《经济研究》1959年第10期,第11~25页。
[4] 俞明仁:《论农业、轻工业和重工业的相互关系》,《经济研究》1960年第2期,第1~6页。
[5] 黎克明、张庆:《关于三大差别的产生和灭亡问题》,《广东师院学报》(哲学社会科学版) 1975年第4期,第34~42页。
[6] 佐牧:《应当怎样分析工农业产品的比价问题?》,《经济研究》1979年第1期,第60~62页。
[7] 贺雪峰:《论中国式城市化与现代化道路》,《中国农村观察》2014年第1期,第2~12页。
[8] 党国英:《城乡一体化发展要义》,浙江大学出版社,2016年,第45页。
[9] 吴楚材、陈雯、顾人和、张落成:《中国城乡二元结构及其协调对策》,《城市规划》1997年第5期,第38~41页。

产力的渗透，延缓了农村城市化进程，制约了现代文化的传播。[①]

（三）中性评价

多数学者对城乡二元结构进行了较为中性的评价，认为其在一定历史阶段对我国完成工业化起到了不可替代的作用，但同时也承认其带来了许多矛盾和问题。

如杨坚白认为，城乡二元结构保证了重工业的优先增长，但同时由此带来的重工业过度优先增长是应坚决反对的。[②]凌岩曾指出，城乡经济二元结构的形成，是社会生产力发展的结果，同时又促使社会生产力不断向前推进。它否定了城乡一体的社会经济形态，把人类历史推进到了一个新纪元。然而，现代经济、文化和科学技术的发展，又使这种二元结构显得不相适应，代之而起的，将是以现代文明为标志的城乡一体化。这种否定之否定，表明人类文明程度的逐步上升，它是不可逆转的必然趋势，是不以人的意志为转移的。[③]李迎生指出，这一格局的形成有历史的必然性，在当时起过明显的积极作用，但它的固

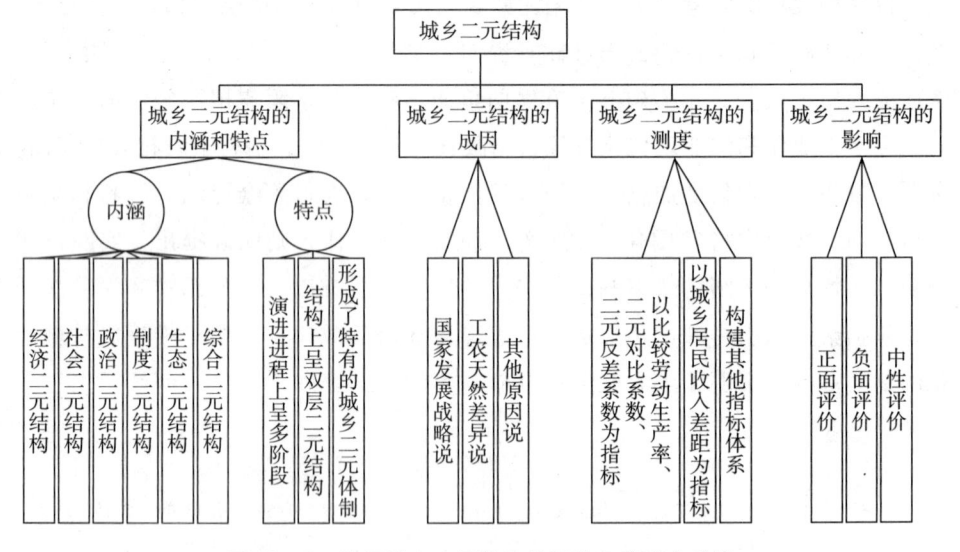

图10-1 关于城乡二元结构的理论争鸣观点分类

[①] 朱林兴：《论城乡二元结构与农村城市化》，《财经研究》1995年第11期，第28~32页。
[②] 杨坚白：《试论农业、轻工业、重工业比例和消费、积累比例之间的内在联系（下）》，《经济研究》1962年第1期，第10~21页。
[③] 凌岩：《论城乡经济二元结构向一体化演进》，《党政论坛》1987年第3期，第41~45页。

化则产生了严重的社会弊端,不利于社会经济的发展。[1] 厉以宁指出,城乡二元经济结构体制曾经是我国传统计划经济的重要支柱,但当前城乡分割、工农分割的城乡二元经济结构体制已经不再适用,成为经济体制改革的重点[2]。肖冬连认为,与二元结构相应的二元治理模式从多方面支撑了高积累、高投资、高速度推进工业化的计划,却付出了昂贵的历史代价,遗留下了许多结构性矛盾。[3]

第四节 城乡人口流动

城乡人口是影响我国城乡关系的一个关键要素。新中国成立以来,我国城乡人口流动情况变化很大,随之产生了差别明显的多种学术观点。本节从城乡人口流动的历史进程、城乡人口流动的影响因素、人口流动对城乡关系的影响几个方面,对这些观点进行了梳理。

一 城乡人口流动的历史进程

新中国成立以来,我国对城乡人口流动的政策态度发生了数次转变,导致我国城乡人口流动被划分为几个阶段。理论界对其阶段的划分大致可以分为三类观点。

(一) 两阶段论

持这一观点的学者认为我国城乡人口流动以改革开放为界,分为限制人口流动和鼓励人口流动两个阶段。马和民指出,农村改革启动了大规模的人口流动。[4] 黄兴华则具体提出,改革开放前国家限制人口向城市流动,改革开放后,这种限制越来越少,进入新世纪后,随着经济发展进程中生态环境等问题的暴

---

[1] 李迎生:《我国城乡二元社会格局的动态考察》,《中国社会科学》1993年第2期,第113~126页。
[2] 《改变城乡二元经济结构意义深远(学习贯彻十六届三中全会精神专论)》,《人民日报》2004年1月12日,第9版。
[3] 肖冬连:《中国二元社会结构形成的历史考察》,《中共党史研究》2005年第1期,第21~31页。
[4] 马和民:《当前中国城乡人口社会流动与教育之关系》,《社会学研究》1997年第4期,第64~72页。

露，以及城镇化的进一步推进，国家甚至开始鼓励人口流动。①

（二）多阶段论

持这类观点的学者认为在新中国成立之初，我国经历了一段时间的人口相对自由流动期。1950年，《人民日报》就曾刊文，指出"土改"结束后农村剩余劳动力问题越来越突出，此一问题的基本解决还有待于城市工业建设的发展②。改革开放后，我国也曾在一段时间内限制了人口流动，因此不能简单地以改革开放作为划分的标准，需对其阶段进行更加细致的划分。如杨群红等将我国城乡人口的流动分为了五个阶段：允许人口相对自由流动时期（1949~1957年）；严格控制人口流动时期（1958~1985年）；控制人口盲目流动时期（1986~1994年）；防范控制流动人口时期（1995~2002年）；服务管理流动人口阶段（2003年至今）③。白永秀等以家庭联产承包责任制演进为背景，在分析农村劳动力流动的政策演进和阶段特征的基础上，将农村劳动力流动划分为起步阶段（1978~1992年）、大规模流动阶段（1993~1999年）、劳动力市场基本形成阶段（2000~2006年）和劳动力市场规范发展阶段（2007~2019年）。同时，他还认为，家庭联产承包责任制的演进与农村劳动力流动在时间上有明显的同步性。④

（三）其他观点

还有部分学者未对其阶段进行具体划分，但总结出新中国成立以来我国城乡人口流动的几次高峰，由此反映人口流动的大体趋势。如杨黎源等学者提出，我国城乡人口流动经历了三次高峰，分别为1958年至1962年的"大跃进"运动和三年暂时困难时期的精简下放、1968年至1980年的知识青年上山下乡及返城运动、20世纪80年代中期以来的农民工流动⑤，认为这三次高峰可以反映我国人口流动的历史进程。

---

① 黄兴华：《新中国成立以来农民流动的政策视角》，《云南行政学院学报》2015年第2期，第108~111页。
② 《为美好生活而奋斗 京郊土改后农民劳动实况》，《人民日报》1950年7月9日，第3版。
③ 杨群红：《新中国成立以来我党加强流动人口管理服务的经验及启示》，《重庆行政》（公共论坛）2011年第6期，第7~9页。
④ 白永秀、刘盼：《新中国成立以来农村劳动力流动的历史演进——基于家庭联产承包责任制推动视角》，《福建论坛·人文社会科学版》2019年第3期，第5~14页。
⑤ 杨黎源：《建国后三次人口大迁徙的流动机制比较及启示》，《探索》2007年第3期，第114~119页。

二 城乡人口流动的影响因素

关于城乡人口流动的影响因素问题，多数学者将城乡收入差距扩大、农村人地矛盾等城乡在经济发展层面的差距作为人口流动的主要动力，而将以户籍制度为核心的城乡二元制度作为阻碍人口流动的因素，但也有部分学者持其他意见。

（一）城乡经济发展差距促进人口流动

持这一观点的学者互相之间也存在争论。如梁明、李培、孙久文认为城乡收入差距对城乡迁移的作用不显著。他们认为，第一，中国的经济增长对城乡迁移具有比较明显地促进作用；第二，人均耕地面积的减少是城乡迁移比较重要的推动力量；第三，中国城镇新增就业岗位对城乡迁移具有显著的正向影响，但中国城镇失业率对城乡迁移的影响不显著，中国的城乡迁移仍存在盲目性。[①]

其他多数学者都肯定了城乡收入差距对人口流动的促进作用，并提出了其他相关的城乡人口流动驱动力。如李培等提出，城乡收入差距的扩大，城镇就业岗位的增加，农村机械化水平的提高，以及乡镇企业就业岗位的相对减少都明显促进了城乡人口的迁移，而实际迁移距离和"无形"迁移距离制约着城乡人口的迁移。[②] 吴忠涛和张丹基于托达罗人口迁移模型，针对城乡预期收入差距对农村人口迁移的影响进行了实证研究，分别计算和分析了城乡预期收入差距和农村人口迁移，发现城乡间巨大的收入差距是农村劳动力进城寻求更高的生活水平的强大动力。[③] 励娜和尹怀庭认为中国城乡人口流动主要是受到城乡收入差距和耕地有限的驱动，经济发展对人口流动有积极的推动作用。[④] 华小全则利用1996~2011年数据，构建中国城乡人口流动、城乡收入差距、家庭现金负担、城乡人均固定资产投资比值等4个变量的协整方程，其结果表明，城乡居民收入差异是城乡间巨大流动人口的主要影响因素，农户现金支出负担是

[①] 梁明、李培、孙久文：《中国城乡人口迁移数量决定因素的实证研究：1992—2004》，《人口学刊》2007年第5期，第35~39页。
[②] 李培：《中国城乡人口迁移的时空特征及其影响因素》，《经济学家》2009年第1期，第50~57页。
[③] 吴忠涛、张丹：《城乡预期收入差距对农村人口迁移的影响——基于托达罗模型》，《西北大学学报》（哲学社会科学版）2013年第7期，第74~79页。
[④] 励娜、尹怀庭：《我国城乡人口流动的驱动因素分析》，《西北大学学报》（自然科学版）2008年第6期，第1019~1023页。

次要影响因素，近年来预期中对农村地区增加的固定资产投资对减缓城乡间人口流动的效果尚未显现①。

（二）城乡二元制度阻碍人口流动

持这一观点的学者认为，以户籍制度为核心的城乡二元制度阻碍了我国城乡人口的流动。

如卢向虎、朱淑芳、张正河等指出我国的人口政策、户籍制度等对城乡人口迁移起到了阻碍作用，但这一阻碍正在减弱。具体而言，他们以托达罗城乡人口迁移经济行为模型为理论基础，构建了模型，对改革开放至21世纪初中国农村人口城乡迁移规模进行了实证分析，结论是：制度因素是阻碍农村人口城乡迁移规模增加的因素，而随着时间的推移，制度因素对农村人口城乡迁移的影响逐渐减弱。②卢向虎在其另一篇文章中，从户籍制度、农地制度、社会保制度、城市住房内部供给制度、城市用工制度、教育制度六个层面，探讨了各种制度对农村人口城乡迁移的阻碍作用。③而李强则指出，户籍是影响中国城乡流动的最为突出的制度障碍，它不仅对推拉作用发生一般的影响，而且还使得推拉失去效力。④

（三）其他因素

除此以外，还有部分学者就其他因素对城乡人口流动的影响进行了分析。

如仇为之以省为单位对我国城乡人口迁徙进行实证研究，认为人口的自然出生率和自然增长率是影响人口流动的主要因素。⑤马和民等提出，教育对于阻碍或促进人口社会流动起着极其重要的作用。⑥王春光等则认为新生代农村流动人口的社会认同趋向不明确和不稳定，这会进一步催化和强化农村流动人

---

① 华小全：《城乡人口流动的影响因素分析》，《山西农业大学学报》（社会科学版）2014年第5期，第462~468页。
② 卢向虎、朱淑芳、张正河：《中国农村人口城乡迁移规模的实证分析》，《中国农村经济》2006年第1期，第35~41页。
③ 卢向虎：《制度是如何阻碍我国农村人口向城市迁移的？——论制度对城乡人口迁移的作用机理》，《中国农村经济》2006年第1期，第35~41页。
④ 李强：《影响中国城乡流动人口的推力与拉力因素分析》，《中国社会科学》2003年第1期，第125~136页。
⑤ 仇为之：《对建国以来人口迁移的初步研究》，《人口与经济》1981年第4期，第8~14页。
⑥ 马和民：《当前中国城乡人口社会流动与教育之关系》，《社会学研究》1997年第4期，第64~72页。

口的"流动性",也就是说,随着新生代农村流动人口的增多,将会有越来越多的农村人口游离出农村社会体系和城市社会体系。[1]

三 人口流动对城乡关系的影响

多数学者对人口流动和城乡关系的紧密联系进行了肯定,但就人口流动对城乡关系的具体影响,理论界还存在一定争议。

(一)认为人口流动缩小了城乡差距

很多学者肯定了人口流动对于城乡发展的意义,如费孝通在《中国城乡发展的道路》一书中指出,对人口流动加以计划和管理,则人口将从城乡发展的消极包袱变为积极因素。[2] 周叔莲和郭克莎对此也持相似观点,认为没有人口的流动,就没有城乡经济的真正融合和一体化发展,也就不可能实现城乡二元机构的彻底转换。[3]

这其中,一种主要观点主要认为人口流动有利于缩小城乡居民收入差距,如陈家贵等提出,农村剩余劳动力转移是农民致富的关键。[4] 赵树凯提出,农村人口在流动之中获得了就业和收入需求的满足[5]。钟甫宁和何军提出,提高农民收入的根本途径在于减少农民数量[6],其具体途径即为加强城乡人口流动。刘伟德则从促进高收入就业的角度提出,滞后的人口城市化进程是导致我国当前高失业率的主要原因之一,当前和今后一段时间应提高我国人口城市化水平,促进就业,提高居民收入。[7]

另一种观点则从人力资源、社会保障等多个方面阐述了人口流动对缩小城乡差距的促进作用。如孔维军从五个方面对这一观点进行了阐述,他指出农村流动人口是发达地区和城市经济的推动力量;农村人口的流动有利于拓宽城乡

---

[1] 王春光:《新生代农村流动人口的社会认同与城乡融合的关系》,《社会学研究》2001年第3期,第63~75页。
[2] 费孝通:《中国城乡发展的道路》,上海人民出版社,2016年,第109~112页。
[3] 周叔莲、郭克莎:《中国城乡经济及社会协调发展研究》,经济管理出版社,1996年,第84页。
[4] 陈家贵、林桓森、李庆文:《实现农业剩余劳动力的转移是农民致富的关键——玉林市调查》,《经济研究资料》1987年第20期,第28页。
[5] 赵树凯:《纵横城乡 农民流动的观察与研究》,中国农业出版社,1998年,第99页。
[6] 钟甫宁、何军:《中国农村劳动力转移的压力究竟有多大——一个未来城乡人口适当比例的模型及分析框架》,《农业经济问题》2004年第5期,第25~29页。
[7] 刘伟德:《我国人口城市化水平对城乡就业率影响分析》,《北京理工大学学报》(社会科学版)2001年第2期,第41~44页。

领域，加快产业机构的调整，促进第三产业的发展；农村人口的集中流动，提高了流动人口的素质，培养了人才，转移了农村剩余劳动力，成为贫困地区脱贫致富的一个重要途径，有利于加快统一劳动力市场的建立。① 再比如刘昌平、邓大松、殷宝明认为，农村到城市的人口迁移将缓解城镇人口老龄化程度，为中国城镇基本养老保险制度带来大量的"养老金红利"。②

（二）认为人口流动扩大了城乡差距

持这一观点的学者从多个角度论述了人口流动对缩小城乡差距的负面影响。

如邓金钱指出人口流动显著地拉大了城乡收入差距。他采用泰尔指数测度城乡收入差距并分别进行静态回归分析与检验，政府主导和人口流动显著地拉大了城乡收入差距，但是二者的交互项对城乡收入差距的确具有收敛效应，即随着人口流动的增加，政府主导对城乡收入差距的边际贡献会降低，同样政府主导的提升也会降低人口流动对城乡收入差距的边际贡献。③

吴瑞君、曾明星等认为城乡人口流动在一定程度上是一种"农村贫困的城市转移"，这一转移过程加重了城市群体间的"社会排斥"和边缘化问题。④

牛建林则从卫生资源的角度解释了为什么人口流动将阻碍城乡差距的缩小。他认为，在户籍限制真正消除前，城乡人口流动不可避免地将一部分健康风险和疾病负担转移给农村，这不仅制约了农村地区社会经济的发展和居民生活质量的提高，一定程度还加剧了城乡卫生资源配置与需求的矛盾。⑤ 刘昌平、邓大松、殷宝明持有相似观点，他们指出城乡人口流动将导致农村人口老龄化加快，进一步加速农村传统养老保障功能的弱化。⑥

---

① 孔维军：《论农村流动人口对城乡二元经济结构的影响》，《广西社会科学》2001 年第 1 期，第 127～130 页。
② 刘昌平、邓大松、殷宝明：《"乡—城"人口迁移对中国城乡人口老龄化及养老保障的影响分析》，《经济评论》2008 年第 6 期，第 31～38 页。
③ 邓金钱：《政府主导、人口流动与城乡收入差距》，《中国人口·资源与环境》2017 年第 2 期，第 143～150 页。
④ 吴瑞君、曾明星：《人口迁移流动对城乡社会发展的影响》，《人民论坛》2013 年第 4 期，第 10～12 页。
⑤ 牛建林：《人口流动对中国城乡居民健康差异的影响》，《中国社会科学》2013 年第 2 期，第 47～63 页。
⑥ 刘昌平、邓大松、殷宝明：《"乡—城"人口迁移对中国城乡人口老龄化及养老保障的影响分析》，《经济评论》2008 年第 6 期，第 31～38 页。

（三）认为人口流动对城乡差距影响有限

如董长瑞等在新古典人口流动模型的基础上，结合我国国情构建了中国特色的人口流动模型。在此基础上，通过协整分析验证了农村剩余劳动力的转移与城乡收入差距之间的长期均衡和短期动态关系。研究表明短期内农村剩余劳动力的转移不能消除城乡差距。[①] 范剑平等则从消费的角度指出，改革开放以来人口城市化对提高消费率的贡献几乎为零。户籍管制导致的"候鸟式"人口流动不利于进城农民消费方式城市化。[②] 张怀宇认为"人的生产"对"物的生产"的影响不是决定性的，人口结构不会导致经济结构的失调。[③] 李士慧则认为从不同学科去研究剩余劳动力的流动问题会得到不同结论，因此人口流动对城乡二元结构的影响有正有反，不能一概而论。[④] 俞金顺也持类似观点，认为流动人口过多或过少都将对经济发展起到不良作用，很难确定人口流动将如何

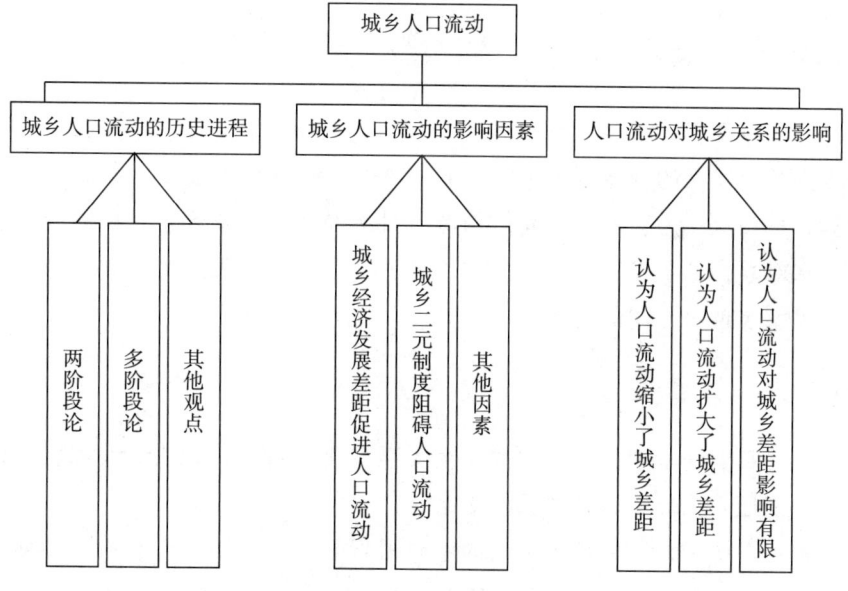

图 10-2　关于城乡人口流动的理论争鸣观点分类

[①] 董长瑞、韩勇、梁纪尧：《农村人口流动与城乡收入差距关系研究》，《山东经济》2008 年第 3 期，第 25~29 页。

[②] 范剑平、向书坚：《我国城乡人口二元社会结构对居民消费率的影响》，《管理世界》1999 年第 5 期，第 35~38 页。

[③] 张怀宇：《论人口与经济兼及当前农村人口控制问题》，《经济研究》1981 年第 12 期，第 32~37 页，第 60 页。

[④] 李士慧：《关于农业剩余劳动力转移模式及理论分歧》，《农业经济问题》1987 年第 1 期，第 49~53 页。

对城乡差距产生影响。①

第五节 城乡关系的阶段判断

城市和农村的关系经历了城乡合一——城乡分离——城乡对立——城乡融合的变化。现代社会的城乡发展历史总体上印证了这一发展趋势。但不同国家和地区由于其独特的发展环境，其城乡关系变迁的具体趋势又有所不同。新中国成立以来，我国城乡关系总体上经历了从分到合的变化，但在很多具体问题上，理论界产生了一系列争论。本节从城乡关系变化的主导因素、对我国城乡关系历史进程的总体判断、对我国未来城乡关系发展趋势的展望等方面对其观点进行研究。

一 城乡关系变化的主导因素

（一）经济社会发展阶段

这种观点认为，城乡二元结构的形成和转化是世界各国发展的必经阶段，是由人类社会发展的规律所决定的，不过往往受到国家意志或自然条件的制约。白永秀、王颂吉认为，城乡二元结构源于自然经济与市场经济这两种经济形式的差别和对立，城乡发展一体化的实质是城乡市场经济发展一体化，只不过在不同的国家表现出不同的具体形式，但其本质是相同的。②

（二）经济体制

持这种观点的学者指出了中国城乡关系变化的特殊性，认为我国特有的经济体制的变迁，主导了城乡关系的变化。

一种观点认为，影响城乡关系的主导因素是生产资料的所有制。如陆学艺指出，我国的城乡分治主要来源于所有制的不同，"城市以全民所有制为主，农村以集体所有制为主。这一体制的运行，在诸多方面是两套政策：对城市、对居民是一套政策，对农村、对农民是另一套政策。几十年来逐渐固定化，加上

---

① 俞金顺：《从经济学的角度探讨社会主义人口理论》，《经济研究》1979年第3期，第55~60页。
② 白永秀、王颂吉：《城乡发展一体化的实质及其实现路径》，《复旦学报》（社会科学版）2013年第4期，第149~171页。

有户籍、身份制做划分标准，就形成了'城乡分治，一国两策'的格局。"①

另一种观点认为，城乡关系的变化主要受市场机制的作用。市场机制的缺失导致了城乡交流的欠缺，从而形成城乡差别。而改革开放以来，随着市场机制的引入，城乡要素交流的范围和规模得到扩大，城乡联系显著增强。计划经济时代形成的阻隔城乡联系和交流的各种制度障碍受到了市场力量的强大冲击，城乡关系逐步得到改善。②

（三）发展战略或建设模式

这种观点认为，我国城乡关系的变化更多地是国家或政府行为的结果，很多学者指出在我国城乡关系曲折的发展历程中，城乡关系受政策影响十分明显。③ 这种影响不仅限于经济体制的影响，而且是国家发展战略或建设模式综合作用的结果。

如高伯文等认为，我国城乡差别的症结在于中国共产党历史上对经济落后的农业大国社会主义建设规律认识不深，未能从根本上突破传统的社会主义模式。除了与长期片面发展重工业有关外，更深层次的原因在于对经济落后的农业大国社会主义建设规律认识不深，还未能从根本上突破高度集中的计划体制和城乡两种不同公有制的传统社会主义模式。④ 而城乡走向融合有赖于对社会主义建设认识的不断加深。

还有很多学者认为我国城乡关系的变化主要受工业化、城市化发展战略的影响。指出城乡关系受城市偏向的政策影响最甚，而中国发展政策中的城市偏向倾向脱胎于政府主导经济发展这一体制背景及其所奉行的重工业优先发展战略。⑤ 另有部分学者认为城乡关系作为区域基本单元，受制于国家工业化与城市化进程中目标与机制之间的耦合与摩擦作用。不同国家城乡关系发展的历程和模式不同。整体上，西方发达国家是在没有外部环境约束的情况下，通过对社会弱势群体的整体剥夺、殖民主义政策成本转嫁，在国际规制的庇护下，历经200余年的时间使城乡关系从对立走向融合。与西方城乡关系发展模式相比，

---

① 陆学艺：《走出"城乡分治一国两策"的困境》，《读书》2000年第5期，第3~9页。
② 韩俊：《中国城乡关系演变60年：回顾与展望》，《改革》2009年第11期，第6页。
③ 陈俭：《新中国城乡关系演变的特点及启示》，《河北经贸大学学报》2016年第6期，第50页。
④ 高伯文：《一九五三年至一九七八年工业化战略的选择与城乡关系》，《中共党史研究》2010年第9期，第44页。
⑤ 殷允杰：《我国处理城乡关系政策的转变及其内在动因》，《马克思主义与现实》2010年第6期，第110~113页。

1949年以来中国采取赶超型模式，通过牺牲农业、农村、农民利益，控制社会消费来促进工业化与城市化的进程，使城乡关系从对立趋向城乡统筹。① 再比如陈钊等，认为中国的城乡发展伴随着城市化滞后于工业化、城市内部形成"二元社会"分割以及城乡差距不断扩大这些特有的现象。户籍制度是导致上述现象的根源，反映出城乡政策制定中的城市倾向。②

（四）复合因素

这种观点认为，城乡关系是在许多因素的复合影响下发生变化的。如认为自然环境、农业产业自身的原因、生产力水平差异等客观因素是造成城乡关系失衡的基本原因；重城轻乡的制度安排是城乡关系失衡的根本原因。③ 或认为，首先，高度集中的计划经济体制、相应的城乡社会制度和对商品经济的限制，使城乡二元社会结构相对稳固；其次，优先发展重工业的战略长期没有转变，使工农、城乡的发展不协调；最后，试图以国有化加机械化缩小城乡差别，没有把生产力的提高摆在首要位置，致使农村面貌没有大的改变。④ 还有的学者从社会结构出发，认为城乡二元社会结构是新中国成立后，经历了一系列的社会、政治、文化、制度等方面的建设所形成的某些制度在历史发展中经过一定时期的沉淀后，所表现出来的一种社会制度的特性。⑤

二 对我国城乡关系历史进程的总体判断

（一）认为我国城乡由分离走向融合

多数学者认为，经过改革开放以来的发展，我国城乡已逐渐走向融合，但关于什么是城乡关系变化的关键转折还有争论。

1. 认为改革开放是城乡关系变化的转折

一种意见认为，改革开放在以前城乡二元社会结构分离的两大板块中，产生出一块介于两者之间的规模越来越大的中间层：在工业与农业之间产生了乡镇企业，在城市和农村之间产生了小城镇，在工人和农民之间产生了农民工人

---

① 刘淑虎、任云英、马冬梅、余咪咪：《1949年以来中国城乡关系的演进·困境·框架》，《干旱区资源与环境》2015年第1期，第6页。
② 陈钊：《中国城乡发展的政治经济学》，《南方经济》2011年第8期，第3~17页。
③ 徐学庆：《我国城乡关系的失衡及其调整》，《中州学刊》2014年第4期，第74~75页。
④ 张化：《建国后城乡关系演变刍议》，《中共党史研究》2000年第2期，第28~30页。
⑤ 杜伟、张异香：《城乡二元社会结构探析》，《山西财经大学学报》2010年第11期，第50页。

阶层。这就使得以前的二元社会结构有所改变，变得比较松动和模糊，开始出现不断交流和融合的城乡二元社会结构。改革开放以来，中国社会已进入一个快速的全面转型时期，正不断地从农业社会向工业社会转变，从农村社会向城市社会转变，由此而形成一个农民从农业向非农产业、从农村向城镇的社会结构性流动过程，这是社会现代化的必然趋势。[1]

第二种观点遵循了经济体制主导城乡关系的思路，认为改革开放以来我国经济体制发生了较大变化，从而使得城乡关系也显著变化。如《人民日报》1985年的评论文章指出，继农村经济改革之后，以城市为重点的经济体制改革已经兴起。我国城乡正由分割迅速转向融合，由争利迅速变为互利。一种具有中国特色的社会主义新型城乡关系正在萌生。[2] 张雨林指出，"改革开放以来，我国在原有城乡关系的基础上总结经验教训，转变经济发展机制，逐步形成了新型城乡关系。"[3] 吴丰华和韩文龙指出，1978年底，党的十一届三中全会拉开了改革开放的大幕，"中央默许并推广了农民自发开展的家庭联产承包责任制改革，农村经济改革席卷全国。此后六年间，城乡收入差距不断缩小，城乡关系不断趋好。"[4]

2. 认为党的十六大是城乡关系的转折

持这种观点的学者认为，尽管改革开放推动了中国经济与社会的快速发展，但城乡二元结构难题并未破解，城乡差距并未缩小，城乡发展一体化格局并未形成。[5] 而进入新世纪后，我国步入工业化中后期，工农业关系也在发生显著的变化，由过去的农业支持工业，开始逐渐转变为工业反哺农业的发展阶段。政府逐步加大对农业的政策支持力度。以工业反哺农业为动力，突破城乡二元体制、改变城乡二元结构。[6]

一种意见认为，改革开放在很大程度上加强了城乡交流，为2002年以后的城乡统筹发展做了准备。如有学者指出，改革开放以来，我国城乡关系政策整体上都具有城市偏向，我国针对城乡发展政策的调整尽管带动了农村经济发展、

---

[1] 刘应杰：《中国城乡关系演变的历史分析》，《当代中国史研究》1996年第2期，第1~10页。
[2] 《建立新型的城乡关系》，《人民日报》1985年1月5日，第1版。
[3] 张雨林：《我国城乡关系的历史考察（下）》，《中国农村经济》1989年第10期，第3页。
[4] 吴丰华、韩文龙：《改革开放四十年的城乡关系：历史脉络、阶段特征和未来展望》，《学术月刊》2018年第4期，第59页。
[5] 白永秀、王颂吉：《城乡发展一体化的实质及其实现路径》，《复旦学报》（社会科学版）2013年第4期，第149~171页。
[6] 郭保熙、崔文俊：《我国城乡协调发展：历史、现状与对策思路》，《江西财经大学学报》2016年第3期，第62页。

农民增收，然而并没有带动城乡均衡发展，没有减小城乡差距。① 也有学者指出，1978~2001年这一阶段，我们党对城乡关系进行再认识，提出了以经济建设为中心、推进城乡改革、实现城乡良性互动的思想，为实施城乡统筹发展战略做了思想和理论准备。2002年以来，我们党明确提出了"城乡统筹发展"和"建设社会主义新农村"的战略要求，我国的城乡关系进入了"以工补农、以城带乡"的历史新阶段。②

另一种意见认为，改革开放后，市场在城乡资源配置中起到更重要的作用，使得城乡之间的差距反而被拉大。论者认为改革开放以来，我国城乡关系经历了一个从收入差距缩小到扩大、再到统筹协调发展的过程。1985~2002年，城乡差距急剧扩大，2003年以来，城乡统筹与协调发展。③ 改革开放以后，计划经济逐步被市场经济所取代，市场作为资源配置基础性方式的地位逐步确立。在市场的作用下，资金、技术、人才等生产要素按照市场效率优先的法则，纷纷流向生产条件优越的城市。这一时期国家改革的重心仍以城市为主，尤其是伴随着工业化进程不断加快、城市化水平不断提高，城市的要素集聚优势不断强化，而农村生产要素外流，社会发展落后等因素继续制约着发展，使得城乡之间的差距不断拉大。进入到新世纪，城乡之间的差距已成为制约中国经济社会进一步发展的瓶颈，为此国家提出建立和谐社会，统筹城乡关系，建立城乡经济社会一体化的新格局，揭开了城乡发展的新的一页。④

3. 认为城乡关系经历了两次转折

持这种观点的学者认为改革开放和党的十六大提出城乡统筹发展均为我国城乡关系变化的重要节点。如武力认为1978年以前的城乡关系，是在严峻的国际环境下，为实施优先快速发展重工业战略而演变的，是典型的农业支持工业、乡村支持城市阶段。1978年以后，城乡关系经历了两次重大的历史性的变革：第一次发生于1978—2002年间，国家改变了为提取农业剩余而过度干预农民生产经营活动和限制城乡之间人口流动的体制和政策，调整了城乡关系，从而调

---

① 殷允杰：《我国处理城乡关系政策的转变及其内在动因》，《马克思主义与现实》2010年第6期，第110~113页。
② 孙成军：《马克思主义城乡关系理论与我们党城乡统筹发展的战略选择》，《马克思主义研究》2006年第4期，第114~117页。
③ 夏永祥：《改革开放30年来我国城乡关系的演变与思考》，《党政论坛》2008年第6期，第18~19页。
④ 吴振磊：《我国城乡经济社会关系的历史演进：阶段、特征与趋势》，《马克思主义与现实》2012年第7期，第26~27页。

动了农民的积极性，使得农民不仅通过为城市提供低价的农业产品、资源和劳动力支持了城市的发展，而且还通过乡镇企业的发展加速了整个国家的工业化。第二次是2002年党的十六大以后，国家开始实施"工业反哺农业、城市支持乡村"的统筹城乡发展政策，使得城乡关系进入了一个新的历史阶段。[①] 厉以宁等学者从城乡二元体制的视角，认为城乡关系总体经历了三个阶段：1949～1978年二元体制逐渐形成和日益巩固的阶段，1979～2002年城乡二元体制虽然略有松动但依然存在的阶段，2003年后着手改革城乡二元体制并逐步推进城乡一体化的阶段。[②] 还有的学者将改革开放后城乡关系的变化又划分为两个阶段：从1978年改革开放到2002年党的十六大召开前，这一历史时期城乡关系的主题是城乡分治。在城乡关系问题上，这一历史时期可以分为两个阶段。从1978年改革开放的提出到党的十四大，确立社会主义市场经济体制的目标为第一阶段，从十四大到党的十六大提出科学发展观为第二阶段。总的来说，由于这一时期仍然实行乡育城市的政策和城乡二元制度，国家向"三农"领域提供的公共品不足，使得农业基础设施依然薄弱，农民稳定收入依然困难，农村社会事业发展依然较为滞后。而党的十六大以来，我国的城乡关系问题进入了一个新的发展阶段，统筹城乡关系成为时代的主题。[③] 吴振磊则将我国城乡关系的演进划分为强制性制度变迁作用下城乡分离的进一步发展时期、市场机制作用下城乡关系调整与对立扩大时期、政府引导下统筹城乡发展时期三个阶段。[④]

（二）认为我国城乡分离的格局未根本改变

还有一些学者认为导致我国城乡分离的根本原因仍然存在，因此城乡分离的总体格局还没有改变。

如一种意见认为，城乡的分离主要源于政府与农民的利益博弈，只是博弈的双方地位和权利是不对称的，政府处在博弈的主导地位，农民处在被动地位。留在农村的大部分是老人、妇女和儿童，导致空心化现象；而留在城市的都是边务工边领农业补贴的"两栖人"，这是农民在无法融入城市的情况下与政府

---

① 武力：《论改革开放以来中国城乡关系的两次转变》，《教学与研究》2008年第10期，第12～18页。
② 厉以宁：《走向城乡一体化：建国60年城乡体制的变革》，《北京大学学报》（哲学社会科学版）2009年第6期，第6页。
③ 赵洋：《当代中国城乡关系的变迁》，《科学社会主义》2011年第6期，第122页。
④ 吴振磊：《西部地区城乡经济社会一体化支持体系研究》，中国经济出版社，2011年，第58页。

博弈的无奈选择,农业现代化以及农业与新型城市化协调发展的路还很长。[①]再比如有意见认为,欧美发达国家的城乡关系格局是自然演变的结果,而我国城乡关系格局的形成主要体现了政府人为干涉的特征。到了21世纪初期,我国城乡不平等格局的基础并未发生明显变化,还需要市场经济力量和政府自觉行为的进一步推动。[②]

三 对我国未来城乡关系发展趋势的展望

理论界普遍认为我国城乡关系将在未来进一步走向融合,一些学者还提出了城乡关系未来发展可能存在问题和可能的发展模式。

很多学者通过对城乡GDP、城乡二元对比系数、城乡二元反差系数等数据的测度和分析,认为我国城乡差距将在未来不断缩小,二元经济结构的强度呈现逐步弱化的趋势。如有学者提出,经过改革开放,乡村经济的地位逐步提高,城乡经济关系得到逐步改善,也可以说乡村经济与城镇经济的差距逐步缩小。[③]

另有一些学者对未来城乡关系进行了展望,认为改革开放,特别是党的十八大以来中国城乡关系取得了长足发展,城乡面貌发生了根本性变化,城乡居民的获得感不断提高。但是,中国城乡关系发展中仍然存在户籍人口城镇化率偏低、县域经济尚不发达等难点问题,需要采取更具针对性的措施。[④]还有一种观点认为未来城乡关系发展的方向是城乡经济社会一体化,具体是指城市与乡村、经济与社会在时间上与空间上的关联,在内容与动力上的融合,在过程与结果上的互动。[⑤]

第六节 总体考察

由二元走向一体、从分离走向融合是城乡关系发展的总体趋势,也是我国城乡关系发展的引领思想。纵观新中国成立70年来学术界对城乡关系发展的深

---

① 谢志强、姜典航:《城乡关系演变:历史轨迹及其基本特点》,《中共中央党校学报》2011年第8期,第71~72页。
② 张汝立:《我国的城乡关系及其社会变迁》,《社会科学战线》2003年第3期,第241页。
③ 张应禄、陈志钢:《城乡二元经济结构:测定、变动趋势及政策选择》,《农业经济问题》2011年第11期,第89页。
④ 吴丰华、韩文龙:《改革开放四十年的城乡关系:历史脉络、阶段特征和未来展望》,《学术月刊》2018年第4期,第67~68页。
⑤ 吴振磊:《我国城乡经济社会关系的历史演进:阶段、特征与趋势》,《马克思主义与现实》2012年第7期,第30页。

入研究和广泛讨论,既有对不同问题的思想交锋,也有视野和方法的拓展,成果显著,但也存在一些问题和不足。本小节在考察前面几节阐述的问题的基础上,总结提炼中国城乡关系发展研究的特点,并对未来中国城乡关系发展研究进行展望。

一 城乡关系研究的主要特点

新中国成立70年来城乡关系的历史变迁,使得学术界对这一问题的研究也呈现百家争鸣,但这类研究具有鲜明的共性。

(一) 坚持马克思主义城乡关系的指导思想不松懈

从新中国成立到中国特色社会主义进入新时代,学术界对城乡关系的研究始终坚持马克思主义的城乡观不松懈。首先是在城乡关系的发展趋势上,坚持城乡由对立走向融合的必然趋势。新中国成立后,学术界对城乡发展趋势经历了工农并举、城乡兼顾——城乡互助——城乡统筹——城乡一体——城乡融合的研究历程。其次是在推动城乡关系发展的方式上,坚持生产力的发展手段。改革开放前后,学术界对生产关系变革还是生产力的发展推动城乡关系发展进行了争论和反思,结论是生产力的发展仍然是推动城乡发展的重要手段;进入新时代,学术界认识到农业生产力的发展是影响城乡关系的重要因素。最后是在城乡关系的发展上,坚持阶段性发展理论。学术界对中国城乡发展的阶段性判断正是这一思想的体现。

(二) 长期探索城镇化的发展道路

新中国成立70年来,学术界对于中国城乡发展道路的研究,坚持城镇化发展方向。但是在不同的发展阶段,学术界对城乡发展道路的认识不尽相同。新中国成立以后,学术界基于当时巩固工农联盟、改善农村赤贫和农业落后现状的需要,对城市支援农村、工业支援农业展开争论。改革开放后,关于中国城乡发展是走"城市化"道路还是"城镇化"道路?理论界再次展开激烈争论,随着乡镇企业的兴起,支持"城镇化"道路的学者占据优势,因为"城镇化"道路是在对比西方大城市化道路的劣势和正确认识中国国情的基础上的选择,是中国国情"生长出来"的道路。进入新世纪,由于中国"城镇化"质量出现问题,对"城镇化"道路进行批评的声音日益增多,大城市的聚集力和向心力吸引了诸多学者的目光,"大城市化"道路一时鼎盛。但随着城市规模的不断扩大,"大城市病"日益显现,许多学者开始反思,"新型城镇化"道路成为学术界城乡关系发展的主要声音。

(三)持续关注城乡二元结构

新中国成立以来,学术界对城乡二元结构的关注贯穿整个城乡关系研究过程。改革开放前,学术界对城乡二元结构的关注主要集中于对重工轻农、重城轻乡,农业支持、服务工业思想和相应的体制机制(尤其是统购统销、户籍制度等)对城乡二元结构的固化和扩大作用。改革开放后,学术界对城乡二元结构的内涵、成因、特点、测度以及二元结构对城乡发展的影响展开了广泛讨论,形成多种观点。城乡二元结构是城乡发展一体化的最大障碍,学术界对这一问题的持续关注为找到解决城乡二元结构的路径,寻觅城乡发展的动力支撑提供了详细资料。进入新时代,对城乡二元结构的关注转向研究城乡融合发展的体制机制以解决城乡二元结构难题。

(四)不断深化对城乡关系的理解

新中国成立初期,学术界对城乡关系的研究主要从产业关系和政治效益层面,即工农互助和巩固工农联盟。改革开放以来,尤其是"城市化"与"城镇化"道路的大讨论,将城乡关系的所有问题铺开进行论证,深化了学术界对城乡发展关系的认识,学术界开对城乡关系的研究扩展到城乡二元结构、城乡人口流动和城乡发展道路等问题,通过研究城乡二元结构和城乡之间的人口流动,学术界提出城乡协调发展、统筹发展、城乡一体化的城乡关系理念,对城乡关系的研究进入经济、社会、生态、文化层面。进入新时代,学术界对城乡一体化、城乡融合的体制机制和政策、乡村振兴战略等进行研究,城乡关系的研究进入宏观与微观相结合的层面,学术界对城乡关系的理解不断深化。

(五)重视"三农"问题与城乡关系的探索

学术界对城乡关系的研究总是与农业、农村、农民问题交叉在一起,或者从某种意义上说,城乡发展问题就是"三农"问题,即农业工业化、现代化的问题,农村城镇化问题,农村剩余劳动力转移问题,农民增收问题等。这主要体现在:一是学术界对城乡关系的研究始于农业问题,即农业的基础地位不可动摇;二是学术界现阶段对城市化探究的实质是农村城镇化、农业人口非农化问题;三是学术界对城乡关系发展阶段的划分与农业、农村息息相关:农业支持工业、乡村支持城市阶段——工业反哺农业、城市支持乡村阶段——发挥各自优势、以工促农、以城带乡阶段。

二 城乡关系研究的未来展望

70年城乡关系研究的变迁和演进始终紧密结合着中国经济社会发展的最新实践，随着人民对美好生活的向往、物质文化需求不断增长，城乡关系的研究也将以此为重点，进行创新和发展。

（一）实现城乡要素的合理配置

十八大以来，我国在城乡统筹发展、推进新型城镇化方面虽然已经取得了较大成绩，但破除妨碍城乡要素自由流动和平等交换的壁垒、推动城乡要素合理配置仍然是未来城乡关系研究的方向，尤其是要促进各类要素向农村流动，在乡村形成人才、土地、资金、产业、信息汇聚的良性循环，为乡村振兴注入新动能。在人才流动方面，研究不仅要关注农业人口市民化，而且要为城镇人口入乡提供条件；在资金、技术方面，研究如何健全农村财政投入保障、完善农村金融服务，为工商资本下乡、科技成果转化入乡服务于农业提供条件。

（二）关注公共服务普惠共享

推动公共服务向农村延伸、社会事业向农村覆盖，建立全民覆盖、普惠共享、城乡一体的基本公共服务体系，推进城乡基本公共服务标准统一、制度并轨是未来城乡关系发展的研究方向。未来，应建立城乡教育资源均衡配置机制，优先发展农村教育，建立以城带乡、整体推进、城乡一体、均衡发展的教育发展机制；健全乡村医疗卫生服务体系；健全城乡公共文化服务体系；健全城乡统一的社会保障和救助制度；健全乡村治理机制，建立党领导下的自治、法治和德治相结合的乡村治理体系，发挥群众的主体参与作用，增强乡村治理能力和培养群众的参与能力。

（三）探索城乡基础设施一体化

推动城乡基础设施一体化，把公共基础设施的重点放在农村，加快推动农村基础设施的提档升级，实现城乡基础设施的统一规划、统一建设和统一维护是未来城乡关系研究的重要领域。首先，探索统筹规划重要市政公用设施，推动公共设施向郊区和规模较大的中心镇延伸；统筹规划城乡污物收运处置体系，严防城市垃圾上山下乡，建立乡村生态环境保护机制。其次，探索城乡基础设施建设机制，明确乡村基础设施的公共产品定位，构建事权清晰、权责一致、中央支持、省级统筹、市县负责的一体化建设机制。再次，探索城乡基础设施一体化管护机制，明确乡村基础设施产权归属，建立产权所有者管护、负责制。

（四）围绕农村经济多元化发展和农民持续增收

乡村振兴和农民富裕是缩小城乡差距的重要方式，优先发展农业、农村是党中央适时做出的战略性决策，促进农村经济多元化发展和农民持续性增收是未来城乡关系发展研究的主要内容。首先，围绕如何"以市场经济为导向发展现代农业，依托'互联网+'和'双创'培育农业新产业新业态，完善农企利益紧密结合机制，探索生态产品价值实现机制，建立农村文化保护机制，搭建城乡产业统筹发展平台，实现农村经济发展多元化，最终缩小城乡差距"展开研究。其次，围绕如何"拓宽农民增收渠道（健全城乡劳动力市场和农民工利益保护制度，为农民工资性收入创造良好环境；加强农民的职业培训，完善企业与农民利益联结机制，推动小农户与现代农业发展衔接，提高农民经营性收入；以市场为导向建立农民财产性增收机制；坚持精准扶贫，精准脱贫，着力改善发展条件增强农民的发展能力，打赢脱贫攻坚战等），促进农民收入持续增长，缩小城乡居民生活水平的差距"进行深入研究。

主要参考文献

一 著作

[1] 毕宝德：《土地经济学（第七版）》，中国人民大学出版社，2016年。

[2] 蔡昉、王德文、都阳：《中国农村改革与变迁30年历程和经验分析》，格致出版社，2008年。

[3] 蔡昉：《转轨中的城市贫困问题》，社会科学文献出版社，2003年。

[4] 柴经：《农村社会主义教育讲话》，通俗读物出版社，1957年。

[5] 陈岱孙：《中国经济百科全书》，中国经济出版社，1991年。

[6] 陈栋生：《经济布局的理论与实践》，辽宁大学出版社，1988年。

[7] 陈锡文：《读懂中国农业农村农民》，外文出版社，2018年。

[8] 陈雨露、马勇：《中国农村金融论纲》，中国金融出版社，2010年。

[9] 陈遇春：《当代中国农民职业教育研究》，西北农林科技大学出版社，2005年。

[10] 程海：《社会主义经济体制改革概论》，经济科学出版社，1990年。

[11] 党国英：《城乡一体化发展要义》，浙江大学出版社，2016年。

[12] 董辅礽：《中国经济纵横谈》，经济科学出版社，1996年。

[13] 杜润生：《杜润生自述：中国农村体制变革重大决策纪实》，人民出版社，2008年。

[14] 杜闻贞：《人口纵横谈》，中国青年出版社，1985年。

[15] 杜漪：《构建和谐城乡关系的经济学研究》，光明日报出版社，2007年。

[16] 方晓红：《大众传媒与农村》，中华书局，2002年。

[17] 费孝通：《中国城乡发展的道路》，上海人民出版社，2016年。

[18] 高培勇：《中国税费改革问题研究》，经济科学出版社，2004年。

[19] 高佩义：《中外城市化比较研究》，南开大学出版社，1991年。

[20] 高尚全主编《中国经济体制改革二十年基本经验研究》，经济科学出版

社，1998年。

[21] 顾焕章：《中国农户经济的增长与规模经营》，中国人民大学出版社，1993年。

[22] 关信平：《中国城市贫困问题研究》，湖南人民出版社，1999年。

[23] 郭道明：《农村教育经济学讲座》，广西师范大学出版社，1987年。

[24] 郭书田主编《中国农村经济体制的转换》，新华出版社，1995年。

[25] 国务院发展研究中心农村经济研究部课题组：《稳定和完善农村基本经营制度研究》，中国发展出版社，2013年。

[26] 国务院农村综合改革工作小组办公室：《农村税费改革十年历程》，经济科学出版社，2012年。

[27] 韩俊等：《中国农村金融调查》，远东出版社，2009年。

[28] 何干强：《当代中国社会主义经济（第二版）》，中国经济出版社，2009年。

[29] 何广文：《合作金融发展模式及运行机制研究》，中国金融出版社，2001年。

[30] 何晓杰：《"后农业税时代"的中国乡村治理——以东北乡村为研究视域》，人民日报出版社，2014年。

[31] 胡鞍钢：《国情报告》（第17卷·2014年），党建读物出版社，2016年。

[32] 华生：《城市化转型与土地陷阱》，东方出版社，2014年。

[33] 姜德华、张耀光、杨柳、侯绍范：《中国的贫困地区类型及开发》，旅游教育出版社，1989年。

[34] 蒋永穆、罗平、王丽程等：《中国农村改革四十年：回顾与经验》，四川大学出版社，2018年。

[35] 蒋永穆：《中国农业支持体系论》，四川大学出版社，2000年。

[36] 靳相木：《中国乡村地权变迁的法经济学研究》，中国社会科学出版社，2005年。

[37] 康晓光：《中国贫困与反贫困理论》，广西人民出版社，1995年。

[38] 李德芳、杨素稳：《中国共产党农村思想政治教育史》，中国社会科学出版社，2007年。

[39] 李培林、魏后凯、吴国宝：《中国扶贫开发报告（2017）》，社会科学文献出版社，2017年。

[40] 李水山、赵方印主编《中外农民教育研究》，广西教育出版社，2006年。

[41] 林毅夫、蔡昉、李舟：《中国的奇迹：发展战略与经济改革（增订版）》，上海三联书店，2006年。

[42] 林毅夫：《制度、技术与中国农业发展》，格致出版社、上海三联书店、

上海人民出版社，1992 年。

[43] 刘洪礼、吴海：《农业生产责任制》，上海人民出版社，1981 年。

[44] 刘茂山：《刘茂山文集》，南开大学出版社，2013 年。

[45] 刘润秋：《中国农村土地流转制度研究——基于利益协调的视角》，经济管理出版社，2012 年。

[46] 刘守英：《直面中国土地问题》，中国发展出版社，2014 年。

[47] 刘守英：《中国土地问题调查——土地权利的底层视角》，北京大学出版社，2017 年。

[48] 陆学艺：《当代中国农村与当代中国农民》，知识出版社，1991 年。

[49] 马忠富：《中国农村合作金融发展研究》，中国金融出版社，2001 年。

[50] 毛科军：《中国农村产权制度研究》，山西经济出版社，第 1993 年。

[51] 孟勤国：《中国农村土地流转问题研究》，法律出版社，2009 年。

[52] 南俊英等：《农村思想政治教育：回顾·思考·研究》，北京经济学院出版社，1991。

[53] 牛若峰：《中国农业的变革与发展》，中国统计出版社，1997 年。

[54] 农村经济技术社会知识丛书编委会：《农村文化建设》，中国农业出版社，2000 年。

[55] 农业部软科学委员会办公室：《农村市场经济》，中国农业出版社，2001 年。

[56] 潘锦云：《区域战略："三化"互动与产业融合》，安徽大学出版社，2018 年。

[57] 庞守兴：《困惑与超越：新中国农村教育忧思录》，广西师范大学出版社，2003 年。

[58] 祁勇、赵德兴：《中国乡村治理模式研究》，山东人民出版社，2014 年。

[59] 钱忠好：《中国农村土地制度变迁和创新研究》，社会科学文献出版社，2005 年。

[60] 沈琼：《中国新型职业农民培育研究》，中国农业出版社，2017 年。

[61] 沈荣华、金海龙：《地方政府治理》，社会科学文献出版社，2006 年。

[62] 时事手册编辑部编《农村社会主义教育提纲》，通俗读物出版社，1957 年。

[63] 史亚军：《农村文化产业概论》，中央广播电视大学出版社，2014 年。

[64] 史正富：《中国农村土地制度变革》，北京大学出版社，1993 年。

[65] 孙其昂等：《思想政治教育现代转型研究》，学习出版社，2015 年。

[66] 孙冶方：《社会主义经济的若干理论问题》，人民出版社，1984 年。

[67] 孙冶方：《孙冶方文集（第 8 卷）》，知识产权出版社，2018 年。

[68] 唐均：《中国城市居民贫困线研究》，上海社会科学出版社，1998年。
[69] 佟新：《人口社会学》，北京大学出版社，2000年。
[70] 汪三贵：《贫困问题与经济发展政策》，农村读物出版社，1994年。
[71] 汪小亚：《农村金融改革：重点领域和基本途径》，中国金融出版社，2014年。
[72] 王传真：《农村文化的建设与管理》，宁夏人民出版社，1999年。
[73] 王丹宇：《农村文化建设研究》，湖南大学出版社，2014年。
[74] 王贵宸：《中国农村经济改革新论》，中国社会科学出版社，1998年。
[75] 王慧：《中国当代农村教育史论》，光明日报出版社，2014年。
[76] 王景新：《村域集体经济历史变迁和现实发展》，中国社会科学出版社，2013年。
[77] 王景新：《中国农村土地制度的世纪变革》，中国经济出版社，2001年。
[78] 王小强、白南风：《富饶的贫困：中国落后地区的考察》，四川人民出版社，1986年。
[79] 魏后凯、崔红志：《稳定和完善农村基本经营制度研究》，中国社会科学出版社，2016年。
[80] 魏杰、林亚琳：《中国经济体制的新选择——中国市场经济通论》，四川人民出版社，1994年。
[81] 温涛、王煜宇：《中国西部农村教育与经济协调发展问题研究》，西南师范大学出版社，2009年。
[82] 温铁军：《三农问题与土地制度变迁》，中国经济出版社，2009年。
[83] 文贯中：《吾民无地：城市化、土地制度与户籍制度的内在逻辑》，东方出版社，2014年。
[84] 文贯中编《中国当代土地制度论文集》，湖南科学技术出版社，1994年。
[85] 吴德刚：《中国农村教育综合改革研究》，教育科学出版社，2010年。
[86] 徐勇：《中国农村村民自治》，华中师范大学出版社，1997年。
[87] 杨懋春：《一个中国村庄—山东台头》，江苏人民出版社，2012年。
[88] 俞可平：《治理与善治》，社会科学文献出版社，2000年。
[89] 岳志：《合作金融思想学说史》，远东出版社，2016年。
[90] 张红宇：《金融支持农村一二三产业融合发展问题研究》，中国金融出版社，2016年。
[91] 张红宇：《农业经济论丛8》，农业出版社，1988年。
[92] 张红宇：《新中国农村的土地制度变迁》，湖南人民出版社，2014年。

[93] 张华超：《农村文化生活》，河北科学技术出版社，2014 年。

[94] 张杰主编《中国农村金融制度：结构、变迁与政策》，中国人民大学出版社，2003 年。

[95] 张军：《"双轨制"经济学：中国的经济改革（1978—1992）》，上海三联书店，2006 年。

[96] 张军：《中国经济改革的回顾与分析》，山西经济出版社，1998 年。

[97] 张乐天：《新中国成立以来农村教育政策的回顾与反思》，北京师范大学出版社，2016 年。

[98] 张磊：《中国扶贫开发历程（1949—2005）》，中国财政经济出版社，2007 年。

[99] 张新伟：《市场化与反贫困路径选择》，中国社会科学出版社，2001 年。

[100] 张友：《谈农民的文化教育》，通俗读物出版社，1956 年。

[101] 张卓元主编《中国改革开放经验的经济学思考》，经济管理出版社，2000 年。

[102] 赵树凯：《纵横城乡农民流动的观察与研究》，中国农业出版社，1998 年。

[103] 浙江人民出版社编《农业合作化讲话》，浙江人民出版社，1956 年。

[104] 中共黑龙江省委农工部经营管理处：《农业联产承包制200问》，黑龙江科学技术出版社，1983 年。

[105] 中国共产党湖北省委宣传部宣传处：《农业生产合作社问题解答》，湖北人民出版社，1955 年。

[106] 中央人民政府农业部计划司：《两年来的中国农村经济调查汇编》，中华书局，1952 年。

[107] 周其仁：《城乡中国（上）》，中信出版社，2014 年。

[108] 周叔莲、郭克莎：《中国城乡经济及社会协调发展研究》，经济管理出版社，1996 年。

[109] 周修睦：《学习问题解答（第三辑）》，上海通联书店，1953 年。

[110] 朱剑农：《我国过渡时期的生产资料所有制》，湖北人民出版社，1955 年。

[111] 朱启臻：《中国农民职业技术教育研究》，中国农业出版社，2003 年。

[112] 朱世和、高文元主编《中国农村教育改革之路》，科学教育出版社，1992 年。

二 期刊

[1] 白永秀、王颂吉：《城乡发展一体化的实质及其实现路径》，《复旦学报》（社会科学版）2013年第4期。

[2] 白永秀：《城乡二元结构的中国视角：形成、拓展、路径》，《学术月刊》2012年第5期。

[3] 蔡昉、杨涛：《城乡收入差距的政治经济学》，《中国社会科学》2000年第4期。

[4] 曹亚雄、柳李华：《社区化党建：当代农村基层党组织建设的现代转换》，《社会主义研究》2015年第2期。

[5] 曾令秋：《农业基础地位唯一论》，《西南民族大学》（人文社科版）2008年第3期。

[6] 曾小溪、汪三贵：《中国大规模减贫的经验：基于扶贫战略和政策的历史考察》，《西北师大学报》（社会科学版）2017年第6期。

[7] 柴娟娟：《浅谈西部农村地区现代远程教育的现状与未来》，《兰州学刊》2006年第7期。

[8] 车丽娜、徐继存：《民办教师及其对乡村社会的影响》，《教育研究与实验》2014年第5期。

[9] 陈斌开、林毅夫：《重工业优先发展战略、城市化和城乡工资差距》，《南开经济研究》2010年第1期。

[10] 陈斌开、林毅夫：《发展战略、城市化与中国城乡收入差距》，《中国社会科学》2013年第4期。

[11] 陈波：《二十年来中国农村文化变迁：表征、影响与思考——来自全国25省（市、区）118村的调查》，《中国软科学》2015年第8期。

[12] 陈明生：《马克思主义经典作家论城乡统筹发展》，《当代经济研究》2005年第3期。

[13] 陈文科：《农业是国民经济基础的再认识》，《经济研究》1996年第7期。

[14] 陈锡文：《从农村改革四十年看乡村振兴战略的提出》，《农村工作通讯》2018年第9期。

[15] 陈锡文：《新阶段要深化对农业是国民经济基础的认识》，《理论前沿》2002年第14期。

[16] 陈雪飞：《合作制与股份制：不同经济背景下农村信用社的制度选择》，

《金融研究》2003年第6期。

[17] 陈钊：《中国城乡发展的政治经济学》，《南方经济》2011年第8期。

[18] 崔红志、刘亚辉：《我国小农户与现代农业发展有机衔接的相关政策、存在问题及对策》，《中国社会科学院研究生院学报》2018年第5期。

[19] 党国英：《当前中国农村土地制度改革的现状与问题》，《华中师范大学学报》2005年第7期。

[20] 党国英：《我国乡村治理改革回顾与展望》，《社会科学战线》2008年第12期。

[21] 党国英：《中国乡村社会治理现状与展望》，《华中师范大学学报》（人文社会科学版）2017年第3期。

[22] 邓大才：《治理的类型：从"良序"到"善治"——以乡村社会为研究对象》，《社会科学战线》2018年第9期。

[23] 丁力：《农业经营与农业产业化》，《经济研究参考》1998年第6期。

[24] 杜丹：《我国农民文化素质发展的障碍与途径分析》，《内蒙古农业大学学报》（社会科学版）2008年第1期。

[25] 杜利娜：《马克思的贫困理论及当代启示》，《马克思主义研究》2018年第8期。

[26] 杜润生：《把农村改革引向深入的几个问题》，《农垦经济研究》1987年第9期。

[27] 段应碧：《对粮食价格改革的一些看法》，《农业经济问题》1988年第10期。

[28] 冯兴元、何梦笔、何广文：《试论中国农村金融的多元化——一种局部知识范式视角》，《中国农村观察》2004年第5期。

[29] 冯云廷：《城镇化到城市化：农村城镇化模式的转变》，《农村经济》2006年第4期。

[30] 付翠莲：《我国乡村治理模式的变迁、困境与内生权威嵌入的新乡贤治理》，《地方治理研究》2016年第1期。

[31] 高帆：《中国城乡二元经济结构转化的影响因素分解：1981－2009年》，《经济理论与经济管理》2012年第9期。

[32] 高其才、池建华：《改革开放40年来中国特色乡村治理体制：历程·特质·展望》，《学术交流》2018年第11期。

[33] 高强、孔祥智：《我国农业社会化服务体系演进轨迹与政策匹配：1978～

2013 年》,《改革》2013 年第 4 期。

[34] 高圣平、严之:《"从长期稳定"到"长久不变":土地承包经营权性质的再认识》,《云南大学学报》(法学版) 2009 年第 4 期。

[35] 葛志军、邢成举:《精准扶贫:内涵、实践困境及其原因阐释——基于宁夏银川两个村庄的调查》,《贵州社会科学》2015 年第 5 期。

[36] 公丕祥:《新中国 70 年进程中的乡村治理与自治》,《社会科学战线》2019 年第 5 期。

[37] 郭晓鸣:《从四川实践看农村三产融合及与台湾的合作展望》,《当代县域经济》2017 年第 7 期。

[38] 韩俊、罗丹、程郁:《农村金融现状调查》,《农村金融研究》2007 年第 9 期。

[39] 韩俊:《对新阶段加强农业基础地位的再认识》,《江苏农村经济》2008 年第 3 期。

[40] 韩俊:《关于中国农业两个飞跃若干理论认识问题》,《理论视野》2002 年第 2 期。

[41] 韩俊:《中国城乡关系演变 60 年:回顾与展望》,《改革》2009 年第 11 期。

[42] 韩立达、王艳西、韩冬:《农地"三权分置"的运行及实现形式研究》,《农业经济问题》2017 年第 6 期。

[43] 韩美群:《论当代新型农民的文化诉求与理性导引》,《华中农业大学学报》(社会科学版) 2012 年第 4 期。

[44] 韩长赋:《大力实施乡村振兴战略》,《农业科技培训》2018 年第 1 期。

[45] 韩长赋:《中国农村土地制度改革》,《农业经济问题》2019 年第 1 期。

[46] 何白鸥、齐善兵:《乡村振兴战略实施中加强乡村文化建设的建议》,《领导科学》2018 年第 4 期。

[47] 何广文、何婧、郭沛:《再议农户信贷需求及其信贷可得性》,《农业经济问题》2018 年第 2 期。

[48] 何广文:《从农村居民资金借贷行为看农村金融抑制与金融深化》,《中国农村经济》1999 年第 10 期。

[49] 何广文:《中国农村金融供求特征及均衡供求的路径选择》,《中国农村经济》2001 年第 10 期。

[50] 贺雪峰:《城乡建设用地增减挂钩政策的逻辑与谬误》,《学术月刊》2019

年第 1 期。

[51] 贺雪峰：《论中国式城市化与现代化道路》，《中国农村观察》2014 年第 1 期。

[52] 贺雪峰：《乡村治理 40 年》，《华中师范大学学报》（人文社会科学版）2018 年第 6 期。

[53] 贺雪峰：《乡村治理研究的三大主题》，《社会科学战线》2005 年第 1 期。

[54] 洪银兴、陈雯：《城市化和城乡一体化》，《经济理论与经济管理》2003 年第 4 期。

[55] 洪银兴：《工业和城市反哺农业、农村的路径研究——长三角地区实践的理论思考》，《经济研究》2007 年第 8 期。

[56] 洪银兴：《价格改革的风险与出路》，《经济研究》1989 年第 9 期。

[57] 胡丰顺、杨少波：《我国城市化进程中农村文化的变迁与重构》，《江西社会科学》2012 年第 11 期。

[58] 胡岳岷：《论马克思主义农业基础地位理论的继承与发展》，《当代经济研究》2007 年第 8 期。

[59] 华生、何家成、蒋跃、高梁、张少杰：《论具有中国特色的价格改革道路》，《经济研究》1985 年第 2 期。

[60] 华正学：《邓小平反贫困理论的科学体系探析》，《农业经济》2012 年第 1 期。

[61] 黄承伟、刘欣：《新中国扶贫思想的形成与发展》，《国家行政学院学报》2016 年第 3 期。

[62] 黄承伟：《中国扶贫开发道路研究：评述与展望》，《中国农业大学学报》（社会科学版）2016 年第 5 期。

[63] 黄焕中：《农业是国民经济的基础是一个普遍规律吗？》，《中国农村经济》1991 年第 11 期。

[64] 黄婧、纪志耿：《完善中国特色农业社会化服务体系评析》，《现代经济探讨》2009 年第 4 期。

[65] 黄迈、董志勇：《复合型现代农业经营体系的内涵变迁及其构建策略》，《改革》2014 年第 1 期。

[66] 黄少安、刘海英：《制度变迁的强制性与诱致性——兼对新制度经济学和林毅夫先生所做区分评析》，《经济学动态》1996 年第 4 期。

[67] 黄永林：《论新农村文化建设中的现代与传统》，《民俗研究》2008 年第

4期。

[68] 黄宗智：《怎样推进中国农产品纵向一体化物流的发展？——美国、中国和"东亚模式"的比较》，《开放时代》2018年第1期。

[69] 黄祖辉、刘西川、程恩江：《中国农户的信贷需求：生产性抑或消费性——方法比较与实证分析》，《管理世界》2007年第3期。

[70] 黄祖辉：《改革开放四十年：中国农业产业组织的变革与前瞻》，《农业经济问题》2018年第11期。

[71] 纪丽萍：《变迁视阈中的现代性与中国乡村文化》，《理论月刊》2013年第5期。

[72] 季中扬：《乡村文化与现代性》，《江苏社会科学》2012年第3期。

[73] 简新华、何志扬：《中国工业反哺农业的实现机制和路径选择》，《南京大学学报》（哲学·人文科学·社会科学版）2006年第5期。

[74] 简新华、罗钜钧、黄锟：《中国城镇化的质量问题和健康发展》，《当代财经》2013年第9期。

[75] 简新华：《中国农地制度和经营方式创新研究——兼评中国土地私有化》，《政治经济学评论》2013年第4期。

[76] 姜长云：《农业产业化组织创新的路径与逻辑》，《改革》2013年第8期。

[77] 姜长云：《推进农村一二三产业融合发展新题应有新解法》，《中国发展观察》2015年第2期。

[78] 蒋映光：《农业问题要始终抓得很紧——邓小平农业思想研究》，《当代财经》1995年第2期。

[79] 蒋永穆、安雅娜：《我国农村土地制度变迁的路径依赖及其创新》，《经济学家》2003年第3期。

[80] 蒋永穆、刘涛：《中国现代农业产业体系构建：原则、目标、基本要求和模式》，《理论月刊》2011年第9期。

[81] 蒋永穆、万腾、周宇晗：《基于政府集成的中国特色减贫道路（1978-2018）：历史进程和逻辑主线》，《当代经济研究》2018年第12期。

[82] 蒋永穆、周宇晗：《改革开放40年城乡一体化发展：历史变迁与逻辑主线》，《贵州财经大学学报》2018年第5期。

[83] 蒋远胜：《改革开放四十年中国农地制度变迁的成就、逻辑与方向》，《农村经济》2018年第12期。

[84] 解小明：《现代化转型下的乡村文化》，《农村经济与科技》2015年第

12 期。

[85] 孔祥智、高强：《改革开放以来我国农村集体经济的发展与当前亟须解决的问题》，《农村经营管理》2017 年第 5 期。

[86] 孔祥智、刘同山：《论我国农村基本经营制度：历史、挑战与选择》，《政治经济学评论》2013 年第 4 期。

[87] 雷曜、焦琦斌：《当前中国农村金融的特点、问题及争论：一个文献综述》，《农村金融研究》2012 年第 10 期。

[88] 黎珍：《健全新时代乡村治理体系路径探析》，《贵州社会科学》2019 年第 1 期。

[89] 李爱喜：《新中国 60 年农村信用社改革发展的回顾与展望》，《财经论丛》2009 年第 6 期。

[90] 李华胤：《我国乡村治理的变迁与经验探析》，《毛泽东邓小平理论研究》2019 年第 5 期。

[91] 李佳：《乡土社会变局与乡村文化再生产》，《中国农村观察》2012 年第 4 期。

[92] 李荣耀、叶兴庆：《退出与流转：农民宅基地处置选择及影响因素》，《农村经济》2019 年第 4 期。

[93] 李太淼：《农村集体经营性建设用地入市的难点问题论析》，《中州学刊》2019 年第 1 期。

[94] 厉以宁：《走向城乡一体化：建国 60 年城乡体制的变革》，《北京大学学报》（哲学社会科学版）2009 年第 6 期。

[95] 刘建华、丁重扬：《马克思主义经济学的贫困理论及其当代价值》，《政治经济学评论》2012 年第 2 期。

[96] 刘利平、刘春平：《我国农村教育理论研究现状述评》，《天津师范大学学报》（基础教育版）2014 年第 4 期。

[97] 刘日新：《关于改进我国农业计划制度的商榷》，《经济研究》，1961 年第 7 期。

[98] 刘诗白：《在资本主义制度下农业也是"国民经济发展的基础"吗？》，《理论战线》1960 年第 6 期。

[99] 刘守英、熊雪锋：《经济结构变革、村庄转型与宅基地制度变迁——四川省泸县宅基地制度改革案例研究》，《中国农村经济》2018 年第 6 期。

[100] 刘守英、熊雪锋：《中国乡村治理的制度与秩序演变——一个国家治理

视角的回顾与评论》,《农业经济问题》2018 年第 9 期。

[101] 刘守英:《土地制度与农民权利》,《中国土地科学》2000 年第 3 期。

[102] 刘守英:《中国城乡二元土地制度的特征、问题与改革》,《国际经济评论》2014 年第 3 期。

[103] 刘彦武:《从嵌入到耦合:当代中国乡村文化治理嬗变研究》,《中华文化论坛》2017 年第 10 期。

[104] 刘渊春:《试论稳定和完善农村双层经营体制》,《农村经济》1992 年第 11 期。

[105] 刘志澄:《统筹城乡发展壮大县域经济》,《农业经济问题》2004 年第 2 期。

[106] 龙海平:《农村思想政治教育 30 年的回顾与展望》,《探索》2014 年第 4 期。

[107] 龙玉祥:《基于文化营销的乡村旅游发展战略初探》,《农村经济》2009 年第 6 期。

[108] 陆铭、陈钊:《城市化、城市倾向的经济政策与城乡收入差距》,《经济研究》2004 年第 6 期。

[109] 陆铭、陈钊:《从分割到融合:城乡经济增长与社会和谐的政治经济学》,《经济研究》2008 年第 1 期。

[110] 陆学艺、杨桂宏:《破除城乡二元结构体制是解决"三农"问题的根本途径》,《中国农业大学学报》(社会科学版)2013 年第 3 期。

[111] 罗必良:《中国农村改革的制度经济学思考》,《农业经济问题》1995 年第 7 期。

[112] 罗荷花、李明贤、曹艺馨:《我国农户融资需求及其融资可获得性的影响因素分析》,《农村经济》2015 年第 8 期。

[113] 骆耕漠:《论商品和价值》,《经济研究》1959 年第 10 期。

[114] 马艳萍:《当代农民科技文化素质、需要及对策研究——以广东省为例》,《农业图书情报学刊》2017 年第 11 期。

[115] 马永强:《农村文化建设的内涵和视阈》,《甘肃社会科学》2008 年第 6 期。

[116] 米运生、罗必良、曾泽莹:《农村基本经营制度改革:中心线索、重点变迁与路径取向》,《江海学刊》2015 年第 2 期。

[117] 莫光辉:《精准扶贫:中国扶贫开发模式的内生变革与治理突破》,《中

国特色社会主义研究》2016年第2期。

[118] 牛荣、罗剑朝、张珩：《陕西省农户借贷行为研究》，《农业技术经济》2012年第4期。

[119] 欧阳安蛟、蔡锋铭、陈立定：《农村宅基地退出机制建立探讨》，《中国土地科学》2009年第10期。

[120] 潘熊烈：《谈谈政社合一》，《教学与研究》1959年第3期。

[121] 邱仁富、贺争平：《论农村思想政治教育载体发展的特殊规律》，《学术论坛》2007年第5期。

[122] 任保平：《工业反哺农业：我国工业化中期阶段的发展战略转型及其政策取向》，《西北大学学报》（哲学社会科学版）2005年第4期。

[123] 任保平：《论中国的二元经济结构》，《经济与管理研究》2004年第5期。

[124] 施由明、刘清荣：《从毛泽东到胡锦涛：中国扶贫开发理论的不断深化》，《农业考古》2007年第6期。

[125] 宋洪远：《新型农业社会化服务体系建设研究》，《中国流通经济》2010年第6期。

[126] 苏星：《土地改革以后，我国农村社会主义和资本主义两条道路的斗争》，《经济研究》1965年第9期。

[127] 孙庆忠：《离土中国与乡村文化的处境》，《江海学刊》2009年第4期。

[128] 田国强：《关于农村社会化服务体系建设的思考》，《农村经济与技术》1994年第11期。

[129] 仝志辉、侯宏伟：《农业社会化服务体系：对象选择与构建策略》，《改革》2015年第1期。

[130] 仝志辉：《"去部门化"：中国农业社会化服务体系构建的关键》，《探索与争鸣》2016年第6期。

[131] 童星、林闽钢：《我国农村贫困标准线研究》，《中国社会科学》1994年第3期。

[132] 汪荣：《我国乡村治理模式的历史演进及其发展路径浅探》，《理论月刊》2013年第7期。

[133] 汪祥春、姜兴渭、陈崑岫：《我国农业生产的计划管理问题》，《经济研究》1965年第3期。

[134] 汪巽人：《初探马克思主义的城乡融合学说》，《福建论坛》1983年第

3期。

[135] 王朝明:《马克思主义贫困理论的创新与发展》,《当代经济研究》2008年第2期。

[136] 王丰、蒋永穆:《论农产品基地:内涵、功能与发展形态》,《江西财经大学学报》2010年第5期。

[137] 王凤梅:《1949－1978年中国农村传统文化观念的变迁——以山东省为例》,《山东大学学报》(哲学社会科学版),2010年第5期。

[138] 王克忠:《农村集体土地入市的几个问题——兼论建立城乡统一的地产市场》,《中国土地科学》1996年第S1期。

[139] 王立胜:《改革开放40年的农村基本经营制度》,《当代经济研究》2019年第1期。

[140] 王松霈、郭明:《论"包产到户"和"包干到户"》,《经济研究》1981年第10期。

[141] 王宗瑞:《正确认识管和放的关系》,《计划与统计》1959年第6期。

[142] 温涛、冉光和、熊德平:《中国金融发展与农民收入增长》,《经济研究》2005年第9期。

[143] 温涛、王煜宇:《改革开放40周年中国农村金融制度的演进逻辑与未来展望》,《农业技术经济》,2018年第1期。

[144] 温铁军、朱守银:《中国农业基本经营制度研究》,《经济研究参考》1996年第E1期。

[145] 温铁军:《城乡二元体制矛盾的形成与城镇化发展战略探讨》,《山东省农业管理干部学院学报》2001年第1期。

[146] 温铁军:《我国为什么不能实行土地私有化》,《红旗文稿》2009年第2期。

[147] 文黎明:《发展农村职业技术教育亟待解决的问题》,《江西教育科学》1988年第2期。

[148] 吴丰华、韩文龙:《改革开放四十年的城乡关系:历史脉络、阶段特征和未来展望》,《学术月刊》2018年第4期。

[149] 吴敬琏:《中国采取了"渐进改革"战略吗?》,《经济学动态》1994年第9期。

[150] 吴梅芳:《社会主义新农村建设中农村基层党组织的功能定位》,《中州学刊》2009年第6期。

[151] 吴象：《联产承包责任制与农业计划管理》，《农业经济问题》1983年第2期。

[152] 吴永红、郭晓鸣：《中国农村合作金融的发展与选择》，《中国农村经济》2001年第10期。

[153] 吴振磊：《我国城乡经济社会关系的历史演进：阶段、特征与趋势》，《马克思主义与现实》2012年第7期。

[154] 武力：《论改革开放以来中国城乡关系的两次转变》，《教学与研究》2008年第10期。

[155] 夏晓丽：《中共三代领导核心关于农民教育的思想及启示》，《石油大学学报》（社会科学版）2005年第4期。

[156] 谢家智、冉光和：《中国农村金融制度变迁的路径依赖》，《农业经济问题》2000年第5期。

[157] 谢平：《中国农村信用合作社体制改革的争论》，《金融研究》2001年第1期。

[158] 徐祥临：《从日本农协的经验看我国建立农业社会化服务体系需要解决的问题》，《中国党政干部论坛》1995年第12期。

[159] 徐勇：《县政、乡派、村治：乡村治理的结构性转换》，《江苏社会科学》2002年第2期。

[160] 许汉泽、李小云：《精准扶贫：理论基础、实践困境与路径选择——基于云南两大贫困县的调研》，《探索与争鸣》2018年第2期。

[161] 许经勇：《深化农村经济体制改革的思考》，《学术交流》1993年第6期。

[162] 许柯、张磊：《制约农民科技文化素质提高的小农意识及解决路径探讨》，《广东农业科学》2009年第10期。

[163] 薛暮桥：《调整价格和改革价格管理体制》，《经济研究》1985年第1期。

[164] 闫惠惠、郝书翠：《背离与共建：现代性视阈下乡村文化的危机与重建》，《湖北大学学报》（哲学社会科学版）2016年第1期。

[165] 杨柳、杨帆、蒙生儒：《美国新型职业农民培育经验与启示》，《农业经济问题》2019年第6期。

[166] 杨少垒、赵苏丹、蒋永穆：《"农业共营制"：农村基本经营制度实现形式的创新探索》，《农村经济》2018年第11期。

[167] 杨少垒、蒋永穆:《中国特色农业现代化道路的科学内涵》,《上海行政学院学报》2013年第1期。

[168] 杨兆山、侯玺超、陈仁:《农村教育理论建设:必要性、问题域与落脚点》,《东北师大学报》(哲学社会科学版)2015年第6期。

[169] 姚洋、郑东雅:《重工业与经济发展:计划经济时代再考察》,《经济研究》2008年第4期。

[170] 姚洋:《农地制度与农业绩效的实证分析》,《中国农村观察》1998年第6期。

[171] 姚耀军:《中国农村金融发展状况分析》,《财经研究》2006年第4期。

[172] 亦农:《农业是国民经济发展的基础》,《经济研究》1960年第6期。

[173] 易钢:《毛泽东、邓小平对中国传统重农思想的新发展》,《毛泽东思想研究》1998年第6期。

[174] 于光远:《关于社会主义制度下商品生产问题的讨论》,《经济研究》1959年第7期。

[175] 于光远:《以农业为基础是我国社会主义现代化建设的一个基本方针》,《经济研究》1979年第4期。

[176] 于祖尧:《农业实行包干到户是我国经济体制改革的前奏》,《经济研究》1983年第3期。

[177] 俞可平、徐秀丽:《中国农村治理的历史与现状——以定县、邹平和江宁为例的比较分析》,《经济社会体制比较》2004第2期。

[178] 袁洪斌、谢丹、熊德平:《对中国农村金融制度变迁的制约因素与基本特征的思考》,《生产力研究》2007年第2期。

[179] 袁金辉:《中国乡村治理60年:回顾与展望》,《国家行政学院学报》2009年第5期。

[180] 苑鹏、刘同山:《发展农村新型集体经济的路径和政策建议——基于我国部分村庄的调查》,《毛泽东邓小平理论研究》2016年第10期。

[181] 张红宇、王乐君、李迎宾等:《关于完善农村土地承包制度的若干问题》,《当代农村财经》2014年第6期。

[182] 张红宇:《城乡居民收入差距的平抑机制:工业化中期阶段的经济增长与政府行为选择》,《管理世界》2004年第4期。

[183] 张红宇:《计划与市场:农产品流通体制探索》,《农村经济》1991年第11期。

[184] 张红宇：《中国农村金融组织体系：绩效、缺陷与制度创新》，《中国农村观察》2004年第2期。

[185] 张克俊：《农业产业化与社会主义市场农业的发展》，《农村经济》1995年第3期。

[186] 张路雄：《当前农村合作经济发展中的几个问题》，《农业经济问题》1985年第5期。

[187] 张木生、杜鹰、谢扬：《包干到户基础上的协作和联合问题初探——安徽省滁县地区调查报告》，《农业经济问题》1981年第12期。

[188] 张宁宁：《"新常态"下农村金融制度创新：关键问题与路径选择》，《农业经济问题》2016年第6期。

[189] 张晓强、李心丹：《中国农村金融改革的路径依赖与路径设计》，《南京社会科学》2017年第10期。

[190] 张晓山：《改革开放四十年与农业农村经济发展——从"大包干"到城乡融合发展》，《学习与探索》2018年第12期。

[191] 张晓山：《在稳定的基础上创新农村基本经营制度》，《农村经济》2018年第12期。

[192] 张艳娥：《关于乡村治理主体几个相关问题的分析》，《农村经济》2010年第1期。

[193] 张占斌：《中国优先发展重工业战略的政治经济学解析》，《中国党史研究》2007年第4期。

[194] 张柱中：《关于我国农业生产计划制度几个问题的商讨》，《经济学动态》1962年第12期。

[195] 张卓元：《农产品价格改革的若干设想》，《中国农村观察》1988年第5期。

[196] 赵文波、张宏：《农民文化科技素质：现状与教育》，《高等农业教育》2002年第9期。

[197] 赵旭东、孙笑非：《中国乡村文化的再生产——基于一种文化转型观念的再思考》，《南京农业大学学报》（社会科学版）2017年第1期。

[198] 郑风田：《粮食安全政策代价与中国农业的国际化》，《经济理论与经济管理》2002年第10期。

[199] 钟文晶、罗必良：《农户为什么成为农地产权的主体——基于产权理论的历史考察》，《农村经济》2015年第7期。

[200] 周加来：《城市化·城镇化·农村城市化·城乡一体化——城市化概念辨析》，《中国农村经济》2001年第5期。

[201] 周军：《当代中国乡村文化变迁的因素分析及路径选择》，《中央民族大学学报》（哲学社会科学版）2011年第2期。

[202] 周立、周向阳：《中国农村金融体系的形成与发展逻辑》，《经济学家》2009年第8期。

[203] 周湘莲：《思想政治教育内容整体构建研究》，《理论与改革》2004年第2期。

[204] 朱信凯、张晨、杨晓婷：《习近平农业思想及十八大以来的实践》，《经济社会体制比较》2017年第5期。

[205] 左停、杨雨鑫、钟玲：《精准扶贫：技术靶向、理论解析和现实挑战》，《贵州社会科学》2015年第8期。

三　报刊及网络杂志

[1] 《建立新型的城乡关系》，《人民日报》1985年1月5日，第1版。

[2] 《辽东省的农村文化活动》，《人民日报》1949年12月1日，第3版。

[3] 《论工农关系和城乡关系的新发展》，《人民日报》1958年5月16日，第2版。

[4] 《农村不富，中国就富不了》，《人民日报》1987年8月10日，第1版。

[5] 《实践是检验真理的唯一标准》，《光明日报》1978年5月11日，第1版。

[6] 《稳定家庭承包责任制》，《人民日报》1983年5月8日，第1版。

[7] 《中共中央关于坚持和完善中国特色社会主义制度　推进国家治理体系和治理能力现代化若干重大问题的决定》，《人民日报》2019年11月6日，第1版。

[8] 《中共中央关于全面深化改革若干重大问题的决定》，《人民日报》2013年11月16日，第1版。

[9] 韩长赋：《从江村看中国乡村的变迁与振兴》，《经济日报》2018年6月5日，第11版。

[10] 韩长赋：《从中华农耕文明中汲取丰厚营养》，《农民日报》2014年12月23日，第3版。

[11] 韩长赋：《积极推进新型农业经营体系建设》，《人民日报》2013年8月7日，第9版。

[12] 贺雪峰：《河南周口农村调查》，《21世纪经济报道》2012年1月17日，第15版。

[13] 江泽林：《乡村振兴，生态和产业要融合》，《人民日报》2018年3月28日，第2版。

[14] 刘福海：《长包制：土地承包关系长久不变的实现形式》，《北京日报》2009年6月29日，第18版。

[15] 万宝瑞：《把握农村三产融合新特点》，《人民日报》2019年8月28日，第8版。

[16] 魏后凯：《补齐农业现代化的短板》，《人民日报》2016年2月14日，第5版。

[17] 魏杰：《简论我国城市化战略的新选择》，《光明日报》2005年11月8日，第6版。

[18] 温铁军：《农业"三产化"阶段的制度创新》，《中国社会科学报》2015年4月8日，第A07版。

[19] 张善燚：《以农民生计为重》，《人民日报》2005年7月13日，第14版。

[20] 赵华甫：《如何理解联产承包制的长期稳定性》，《人民日报》1993年2月17日，第5版。

图书在版编目(CIP)数据

新中国"三农"十大理论问题研究：70年发展与变迁/蒋永穆等著. -- 北京：社会科学文献出版社，2019.12
　ISBN 978 - 7 - 5201 - 5831 - 2

　Ⅰ.①新… Ⅱ.①蒋… Ⅲ.①三农问题 - 研究 - 中国 Ⅳ.①F32

　中国版本图书馆 CIP 数据核字（2019）第 272392 号

新中国"三农"十大理论问题研究
——70年发展与变迁

著　　者 / 蒋永穆 等

出 版 人 / 谢寿光
组稿编辑 / 恽　薇
责任编辑 / 王楠楠　孔庆梅　武广汉　陈　荣

出　　版 / 社会科学文献出版社·经济与管理分社（010）59367226
　　　　　　地址：北京市北三环中路甲29号院华龙大厦　邮编：100029
　　　　　　网址：www.ssap.com.cn

发　　行 / 市场营销中心（010）59367081　59367083
印　　装 / 三河市东方印刷有限公司

规　　格 / 开 本：787mm × 1092mm　1/16
　　　　　　印 张：38.75　字 数：693 千字
版　　次 / 2019 年 12 月第 1 版　2019 年 12 月第 1 次印刷
书　　号 / ISBN 978 - 7 - 5201 - 5831 - 2
定　　价 / 198.00 元

本书如有印装质量问题，请与读者服务中心（010 - 59367028）联系

▲ 版权所有 翻印必究